Gulf of Carpentaria
Coral Sea
OCEAN
MORNINGTON ISLAND
Cape York Peninsula
GREAT DIVIDING RANGE
PARSONS RANGE
Weipa
Cooktown
Mossman
Cairns
Innisfail
Cardwell
Townsville
Home Hill
Bowen
Proserpine
Mackay
Sarina
CORAL SEA REEFS
GREAT BARRIER REEF
Burketown
Normanton
Burke and Wills Memorial
TERRITORY
John Flynn Memorial
Tennant Creek
Mount Isa
Cloncurry
Richmond
Hughenden
Charters Towers
SELWYN RANGE
Winton
QUEENSLAND
Longreach
Barcaldine
Moranbah
Clermont
Emerald
Middlemount
Rockhampton
Gladstone
Alice Springs
Blackall
Biloela
Bundaberg
Hervey Bay
Maryborough
Mundubbera
GREY RANGE
Charleville
Mitchell
Roma
Miles
Gympie
Nambour
Dig Tree
Giles Memorial
Killalpaninna Mission (Ruins)
Dr. Becker's Grave
St. George
Toowoomba
Dalby
BRISBANE
Coober Pedy
Cunnamulla
Goondiwindi
Warwick
Marree
Hebel
Gold Coast
SOUTH AUSTRALIA
Pooles Monument
Tenterfield
Ballina
Moree
Walgett
Bourke
Brewarrina
NEW SOUTH WALES
Grafton
Woomera
Coonamble
Narrabri
Armidale
Coffs Harbour
Wilcannia
Cobar
Nyngan
Nambucca Heads
GAWLER RANGES
Broken Hill
Gilgandra
Tamworth
Port Augusta
Port Macquarie
Wudinna
Narromine
Dubbo
Taree
Peak Hill
Hillston
Gosford
Newcastle
Mildura
Booligal
Bathurst
ADELAIDE
Griffith
Wollongong
SYDNEY
Port Lincoln
Ouyen
Balranald
Yass
Victor Harbor
Murray Bridge
Narrandera
Nowra
CANBERRA
Ulladulla
Bordertown
VICTORIA
Batemans Bay
Kingston SE
Bendigo
Shepparton
Albury
Narooma
Bega
Mount Gambier
Beaufort
MELBOURNE
Eden
Portland
Warrnambool
Geelong
Morwell
Bairnsdale
SOUTH PACIFIC OCEAN
WILSONS PROMONTORY
Tasman Sea
KING ISLAND
FLINDERS ISLAND
Wynyard
Devonport
TASMANIA
Launceston
Queenstown
Bicheno
Bothwell
HOBART
135°
140°
145°
150°
155°
15°
20°
25°
30°
35°
40°

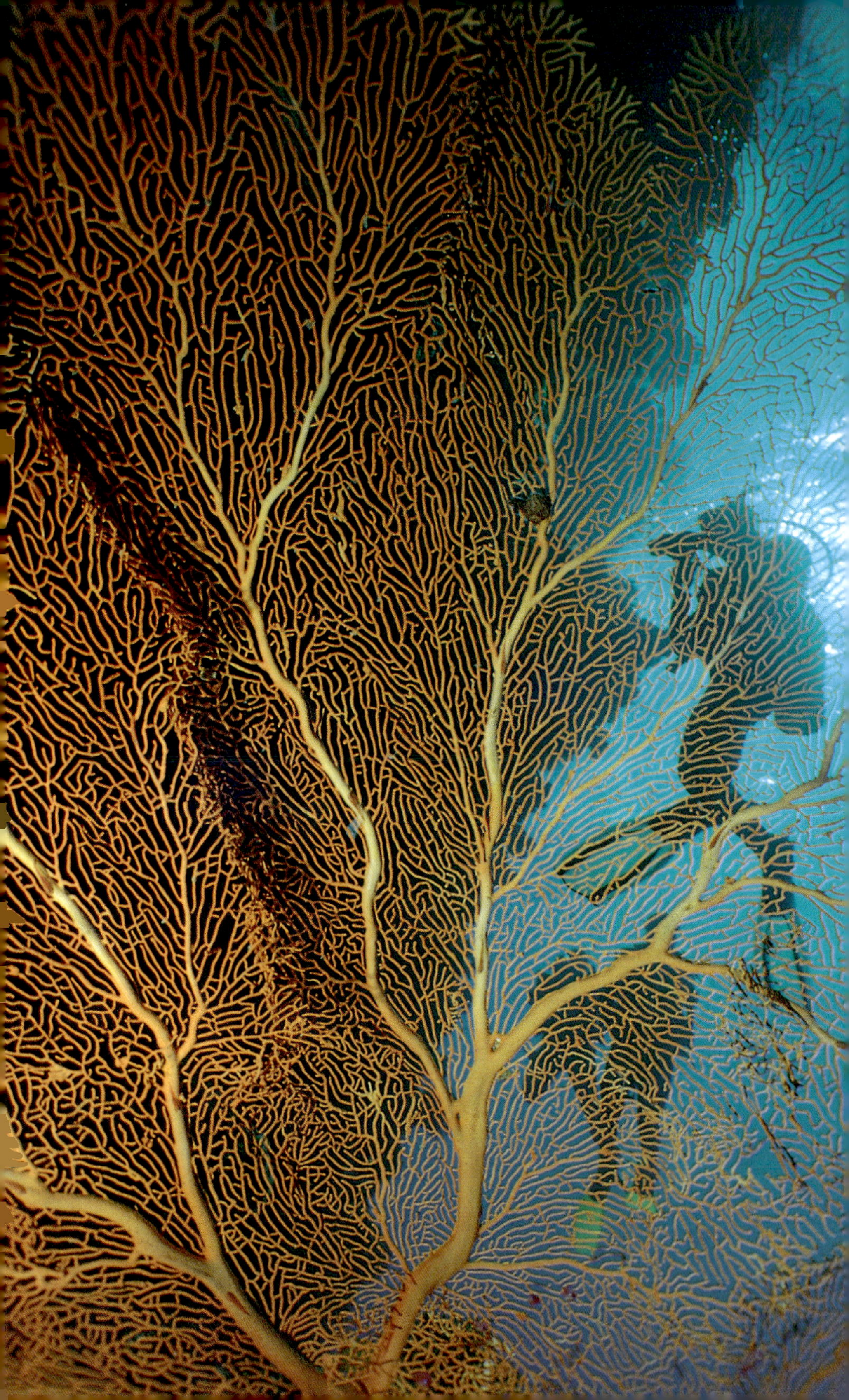

Neville Coleman
und Nigel Marsh

Herausgegeben von
Rod Ritchie und
Julia Walkden

Tauchatlas Australien

Tauchführer zu den besten Tauchplätzen Australiens

Aus dem Englischen von Claudia Ade

Verlag Eugen Ulmer

Die englische Originalausgabe erschien bei Periplus Editions (HK) Ltd. unter dem Titel »Periplus Action Guides – Diving Australia«

Wollgrasweg 41, 70599 Stuttgart (Hohenheim)
Lektorat: Werner Baumeister
Satz und Herstellung: Rund ums Buch, Rudi Kern, Kirchheim/Teck
Printed in Singapur

Die Deutsche Bibliothek - CIP-Einheitsaufnahme

Tauchatlas Australien : Tauchführer zu den besten Tauchplätzen Australiens / Neville Coleman und Nigel Marsh. Hrsg. von Rod Ritchie und Julie Walkden. Aus dem Engl. von Claudia Ade. - Stuttgart (Hohenheim) : Ulmer, 1999

Einheitssacht.: Diving Australia <dt.>

ISBN 3-8001-7461-8

Titelfoto: Delfine sind liebenswerte Geschöpfe, denen man als Taucher immer gern begegnet. *Neville Coleman.*

Seiten 4-5: Hochgeschwindigkeits-Katamarane haben das Great Barrier Reef für Touristen und Taucher zugänglich gemacht. Fahrten, für die man früher neun Stunden benötigte und die nur bei ruhiger See durchgeführt werden konnten, sind heute in zwei Stunden möglich. Pontons, die sich innerhalb der Riffkante befinden, ermöglichen Tauchgänge, Schnorcheln und die Beobachtung von Korallen. *Neville Coleman.*

Seite 6: An den im tieferen Wasser gelegenen Steilwänden des Great Barrier Reef und auf den Riffen des Korallenmeeres wachsen riesige, farbenprächtige Gorgonienfächer in der planktonreichen Strömung. *Neville Coleman.*

Seite 7: Rifffische und Nacktkiemer. *Michael Aw.* Verzweigte Steinkoralle. *Neville Coleman.* Netz-Seestern. *Neville Coleman.*

Seite 10–11: Ein Schwarm Soldatenfische auf einem Korallenriff des Great Barrier Reef. *Michael Aw.*

Seite 13: Im Korallenriff. *Neville Coleman.* Soldatenfische. *Michael Aw.*

Seite 14: Erforschung der Unterwasserwelt: *Michael Aw.* Soldatenfische. *Michael Aw.*

Tauchgang mit einem Delfin.
Neville Coleman

TAUCHEN IN AUSTRALIEN

INHALT

Einführung

Queensland

Netz-Seestern. *Neville Coleman*

Victoria

Tasmanien

Südaustralien

Westaustralien

Links: Erforschung des Riffs.
Neville Coleman.

Northern Territory

Praktische Hinweise

Die Autoren

Neville Coleman berichtet seit mehr als 34 Jahren über Australiens Unterwasserfauna und -flora, wobei er nebenbei noch 450 neue Meerestierarten entdeckte. Der vielseitige Fotograf und Journalist hat 150 Bücher und unzählige Fachartikel über die Lebewesen des Meeres geschrieben. Als weltweit anerkannter Meeresökologe und Schirmherr der Australian Marine Conservation Society, leistet Neville einen bedeutenden Beitrag zur Unterwasserforschung.

Nigel Marsh ist Unterwasserfotograf und Journalist, dessen Arbeiten bereits in vielen Zeitschriften und Büchern in Australien und im Ausland veröffentlicht wurden. Das vorliegende Buch ist das zweite, das er mit Neville Coleman verfasste. Nigel unternahm unzählige Tauchausflüge an der australischen Küste, in Asien und dem Pazifik, und er gewann zahlreiche Fotowettbewerbe.

Widmung

Einem neuen Zeitalter der Entdeckungen ..... und Entdecker gewidmet

Danksagung

Ein Buch dieses Umfanges wäre ohne die Hilfe und Informationen zahlreicher Menschen niemals zustande gekommen. Die Autoren möchten allen Beteiligten – einschließlich der folgenden Tauchveranstalter – für die neuesten Informationen über Tauchplätze, danken. **Queensland**: Graham Mc Callum (Auriga Bay II), John McGregor (Unterwasserforscher), Quicksilver Diving Services, Wayne Inglis (Rum Runner), Pro Dive Townsville, Tony Fontes (Great Barrier Reef Diving Services), Vince O`Hagan (Keppel Island Dive Centre), Darren Newton (Slaty`s Dive Team), Owen Griffith (Dive Boatique), Bill Elliot (Suncoast Fundive). **New South Wales**: Alan Jarrett (Alan Jarrett`s Divers World), Roger Newman (Brooms Head Dive Centre), John (Roy) Stewart (Cool D Dive Shop), Bob Diaz (Pro Dive Central Coast), Adam Donaldson (Sea Trek). **Victoria**: Lex Thorbeckle (LT Divers), Philipp Doak & Alistair MacDonald (Schomberg Dive Services), Bill Karoly (Warrnambool Diving Services), Frank Zeigler (Professional Diving Services). **Tasmanien**: Jason Griffith (Scuba Centre), Colin Lester (East Coast Scuba Centre), Ian Palmer (The Dive Shop Hobart). **Südaustralien**: Ian Lewis (Cave Divers Association of Australia), Victor Marine & Watersport. **Westaustralien**: Scott & Colleen Wuillemin (Jurien Bay Dive & Hire), Ian Stiles (Beagle Island Dive Company), Jenny (Batavia Coast Dive Academy), Grame Wignell (Big Blue Dive), Jo Bostock (Workline Divers Supply), Cliff Campbell & Leanne Hamence (Indian Ocean Diving Academy); Ron Moore (Albany Dive Centre) und Jeff Mullins. **Northern Territory**: Rick Weiss (Cullen Bay Dive Centre), Lorraine Chidgey und Russell Butel (Gove Diving Academy). Außerdem möchten wir folgenden Personen für ihre wertvollen Informationen danken; Julie & Victoria (Genesis Travel), Wendy Roil-Stoker (Greyhound-Pioneer), Rail Australia, McCafferty`s, Lisa Harris (Ansett Australia) und Juliana Stehn (Qantas Airways).

Unser Dank gilt ebenfalls Tom Byron, Peter Stone, John Wright und Jeff Mullins, die uns bei der Suche nach geeigneten Tauchplätzen eine große Hilfe waren. Ganz besondere Erwähnung verdienen außerdem die Menschen, die uns sehr nahe stehen, Helen Rose und Karen Handley.

Die meisten **Fotos** in diesem Buch stammen aus den Akten des **Australasian Marine Photographic Index** (AMPI), der Farbdias von Tieren und Pflanzen umfasst, die anhand der identifizierten Arten in Museen und wissenschaftlichen Institutionen überprüft wurden. Dieser Index beinhaltet auch damit verbundene Aktivitäten im Meer. Das Projekt befindet sich im Sea Australia Resource Centre in Verbindung mit den Bildungsangeboten, die Neville Coleman´s Underwater Geographic Pty Ltd bietet. In diesem Zentrum ist auch das Fotoarchiv von Nigel Marsh untergebracht.

Das ist Australien

Der größte Teil Australiens wird oftmals als »weites, verbranntes Land« bezeichnet. Und in der Tat ist es nicht leicht, im wasserarmen Landesinnern zu überleben. Im Gegensatz dazu sind die Küstenabschnitte im Osten sowie die Insel Tasmanien relativ fruchtbar, da dort vom Gebirge her, mäßige bis starke Regenfälle niedergehen und Flussläufe das Land bewässern.

Da über der Ost- bzw. Westküste warme Luftströme, vom Süden her aber kalte Luftströme entstehen, muss man fast mit jedem Wetter rechnen. Je nach Jahreszeit bewirken die Monsuneinflüsse, dass Winde und Strömungen oft ihre Richtung ändern. Extreme Wetterschwankungen führen sehr oft zu Naturkatastrophen wie Überschwemmungen, Orkane, Brände und Trockenheit.

Die beherrschenden Klimafaktoren Australiens sind seine Lage am Wendekreis des Steinbocks, der Einfluss der asiatischen Landmasssen im Norden sowie die umgebende Geographie. Der nördliche Teil des Kontinents wird im Sommer vom Nordwest-Monsun, im Winter von den südöstlichen Passatwinden bestimmt. Aufgrund der Erwärmung der Ozeane hat sich dieser Einfluss in den letzten 50 Jahren nach Süden hin ausgedehnt. Im allgemeinen wird der Süden Australiens im Winter von feuchten, von Westen kommenden Luftströmen beherrscht. Zwischen diesen beiden Systemen befindet sich eine subtropische Hochdruckzone, die im Sommer dem Süden, im Winter dem Norden Australiens Trockenheit bringt.

Der größte Teil der durchschnittlichen Niederschlagsmenge von 1000 mm fällt an der Nord- bzw. Ostküste (weniger als 7% des Landes), während im Landesinnern dieses zweittrockensten Kontinents der Welt (nach der Antarktis), weniger als 250 mm pro Jahr fallen. Bei mindestens 70 % des gesamten Landes gehen weniger als 500 mm Regen pro Jahr nieder.

Australiens Pflanzenwelt ist vielfältig und einzigartig – das Ergebnis seiner isolierten Lage. Die unterschiedlichen Gebiete umfassen Bergregionen, Regenwälder, offene Wälder, Monsunwälder, Heide, Wüste und Mangrovenwälder.Aufgrund des nährstoffarmen Bodens, der Hitze, Trockenheit und fehlenden Niederschläge, wird der größte Teil des Landes von anspruchslosen Buscharten bedeckt.

Die häufigste Baumart ist der Eukalyptus mit seinen mehr als 500 Arten. Er wächst beinahe überall auf dem Kontinent: im unfruchtbaren Landesinnern, in den feuchten Wäldern an der Küste und oberhalb der Schneegrenze. Mit einer Höhe von über 60 m sind Eukalyptusbäume die höchsten Harthölzer der Welt, aus denen 90% aller Wälder bestehen.

Australiens einzigartige Beuteltiere, die Koalas, Känguruhs, Wombats und Oppossums, sind aus der langen Zeit der Isolation sowie den unterschiedlichen geographischen Gegebenheiten hervorgegangen. Die eigenartigen Kloakentiere (eierlegende Säugetiere wie z.B. das Schnabeltier) werden oftmals als lebende Fossilien bezeichnet.

Die Isolation Australiens verhinderte, dass höher entwickelte Arten auf-

Gegenüberliegende Seite: Die berühmten Felsformationen (bekannt unter dem Namen »Olgas«) außerhalb von Alice Springs im Northern Territory, sind von Mulga-Bäumen und Spinifex-Gras umgeben, die für das australische »Outback« typisch sind. *Neville Coleman.*

Unten: Im Gegensatz zum trockenen Landesinnern, hat das zerklüftete Great Dividing Range an der Ostküste noch Reste des ehemaligen Regenwaldes aufzuweisen, der hier vor Millionen Jahren das Landschaftsbild beherrschte. Heute sind diese Wälder die Heimat des graziösen Baumfroschs (*Litoria gracilenta*). *Neville Coleman.*

Oben: Mit seiner weitläufigen Küstenlinie vom gemäßigten Süden bis zum tropischen Norden hat Australien dem Taucher einiges zu bieten. Besucher aus aller Welt werden von dieser abwechslungsreichen Vielfalt angezogen. Auf dem Foto ist Cape du Comedic auf Kangaroo Island zu sehen, das zu den erstklassigen Tauchgebieten Südaustraliens gehört.
Michael Aw.

grund ihrer angepassteren Lebensweise die einheimische Fauna verdrängten. Doch die weissen Siedler brachten fremde Arten, wie z.B. das Kaninchen, ins Land, die sich so stark vermehrten, dass sie die Pflanzen auf einem Gebiet von mehreren Millionen Hektar vernichteten und das Überleben vieler einheimischer Arten gefährdeten.

In Australien gibt es über 750 Vogelarten: vom zweitgrößten Vogel der Welt, dem Emu, bis hin zu den kleinen Zaunkönigen und Finken. Von diesen brüten allein ca. 600 Arten auf dem Festland und den Inseln vor der Küste. Auf ihrer Flucht vor dem harten Winter der nördlichen Hemisphäre machen jährlich riesige Vogelschwärme, vor allem Stelzvögel und die küstenbewohnenden Arten, einen Zwischenstopp in Australien.

Auch Reptilien kommen sehr zahlreich vor: Es gibt davon 400 Arten, vom winzigen Gecko bis zum riesigen Meerwasserkrokodil, vom Hornteufel bis zur zierlichen Eidechse. Es gibt außerdem über 60 Giftschlangen, die einen Menschen töten können.

Die Aborigines, die ersten Bewohner Australiens, die vor über 60 000 Jahren hierher kamen, besitzen eine der ältesten Kulturen. Aufgrund seiner isolierten Lage auf der südlichen Hemisphäre, war Australien der letzte Kontinent, der von den Europäern besiedelt wurde (1788). Die neuen Siedler brachten sehr schnell todbringende Krankheiten mit ins Land und enteigneten die Aborigines, die im Kampf gegen die immer weiter vordringenden Siedler unterlegen waren. Selbst heute noch haben die Aborigines eine unterdurchschnittliche Lebenserwartung, obwohl die Versöhnungspolitik und gewisse Gebietsansprüche den Nachkommen dieser Eingeborenen wieder neue Hoffnung bringen sollen.

Früher basierte Australiens Export auf Agrarprodukten wie Wolle, Weizen und Rindfleisch. In den vergangenen Jahrzehnten wurden jedoch riesige Vorkommen an Mineralien, Erdgas , Kohle und Bauxit entdeckt. Jetzt sind diese Bodenschätze ein wichtigerer Wirtschaftsfaktor als die Landwirtschaft. Sogar die Industrie hat viel von ihrer wirtschaftlichen Bedeutung eingebüßt, während sich der Tourismus auf dem Vormarsch befindet.

Touristen kommen nach Australien, weil sie die Naturschönheiten dieses riesigen Kontinents genießen, seine einzigartige Pflanzen- und Tierwelt (an Land und unter Wasser) bewundern und die Großstädte besichtigen wollen. Australien verfügt über eine ausgezeichnete Infrastruktur für Touristen, bei der für jeden Geschmack gesorgt ist, sowie über gute Verkehrsverbindungen und Unterkunftsmöglichkeiten.

Handel und Industrie haben sich größtenteils an der Ost- bzw. Südwestküste des Kontinents entwickelt. Die Eisenbahnverbindungen verlaufen von Cairns aus südlich in Richtung Melbourne, und von dort in westlicher Richtung nach Perth. Ins Landesinnere führen kürzere Strecken. Von der Küste bis ins Landesinnere sind die Städte, Gemeinden und Dörfer durch ein ausgedehntes Straßennetz untereinander verbunden. Obwohl die meisten Straßen zwischen den einzelnen Städten asphaltiert sind, gibt es doch welche im Landesinneren, die einen Belag aus Schotter, Erde oder Sand aufweisen und somit in der nassen Jahreszeit unpassierbar sind.

Vom nördlich gelegenen Darwin aus führt ein asphaltierter Highway zum Red Centre of Australia und weiter bis nach Adelaide. Die einzigen Straßen jedoch, die von Ost nach West verlaufen, sind die an der Küste bzw. im Landesinneren als Verbindung der ländlichen Gemeinden. Vor allem in Westaustralien liegen die Städte sehr weit auseinander, und an vielen Straßen gibt es keine Möglichkeit, sich mit Vorräten einzudecken, so dass alles Überlebensnotwendige mitgenommen werden muss. In den größeren Städten kann man sich Pkws und Wohnmobile mieten, und die gesamte Küste weist ausgezeichnete Busverbindungen auf.

Flugverbindungen gibt es zu den meisten Orten Australiens. Die Inlandflüge sind zuverlässig, bisweilen müssen jedoch, wie in anderen Teilen der Welt auch, die Flugzeiten aufgrund hoher Fluggastzahlen geändert werden (was besonders im Sommer während der Schulferien der Fall ist). Die wichtigsten internationalen Flughäfen sind Sydney, Brisbane, Cairns, Melbourne, Perth, Adelaide und Darwin.

Die Bevölkerung Australiens hat bereits 17 Millionen überschritten. In den letzten 20 Jahren entstand eine multikulturelle Gesellschaft, die – aufgrund der Einwanderungspolitik der Regierung – mit jedem Jahr größer wird. Im vergangenen Jahrzehnt fand ein gewaltiger Zustrom asiatischer Einwanderer statt, die zusammen mit den vielen Europäern, die nach dem Zweiten Weltkrieg hierher kamen, Australien zu dem Land mit den meisten Einwanderern gemacht haben.

Unten: Kängurus (wie diese Grau-Kängurus aus den Snowy Mountains in New South Wales) trifft man überall in Australien – sei es in freier Wildbahn oder in den zahlreichen Wildtierparks. *Neville Coleman.*

Die abwechslungsreichsten Tauchplätze der Welt

Die Meere, die Australien umgeben, haben einiges zu bieten – unzählige, fantastische Tauchplätze, Tausende unerforschter Riffe und unentdeckter Arten, kurz gesagt eine Unterwasserwelt, die einmalig auf der Welt ist.

Das Great Barrier Reef gehörte schon immer zu den beliebtesten Tauchzielen der Welt. Australien hat jedoch noch viele andere ungewöhnliche Tauchplätze zu bieten: die südlichen Gewässer mit ihren Schwamm- und Tanggärten, die eindrucksvollen Unterwasserhöhlen von Mount Gambier und der Nullabor Plain, die Riffe des Korallenmeeres sowie die subtropischen Korallenriffe vor den Küsten von Queensland, New South Wales und Westaustralien.

In der Umgebung dieses Inselkontinents findet der Taucher das gesamte Angebot an tropischen und gemäßigten Orten. Das Tauchen in australischen Gewässern ist fast immer ein Abenteuer, oftmals sogar eine Herausforderung, da der Wind nur selten nachlässt. Tauchen sollte immer vorher geplant werden und niemals aus einer Laune heraus stattfinden. An den meisten Orten (außer der Westküste Tasmaniens) gibt es eine Saison, in der die Winde nicht so stark sind und das Meer somit relativ ruhig ist, so dass man seinen Tauchausflug in dieser Jahreszeit planen sollte. Soll das Tauchen ein vollkommenes Vergnügen sein, muss man geplant und vernünftig vorgehen.

Unten: Das Ningaloo Reef vor Exmouth in Westaustralien ist nicht so groß und bekannt wie das Great Barrier Reef, doch einfacher zu erreichen und außerdem der einzige Ort in Australien, wo man zu einer bestimmten Jahreszeit garantiert Walhaie antrifft. *Neville Coleman.*

Die Tauchgebiete Australiens

Im folgenden werden die bedeutendsten Tauchplätze Australiens aufgelistet, an denen sich auch Tauchbasen finden, wo man Kompressoren bekommen, die nötige Ausrüstung leihen oder kaufen und Boote mieten kann. Die Orte erscheinen in derselben Reihenfolge wie im Hauptteil dieses Buches: von Queensland aus im Uhrzeigersinn um den Kontinent.

Queensland

Queensland ist das beliebteste Tauchziel. Obwohl das Great Barrier Reef und das Korallenmeer die meistbesuchten Gebiete sind, gibt es auch noch die Riffe im Süden des Staates, die sich ausgezeichnet zum Tauchen eignen.

Northern Queensland

Das Great Barrier Reef, das sich mit seinen Tausenden von Riffen von Bundaberg bis Papua Neuguinea erstreckt, bietet eine einmalige Vielfalt an Tauchmöglichkeiten. Unser Tauchausflug im Great Barrier Reef beginnt an den **Far Northern Reefs**, einem unberührten Gebiet mit fantastischen Korallen und einer großen Zahl Hochseefischen und Haien. **Lizard Island,** einer der exklusivsten Orte des Riffs, liegt dicht bei den **Ribbon Reefs,** einer Reihe von Riffen mit spitzen Felsen und Korallengärten, wo sich die ganze Vielfalt des Unterwasserlebens zeigt.

Hier können die Taucher das Cod Hole und den Dynamite Pass erforschen. Von Cairns und Port Douglas aus kann man mit dem Boot zu den Ribbon Reefs gelangen. Diese Ausflüge werden normalerweise mit einem mehrtägigen Aufenthalt am **Osprey Reef** verbunden, das für seine Haie berühmt ist. Zu den Riffen bei **Cairns und Port Douglas** werden normalerweise eintägige Tauchausflüge unternommen, und obwohl bisweilen Hunderte von Tauchern gleichzeitig in Cairns tauchen, sind die Riffe trotzdem noch intakt und das Unterwasserleben ist imposant. Cairns ist außerdem das Tor zum **Holmes Reef**, einem Riff im Korallenmeer mit zahlreichen Haien, Schulen von Hochseefischen, vielen Wirbellosen und Korallen.

Vor **Townsville** liegen etliche Riffe, die man an einem einzigen Tag besuchen kann, der berühmteste Tauchplatz ist jedoch das »Yongala« Schiffswrack. Von Townsville aus gelangt man auf Booten zum **Flinders Reef**, einem der beliebtesten Riffe des Korallenmeers, das so berühmte Orte wie Watanabee Bommie und Scuba Zoo umfasst. Weiter draußen im Korallenmeer gibt es noch viele andere Riffe, die nur gelegentlich besucht werden. An den Lihous und Dart Reefs kann man Erkundungstauchgänge an Abhängen und Felsen durchführen. Hier hat man außerdem die Möglichkeit, Haie, Hochseefische und unglaubliche Korallenansammlungen zu bewundern.

Die **Whitsunday Islands** sind beliebte Urlaubsziele. In der Umgebung der Inseln bieten sich ausgezeichnete Tauchmöglichkeiten, die meisten Tauchboote unternehmen jedoch Tagesausflüge zu den nahegelegenen Riffen. Die nur mit Booten erreichbaren **Swain Reefs** bestehen aus Hunderten, eng beieinander liegenden Riffen, die beste Tauchmöglichkeiten garantieren. Außer den **Swain Reefs** gibt es im Südlichen Korallenmeer noch eine Reihe von Riffsystemen, die nur von wenigen Tauchern aufgesucht werden. Diese Riffe unterscheiden sich deutlich von den bekannteren Riffen des nördlichen Korallenmeers, sind deshalb jedoch nicht weniger aufregend: auch hier trifft man auf Haie, Hochseefische und unzählige Seeschlangen.

Oben: Die bodenbewohnenden Wobbegongs schlafen normalerweise den Tag über. Bestimmte Arten bewohnen die tropischen und kühleren Riffe im Umkreis des australischen Festlandes. *Nigel Marsh.*

Im Barrier Reef, vor Rockhampton, liegen die **Keppel Islands** (eine kontinentale Inselgruppe), die von Riffen umgeben sind, in denen sich der ganze Artenreichtum an Fischen, Seeschlangen und Wirbellosen zeigt. Die **Capricorn und Bunker Groups** sind die südlichsten Riffe des Great Barrier Reef. Auf dieser Gruppe befinden sich zwei beliebte Inselorte, und an einigen der Korallensandbänke befinden sich sogar Campingplätze. Die Riffe lassen sich mit Booten am einfachsten erforschen.

Eine der beliebtesten Ferieninseln des Great Barrier Reef, **Heron Island**, bietet exzellente Tauchmöglichkeiten und ein abwechslungsreiches Unterwasserleben. **Lady Elliot Island** ist der letzte Ort des Great Barrier Reef und einer der besten zugleich. Die Insel ist von unglaublich schönen Tauchplätzen umgeben, wo man auf Mantarochen, Schildkröten, Haie und Hochseefische treffen kann.

Southern Queensland

Obwohl die meisten ausländischen Besucher die Gebiete südlich des Great Barrier Reef kaum beachten, gehören sie dennoch zu den interessantesten Tauchzielen von Queensland. In der Nähe von **Bundaberg** und **Hervey Bay** befinden sich zahlreiche Riffe, in denen es von Seeschlangen, Fischschwärmen und Mantarochen nur so wimmelt.

Die **Sunshine Coast** bietet eine Vielfalt verborgener Riffe. Vor **Brisbane**, der Hauptstadt Queenslands, finden Taucher viele Riffe und Wracks, die von Haien, Rochen, Rifftieren, Hochseefischen und Schildkröten be-

Die globale Erwärmung

Eine Gefahr für die Riffe

SEIT ANFANG DER ACHTZIGER JAHRE haben die ungewöhnlich hohen Wassertemperaturen der Meere zu einem Massensterben der Riffkorallen geführt. Eine wichtige Rolle bei diesem Temperaturanstieg kommt der sogenannten »globalen Erwärmung« zu. Im vergangenen Jahrhundert wurden durch die Verwendung fossiler Brennstoffe in Raffinerien, in der chemischen Industrie und in kohlebetriebenen Stromerzeugern, Milliarden Tonnen an Schadstoffen – vor allem Kohlendioxid – freigesetzt. Diese Schadstoffe – auch unter der Bezeichnung »Treibhausgase« bekannt – sammeln sich im Lauf der Zeit an und verhindern, dass die von der Erdoberfläche ausströmende Wärme entweichen kann, was zu einer allgemeinen Erwärmung der Erdatmosphäre führt.

Der Anstieg der Wasseroberflächentemperatur bewirkte das Ausbleichen dieser Geweihkorallen. Wenn dieser Zustand anhält, stirbt die gesamte Kolonie. *Neville Coleman*

Es gibt keinen Zweifel mehr, dass sich das Klima auf unserer Erde verändert. In zahlreichen Gebieten hatten die langen Dürreperioden, trockenen Bedingungen und der saure Regen, verheerende Auswirkungen auf den Wildtierbestand. Viele Arten gingen zahlenmäßig stark zurück bzw. sind nun vom Aussterben bedroht.

Durch den Abbau der Ozonschicht durch die Treibhausgase kann eine erhöhte ultraviolette Strahlung bis zur Erdoberfläche vordringen, was sich sehr nachteilig auf die Ökosysteme unserer Erde auswirkt. Studien haben jedoch gezeigt, dass der Rückgang der Ozonschicht nicht allein für das Ausbleichen der Korallen verantwortlich ist.

Stein- und Weichkorallen, Seeanemonen, Hydrokorallen, Seescheiden, Muscheln und einige Schwämme enthalten in ihrem Gewebe mikroskopisch kleine, einzellige Algen, sogenannte Zooxanthellen. Aus dieser Symbiose ziehen sowohl die Zooxanthellen als auch die Korallen ihren Nutzen: die Korallen versorgen die Zooxanthellen mit anorganischen Nährstoffen, wie Phosphationen und Ammonium, und bekommen dafür Kohlenwasserstoffe (wie z. B. Zucker, Aminosäuren und Glyzerin), die bei der Photosynthese entstehen. Diese Gemeinschaft ist für die Fruchtbarkeit bzw. Kalkbildung der Korallen lebenswichtig, d.h. sie stellt die Grundlage für das Überleben der riffbildenden Korallen dar, die in den nährstoffarmen tropischen Gewässern gedeihen.

In den meisten Fällen sind es die pigmentierten Zooxanthellen, die den Wirtskorallen ihre Farbe verleihen: wenn sie fehlen, erscheinen die Korallen weiss (gebleicht). Obwohl Korallen eine Zeitlang auch ohne Zooxanthellen überleben können,tritt doch häufig ein Massensterben auf, wenn die Meerestemperatur auch nur ein ein Grad über die optimale Temperatur (25–29° C) ansteigt.

Die Folgen

Der seit den frühen achtziger Jahren zu beobachtende Temperaturanstieg der Meere hat unübersehbare Folgen. Auf vielen Riffen der Galapagos-Inseln starben im Jahr 1983 90 % aller Korallen ab. Im Jahr 1990 stiegen die Wassertemperaturen in der Karibik so drastisch an, dass große Korallenriffgebiete ausbleichten und abstarben. In Fachkreisen wurde dieses Ereignis als ökologische Katastrophe bezeichnet.

Bis zum Jahr 1991 war beinahe jedes Riffsystem der Welt von diesem Ausbleichen der Korallen betroffen, was meistens auf die erhöhten Meerestemperaturen zurückgeführt wurde. Das Phänomen war weit verbreitet und trat an allen Korallenriffen vor Australien, China, Japan, Malaysia, Panama, den Philippinen, Indien, Indonesien, Thailand, Kenia, den Staaten am Roten Meer, Puerto Rico, Jamaika und den Bahamas auf.

Zwischen 1994 und 1996 führte die beträchtliche Erwärmung zur Zerstörung zahlreicher Korallenriffe im Gebiet der Milne Bay im Norden Papua-Neuguineas sowie der Bismarck- und Salomon-See. Greenpeace berichtete über schwere Schäden in Französisch-Polynesien, wo bis in eine Tiefe von 25 m 70 % aller lebenden Korallen ausgebleicht waren. Auch auf den American und Western Samoa-Inseln sowie den Cook Islands wurde ein Massensterben unter den Korallen beobachtet.

Weltweit sind mindestens 70 % aller Korallenriffe von dieser globalen Erwärmung bedroht. Wenn diesem Trend nicht Einhalt geboten wird, kann es für die Korallenriffe unserer Erde zu spät sein.

wohnt werden. Vor der Gold Coast, einem beliebten Urlaubsziel, befinden sich zahlreiche Riffe in Küstennähe.

New South Wales

Die Küste von New South Wales bietet die vielfältigsten Tauchmöglichkeiten. Es werden Tauchausflüge an der Küste und von Booten aus angeboten, die im Norden zu den Korallengärten, im Süden zu den dichten Schwammgärten führen.

Northern New South Wales

Die Tauchplätze im Norden von New South Wales befinden sich normalerweise an üppigen Korallengärten, die Inseln und Riffe umgeben. Hier trifft man auf Schildkröten, Haie, Rochen, Hochsee- und Rifffische sowie auf unzählige Wirbellose in den prächtigsten Farben. Die **Byron Bay** ist ein sehr beliebtes Ziel für Taucher – direkt vor der Küste findet man einige schöne Tauchplätze beim Julian Rocks Marine Reserve. Vor der Küste **Ballinas** gibt es eine Reihe aufregender Riffe, die von den Tauchern meistens übersehen werden. **Brooms Head**, das für den Tauchsport gerade erst zugänglich gemacht wurde, entwickelt sich mit seiner farbenprächtigen Unterwasserwelt zu einem beliebten Ziel. **Coffs Harbour** ist das Tor zu den vielen Inseln und Riffen des Solitary Island Marine Reserve, während sich in der Gegend von **South West Rocks** zahlreiche faszinierende Tauchplätze befinden, von denen Fish Rock Cave wohl der berühmteste ist. **Port Macquarie** gehört zu den beliebtesten Urlaubszielen an der Küste.

Central New South Wales

Die Tauchplätze von Central New South Wales sind – neben vielen Tisch- und Weichkorallen – mit farbenfrohen Schwämmen bedeckt. Dieses Gebiet ist für seine zahlreich vorkommenden Ammenhaie und andere Haiarten bekannt, obwohl man hier auch auf Schildkröten, Zackenbarsche, Rochen und Hochseefische stoßen kann. **North Haven** hat zahlreiche Riffe und Wracks zu bieten, darunter das Wrack der »Titan«, einem der größten Wracks der südlichen Halbkugel.

Forster/Tuncurry, Seal Rocks und die vielen hundert Riffe in diesem Gebiet sind für ihre Artenvielfalt und für Ammenhaie bekannt.

Die Gegend um **Port Stephens** eignet sich besonders für das Tauchen an der Küste, an Schiffswracks, an den Inseln und Riffen. **Newcastle** und **Swansea** sind für ihre große Zahl an Schiffswracks berühmt. In Küstennähe findet man viele, noch unerforschte Riffe. Die **Central Coast** ist ein sehr beliebtes Urlaubs- und Tauchgebiet mit einer Vielzahl interessanter Riffe und Wracks.

Southern New South Wales

Südlich von Sydney sind die vielfarbigen Schwammgärten mit Seepferdchen, Fetzenfischen, Stachelrochen, großen Sepia und Port Jackson-Haien immer häufiger anzutreffen. Manchmal bekommt man auch Robben sowie verschiedene Hochseefische zu sehen. Sydney gehört zu den aufregendsten Tauchplätzen, da es Wracks in seichten und tiefen Gewässern, Abhänge, Buchten und andere ungewöhnliche Tauchplätze zu bieten hat.

Einzigartiges Küstentauchen in Felsenriffen und Höhlen kann man in **Wollongong** und **Bass Point** erleben. Von hier aus kann man auch Bootsausflüge zu Tauchplätzen vor der Küste unternehmen. **Jervis Bay**, das zu den beliebtesten Tauchzielen Australiens zählt, verfügt über viele wunderschöne Stellen zum Tauchen. Die schönsten befinden sich außerhalb der Bucht und umfassen Höhlen, Riffe und Steilwände.

Ulladulla ist ein betriebsamer Fischerhafen, wo man in unmittelbarer Nähe die unterschiedlichsten Tauch-

Oben: Die meisten der 85 in Australien bekannten leatherjacket-Arten findet man in den gemäßigten Gewässern. Sie sind recht scheu und verstecken sich zwischen Algen, Riffkorallen oder in Seegraswiesen. Auf dem Foto ist der Zwerg-Feilenfisch (Brachaluteres jacksonianus) abgebildet. *Michael Aw.*

erfahrungen machen kann. Die vor der Küste gelegenen Inseln und Riffe der **Batemans Bay** bieten eine interessante Unterwasserwelt. Montague Island ist die Heimat einer Robbenkolonie, denen es offensichtlich Spaß macht, mit den Tauchern um die Wette zu schwimmen. Weiter unten an der Küste, in Tathra, kann man sowohl an der Küste als auch vom Boot aus tauchen. Beliebte Ziele sind auch Merimbula und Eden, wo man an der Küste, von Booten aus oder an Wracks tauchen kann.

Island Territories

Vor der Küste von New South Wales, tief im südpazifischen Ozean gelegen, befinden sich zwei Inselgebiete, die sich bei Touristen und Tauchern immer größerer Beliebtheit erfreuen. Die ehemalige Strafkolonie **Norfolk Island** besitzt wunderschöne Riffe, die von Schildkröten, Hochseefischen, Haien, Riffbewohnern und verschiedenen Wirbellosen bewohnt werden. Nordöstlich von Sydney liegt Lord **Howe Island**, das von den südlichsten Korallenriffen der Welt umgeben ist und spektakuläre Taucherlebnisse garantiert. Die dortigen Riffe sind die Heimat von Rifffischen, Wirbellosen, Riffhaien, Schildkröten und ganzen Schwärmen von Hochseefischen.

Victoria

In Victoria hat der Taucher eine große Auswahl an Tauchplätzen zur Verfügung. Die unzähligen Riffe und Schiffswracks sind mit Schwämmen und anderen Wirbellosen übersät. Der Taucher wird von neugierigen Robben, Rochen, Delfinen, Hochseefischen, Katzenhaien und bunten Rifffischen begleitet. Die zerklüftete Halbinsel **Wilsons Promontory** ist für ihre Höhlen, Inseln, verborgenen Riffe und das klare Wasser bekannt, während **Melbourne** besondere Tauchplätze, wie z.B. Schiffswracks, Hafendämme, dichte Schwammgärten und Delfine und Robben zu bieten hat. Auch **Port Campbell**, das für seine Schiffswracks berühmt ist, verfügt über viele, zum Tauchen geeignete Riffe. Bei **Warrnambool** trifft man auf die verschiedenartigsten Riffbewohner in den leicht zugänglichen Riffen entlang der Küste. Vor **Portland** bietet sich das Tauchen in den Schwamm- und Tanggärten, Höhlen und Schiffswracks an.

Tasmanien

Die Gewässer um Tasmanien enthalten einige der prächtigsten Tang- und Schwammgärten der Welt. In diesen kühlen, südlichen Gewässern wimmelt es vor Meeresbewohnern, wie Rochen, Katzenhaien, Robben, Riffbewohnern, unzähligen Wirbellosen und Hochseefischen. Die örtlichen Tauchfachgeschäfte und Bootsverleiher veranstalten Ausflüge zu den interessanten Stellen in diesem Gebiet; allerdings ist nicht die gesamte tasmanische Küstenregion für Taucher zugänglich.

Bei den **Bass Strait Islands** ist schon so manches Schiff untergegangen: die Wracks und unzähligen Riffe sorgen für unvergessliche Taucherlebnisse. **Wynyard** an der Nordküste

Unten: Den Langnasen-Büschelbarsch (*Oxycirrhites typus*) trifft man am Great Barrier Reef in Tiefen unterhalb 20 m an, wo er oft in Gemeinschaft mit Gorgonien und Schwarzen Korallen lebt. *Neville Coleman.*

wird regelmäßig von Tauchern aufgesucht und ermöglicht ausgezeichnetes Tauchen an der Küste und von Booten aus. Vor der Küste von **St. Helens** liegen zahlreiche Riffe und Inseln, die eine reiche Vielfalt an Meeresbewohnern beheimaten. **Bicheno**, das bei weitem beliebteste Tauchziel Tasmaniens, ist für seine unglaublichen Schwammgärten und Wälder aus Tang bekannt. Das Tauchen vor der **Tasmanischen Halbinsel** ist besonders empfehlenswert: Hier begegnet man Robben, entdeckt Höhlen, Tangwälder, Schwammgärten und das Wrack der »Nord«. Vor der Küste der Hauptstadt **Hobart** findet man unterschiedliche Tauchplätze, wie Wracks, Riffe und Tangwälder.

Südaustralien

Weisse Haie sind die wohl berühmtesten Bewohner der südaustralischen Gewässer. Aber selbst im Taucherkäfig bekommt man sie nur selten zu Gesicht, so dass die Taucher die unzähligen anderen Unterwasserattraktionen unbeschwert genießen können. Zum Tauchen bieten sich die Süßwasserhöhlen und Quelltöpfe, die vor der Küste gelegenen Inseln, Riffe und Schiffswracks an. An der Küste trifft man auf Robben- und Seelöwenkolonien, unter Wasser auf Delfine, Wirbellose, Rifffische, Hochseefische, Rochen und Katzenhaie.

Mount Gambier ist für die unglaublich schönen Süßwasserhöhlen bekannt. In diese nicht ungefährlichen Höhlen sollten sich jedoch nur sehr erfahrene Taucher wagen. **Victor Harbour** umfasst zahlreiche Granitsteininseln und Riffe, auf denen es vor Schwämmen, Wirbellosen und anderen Riffbewohnern nur so wimmelt. Vor der Küste bietet **Kangaroo Island** eine Vielzahl an Attraktionen, die größte davon dürften wohl Tauchgänge in Begleitung der Robben sein.

Die Hauptstadt **Adelaide** verfügt über interessante künstliche Riffe, Schiffswracks und zahlreiche Felsenriffe. Spektakuläre Tauchgänge im Gebiet der **Yorke Peninsula** sind von der Küste oder von Booten aus möglich. Einige der besten Tauchplätze Südaustraliens befinden sich an den Inselgruppen des **Spencer Gulf**, die man am einfachsten vom Boot aus erkundet. Farbenfrohes Unterwasserleben bieten die verschiedenen Riffe und Inseln vor der Küste von **Port Lincoln**.

Westaustralien

Der am Indischen Ozean gelegene Westen Australiens bietet einige der vielfältigsten Tauchplätze Australiens. Immer mehr Taucher zieht es zu diesen interessanten Tauchplätzen mit ihren einzigartigen Meeresbewohnern.

Der Süden Westaustraliens

Die Riffe vor der südlichen Küste Westaustraliens bieten dichte Schwammgärten und unzählige Stein- und Weichkorallen. Wirbellose, Rifffische, Rochen, Robben, Haie, Hochseefische und selbst hin und wieder eine Schildkröte, sind die häufigen Bewohner dieses Gebietes.

Das Gebiet Westaustraliens beginnt in der Wüste, wo die unterirdischen

Oben: Menschen sind von den australischen Seelöwen sowohl im als auch außerhalb des Wassers fasziniert. Während der Paarungszeit sollte man sich den großen Seelöwenbullen jedoch besser nicht nähern.
Nigel Marsh.

Oben: In einer Tiefe von 30 m bestehen die Riffe bei Rottnest Island (Westaustralien) aus Massenansammlungen farbenprächtiger Schwämme, Seescheiden, Gorgonien und Moostierchen. *Neville Coleman.*

Höhlen der **Nullarbor Plain**, in denen keinerlei Lebewesen zu finden sind, fantastische Taucherlebnisse ermöglichen. Von *Esperance* aus kann man Ausflüge zu Hunderten von Inseln und Riffen unternehmen, während **Albany** wunderschöne Tauchplätze an den Inseln und Riffen besitzt. In der Umgebung der Geographe Bay sind spektakuläre Taucherlebnisse an den Korallen- und Steinriffen möglich. Vor der Küste von **Perth** liegen zahllose Kalksteinriffe, die schon vielen Schiffen zum Verhängnis wurden. Diese Schiffswracks, in denen es vor Meerestieren nur so wimmelt, gehören zu den beliebtesten Tauchzielen. Ebenfalls vor der Küste von Perth befindet sich das malerische **Rottnest Island** mit seinen zahlreichen ausgezeichneten Tauchmöglichkeiten. Sowohl **Jurien Bay** als auch **Leeman** verfügen über eine unüberschaubare Auswahl an Riffen, die nur darauf warten, erkundet zu werden.

Der Norden Westaustraliens

Je weiter man sich der Küste entlang nach Norden bewegt, desto dichter wird das Korallenwachstum. Auf diesen Korallenriffen lebt eine Vielzahl von Riff- und Hochseebewohnern, Schildkröten, Mantarochen, Riffhaien, Stechrochen und, mit ein bischen Glück, auch Walhaien. Eine große Anzahl der unterschiedlichsten Fische und Wirbellosen findet man bei **Geraldton's** in der Nähe von Kalksteinriffen. Vor der Küstenregion von **Geraldston's** liegen die **Houtman Abrolhos Islands**, die von Korallenriffen umgeben sind. Natürlich ist die **Shark Bay** ein ausgezeichneter Ort, um Haie, aber auch Dugongs, Delfine und Schildkröten zu sehen.

Das **Ningaloo Reef**, das sich von der Coral Bay bis nach Exmouth erstreckt, ist wegen seiner Walhaie und anderer Unterwasserlebewesen bekannt. Das Wasser an der Küste von **Dampier** ist fürs Tauchen zu trüb, weiter draußen bei den beiden Inselgruppen kann man jedoch wunderbar tauchen. Obwohl man sowohl bei **Port Hedland** als auch **Broome** starke Strömungen und trübes Wasser vorfindet, kann man an den vielen Riffen weiter draußen das Unterwasserleben in seiner ganzen Fülle erkunden. Einer der fantastischsten Tauchplätze vor der westaustralischen Küste, der mit den Riffen des Korallenmeeres durchaus konkurrieren kann, sind die **Northern Atoll Reefs**. Hier wirken Seeschlangen, Hochseefische, Riffhaie, Mantarochen und viele andere Meerestiere beim großen Unterwasserschauspiel mit.

Die Inselgebiete

Weit vor der Nordküste Westaustraliens, näher bei Indonesien als bei Australien gelegen, befindet sich das Inselgebiet der Christmas und Cocos (Keeling) Islands. Beide Inseln sind von Perth aus mit dem Flugzeug gut zu erreichen und bieten ausgezeichnete Tauchvoraussetzungen. **Christmas Island**, das eindrucksvoll aus dem Meer herausragt, ist von steilen Abhängen und farbenfrohen Wänden umgeben, wo sich Hochseefische, Schildkröten,

Rifffische, Riffhaie und Walhaie tummeln. Die **Cocos (Keeling) Islands** bestehen aus zwei Korallenatollen, wo man zwischen Hochseefischen, Riffhaien und Mantarochen einzigartige Tauchausflüge unternehmen kann.

Northern Territory

Im Northern Territory ist Tauchen gegenwärtig auf zwei Orte beschränkt, die aber beide unvergessliche Tauchabenteuer bereithalten. Von der Hauptstadt **Darwin** aus kann man zu einer Vielzahl von Riffen und Schiffswracks aus dem Zweiten Weltkrieg gelangen. Obwohl das Wasser die meiste Zeit des Jahres über recht trübe sein kann, findet man hier dennoch Korallen, Schwämme, Wirbellose, Hochseefische und andere Unterwasserlebewesen. Von der **Gove Peninsula** aus gelangen Taucher zu einzigartigen Inseln und Korallenriffen, die von Mantarochen, Schildkröten, Hochseefischen und bisweilen auch Walhaien besucht werden.

Voraussetzungen zum Tauchen

Für Nordaustralien gilt der Winter, für Südaustralien der Sommer als beste Jahreszeit für das Tauchen. Diese Faustregel muss jedoch nicht immer zutreffen (lesen Sie im praktischen Teil am Ende dieses Buches nach). Im Norden kann während des Sommers ein Lycra-Tauchanzug angebracht sein, wenn Sie jedoch im gleichen Gebiet während des Winters tauchen, brauchen Sie – wegen des kühlen Windes – eventuell einen 5 mm dicken Taucheranzug. In Südaustralien kann man im Sommer einen 5 mm dicken Tauchanzug brauchen, im Winter ziehen die meisten Taucher jedoch den 7 mm dicken oder einen Trockentauchanzug vor.

Tauchfachgeschäfte/Tauchbasen

An der Küste Australiens gibt es Hunderte von Tauchfachgeschäften. Die meisten davon betreiben Charterboote, organisieren Ausflüge, bieten Tauchkurse und Luftfüllungen an und verkaufen oder verleihen Tauchausrüstungen (gültiges Brevet) vorlegen.

Tauchboote

Über das ganze Land verteilt stehen die unterschiedlichsten Tauchboote zur Verfügung: von den großen Katamaranen, mit denen man einen Tagesausflug zum Great Barrier Reef unternehmen kann, bis zu den kleinen »Tinnies«, die eine Handvoll Taucher zu einem örtlichen Riff oder Wrack transportieren. Alle Charterboote, die zahlende Passagiere an Bord nehmen, müssen mit einem Funkgerät und Sicherheitsausstattung versehen sein. Die Boote müssen von einem zugelassenen Kapitän gesteuert werden, und die Mannschaft muss aus erfahrenen Tauchern zusammengesetzt sein. Den besten Komfort bieten die sogeannten Live-aboard-Boote, bei denen Flaschen, Blei, Mahlzeiten, Bettzeug und Unterkunft im Preis inbegriffen sind. Auf den Tagesausflugsbooten am Great Barrier Reef ist die Ausrüstung im Preis enthalten, während in anderen Teilen des Landes die Tauchausrüstung ausgeliehen werden muss.

Unten: Tauchboote gibt es in Australien in den unterschiedlichsten Formen und Größen, bis hin zu den großen Katamaranen. Man sollte jedoch immer auf Wetterumschwünge vorbereitet sein. Auf dem Weg zu einem Tauchgebiet kann sich der Wind plötzlich drehen oder starker Wellengang einsetzen, selbst wenn sich der Zielort selbst in geschütztem Wasser auf der Rückseite einer Insel oder eines Riffes befindet. *Neville Coleman.*

Australiens Unterwasserwelt

Die unglaubliche Vielfalt der Unterwasser-Lebensräume entlang der australischen Küste ist zum Teil auf die gewaltige Größe des Inselkontinents und seiner Lage an vier Meeren bzw. drei großen Ozeansystemen zurückzuführen. In diesen artenreichen Lebensräumen – deren Klima von tropisch warm bis gemäßigt kühl reicht – konnten sich Hunderte nur dort vorkommender Pflanzen- und Tierarten entwickeln.

Innerhalb der australischen Fischereizone, die sich von der Küstenregion bis in die unendlichen tiefen des Ozeans erstreckt, ist beinahe jeder Lebensraum vertreten. Man unterscheidet vier Hauptlebensräume: (1) offenes Meer, (2) Riff, (3) Küste und (4) Bucht. Von diesen enthält jeder wiederum Mikro-Lebensräume, die sich je nach Tiefe, Salzgehalt, Strömungen, Nährstoffen, Substrat, Bodenbeschaffenheit und Temperatur voneinander unterscheiden. Diese Lebensräume sind die Heimat der australischen Unterwasserflora und -fauna.

Die Zusammensetzung und Verteilung der Tierwelt hängt mit den durch Winde verursachten Meeresströmungen, der Erdbewegung und der Anziehungskraft des Mondes zusammen. Die Gezeiten haben nur stellenweise Einfluss auf die Strömungen, während letztere größtenteils durch den Wind verursacht und von der Erdbewegung, der Topographie des Meeresbodens, der Wassertemperatur und dem Salzgehalt beeinflusst werden.

Die australische Unterwasserwelt wird von fünf bedeutenden Strömungssystemen beeinflusst. Die **Südliche Äquatorströmung** verläuft von Indonesien aus nach Süden, dann westlich in Richtung Christmas Island bis in den nördlichen Indischen Ozean. Die **Leeuwin-Strömung** entspringt ebenfalls in indonesischen Gewässern, fließt dann nach Süden in ein Gebiet vor Dampier an der Nordwestküste, wirbelt durch das Carnarvon-Gebiet vor Cape Leeuwin, Albany und Ceduna und verläuft sich dann in den Weiten der Australischen Bucht. Einige Monate im Jahr fließt dieser warme Strom an ganz Westaustralien vorbei und ist damit der Grund, dass an der gemäßigten Südwestküste Australiens diese enorme Vielfalt an Unterwasserlebewesen – vor allem an Korallen – ge-

Unten: Schlechte Sichtverhältnisse unter Wasser beeinträchtigen oft das Tauchen in den seichten Küstengewässern von Queensland. Das schlammige Wasser an der Küste, das mit unzähligen Bächen und Flüssen verbunden ist, wird durch Wellen und Gezeiten leicht aufgewühlt. *Neville Coleman.*

Die australische Fischindustrie – ein Drahtseilakt

MIT EINER FLÄCHE VON 9 MILLIONEN KM^2 ist die australische Fischereizone die drittgrößte der Welt. Obwohl in den Meeren Australiens annähernd 3600 verschiedene Fischarten leben, sind es doch weniger als 20 Arten, die 80 Prozent der Fangquoten ausmachen. Im ganzen werden etwa 200 Arten weiterverwendet.

Der größte Teil der Fischereiflotte (die aus 10.000 Schiffen besteht) spürt die Fischschwärme mit Hilfe von Satellitenbildern und Messungen der Wasseroberflächentemperatur auf. Die dadurch erzielten, hohen Fangzahlen waren für das ökologische Gleichgewicht nicht vertretbar. Als Folge davon gingen einige Fischereibetriebe wegen Überfischung zugrunde.

Diese kurzsichtige Vorgehensweise führte dazu, dass Australien nun selbst Fische importieren muss, um seinen eigenen Bedarf zu decken. In den Hafenstädten entlang der Küste bekommt man dennoch einheimische Fische serviert, da der größte Teil der Importfische zur Weiterverarbeitung und Verwendung in Fast-Food-Restaurants gedacht ist.

Die Fische werden mit Wandnetzen, Schleppnetzen, Fallen, Langleinen und Reusen gefangen. Viele dieser Methoden führen zu riesigen Fangzahlen, von denen jedoch leider ein hoher Prozentsatz nicht verwertbar ist.

Ein großer Teil der Fische und wirbellosen Tiere wird als Köder, Heimtiernahrung, Düngemittel und Viehfutter weiter verwendet. Dazu gehören über 60 Krustentierarten, 30 Arten Mollusken und mehrere Stachelhäuter. Beinahe die Hälfte der kommerziell gefangenen Mollusken und Krustentiere sowie ca. 25 % der Fische, entstammen den australischen Meeren.

Felsenlangusten, Krabben und Octopusse werden in Fallen oder Schlingen gefangen, Garnelen, Bärenkrebse und Kammmuscheln mit Schleppnetzen. Austern, Mies- und Kammmuscheln werden oftmals auch kommerziell gezüchtet, während Seeohren von lizenzierten Tauchern von den Riffen abgesammelt werden.

Beinahe 80 % aller Australier bewohnen die Küstengebiete, so ist es also auch nicht verwunderlich, dass es hier sehr viele Hobby-Angler gibt, genauer gesagt: ein Drittel der Bevölkerung über 10 Jahre geht jährlich mindestens einmal zum Angeln. Und doch hat es um die 200 Jahre gedauert, bis sich diese große Bevölkerungsgruppe ihrer Verantwortung stellte und ein Bewusstsein für die Lebensräume und Laichplätze der Fische entwickelte. Durch die Bebauung der Küsten wurden in ganz Australien die Mangrovenwälder und Seegraswiesen in drastischer Weise dezimiert.

Die von der Australian Marine Conservation Society und anderen einflussreichen Gruppierungen ausgehenden Initiativen, lassen nichts unversucht, die Verantwortlichen zum Umdenken zu bewegen. Der Commonwealth und die Regierungen der einzelnen Bundesstaaten sind dabei, eine nationale Fischereipolitik zu entwickeln, die sowohl kommerzielle Interessen als auch diejenigen der Hobbyfischer berücksichtigt.

In Australien sind nahezu 10 000 professionelle Fischerboote unterwegs, die mit der neuesten Technik ausgerüstet und in der Lage sind, mehr Fische zu fangen, als überhaupt vorhanden sind. Viele Fischereibetriebe sind schon längst unrentabel geworden und bis zum Jahr 2000 werden noch viele schließen müssen, wenn die notwendigen Maßnahmen nicht ergriffen werden. *Michael Aw.*

Für das Fischen in Binnengewässern ist in allen Staaten eine Genehmigung erforderlich, die auch Gebietsbeschränkungen und Mindestgröße der Fische beinhaltet. In einigen Staaten werden den Sportfischern Einschränkungen auferlegt, die den Fang verschiedener Arten für den Aquarienmarkt bzw. das Speerfischen betreffen. In den meisten Unterwasserreservaten und Schutzgebieten gilt das Entfernen bzw. Töten von Meereslebewesen als Straftat.

In Australien sind sehr viele Unterwasserschutzgebiete entstanden, die anfänglich nur zögernd, doch mittlerweile landesweit akzeptiert werden, da die Menschen die Notwendigkeit dieser äußerst wichtigen Reservate erkannt haben.

deihen kann. Die **Westwind-Strömung** verläuft quer durch den südlichen Ozean, von Westen nach Osten, vom Süden Tasmaniens bis zum neuseeländischen South Island. Die **Flinders-Strömung** fließt in nordwestlicher Richtung, vom Südwesten Tasmaniens bis zur Australischen Bucht. Vom nördlichen Korallenmeer aus fließt die **Ostaustralische Strömung** in nördlicher Richtung bis zur Spitze Papua Neuguineas, dann weiter südlich entlang der Ostküste Australiens bis zum neuseeländischen North Island. Kühlere Wasserströme aus dem Tasmanischen Meer treten vor allem vor der Südküste Australiens, von der Jervis Bay bis in den Süden Tasmaniens auf.

Bei Studien über diese fünf Grundströmungen, deren Richtung jedes Jahr von unterschiedlichen Umweltfaktoren abhängt, hat sich gezeigt, wie sich die gegenwärtige Unterwasserflora bzw. -fauna verteilt und wieviele endemische (nur dort vorkommende) Arten entstanden sind.

Da die zoologische Verteilung der Unterwasserpflanzen und -tiere von den aktuellen Gegebenheiten bestimmt wird, ist es sinnvoll, die biogeographischen Gebiete folgendermaßen zu beschreiben:

Tropisch warm: Von der Spitze des Cape York (Queensland) nach Westen, in südlicher Richtung der Küste entlang bis nach Geraldton in Westaustralien.

Warm gemäßigt (Westen): Von der Shark Bay vor der Mitte Westaustraliens gelegen, in südlicher, dann östlicher Richtung, entlang der Südwestküste Australiens und entlang der Küsten Südaustraliens und Victorias bis nach Warrnambool, schließlich nach Süden bis an die Nordwestküste Tasmaniens.

Kühl gemäßigt: Von der Gegend um Eyre an der südwestlichen Seite der Australischen Bucht gelegen, in östlicher Richtung entlang der Küste bis nach Cape Howe an der Südostküste, dann nach Süden, einschließlich ganz Tasmanien.

Warm gemäßigt (Osten): Von Warrnambool in West-Victoria, in östlicher, dann nördlicher Richtung bis unterhalb Fraser Island in der Nähe der Hervey Bay in Queensland.

Tropisch: Von Brisbane im Süden von Queensland, in nördlicher Richtung bis an die Spitze des Cape York, einschließlich des gesamten Great Barrier Reef.

Bisweilen gehen diese Unterwasserregionen ineinander über. In manchen Gebieten kommt es vor, dass Tiere die Gewässer in der Nähe von Riffen und Inseln bewohnen, jedoch nicht die angrenzenden Riffe in Küstennähe. Doch dies kann sich im darauffolgenden Jahr schon wieder ändern. Je nach Temperatur und Strömungsverhältnissen können tropische Larven bis 1000 km weit in gemäßigte Gewässer vordringen, sich dort entwickeln und vermehren und erst bei winterlichen Temperaturen zugrunde gehen. Eine Beschreibung der Herkunft der australischen Arten, der einzelnen Unterwassergebiete und ihrer geographischen Überschneidungen würde den Umfang dieses Buches sprengen.

Um eine vereinfachte Übersicht zu geben, wurde der Unterwasserlebensraum in zwei Hauptgebiete eingeteilt – in **Tropisch** und **Gemäßigt**. Zur Definition dieser Gebiete wird eine Diagonale entlang der 30°-Linie angenommen, die südlich vom westaustralischen Geraldton über den ganzen Kontinent bis zu einem Punkt im Norden von Coffs Harbour in New South Wales verläuft.

Unten: Auf vielen Riffen der gemäßigten Gewässer sind Braunalgen (*Ecklonia radiata*) vorherrschend. Bei starkem Seegang schwingen die Algen in der Wasserbewegung mit. Nur erfahrene Taucher sollten sich in diese Algenwälder trauen.
Neville Coleman.

Gemäßigter Unterwasserlebensraum

Die meisten der südlichen Küstengebiete sind von zerklüfteten Klippen, Landzungen, Buchten und langen Sandstränden gekennzeichnet, wo starke Ge-

genströmungen vom offenen Meer her gegen das Land schlagen und der Küstenregion immer wieder eine neue Form verleihen. In den gemäßigten Gewässern herrscht ständig Bewegung – also auch beim Tauchen.

Der Lebensraum in den gemäßigten Gewässern (wie er auf den Felsenriffen und Inseln an der Küste und auf dem offenen Meer zu finden ist) wird von Meerespflanzen, vor allem von den Algen bestimmt. In diesen klaren, kalten und nährstoffreichen Gewässern – von der Gezeitenzone bis in eine Tiefe von 30 m und darunter – gedeihen die verschiedenartigsten Algen, von den grell rosafarbenen, an Felsen wachsenden Kalkalgen bis zu den riesigen Kelpwäldern, die bis zu 25 m lang werden können.

Zu den häufigsten Meerespflanzen gehören der Meersalat (*Ulva*), die kurzstieligen Algen (*Ecklonia*), die kräftigen »strap Kelps« (*Durvillia*) und die riesigen »Wald-Kelps« (*Macrocystus*) des südlichen Tasmaniens. Aufgrund des oftmals sehr dichten Algenbewuchses sind viele Tiere (vor allem die Wirbellosen) viel schwieriger zu entdecken als ihre Verwandten, die in den Korallenriffen leben.

In den tieferen Gewässern, wie z.B. in Höhlen, auf Felsbänken und an den Klippenrändern, herrschen die Wirbellosen Tiere vor. Dort trifft man auf einzigartige Schwammgärten mit vereinzelten Weichkorallen und Gorgonien in den unglaublichsten Farben. Große Ansammlungen von Seescheiden (*Ascidien*) neigen sich in der ständigen Wellenbewegung, während Fische auf der Suche nach Futter oder auf der Flucht vor Raubfischen hin- und herschnellen.

An der Küste besteht die Bodenschicht meistens aus Sandstein, Basalt, Kalkstein und Granit, so dass sich der Sand aus Mineralien und zerfallenen Skeletten von Kieselalgen, Moostierchen, Muscheln, Stachelhäutern und Kalkalgen zusammensetzt. In den tiefen Gewässern besteht der Sand vorwiegend aus Muschelkalk, während der Sand an den Stränden mehr Mineralien enthält.

Vor allem nach einem Sturm werden riesige Ansammlungen von abgestorbenem Seegras und Algen an den Strand gespült, wo sie allmählich verfaulen. Manche Strände sind ständig von Matten aus abgestorbenem Seegras bedeckt, die von Tausenden kleiner Krustentiere (Meerasseln und Flohkrebsen) bewohnt werden. Diese Krustentiere spielen bei der Zersetzung der Matten und an Land gespülter Tierkadaver eine wesentliche Rolle. Sowohl die tropischen als auch gemäßigten Regionen werden von Vertretern aller bedeutenden Tier- und Pflanzenordnungen bewohnt.

Tropischer Unterwasserlebensraum

An der oberen Hälfte Australiens, nördlich der 30° Linie, findet man Korallenriffe sowohl an der Küste als auch auf dem offenen Meer. Bei manchen handelt es sich um echte Korallenriffstrukturen, die im Lauf der Zeit von Korallenpolypen aufgebaut wurden, bei anderen um Felsenriffe, die mit Korallen, Pflanzen und Tieren bedeckt sind, die man normalerweise auf echten Korallenriffen vorfindet. In Westaustralien, in Orten wie Port Gregory und Quobba, wachsen Korallenriffe an der Küste entlang der unteren Gezeitenzone. Die Ningaloo Reefs bilden eine Grenze entlang der Küste bis zum Exmouth Gulf. Die Lagunenbe-

Ganz oben: Fotografen sollten stets darauf achten, die zerbrechlichen Korallenformationen nicht zu zerstören.
Michael Aw.

Oben: Die zarten Haarsterne, nahe Verwandte der Seesterne, Seegurken und Seeigel, suchen tagsüber oft unter großen Tischkorallen oder Überhängen Schutz.
Michael Aw.

Oben: Vor Rottnest Island in Westaustralien leben Korallen, Schwämme, Gorgonien, Seescheiden und Moostierchen Seite an Seite in spärlich beleuchteten Höhlen in 20 m Tiefe. *Neville Coleman.*

dingungen, die zwischen dieser Grenze und der Küste herrschen, bieten den optimalen Lebensraum für Korallen und ähnliche Tiere.

Bis nach Dampier sind alle auf dem offenen Meer gelegenen Inseln von Korallenriffen umgeben, genau wie die Mehrzahl der Inseln im Dampier Archipel, obwohl in den vergangenen zwanzig Jahren viele Küstenriffe durch Verschlammung als Folge des Fischens mit Schleppnetzen zerstört wurden. Ausgedehnte Korallenriffe gibt es noch im Nordwesten Australiens bei Rowley Shoals, den Monte Bello Islands und den Scott Reefs, wobei die Riffe an der Nordküste von Darwin wegen der Buchten und Mangroven sehr schlammig sind. Solche Riffe findet man an allen Nordküsten bis zum Gulf of Carpentaria, der Ostseite des Cape York, bis hinunter zur Küste von Queensland.

Das Great Barrier Reef, das größte, tropische Korallenriffsystem der Welt, besteht aus mehreren Riffarten: hauptsächlich aus Barriereriffen, Saumriffen, Atollen und Fleckenriffen. Darauf verstreut befinden sich Tausende Korallenfelsnadeln, sogenannte »bommies«, die vom Meeresboden – bisweilen aus einer Tiefe von bis zu 50 m – bis wenige Meter unterhalb der Wasseroberfläche emporragen. Diese Korallennadeln bieten sich zum Tauchen geradezu an: überall trifft man auf Höhlen, riesige Gorgonienfächer, Stein- und Weichkorallen sowie unvorstellbare Mengen bunter Fische und Wirbelloser Tiere. Die Meinungen bezüglich des Alters dieses Riffs gehen weit auseinander. Schätzungen gehen davon aus, dass es Korallen bereits im Präkambrium, d.h. vor 4,5 Millionen Jahren gab; andere vermuten, dass das Great Barrier Reef schon seit 30 Millionen Jahren existiert.

Das Korallenmeer verfügt über verstreut liegende Korallenriffe, riesige Bastionen, deren Vorhandensein nur durch vereinzelte Sandbänke angedeutet wird. Diese Sandbänke stellen einige der letzten sicheren Nistplätze für große Zahlen von Seevögeln dar.

Ein Korallenriff besteht aus vielen hundert Korallenarten, die sich oft ähneln, oft aber auch völlig unterschiedlich sind und die mittlere Gezeitenzone bis in eine Tiefe von ca. 50 m bewohnen. Die Kolonien sind unterschiedlich groß – von wenigen Millimetern bis zu imposanten Exemplaren von 5–10 m. Die meisten Korallenpolypen sind nachtaktiv, wenn der Himmel jedoch bewölkt ist, nehmen sie auch während des Tages Nahrung zu sich.

Wer nur im tieferen Wasser taucht, wird nur einen Bruchteil der Korallen zu Gesicht bekommen. Die besten Chancen, die Bewohner des Riffes zu beobachten, haben immer noch Schnorchler und Sporttaucher, die sich im Flachwasser aufhalten.

Die Mehrzahl aller riffbildenden Korallen leben in Kolonien, wobei jedoch jeder Polyp unabhängig vom anderen nach Nahrung sucht. Trotz alledem sind die Polypen durch gemeinsames Körpergewebe miteinander verbunden. Somit setzt sich ein Korallenstock aus vielen tausend untereinander verbundenen Polypen zusammen, die alle ihren Beitrag zur Erhaltung der Kolonie leisten.

Korallenkolonien wachsen auf verschiedene Art und Weise. Die verbreitetste Art ist durch Knospung, d.h. die Bildung kleinerer Polypen an den Seiten der großen. Des weiteren gibt es die Polypenteilung zur Vergrößerung der Kolonie, die jedoch eher bei den großpolypigen Korallenarten auftritt. Der Polyp teilt sich einfach – zwei neue Individuen sind entstanden.

Die Farben der steinartigen, riffbildenden Korallen hängen von den Pigmenten ab, die sich in den Tausenden von Zooxanthellen (Symbiosealgen) befinden, die im Gewebe jedes einzelnen Polypen sitzen. Am Tag versorgen die Algen die Korallen mit Sauerstoff und Kohlenstoff und nehmen einen Teil des überschüssigen Kohlendioxids auf, das die Polypen abgeben. Fast alle Korallen sind aber auch Fleischfresser, die sich hauptsächlich von Plankton ernähren, das sie mit ihren Tentakeln einfangen. Jeder Tentakel ist mit zahllosen Nesselkapseln ausgestattet. Diese Nesselkapseln enthalten eine kleine, gewundene Spirale, die am Ende einen spitzen Stachel trägt, und ähneln winzigen, ovalen, giftgefüllten Ballons. Sobald ein kleines Tier diese Tentakel berührt, wird es vom Gift der Stacheln gelähmt. Darauf wird die Beute von den Tentakeln zur Mundöffnung transportiert, die sich öffnet und das Tier verschlingt. Sofort setzt die Verdauung ein, und wenn die Mahlzeit beendet ist, werden die Abfallprodukte einfach aus der Mundöffnung ausgestoßen.

Für die Größe und das Wachstum des Riffes sind hauptsächlich die Korallen verantwortlich, doch gibt es noch andere Organismen (die Kalkalgen), die das Riff zusammenhalten. Am Great Barrier Reef trifft man auf viele unterschiedliche Arten dieser wichtigen Gruppe. Diese Kalkalgen können dem Meerwasser Kalziumkarbonat entziehen. Man findet sie überall auf den Korallenriffen, besonders jedoch auf der Wetterseite, wo sie harte, verkrustete Schichten bilden und damit lebende und abgestorbene Korallen »zusammenbetonieren«, um so wirksame Bollwerke gegen die unaufhörliche Erosionswirkung des Ozeans zu formen.

Unten: Zu den farbenprächtigsten Korallen zählen die Geweihkorallen (*Acropora* sp.). In vielen Fällen kommt diese Farbenpracht aber erst voll zur Geltung, wenn man sie aus nächster Nähe betrachtet. *Neville Coleman.*

Australiens Meeresbewohner

Australiens Unterwasserwelt bietet sowohl gemäßigte als auch tropische Lebensräume mit einer enormen Artenvielfalt an Meerestieren. Das vorliegende Kapitel ist eine allgemeine Einführung in die Tier- und Pflanzenwelt der australischen Gewässer.

Phytoplankton

Phytoplankton besteht aus größtenteils einzelligen, mikroskopisch kleinen Algen. Sie bewohnen den vom Sonnenlicht durchfluteten Teil des Ozeans.

Diese Meerespflanzen wandeln mit Hilfe des Sonnenlichtes Kohlendioxid und Wasser in Kohlenhydrate (Zucker und Stärke) um. Bei dieser Photosynthese entsteht Sauerstoff als Nebenprodukt. Schätzungen zufolge werden 60 % des globalen Sauerstoffs allein von Phytoplankton erzeugt.

Zooplankton

Während das Phytoplankton größtenteils nur mikroskopische Größe erreicht, gibt es beim Zooplankton erhebliche Größenunterschiede: von den 0,01 mm großen Einzellern bis zu den riesigen Feuerwalzen und Quallen, die über 2 m lang werden können. Das winzige Zooplankton spielt in der Nahrungskette des Meeres jedoch eine wesentliche Rolle. Zooplankton ernährt sich von Phytoplankton, wobei es die pflanzlichen Stoffe in tierisches Eiweiss umwandelt. Ruderfußkrebse und Krill z.B. kommen in so riesigen Mengen vor und können so viel Phytoplankton umwandeln, dass sie eines Tages zu einer Nahrungsquelle werden könnten.

Seegräser

Auf dem offenen Meer steht das Phytoplankton am unteren Ende der Nahrungskette, während in den Küstenregionen diese Rolle eher den Seegräsern und Algen zukommt.

Weltweit gibt es etwa 50 verschiedene Arten von Seegräsern. Seegräser verfügen über Wurzeln und Blüten, obwohl letztere eher Schoten als den farbenfrohen Blüten der Landpflanzen ähneln und sich auch geschlechtlich vermehren. Das Wachstum erfolgt durch die Erzeugung von Ablegern, die unter dem Sand verlaufen, aus denen Wurzelstöcke entstehen, die wiederum neue Ableger erzeugen.

Unten: Eine typische Seegraswiese *(Posidonia)* im seichten Wasser des Cockburn Sound bei Freemantle in Westaustralien. Die Sandgrube dahinter entstand durch Erosion, hervorgerufen durch Bootsanker. *Neville Coleman.*

Viele der Seegrasbestände in Küstennähe werden durch das Fischen mit Schleppnetzen und Verunreinigungen durch Abwasser stark dezimiert. Jährlich werden viele tausend Hektar Küsten-Seegras vernichtet, so dass als Folge davon jedes Jahr auch Hunderte Dugongs verhungern müssen. Seegrä-

Gegenüberliegende Seite: Auf den Korallenriffen der warmen, tropischen Gewässer findet der Taucher eine überwältigende Vielfalt an Meerestieren. *Michael Aw.*

ser sind ein lebenswichtiger Bestandteil der Nahrungskette und müssen unbedingt geschützt werden. Sie sind Futterquelle und Unterschlupf bei der Aufzucht aller Fischarten, einschließlich unserer Speisefische. Eine Dezimierung dieser Futterquelle führt unweigerlich zu verminderten Fangquoten.

Algen

In den Weltmeeren gibt es über 9000 Algenarten. Die größten davon finden sich in den gemäßigten Gewässern. Südaustralien kann sich einiger hundert Arten von Meeresalgen rühmen, die von der Gezeitenzone bis in eine Tiefe von mindestens 70 m anzutreffen sind. Die australischen Algen können fadenartige Gebilde von nur wenigen Millimetern oder aber riesige Gewächse von 30 m Länge sein, die mit einer Geschwindigkeit von einem halben Meter pro Tag wachsen.

Während Landpflanzen mit Hilfe ihrer Blätter Kohlendioxid aus der Luft und mit Hilfe ihrer Wurzeln Feuchtigkeit und Mineralien aus dem Boden aufnehmen, besitzen Algen keine echten Wurzeln, sondern sind durch ihre »Haftorgane« ganz einfach im Untergrund verankert. Sie besitzen auch keine Blüten, vermehren sich jedoch durch Sporen. In vielen Fällen sind sowohl geschlechtliche als auch ungeschlechtliche Pflanzen am Vermehrungszyklus beteiligt. Wie alle Pflanzen benötigen auch Algen Licht für die Photosynthese (Umwandlung von Kohlendioxid in Zucker und Stärke), und obwohl sie sich in Form und Struktur voneinander unterscheiden, werden sie nur nach Farben unterteilt. Die Algen, die auf den Felsenriffen Südaustraliens vorherrschen, sind braun (Kelp, Sargassum, Blasentang) und rot (Kalkalgen, welche die Felsen mit einer rosafarbenen Kruste überziehen, vor allem an den Küsten von New South Wales und im Osten Victorias).

Schwämme

Schwämme gelten als die ältesten vielzelligen Tiere. Diese primitiven Lebensformen sind in den gemäßigten und tropischen Meeren weit verbreitet, und es gibt weltweit ca. 15 000 anerkannte Arten.

Obwohl es auch in den tropischen Meeren einzigartig geformte (und somit leicht identifizierbare) Schwämme gibt, haben sie doch die größte Vielfalt bezüglich Form, Farbe und Artenreichtum in den gemäßigten Gewässern entwickelt. Die Schwämme der gemäßigten Gewässer erscheinen in allen Farben des Regenbogens, und ihre Formen sind genau so auffallend wie ihre Färbung.

Schwämme besitzen normalerweise ein fibröses Skelett, das aus einem keratinartigen Stoff, dem sogenannten Spongin, aufgebaut ist, den man nur bei Schwämmen findet. Zur Identifizierung dieser Tiere führen die Wissenschaftler eine mikroskopische Untersuchung des Innenskelettes und der Skelettnadeln durch. Diese Skelettnadeln sind entweder kalk- oder kieselsäurehaltig und meistens winzig klein.

Die Anatomie der Schwämme ist sehr komplex. Der Körper ist mit vielen, kleinen Poren *(Ostia und Oscula)* versehen. Die Ostia sind mit den Oscula über zusammenlaufende Kanäle verbunden, die sich im Gewebe des Schwammes befinden. Diese Kanäle sind vollständig oder teilweise mit sogenannten »Ringzellen« ausgekleidet, wobei der Name von ihrer, unter dem Mikroskop erkennbaren Form stammt. An jeder Ringzelle befindet sich ein einziges Fädchen, die Geißel, die sich vor- und zurück bewegt. Dadurch, dass alle Geißeln an den Ringzellen gemeinsam schlagen, wird ein Wasserstrom durch den Schwammkörper geleitet. Feine protoplasmatische Ausstülpungen an den Zellen fangen im Wasser schwimmende Futterteilchen ein, die dann als Nahrung aufgenommen werden. Die Wasserströmung versorgt den Schwamm mit Sauerstoff und schwemmt das überschüssige Kohlendioxid fort. Ein kleiner Schwamm von der Größe einer Faust kann alle 4 bis 20 Sekunden eine Wassermenge filtern, die seinem Körpervolumen entspricht, was einer Tagesleistung von 5000 Litern gleich kommt.

In den letzten 10 Jahren wurde viel Forschungsarbeit in die australischen Schwämme investiert. Hunderte neuer Arten wurden entdeckt und mit Unterwasserfotos verglichen.

Oben: Der riesenhafte Bull-Kelp (*Durvillea potatorum*) bei St Helens in Tasmanien. Diese Algenart kommt sehr häufig in kühlen Gewässern vor, wo sie am Rand der Gezeitenzone wächst. Die Algen wachsen so dicht nebeneinander, dass man an manchen Stränden Schwierigkeiten hat, aus dem bzw. ins Wasser zu steigen. *Neville Coleman.*

Cnidaria (Nesseltiere)

In der Vergangenheit bezeichnete man alle Tiere mit radial-symmetrischem, beutelförmigem Körper als Coelenterata. Die heutige Wissenschaft teilt diese Gruppe in zwei Unterbereiche – Cnidaria und Ctenophora – ein.

Die in diesem Abschnitt beschriebenen Tiere gehören alle zu den Cnidaria. Der Begriff »Cnidaria« bezieht sich auf die Fähigkeit, die Beute durch Gift zu lähmen – eine Eigenschaft, die diese Wirbellosen aufgrund der lähmungserzeugenden Giftzellen in ihrem Körper besitzen.

Die Grundstruktur ist ein blütenähnlicher Polyp. Dieser Polyp besitzt keinen Atmungsapparat, kein Blut und keine Ausscheidungsorgane. Es handelt sich, kurz gesagt, um einen beutelförmigen Organismus, der von einem oder mehreren Tentakelringen umgeben ist. Die lebenswichtigen Funktionen wie Atmung, Ausscheidung und Nahrungsverteilung finden durch einfache Diffusion statt.

Die Tentakel sind hohl, stehen in Verbindung mit den Gedärmen und sind mit sogenannten Cnidoblasten ausgestattet, das sind Zellen, die zahlreiche Nesselzellen mit lähmender Wirkung beherbergen.

Wenn die Beute eingefangen wurde, wird sie von den Tentakeln zur Mundöffnung gebracht. Von dort gelangt sie in den Magen, wo sie verdaut und die verwertbaren Bestandteile aufgenommen werden. Der unverdauliche Rest wird durch die Mundöffnung wieder ausgestoßen. In den Weltmeeren leben schätzungsweise 9 000 Arten der Gattung Cnidaria.

Da die Lebenszyklen der Cnidaria oftmals sehr unterschiedlich und komplex verlaufen, ist im folgenden nur eine allgemeine Beschreibung möglich. Innerhalb der Gattung Cnidaria gibt es zwei Hauptformen – frei schwimmende Medusen (Quallen) und unbewegliche Polypen (Hydroiden, Korallen und Seeanemonen) –, die beide radial-symmetrisch sind und deren Mundöffnung sich in der Mitte befindet. Einer der Hauptunterschiede zwischen frei schwimmenden Medusen und unbeweglichen Polypen ist der, dass bei den Medusen Mundöffnung und Tentakel nach unten, bei den am Boden festsitzenden Polypen Mundöffnung und Tentakel nach oben, außen oder unten zeigen. Ein wichtiges Merkmal der Cnidaria ist ihre Fähigkeit, Kolonien zu bilden.

Obwohl alle Mitglieder der Cnidaria Nematocysten besitzen, können doch nur wenige dem Menschen gefährlich werden. Einige Hydroiden, Feuerkorallen, Quallen und Seeanemonen können einen heftigen Brennschmerz erzeugen, doch nur wenige – darunter die tropischen Würfelquallen – haben den Tod von Menschen verursacht.

Hydrozoen, Hydrokorallen, Feuerkorallen, Portugiesische Galeere

Die Ordnung Hydroidea (Hydrozoen) gehört zu den wenigen Cnidaria-Gattungen, die in gemäßigten Gewässern in größerer Artenvielfalt vorkommt als in tropischen. Obwohl sie häufig anzutreffen sind, sind Hydroiden den wenigsten Tauchern bekannt. Bei der Mehrzahl von ihnen handelt es sich um unauffällige Kolonien von feiner, farnähnlicher Struktur, die sich so in die Umgebung einfügen, dass sie kaum auffallen. Viele Arten sind sehr klein und leben bisweilen auf anderen Organismen, wie z.B. Algen, Schwämmen und Mollusken. Die in tropischen Gewässern vorkommenden Arten, wie z.B. Aglaophenia und Lytocarpus, wachsen in großen Ansammlungen und können sehr starke Verbrennungen verursachen. Im Gegensatz dazu weisen die koloniebildenden Hydrokorallen und Feuerkorallen massive, harte Kalkstrukturen auf. Feuerkorallen besitzen starke Nematocysten, die ernsthafte Verletzungen verursachen können.

Quallen

Auch die Quallen gehören zu den Cnidaria. Das erste Übergangsstadium ihres Lebenszyklus verbringen sie in Form eines unbeweglichen Polypen, wobei jedoch die Medusen-Phase überwiegt. Das Erkennen der unbeweglichen Polypen-Phase ist sehr schwierig. Die Anatomie einer Qualle ist sehr komplex – der Nahrungstransport vom Verdauungstrakt in das Gewebe geschieht über ein Netz aus Kanälen, und Gleichgewichtsorgane helfen beim Schwimmen.

Kontraktionswellen durchlaufen die Muskeln, so dass sich das Tier mit den charakteristischen Rückstoßschlägen fortbewegen kann.

Unten: Die Violette Hydrokoralle (*Distichopora violacea*) ist oft unter Felsüberhängen des Great Barrier Reef anzutreffen.
Michael Aw.

Würfelquallen

Würfelquallen gehören zu den giftigsten Tieren der Welt. Die größten und gefährlichsten Arten trifft man in den Gewässern der südlichen Hemisphäre. Die englische Bezeichnung »Würfelqualle« beschreibt das Tier auf zutreffende Weise. Der kastenförmige, viereckige Körper besteht aus einer zähen, gelatineartigen Substanz. An jeder Ecke befinden sich eine bzw. mehrere Tentakel. An jeder der vier Seiten – normalerweise auf der senkrechten Achse zur Körperunterseite hin – sitzen ein Gleichgewichtsorgan und ein Auge. Auf der Innenseite des Körpers hängt von oben der Magen und die röhrenförmige Mundöffnung herab. Die Würfelquallen sind in zwei Familien unterteilt: die Mitglieder der Corybdeidae besitzen vier einzelne Tentakel und verursachen nur leichten Brennschmerz, während die Chirodropidae über vier Tentakelbündel verfügen. Einige Arten können bei Berührung für Menschen tödlich sein.

Schwarze Korallen (Dörnchenkorallen)

Schwarze Korallen findet man sowohl in seichten als auch in tiefen Gewässern der Tropen. An den Tauchplätzen der gemäßigten Gewässer trifft man sie kaum an, da sie unterhalb der empfohlenen Tauchtiefe von 40 m wachsen.

In den australischen Meeren findet man mindestens 15 Arten Schwarze Korallen, wobei die Gattung der *Antipathes* vorherrschend ist. In den gemäßigten Gewässern scheinen weniger Arten zu leben. Lebende Schwarze Korallen sind von einer fleischigen Haut überzogen, die weiss, rosa, gelb, braun, orange oder grün sein kann. Die Polypen besitzen sechs Tentakel, die nicht in das Skelett eingezogen, bei Störungen jedoch schrumpfen können.

Das Innenskelett besteht aus einem extrem widerstandsfähigen, geschmeidigen Protein, das von den Polypen abgesondert wird. Eine große Zahl der Schwarze Korallen-Gärten sind wegen ihres Rufes, »wertvoll« zu sein, stark dezimiert worden. Vor nicht allzu langer Zeit wurden auf den Halbedelsteinmärkten hohe Preise für Schwarze Korallen erzielt.

In Australien wurden riesige Mengen davon aus den Gewässern um das Great Barrier Reef abgeerntet. Als dann die Skelette dieser Korallenart beim Trocknen Sprünge bekamen, füllten die Händler diese Risse mit Lötsilber auf und verkauften die polierten Resultate dann als versilberte Schwarze Korallen.

Zylinderrosen

Zur Zeit als dieses Buch geschrieben wurde, wurde in der gesamten Indo-Pazifischen Region nur eine einzige Gattung – *Cerianthus* – gefunden, die sowohl in tropischen als auch in gemäßigten Gewässern lebt. Unlängst wurden jedoch neue Arten aus verschiedenen Gebieten beschrieben.

Diese Anemonen wachsen auf weichem Untergrund von der unteren Gezeitenzone bis in eine Tiefe von 50 m. Jedes Tier baut sich zum Schutz eine Schleimröhre in den Schlamm, die es dann bewohnt. Zylinderrosen besitzen zwei Tentakelringe, die um die Mundöffnung herum sitzen, wobei die äußeren Tentakel viel länger sind als die inneren.

Obwohl sie durchaus in der Lage sind, kleine Fische zu lähmen, besteht ihre Nahrung doch hauptsächlich aus Plankton, das sie nachts oder bei bewölktem Himmel fangen. Die Farbe der Tentakel kann gelb, rosa, braun, weiss, lila oder grau sein.

Weichkorallen

Sowohl die Weichkorallen als auch die Gorgonien (sea fans) sind unter der Bezeichnung Octokorallen bekannt, die zur Klasse der Alcyonaria gehören, die sich von den anderen Mitgliedern der Cnidaria dadurch unterscheiden, dass die Polypen acht Tentakel bzw. gefiederte Tentakel besitzen.

Mit Ausnahme der Gattungen *Tubipora* und *Heliopora*, verfügen die meisten Weichkorallen über kein echtes Skelett. Manche Arten besitzen einen weichen, nachgiebigen Körper (*Xenia*), während der von anderen Arten fest und lederig ist (*Sarcophyton*). Wieder andere halten sich aufrecht, indem sie Wasser in die untereinander verbundenen Körperhöhlen pumpen. Alle Arten – auch die weichen und biegsamen – enthalten winzige Nadeln aus Kieselsäure oder Kalzium, die zur Verstärkung der Körperwände beitragen. Mit Hilfe dieser Nadeln definieren Wissenschaftler die Alcyonaria-Arten, und bei Dendronephthya sind sie auch deutlich in den Körperwänden zu sehen.

Weichkorallen besitzen auch Nematocysten, die Plankton lähmen und einfangen können, für Menschen jedoch ungefährlich sind. Einige Weichkorallen *(Dendronephthya)* haben zu ihrem Schutz Stacheln um die Polypengruppen, die eine ähnliche Funktion erfüllen wie die Dornen an einer Rose: sie schützen die Weichkoralle vor gefräßigen Schnecken.

Weichkorallen verfügen außerdem über äußerst starke, chemische Abwehrkräfte – einige produzieren sogar Chemikalien, die andere, in der Nähe wohnende Organismen töten können. Viele dieser Substanzen werden von Biochemikern auf ihre krebshemmenden Eigenschaften untersucht. Die in seichten, lichtdurchfluteten Gewässern vorkommenden Weichkorallen weisen in ihrem Gewebe Zooxanthellen auf, mit denen sie in Symbiose leben.

Gorgonien

In den tieferen Abschnitten des Riffes kann man tagsüber die Polypen der Gorgonien und Seepeitschen bei der Nahrungsaufnahme beobachten, besonders in Gebieten mit starker Strömung oder bei einsetzender Flut.

Die meisten Gorgonien besitzen ein starkes, drahtartiges Skelett und sind recht biegsam, obwohl einige

Oben: Die in seichten Gewässern der Tropen (in einer Tiefe von 10 bis 25 m) vorkommende Gorgonien-Gattung *Melithaea*, bildet kleinere Kolonien als viele ihrer verwandten Tiefseearten. *Neville Coleman.*

auch sehr zerbrechlich sein können. Die Mehrzahl der Gorgonien und Weichkorallen bewohnt eher die tropischen als die gemäßigten Gewässer, doch unabhängig von ihrem Lebensraum zeigen diese Arten extrem schillernde Farben und komplizierte Wachstumsmuster. Die Polypen sondern ein spezielles Skelettprotein ab, das Gorgonin, das von den Nadeln umschlossen wird und sich hart anfühlt. Viele Arten bauen ihre Fächer im rechten Winkel zur vorherrschenden Strömung, und in tiefen Gewässern bzw. abgelegenen Lagunen sind 3 m hohe und 4m breite Exemplare gesichtet worden. Auf einigen Riffen des Korallenmeeres, in einer Tiefe ab 50 m, verlaufen – so weit das Auge reicht – Ansammlungen von Gorgonien wie Maschendrahtzäune am Meeresboden entlang.

Seefedern

Die borstenförmigen Seefedern leben in Kolonien auf weichem Sand- oder Schlammuntergrund, wo die Strömung nicht zu stark ist. Ein darauf spezialiserter Polyp hält den Körper am Leben, der mit einem Innenskelett ausgestattet ist und sich im Sand ausbreiten bzw. sich darin zurückziehen kann. Die in den tropischen und gemäßigten Gewässern häufig anzutreffenden Seefedern scheinen sehr lichtempfindlich zu sein, so dass Taucher sie vorzugsweise nachts bei der Nahrungsaufnahme beobachten können. Einige Arten strahlen bei Störungen oder Berührung biolumineszierendes Licht ab.

Steinkorallen

Obwohl Steinkorallen auch in den gemäßigten Gewässern vorkommen, gedeihen die echten, riffbildenden Steinkorallen in den tropischen Gewässern doch am besten. Auf tropischen Riffen trifft man auf bis zu 400 Arten. In den gemäßigten Gewässern leben nur ca. 20 Arten, von denen einige in sehr klarem Wasser, in einer Tiefe von 65 m, plattenähnliche Gebilde formen.

Von einigen Gattungen, wie z.B. den Geweihkorallen *(Acropora)*, gibt es 100 verschiedene Arten, wobei es durchaus sein kann, dass einige der gleichen Art angehören und nur eine unterschiedliche Wachstumsform aufgrund eines veränderten Mikro-Lebensraumes aufweisen.Die tropischen Korallenriffe Australiens sind durch die vielfältigen Wachstumsformen der Geweihkorallen *(Acropora)* gekennzeichnet, während in den seichten Gewässern *Pocillopora* und *Seriatopora* vorherrschen.

Bei Ebbe kann man in den seichten Gewässern der Lagunen große, oftmals kreisförmige, oben abgeflachte Korallenkolonien entdecken. Diese abgewandelten *Porites*-Kolonien, die auch als Mikro-Atolle bekannt sind, bestehen aus abgestorbenen Skeletten, die außen von lebenden Korallen umgeben sind. Diese Form entsteht, weil die Kolonien senkrecht bis zum Ebbeniveau wachsen und dann absterben, sich jedoch weiterhin in der Breite ausdehnen. Somit entspricht die Höhe eines Atolls dem jeweiligen Ebbestand in der Lagune. Im allgemeinen wachsen die robusteren Korallen eher an den exponierten Stellen und sind kleiner und widerstandskräftiger als die in tieferen Gewässern oder geschützten Lagunen lebenden Korallen.

Die Polypen der Steinkorallen besitzen sechs oder mehr Tentakel. Die Mehrzahl der tropischen Steinkorallen bilden Kolonien, die durch Knospung oder Teilung (ungeschlechtliche Vermehrung) entstehen. Einige wachsen einzeln, darunter die sehr großen Pilzkorallen (*Fungia* und *Heliofungia*). *Heliofungia actiniformis* geht tagsüber mit ihren Tentakeln auf Nahrungssuche und ähnelt im Aussehen einer Anemone.

In den gemäßigten Gewässern findet man wunderschöne, kleine Einzelkorallen, wie die hellgrüne *Scolymia* und *Balanophyllia*, die tieferesWasser bevorzugt und deren Mundöffnung von leuchtenden, symbiotischen Bakterien umgeben ist.

Am besten kann man Korallen auf einem nächtlichen Tauchgang beobachten, wenn alle Polypen ihre Tentakel ausstrecken, um Plankton einzufangen. Eine der farbenprächtigsten Korallen ist die Kelchkoralle *(Tubastrea)*, die – in faustgroßen Gruppen – an der Decke und den Wänden von Höhlen und unter Felsbänken wächst. Wenn der Himmel bewölkt ist oder die Flut einsetzt, kann man sie auch tagsüber bei der Nahrungsaufnahme beobachten.

Anemonen

Die in den tropischen und gemäßigten Meeren Australiens häufig vorkommenden Anemonen weisen erhebliche Größenunterschiede auf: von den riesigen tropischen Formen (*Heteractis* und *Stichodactyla*), die bis zu einem Meter groß werden können, bis zu den kleinen Juwelenanemonen (*Corynactis*), die in ihrer Farbenpracht viele südlichen Gebiete wie ein Teppich bedecken.

Viele der tropischen Anemonen enthalten in ihrem Gewebe mikroskopisch kleine Zooxanthellen, die ihnen ihre grüne bzw. braune Färbung verleihen. Einige weisen außergewöhnliche Formen und Farben auf, und manche der tropischen Arten (*Dofleina* und *Actinodendron*) verursachen beim Menschen starke Schmerzen und Gewebeschäden, wenn sie mit nackter Haut in Berührung kommen.

Die tropischen Arten, die den dort lebenden Clown- und Anemonenfischen einen sicheren Unterschlupf bieten, sind alle bestens bekannt, während bei den Arten der gemäßigten Gewässer immer noch viele namenlose Neuentdeckungen warten. Außer der bekannten Lebensgemeinschaft zwischen Anemonen und Anemonenfischen gibt es noch solche mit Krabben, Porzellankrebsen, Schwimmkrabben und sogar Schlangensternen.

Krustenanemonen

Krustenanemonen beschreibt man am besten folgendermaßen: es sind kleine, in Gemeinschaften lebende, korallenähnliche Tiere ohne Skelett, die sich von Plankton ernähren. Auf den tropischen Riffen sind bei Ebbe oft die Kolonien zu sehen, die aus dicht nebeneinander stehenden Einzeltieren bestehen und deren Polypen tagsüber eingezogen sind. Die bekannteste Art ist *Palythoa*. In den gemäßigten Meeren wachsen auf den Riffen, in einer Tiefe bis zu 60 m, merkwürdige, würstchenähnliche Vertreter der Gattung *Zoanthus*. Die farbenprächtigsten Krustenanemonen gehören zur Gattung *Parazoanthus* und leben auf bzw. in Schwämmen der gemäßigten Meere. In den tieferen Gewässern im Süden von New South Wales, Victoria und Tasmanien gehört die hellgelbe *Parazoanthus* sp. zu den bekanntesten Cnidaria. Mit Ausnahme der etwas bunteren Arten, werden Krustenanemonen von den Tauchern oft gar nicht wahrgenommen.

Korallenanemonen

Korallenanemonen sehen wie kleine, perlengeschmückte Teppiche aus flachen Anemonen aus und erscheinen in strahlenden Rosa-, Blau- und Grüntönen. Sie leben größtenteils in Kolonien, wobei die einzelnen Polypen bis zu 50 bzw. 70 mm Durchmesser haben können; das riesige Elefantenohr (*Amplexidiscus* sp.) kann sogar bis zu 30 cm groß werden. Die meisten dieser Arten leben in den Tropen.

Oben: Die in kühleren Gewässern beheimatete und in ganz Südaustralien vorkommende Gelbe Krustenanemone (*Parazoanthus* sp.) setzt sich meistens auf Schwämmen fest und ist sicherlich die schönste Krustenanemone.
Neville Coleman.

Plattwürmer

Nur wenige Taucher nehmen die Plattwürmer wahr, und wenn, dann nur die auffällig gefärbten Arten. Oft werden Plattwürmer mit Nacktkiemern (schalenlosen Mollusken) verwechselt. Während man viele der tropischen Arten tagsüber zu sehen bekommt, leben die Arten der gemäßigten Gewässer eher im Verborgenen: unter Felsen und Steinen oder bei einem wirbellosen Wirtstier versteckt, wie z.B. der Plattwurm *Pseudoceros colemani*, der auf der Aszidie Sycozoa lebt. Die Mehrzahl der Plattwürmer wird zur Ordnung der *Polycladida* gezählt. Der Begriff »Plattwürmer« umfasst die Strudelwürmer (freilebende Plattwürmer), die parasitisch lebenden Saugwürmer und die Bandwürmer; hier wird er jedoch nur zur Bezeichnung der Strudelwürmer (Turbellaria) verwendet.

Meistens ist bei genauerem Hinschauen der Unterschied zwischen einem Plattwurm und einem Nacktkiemer schnell ersichtlich. Plattwürmer besitzen (im Gegensatz zu den meisten Nacktkiemern) keine äußeren Kiemen, sondern Tentakel am »Kopf«ende, auf denen einfache Augen sitzen: manche Arten tragen ihre Tentakeln auf dem Rücken in der Nähe des »Kopfes«.

Plattwürmer sind Zwitter, d.h. sie besitzen komplexe männliche und weibliche Geschlechtsorgane. Zwei Einzeltiere paaren und befruchten sich gegenseitig. Die Eier werden spiralförmig in den Untergrund abgelegt.

Die meisten im Meer lebenden Arten sind Räuber und Fleischfresser. Nach den Erfahrungen des Autors ernähren sich viele der in den südlichen, gemäßigten bzw. tropischen Gewässern lebenden Plattwürmer von den kolonienbildenden Aszidien. Nur ein paar Arten weisen dieselbe Körperfärbung auf wie die Arten, von denen sie sich ernähren.

Ringelwürmer

Die Annelida oder Ringelwürmer gehören zu den größten Gruppen im Tierreich. Weltweit gibt es über 12 000 Arten und 70 Familien, obwohl man über die naturgeschichtliche Entstehung bzw. Verteilung, verhältnismäßig wenig weiß. Die Ringelwürmer werden in zwei Gruppen unterteilt: die aktiven, beweglichen, Nahrung suchenden Polychaeten, sowie die sesshaften, höhlenbewohnenden Terebelliden, die sich von vorbeischwimmenden Nahrungsteilchen ernähren.

Zu den Polychaeten, die man unter Wasser am häufigsten zu sehen bekommt, gehören die Borstenwürmer, Schuppenwürmer und »Seemäuse« und die Röhrenwürmer, die unbeweglich sind, sich von organischen Partikeln ernähren und die nur durch ihre auffällig gefärbten Tentakel ins Auge stechen. Da man vom gesamten Körper des Wurms normalerweise nur den spiralförmigen »Fächer« zu sehen bekommt, ist manchen Schnorchlern und Tauchern gar nicht bewusst, dass dieses mysteriöse Objekt Teil eines Wurms ist.

Terebelliden bewohnen Sand- oder Schlammröhren am Boden oder unter Felsen und strecken ihre einziehbaren Tentakel zur Nahrungssuche aus. Kalkröhrenwürmer bauen eine harte, kalkhaltige Röhre innerhalb einer Kolonie oder auch einzeln. Sie filtern ihre Nahrung aus dem Wasser. Die meisten von ihnen verfügen über einen Deckel *(Operculum)* mit Stiel, der die Röhre sofort verschließt, wenn sich der Wurm zurückzieht. Die Fortpflanzungsarten der Polychaeten reichen vom Ausstoß von Eiern und Samen ins Wasser bis zum Ausbrüten der Nach-

Unten: Der Plattwurm *(Pseudoceros ferrugineus)*, der auf Korallenriffen beheimatet ist und eine sehr auffällige und leicht zu erkennende Färbung aufweist, ist in großen Teilen des Indopazifik zu finden.
Michael Aw.

kommenschaft in Brutkammern. Einige tragen während der Entwicklungszeit ihre Jungen auf dem Rücken, und andere tragen ihre Eier nur so lange mit sich, bis die Jungen geschlüpft sind. Diese Larven werden dann ins Meer entlassen, wo sie sich zu Zooplankton weiterentwickeln, bis sie zur Metamorphose bereit sind.

Moostierchen

Die Moostierchen (*Bryozoa*) stellen eine faszinierende, dem Laien weitgehend unbekannte Gruppe dar. Ihre Kolonien sind mit dem bloßen Auge gut zu erkennen, wenngleich man für Details am einzelnen Tier ein Mikroskop benötigt. Es existieren ungefähr 3500 Arten, die zum größten Teil im Wasser leben.

Alle Moostierchen bilden Kolonien und wachsen in einer erstaunlichen Formen- bzw. Strukturvielfalt: von kleinen, kreisförmigen Krustengebilden, bis zu komplizierten, spitzenartigen Strukturen und pflanzenartigen Büscheln oder großen Ansammlungen korallenähnlicher Kolonien mit einem Durchmesser von mehreren Metern.

Von einigen Arten ist bekannt, dass sie sich geschlechtlich fortpflanzen, die meisten sind jedoch Zwitter. Die einen laichen im Wasser ab, die anderen befördern die befruchteten Eier in die Brutkammern.

Die meisten Kolonien der Moostierchen wachsen auf »totem« Untergrund oder abgestorbenen Organismen, genau wie Moos manchmal auf Holz oder Stein wächst.

Krebse

Krebse sind die zahlenmäßig am stärksten vertretenen Meeresbewohner. Weltweit gibt es beinahe 40 000 Arten, wobei einige davon Süßwasserbewohner sind. Obwohl sie sich in ihrer Oberflächenstruktur und ihrem Lebensraum unterscheiden, sind sie sich von der Grundstruktur her sehr ähnlich: mit Gelenken versehene Beine und ein panzerartiges Gehäuse (Exoskelett), das zum Schutz ihrer Weichteile dient. Der untergliederte Körper ist symmetrisch und besitzt einen Kopf, ein Nervensystem und gut ausgebildete Sinnesorgane. Viele Krustentiere verfügen über ein erstaunlich gutes Sehvermögen.

Oben: Der sowohl die schlammigen Küstengewässer als auch die klaren Tiefen der Barriereriffs im tropischen Australien bewohnende Prachtröhrenwurm *(Protula magnifica)* besitzt eine bis zu 30 cm lange Röhre. *Neville Coleman.*

Taucher sehen oftmals nur die größeren Krebse, wie Felsenlangusten, Bärenkrebse, Schwimmkrabben und Garnelen, während die kleineren Vertreter nahezu unbekannt sind. Farbfotos von lebenden Exemplaren können bei der Identifizierung vieler Arten behilflich sein. Im allgemeinen ist es durchaus möglich, Krebse eindeutig zu bestimmen, obschon sie sich in Farbe und Musterung unterscheiden, die äußeren Merkmale bei Jungtieren und ausgewachsenen Tieren verschieden sein können und oft geschlechtlicher Dimorphismus auftritt.

Krebse ernähren sich von vielerlei Organismen: Bakterien, Plankton, organischen Partikeln, im Wasser schwimmenden Teilchen, Algen, Mollusken, Fischen, Würmern sowie anderen Krebsen und Aas.

Krebse sind im allgemeinen getrennt geschlechtlich. Nach der Paarung legt das Weibchen die Eier ab, die entweder in den Bauchfalten (bei Krabben), auf den umgewandelten Schwimmfüßen (bei Langusten und Garnelen) oder auf der Brust (bei Heuschreckenkrebsen) getragen werden. Nach dem Schlüpfen sind die Larven Bestandteile des Planktons, dann durchlaufen sie – frei im Wasser schwimmend – verschiedene Entwicklungsstadien, bevor sie sich dann am Grund niederlassen und zu Jungtieren werden.

Krebse findet man in den meisten Unterwasserlebensräumen. Sie leben in Sand- und Schlammlöchern, in Kies und auf Riffen, in Höhlen und unter Felsen. Es gibt Arten, die nur millimetergroß sind und zum Plankton zählen, während andere 15 kg schwere Riesenexemplare sind, die auf Felsenriffen in 100 m Tiefe herumschwimmen.

Rankenfußkrebse (Seepocken)
Nur die wenigsten Taucher wissen, dass Rankenfußkrebse zu den Krustentieren zählen. Wer würde schließlich vermuten, dass die schnellfüßige Felsenkrabbe eine Verwandte der kraterförmig angeordneten Muschelplatten ist, die wie auf den Felsen geklebt wirken? Beinahe alle Arten der Rankenfußkrebse sind Zwitter, obwohl auch gegenseitige Befruchtung vorkommen kann. Aus den Eiern schlüpfen die planktonähnlichen Larven, die – im Gegensatz zu ihren Eltern – sofort als Krustentiere zu erkennen sind.

Felsenlangusten
Tagsüber können Taucher einige der größeren Vertreter der Krustentiere, wie Langusten, Felsenlangusten und Krabben zu sehen bekommen; die meisten der kleineren, farbenfrohen Exemplare der Riffgarnelen und Krabben kommen jedoch erst nachts aus ihren Schlupfwinkeln. Nachtaktivität ist eine reine Frage des Überlebens, weil die meisten Raubfische und -vögel, die genau so gerne Garnelen, Felsenlangusten und Krabben essen, wie wir Menschen, nun einmal am Tag aktiv sind.

In den tropischen Gewässern sind viel mehr Arten vertreten als in den gemäßigten: letztere beheimaten jedoch die größten Arten. Die riesigen, tasmanischen Krabben können an den Scheren über einen Meter breit werden und über 15 kg wiegen. Auch die Felsenlangusten (Gattung *Jasus*) bringen es auf eine ansehnliche Größe und ein Gewicht von 10 kg.

Die meisten der häufiger vorkommenden, tropischen Langusten gehören der Gattung *Panulirus* an. Diese außergewöhnlichen Krustentiere verlassen nachts ihre Felsen- und Höhlenverstecke, um sich Nahrung zu verschaffen und auf Partnersuche zu gehen. Sie besitzen lange, stachlige Antennen und kräftige Schwanz- und Unterleibsmuskeln, mit denen sie sich recht schnell rückwärts fortbewegen können.

Garnelen
Auf den tropischen Riffen findet man mehr Garnelen als auf den Riffen der gemäßigten Gewässer. Am Tage kann man die Garnelen ganz leicht auf ihren Wirtstieren, d.h. auf Seeanemonen, Gorgonien, Korallen oder Dörnchenkorallen beobachten. An speziellen »Reinigungsstationen« entfernen Garnelen Parasiten von den Fischen, die normalerweise zu ihren Feinden zählen. Bei Nacht kommen einige der schönsten Garnelen (vor allem *Saron*) zur Nahrungssuche auf das Riff.

Die Imperatorgarnelen *(Periclimenes ornatus)* leben auf Nacktkiemern, Seegurken und Seesternen. Einige der Gattung *Rhynchocinetes* findet man sowohl in tropischen als auch in gemäßigten Gewässern; sie alle fallen durch ihre besonders attraktive Musterung auf und können durch ihre Farben identifiziert werden.

Die gewöhnlich paarweise auftretenden Pistolengarnelen gehören der Gattung *Alpheus* an und leben normalerweise in Löchern. Manche Pistolengarnelen leben in Gemeinschaft mit kleinen Fischen, den sogenannten Grundeln. Diese Garnelen erhielten ihren Namen »Pistolengarnelen« aufgrund ihrer Fähigkeit, mit den Scheren ein lautes Klicken zu verursachen.

Krabben
Die meisten Krabben sind nachtaktiv, obwohl man in manchen tropischen und gemäßigten Küstengebieten auch

Unten: Die als Partnergarnelen bekannten Periclimenes-Arten (hier *Periclimenes venustus*) leben immer in Gemeinschaft mit einem nesselnden Wirtstier. Auf dem Foto ist diese tropische Art ausnahmsweise auf einer Lederkoralle (*Sarcophyton* sp.) zu sehen.
Neville Coleman.

Oben: Die in den kühleren Meeren und in Tiefen unterhalb 50 m lebende Riesenkrabbe *(Pseudocarcinus gigas)* kann einen Durchmesser von 40 cm aufweisen und bis zu 15 kg wiegen. *Neville Coleman.*

auf Felsenkrabben stoßen kann, die tagsüber bei Ebbe auf Nahrungssuche gehen. Viele von ihnen fallen jedoch Seevögeln zum Opfer.

Einsiedlerkrebse

Der Einsiedlerkrebs besitzt keine harte Außenschale, so dass er zum Schutz vor Feinden die leerstehenden Schalen von Weichtieren bewohnt. Der größte – *Dardanus* – ist von hellroter Farbe und lebt auf tropischen Riffen. Einige der Krebse tragen zur besseren Tarnung Anemonen auf ihren Schalen. An Land findet man zwei Arten von Einsiedlerkrebsen *(Coenobita)*, die an der Küste und auf den Inseln Nordaustraliens leben.

Spinnenkrabben

Um ihre Feinde hinters Licht zu führen, tarnen sich manche Spinnenkrabben mit Algen, Schwämmen, Weichkorallen und Seescheiden, die sie an Rücken und Beinen befestigen. Die Möven der Südküste, die bei Ebbe die Riffe nach Krabben absuchen, lassen sich von dieser Art der Tarnung nicht täuschen. In den Gewässern Victorias und Tasmaniens trifft man auf große Ansammlungen der riesigen Spinnenkrabben, die sich dort zur Paarungszeit einfinden.

Giftige Riffkrabben

Einige der auf tropischen Riffen vorkommenden Krabben besitzen Scheren, deren schwarze Enden giftig sind (*Etisus* und *Lophozozymus*). Diese Krabben sind sehr farbenprächtig und eignen sich hervorragend als Fotomotive – sind jedoch nicht zum Verzehr geeignet.

Mollusken

Mollusken machen einen wesentlichen Teil der wirbellosen Unterwassertiere aus. Weltweit geht man von 112 000 Arten aus und zweifellos wurden bis heute noch nicht alle entdeckt. Das Wort »Mollusken« bedeutet Weichtiere: Mit Ausnahme der Cephalopoden (Octopusse, Kalmare, Tintenfische) und der Nacktkiemer ist der weiche Körper dieser Tiere von einer harten, kalkhaltigen Schale umgeben.

Die älteste Gruppe der Mollusken sind Käferschnecken, die der Klasse *Polyplacophora* angehören. Käferschnecken bezeichnet man bisweilen auch als »Panzermuscheln«, wegen ihrer Muschelklappen, die in einem festen, lederartigen Gürtel sitzen, der einer Rüstung ähnelt. Bei Gefahr können sich Käferschnecken zu einer Kugel zusammenrollen – ein Abwehrmechanismus, der dem des südamerikanischen Gürteltieres gleicht. Die meisten Arten der Käferschnecken bewohnen die Gezeitenzone. Die unterhalb der Gezeitenzone lebenden Arten findet man unter Felsen und abgestorbenen Korallen: Sie bewegen sich nur langsam fort und können ihren Körper so fest auf dem Untergrund verankern, dass man sie nur sehr schwer loslösen kann, ohne die Tiere zu verletzen.

Die größte Klasse der Mollusken sind die Gastropoda (Schnecken): Diese Tiere besitzen zumindest für einen Abschnitt ihres Lebenszyklus eine einzige Schale. Zu den Gastropoden zählen Conus-Schnecken, Kauris, *Murex*-Schnecken, Nacktkiemer und Seehasen, um nur einige der bekanntesten Vertreter zu nennen.

Die zweischaligen Muscheln gehören zur Klasse Pelecypoda. Zu dieser Klasse zählt auch der zweitgrößte Mollusk der Welt – die Riesenmuschel (*Tridacna gigas*), sowie weitere bekannte essbare Muscheln wie Austern, Miesmuscheln, Herzmuscheln, Kammmuscheln und Perlaustern.

Zu den weniger bekannten, zweischaligen Muscheln gehören die Kahnfüßer *(Scaphopoda)*, die im Sand oder Schlamm leben. Ihre Schalen haben die Form eines Elefanenstoßzahnes, daher auch ihre umgangssprachliche Bezeichnung »tusk shell«. Die am häufigsten vorkommende Gattung ist *Dentalium*. Die bei weitem interessantesten und auch hochintelligenten Mollusken gehören jedoch der Klasse Cephalopoda (»Kopffüßer«) an. Die Begegnung mit einem Riesentintenfisch gehört wohl zu den Höhepunkten einer Taucherkarriere. Es ist faszinierend, wie diese verspielten, neugierigen Mollusken ihre Farbe und Form verändern können.

Schnecken

Kauris: In den Gewässern um Australien findet man über 100 Arten von Kauris. Hier leben einige der außergewöhnlichsten und seltensten Arten, die beträchtliche Größenunterschiede aufweisen: Die tropische Form *Cypraea fimbrata* ist nur 12 mm lang, während die – Tiger-Kauri –, die im Norden von New South Wales bzw. im Süden von Queensland beheimatet ist, bis zu 120 mm groß werden kann. Obwohl man in den tropischen Gewässern sowohl die größten als auch kleinsten Kauris ganz Australiens antrifft, bewohnen die endemischen, seltenen Arten die südlichen, gemäßigten Gewässer. Die Mehrzahl der Kauris gehören zur Gattung *Cypraea*.

Rossell's Kauri *(Cypraea rosselli)* und *Cypraea marginata* werden hochgeschätzt und für mehrer hundert Dollar gehandelt. Die meisten Kauris ernähren sich von festgewachsenen Tieren, wie Weichkorallen, Schwämmen und Moostierchen oder von flächendeckenden Algen, die sie mit Hilfe eines scharf gezahnten, feilenähnlichen Werkzeugs vom Untergrund abkratzen.

Kauris besitzen glatte, glänzende Schalen, die von einem lebenden Mantel geschützt werden, der alle Fremdorganismen abhält.

Conus-Schnecken: Die Schalen dieser kegelförmigen Mollusken weisen eine erstaunliche Vielfalt komplizierter Muster auf. Diese schönen Tiere bewohnen die untere Gezeitenzone bis in eine Tiefe von mehreren hundert Metern und werden erst nachts aktiv. Am Tage verstecken sie sich im Sand eines Riffes. Zu den 15 Arten, die auch dem Menschen gefährlich werden können, zählen die Textil-Conus *(Conus textile)*, die Katzen-Conus *(Conus cattus)*, die Landkarten-Conus *(Conus geographus)* und die Gestreifte Conus *(Conus striatus)*.

Oftmals sammeln Taucher diese hübschen Tiere ein und halten sie in der Hand oder stecken sie in den Taucheranzug. In diesem Fall fühlen sich die Tiere bedroht, fahren ihre Stechrüssel aus und schießen einen kleinen Giftpfeil (der normalerweise zum Lähmen der Beute benutzt wird) auf den Taucher ab. Dieser Pfeil, bei dem es sich um eine abgewandelte Raspelzunge handelt, enthält ein Neurotoxin, das einen Menschen lähmen oder sogar töten kann. Die Arten, die sich von Fischen und anderen Mollusken ernähren, sind die gefährlichsten, doch kann auch eine Verletzung durch Arten, die sich von Würmern ernähren, sehr unangenehme Wirkungen nach sich ziehen. Am besten ist es, diese Tiere gar nicht erst anzufassen.

Trochus-Schnecken: Die zur Familie der Trochidae zählenden Trochus-Schnecken (auch als top shells bekannt) sind spiralförmig und haben eine flache, runde Unterseite, die sich nach oben hin verjüngt. Die meisten Arten sind groß (ca. 8 cm hoch) recht glatt, obwohl auch welche darunter sind, die flacher sind und Höcker oder Stacheln besitzen. Die Trochus-

DIE AUSTRALISCHEN MEERE

Heimat seltener und ungewöhnlicher Arten

DIE MEISTEN DER AUF DEN TROPISCHEN KORALLENRIFFEN beheimateten Tierarten sind auf der ganzen Welt zu finden. In Einzelfällen können sich die Familien, Gattungen und Arten in verschiedener Hinsicht unterscheiden, meistens sind sie sich jedoch sehr ähnlich.

Man geht davon aus, dass die tropischen Arten aus den Meeren um Indonesien stammen und sich von dort über die Ozeane ausbreiteten. Bei vielen tropischen Meerestieren werden die Larven – bei der sogenannten planktonischen Larvenvermehrung – von der Meeresströmung von einem Riff zum anderen transportiert. Dabei werden die Eier direkt ins Wasser abgelegt und extern befruchtet. Daraufhin schwimmen die Eier, bzw. später die geschlüpften Larven, so lange in der Strömung mit, bis die Tiere reif genug sind, um von der Oberfläche auf ein neues Riff hinunterzuschwimmen und sich dort anzusiedeln.

Somit weisen die meisten tropischen Arten eine große Verbreitung auf, und es gibt nur wenige, selten vorkommende Arten, deren Lebensraum auf ein bestimmtes Riff beschränkt ist.

Die nur in den subtropischen und tropischen Gewässern vor Westaustralien vorkommende Rossell´s Kauri *(Cypraea rosselli)* gilt immer noch als Seltenheit. Sie lebt auf Schwämmen in einer Tiefe von 20 bis 100 m und ernährt sich von ihnen. *Neville Coleman.*

Natürlich gibt es auch Ausnahmen, wie z.B. eine Muschel, die ausschließlich auf Wirtstieren lebt, die ein bestimmtes Küstengebiet mit Saumriffen bewohnen. In den gemäßigten Gewässern des Südens konnten sich viele der einzigartigen Meerestiere Australiens in völliger Abgeschiedenheit entwickeln. In den letzten Jahren wurden bei Lord Howe Island einige neue Arten entdeckt: der Lord Howe Korallenfisch, die Lord Howe Hydrokoralle, Coleman's Nachtschnecke, der Ballina-Kaiserfisch (von dem bisher nur drei lebende Exemplare gesichtet wurden), der Pracht-Büschelbarsch und der Halbgebänderte Kaiserfisch, um nur einige zu nennen.

Bei vielen Arten der gemäßigten Zonen ist die Brutpflege der Elterntiere ein wesentlicher Bestandteil des Fortpflanzungszyklus. Die Eier werden intern oder extern befruchtet und – nachdem sie vom Weibchen gelegt wurden – bis zum Zeitpunkt des Schlüpfens versorgt. In vielen Fällen sind die Jungtiere die identischen Abbilder ihrer Eltern. Eier, die nach der Ablage gepflegt werden, sind im allgemeinen nicht so zahlreich und viel größer als diejenigen, die sich wochenlang von den Meeresströmen treiben lassen.

Zahlreiche Meerestierarten kommen ausschließlich in Australien vor, z.B. Fetzenfische, manche Kauris, bestimmte Fischarten usw.

Schnecken *Tectus niloticus* ist mit 150 mm der größte Vertreter dieser Familie. Sie wird gern von den Aborigenes gesammelt, zur Herstellung von Perlmuttknöpfen verwendet und als geräuchertes Nahrungsmittel exportiert.

Tritonshörner und Frosch-Muscheln: Das große Tritonshorn *(Charonia tritonis)* ist in den tropischen Gewässern nicht sehr häufig anzutreffen, obwohl sie vom Great Barrier Reef bis zu den Houtman Abroholos vor Geraldton in Westaustralien vorkommen kann. Sie wird bis zu 460 mm groß und ernährt sich von Seesternen und Seeigeln – einschließlich dem Dornenkronenseestern –, vor allem wenn sie in Massen auftreten.

Da Tritonshörner von Tauchern gern als Sammelobjekte mitgenommen werden, sind ihre Zahlen in letzter Zeit drastisch zurückgegangen. Obwohl die Tritonshörner in Australien zu den geschützten Arten zählt, werden diese Tiere in der Dritten Welt immer noch auf den Riffen eingesammelt und als Importware in den australischen Souvenirläden verkauft.

Tritonshörner und Froschmuscheln gehören zur Familie der Ranellidae. Die meisten der Frosch-Muscheln sind recht klein (bis zu 75 mm), doch gibt es auch Exemplare, die eine Größe von über 200 mm erreichen, wie z.B. die Rotmaul-Froschmuschel (*Bursa lissostoma*).

Nacktkiemer: Der Begriff »Nacktkiemer« bezieht sich auf die hervorstehenden »Auswüchse« an den Kiemen, welche die meisten dieser Tiere auf ihrem Rücken tragen. Die frisch geschlüpften, planktonartigen Nacktkiemer besitzen eine Schale, die abgeworfen wird, wenn sie sich während der Metamorphose zum schalenlosen, erwachsenen Tier entwickeln. Nachdem sie sich auf dem Riff niedergelassen haben, überleben sie durch ihre Tarnung bzw. indem sie giftige Stoffe aus ihrer Nahrung oder in manchen Fällen auch selbst hergestellte Chemikalien zur Abwehr einsetzen.

Die ausgewachsenen Tiere schwanken in ihrer Größe zwischen wenigen Millimetern bis zu 300 mm, wie z.B die Spanische Tänzerin *(Hexabranchus sanguineus)*.

In den Gewässern Australiens leben schätzungsweise 1000 Arten von nacktkiemerähnlichen Mollusken, die teilweise noch nicht wissenschaftlich bestimmt wurden. Die Mehrzahl der Nacktkiemerarten bewohnt tropische Gewässer, obwohl man auch sehr viele in den gemäßigten Zonen antreffen kann. Selbst im Süden Tasmaniens begegnet man äußerst farbenprächtigen und interessanten Nacktkiemern.

Die meisten Nacktkiemer sind Fleischfresser, die sich von Schwämmen, Weichkorallen, Hydrozoen, Gorgonien, Seepeitschen, Seefedern und Anemonen ernähren. Von manchen Arten ist bekannt, dass sie auch andere Nacktkiemer, Blasenschnecken, Seehasen, Flohkrebse und Moostierchen – ja, selbst die Eier von Nacktkiemern – fressen.

Einige Nacktkiemer passen sich ihren Beutetieren so perfekt an, dass sie kaum zu entdecken sind. Andere wiederum sind so auffällig gemustert, dass man sie kaum übersehen kann. Die grellen Farben dienen als Warnung für ihre Feinde, die sie für giftig halten und deshalb meiden. Die Arten, die sich von Hydrozoen ernähren, können aufgenommene Nematocysten in den Spitzen der Auswüchse auf ihrem Rücken speichern und bei Gefahr zur Abwehr einsetzen. *Pteraeolidia* kann auch Menschen verletzen.

Zweischalige Muscheln:

Austern: An den Küsten Australiens findet man mehrere Arten von Au-

Unten: Die zu den Nacktkiemern zählende Rotgestreifte Fadenschnecke (*Flabellina rubrolineata)* wird bis zu 42 mm groß und lebt in Tiefen zwischen 2 und 32 m vom Great Barrier Reef bis nach Sydney in New South Wales. *Neville Coleman.*

stern, darunter die Stachelauster *(Lopha cristagalli)*, die gewöhnlich von Schwämmen bedeckt ist, die Geflügelte Perlaustern, die sich an Gorgonien und Schwarze Korallen klammern, transparente Glasaustern, die im Schlamm leben, und natürlich die zahlreichen essbaren Arten, die auf den Felsen entlang der Küste leben.

Die bekanntesten Vertreter sind wahrscheinlich die Perlaustern *(Pinctada maxima und P. margaritifera)*, die schon seit einiger Zeit wegen ihrer wertvollen Perlen gezüchtet werden, die Millionen Dollar einbringen. Die auf Wracks und Felsvorsprüngen lebenden Stachelaustern (*Spondylus*) sind gewöhnlich geschlossen und von Pflanzen bedeckt. Wenn sie jedoch geöffnet sind und Nahrung suchen,zeigen sie ihren farbenprächtigen Mantel, den sie aber so schnell wieder schließen, dass ein Taucher nicht einmal Zeit hat, ein Foto davon zu machen.

Riesenmuscheln: Die bei weitem größte, zweischalige Muschel ist die Große Mördermuschel (*Tridacna gigas*). Dieser Riesen-Mollusk wird über 1 m lang und mehrere hundert Kilo schwer. Zwischen 1970 und 1980 wurden die Riffpopulationen dieser Muscheln von taiwanesischen Fischern stark dezimiert, die sie illegal aus dem Marine Park des Great Barrier Reefs fischten.

In der Forschungsstation auf Orpheus Island vor Townsville gründeten Wissenschaftler eine Zuchtstation für Riesenmuscheln, wo sie Hunderte von Jungtieren aufzogen und dann in anderen Gebieten des Great Barrier Reefs aussetzten.

Millionen von Zooxanthellen (mikroskopische Algen) leben in den Mänteln der Riesenmuscheln, die im seichten Wasser der Riffe viel Sonnenlicht abbekommen. Die Muscheln sind der ideale Lebensraum für die Zooxanthellen und erhalten von ihnen dafür Nährstoffe. Muscheln, in deren Gewebe Zooxanthellen zu finden sind, wachsen anscheinend schneller. Es kann sein, dass die Algen beim Aufbau der massiven Muschelschalen mithelfen, genau so wie sie auch zur Konstruktion der Skelette von Steinkorallen beitragen. Muscheln der Gattung *Tridacna* kommen häufig an den tropischen Riffen an und vor der Küste Australiens vor. Manche Arten, wie *T. maxima*, *T. squamosa* und *T. derasa*, können 400 mm groß werden, während *T. crocea* nur 140 mm misst.

Die meisten zweischaligen Muscheln filtern ihre Nahrung aus dem Wasser, indem sie es mit Hilfe einer lange Röhre, dem sogenannten »Siphon«, durch den Körper pumpen. Viele zweischalige Muscheln sind unbeweglich, obwohl die Sandbewohner unter ihnen einen Teil ihres Fußes aus der Schale herausstrecken und sich auf diese Weise vorwärts ziehen und in den Sand eingraben können.

Cephalopoden

Die Mollusken dieser Klasse umfassen Nautilus, Kalmar, Octopus und Sepia. Obwohl diese Kopffüßer von der Grundform her gleich sind, sind sie doch unterschiedlich an die jeweilige Lebensweise angepasst.

Das Perlboot *(Nautilus pompilius)* ist der älteste Vertreter der Cephalopo-

Ganz oben: Diese Nacktschnecke (*Tritonia* sp.) kommt in den gemäßigten Gewässern vor Victoria und bis nach Südaustralien vor. Das Tier verbringt sein ganzes Leben auf seinem Wirt, einer Gorgonie. *Neville Coleman.*

Oben: Mördermuscheln (*Tridacna squamosa*) sind leicht am Muster ihres Mantels, den breiten Lippen und den gekräuselten Schalen zu erkennen. Wie alle Arten dieser Gattung, lebt auch diese Muschel im Flachwasser der Korallenriffe. *Neville Coleman.*

den. Er besitzt eine spiralförmige Schale, die aus vielen, durch Röhren verbundenen Kammern besteht, die es dem Nautilus ermöglichen, auf seinen nächtlichen Schwimmausflügen seine Auftriebskraft so zu verändern, dass er aus einer Tiefe von über 200 m in seichteres Wasser aufsteigen kann, um dort nach Nahrung zu suchen. Seine Tentakel sind zwar klebrig, besitzen jedoch keine Saugnäpfe wie die der anderen Cephalopoden, und seine Augen sind nur Pigmentflecken ohne Linsen und Pupillen. Sie zeigen keinerlei Reaktion auf Blitzlicht. Manche Tauchboote lassen Fallen ins Wasser, um darin Perlboote zu fangen, die dann von den Tauchern fotografiert bzw. aus der Nähe beobachtet werden können.

Kalmare: Die größten Mollusken der Welt sind die riesigen Tiefsee-Kalmare *(Architecteuthis)*, die bis zu 20 m lang werden können. Davon wurden schon mehrere Exemplare an die Küsten Australiens angeschwemmt, und man ging davon aus, dass sie von Pottwalen – ihren Feinden – verletzt worden waren. Die ersten Exemplare fand man während der Zeit des Walfangs in den Mägen von Pottwalen.

Die meisten riffbewohnenden Kalmare bewohnen sowohl tropische als auch gemäßigte Gewässer, wo man sie bisweilen auf Seetangwiesen und in Lagunen zu sehen bekommt. Sie sind sehr aktiv und lassen sich am besten nachts fotografieren, wo man sich ihnen am ehesten nähern kann. Der Kalmar kann im Wasser stehen bleiben, indem er am Mantelrand Wellenbewegungen ausführt; er kann sich in jede Richtung fortbewegen, indem er aus seinem Sipho einen Wasserstrahl ablässt. Kalmare verändern ständig ihre Farbe, was auf die durch Muskeln verursachte Ausdehnung bzw. Kontraktion der Farbzellen zurück zu führen ist. Ihre inneren »Schalen« bestehen aus einem sehr dünnen, plastikähnlichen Streifen, der den Rücken entlang unter der Haut verläuft und keinen Kalk enthält. Kalmare ernähren sich vorwiegend von kleinen Schwarmfischen und Garnelen und werden von den Menschen in großer Zahl gefangen und als »Calamari« verspeist.

Sepia: Die gemäßigten Gewässer Australiens sind die Heimat des größten Tintenfischs der Welt (*Sepia apama*), der bis zu 1 m groß werden kann. Diese Tintenfische ähneln in ihrer Form und Fortbewegungsart den Kalmaren, sind jedoch im allgemeinen breiter und größer. Sie leben als Einzelgänger, die sich nur zur Paarungszeit in Gruppen zusammen finden. Die meisten Sepien leben auf den Riffen, wo sie Jagd auf kleine Fische und Shrimps machen. Sie verfügen über eine ausgezeichnete Sehkraft, da ihre Augen vom Aufbau her denen des Menschen gleichen und sind – im Ver-

Unten: Wenn die Stachelauster (*Spondylus varius*) ihre beiden Schalenhälften schließt, ist sie bestens getarnt, geöffnet ist sie eine Schönheit. Die raue Oberfläche ihrer Schalen wird häufig von festsitzenden Lebewesen besiedelt. *Michael Aw.*

Oben: Die Eierbeutel des Papierboots (*Argonauta nodosa*) werden ab und zu an Stränden oder in seichten Buchten Victorias und Tasmaniens angespült. Das Papierboot-Weibchen fängt gleich nach seiner Geburt mit der Konstruktion dieses Eierbeutels an und verbringt sein restliches Leben darin. Das Endergebnis ist eine Schutzhülle für ihre Eier. Sobald das Weibchen seine Eier abgelegt hat und die Jungen schlüpfen, stirbt es.
Neville Coleman.

gleich zu anderen wirbellosen Tieren – als intelligent zu bezeichnen. Ihre Beutetiere fangen sie mit Hilfe von zwei langen Tentakeln, die sich zusammengerollt in Backentaschen befinden und die bei Bedarf blitzschnell hervorschnellen können. An den Tentakeln befinden sich Saugnäpfe – ähnlich wie bei den Kalmaren – und sobald der Tintenfisch damit ein Beutetier eingefangen hat, schnellt er nach vorne und umschlingt das Tier mit seinen anderen Armen. Die Beute wird daraufhin von einem Hornschnabel fest gehalten, der einem Papageienschnabel ähnlich sieht, während die mit vielen Zähnen besetzte Radula (ein feilenartiger Apparat im Innern des Mauls) das gefangene Tier in kleine, verdauliche Stücke zerkleinert.

Der Schulp (leichte, schalenartige, porose Körpereinlagerung, die dem Tier seine Auftriebskraft und sein Gleichgewicht verleiht) wird vielerorts angeschwemmt und gehört zu den zahlreichen, geheimnisvollen Objekten, die man am Strand finden kann. Lange Zeit wurden Tintenfischschulpe als Nahrungszusatz für Käfigvögel – vor allem für Papageien – verabreicht, damit sie darauf herumknabbern und ihre Schnäbel abwetzen konnten.

Der Gattungsname »Sepia« ist von der »Tinte« abgeleitet, die Kalmare, Sepien und Octopusse ins Wasser entlassen, um ungesehen vor ihren Feinden entfliehen zu können. Viele historische Dokumente wurden mit Federn und der Tinte von Cephalopoden geschrieben.

Papierboot: Das in gemäßigten Gewässern lebende Papierboot *(Argonauta nodosa)* bewohnt das offene Meer und nähert sich der Küste nur, wenn es durch einen Sturm dazu gezwungen wird oder sich nach der Paarung absichtlich in seichteres Wasser begibt.

Bereits nach seiner Geburt beginnt das Weibchen mit dem Bau eines dünnen, schalenartigen Eigehäuses, in dem sie ihr weiteres Leben verbringt. Nach der Paarung mit dem sehr kleinen Männchen legt sie die Eier in diesem Gehäuse ab und stirbt. Manchmal werden diese Eigehäuse an den Strand angeschwemmt, bevor die Jungen geschlüpft sind, so dass diese dann von Seemöven und anderen Raubvögeln gefressen werden. Taucher finden oftmals diese wunderschön geformten, leeren Gehäuse auf dem Grund und nehmen sie als Souvenirs mit.

Octopusse: Die gefährlichsten Octopusse, die leider auch schon den Tod vieler Menschen forderten, gehören den vier Arten der Gattung *Hapalochlaena* an. Diese Arten sind an sich nicht aggressiv: sie beissen nur zu, wenn sie aufgehoben oder angefasst werden. Mit Hilfe ihres Schnabels durchdringen sie die Haut ihres Opfers

Oben: Mindestens drei, vielleicht auch vier Arten des Blaupunkt-Octopus bewohnen die tropischen und gemäßigten Gewässer Australiens. Der Biss aller Arten (*Hapalochlaena* sp.) ist für Menschen tödlich. Diese kleinen Tintenfische gelten nicht als aggressiv, wenn sie gestört werden, senden sie jedoch Warnsignale in Form hellblauer, pulsierender Ringe aus. Man sollte sie auf keinen Fall in die Hand nehmen.
Neville Coleman.

und spritzen ein tödliches Gift in den Körper *(Tetratoxin)*, das zu Muskellähmung und Atemstillstand führt. Es gibt einige Octopusse, die giftige Speicheldrüsen besitzen, so dass man am besten allen aus dem Weg geht.

In den Spitzen ihrer acht langen, mit Saugnäpfen versehenen Armen sitzen Geschmacksknospen. Überdies sind Octopusse ausgezeichnete Jäger, die sich von Fischen, Krabben, Garnelen, Langusten, Kauris, Faltenschnecken, Kammmuscheln und zweischaligen Muscheln ernähren. Der Octopus ist ein Meister der Tarnung, da er sowohl die Farbe als auch die Form seiner Haut verändern kann. Er ist außerdem (für ein wirbelloses Tier) hochintelligent: er ist lernfähig, kann Entscheidungen treffen und gelegentlich sogar die Menschen austricksen. Am Tage kann man unter Umständen einige Octopusse auf dem Riff entdecken, obwohl die meisten in ihren sicheren Höhlen bleiben und dort die Nacht abwarten.

Bei vielen Octopus-Arten setzen sich die Weibchen schützend auf ihre Eier. Sobald die Jungen geschlüpft sind, stirbt das Muttertier.

Stachelhäuter

Diese Tiergruppe ist in fünf Hauptklassen unterteilt: Seesterne, Schlangensterne, Haarsterne, Seeigel und Seegurken. Viele Arten sind wunderschön gezeichnet und leicht zu erkennen. Einige weisen Stacheln auf, deren Spitzen giftig sind (Seegurken und Dornenkronen-Seesterne), so dass man ihnen am besten aus dem Weg geht. Im allgemeinen ist der Körper eines ausgewachsenen Tieres in fünf gleichartige Abschnitte unterteilt, die symmetrisch um einen zentralen Punkt angeordnet sind. In den australischen Gewässern leben ca. 600 Arten.

Seesterne

Seesterne findet man in beinahe jedem Lebensraum: von der Gezeitenzone bis in eine Tiefe von 100 m und darunter, vom Korallenriff bis zum schlammigen Untergrund. Die meisten Arten weisen den typischen Körperbau mit fünf Armen auf, wobei es einige jedoch auf bis zu 18 Arme bringen (Dornenkronen-Seestern). Auch bei Seesternarten, die normalerweise fünf Arme besitzen, trifft man auf Exemplare mit drei oder sechs Armen.

Es gibt zwei Gruppen von Seesternen: die eine Gruppe besteht aus Riffbewohnern, die andere aus Sand- bzw. Schlammbewohnern. Alle Stachelhäuter besitzen Röhrenfüße, die ihrer jeweiligen Lebensweise angepasst sind. Die Röhrenfüße der riffbewohnenden Seesterne (*Coscinasterias*) sind mit Saugnäpfen ausgestattet, die es ihnen ermöglichen, sich am Riff festzuklammern, sich auf jedem Untergrund fortzubewegen und Beutetiere einzufangen. Wenn es sich bei der Beute um zweischalige Muscheln handelt, werden die Arme dazu verwendet, die Schalen so weit auseinander zu drücken, dass der ausgestülpte Magen des Seesterns das innen befindliche Tier auflösen und verdauen kann. Im Sand lebende Seesterne (*Astropecten*) besitzen spitz zulaufende Röhrenfüße, die sich zum Graben eignen. Bei Störungen oder Gefahr können diese Seesterne – vor den Augen eines Tauchers – mit dem Sandboden förmlich verschmelzen. Diese Sandbewohner sind in der Lage, kleinere Beutetiere am Stück zu verschlingen, wobei es vorkommen kann, dass sich bis zu fünf Muscheln auf einmal in ihrem Maul befinden. Es gibt fleischfressende (bisweilen kannibalistische), pflanzenfressende und allesfressende Seesternarten.

Einige Seesterne haben lange Arme (*Leiaster*), andere kurze (*Tosia*), während der Kissen-Seestern (Culcita) – wenn er voll aufgebläht ist – überhaupt keine Arme zu haben scheint. Bei einigen Formen der tropischen und gemäßigten Gewässer verteilen sich die planktonischen Larven im Wasser, während manche Arten der südlichen Gewässer tatsächlich Eier ablegen und die Jungen ausbrüten (*Tosia*). Der Luzon-Seestern (*Echinaster luzonicus*) vermehrt sich ungeschlechtlich, indem er sich absichtlich einen Arm abreisst, aus dem dann mehrere Arme heranwachsen und einen neuen Seestern bilden. Bei einigen Arten kommt diese Fortpflanzungsart sehr häufig vor. Viele der tropischen Arten leben in Gemeinschaft mit Garnelen (*Periclimenes*), die sich an ihrer Unterseite festsetzen.

Der berüchtigste Seestern ist zweifelsohne der Dornenkronen-Seestern. Aufgrund seiner Vorliebe für Steinkorallen und seiner explosionsartigen Vermehrung auf dem Great Barrier Reef seit Anfang der sechziger Jahre, hat die Wissenschaft viel Arbeit investiert, um seinen Lebenszyklus, die Regenerationszeit der betroffenen Riffe und seine natürlichen Feinde (Tritonshörner und Kugelfische) genauer zu erforschen.

Die meisten der von Dornenkronen-Seesternen verwüsteten Riffe konnten sich regenerieren, was man daran sieht, dass die 2 m hohen Markierungspfähle, die man in einigen befallenen Gebieten eingeschlagen hatte, mittlerweile wieder von Korallen bewachsen sind. Die Möglichkeit einer erneuten Bevölkerungsexplosion dieser Seesterne ist jedoch jederzeit gegeben, so dass die Wissenschaftler weiterhin auf bestimmten Riffen die Anzahl der Jungtiere regelmäßig überprüfen.

Der Dornenkronen-Seestern geht normalerweise nachts auf Nahrungssuche und versteckt sich tagsüber unter den Korallen. Tritt er jedoch in Massen auf, dann sucht er unaufhörlich nach Nahrung.

Diesen Seestern sollte man möglichst nicht anfassen, da seine Stacheln hochgiftig sind und jede Berührung damit Verletzungen verursacht. Die betroffenen Körperstellen eitern, heilen nur sehr langsam und beeinträchtigen langfristig das Immunsystem des Körpers.

Schlangensterne

Die meisten Exemplare dieser Gattung sehen wie dünnarmige Verwandte der Seesterne aus. Sie bewegen sich mit Hilfe ihrer beweglichen Arme, nicht ihrer Röhrenfüße, vorwärts. Die Arme der Schlangensterne sind an den Rändern mit langen, spitzen Stachelreihen besetzt. Bei Gefahr werfen die meisten

Unten: Coleman's Seestern (*Echinaster colemani*) bewohnt die Felsenriffe vor der Küste von New South Wales und kommt auch recht häufig bei Norfolk Island im Südpazifik vor.
Neville Coleman.

von ihnen einen Arm ab, der sich dann vor den Augen des feindlichen Tieres so lange windet und es ablenkt, bis der Schlangenstern in Sicherheit ist.

Andere Schlangensterne sind kräftiger als sie und weisen an den Armen keine langen Stacheln auf. Obwohl diese Tiere keine Augen besitzen, können sie doch Licht und Schatten »erfühlen«, und sich immer an den nächsten dunklen Ort flüchten. Man trifft sie oftmals auf Gorgonien und Dörnchenkorallen an, die sie sauber halten und von deren Schleimabsonderungen sie sich ernähren.

Die Gorgonenhäupter sind die bei weitem größten Schlangensterne. Obwohl man ihnen in allen australischen Gewässern begegnen kann, leben doch die größten Exemplare in den Tropen. Diese außergewöhnlichen Lebewesen kommen nur nachts aus ihren Verstecken hervor und bewegen sich zum Riff hinauf, wo sie ihre netzartigen Arme ausstrecken und auf Planktonfang gehen. Dabei gleichen sie riesigen, geflochtenen Körben.

Haarsterne (Crinoiden)

Haarsterne mit ihren vielen, farbenprächtigen Federarmen findet man überall in planktonreichen Strömungen. Die meisten bewegen sich als erwachsene Tiere frei im Riff, während sie als Larven eine »Stielphase« durchlaufen – ein Abschnitt ihres Lebenszyklus, der noch aus einer Zeit stammt, in der alle Arten (wie heute die Seelilien) an einem Stiel festgewachsen waren. In tiefen Gewässern kommen noch einige Arten der Seelilien vor.

Haarsterne ernähren sich von Plankton und frei schwebenden Geröllteilchen, die sie mit Hilfe ihres dünnen Netzes aus Tentakel-Röhrenfüßen einfangen. Die Nahrung wird in einen Schleimstrang aufgenommen, der durch eine »Nahrungsrille« in den Arm und von dort zum Maul transportiert wird, das sich an der Oberseite des Körpers befindet.

In den gemäßigten Gewässern leben die meisten Arten unter Felsen, zwischen Algen oder in Spalten. In den tropischen Gewässern fallen sie viel eher auf. Es sind getrennt geschlechtliche Tiere, bei denen Spermien und Eizellen ins Wasser entlassen werden, wo dann auch die Befruchtung stattfindet. Als nächstes schließt sich eine Phase an, bei der die Larven als Plankton frei im Wasser schwimmen, bevor sie sich dann – während der Metamorphose – auf dem Grund niederlassen. Im Laufe ihrer weiteren Entwicklung geben die Tiere dieses Leben »am Stiel« wieder auf und können mit Hilfe ihrer langen Arme schwimmen und sich fortbewegen.

In den gemäßigten Gewässern sind Haarsterne nur in geringer Zahl vertreten, ganz im Gegensatz zu den tropischen. Bisweilen bevorzugen einzelne Arten einen ganz bestimmten Untergrund – manche findet man häufig auf Seepeitschen und Gorgonien, andere auf Riffen oder »bommies«. Alle Arten findet man jedoch vorzugsweise in Gebieten mit starker, planktonreicher

Unten: Dieser, in tropischen Tauchgebieten unterhalb 20 m vorkommende Schlangenstern (*Ophiothrix purpurea*) lebt oft in Gemeinschaft mit Weichkorallen und Gorgonien. *Neville Coleman.*

Strömung. Aufgrund ihrer unterschiedlichen Farben, Muster und Anzahl der Arme kann man sie beim Tauchen nur sehr schwer identifizieren.

Haarsterne leben manchmal in Gemeinschaft mit Garnelen, Furchenkrebsen, Schlangensternen, Würmern, Krabben und Rippenquallen.

Seeigel

Seeigel sind den meisten Sporttauchern bekannt, da sie auf den Riffen in Küstennähe sehr häufig anzutreffen sind, besonders in den gemäßigten Gewässern, wo sie vielerorts (Montague Island) jede Spalte und Felsritze bevölkern. Zu Beginn bzw. am Ende eines Tauchausflugs werden die Taucher oft von den Wellen des Ozeans auf die Stacheln von Seeigeln gespült. In den tropischen Meeren ist die bekannteste Art der Diadem Seeigel. Diese Art *(Diadema setosum)*, die mit nadelähnlichen, schwarzen Stacheln ausgestattet ist, ist an dem schönen, hellblauen Strichmuster und den glänzenden weissen Punkten leicht zu erkennen. Die Analöffnung an der Oberseite des Körpers ist von einem hellorangenen Kreis umgeben. Am Tage schließen sich die Seeigel zu Gruppen zusammen, die mit ihren starken, scharfen, meisselähnlichen Zähnen (bekannt als »Laterne des Aristoteles«), Algen und Geröllteilchen von den Felsen ablösen.

In den vergangenen Jahren wurden Tausende Seeigel von Tauchern aufgebrochen, um damit die Fische zu füttern, so dass sie in manchen Gebieten völlig ausgerottet wurden. Diese Vorgehensweise ist nun – vor allem in den Marine Parks – streng untersagt. Die Körperschalen des Seeigels (das sogenannte »sea egg«) werden oft an den Strand angeschwemmt und, obwohl sie sehr zerbrechlich wirken, können ihnen oftmals selbst starke Stürme nichts anhaben.

Die meisten Seeigel können mit ihren spitzen Stacheln einen Taucher schwer verletzen; manche Arten sind hoch giftig und können sogar den Tod eines Menschen verursachen. Zu den Arten, vor denen man sich in Acht nehmen sollte, gehören der Giftige Seeigel *(Toxopneustes pileolus)*, der Lederseeigel *(Asthenosoma varium)* und der Gestreifte Diadem-Seeigel *(Echinothrix calamaris)*.

Die Mehrzahl der Seeigel ist nachtaktiv. Einige der ungewöhnlicheren Arten, wie z.B. Sand-Dollare und Herzseeigel, leben im Sand von Lagunen, Buchten und geschützten Stellen. Viele der Seeigel werden auch in die asiatischen Länder exportiert, wo deren Rogen als Delikatesse gilt.

Seegurken

Diese, wie riesige Gurken aussehenden, harmlosen Lebewesen hält man normalerweise nicht für Verwandte der Seesterne, Seeigel und Schlangensterne. Obwohl ihre Körperform läng-

Oben: Haarsterne kommen besonders häufig in den Tropen vor und werden manchmal auch als Federseesterne bezeichnet. Auf ihren Armen besitzen sie klettenartig klebrige Verzweigungen (Röhrenfüße), mit denen sie Plankton einfangen können. Bei manchen Arten haften die Füße so stark, dass bei Berührung, z.B. mit Handschuhen, der ganze Arm hängenbleibt.
Neville Coleman.

Oben: Während die meisten Seegurken am Meeresgrund entlang kriechen und dort Schwebeteilchen und Plankton als Nahrung aufnehmen, ist diese Seegurke (*Pseudocolochirus violaceus*) ortstreu und fängt mit Hilfe ihrer langen, klebrigen Tentakel vorübertreibendes Plankton ein.
Neville Coleman.

lich ist, sind Seegurken dennoch radialsymmetrisch: die fünf Körperabschnitte sind um eine zentrale Körperhöhle angeordnet.

Seegurken leben unter Geröll bzw. auf dem Sand oder auf Schwämmen. Einige Arten besitzen Röhrenfüße, die zu einem feinen Netzwerk aus Mundtentakeln umgewandelt wurden und mit deren Hilfe sie das Plankton einfangen. Andere Arten nehmen mit klebrigen Stellen an ihrem Mund Geröllteilchen auf, die sie durch ihre Gedärme schleusen, wo die organischen Stoffe verdaut und die »gesäuberten« Sedimente ausgestoßen werden.

Es gibt unter ihnen sowohl getrennt geschlechtliche Arten (Spermien und Eizellen werden ins Meer entlassen) als auch Zwitter. Bei allen Arten leben die planktonischen Larven im Wasser verteilt.

Zu den farbenprächtigsten Meeresbewohnern gehört die vielfarbige Seegurke *(Pseudocolochirus)*, die auf den Riffen vor Queensland und im Norden Westaustraliens beheimatet ist, wo sie ihre bunt gefärbten Mundtentakel zum Planktonfang einsetzt.
Bei Gefahr können einige tropische Seegurken *(Bohadschia argus)*, giftige weisse Fäden (Cuviersche Schläuche) aus ihrem After absondern. Diese sind äußerst klebrig und können bei Augenkontakt zu vorübergehender Blindheit führen. Wenn man Unterwasserlebewesen berührt oder in Händen gehalten hat, sollte man jeglichen Kontakt mit den Augen vermeiden. Die Freisetzung der Cuvierschen Schläuche stellt einen Abwehrmechanismus dar: sollte dieser jedoch nicht zu dem gewünschten Ergebnis führen, kann die Seegurke noch ihre gesamten Gedärme ausstoßen und neue bilden. Wenn man diese Tiere zerteilt, so kann die Wunde wieder heilen und eine neue Hälfte bilden.

In den Gewässern Nordaustraliens hat die Trepang-Fischerei eine lange Tradition, doch heute gibt es nur noch wenige Fischer, die speziell die asiatischen Märkte mit Seegurken beliefern.

Seescheiden (Ascidien und Tunicaten)

Ausgewachsene Seescheiden (auch als *Ascidien* oder *Tunicaten* bekannt) sind flaschenförmige Lebewesen, die bei Berührung oftmals mit Wasser spritzen. Sie gehören vielleicht nicht gerade zu den bekanntesten Unterwasserlebewesen, sind jedoch die am höchsten entwickelten Wirbellosen. Die Larven ähneln ganz deutlich Kaulquappen und besitzen einen Rückenstrang (rudimentäres Rückgrat). Das Vorhandensein dieses Rückenstrangs während des Larvenstadiums deutet darauf hin, dass Seescheiden mit Wirbeltieren verwandt sind.

Unter dieser Bezeichnung fasst man gewöhnlich einzeln lebende Ascidien zusammen, einige bilden jedoch Kolonien, die aus vielen Einzeltieren bestehen, die entweder mit Stielen auf einer gemeinsamen Basis sitzen oder in eine feste, gallertartige Matrix eingeschlossen sind. Manche sind wunderschön gefärbt.

Weltweit gibt es ca. 1 350 Arten. Einige davon sind sehr wählerisch, was die Wahl des Untergrunds angeht, andere wiederum nicht. Man findet sie auf Riffen, Algen, Seegras, Muscheln, Felsen, in Höhlen und im Sand bzw. Schlamm. Es gibt sogar Hochseeascidien, die in der Meeresströmung treiben und komplexe Lebenszyklen aufweisen.

Die ausgewachsene Seescheide ist rund oder beutelförmig und fest mit dem Untergrund verwachsen. Der Körper ist von einer Zellulose-Hülle umschlossen, was im Tierreich sehr selten vorkommt. Die Tiere besitzen zwei Körperöffnungen: durch die eine dringt sauerstoffreiches Wasser ein, das für die Atmung notwendig ist, sowie Nahrung in Form von Plankton;

durch die andere fließt das mit Kohlendioxid und Abfallprodukten angereicherte Wasser wieder ab. Die Einflussöffnung ist gewöhnlich größer und befindet sich näher an der Körperoberseite. Die großen, bewimperten Kiemen fungieren als Pumpe.

Bei der tropischen Art *Didemnum molle* ist das Körperinnere oftmals mit hellgrünen Zooxanthellen bewachsen.

Taucher verwechseln Ascidien oftmals mit Schwämmen, obwohl man sie ganz leicht voneinander unterscheiden kann. Schwämme besitzen kein Nervensystem, so dass sie auf Berührungen des Tauchers auch keine Reaktion zeigen. Ascidien verfügen jedoch über ein gut entwickeltes Nervensystem und reagieren, wenn man sie berührt oder sich nur nähert, durch Schließen ihrer Körperöffnungen.

Fische

Fische stellen die größte Gruppe der Wirbeltiere dar. Außerdem sind sie wohl auch die erfolgreichste Tiergruppe, die sich bis ins Kambrium, d.h. 500 Millionen Jahre zurück verfolgen lässt. Fische haben jeden Lebensraum der Hydrosphäre von den tropischen bis zu den polaren Meeren und von seichten Gewässern bis zu Untiefen von 11 km erobert.

Die australischen Gewässer beheimaten annähernd 3600 Arten. Seit dem Aufkommen des Sporttauchens vor ca. 30 Jahren, wurden Hunderte neuer Arten entdeckt. Einige davon sind ausschließlich in südlichen Gewässern zu finden. An dieser Stelle sollen keine umfassenden Informationen über die einzelnen Arten und Gattungen vermittelt, sondern nur ein Überblick über die häufigsten Familien gegeben werden.

Knorpelfische (Elasmobranchier)

Diese Gruppe umfasst Haie und Rochen, die sich von den meisten Fischen durch ihr Knorpelskelett und ihre plattenähnlichen Kiemen unterscheiden. Elasmobranchier sind mit einer Haut überzogen, die in ihrer Oberfläche Millionen winziger Zähnchen aufweist, so dass ihre Struktur an die von Sandpapier erinnert. Einige Kiemenschlitze befinden sich seitlich am Kopf, und die Schwanzflosse ist asymmetrisch. Die Elasmobranchier sind getrennt geschlechtlich und die Weibchen werden innerlich befruchtet.

Einige Haiarten stellen einen Eisack her, der an Felsen oder Seegräsern befestigt wird und aus dem ein junger Hai schlüpft. Bei anderen Arten entwickeln sich die Embryos im Körper der Weibchen, die lebende Junge zur Welt bringen.

Alle Arten dieser Gattung sind Fleischfresser und ernähren sich von Mollusken, Stachelhäutern, Krustentieren, Zooplankton, Fischen, Schildkröten, Seevögeln und (bisweilen auch) Menschen.

Haie

In der Geschichte Australiens gab es schon immer Haiattacken. Manche Attacken enden tödlich, und einige Opfer wurden nie gefunden. Während man schon jahrzehntelang versucht, die Ursachen für diese Attacken zu erforschen, hat man doch noch sehr wenig Informationsmaterial über die Haie selbst zusammen getragen, außer der Tatsache, dass sie – wie die meisten kommerziell verwertbaren Arten Australiens – überfischt wurden. Zur Zeit sind Bestrebungen im Gange, den Weissen Hai auf die Liste der geschützten Haiarten zu setzen (dort sind schon zwei Arten der Grauen Ammenhaie). Bis 1994 fielen den australischen Haien keine Sporttaucher zum Opfer, während Schnorchler von Großen Weissen Haien und Speerfischer von Tigerhaien getötet wurden. Nun scheint es, dass aufgrund des drastischen Rückgangs der Fischpopulatio-

Unten: Der Gewöhnliche Stechrochen (*Trygonoptera testacea*) bewohnt den sandigen Meeresgrund vor der Südküste von Queensland und der Küste von New South Wales. *Nigel Marsh.*

HAIE UND ROCHEN – wo man ihnen begegnen kann

In den australischen Meeren trifft man zahlreiche Hai- und Rochenarten an. Als die Europäer den Inselkontinent zum ersten Mal betraten, fiel den Seeleuten besonders die große Zahl von Haien und Rochen auf. In Westaustralien z.B. verzeichneten die Holländer vor der Küste massenweise Haie (Shark Bay wurde nach den dort massenhaft vorkommenden Haien benannt), und Captain Cook gab der Botany Bay zuerst den Namen Stingray Bay, nach der großen Anzahl der dort gesichteten und gefangenen Rochen.

Heute kann man beim Tauchen immer noch einer beeindruckenden Zahl und Vielfalt von Haien und Rochen begegnen, obwohl sie natürlich längst nicht mehr so zahlreich sind wie früher. Bislang wurden über 180 Hai- bzw. 100 Rochenarten identifiziert, von denen jedoch einige noch nicht beschrieben wurden. Populationsgröße und Verbreitungsgebiete sind im ganzen Land unterschiedlich, doch es gibt bestimmte Plätze, an denen bestimmte Arten sehr häufig vorkommen.

Port Jackson-Haie. Der Port Jackson-Hai gehört zur Familie der Stierkopfhaie und kommt am häufigsten vor der Küste von Zentral-bzw. Süd-New South Wales vor, wo man mitunter Dutzende von ihnen in Höhlen antrifft.

Geigenrochen. Geigenrochen gehören zu den am auffälligsten gemusterten Rochen und bewohnen vor allem die Gewässer Südaustraliens. Eine der größten Populationen lebt in der Jervis Bay.

Zitterrochen. Im ganzen gibt es acht Arten von Zitterrochen in Australien, wovon jedoch nur zwei von Tauchern regelmäßig gesichtet werden. Der Tasmanische Zitterrochen kommt am häufigsten vor Hobart vor. Taucher sollten sich in der Jervis Bay nicht auf dem Sandboden niederlassen, da sie dort auf einen Kurzschwanz-Zitterrochen stoßen könnten.

Mantas. Diese große Rochenart trifft man im Winter am häufigsten vor Lady Elliot Island, Brisbane, dem Ningaloo Reef und den Whitsunday Islands an.

Der Australische Engelhai (*Squatina australis*) ist ein Bewohner der gemäßigten Gewässer und wird von Tauchern nur selten gesichtet, da er sich meistens im Sand versteckt und dort auf Beute lauert. Er ernährt sich vorwiegend von Fischen und Krustentieren und gilt als ungefährlich. *Nigel Marsh.*

Graue Ammenhaie. Der beste Ort, um diese Haie zu Gesicht zu bekommen, ist das Gebiet vor Forster/Tuncurry und Seal Rocks, wo sie in großer Zahl vorkommen. Sie treten aber auch nördlich von Brisbane (im Winter) und südlich von Montague Island (im Sommer) auf.

Wobbegongs. In Australien leben sechs unterschiedliche Wobbegong-Arten. Die größten Populationen an Wobbegongs findet man zwischen Sydney und Brisbane.

Walhaie. Obwohl man Walhaie gelegentlich auch in allen anderen tropischen Meeren zu Gesicht bekommt, kommen sie im allgemeinen vor dem Ningaloo Reef (im Herbst), vor Christmas Island (im Sommer) und an der Gove Peninsula (im Sommer) am häufigsten vor.

Das Fotografieren von Haien und Rochen kann einige Schwierigkeiten bereiten, da die meisten größeren Arten scheu sind und den Taucher nicht ohne Köder an sich herankommen lassen, während die kleinen Arten sofort die Flucht ergreifen. Man sollte daher nur ganz flach atmen, keine ruckartige Bewegung machen und sich möglichst von vorn dem Tier langsam nähern. Eine andere Möglichkeit besteht darin, unbeweglich stehen zu bleiben und abzuwarten, bis das Tier von sich aus näher kommt, da die meisten Knorpelfische von Natur aus sehr neugierig sind. Hochsee-und Riffhaie werden auch durch Geräusche angezogen, so dass man, um sie anzulocken, mit einem Gegenstand auf die Tauchflaschen klopfen kann.

nen, sich die Weissen Haie den Menschen als Beute auserwählt haben.

Wobbegong Haie

Diese Haie sind nachtaktive, fleischfressende Meeresbodenbewohner, die sich tagsüber in Höhlen und unter Felsbänken versteckt halten. Sie besitzen scharfe, spitze Zähne, starke Kiefer, können sich ausgezeichnet tarnen und bewohnen die gesamte australische Küstenlinie. Der Blaugefleckte Wobbegong (*Orectolobus ornatus*) war für eine Reihe schwerer Attacken auf Unterwasserjäger, Angler, Schnorchler und Sporttaucher verantwortlich. In fast allen Fällen war der Hai jedoch zuvor in irgendeiner Weise gestört worden: er war entweder angeschossen, gefangen oder durch Fischköder gereizt worden.

Taucher sollten sich mit diesen interessanten, doch auch gefährlichen Tieren vertraut machen und jede Berührung vermeiden. Wobbegongs können gefährlich werden: wenn sie einmal zugebissen haben, lassen sich ihre Kiefer nicht wieder öffnen. Das beste Mittel dagegen ist, mit den Händen gegen die Kiemenöffnungen zu drücken. Dadurch wird die Atmung beeinträchtigt und der Hai muss sein Maul öffnen und loslassen (eine bewährte Methode!). Am allerbesten ist es aber, ihnen vollkommen aus dem Weg zu gehen. Der Gefleckte Wobbegong *(Orectolobus maculatus)* ist ein großer Bewohner der Felsenriffe, den man am häufigsten in den gemäßigten Gewässern vor der Küste von New South Wales, aber auch vom südlichen Queensland bis in die westaustralischen Gewässer antrifft.

Wie allen Wobbegongs, sollte man auch ihm mit Vorsicht begegnen.

Tropische Riffhaie

Der auf tropischen Riffen am häufigsten anzutreffende Hai ist der Weißspitzen-Riffhai *(Triaenodon obesus)*. Obwohl er in seichten Gewässern oftmals Tauchern und Schnorchlern folgt, wird er normalerweise nicht als gefährlich eingestuft. Wenn ein »White-tip« jedoch gereizt wird, an der Angel hängt oder in Futterstreitigkeiten verwickelt ist, kann es vorkommen, dass er zubeisst. Kommt ein Hai einem Taucher zu nahe, dann kann man ihn mit den Schwimmflossen in die andere Richtung drücken.

Den Grauen Riffhai *(Carcharhinus amblyrhynchos)* findet man im tieferen Wasser am Rande des Riffs. Dieser schnelle, geschickte Räuber wird oft in den wärmeren Meeren gesichtet. Der mittelgroße Graue Riffhai schließt sich in Gruppen zusammen und ist oft der Hauptdarsteller in Filmen über Haie.

Von Zeit zu Zeit zeigt dieser Hai antagonistische Verhaltensmuster, wobei er seinen Rücken krümmt, seinen Kopf ziellos hin- und her wirft und seine Brustflossen gesenkt hält – eine eindeutige Warnung, nicht näher zu kommen. Man sollte bei Haien auf derartige, unberechenbare Bewegungen achten und sich dann langsam – das

Oben: Der meistens in kleinen Gruppen anzutreffende Galapagoshai (*Carcharhinus galapagensis*) ist auf der ganzen Welt verbreitet und allen Tauchern im Südpazifik wohl bekannt. Er ist sehr neugierig und nähert sich Tauchern gern, fügt ihnen jedoch (außer manchmal ihren Taucherflossen) keinen Schaden zu. *Neville Coleman.*

Gesicht immer dem Hai zugewandt – entfernen. Ignoriert man solche Drohgebärden, kann eine Attacke erfolgen, wobei jeder Biss schlimme Folgen haben kann, selbst wenn er nur als Warnung gedacht war.

Der Tigerhai *(Galeocerdo cuvieri)* kommt häufig auf den im offenen Meer gelegenen Riffen vor – besonders wenn die Marlin-Fischfangsaison in vollem Gange ist und die Schildkrötenjungen schlüpfen. Es ist jedoch Vorsicht geboten: Wenn sich ein Tigerhai bedroht fühlt, kann er sich mit unglaublicher Geschwindigkeit fortbewegen. Diese Haiart ist wahrscheinlich für einige der Attacken verantwortlich, die fälschlicherweise dem Weissen Hai angelastet werden. Tigerhaie sind zahlenmäßig stark vertreten und ernähren sich von Fischen, Vögeln, anderen Haien, Schildkröten und Säugetieren: ihre Lieblingsspeise sind jedoch Seeschlangen. Einen Großteil ihrer Nahrung erbeuten sie im seichten Wasser oder dicht an der Wasseroberfläche. Sie sind vor allem auch als Aasfresser bekannt, die tote, kranke oder verletzte, an der Oberfläche treibende Tiere (selbst große Wale) »entsorgen«. Tigerhaie sind sehr nervöse Tiere, die sich erst nach einiger Zeit fürs Angreifen entscheiden, wenn man sie nicht direkt reizt. Am Meeresboden nehmen sie kaum Notiz von Tauchern. Wenn man von Haien angegriffen wird, sollte man möglichst einen kühlen Kopf bewahren und sich – mit dem Gesicht zum Hai – langsam aus dem Gebiet entfernen.

Eine den Tauchern im Südpazifik wohlbekannte Art ist der Galapagos-Hai *(Carcharhinus galapagensis)*, der auf der ganzen Welt vorkommt. Die meisten Exemplare weisen eine Länge von 2 m auf. Galapagos-Haie treten in kleinen Gruppen bzw. großen Schwärmen auf und können mitunter recht bedrohlich wirken. Wenn Taucher sich zur Dekompression in 5 m Tiefe aufhalten und dabei 30 bis 40 Galapagos-Haie um sie herum schwimmen, ist das Wissen, dass sie normalerweise keine Menschen angreifen, nur ein schwacher Trost. Obwohl diese Haie bisweilen bedrohlich wirken können und auch schon mehrmals die Schwimmflossen von Tauchern angebissen haben, gelten sie doch keinesfalls als angriffslustig.

Der Weisse Hai *(Carcharodon carcharias)* stellt aufgrund seiner Größe, Intelligenz und furchtlosen Natur, zweifellos die größte Gefahr für Menschen dar.

Dieser überlegene Räuber ist schlau, sehr wendig, angriffslustig und kann sich überraschenderweise fast unbemerkt seiner Beute nähern. Seine Nahrung besteht aus Seelöwen, Robben, Delfinen, Walen und Fischen. Auf der ganzen Welt wurden Angriffe von Weissen Haien auf Menschen bekannt, und seit dem Kinoerfolg »Der Weisse Hai«, ist diese Art als Menschenfresser berüchtigt. Doch trotz seiner Berühmtheit ist dieser Hai inzwischen recht selten geworden und gehört zu den bedrohten Tierarten.

Sporttaucher, die sich bei einer Begegnung mit einem Weissen Hai ruhig und unbeweglich verhielten, wurden nicht angegriffen. Andere hingegen hatten nicht so viel Glück.

Aus Unkenntnis wurde der Graue Ammenhai *(Carcharias taurus)* fälschlicherweise als gefährlicher Menschenfresser abgestempelt – in Wirklichkeit greift dieser Hai Menschen nur an, wenn er gereizt wird. Seine langen, spitzen Zähne eignen sich hervorragend für die Jagd auf schnell schwimmende Schwarmfische. Vor dem großen Haiabschlachten in den sechziger bzw. siebziger Jahren, konnte man ganze Schwärme dieser Haie am Meeresboden zu Gesicht bekommen. Da diese Haiart heute geschützt ist, stei-

Unten: Zu den am schönsten gemusterten Rochen zählt zweifellos der Gefleckte Peitschenschwanz-Stachelrochen (*Himantura uarnak*), den man auf dem sandigen und schlammigen Meeresgrund bei Riffen antrifft. Er bewohnt außerdem Buchten und Mangroven-Gebiete. Diese Art trägt einen langen, giftigen Stachel am Schwanz und ernährt sich vorwiegend von Mollusken und Krustentieren. *Nigel Marsh.*

gen ihre Zahlen allmählich wieder an. In vielen Gebieten der australischen Ostküste, wie z.B. Terrigal, Seal Rocks, Byron Bay und Moreton Bay, kann man wieder großen Gruppen dieser Haie begegnen, die sich dort im Winter, Frühling und Sommer zur Paarung treffen. Zu den aufregendsten Erfahrungen gehört es, in Begleitung dieser Haie zu schwimmen.

Oben: Der Blindhai (*Brachaelurus waddi*) ist tagsüber nur selten im Freien zu sehen, da er sich meistens unter Felsbänken oder in Algenwäldern aufhält. *Nigel Marsh.*

Rochen

Eine weitere große Gruppe der australischen Knorpelfische sind die Stech- oder Stachelrochen *(Dasyatidae)* und Stingarees *(Urolophidae)*. Beide Familien verfügen über einen oder mehrere giftige Schwanzstacheln, mit denen sie schon viele Taucher verletzt haben. Die Stachelrochen vergraben sich im Sand, um vor den gefräßigen Haien sicher zu sein, und viele Taucher übersehen dann die Rochen völlig – vor allem bei Nacht. Es ist daher empfehlenswert, sich vom Sandboden fern zu halten.

Die meisten Rochen ernähren sich von Mollusken und Krustentieren, obwohl einige auch Fische fangen. Der Zitterrochen lähmt seine Beutetiere durch Stromstöße.

Der in den Tropen beheimatete Blaupunkt-Stechrochen *(Taeniura lymma)* bewohnt seichte Lagunen oder Sandbänke. Aufgrund seines Lebensraums stellt dieser Rochen für Schnorchler und Wasserläufer eine potentielle Gefahr dar: wenn er jedoch die Gelegenheit hat, wird dieser Rochen sich immer für Flucht entscheiden. Wenn man auf dem Riff spazieren geht, sollte man bei jedem Schritt sehr vorsichtig sein – ebenso Schnorchler, die unter Felsbänken herumstöbern oder abgestorbene Korallen aufsammeln.

Die gezahnten, von Haut umhüllten Giftstacheln des Blaupunkt-Stechrochens erwecken keinesfalls den Eindruck von gefährlichen Waffen. Die nadelscharfen, an jeder Seite mit messerähnlichen Auszackungen versehenen Stacheln sind wie geschaffen dafür, die Haut eines Feindes leicht zu durchdringen und das Gift tief in den Körper zu bringen. Die Stacheln brechen ab, sobald sie in der Haut stecken bleiben. Aufgrund des Schocks und der sofort einsetzenden Schmerzen hat der Rochen Gelegenheit zu entkommen.

Einer der größten, in australischen Gewässern vorkommenden Stachelrochen ist der 3m lange Meyen's Stachelrochen *(Taeniura meyeni)*. Dieser riesenhafte Rochen gleitet wie ein interplanetarisches Raumschiff durch die Tiefen des Meeres. Es ist ein überwältigendes Gefühl, an der Seite eines so großen Lebewesens zu schwimmen.

Einem Stachelrochen sollte man sich nie von vorn bzw. von der Seite nähern, da sie meistens nach vorn angreifen. Stachelrochen stechen nur zu wenn sie gereizt, angeschossen, gefangen werden, in ein Schleppnetz oder in Panik geraten.

Manta-Rochen

Wenn Mantas an der Wasseroberfläche nach Nahrung suchen, ragen dabei oftmals eine oder beide Flossenspitzen aus dem Wasser, so dass sie mit Haien verwechselt werden. Dieser, in tropischen Gewässern beheimatete Rochen *(Manta birostris)* ist ein sanftes Lebewesen, das auch die plumpen Annäherungsversuche von Menschen duldet.

Knochenfische

Knochenfische stellen die bei weitem größte Gruppe dar, besitzen Kalkskelette und sind meistens mit Schuppen bedeckt. Sie gehören zu den farbenprächtigsten Meerestieren. Die Mehrzahl von ihnen besitzt eine Schwimmblase, die die Auftriebskraft kontrolliert und als Hörhilfe dient. Die darin ent-

Oben: In der Umgebung von Wracks und Höhlen ist das Beobachten von Fischen besonders interessant, da die meisten Schwarmfische den Taucher nahe an sich herankommen lassen. *Nigel Marsh.*

haltene Gasmenge kann so reguliert werden, dass der Fisch – selbst wenn er sich nicht bewegt – immer in einer bestimmten Tiefe bleibt. Die Kiemen öffnen sich nach außen hin und sind von einer Körperklappe, dem sogenannten Operculum (Kiemendeckel), bedeckt, die sich hinter dem Maul befindet.

Fotos sind bei der Identifizierung von Fischen eine große Hilfe, vor allem was Form und Anordnung der Flossen anbelangt. Doch es kann auch vorkommen, dass die verfügbaren Fotos den verschiedenen Farbnuancierungen nicht gerecht werden, da viele Fische sehr rasch ihre Farbe ändern können. Die Farben ändern sich je nach Stimmung, Fortpflanzungs- und Balzzyklen und während der Nahrungssuche bzw. der Flucht vor Feinden. In manchen Fällen muss man den Fisch auf die Anzahl der Flossen, der Stacheln auf den Kiemendeckeln und der Zähne in seinen Kiefern hin überprüfen, um ihn genau bestimmen zu können.

Muränen

Muränen (Familie Muraenidae) sind häufige Bewohner der tropischen, subtropischen und gemäßigten Gewässer um Australien. Als nachtaktive Tiere verbringen sie den Tag in Höhlenverstecken auf dem Riff.

In den vergangenen 20 Jahren wurden Muränen von Tauchern von Hand gefüttert und einzelne Exemplare sogar mit Kosenamen bedacht. Ihr Verhalten ist jedoch unberechenbar, was die vielen, durch sie verursachten Verstümmelungen belegen: Im Jahr 1996 verlor eine Taucherin am Great Barrier Reef auf diese Weise einen Arm. Riesenmuränen *(Gymnothorax)* erreichen eine Länge von bis zu 2,5 m; die meisten werden jedoch nur bis 1 m lang. Einige Vertreter – wie z.B. die Mosaik-Muräne (*Enchelycore ramosa*) – weisen wunderschöne Farbmuster auf. Muränen besitzen einen ausgezeichneten Geruchssinn und ernähren sich von Fischen, Krabben, Tintenfischen und Octopussen. Die grüne Muräne *(Gymnothorax prasinus)* ist ein häufiger Bewohner der Küstenriffe im Südosten, die hellblau-gelbe Geistermuräne *(Rhinomuraena quaesita)* ist auf dem Great Barrier Reef zu Hause.

Seepferdchen, Seenadeln, Fetzenfische

Seepferdchen und Fetzenfische gehören zur Familie der *Syngnathidae.* Viele von ihnen sind sehr scheu und verbergen sich in den Algen und Seegraswiesen dicht am Boden. Ungefähr 100 Arten dieser Familie kommen allein in den australischen Meeren vor – darunter der Blatt-Fetzenfisch (*Phycodurus eques*) und der Seegras-Fetzenfisch (*Phyllopteryx taeniolatus*), die zu den eigentümlichsten Fischen zählen. Die Fetzenfische sind im Süden Australiens beheimatet. Die Mehrzahl dieser Fische weist eine Schutzfärbung auf, so dass man sie in ihrer natürlichen Umgebung nur schwer ausmachen kann. Aus der Nähe betrachtet, weisen viele von ihnen prächtige Farben, verschiedenartige Muster, Streifen und Punkte auf ihrem Körper auf.

Das interessanteste Merkmal dieser Tiere ist ihre einzigartige Fortpflanzungsmethode.

Das Seepferdweibchen legt die Eier in eine Bauchtasche des Männchens bzw. – bei den Männchen der Seenadeln – auf die Unterseite des Schwanzes oder Bauches. Das Männchen brütet die Jungen aus, die sich zu Mini-Ausgaben ihrer Eltern entwickeln. Diese seltsamen Lebewesen ernähren sich vorwiegend von kleinen Krustentieren, die sie mit ihrem langen »Rüssel« aufsaugen.

In bestimmten Gebieten des Great Barrier Reefs bekommt man Seenadeln fast bei jedem Tauchgang zu sehen. Nachts versammeln sich manche Arten gruppenweise zum Schlafen.

Geisterpfeifenfische und Flügelrossfische

Geisterpfeifenfischen (Familie Solenostomidae) begegnet man auf den tropischen Riffen an und vor der Küste Australiens. Durch ihre »Kopfüber-Haltung« und ihre besonders gute Tarnung sind sie nur sehr schwer zu erkennen: Gewöhnlich tarnen sie sich als unbewegliche Meeresbewohner, wie Algen, Seepeitschen oder Gorgonien. Der gescheckte Geisterpfeifenfisch *(Solenostomus paradoxus)* fällt besonders durch seine bizarre Form und Farbe auf. Er imitiert oftmals Weichkorallen und Haarsterne oder verhält sich wie im Wasser treibende Pflanzen.

Obwohl die Flügelrossfische nur eine kleine Familie *(Pegasidae)* darstellen, die mit den vorher genannten verwandt ist, sind sie doch wegen ihrer unglaublichen Formenvielfalt erwähnenswert. Der kleine Flügelrossfisch *(Eurypegasus draconis)* gilt als farbenprächtigstes Mitglied in den australischen Meeren. Alle diese Tiere sind Bodenbewohner und schwer zu entdecken.

Skorpionsfische

Alle Skorpionsfische gehören zur Familie der *Scorpaenidae* und besitzen giftige Rückenstacheln, manche auch furchterregende Kopfstacheln. Komischerweise gilt ihr Fleisch als Delikatesse. Einige der bekanntesten Arten sind im folgenden aufgeführt.

Bei oberflächlicher Betrachtung ähnelt der Zebra-Skorpionsfisch *(Dendrochirus zebra)* den anderen Skorpionsfischen der Gattung *Pterois*, er kann jedoch durch seine Farbmuster bzw. die Form seiner Brustflossen leicht von ihnen unterschieden werden. Auch in seinem Verhalten hebt er sich etwas von der Gattung *Pterois* ab. Während Rotfeuerfische ihre Brustflossen meistens ausgebreitet haben (selbst wenn sie sich am Grund aufhalten), hat man beim Zebra-Skorpionsfisch schon öfter beobachtet, wie sie sich mit angelegten Brustflossen zwischen Bodenpflanzen verstecken und auf Beute lauern. Der gewöhnlich eher langsam schwimmende Zebra-Skorpionsfisch, kann auf der Jagd nach Beute blitzschnell zuschlagen.

Der unter einer Vielzahl von Namen bekannte Rotfeuerfisch *(Pterois volitans)* bewohnt die meisten tropischen Korallenriffe. Im Sommer kann man ihn bisweilen auch in gemäßigten Gewässern entdecken, wobei es sich jedoch meistens um Jungtiere handelt. Diese Art ist an ihren einzigartigen Brustflossen und den zahlreichen, giftigen Rückenstacheln sehr leicht zu erkennen. Die Stacheln sind lang, dünn und extrem scharf, und viele Men-

Unten: Skorpionsfische findet man überall in Australien. Manche sind leicht zu entdecken (Rotfeuerfische), andere wiederum fügen sich so unauffällig in die Umgebung ein, dass Taucher sie nur selten zu Gesicht bekommen *(Merlets Skorpionsfisch)*. Der unten abgebildete Rote Kardinals Skorpionsfisch (Scorpaena cardinalis) ist ein Bewohner der gemäßigten Gewässer vor dem südlichen Teil von New South Wales, *Neville Coleman.*

Oben: Die Schwanzenden der männlichen Rotstreifen-Fahnenbarsche *(Pseudanthias fasciatus)* weisen oft eine fadenförmige Verlängerung auf. *Neville Coleman.*

schen wurden damit schon verletzt. Die dabei entstehenden Schmerzen dauern ca. sechs Stunden an, je nach Tiefe und Stelle der Wunde.

Der Antennen-Rotfeuerfisch (*Pterois antennata*) ist viel häufiger in den nördlichen Gebieten des Great Barrier Reefs und des Korallenmeers anzutreffen als auf den südlich gelegenen Inselriffen. Diese Art, wie auch die meisten anderen Skorpionsfische, ist tagsüber nicht zu sehen: Er bewohnt Höhlen, wo er gewöhnlich eine Kopfüber-Position einnimmt. Die Fische treten meistens paarweise auf, wobei jeder ungefähr die gleiche Größe aufweist. Obwohl die Fische der Gattung *Pterois* bei oberflächlicher Betrachtung ähnlich aussehen, kann man sie doch ganz einfach an der Form ihrer Brustflossen unterscheiden.

Der Steinfisch (*Synanceia horrida*) ist ein Bewohner der schlammigen Riffe der Meeresbuchten und Lagunen sowie der Riffe der Festlandinseln. Er zählt zu den giftigsten Fischen der australischen Meere. In seinen »Rückentaschen« verbergen sich dreizehn hochwirksame, natürliche Injektionsvorrichtungen. Die hohlen, nadelscharfen Stacheln, die jeweils mit einem doppelten Giftsack versehen sind, verursachen den Opfern unerträgliche Schmerzen und müssen sofort medizinisch behandelt werden.

Der in Südaustralien lebende, nur dort vorkommende *Neosebastes pandus* ist ein Meister der Tarnung. Er verharrt beinahe unbeweglich im Wasser, wobei das einzige Lebenszeichen die kaum wahrnehmbaren Bewegungen der Kiemendeckel sind. Obwohl er dort sehr häufig vorkommt, wird er nur selten an der Angel gefangen, da er sich meistens zwischen den Riffalgen aufhält und nur zum Beutefang herauskommt. Die langen Rückenstacheln verursachen extrem schmerzhafte Wunden.

In einigen Meeresbuchten in New South Wales ist der Zwerg-Skorpionsfisch *(Centropogon australis)* so häufig anzutreffen, dass es schwierig ist, die Hand auf dem Grund auszustrecken, ohne dabei einige von ihnen anzufassen. Bisher wurden jedoch überraschend wenige Taucher unter Wasser gestochen. Man sollte immer vorsichtig sein, wenn man in Meeresbuchten taucht, besonders wenn es sich um weichen Untergrund handelt: eine angemessene Fußbekleidung bzw. Handschuhe sind notwendig, wenn man in sandigen bzw. schlammigen Gewässern herumstöbert.

Felsen- und Zackenbarsche

Die Familie Serranidae umfasst die größeren, bodenbewohnenden Fische der Gattung *Epinephelus*. Der Große Queensland Zackenbarsch *(E. lanceolatus)*, der Gefleckte Zackenbarsch *(E. merra)* und der berühmte Kartoffel-Barsch *(E. tukula)*, die alle an dem Tauchplatz »Cod Hole« vor Cairns zu finden sind, gehören dieser Gruppe an. Nur ein paar Mitglieder dieser Gruppe leben an den Südküsten, die Mehrzahl bewohnt tropische Riffe.

Eine weitere tropische Gattung ist *Cephalopholis*, deren größter und bekanntester Vertreter der farbenprächtige Juwelenbarsch *(C. miniatus)* ist. Diese Gattung ist von den anderen leicht durch ihre abgerundeten, weichen Rückenflossen und ihren konvexen Schwanz zu unterscheiden.

Zur Familie der Felsenbarsche gehören auch die Edelsteinen gleichenden Fahnenbarsche *(Pseudanthias)*, die zu den schönsten Riffbewohnern zählen und beliebte Motive für Unterwasserfotografen darstellen. Fahnenbarsche zählen zur Unterfamilie der *Anthiinae*: sie treten meistens gruppenweise an Felsüberhängen und Korallenstöcken auf, wo sie sich von Plankton ernähren. Die Männchen sind von einem Harem von Weibchen umgeben und unterscheiden sich von ihnen durch Farbe und Form. Wird das Männchen getötet oder stirbt es, dann wird das größte Weibchen zu einem Männchen und übernimmt den Harem. Einige der selteneren Fahnenbarsche findet man nur in tiefem Wasser am unteren Ende von Felsüberhängen. In den letzten zwanzig Jahren wurden noch einige Arten davon entdeckt und beschrieben. Zu den tropischen Arten gehören u.a. *P. tuka* und *P. squamipinnis*, sowie die selteneren Arten wie *P. pictilus* und *P. fasciatus*, die nur bestimmte Riffe bewohnen.

Das entsprechende Gegenstück aus der Familie Callanthiidae – *Callanthias australis* – ist bisweilen auch in tiefen Gewässern des Südens anzutreffen.

Am Great Barrier Reef begegnet man vier Arten von Korallenbarschen *(Plectropomus)* und zwei Arten von Lyraschwanz-Korallenbarschen *(Variola)*. Diese Fische zählen zu den beliebtesten Speisefischen der nordaustralischen Städte und werden jetzt auch lebend nach Asien exportiert.

Makrelenartige

Die tagaktiven Raubfische *(Familie Carangidae)* leben – je nach Art – entweder in großen Schwärmen, kleinen Gruppen, paarweise oder alleine. Der häufigste Vertreter in tropischen Gewässern ist die Großaugen-Makrele *(Caranx sexfasciatus)*, die in großen Schwärmen auftritt. Bei Lady Elliot Island an der Südseite des Great Barrier Reefs, kann man den Flaschennasen-Delfinen *(Tursiops truncatus)* dabei zusehen, wie sie auf faszinierende Weise Jagd auf Makrelen machen.

Hundsmakrelen *(Caranx melampygus)* schwimmen paarweise am Rande des Riffs, während Riesenmakrelen *(Caranx ignobilis)* oft als Einzelgänger leben und sich nur zur Paarungszeit in Schwärmen zusammen finden. Alle Makrelen besitzen spiegelartige Schuppen, so dass man sie nur schwer fotografieren kann.

In gemäßigten Gewässern – vor allem unterhalb 20 m – scharen sich oftmals große Schwärme der Gelbschwanz-Makrelen *(Seriola lalandi)* um die Taucher. *Trachurus novaezelandiae* findet man in großer Zahl in seichten Gewässern und an Hafendämmen.

Korallen-Schnapper

Diese großen Fische (Familie *Lutjanidae*) besitzen abstehende Schuppen, große Augen und ein breites Maul, sowie eine einzige Rückenflosse. Sie sind in tropischen und subtropischen Gewässern – vorwiegend auf Riffen oder Wracks – zu Hause. Viele Korallen-Schnapper, darunter *Lutjanus sebae* und *Lutjanus argentimaculatus*, sind ausgezeichnete Speisefische. Nach dem Verzehr des Bohar-Schnappers (*Lutjanus bohar*) bzw. *Lutjanus gibbus* kann es jedoch zu einer Vergiftung kommen.

Süßlippen

Die Mitglieder der Familie *Haemulidae* sind große riffbewohnende Fische, die durch ihre dicken Wulstlippen und prächtigen Farben (gilt nicht für alle Arten) auffallen. Meistens trifft man sie auf tropischen Riffen an, obwohl einige auch in subtropischen Gewässern zu finden sind. Zu den spektakulärsten Arten gehört die Gestreifte Süßlippe (*Plectorhynchus lineatus*). Diese Schwarmfische wohnen tagsüber in Höhlen, Felsbänken oder an »Putzerstationen«. Nachts suchen sie tieferes Wasser auf, wo sie im Sand und Geröll nach wirbellosen Tieren suchen.

Schnapper

Diese in tropischen und gemäßigten Gewässern beheimateten Fische der Familie *Sparidae*, sind für die australische Fischindustrie von großer Bedeutung. Man findet sie auf den Riffen an und vor der Küste sowie in Meeresbuchten, wo sie sich zum Laichen einfinden und sich

Unten: Hinter einer Süßlippe *(Plectorhinchus goldmanni)* versteckt, lauert der Trompetenfisch *(Aulostomus lineatus)* geduldig kleineren Fischen auf. Sobald sich einer in Reichweite blicken lässt, schnellt er hervor, verschlingt den Fisch und begibt sich sofort wieder in Lauerstellung.
Neville Coleman.

von Austern, Kammmuscheln und Krustentieren ernähren. Die besten Orte, um Schnapper zu beobachten, sind Marine Parks bzw. Unterwasser-Schutzgebiete, wo sich die Fische ungestört fortpflanzen können und an Taucher gewöhnt sind.

Zu den bekanntesten Arten zählen der Schnapper *(Chrysophrys auratus)*, der Gelbflossen-Schnapper *(Acanthopagrus australis)* und der Tharwine *(Rhabdosargus sarba)*.

Straßenkehrer

Diese mittelgroßen, großäugigen Fische gehören zur Familie der *Lethrinidae*. Sie bewohnen die tropischen und subtropischen Gewässer und zählen unter Berufs- und Hobbyfischern zu den begehrtesten Speisefischen. Am Tage sieht man große Schwärme des Straßenkehrers *(Lethrinus nebulosus)* und des Rotmaul-Straßenkehrers *(Lethrinus miniatus)*, die sich am Great Barrier Reef in der Nähe von Ausflugsbooten aufhalten, vor allem in Gebieten, die schon vor Jahren zu Nationalparks ernannt wurden.

Unten: Der die tropischen Meere Australiens bewohnende Koran-Kaiserfisch *(Pomacanthus semicirculatus)* wurde ursprünglich nach seiner Jugendform benannt, die weisse und blaue Halbkreise aufweist. Dieser Fisch lässt sich problemlos fotografieren, weil er Taucher nahe an sich herankommen lässt. *Michael Aw.*

Falterfische

Die Familie der *Chaetodontidae* umfasst über 116 Arten kleiner, farbenfroher, zart gemusterter Fische, die sich bei Unterwasserfotografen großer Beliebtheit erfreuen. Die meisten Arten kommen ausschließlich in den Tropen vor, nur eine Art, der Spitzmaul-Falterfisch *(Chelmonops truncatus)*, ist in ganz Südaustralien anzutreffen.

Den Dreistreifen-Falterfisch (*Chaetodon tricinctus*) und den Lord Howe Falterfisch *(Amphichaetodon howensis)* findet man in den subtropischen Gewässern bei den Lord Howe bzw. Norfolk Islands, gelegentlich auch vor der Küste von New South Wales. Viele dieser Arten ernähren sich von Korallenpolypen und -schleim, manche von bestimmten wirbellosen Tieren und wieder andere von krustenbildenden Organismen. Der Pyramiden-Falterfisch (*Hemitaurichthys polylepsis*) frisst nur Plankton und ist oft in großen Schwärmen an Felsüberhängen anzutreffen.

Der mitunter paarweise auftretende *Chaetodon auriga* bewohnt Korallenriffe in relativ seichten Gewässern. Die meisten Exemplare leben in einer Tiefe von 5–20 m. Die ausgewachsenen Tiere erkennt man leicht an ihren dünnen, schwarzen, überkreuzten Linien, dem schwarzen Balken über dem Auge und dem charakteristischen schwarzen Augenfleck unterhalb des fadenähnlichen Filaments auf der goldenen Rückenflosse. Man kann sich ihm leicht nähern.

Der glatte, stromlinienförmige Doppel-Sattelfleckenfisch *(Chaetodon ulietensis)* bevorzugt Korallenhänge als Lebensraum. Obwohl er viel kleiner ist, gleicht er doch auf den ersten Blick dem Gestreiften Falterfisch *(C. lineatus)*. Dem Doppel-Sattelfleckenfisch kann man sich leichter nähern als seinem Verwandten und man erkennt ihn an der hellgelben Färbung des hinteren Körperdrittels, dem schwarzen Fleck am Schwanzansatz, dem schwarz geränderten Schwanz und den beiden dunklen Sätteln. Während der Gestreifte Falterfisch fast nur paarweise anzutreffen ist, gilt der Doppel-Sattelfleckenfisch gewöhnlich als Einzelgänger.

Der Pinzettfisch *(Chelmon rostratus)* gehört sicherlich zu den attraktivsten Riffbewohnern des Great Barrier Reefs. Dieser Fisch tritt paarweise auf und »flitzt« um Riffe und Korallenstöcke, wo er kleine Organismen als Nahrung zu sich nimmt. Er ist tagaktiv und verbringt die Nacht in Löchern und Spalten. Obwohl er normalerweise seichte Gewässer bevorzugt, wurde er bereits in Tiefen bis zu 30 m gesichtet.

Kaiserfische

Die meisten Arten der Kaiserfische weisen prächtige Farben und wunder-

schöne Muster auf und werden mitunter mit den Falterfischen verwechselt. Kaiserfische haben immer einen Stachel am unteren Kiemendeckel, der als einfachstes Unterscheidungsmerkmal gilt. Die Mehrzahl der Kaiserfische bewohnten tropische Gewässer: den Ballina Kaiserfisch (*Chaetodontoplus ballinae*) und den Auffälligen Kaiserfisch (*Chaetodontoplus conspicillatus*) trifft man allerdings in den tiefen, subtropischen Gewässern und um Lord Howe Island an.

Beim Koran-Kaiserfisch *(Pomacanthus semicirculatus)* ähneln Farbe und Muster beim Jungtier in keiner Weise denen der erwachsenen Tiere, wie es bei dieser besonderen Gruppe öfter der Fall ist.

Die meisten der größeren Kaiserfische suchen auf Schwämmen und Wirbellosen nach Nahrung. Bei den erwachsenen Tieren gleichen sich Männchen und Weibchen bezüglich Farbe und Muster. Bei der planktonfressenden Gattung *Genicanthus* unterscheiden sich die Geschlechter jedoch deutlich in Bezug auf Farbe und Muster. Im allgemeinen sind Kaiserfische sehr standorttreu und leben als Einzelgänger bzw. als Paar.

Riffbarsche

Die Mitglieder der Familie Pomacentridae, einer großen Gruppe kleinerer Fische, sind in ganz Australien verbreitet. Obwohl die Mehrzahl von ihnen tropische Gewässer bewohnt, ist der Einfleck-Riffbarsch *(Chromis hypsilepsis)* in den gemäßigten Gewässern vor der Südküste von New South Wales zu Hause, wo er bisweilen in sehr großer Zahl vorkommt. Die größeren Arten, wie der Schuppige Riffbarsch *(Parma victoriae)* und das Weißohr *(Parma microlepis)*, bewohnen gemäßigte Gewässer.
Unter den Pomacentriden gibt es sowohl Plankton- als auch Pflanzenfresser. Einige von ihnen besitzen eigenen Algengärten, die sie vor anderen Fischen schützen.

Viele Pomacentriden, vor allem die Jungtiere, weisen schöne Farben und Muster auf. Bekannte Pomacentriden sind die kleinen Clowns und Anemonenfische *(Amphiprion und Premnas)*, die in symbiotischer Gemeinschaft mit Seeanemonen leben.

Morwongs

Diese größeren, wulstlippigen Fische, die kühlere Gewässer bewohnen, gehören zur Familie Cheilodactylidae. Sie besitzen große Brustflossen,treten in riesigen Schwärmen auf (besonders der Rote Morwong *(Cheilodactylus fuscus)* und ruhen sich tagsüber auf dem Meeresgrund aus. Ihre Nahrung besteht aus Mollusken, die sie von den Felsen absaugen und aus Geröll und Sand, aus dem sie essbare Würmer, Mollusken und Krabben herausfiltern und die Abfallprodukte durch den hinteren Teil der Kiemen hinausbefördern.

Oben: Das Fleisch der Kugelfische enthält ein für Menschen tödliches Gift. Der hier abgebildete Gefleckte Kugelfisch *(Anothron hispidus)* kann sich bei Gefahr mit Wasser aufpumpen. *Michael Aw.*

Oben:
Der Straßenkehrer *(Lethrinus nebulosus)* ist ein beliebter Speisefisch. In den Tauchgebieten bei Heron Island, am Kelso Reef und bei Lord Howe Island, sind diese Fische sehr zahm, da sie regelmäßig gefüttert werden und vor Unterwasserjägern geschützt sind. *Neville Coleman.*

Lippfische
Die Lippfische (*Labridae*) stellen – nach den Grindeln – die artenreichste Familie der tropischen und auch gemäßigten Gewässer dar. Lippfische weisen eine enorme Formen-, Farben- und Mustervielfalt auf und fühlen sich in fast jedem Lebensraum zu Hause – Felsen- und Korallenriffe, Seegraswiesen, Sand und Geröll. Im allgemeinen sind diese Fische klein und schlank, die größeren Arten können jedoch von recht massiger Gestalt sein. Sie besitzen einzelne Zähne und schwimmen durch Ruderbewegungen ihrer Brustflossen. Ihre Größe variiert von 229 cm wie beim Maori Lippfisch (»Napoleon« *Cheilinus undulatus*) bis gerade mal 50 mm wie bei *Pseudocheilinus* sp.

Sowohl die tropischen Lippfische (*Thalassoma* und *Halichoeres*) als auch die Arten der kühleren Gewässer (*Eupetrichthys* und *Suezichthys*) weisen eine auffallend schöne Färbung auf. Die berühmtesten unter ihnen sind zweifellos die Putzerlippfische *(Labroides)*, die an verschiedenen Stellen Putzerstationen einrichten, wo sie andere Fische von deren Ektoparasiten, bisweilen auch vom Hautschleim oder abgestorbenen Gewebeteilchen befreien und sich auf diese Weise ernähren. Bei manchen Lippfischen kann sich die Ernährung in der Jugend von der im Erwachsenenalter unterscheiden: *Labropsis* z.B. reinigen als Jungtiere andere Fische, während sie als ausgewachsene Tiere auf Korallenpolypen nach Nahrung suchen. Es bestehen oftmals erhebliche Farbunterschiede zwischen jungen und ausgewachsenen bzw. männlichen und weiblichen Tieren. Innerhalb einiger Gattungen treten Geschlechtsumwandlungen auf, d.h. alle Fische kommen als Weibchen zur Welt und werden im Laufe der Zeit zu Männchen.

Papageifische
Die bunten Papageifische (Familie *Scaridae*) sind nahe Verwandte der Lippfische und verdanken ihren Namen ihrer offensichtlichen Ähnlichkeit mit den farbenprächtigen Papageien. Ihre Zähne sind zu einem »Schnabel« verwachsen und sie bewegen sich mit Hilfe ihrer Brustflossen fort. Diese Pflanzenfresser kratzen mit ihrem Schnabel von abgestorbenen und lebenden Korallenstöcken Algen ab und beissen mitunter Korallen- und Kalksteinstücke ab. Letztere werden mit speziell dafür vorgesehenen Zähne, den sogenannten Rachenzähnen, in der Kehle zerkleinert. Die Algen werden verdaut und die Korallen- und Kalksteinstückchen zu Sand zermahlen, der dann auf dem Riff wieder ausgeschieden wird. Vielerorts sind Papageifische die »Hauptthersteller« des Sediments auf und an den tropischen Riffen.

Alle Papageifischarten sind tropischen Ursprungs, obwohl einige von ihnen auch in subtropischen bzw. gemäßigten Gewässern anzutreffen sind. In der Jugend ähneln Papageifische den erwachsenen Tieren in keiner Weise, und auch zwischen Männchen und Weibchen gibt es so erhebliche Farb- und Formunterschiede, dass eine Bestimmung oftmals sehr schwierig ist.

In ihrer Entwicklungsphase können Papageifische sowohl männlichen als auch weiblichen Geschlechts sein. In dieser Zeit weisen sie eine gedämpfte Rot-, Braun- oder Graufärbung auf. Einige dieser anfangs weiblichen Fische können sich in farbenprächtige, blaugrüne Männchen umwandeln. Die am einfachsten zu bestimmenden Papageifische sind *Scarus microrhinos*, Schlegel's Papageifisch *(S. schlegeli)* und der zweifarbige Papageienfisch *(Cetoscarus bicolor)*. Die größte Art ist der Büffel-Papageienfisch *(Bolbometapon muricatum)* mit einer Länge von 120 cm.

Barrakudas
Während der bis zu 170 cm lange Große Barrakuda (Familie *Sphyraenidae*) sonst einen schlechten Ruf ge-

nießt, ist dies in Australien sicherlich nicht der Fall. Die Mehrzahl der am Great Barrier Reef vorkommenden Arten sind kleinere, in Schwärmen auftretende Barrakudas, wie z.B. der Gestreifte Barrakuda (*Sphyraena putnamiae*) oder Heller's Barrakuda (*Sphyraena helleri*). Diese Arten schwimmen oftmals in Schwärmen um Taucher herum, wobei sie ausgezeichnete Fotomodelle abgeben.

Doktorfische

Die Mitglieder der Familie *Acanthuridae* (Doktorfische oder Seebader) sind in allen tropischen Gewässern Australiens beheimatet. Sie ernähren sich vorwiegend von Pflanzen, genauer gesagt, von Algen, die sie vom Meeresboden abernten. Diese Fische treten einzeln oder in Schwärmen auf. Ihre Schuppen sind so klein, dass ihr Körper wie von rauher Haut umhüllt erscheint. Viele von ihnen besitzen rasiermesserscharfe Stacheln, die sich in Furchen zu beiden Seiten des Schwanzes befinden. Schon mancher Taucher hat sich an diesen Stacheln Schnittwunden zugezogen, wenn er auf einem nächtlichen Tauchgang einen schlafenden Doktorfisch berührte.

Einige der bekannteren Arten sind erwähnenswert. Der häufigste und zugleich schönste Doktorfisch ist der Blaugestreifte Doktorfisch *(Acanthurus lineatus)*, der an der Oberkante von Riffen lebt und dort ein kleines, mit Algen bedecktes Territorium für sich beansprucht. Die angrenzenden Gebiete sind unter seinen Artgenossen aufgeteilt. Der Doktorfisch kann sehr schnell schwimmen und hält sich vorzugsweise an Stellen auf, wo das Wasser sehr bewegt ist – an Landzungen oder den Rändern von Riffen.

Acanthurus dussumieri bewohnt seichte Korallenriffgebiete bis in eine Tiefe von 20 m, wo er sich von fadenähnlichen Algen ernährt, die er von abgestorbenen Korallen und Sandoberflächen abpflückt. Er bevorzugt Lagunen und ruhige Gewässer an der Rückseite der Riffe, wo man ihn paarweise oder in Schwärmen – oft auch in Begleitung von Papageifischen – antrifft.

Der auffallend gezeichnete bzw. geformte Segelflossen-Seebader *(Zebrasoma veliferum)* bewohnt weiträumige Gebiete und ernährt sich von fadenähnlichen Algen. Seebader findet man vom Festland bis zu den außerhalb gelegenen Riffen, wo sie geschützte Lagunen und die terrassenförmige Rückseite von Riffen bewohnen. Die Paare verbringen viel Zeit damit, sich gegenseitig zu jagen, wobei sie ihre auffallenden »Segel« zur Schau stellen.

Drückerfische

Die ausschließlich in tropischen Gewässern anzutreffenden Drückerfische (Familie *Balistidae*) sind von mittlerer Größe, leben auf dem Meeresgrund und besitzen einen feststellbaren Rückenstachel, harte plattenartige Schuppen (die sich rau anfassen), ein kleines Maul und sehr starke Kiefer und Zähne. Die ausgewachsenen Tiere weisen oftmals komplizierte Farbmuster auf.

Der Titan-Drückerfisch (*Balistoides viridescens*) baut ein Nest und bewacht die Eier aufs Schärfste, wobei er sogar Taucher beisst, die seinem Nest zu nahe kommen. Das Ergebnis sind sehr schmerzhafte Wunden. Wenn der Drückerfisch aufgeschreckt wird, flieht er zu seiner Nesthöhle, taucht mit dem Kopf voran hinein und fährt seinen Rückenstachel aus. Diesen

Unten: Der oftmals in großen Schwärmen auftretende Gestreifte Barrakuda *(Sphyraena putmaniae)* ist ein häufiger Bewohner der vor der Küste liegenden Korallenriffe. *Nigel Marsh.*

Oben: Die Mosaik-Feilenfische (*Eubalichthys mosaicus*) sind in den südlichen Meeren weit verbreitet. Das abgebildete Weibchen passt sich seiner Umgebung sehr gut an. *Neville Coleman.*

bringt er dann in die richtige Position und verkeilt ihn, so dass es fast unmöglich ist, den Fisch herauszuziehen. Die meisten Arten ernähren sich von Krabben, Mollusken, Stachelhäutern und anderen Wirbellosen. Nur einige von ihnen fressen Plankton, wie z.B. der Blaue Drückerfisch *(Odonus niger)*.

Feilenfische

Die meisten Arten der Feilenfische (Familie *Monacanthidae*) findet man in den kühleren Gewässern Australiens. Obwohl sie mit den Drückerfische verwandt sind und ihnen auch dem Aussehen nach ähneln, sind Feilenfische doch eher scheue Fische, die sich im Schutz von Algen, Riffkorallen oder Seegraswiesen aufhalten. In Australien gibt es weltweit die meisten Feilenfisch-Arten – 85 insgesamt. Ihre Körperform ist im allgemeinen gedrungener als die der Drückerfische, ihre Nasen sind länger und ihre Farbe ändert sich je nach Stimmung oder Tageszeit.

Der größte ist der Besenschwanz-Feilenfisch *(Aluterus scriptus)*, eine tropische Art von bis zu 750 mm Länge. Der kleinste ist der Zwerg-Feilenfisch *(Rudarius minutus)*, ebenfalls eine tropische Art, die bloß 30 mm groß wird.

Zu den ungewöhnlichsten Feilenfischen zählt der *Paraluteres prionurus*, der in Größe, Färbung, Form und Verhalten beinahe identisch mit dem hochgiftigen *Canthigaster valentini* ist.

Kugel-, Igel- und Kofferfische

Sie gehören zur Familie der *Tetraodontidae*, deren Fleisch ein tödliches Gift enthält, das Tetraodontoxin. Für Menschen ist der Verzehr dieses Fisches absolut tödlich, auf Haie scheint das Gift keinerlei Wirkung zu haben. Bei Gefahr können sich Kugelfische mit Wasser oder Luft aufpumpen, um so Feinde abzuwehren. Auch die kleineren, in gemäßigten Gewässern lebenden Arten *Tetractenos* sp. und *Contusus* sp. sowie die kleinen, tropischen *Canthigaster*-Arten enthalten ein für Menschen tödliches Gift.

Igelfische *(Diodontidae)* verfügen über dasselbe Gift und können sich ebenfalls aufpumpen: überdies besitzen sie über den ganzen Körper verteilt Stacheln, die bei Ausdehnung der Körperhöhle einrasten. Igel- und Kugelfische haben extrem starke Kiefer und Zähne, die sie zum Aufbrechen von Weichtieren, Krabben und Stachelhäutern einsetzen. Auch Taucher müssen besonders vorsichtig vorgehen, wenn sie den Abwehrmechanismus dieser Tiere beobachten wollen, denn dabei können größere Exemplare schon mal einen Finger abbeissen. Bisse von Igelfischen sind äußerst schmerzhaft. Die meisten Arten bewohnen tropische Gewässer (*Diodon hystrix*). Die einzige Art, die in gemäßigten Gewässern zu Hause ist, ist *Diodon nichthemerus*, den man an der ganzen Südküste Australiens antrifft.

Zur Familie der *Ostraciidae* bzw. *Aracanidae* gehören merkwürdig kastenförmige Fische, deren Schuppen zu einem harten Rückenschild verwachsen sind und die man in den tropischen und gemäßigten Meeren Australiens antrifft. Das Fleisch dieser Fische ist giftig und die Mitglieder der Familie Ostraciidae produzieren einen giftigen Schleim, den sie ins Wasser ablassen.

Meeresreptilien

Krokodile

Das Meerwasser-Krokodil *(Crocodylus porosus)* ist für Hunderte von Angriffen auf Menschen verantwortlich. Dieser meist nachtaktive Räuber zeigt auf der Jagd nach Beute sehr viel Mut und wagt sich sogar in die Nähe menschlicher Behausungen. Die meisten Exemplare trifft man in Sümpfen und Flüssen, obwohl die größeren, erwachsenen Tiere regelmäßig im offenen Meer, z.B. am Great Barrier Reef, zu sehen sind. Nach der Paarung legt das Weibchen die Eier an Land in einen Erdhügel oder in den Sand und bewacht sie bis die Jungen schlüpfen. Aus einem Nest können bis zu 60 junge Krokodile schlüpfen.

Schildkröten

Die Echte Karettschildkröte *(Caretta caretta)* ist in den meisten tropischen Gewässern auf der ganzen Welt zu Hause. Im Sommer legt das Weibchen seine ca. 50 Eier an Inselstränden und Korallensandbänken ab. Die Paarung erfolgt entweder an der Oberfläche oder unter Wasser. In den vergangenen Jahren wurde die Suppenschildkröte *(Chelonia mydas)* wegen ihres Panzers und Fleisches von Profi- und Amateurjägern gleichermaßen rücksichtslos gejagt. Selbst frisch geschlüpfte Jungtiere wurden eingesammelt, konserviert und in Souvenirläden verkauft. Obwohl die Suppenschildkröte durch die bestehenden australischen Gesetze einen gewissen Schutz erfährt, wird sie in einigen Gebieten des Indo-Pazifiks immer noch verfolgt. Es ist erforderlich, dass die bekannten Eiablageplätze der Schildkröten zu Schutzgebieten ernannt werden. Von Oktober bis März kommen die Schildkrötenweibchen bei Flut nachts an Land, um ihre Eier in selbst gegrabenen Mulden abzulegen und diese daraufhin zu bedecken und zu tarnen. Nach acht Wochen – meistens in der Nacht – schlüpfen dann die Jungen. (Siehe auch die Reportage »Bedrohte Meeresschildkröten«).

Seeschlangen

Die am häufigsten in den tropischen Gewässern Australiens anzutreffende Schlange ist die Olivbraune Seeschlange *(Aipysurus laevis)*, deren Farbe von braun bis gelb variiert. Sie ist tag- und nachtaktiv und sucht in Korallen- und Felsspalten nach Nahrung. In wachem Zustand muss die Schlange in Abständen von 10 bis 20 Minuten zum Luftholen an die Wasseroberfläche. Wenn sie sich auf dem Meeresgrund unter einem Felsen zum Schlafen zusammenrollt, kann sie in dieser Stellung viele Stunden lang ohne Luft zu holen aushalten. Diese Einzelgängerin wird nur zur Paarungszeit gesellig. Das Weibchen bringt bis zu fünf lebende Junge zur Welt.

Einige der sogenannten »Attacken« von Seeschlangen sind auf deren schlechtes Sehvermögen und ihre angeborene Neugier zurückzuführen. Man sollte allen Seeschlangen mit Vorsicht begegnen, da sie über ein tödliches Gift verfügen.

Meeressäuger

Wale

Die Weltmeere sind die Heimat von drei Arten von Glattwalen. Der in der südlichen Hemisphäre beheimatete Südliche Glattwal *(Eubalaena australis)* wurde während des Walfangs zahlenmäßig drastisch reduziert. Allmählich steigen die Zahlen wieder an, da die seichten Gewässer an der Südküste Australiens, wo die Wale ihre Jungen zur Welt bringen, nun geschützt sind. Dies ist von großer Bedeutung, weil die Südlichen Glattwale nur alle drei Jahre ein Kalb zur Welt bringen, das dann 14 Monate

Unten: Der mit den Kugelfischen verwandte Igelfisch *(Diodon nicthemerus)* besitzt ein tödliches Gift und sollte unter keinen Umständen verzehrt werden. Der unten abgebildet Fisch weist seine normale Größe auf: Bei Gefahr kann er jedoch Wasser in seine Körperhöhle pumpen und seine nadelscharfen Abwehrstacheln aufrichten. *Neville Coleman.*

Oben: Flaschennasen-Delfine *(Tursiops truncatus)* gehören zu den häufigsten Meeressäugern in den australischen Meeren. Sie bewohnen sowohl die Gewässer an als auch vor der Küste und treten normalerweise in Gruppen auf. In der Moreton Bay bei Brisbane (Queensland), bei Bunbury in Südwestaustralien und in Monkey Mia bei der Shark Bay in Nordwestaustralien gehören diese Säugetiere zu den Hauptattraktionen für Touristen. *Neville Coleman.*

Gegenüberliegende Seite: Der Bestand der früher von Robbenfängern stark dezimierten Australischen Seelöwen (*Neophoca cinera)* hat sich nun auf 3 000 bis 5 000 Tiere eingependelt. Man kann sie von Südaustralien bis in den Süden Westaustraliens antreffen. *Neville Coleman.*

lang bei seiner Mutter bleibt. In den australischen Gewässern sind die Südlichen Glattwale vollkommen geschützt und man kann schon schwer bestraft werden, wenn man sich ihnen im Boot oder schwimmenderweise zu sehr nähert.

Glattwale gehören zu den wenigen planktonfressenden Walen, die die Küstengebiete bevorzugen, was sie in der Vergangenheit zu einer leichten Beute für Walflotten machte. Untersuchungen zufolge steigen ihre Zahlen wieder an.

Delfine

Obwohl er als Bewohner des offenen Meeres gilt, kann man den Flaschennasen-Delfin (*Tursiops truncatus*) ebenso in Buchten, Häfen und Meeresarmen über ganz Australien verteilt zu Gesicht bekommen. Delfine sind gesellige Tiere, die gewöhnlich in Gruppen auftreten. Da sie Säugetiere sind, müssen sie immer wieder Luft holen, so dass sie meistens dicht an der Wasseroberfläche schwimmen. Auf ihrer Nahrungssuche können sie jedoch in große Tiefen vordringen. Sie ernähren sich von Hochseefischen, die sie mit Echolot orten.

Pelzrobben

Das Verbreitungsgebiet der Australischen Pelzrobbe *(Arctocephalus pusillus doriferus)* beschränkt sich auf ein paar vereinzelt stehende Felsen vor der Süd- bzw. Südostküste Australiens. Es gibt Zuchtkolonien, die sich aus über 10 000 Robben zusammensetzen, während sich an anderen Stellen nur um die zwanzig Tiere aufhalten. Obwohl sie gesetzlich geschützt sind, werden diese Tiere immer noch von einigen Fischern abgeschossen, da sie gelegentlich eines ihrer Netze ausräubern.

Seelöwen

Obwohl der Australische Seelöwe *(Neophoca cinera)* zu Beginn der Besiedelung durch die Europäer von Robbenjägern stark dezimiert wurde, kann man an den Stränden und Inseln entlang der Süd- bzw. Südwestküste immer noch Kolonien dieser Tiere zu Gesicht bekommen.

Während der Paarungszeit verteidigen die starken Männchen, die auch für die Aufzucht der Jungen zuständig sind, ihr Territorium und ihren, aus sechs bis acht Weibchen bestehenden Harem. Ein starkes Männchen kann dabei das gesamte Strandgebiet als sein Territorium beanspruchen und jeden Eindringling verjagen.

Dugongs

Das Verbreitungsgebiet der geschützten Seekuh oder Dugong (*Dugong dugong*) reicht von der Shark Bay in Westaustralien bis zur nördlich gelegenen Moreton Bay in Queensland, obwohl einige Tiere auch schon weiter südlich, bei Port Stephens in New South Wales, gesichtet wurden. Normalerweise sind Seekühe sehr scheue Tiere, die in Familienverbänden auftreten und sich von Seegras ernähren. In den vergangenen jahren wurden durch die Verschmutzung der Meere riesige Seegrasgebiete vernichtet, wodurch unter den Seekühen ein Massensterben ausgelöst wurde.

So ist Queensland

Der Sonnenstaat

Mit seinen tropischen Inseln, langen weissen Sandstränden und dem warmen Klima, ist Queensland das beliebteste Touristenziel Australiens. Der 1,7 Millionen km² große Sonnenstaat erstreckt sich vom Cape York bis zur Nordgrenze von New South Wales. Durch den Great Dividing Range wird dieser ausgedehnte, geologisch sehr alte Landstrich in zwei Regionen unterteilt: ein großes, trockenes Hochebenengebiet im Westen und ein kleineres, feuchtes, relativ fruchtbares Küstenebenengebiet im Osten, wo auch die Mehrzahl der Queenslander lebt.

Das 5208 km lange Küstengebiet wurde erstmals im Jahr 1770 von Captain Cook vermessen. Am Great Barrier Reef schlug sein Schiff – die HMS »Endeavour« – leck und er musste sich sechs Wochen lang an der Küste, in der Nähe des heutigen Cooktown, aufhalten, bis sein beschädigtes Schiff wieder instand gesetzt war. 1802 wurde die Küste von Queensland von Lieutenant Matthew Flinders kartografisch verzeichnet und noch heute tragen viele Riffe seinen Namen.

Im Jahr 1824 gründeten die ersten europäischen Siedler in Redcliffe an der Moreton Bay eine Strafkolonie. Diese Ansiedlung wurde schon bald wegen Wassermangels an die Ufer des Brisbane Rivers verlagert, wo sich die heutige Hauptstadt von Queensland, Brisbane, befindet. Im Jahr 1842 wurde Weideland zum Verkauf angeboten, worauf sehr rasch zahlreiche Siedler ins Land kamen.

Die Mehrheit der drei Millionen Einwohner von Queensland lebt im Südosten des Staates, davon beinahe 50 % in der Region um Brisbane. Weitere dicht besiedelte Gebiete sind Toowoomba im Süden, Bundaberg, Gladstone, Rockhampton und Mackay an der Zentralküste, Townsville und Cairns im Norden und die Bergbaustadt Mt. Isa in Zentral-Queensland. Hauptindustriezweige sind Tourismus, Bergbau, Landwirtschaft und Fischerei.

Bedingt durch seine Lage in einer tropischen bis subtropischen Zone, ist das Wahrzeichen Queenslands sein warmes, sonniges Klima. Im Norden schwanken die Temperaturen zwischen 25 und 35 °C, im Süden zwischen 22 und 30 °C. Im Winter können im Südosten die Temperaturen nachts auf 5 °C fallen. Die Wassertemperaturen reichen von 23 bis 28° im Norden bzw. 18 bis 26 °C im Süden. In den Tropen ist während der heissesten Jahreszeit ein Lycra-Anzug durchaus angemessen, die übrige Zeit werden von den meisten Tauchern 3–5 mm starke Kälteschutzanzüge getragen.

Die Tauchverhältnisse sind das ganze Jahr über sehr gut, im Winter jedoch normalerweise etwas zuverlässiger. In den Sommermonaten wird Queensland gelegentlich von Wirbelstürmen heimgesucht, die einen Tauchausflug jäh beenden können. Meistens haben sie jedoch keinerlei Auswirkungen auf die Tauchverhältnisse, so dass man sich von ihnen nicht alle Pläne durchkreuzen lassen sollte, da der Sommer in Queensland die besten Bedingungen fürs Tauchen bietet.

Die Hauptattraktion dieses Staates ist zweifellos das Great Barrier Reef, das größte Korallenriffsystem der ganzen Erde. Es erstreckt sich über 2 000 km entlang der Küste von Queensland, von Cape York bis zum Tropic of Capricorn, und bietet sensationelle Erlebnisse an unberührten Tauchplätzen. Obwohl jährlich 2 Millionen Menschen das Reef besuchen, gibt es dennoch zahlreiche Riffe und Inseln, die wegen der unglaublichen Größe und Ausdehnung dieses Gebiets bisher noch unerforscht sind.

Die Tauchindustrie von Queensland boomt – vor allem in den Gebieten um Cairns und Port Douglas. In Queensland ist das Tauchen gesetzlich geregelt

Gegenüberliegende Seite: Die in Schwärmen auftretenden Soldatenfische (*Lutjanus amabilis*) bewohnen die Riffe und Wracks der tropischen bzw. subtropischen Meere und gehören zur Familie der Schnapper.
Michael Aw.

Das Great Barrier Reef –

Das größte Unterwasserschutzgebiet der Welt

Das Great Barrier Reef besteht aus über 2 500 einzelnen Riffen sowie mehr als 900 Kontinental- bzw. Koralleninseln und ist damit das größte Riffsystem der Welt. Auf den tropischen Inseln und Sandbuchten brüten Zugvögel und sesshafte Seevögel, während vor der Küste Schildkröten, Seekühe und Wale ihre Heimat haben. Dieses Unterwasserschutzgebiet wird von einer unglaublichen Fülle und Vielfalt an Meeresorganismen bewohnt. Auf seinen Riffen leben über 400 Korallenarten, mehr als 1 500 Fischarten, mehrere tausend verschiedene Mollusken und Krustentiere, 350 Arten von Stachelhäutern, 23 verschiedene Meeressäugetiere, 16 Seeschlangen – und 6 Schildkrötenarten.

Im Jahr 1975 wurde der Great Barrier Reef Marine Park Act verfasst, um die gesamte Region mit einer Fläche von 349 000 km2 und einer Länge von 2000 km (entlang der Küste von Queensland) unter Schutz zu stellen. Aufgrund seiner besonderen Beschaffenheit wurde dieses Gebiet im Jahr 1981 in die World Heritage-Liste der UNESCO aufgenommen. Der Great Barrier Reef Marine Park ist in die Gebiete Far Northern, Cairns, Central und Mackay/Capricorn eingeteilt und wird von der Great Barrier Reef Marine Park Authority in Zusammenarbeit mit den Queensland National Parks und dem Wildlife Service verwaltet. Dabei ist die Verwaltungsbehörde ständig darum bemüht, die Bedürfnisse der Menschen mit dem Schutz und der Bewahrung der Unterwasserwelt in Einklang zu bringen. Man hat das gesamte Gebiet in Zonen unterteilt, die jeweils für bestimmte Aktivitäten gesperrt sind. Der größte Teil des Schutzgebietes fällt unter die Kategorie »General Use Zoning«, in der alle kommerziellen Tätigkeiten – außer der Gewinnung von Mineralien – gestattet sind. In der »Marine National Park Zoning« ist das Entfernen von Meereslebewesen untersagt, Fischen ist jedoch mancherorts in begrenztem Maß erlaubt. Die »Preservation and Scientific Research Zones« sind ausschließlich für Wissenschaftler zugänglich.

Das Great Barrier Reef ist ein hochempfindliches Ökosystem, das ständig menschlichen Eingriffen und natürlichen Prozessen unterworfen ist. Wirbelstürme, Massenvermehrungen des Dornenkronen-Seesterns, Überfischung, Verschmutzung, landwirtschaftliche Düngemittel, Ölkatastrophen und Schiffsanker können sich nachteilig auf das Riff auswirken. Auch die Millionen Besucher jährlich sind nicht unproblematisch, können aber auch zur Rettung des Riffes beitragen: wenn die Menschen die Schönheit, Komplexität und Verwundbarkeit des Great Barrier Reef begriffen haben, werden sie die Bedeutung der Schutzmechanismen verstehen, die zur Begrenzung der menschlichen Aktivitäten notwendig sind und lernen, sich an diesem Unterwasserschutzgebiet zu erfreuen, ohne dabei die Bewahrung desselben aus den Augen zu verlieren.

und strengen Sicherheitskontrollen unterworfen. Alle Tauchgänge werden aufgezeichnet und festgehalten, die Taucher werden aufgefordert, nach jedem Tauchgang eine dreiminütige Sicherheitspause einzulegen und sie müssen außerdem über einen Ersatz-Lungenautomaten verfügen. Gegenwärtig gibt es in Queensland nur eine Dekompressionskammer – nämlich im General Hospital in Townsville.

Taucherfachgeschäfte und Charter-Boote findet man in allen größeren Häfen entlang der Küste. Die Mehrzahl dieser Geschäfte werden sehr professionell geführt: sie verleihen gut gewartete Ausrüstung, bieten eine recht große Auswahl an Ausrüstungsgegenständen zum Verkauf an und verfügen über einen ausgezeichneten Kundendienst mit Reparaturwerkstätten.

Die meisten Tauchplätze sind mit dem Charter-Boot zu erreichen; manche befinden sich nur 5 Minuten von der Küste entfernt, bei anderen muss man eine zwanzigstündige Fahrt ins Korallenmeer auf sich nehmen. Es gibt einige gute Tauchplätze an der Küste bei Bundaberg und der Gold Coast, wenn man aber Taucherlebnisse der Spitzenklasse genießen möchte, muss man schon einen Tagesausflug unternehmen. Wenn man einen Ausflug zum Great Barrier Reef plant, hat man eine große Auswahlmöglichkeit an Tagesausflügen bzw. Fahrten mit live-aboard Booten (Boote, auf denen Übernachtungsmöglichkeit besteht), die vom Festland und den Inseln aus starten. Als Alternative dazu gibt es an einigen schönen Korallenbänken Urlaubsorte mit Übernachtungsmöglichkeiten, so dass man das Riff praktisch vor der Haustüre hat!

Als Taucher sollte man auch die die Tauchplätze vor der Südküste nicht außer Acht lassen, von denen es viele mit den besten Stellen am Reef aufnehmen können. Viele Besucher kommen in Brisbane an und wissen gar nicht, dass das Great Barrier Reef 400 km weiter nördlich anfängt bzw. dass Cairns über 1800 km entfernt ist. Bei einem dichtgedrängten Terminkalender sind Flüge empfehlenswert, wobei die Flugkosten durch Vorausbuchungen verringert werden können. Wenn man viel Zeit hat, kann man sich auch auf dem Landweg fortbewegen.

Far Northern Reefs

Einer der letzten unberührten Orte am Great Barrier Reef

Das Gebiet der Far Northern Reefs gehört zu den ursprünglichsten Regionen des Great Barrier Reefs. Dort gibt es Hunderte unzugänglicher Riffe, die alle noch erforscht werden müssen. Diese Riffe beginnen östlich von Cape York und erstrecken sich bis an die Nordspitze der Ribbon Reefs, wo normalerweise die meisten Tauchausflüge enden. In den letzten Jahren sind Charter-Boote jedoch weiter nach Norden vorgestoßen, wobei eines davon – die Auriga Bay II – spektakuläre Tauchplätze an abgelegenen Stellen des Great Barrier Reefs entdeckte.

Die Far Northern Reefs sind bekannt für ihre fantastischen Tauchmöglichkeiten an Steilwänden, ihren Fischreichtum und Begegnungen mit Haien. Riffhaie kann man auf jedem Tauchgang beobachten, ebenso Schildkröten, Stachelrochen, Lippfische, Manta-Rochen und gelegentlich auch einen Marlin. Wer die Fahrtzeit verkürzen möchte, kann von Lockhart River aus- einer kleinen Stadt 500 km nördlich von Cairns – mit Charter-Booten dorthin gelangen. Die Besucher werden eingeflogen und erreichen die Riffe in wenigen Stunden.

Tijou Reef

Um das Tijou Reef findet man ausgezeichnete Tauchmöglichkeiten vor, vor allem an den Korallengärten an der Innenseite des Riffs und den Steilwänden an seiner östlichen Außenseite. Die schönsten Erlebnisse bieten sich einem jedoch an der Nordspitze des Riffs, an einer Stelle, die unter dem Namen **Shark City** bekannt ist. Hier kann man die Bekanntschaft von verschiedenen Arten von Riffhaien machen. An der Steilwand, die von einer unglaublichen Vielfalt an Korallen und Wirbellosen bedeckt ist, wimmelt es von riesigen Schwärmen von Hochsee- und Rifffischen.

Bligh Reef

Um das Bligh Reef findet man atemberaubende Steilwände, an denen ständige Strömung herrscht und die mit üppigen Korallen bewachsen sind. Die Strömung bietet Lebensraum für die Planktonnahrung der Kleinfische und Wirbellosen, die ihrerseits wieder als Futter für die größeren Fische dienen. Typische Arten sind Papageifische, Makrelen, Doktorfische, Barrakudas, Fledermausfische und Lippfische.

Unten: Die farbenprächtigsten Steinkorallen (*Acropora* sp.) findet man in seichten Gewässern. Steinkorallen gedeihen jedoch in Tiefen bis zu 40 m und darunter, sind dann aber braun, grün, blau oder grau gefärbt.
Neville Coleman.

Live-aboard-Ausflüge zu Tauchplätzen bis zu 20 Stunden von der Küste entfernt

Durchschnittlich 30–40 m

Starke Strömung auf einigen Riffen

Sehr üppiges Korallenwachstum

Steilwandtauchen, viele Haie

Große Auswahl an Riff-und Hochseefischen auf allen Riffen

Korallengärten, Steilwände und Felsnadeln

Southern Small Detached Reef

An den Steilwänden, die das Southern Small Reef umgeben, werden dem Taucher Schildkröten, Riffhaie, Adlerrochen, Hochseefische und gelegentlich auch Manta-Rochen begegnen. Diese bis zu 100 m tief abfallenden Steilwände sind mit einer atemberaubenden Vielfalt an großen Gorgonien, langen Seepeitschen, stachligen Weichkorallenstöcken und Schwämmen geschmückt, die Unterschlupf für Unmengen farbenprächtiger Riffbewohner bieten. Hier kann man Motive für einzigartige Fotos finden.

Mantis Reef

Mantis ist ein langes Riff mit zahlreichen hübschen Tauchplätzen. An der **Rainbow Wall** kann man ausgezeichnet an Steilwänden tauchen und eine große Auswahl an Hochseefischen und Riffhaien beobachten. **Martins's-Mecca** ist eine Erhebung in 25 m Tiefe, wo es vor Fischen nur so wimmelt. Weiterhin eignet sich auch **North Wall** ganz vorzüglich fürs Steilwandtauchen, das hier normalerweise als Strömungstauchen durchgeführt wird. Die Wand ist dicht mit Korallen und anderen Wirbellosen besetzt, und in der Strömung begegenen dem Taucher Manta-Rochen auf Futtersuche.

Wishbone Reef

Dieses Riff verfügt an seiner Außenseite über viele unglaubliche Steilwände und Dutzende von Felsnadeln, an denen sich Unterwasserbewohner zu Hause fühlen. Der beeindruckendste Ort am Wishbone Reef ist der Spalt in der **Cathedral Wall**: um die Mittagszeit fallen hier Lichtstrahlen ein und erleuchten die Höhlenwände. Ganz in der Nähe befindet sich **Mobula Wall**, eine Steilwand, wo der Taucher Schwärme von Mobula-Rochen antreffen kann. Der Mobula-Rochen ähnelt dem Manta-Rochen, obwohl er kleiner ist und normalerweise in Formationen schwimmt.

Great Detached Reef

Weitere atemberaubende Steilwände und riesige Hochseefische findet man vor dem Great Detached Reef. Zu den besten Plätzen gehören hier Manta Wall (ein Treffpunkt für Manta-Rochen) und Camel Back (wo man auf zwei großen Felsnadeln eine erstaunliche Vielfalt an Fischen antrifft). Bei Shark City werden von der Besatzung der »Auriga Bay II« Köder ausgesetzt, die Dutzende von Weißspitzen-Riffhaien, Grauen Riffhaien und deren größere Verwandte, die Silberspitzen-Riffhaie, anlocken. Die Haie kommen dabei sehr nah an die Menschen heran, so dass man dieses Ereignis leicht fotografieren kann.

Raine Island

Raine Island ist der beste Ort auf der ganzen Welt, um Schildkröten zu beobachten. In der Nacht sitzen hier Tausende von ihnen auf ihren Eiern, während man sie am Tag unter Wasser antrifft. Man kann beobachten, wie sie sich in den Korallengärten ausruhen oder an den nahegelegenen Überhängen entlangschwimmen. Als Taucher sollte man jedoch immer auf der Hut vor Tigerhaien sein, die hier sehr häufig vorkommen, weil die Schildkröten zu ihrer Nahrung gehören.

Lizard Island

Ein abgelegener Urlaubsort mit ausgezeichneten Tauchmöglichkeiten

Lizard Island Resort, das maximal 64 Gäste beherbergen kann, ist einer der exklusivsten Ferienorte am Riff. Obwohl es von der Ausstattung her eher schlicht gehalten ist, haben schon viele berühmte Gäste hier die vollkommene Abgeschiedenheit genossen. Der Urlaubsort teilt die Insel mit einem Meeresforschungszentrum, das vom Australian Museum unterhalten wird.

Das 240 km nördlich von Cairns gelegene Lizard Island wird regelmäßig angeflogen (die Flugzeit beträgt eine Stunde). Viele der Gäste kommen zum Tauchen, manche aber auch zum Angeln, Wasserski laufen, Windsurfen, Golf und Tennis spielen sowie wegen der einsamen Strände. Der Taucherladen auf der Insel bietet Kurse an und veranstaltet täglich Bootsausflüge zu den zahlreichen, wunderschönen Tauchplätzen in diesem Gebiet, wie z.B. **Cobia Hole**, wo sich das Tauchen auf alle Fälle lohnt. Auf keinen Fall sollte man aber einen Ausflug zu den Ribbon Reefs, zu so berühmten Orten wie Dynamite Pass und Cod Hole versäumen.

Wenn Sie in Ihrem Urlaub ausschließlich tauchen wollen, dann buchen Sie einen Ausflug zu den Ribbon Reefs auf einem live-aboard-Boot (mit Übernachtungsmöglichkeit); wenn Sie aber außer Tauchen auch noch andere Aktivitäten unternehmen wollen, dann ist Lizard Island der geeignete Ort für Sie.

Cobia Hole

Genau vor dem Ferienort, in einer Tiefe von 18 m gelegen, befindet sich ein Felsenriff, das vor Unterwasserbewohnern nur so wimmelt: hier trifft man Fledermausfische, Barrakudas, Makrelen, Barsche, Kaninchenfische, Rotfeuerfische, Korallenbarsche und viele Kleinfische. Am sandigen Grund des Riffs entdeckt der Taucher Stachelrochen, Meerbarben und einige große Grundeln.

Soft Coral Gardens

An der Westseite von Lizard Island grenzen viele Riffe in weniger als 10 m hohem Wasser an. Die Soft Coral Gar-

Unten: Die Hundsmakrele *(Caranx melampygus)* und die Gelbschwanz-Meerbarbe *(Mulloides varicolensis)* bewohnen die Ribbon Reefs bei Lizard Island. *Michael Aw.*

Tauchplätze 1 Stunde von der Küste entfernt

Ribbon Reefs 30 m, Lizard Island 15 m

Auf den Ribbon Reefs Strömungen, Brandung und plötzliche Änderung der Windrichtung

Großer Bestand an Stein- und Weichkorallen

Große Vielfalt an Riff- und Hochseefischen

Riesen-Zackenbarsche beim Cod Hole, Fischfütterung am Cobia Hole

Korallen- und Felsenriffe

Oben: Der bis zu 5 m lange Tigerhai *(Galeocerdo cuvier)* ist ein häufig gesehener Bewohner des Great Barrier Reef. Er ernährt sich von Schildkröten, Seeschlangen, Vögeln und Fischen. *Neville Coleman.*

dens sind ein zerklüftetes Riff mit einer erstaunlichen Menge an Korallen und Fischen. Zu den Riffbewohnern zählen Süßlippen, Papageifische, Riffbarsche, Falterfische, Korallenbarsche, Felsenbarsche, Skorpionsfische, Rotfeuerfische und gelegentlich Lippfische. Der Artenreichtum an Seesternen, Schlangensternen, Plattwürmern, Nacktkiemern, Muscheln, Octopussen, Tintenfischen und Krustentieren wird das Herz jedes Tauchers erfreuen.

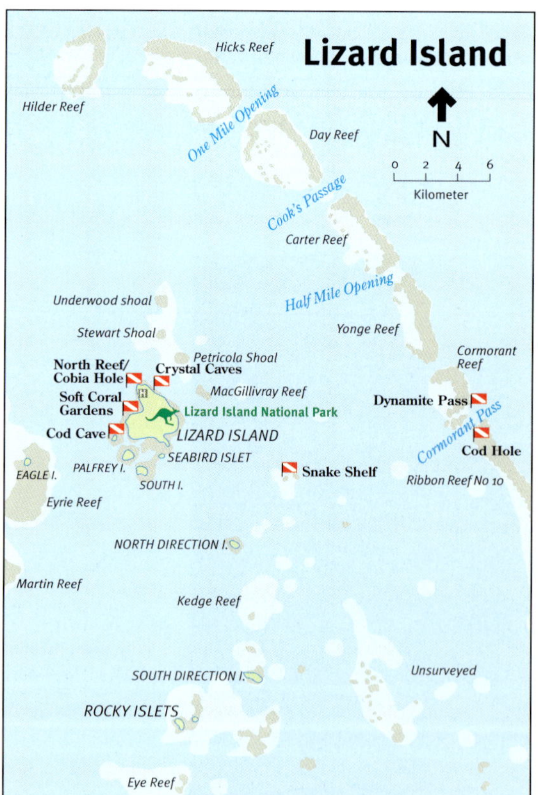

Snake Shelf

Das Snake Shelf ist eine Felsnadel in 18 m Tiefe mit großem Fischreichtum. Es wird regelmäßig von riesigen Schwärmen Fledermausfischen, Makrelen, Doktorfischen, Barrakudas und Füselieren aufgesucht. Um die Riffspitze drehen Adlerrochen ihre Runden, während man auf dem sandigen Grund bisweilen Schildkröten sichten kann. Vor allem Seeschlangen kommen dort häufig vor.

Dynamite Pass

Den Dynamite Pass, der sich in einem Kanal zwischen den Ribbon Reefs befindet, erkundet man am besten bei einem action-geladenen Strömungstauchgang. Der Boden (in 35 m Tiefe) und die Wände dieses Kanals sind mit Gorgonien, Peitschenkorallen und Dörnchenkorallen überwuchert. Unzählige Fische wie Lippfische, Barrakudas, Makrelen und Tunfische versammeln sich hier in der Strömung, um nach Nahrung zu suchen. Wenn sich die Taucher an der Wand entlang treiben lassen, erhalten sie mitunter Gesellschaft von Riffhaien, Adlerrochen und eventuell Manta-Rochen.

Cod Hole

Am nördlichen Ende des Ribbon Reef No. 10 befindet sich in 10–25 m Tiefe ein Riffstück, das für seine enorm großen Fische weltberühmt wurde. Selbst ohne den »potato cod« wäre das Cod Hole immer einen Tauchausflug wert. Dort auf Entdeckungsreise zu gehen ist sehr interessant, da das Riff von den unterschiedlichsten Riffbewohnern und Wirbellosen bevölkert wird. Ständig schwimmen Hochseefische um das Riff und auch Barrakudas und Makrelen sind häufige Besucher. In den Höhlen und unter den Überhängen suchen Riffbewohner wie Muränen, Blaupunkt-Stachelrochen, Süßlippen, Große Maori-Lippfische und Weißspitzen-Riffhaie Unterschlupf.

Natürlich sind die »potato cod« die Riesen-Zackenbarsche die Hauptattraktion, und sie wissen, wie man sich zur Schau stellt! Bis zu 14 von ihnen wurden schon gleichzeitig gesichtet, in der Regel sind es jedoch nur sechs dafür besonders große Prachtexemplare.

Ribbon Reefs und Osprey Reef

Das Duo zwischen Barrier Reef und Korallenmeer

Zu den beliebtesten Ausflugszielen mit live-aboard Booten gehört der kombinierte Besuch der Ribbon Reefs und des Osprey Reefs. Es werden einwöchige Charter-Boot-Ausflüge angeboten, die zu den berühmtesten Tauchplätzen dieser Region führen, z.B. zum Cod Hole, Pixie Pinnacle, Dynamite Pass und dem legendären North Horne am Osprey Reef.

Ribbon Reefs

Die über 100 km langen, an das Korallenmeer angrenzenden Ribbon Reefs bilden eine fast durchgängige Barriere im Norden von Cairns. Aufgrund der herrschenden Wasserverhältnisse wird an der Außenseite dieser Riffe nur selten getaucht – die meisten Charter-Boote laufen die geschützte Innenseite des Riffs an. Doch sind auch an den Außenwänden spektakuläre wall-dives möglich. Die Innenseite der Ribbon Reefs weist üppige Korallengärten und viele einzigartige Felsnadeln mit großem Fischreichtum auf. Die Charter-Boote, die dieses Gebiet besuchen, starten im allgemeinen von Cairns oder Port Douglas aus, gelegentlich auch von Lizard Island, wo die Passagiere von Cairns eingeflogen werden.

Temple Of Doom

Eine der fischreichsten Stellen auf den Ribbon Reefs ist der Temple of Doom, an dem es vor Riffbewohnern und Hochseefischen nur so wimmelt. Dieser Ort besteht aus einer großen Felsnadel in 30 m tiefem Wasser, die von wunderschönen Korallen bewachsen ist. Wirbellose Tiere gibt es dort in Hülle und Fülle, so dass einem beim

Unten: Am berühmten Cod Hole bei den zum nördlichen Great Barrier Reef gehörenden Ribbon Reefs, haben Gefleckte Zackenbarsche *(Epinephelus tuka)* schon zur Unterhaltung hunderttausender Taucher beigetragen.
Neville Coleman.

Live-aboard-Ausflüge zu Tauchplätzen bis zu 20 Stunden von der Küste entfernt

Ribbon Reefs 30 m, Osprey Reef 45 m und darüber

Leichte Strömung, Brandung, Änderung der Windrichtung

Bunte Mischung verschiedener Korallen

Haifütterung bei North Home, Fischreichtum beim Temple of Doom und Cod Hole

Große Vielfalt an Riff- und Hochseefischen auf allen Riffen

Korallengärten, Steilwände und Felsnadeln

Fotografieren die Filme ausgehen. Zu den häufigsten Fischarten, die an dieser Pinnacle anzutreffen sind, gehören Makrelen, Tunfische, Meerbarben, Doktorfische, Stachelrochen, Barrakudas, Süßlippen, Kaiserfische, Rotfeuerfische, Eichhörnchenfische, Regenbogen-Makrelen, Füseliere, Fledermausfische, Makrelen und Weißspitzen-Riffhaie.

Challenger Bay

Auf dem Grund der Challenger Bay sind Korallengärten absolut vorherrschend. In einer Tiefe von 12 m ist der Boden mit einem farbenprächtigen Mosaik aus Stein- und Weichkorallen übersät. Außerdem gibt es eine erstaunliche Vielfalt an Nacktkiemern, Tintenfischen, Plattwürmern, Muscheln, Haarsternen, Seesternen und -anemonen, Mollusken, Krabben und Garnelen. Das Riff wird von Riesenschwärmen von Fledermausfischen, Kaiserfischen, Süßlippen, Grundeln, Riffbarschen, Lippfischen, Trompetenfischen, Kugelfischen, Feilenfischen, Felsenbarschen und Büschelbarschen bewohnt. Auf dem sandigen Grund kann man Stachelrochen und große Kolonien von Röhrenaalen entdecken.

Pixie Pinnacle

Diese spektakuläre Felsnadel ragt aus einer Tiefe von 30 m bis beinahe an die Wasseroberfläche empor und ist von wunderschönen Stein- und Weichkorallen, Hornkorallen, Peitschenkorallen und Schwämmen bedeckt, die meistens recht klein, dafür aber um so farbenprächtiger sind. Häufig zu sehen sind kleine Rifffische, Fahnenbarsche, Rotfeuerfische, Trompetenfische, Anemonenfische, Riffbarsche, Papageifische, Büschelbarsche und Drückerfische. Auch Hochseefische versammeln sich um die Pixie Pinnacle. Taucher begegnen oft Stachelmakrelen, Barrakudas, Tunfischen und Makrelen. An diesem Ort kann man sowohl bei Tag als auch in der Nacht ausgezeichnete Fotos machen.

Weitere hervorragende Tauchplätze auf den Ribbon Reefs sind **Steve's Bommie, Cod Bommie, Andy's Postcard** und **Wonderland**. Ausführlichere Informationen über Cod Hole und Dynamite Pass finden Sie im Abschnitt über Lizard Island.

Osprey Reef

Osprey Reef ist das nördlichste der Korallenmeerriffe und vor allem wegen seiner einzigartigen Möglichkeiten fürs Steilwandtauchen bekannt. Das Riff bedeckt eine Fläche von 100 km und seine Wände fallen 1 km weit senkrecht in das klare Wasser des Korallenmeers ab. Aufregende Taucherlebnisse bieten Orte wie **South Horne, Admiralty Anchor Bommies, Pelagic Gully** und **Flashlight Ravine**, der vor allem nachts lohnenswert ist, wenn die Laternenfische auf Nahrungssuche gehen. Der gefragteste Ort am Osprey Reef ist jedoch North Horne.

North Horne

Das North Horne ist eine Riffplatte in einer Tiefe von 25–45 m, die ins tiefe Wasser abfällt. Die Platte ist mit unzähligen Stein- und Weichkorallen bedeckt, und selbst weiter unten wachsen noch große Weichkorallenstöcke und Gorgonien. Dieser Ort zieht zahlreiche Rifffische wie die großen »potato cod«, Barrakudas, Stachelmakrelen, Tunfische und

Makrelen an. Seine Berühmtheit erlangte das North Horne aber durch die Haie. Zu den ständigen Tauchbegleitern gehören Weißspitzen-Riffhaie, Graue Riffhaie und Silberspitzen-Riffhaie. Im Winter sieht man Schwärme von Hammerhaien, gelegentlich auch Tigerhaie und andere. North Horne ist ein beliebter Ort für die Haifütterung, und die meisten Charter-Boote legen Köder aus, damit man die Haie in Aktion beobachten kann.

Auf den Bootsausflügen wird bisweilen am Bougainville Reef ein Zwischenstop eingelegt, da es für seine »wall dives« bekannt ist. Außerdem liegt hier in einer Tiefe von 6 bis 18 m das Wrack der »Antonio Tarabocchia«.

Oben: Das Ribbon Reef No.3 gehört zum 100 km langen Barriereriff nördlich von Cairns, das ans Korallenmeer angrenzt.
Michael Aw.

Links: Weißspitzen-Riffhaie *(Triaenodon obesus)* gehören zu den häufigsten Vertretern der tropischen Arten. Sie begleiten Taucher und Schnorchler im Wasser und sind bei Haifütterungen immer mit dabei, gelten aber dennoch nicht als aggressiv.
Nigel Marsh.

Cairns und Port Douglas

Tagesausflug zum Riff

Oben: Palm Beach Resort ist nur eine der zahlreichen Unterkunftsmöglichkeiten, die Tauchern in der Gegend von Cairns zur Auswahl stehen.
Michael Aw.

Live-aboard- und Tagesausflüge bis zu 3 Stunden von der Küste entfernt

Innenriffe 20 m, Außenriffe 30 m

Leichte Strömung auf einigen Riffen

Zahlreiche Stein- und Weichkorallen, Gorgonien und Peitschenkorallen

Unzählige schöne Riffe in Küstennähe

Großer Bestand an Riff- und Hochseefischen

Korallengärten, Drop-offs und Felsnadeln

Mit ihrem breiten Angebot an Unterbringungsmöglichkeiten sind die Städte Cairns und Port Douglas zu beliebten Urlaubszielen für Taucher aus aller Welt geworden. Das Klima ist das ganze Jahr über tropisch, und beide Städte bieten ihren Gästen die verschiedenartigsten Freizeitaktivitäten an: Wildwasser-Rafting, Bungy-Springen, Angeln, Segeln, Tauchen und Touren in den Regenwald oder die Outbacks. In diesem Gebiet gibt es zahlreiche Taucherfachgeschäfte und Dutzende Charter-Boote bieten ein- oder mehrtägige Ausflüge an. Jeden Tag werden die örtlichen Riffe von Schnorchlern und Tauchern aufgesucht.

Agincourt Reefs

Bei den Agincourt Reefs liegen ständig zwei Pontons vertäut, die sich im Besitz des Quicksilver Diving Service befinden und mit denen man zu einzigartigen Tauchplätzen gelangen kann. **Die Channels** bieten dem Taucher interessante Durchgänge und Höhlen, während **die Gardens** für ihre außergewöhnliche Fülle an farbenfrohen Rifffischen bekannt sind. **Blue Wonder** ist ein Ort, an dem man an atemberaubenden, über 40 m langen Steilwänden tauchen kann, während **Nursery Bommie** eine spektakuläre Pinnacle ist, wo sich Hochseefische ihre Nahrung suchen.

Norman Reef

Das Norman Reef bietet in seiner ganzen Länge aufregende Tauchplätze. Im seichten Wasser stößt man auf Korallengärten, und den Tauchern begegnen dort normalerweise Riffhaie, Korallen-Lippfische, Schildkröten und Hochseefische, die den 30 m hohen Drop-off umschwimmen.

Saxon Reef

Hier findet man viele schöne Plätze zum Tauchen und Schnorcheln. Das seichte Wasser ist die Heimat unzähliger Rifffische wie Anemonenfische, Meerbarben, Eichhörnchenfische, Kugelfische, Riffbarsche und Falterfische. Es gibt eine Reihe von Steilwänden, die bis in 30 m Tiefe abfallen und von Höhlen und Spalten durchzogen sind. Sie sind mit einer unglaublichen Vielfalt an Korallen und anderen Wirbellosen überzogen und bieten gute Gelegenheiten, um Schildkröten, Riffhaie und Barrakuda-Schwärme zu beobachten.

Hastings Reef

Felsnadeln, Steilwände, Höhlen und Korallengärten sind charakteristische Bestandteile des Hastings Reefs. Die Wände und Felsnadeln sind von Gorgonien, Weichkorallen und Peitschenkorallen bedeckt. Häufig anzutreffende Bewohner dieses Ortes sind Riff- und Hochseefische, Stachelrochen, Maori-Lippfische, Muränen und Riffhaie. Fotografen finden hier eine reichliche Auswahl an Motiven: von hübschen Nacktkiemern bis zu Schwärmen von Stachelmakrelen.

Broken Patches

Die Felsnadeln bei Broken Patches, die sich in einer Tiefe von 10 bis 25 m befinden, sind mit Korallen und Unmengen von Riffbewohnern übersät. An einer

Stelle, die unter dem Namen **Paradise Reef** bekannt ist, trifft man auf große Hochseefische und Riffhaie.

Michaelmas Reef

Wie zahlreiche Riffe in diesem Gebiet, so besitzt auch das Michaelmas Reef ausgedehnte Korallengärten und einige Pinnacles. Zum Tauchen eignen sich die mit Weich- und Hornkorallen bewachsenen Pinnacles am besten.

Flynn Reef

Beliebte Tauchplätze am Flynn Reef sind seine Felsnadeln und Korallengärten. Mit seinen Felsnadeln, die Unmengen an Riff- und Hochseefischen anlocken, gehört **Gordon's Mooring** zu den besten Tauchplätzen.

Milln Reef

Ein beliebtes Ausflugsziel für Charter-Boote ist das Millin Reef mit seinen unzähligen, wunderschönen Tauchplätzen. **Whale Bommie** besteht aus einer imposanten Felsnadel, während man bei **Club 10** und **Swimming Pool** attraktive Korallengärten entdecken kann. Haie, Barrakudas, Stachel-Makrelen und andere Makrelen trifft man bei den **Three Sisters**, einer Ansammlung von Felsnadeln, die von wirbellosen Tieren übersät sind.

Thetford Reef

In den Korallengärten des Thetford Reefs bieten sich dem Fotografen jede Menge Motive in Form von Nacktkiemern, Röhrenwürmern, Garnelen, Anemonenfischen, Krabben, bunten Rifffischen und hübschen Korallen.

Moore Reef

Das Moore Reef bietet eine Reihe wunderschöner Steinkorallengärten, die zu besuchen immer lohnenswert ist; die besten Tauchmöglichkeiten bestehen jedoch am Drop-off des Riffs. Hier klammern sich – bis in eine Tiefe von 30 m – unzählige Horn-, Peitschen- und Weichkorallen an den Steilwänden fest. In diesem Gebiet wohnen auch zahlreiche Riff- und Hochseefische.

Briggs Reef

Die Korallen-Steilwand an der Nordseite des Briggs Reef fällt bis in eine Tiefe von 30 m ab und ist mit einer einzigartigen Vielfalt an Korallen bedeckt. An dieser Wand entlang schwimmen Fledermausfische, Korallenbarsche, Süßlippen, Papageifische und gelegentlich auch Hochseefische. An der Spitze des Riffs befindet sich ein Korallengarten, wo es Rotfeuerfische, Kaiserfische, Stachelrochen, Kaninchenfische, Lippfische und viele andere Arten in Hülle und Fülle gibt.

Sudbury Reef

Am Sudbury Reef kann man im seichten Wasser Korallengärten, sowie 35 m steile Drop-offs erforschen.

Unten: Vor den Küsten Nordaustraliens gibt es immer noch zahlreiche unentdeckte Nacktschneckenarten. Die abgebildete *Chromodoris* sp. wurde bisher noch nicht vollständig beschrieben. *Neville Coleman.*

Ein Meer von Rosa

Die jährliche Vermehrung der Korallen

Zu den spektakulärsten Ereignissen auf dem Great Barrier Reef gehört die jährliche Vermehrung der Korallen. Ein nächtlicher Tauchgang durch das »Schneegestöber« aus rosafarbenen Fortpflanzungszellen, die zur warmen Wasseroberfläche aufsteigen, stellt eine unvergessliche Erfahrung dar.

Seit im Jahr 1981 Studenten der James Cook University auf den Saumriffen bei Magnetic Island eine synchrone Korallenvermehrung entdeckten, wurde dieses Phänomen auf vielen Riffen auf der ganzen Welt beobachtet. Jedes Jahr richten die Wissenschaftler ihr Augenmerk auf dieses Ereignis, das am Great Barrier Reef im Spätfrühling bzw. Frühsommer stattfindet, am Ningaloo Reef vor der westaustralischen Küste in den Monaten März/April. Normalerweise pflanzen sich die Korallenpolypen ungeschlechtlich fort, bei der jährlichen geschlechtlichen Vermehrung werden jedoch viel mehr Nachkommen erzeugt, die sich über ein größeres Gebiet verbreiten können. Vier bis fünf Tage nach Vollmond pflanzen sich über 160 Arten der Steinkorallen gleichzeitig fort. Viele von ihnen sind Zwitter, d.h. sie entlassen sowohl Ei- als auch Samenzellen in farbenprächtigen Bündeln ins Wasser, die dann an die Oberfläche aufsteigen und sich trennen. Die Eizellen stoßen Samenzellen der gleichen Stammkoralle ab, während sie die aus einer anderen Kolonie der gleichen Art stammenden Samenzellen aufnehmen.

Nach der Befruchtung entwickeln sich aus den Eizellen frei schwimmende Larven, die an der Wasseroberfläche rosafarbene »Teppiche« bilden und sich von der Strömung treiben lassen. Nach 5–20 Tagen schwimmen die Larven zum Riff hinunter und setzen sich an einer freien Stelle fest, wo sie dann neue Korallenkolonien gründen. Die Polypen wiederholen diesen Vorgang, so dass sich schließlich mehrere tausend Polypen zu einer neuen Struktur zusammengefunden haben. Die synchrone Vermehrung stellt wahrscheinlich einen Überlebensmechanismus dar: wenn das Wasser vor Larven wimmelt, sind Raubfische schnell gesättigt und lassen viele Larven am Leben, die dann die Riffe bevölkern können.

Einige Charter-Boote führen während der Korallenvermehrung Tauchausflüge durch, die mittlerweile zur Touristenattraktion geworden sind. Gleichzeitig mit den Korallen pflanzen sich auch noch andere Meerestiere, wie Riesenmuscheln, Haarsterne und Seegurken fort und garantieren damit aufregende, nächtliche Tauchgänge. Da Faktoren wie Wassertemperatur und Gezeitenverhalten diesen Fortpflanzungsvorgang beeinflussen, ist der genaue Zeitpunkt der Vermehrung nur schwer vorherzusagen.

Vermehrung bei den Geweihkorallen. Man schätzt, dass sich über 160 Steinkorallenarten gleichzeitig an bestimmten Plätzen des Great Barrier Reef vermehren.
Russ Babcock, AIMS.

Holmes Reef

Blitzbesuch im Korallenmeer

Die meisten Ausflüge auf live-aboard-Booten ins Korallenmeer dauern eine Woche oder länger. Diese Ausflüge sind sicherlich empfehlenswert, wenn man über genügend Zeit und Geld verfügt; doch für Taucher, die auf ihr Geld achten müssen oder nur wenig Zeit zur Verfügung haben, gibt es eine Alternative: ein Blitzbesuch im Korallenmeer mit Rum Runners Charters, der zum Holmes Reef, einem zweiteiligen Riffsystem 240 km östlich von Cairns, führt. Auch eine Reihe anderer Charter-Boote fahren zum Holmes Reef, doch »Rum Runner« unternimmt die häufigsten, viertägigen Ausflüge in dieses Gebiet. In zwei Tauchtagen werden 8 verschiedene Orte angefahren. Die Mannschaft von »Rum Runner« hat mehrere Dutzend Tauchplätze in der Umgebung des Holmes Reefs ausgekundschaftet und ist immer noch damit beschäftigt, dieses 450 km große Riffsystem zu erforschen.

Nonki

Dieser Ort besteht aus drei großen Felsnadeln, die aus 30 m Tiefe bis 5 m unterhalb der Wasseroberfläche emporragen. In den Felsnadeln befinden sich einige Höhlen und Felsbänke, die eine Fülle von Gorgonien und Weichkorallen beheimaten. Die Gräben zwischen den Felsnadeln sind von bunten Korallen überwachsen. Kleine Rifffische und Wirbellose sind häufig anzutreffen, ebenso Rotfeuerfische, Kaiserfische, Felsenbarsche, Mollusken und Nacktkiemer. Auch riesige Schwärme von Stachelmakrelen und anderen Hochseefischen sind ständige Bewohner dieses Ortes.

Amazing

Das charakteristische Merkmal von Amazing sind seine zahlreichen Höhlen, die aufregende Taucherlebnisse versprechen: beim Tauchen in den langgezogenen, engen Höhlengängen sollte man jedoch Vorsicht walten lassen. Die Mehrzahl der Höhlen befindet sich in einer Tiefe von 10 bis 20 m, manche auch darunter. Diese Höhlen werden von Eichhörnchenfischen, Kardinalfischen und Langusten bewohnt – gewöhnlich sieht man an den Wänden mehrere Dutzend Langusten hängen. Außerhalb der Höhlen wimmelt das Riff vor Fischen und wirbellosen Tieren.

Golden Wall

Dieser Ort bietet Steilwandtauchen der Spitzenklasse – eine reine Korallensteilwand, die bis in eine Tiefe von 1000 m abfällt! Die Wand ist übersät

Unten: Diese einmalige Unterwasserlandschaft ist typisch für die Gegend beim Holmes Reef: große Höhlen, Steilwände und Spalten.
Nigel Marsh.

Live-aboard-Ausflüge bis zu 12 Stunden von der Küste entfernt

Durchschnittlich 45 m und darüber

Leichte Strömung

Reiche Auswahl an Weichkorallen und Gorgonien

Unzählige Riff- und Hochseefische

Haifütterung bei Predators' Playground, Steilwandtauchen und fantastische Korallen

Coral-Sea-Riff mit Steilwänden und Felsnadeln

von einzigartigem Korallenbewuchs, großen Gorgonien, Peitschenkorallen und Unmengen an Weichkorallenstöcken. Kleine Rifffische verbergen sich entlang der Steilwand und ganz in der Nähe ziehen die üblichen Hochseefische (Stachelmakrelen, Barrakudas, Makrelen) ihre Runden. Ständige Gäste sind auch Füseliere und Doktorfische, Graue Riffhaie und Weißspitzen-Riffhaie und häufig auch Suppenschildkröten.

Abyss

Ein weiterer Ort für Steilwandabenteuer! Wenn man sich als Taucher diese Wand entlang treiben lässt, fühlt man sich, als ob man Flügel hätte, während die Wand allmählich in der Dunkelheit der Tiefe verschwindet. Fotografen finden hier genügend Motive in Form von Korallen und neugierigen Hochseefischen und Riffhaien. Hier sollte man die Augen offen halten, da es viele kleine Lebewesen wie Garnelen, Korallenkrabben, Seespinnen, Nacktkiemer, Seesterne, Haarsterne und Schlangensterne zu entdecken gibt.

Turbo

Eine spektakuläre Tiefsee-Felsnadel in 35 m Tiefe, die bei Strömung ganze Fischschwärme anlockt. Zu den regelmäßig zu beobachtenden Fischarten zählen Einhornfische, Barrakudas, Makrelen, Regenbogen-Makrelen, Hundszahn-Tunfische und Doktorfische. Faszinierend sind auch die Riffhaie, die sich hier einfinden. Die Felsnadel selbst ist sehr schön, wird jedoch – angesichts des überwältigenden Fischreichtums – meistens übersehen.

Leopards Lair

Leopards Lair ist eine große Felsnadel, wo man tagsüber die harmlosen Leopard-Haie beim Dösen im Sand beobachten kann. Die Felsnadel ist dicht mit Stein- und Weichkorallen, Gorgonien, Peitschenkorallen und verschiedenen Haarsternen bewachsen. An der Spitze sieht man gewöhnlich Papageifische, die in den Steinkorallengärten nach Futter suchen.

Predators' Playground

Auf jedem ihrer Ausflüge veranstaltet hier die Mannschaft der »Rum Runner« eine aufregende Haifütterung. Sobald sich einige Dutzend Haie versammelt haben, wird ein mit Tauchern besetzter Haikäfig ins Wasser gelassen. Dann werden Köder über Bord geworfen und die Haie kommen sofort näher. Sowohl Weißspitzen-Riffhaie als auch Graue Riffhaie finden sich zur Fütterung ein, wobei die Weißspitzen-Riffhaie sich am mutigsten verhalten.

Nach zwei Tauchtagen am Holmes Reef, fährt das Boot zu den Riffen vor Cairns zurück, wo noch weitere Tauchplätze ausgekundschaftet werden.

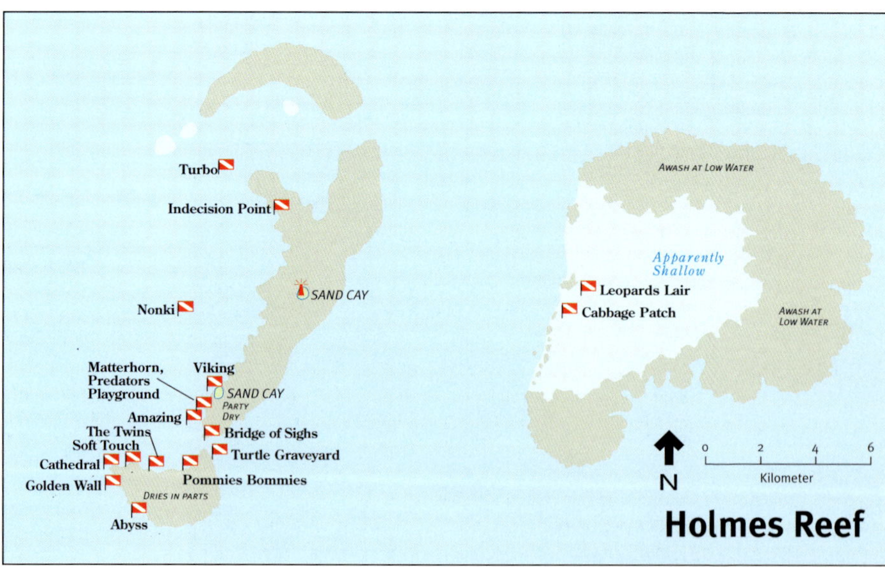

Townsville

Viele Riffe und ein einmaliges Schiffswrack

Vor Townsville bietet sich dem Taucher eine große Auswahl an Riffen. Die inneren Riffe bestehen aus ausgedehnten Korallengärten und interessanten Drop-offs, während die Außenriffe mit Steilwänden und Felsnadeln aufwarten, die eine reiche Vielfalt an Korallen und anderen Meeresbewohnern aufweisen. Der aufregendste Tauchplatz im Umkreis von Townsville ist das Wrack der »SS Yongala«, die 1911 in einen Wirbelsturm geriet und sank.

Townsville ist die größte Stadt in Northern Queensland und ein beliebtes Urlaubsziel für Touristen. Es bietet zahlreiche Attraktionen, darunter ein Kasino und das Great Barrier Reef Wonderland – einen Aquarienkomplex. In Townsville sind ebenfalls einige Taucherfachgeschäfte und Charter-Boot-Unternehmen ansässig, darunter einer der bekanntesten Tauchveranstalter, Mike Ball Dive Expeditions. Angeboten werden Tages- und live-aboard-Ausflüge, die man jedoch möglichst früh buchen sollte, da die Anzahl der Plätze begrenzt ist. Für diejenigen, die reif für die Insel sind, wären Magnetic Island oder Orpheus Island zu empfehlen, die beide über Urlaubsorte, Tauchveranstalter und einige Tauchplätze an der Küste verfügen, wo die Sicht unter Wasser je nach Wetterlage unterschiedlich gut ist.

Myrmidon Reef

Das Myrmidon Reef liegt in klarem Wasser und hat üppiges Korallenwachstum, Korallenwände, Canyons und Höhlen aufzuweisen. Rifffische, Schildkröten, Korallenbarsche, Stachelmakrelen, Riffhaie, Stachelrochen, Lippfische und Riesenmuscheln sind hier in großer Zahl vertreten.

Kelso Reef

Das Unternehmen *Pure Pleasure* Cruises besitzt ein am Kelso Reef vertäutes Ponton. Das firmeneigene Charter-Boot »Pure Pleasure« bringt die Taucher zu verschiedenen Stellen am Kelso Reef, wo sie in Korallengärten und an Drop-offs tauchen können. Unterhalb des Pontons kann man Schnapper, Maori-Lippfische, Lippfische, Imperator-Kaiserfische und Süßlippen beobachten.

Oben: In den geschützten seichten Lagunen, die mit Massen von Korallen überdeckt sind, macht Schnorcheln großen Spaß. *Neville Coleman.*

John Brewer Reef

Hier befand sich einst das erste schwimmende Hotel der Welt, das jedoch längst schon nach Vietnam davon geschwommen ist. Das John Brewer Reef hat eine große Lagune und schöne, 35 m weit abfallende Drop-offs zu bieten. Diese sind dicht mit Korallen besetzt und die Heimat von Riffhaien, Schildkröten, Korallen-Lippfischen und Schwärmen von Hochseefischen.

Coil Reef

An der Südseite des Coil Reefs befinden sich mehrere Felsnadeln. In Tiefen von 15 bis 30 m begegnen dem Taucher gewöhnlich Schildkröten, Adler- und Stachelrochen, Barrakudas, Stachelmakrelen, andere Makrelen und Weißspitzen-Riffhaie.

Bowl Reef

Interessante Tauchgänge bieten die vielen Korallenstöcke auf der Innen-

Live-aboard- und Tagesausflüge bis zu 6 Stunden von der Küste entfernt

Innenriffe 20 m, Außenriffe 30 m

Strömung auf einigen Riffen

Ausgewogene Mischung aus Stein- und Weichkorallen

Unzählige Riff- und Hochseefische

Großes Fischvorkommen auf dem Wrack der »Yongala«

Korallengärten, Drop-offs, Felsnadeln

Oben: Riesenmuscheln (*Tridacna gigas*) findet man überall am Great Barrier Reef, besonders häufig trifft man sie aber auf den Riffen vor Townsville an. *Nigel Marsh.*

seite des Bowl Reefs. Diese Strukturen setzen sich aus Horn-, Peitschen-, Stein- und Weichkorallen, Nacktkiemern, Muränen, Plattwürmern, Seesternen, Krustentieren und Stachelhäutern zusammen. Diese Korallenstöcke werden außerdem von einer Vielzahl von Rifffischen und gelegentlich auch von Seeschlangen bewohnt. Auch Hochseefische treten oft in großer Zahl auf.

Yankee Reef

An der Nordseite des Yankee Reefs befinden sich in 25 m Tiefe eine Reihe von Felsnadeln, an denen sich große Riff- und Hochseefische tummeln. Das Riff besitzt dichte Steinkorallengärten und ist die Heimat vieler Arten kleiner, bunter Rifffische und Wirbelloser.

Chicken Reef

Riesenmuscheln kommen am Chicken Reef in großer Zahl vor. Im seichten Wasser findet man Dutzende dieser riesigen, bis über 1 m breiten Mollusken. Entlang der schönen Drop-offs und in den weniger als 30 m tiefen Korallengärten trifft man auf Riffhaie, Korallen-Lippfische, viele Arten von Wirbellosen und ab und zu auch auf Seeschlangen.

Broadhurst Reef

Gute Tauchmöglichkeiten bieten die aus 30 m Tiefe empor ragenden Felsnadeln des Broadhurst Reefs. Sie sind mit Stein-, Peitschen-, Horn- und Weichkorallen übersät und weisen einen großen Fischreichtum auf: hier begegnen dem Taucher Barrakudas, Korallenbarsche, Stachelmakrelen, Süßlippen, Rotfeuerfische, Tunfische und Kugelfische.

DIE SCHIFFSWRACKS VON QUEENSLAND

Die tückischen Gewässer des Great Barrier Reef wurden schon manchem Schiff zum Verhängnis. Die meisten Wracks sind heute nicht mehr zu erkennen, weil sie zwischen Korallen oder unter dem Sand versteckt liegen. Bei den folgenden vor der Küste von Queensland liegenden Schiffswracks lohnt es sich jedoch, sie näher zu begutachten.

Quetta

Die »RMS Quetta« sank im Jahr 1890 vor Cape York, nachdem sie gegen einen nicht verzeichneten Felsen aufgelaufen war. Heute befindet sich das 116 m lange Schiff in einer Tiefe von 18 m und wird gelegentlich von Charter-Booten aufgesucht, die sich auf dem Weg zu den Far Northern Reefs befinden. Ein Großteil des Wracks ist noch zugänglich. Die »Quetta« ist Lebensraum für Korallen-Lippfische, Korallenbarsche, Fledermausfische und viele andere Hochseefische.

Die »Yongala« gehört zu den berühmtesten Schiffswracks Australiens und steht schon jahrelang unter Schutz. Auf dem Foto ist ein Waschbecken abgebildet. *Nigel Marsh.*

Pandora

Auf ihrer Rückfahrt nach England im Jahr 1791 lief die »HMS Pandora«, die 14 Meuterer der berüchtigten »HMS Bounty« an Bord hatte, bei Raine Island auf ein Riff auf und sank. Das Queensland Museum ist gegenwärtig damit befasst, das Schiff, das größtenteils im Sandboden verborgen liegt, nach und nach zu bergen. Taucher benötigen eine Genehmigung, wenn sie die »Pandora« erforschen wollen, und obwohl das Wrack nicht viel Sehenswertes zu bieten hat, wird es – durch die Verbindung zur »Bounty« – zu einem faszinierenden Taucherlebnis.

Yongala

Ein Tauchgang auf dem Wrack des Dampfers »SS Yongala« ist immer ein unvergessliches Erlebnis. Beim Hinabtauchen wird man von Myriaden von Fischen umzingelt, Adlerrochen gleiten durchs Wasser, gefolgt von neugierigen Seeschlangen oder einer scheuen Schildkröte. An der Oberseite des Wracks, in 15 m Tiefe, wird der Fischreichtum besonders beeindruckend: Barrakudas, Regenbogen-Makrelen, Schwarzgefleckte Stachelrochen, Korallenbarsche, Kugelfische, Kaiserfische, Falterfische, Rotfeuerfische und Korallenbarsche sind nur einige der im Wrack lebenden Arten. Weiter unten, in 30 m Tiefe, begegnen dem Taucher riesige Queensland Korallen-Lippfische, Steinfische, Seeschlangen, Stachelrochen, Maori-Lippfische und schlafende Schildkröten. Außerdem gibt es eine einmalige Fülle an wirbellosen Tieren zu sehen und natürlich das Wrack selbst, das auf einer Länge von 110 m faszinierende Taucherlebnisse zu bieten hat. Das Wrack der »SS Yongala« ist bei weitem das lohnenswerteste Tauchziel vor Townsville, obwohl die Sichtweite selten mehr als 12 m beträgt.

Gothenburg

Die »Gothenburg« sank im Jahr 1875, nachdem sie auf das Old Reef vor Townsville aufgelaufen war. Das 60 m lange Schiff hatte Gold im Wert von 80 000 $ an Bord, das kurz nach dem Untergang geborgen wurde. Obwohl das Wrack heute beinahe vollständig auseinander gebrochen ist, lohnt sich ein Tauchgang dort noch immer.

Aarhus und Marietta Dal

Die »Aarhus« sank 1894, nachdem sie auf den vor Brisbane gelegenen Smith Rock aufgelaufen war. Die Überreste liegen heute in 21 m Tiefe verstreut. Ganz in der Nähe liegt das Wrack der »Marietta Dal«, einem 140 m langen Schiff, das im Jahr 1950 auf denselben Felsen auflief.

Rufus King

Die Hälfte der »Rufus King« liegt vor North Stradbroke Island in einer Tiefe von 8 m. Das große Frachtschiff lief 1942 auf Grund. Nur ein Teil davon ist bis heute übriggeblieben.

Flinders Reef

Tauchen wo es am schönsten ist

»Kaum waren wir ins Wasser getaucht, da waren wir auch schon von einem riesigen Schwarm Barrakudas umgeben, zu denen sich wenig später eine Gruppe Großaugen-Stachel-Makrelen gesellte. Tausende silbrig glänzender Körper schossen an uns vorbei. Innerhalb der Schwärme fanden sich auch Regenbogen-Makrelen, Makrelen, Doktorfische und Tunfische. In 12 m Tiefe erreichten wir schließlich die Spitze der Felsnadel und tauchten entlang ihrer Steilwände weiter nach unten, wobei wir an unglaublich schönen Weich-, Peitschen- und Hornkorallen vorüberkamen. Plötzlich tauchten von unten zwei Graue Riffhaie auf, die an uns vorbei, in den Fischschwärmen verschwanden. Wir tauchten bis in eine Tiefe von 40 m hinab und sahen uns von dort das Schauspiel an, das sich uns darbot: Fische, Haie und Taucher kreisten um die Felsnadel, die von der Größe eines Häuserblocks war. Es ist offensichtlich, warum **Watanabe Bommie** als bester Tauchplatz des Korallenmeeres bezeichnet wird.«
Neville Coleman

Live-aboard-Ausflüge über 12 Stunden von der Küste entfernt

Durchschnittlich 45 m und darüber

Leichte Strömung

Große Vielfalt an Stein- und Weichkorallen, Gorgonien und Peitschenkorallen

Haifütterung bei Scuba Zoo, unglaublicher Fischreichtum am Watanabe Bommie, Wunderschöne Weichkorallen an den meisten Tauchplätzen.

Unzählige Riff- und Hochseefische

Korallenmeerriffe mit Steilwänden und riesigen Felsnadeln

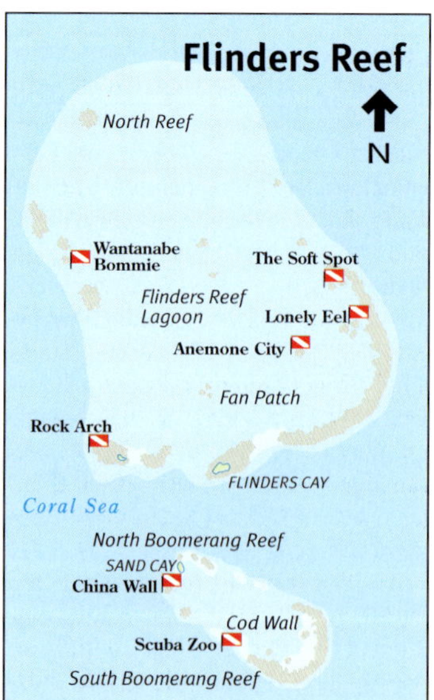

Watanabe Bommie ist nur einer der fantastischen Tauchplätze, die man am **Flinders Reef** und den nahegelegenen **Boomerang Reefs** vorfindet. Das 200 km östlich von Townsville gelegene Flinders Reef gehört zu den Korallenmeerriffen, die am leichtesten zugänglich sind und am regelmäßigsten besucht werden. Man wird zu jeder Jahreszeit ein Charter-Boot finden, das dieses Gebiet anläuft. Die Tauchbedingungen sind das ganze Jahr über sehr gut, obwohl das Frühjahr als beste Jahreszeit für das Tauchen im Korallenmeer gilt.

Das Flinders Reef weist eine breite, kreisförmige Struktur auf und bedeckt eine Fläche von 1000 km. Getaucht wird meistens an Felsnadeln, wobei jedoch auch einmalige Korallengärten und Steilwände anzutreffen sind. Die Boomerang Reefs bieten die aufregendsten Taucherlebnisse, weil dort die Wände bis in 1000 m steil abfallen.

Jedes Charter-Boot, das dieses Gebiet anläuft, bevorzugt ganz bestimmte Tauchplätze, wobei die im folgenden beschriebenen Orte, die von Mike Ball Dive Expeditions entdeckt wurden, wohl zu den bekanntesten zählen.

Rock Arch

Ein wunderschöner Wall dive mit vielen fantastischen Korallen. Das interessanteste Gebiet dort ist eine Platte am Ende der Wand, auf der unzählige große Korallenstöcke so miteinander verwachsen sind, dass sie zahlreiche Höhlen bilden. Steinkorallen in verschwenderischer Fülle beherrschen die Spitze dieser Korallenstöcke, und die Wände bzw. Höhlen zieren Weich-, Peitschen- und Hornkorallen, die einen Durchmesser von bis zu 4 m haben. Häufig anzutreffen sind Rifffische, aber auch Stachelmakrelen, Schildkröten, Makrelen, Korallen-Lippfische und einige Weißspitzen-Riffhaie.

Anemone City

Diese Stelle besteht aus fünf großen Felsnadeln, deren Spitzen von Anemonen bedeckt sind. Die Wände der Felsnadeln sind mit Gorgonien und Weichkorallen übersät, zwischen denen Kaiserfische, Fahnenbarsche, Falterfische, Felsenbarsche, Büschelbarsche und Feilenfische hin- und her schwimmen. Auf den Felsnadeln finden sich auch einige Höhlen, darunter eine, die mit wunderschönen, pinkfarbenen Feuerkorallen ausgeschmückt ist. Bisweilen tauchen Hochseefische und Riffhaie auf.

Soft Spot

Jeder, der spektakuläre Korallenstöcke zu sehen bekommen will, sollte am Soft Spot tauchen. Hier gibt es Hunderte, die von den Felsnadeln herabhängen und bis zu 3 m lang werden. Riffhaie, Tunfische, Makrelen, Korallenbarsche, Papageifische, Doktorfische und wirbellose Tiere gibt es hier in Hülle und Fülle.

Weitere erwähnenswerte Tauchplätze am Flinders Reef sind u.a. die einmaligen Felsnadeln von **Lonely Eel** und **Midnight**, einer Steilwand vor der **Flinders Cay**. In der Nähe von Flinders Cay befinden sich wunderschöne Korallengärten, wo man Schildkröten, Stachelrochen und Röhrenaale zu sehen bekommt.

Scuba Zoo

An den **Boomerang Reefs** hat die Firma Mike Ball Dive Expeditions in 14 m Tiefe einen Haikäfig verankert. An dieser Stelle finden die atemberaubenden Haifütterungen statt. Alle Taucher besteigen den Käfig, und sobald dieser dann die richtige Position erreicht hat, wird von der Mannschaft per Fernbedienung eine Tonne mit Fischabfällen geöffnet. Die Haie, die sich bereits an Ort und Stelle eingefunden haben, stürzen sich auf die Köder und können so von den Tauchern beim Fressen beobachtet werden. Es erscheinen bis zu 30 Haie gleichzeitig, darunter Arten wie Graue Riffhaie, Silberspitzen-Haie und Weißspitzen-Riffhaie.

China Wall

Die an den **Boomerang Reefs** gelegene, 1000 m steil abfallende China Wall ist mit Horn-, Weich- und Peitschenkorallen überzogen. Entlang der Wand findet man viele kleine Felsbänke, die sich gut zur Beobachtung kleiner Fische und wirbelloser Tiere eignen. In der Strömung ziehen Graue Riffhaie, Barrakudas, Makrelen, Tunfische, Regenbogen-Makrelen, Füseliere, Doktorfische und Stachel-Makrelen ihre Runden. Am Ende des Tauchgangs lohnt es sich, einen Blick auf die Korallengärten an der Spitze der Wand zu werfen.

Weitere hervorragende Orte für das Steilwandtauchen sind Whaler Station und Cod Wall, wo man auf Riffhaie, Hochseefische und eine große Auswahl an Korallen trifft.

Oben: Das Flinders Reef wird von unzähligen Silvertip-Haien (*Carcharhinus albimarginatus*) bewohnt. Diese Haiart kann auf Taucher ziemlich furchterregend wirken, da die Tiere sich blitzschnell nähern und aggressiv verhalten.
Nigel Marsh.

Outer Coral Sea Reefs

Auf Entdeckungsreise im Korallenmeer

Eine Erkundungsfahrt stellt ein echtes Tauchabenteuer dar. Obwohl einige der Korallenmeerriffe seit über 10 Jahren regelmäßig von Tauchern aufgesucht werden, ist doch die Mehrzahl von ihnen immer noch weitgehend unerforscht und bietet außergewöhnliche Tauchmöglichkeiten. Im Korallenmeer liegen über ein Dutzend Riffsysteme.

Live-aboard-Ausflüge über 12 Stunden von der Küste entfernt

Durchschnittlich über 45 m

Leichte Strömung

Reiche Auswahl an Korallen

Haibeobachtung und spektakuläres Steilwandtauchen

Unzählige Riff-und Hochseefische

Steilwände und Felsnadeln

Manche davon haben nur einen Durchmesser von 1 km, während andere ca. 100 km lang sind. Das nächstgelegene dieser Riffe erreicht man mit dem Boot in 12 Stunden, nach weiteren 12 Stunden ist man dann am entferntesten Riff angelangt. Eine Reihe von Charter-Booten läuft regelmäßig die Riffe im Korallenmeer an, darunter das Holmes, Osprey und Flinders Reef. Außerdem werden Ausflüge zu Riffen im inneren Korallenmeer, wie z.B. Flora Reef, Herald Cays, Abington Reef, Malay Reef, Herald Surprise und Dart Reef, angeboten. Jede Mannschaft eines Charter-Bootes hat ihre eigenen »Geheimtips«, die sie nicht gern preisgibt, weil die jeweiligen Orte möglichst vor Fischern geschützt werden sollen.

Die äußeren Riffe wie Moore Reefs, Willis Islets, Diane Banks, Chilcott Islet, Magdelaine Cays, Lihou Reefs, Tregrosse Reefs und Diamond Islets verfügen zwar auch über beliebte Tauchplätze, sind jedoch im wesentlichen noch sehr ursprünglich und unerforscht.

Im Grunde bieten alle die gleichen Tauchmöglichkeiten: aufregende Felsnadeln und atemberaubende Korallenwände. Wir haben uns daher im folgenden darauf beschränkt, die beiden grundlegenden Taucharten zu beschreiben.

Tauchen an Felsnadeln

Felsnadeln sind die Wahrzeichen vieler Lagunen im Korallenmeer. Diese »Korallentürme« ragen aus den Tiefen des Meeres manchmal bis über die Wasseroberfläche hinaus. Die besten liegen jedoch unter den Wellen verborgen und sind schwieriger zu entdecken. Fast alle von ihnen sind mit fantastischen Korallen überzogen: langen Peitschenkorallen, verzweigten Gorgonien und massiven, bis über 2 m langen »Weichkorallenbäumen«.

Auf diesen Felsnadeln kommen wirbellose Tiere in großer Zahl vor, werden jedoch oftmals, angesichts der verschwenderischen Fülle an Meeresbewohnern, übersehen. Überall stößt man auf Muscheln, Nacktkiemer, Plattwürmer, Einsiedlerkrebse, Korallenkrabben, Garnelen und Stachelhäuter. Besonders auffallend sind die bunten Haarsterne, die man auf den Hornkorallen findet.

Zwischen den Steinkorallen auf der Spitze der Felsnadeln, nimmt man die faszinierende Vielfalt an kleinen, vielfarbigen Rifffischen am besten zur Kenntnis. Zu den häufigen Arten zählen Rotfeuerfische, Felsenbarsche, Fahnenbarsche, Feilenfische, Kofferfische, Schleimfische, Riffbarsche, Eichhörnchenfische, Falterfische, Lippfische und Anemonenfische. Weitere Bewohner von Felsnadeln sind Schildkröten, Stachelrochen, Ammenhaie, Felsenlangusten, Octopusse, Kalmare, Wobbegongs, Muränen und Adlerro-

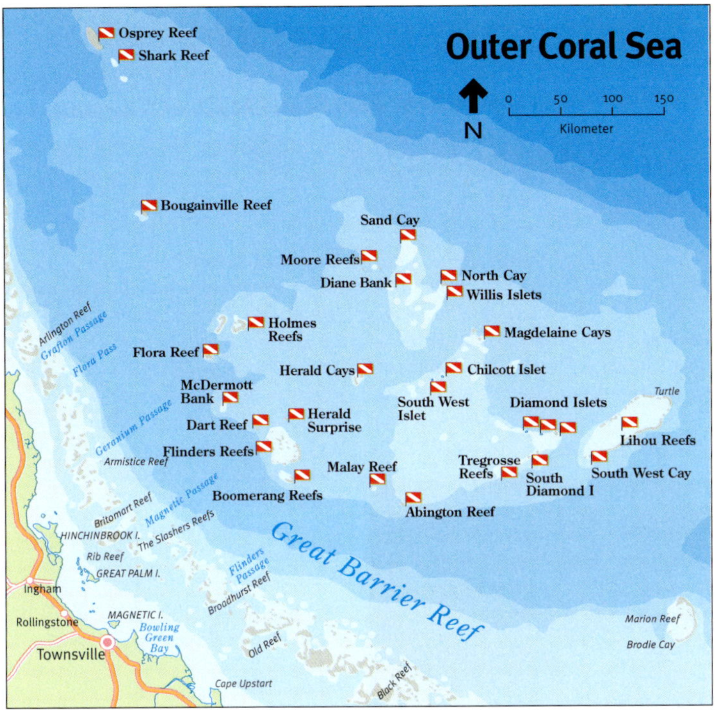

chen – und am Sandboden gelegentlich auch Röhrenaale.

Hochseefische versammeln sich an den Felsnadeln zur Nahrungssuche. Einige Stellen werden von Stachel-Makrelen und Barrakudaschwärmen frequentiert, die von Makrelen, Tunfischen und Bonitos durchkreuzt werden. Riffhaie kommen im Korallenmeer besonders häufig vor und scheinen hier auch dreister zu sein als an den inneren Riffen: Weißspitzen-Riffhaie und Graue Riffhaie schwimmen hier Seite an Seite mit den Tauchern.

Tauchen an Steilwänden

Das Korallenmeer ist weltweit der beste Ort für das Tauchen an Steilwänden. Die meisten Wände fallen von der Wasseroberfläche bis in eine Tiefe von 1000 m ab, so dass man beim Hinabtauchen nur von Dunkelheit umgeben ist. Die Riffe werden ständig von der Strömung umspült, die den unzähligen wirbellosen Tieren Nahrung und Sauerstoff liefert. Die Dörnchenkorallenbäume, Schwämme, Peitschen- und Hornkorallen, Feuerkorallen und großen Korallenbäume stellen wundervolle Fotomotive dar.

Die Steilwände werden von Felsbänken und Höhlen durchzogen, die Rifffischen und zahllosen Wirbellosen Unterschlupf bieten. Mitunter flitzen Hochseefische an der Wand entlang, wo sie Jagd auf kleinere Fische machen. Auf fast jeder Wand werden dem Taucher Weißspiten-Riffhaie und Graue Riffhaie sowie die größeren Silberspitzen-Haie begegnen. Auch Hammerhaie, Tiger- und Thresher-Haie, Flaschennasen-Delfine, Mantas, Minke-Wale und selbst Marline wurden an den Steilwänden schon gesichtet.

Die meisten Riffe verfügen im seichten Wasser über Lagunen, in denen man nachts vor Anker gehen kann.

Gegenüberliegende Seite: Nacktkiemer sind Zwitter, die sich gegenseitig Samenpakete übergeben (als Männchen), sich dann trennen und jeweils ihre eigenen Eischnüre ablegen (als Weibchen). Auf dem Foto sind zwei Nacktschnecken *(Chromodoris lochi)* bei der Paarung zu sehen.
Neville Coleman.

Unten: Ausladende Gorgonien und riesige Weichkorallen gehören zur charakteristischen Unterwasserlandschaft des Great Barrier Reef, vor allem auf den Coral Sea-Riffen in Tiefen unterhalb 25 m.
Nigel Marsh

Whitsunday Islands

Hervorragende Tauchplätze und erstklassige Ferienorte

Unten: Die Männchen des Fahnenbarschs *(Pseudanthias pleurotaenia)* unterscheiden sich farblich von den Weibchen, die normalerweise orange oder gelb sind.
Neville Coleman.

Ausflüge zu Riffen bis zu 2 Stunden von der Küste entfernt

Bei Inseln 10 m, auf Riffen im offenen Meer 25 m

Starke Strömung bei einigen Inseln

Stein- und Weichkorallengärten

Im Winter Manta-Rochen

Unzählige Rifffische, oft auch Hochseefische

Felsen-und Korallengärten, Steilwände und Felsnadeln

Die Whitsunday Islands sind wunderschöne Festlandinseln, die vor der Küste östlich von Proserpine liegen. Im ganzen handelt es sich um über 150 Inseln, die über die ganze Region verstreut liegen und meist nur von denen erkundet werden können, die sich in diesen Gewässern gut auskennen. Sechs dieser Inseln (South Molle, Long, Hayman, Hamilton, Daydream und Brampton) verfügen jedoch über erstklassige Ferienzentren, die ihren Gästen eine große Auswahl an Wassersport-Aktivitäten – darunter Tauchen – bieten.

Für Besucher, die das Abenteuer suchen, ist auch Zelten möglich. Der Taucher hat die Wahl zwischen den Inselorten und dem Festland, da auch auf den Inseln – genau wie in Airlie Beach und Mackay – einige Tauchergeschäfte und Charter-Boot-Unternehmen zur Verfügung stehen.

An den Whitsunday Islands kann Tauchen großen Spaß machen. Die Riffe wimmeln vor Meereslebewesen, nur die Sicht kann unter Umständen etwas eingeschränkt sein. Wenn man zuverlässig gute Sicht haben möchte, dann sollte man mit den ortsansässigen Charter-Booten einen Tagesausflug zum 2 km entfernten Hauptriff unternehmen.

Hayman Island

In der Umgebung von Hayman Island gibt es eine Reihe schöner Riffe in Tiefen zwischen 6 und 16 m. Diese Riffe sind mit Stein- und Weichkorallen, mancherorts auch mit Gorgonien, Dörnchen- und Peitschenkorallen bedeckt. Besonders beeindruckend ist die große Vielfalt an Rifffischen und wirbellosen Tieren. Als häufige Bewohner gelten Mollusken, Nacktkiemer, Plattwürmer, Muscheln, Grundeln, Schleimfische, Riffbarsche, Rotfeuerfische, Skorpionsfische, Falterfische, Röhrenwürmer, Seesterne und Haarsterne.

Hook Island

Hook Island hat das beste Angebot an Tauchplätzen von allen Inseln der Whitsunday-Gruppe. The Pinnacles, vor der nordöstlichen Seite der Insel gelegen, bestehen aus einer Anzahl großer Korallenstöcke. Sie befinden sich in einer Tiefe von 18 m und locken zahllose Riff- und Hochseefische an. Die nahegelegene The Woodpile ist eine Felswand, die bis in 30 m Tiefe mit außergewöhnlich schönen Korallen bewachsen ist. Bei genauerem Hinsehen entdeckt man auf der Wand viele kleine tropische Fischarten und wirbellose Tiere, so dass man auf keinen Fall die Makrolinse vergessen sollte. Manta Ray Bay bietet ebenfalls eine große Auswahl an Stein- und Weichkorallen. In nur 15 m tiefem Wasser trifft man auf eine verschwenderische Fülle an Meeresbewohnern, und selbst Mantas kann man in den Wintermonaten zu Gesicht bekommen.

Fairey Reef

Fairey Reef verfügt über eine Anzahl von Tauchplätzen mit Felsnadeln, Korallengärten und Steilwänden, die sich meistens in einer Tiefe von 15 bis 30 m befinden. Zu den Bewohnern des Fairey Reefs gehören Riffhaie, Schildkröten, Papageifische, Kaiserfische, Fledermausfische, Korallenbarsche, Süßlippen, Stachelrochen, Muränen und Riesenmuscheln.

Bait Reef

Am südlichen Ende des Bait Reefs befindet sich eine spektakuläre Steilwand, die unter dem Namen Manta Ray Drop-off bekannt ist. Wie es bei vielen Tauchplätzen in dieser Gegend der Fall ist, so begegnet man auch hier den Mantas während der Wintermonate, während Riffhaie und Hochseefische das ganze Jahr über in großer Zahl vertreten sind. Diese bis in eine Tiefe von 36 m abfallende Steilwand ist mit Gorgonien, Weichkorallenbäumen, Schwämmen und Peitschenkorallen übersät. The Stepping Stones bestehen aus einer Reihe großer Felsnadeln mit zahlreichen Höhlen und Felsbänken dazwischen. An den Stepping Stones lassen sich sehr gut Korallen-Lippfische, Süßlippen, Korallenbarsche, Rotfeuerfische, Muränen, Anemonenfische, Stachelrochen und gelegentlich auch Mantas beobachten.

Hardy Reef

Viele der ortsansässigen Charter-Boote laufen das Hardy Reef aufgrund seines ausgewogenen Angebots an Tauchplätzen verschiedener Schwierigkeitsstufen regelmäßig an. Hier gibt es Seichtwassergebiete mit Stein- und Weichkorallen, die vor Rifffischen nur so wimmeln: Falterfische, Lippfische, Kaiserfische, Riffbarsche, Kugelfische, Drückerfische, Feilenfische, Kofferfische, Trompetenfische, Grundeln, Rotfeuerfische und Anemonenfische gehören hier zu den typischen Bewohnern. Ganz in der Nähe findet man bis zu 30 m abfallende Drop-offs mit Peitschen- und Schwarzkorallen, Schwämmen, Seescheiden und Weichkorallen. Am Hardy Reef befindet sich auch das Ponton »Fantasea Reef World«, wo regelmäßig Fischfütterungen durchgeführt werden.

Oben: Der Stachel-Eichhörnchenfisch (*Sargocentron spinifer*) ist ein Höhlenbewohner, den man nur selten im offenen Wasser antrifft.
Neville Coleman.

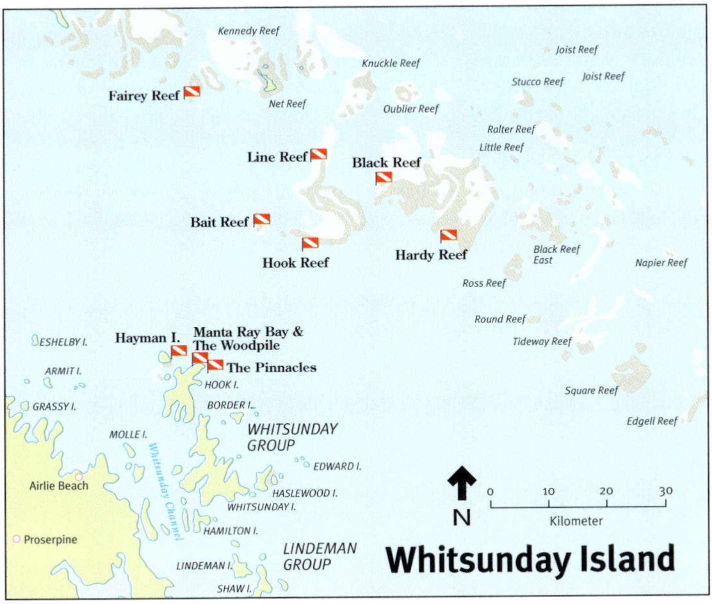

DER DORNENKRONEN-SEESTERN –
ein stachliges Problem

Der korallenfressende Dornenkronen-Seestern ist ein einzigartiger Vertreter der Familie der Seesterne. Die Oberseite seines graugrün/ rötlichbraunen Körpers, der einen Durchmesser von über 80 cm aufweisen kann, ist mit spitzen Giftstacheln überzogen. Auf dem Diätplan dieses Seesterns, der seine Nahrung nachts zu sich nimmt, stehen hauptsächlich Steinkorallen, die er frisst, indem er seinen Magen über die Korallenpolypen ausstülpt, Verdauungsenzyme freisetzt und schließlich die »verdaute« Nahrung aufnimmt. Wenn Steinkorallen Mangelware sind, ernährt sich der Dornenkronen-Seestern von Weichkorallen und bestimmten Algen.

Dornenkronenseestern. *Nigel Marsh.*

Bei massenhaftem Auftreten, gehen die Tiere tagsüber auf Nahrungssuche und verhungern, sobald die Futterquellen versiegt sind. Bei optimalen Bedingungen können diese Tiere bis zu 14 Jahre alt werden. Im Hochsommer versammeln sich die männlichen und weiblichen Tiere zur Fortpflanzung. Sobald an der Wasseroberfläche eine Temperatur von ca. 28° C herrscht, entlässt jedes Weibchen über 20 Millionen Eizellen ins Wasser. Die befruchteten Eizellen entwickeln sich zu planktonischen Larven, die mehrere Wochen lang in der Meeresströmung treiben, bevor sie sich auf dem Riff festsetzen und sich zu Seesternen weiterentwickeln. Im Jahr 1962 wurden erstmals große Ansammlungen von Seesternen beobachtet, die sich von den Korallen bei Green Island, östlich von Cairns, ernährten. In den beiden folgenden Jahren wurden über 27 000 Seesterne vernichtet, um die Region vor ihnen zu schützen, doch es dauerte nur zwei weitere Jahre, bis die nördlichen Gebiete verwüstet waren. Bis 1965 hatte sich diese Verwüstung am Great Barrier Reef großflächig ausgebreitet: nicht nur einzelne Stellen, sondern ganze Riffe waren nun betroffen und das Problem blieb nicht auf Australien beschränkt. Gleichzeitig wurden Massenansammlungen dieser Seesterne auf den Riffen bei Japan, Südostasien, den Malediven, Samoa, Mikronesien, im Roten Meer, bei Cook Island, den Fijis, Hawaii und vielen Riffen des Indopazifiks beobachtet. Im Jahr 1979 traten diese Tiere auf den Riffen bei Green Island nochmals in Massen auf und auch kürzlich wieder zum dritten Mal.

Zwischen 13 und 28 Prozent des Great Barrier Reef waren davon betroffen und die Wissenschaft forschte nach der Ursache für diese Vermehrungsexplosion und ob letztere eine ernsthafte Gefahr für die Riffe darstellte. Wissenschaftler fanden heraus, dass die explosionsartige Vermehrung ihren Ursprung nördlich von Cairns hat und sich von dort alle fünf Jahre 200 km weiter nach Süden ausbreitet. Wenn die Massenansammlungen nach 10–12 Jahren die Riffe vor den Whitsunday Islands erreicht haben, sind die nördlichen Riffe bereits wieder auf dem Weg, sich zu regenerieren. Oft gelingt es einem Teil der Steinkorallenkolonien zu überleben, so dass die Neubesiedelung der verwüsteten Gebiete nach der Fortpflanzungszeit im Oktober/November wieder einsetzt. Schnell wachsende Korallen, wie z.B. Geweih- und Tischkorallen brauchen etwa 10–20 Jahre, um sich vollständig zu erholen.

Man hat Tauchveranstalter dazu ausgebildet, die Populationen in den für Tourismus und Wissenschaft wichtigen Gebieten mit Hilfe von Natriumbisulfat-Injektionen unter Kontrolle zu halten, die für die übrigen Meerestiere völlig unschädlich sind. Die Tauchveranstalter auf dem Riff gehören zu einem Netz von Beobachtungsstationen, die die Aktivitäten der Dornenkronen-Seesterne überwachen. Bei dieser Aufgabe kann jeder Taucher durch Ausfüllen eines Berichtes behilflich sein. Neue Forschungsprogramme verwenden DNS-Proben, um die Ursache dieser Bevölkerungsexplosionen zu bestimmen.

Es kann nicht sicher gesagt werden, ob die alle fünfzehn Jahre auftretenden Massenvermehrungen ein natürliches Ereignis sind, oder ob sie auf menschliche Eingriffe in die Umwelt zurückzuführen sind. Als potentielle Auslöser einer derartigen Explosion kommen folgende Faktoren in Frage: nährstoffreiche Abflüsse aus den nahegelegenen, landwirtschaftlichen Nutzgebieten, Ausrottung der natürlichen Feinde des Seesterns, Überfischung und/oder Eingriffe ins Riffsystem.

Swain Reefs

Einmalige Taucherlebnisse an zahllosen kleinen Riffen

Bevor die Riffe im Korallenmeer zu einem regelmäßigen Ausflugsziel wurden, galten die Swain Reefs als beliebtester Ort des Great Barrier Reefs. Dieses System setzt sich aus Hunderten kleiner Riffe zusammen, die meistens nicht einmal einen Namen, sondern eine Nummer besitzen und eine Fläche von über 15 000 km² bedecken.

Heute werden die Swain Reefs hauptsächlich von Fischern aufgesucht, doch auch Tauchboote veranstalten noch Ausflüge in dieses Gebiet. Die in Gladstone, Bundaberg und Hervey Bay stationierten Boote erkunden normalerweise die Südspitze des Riffsystems, die Gruppen können jedoch ihre eigene Route festlegen.

Die Mehrzahl der Riffe in diesem Gebiet ist klein und bietet ausgezeichnete Tauchvoraussetzungen an Steilwänden oder dichten Korallengärten. Einige der Riffe haben auch geschützte Lagunen, wo man einen sicheren Ankerplatz finden und gut nächtliche Tauchgänge unternehmen kann.

Hixson Cay

Ungetrübtes Tauchvergnügen kann man in der Umgebung der Hixson Cay mit ihren Korallengärten und Steilwänden, genießen. Diese Riffwand fällt 60 m tief ab und besteht aus einer farbenprächtigen Ansammlung von Peitschen-, Horn- und Weichkorallen mit Makrelen, Regenbogen-Makrelen und Riffhaien.

Sandshoe Reef

Fotografen werden vom Sandshoe Reef hingerissen sein! In einer Tiefe von 10–30 m liegen großflächige Felder aus Steinkorallen, die die Heimat der unterschiedlichsten Wirbellosen und Rifffische sind: hier findet man Seesterne, Schlangensterne, Haarsterne, Tintenfische, Muscheln, Plattwürmer, Nacktkiemer, Garnelen, Anemonenfische, Riffbarsche, Grundeln, Feilenfische, Kofferfische, Drückerfische und Lippfische.

Sinker Reef

Tiefe Furchen durchziehen die Korallen des Sinker Reefs und lassen ein einmaliges Labyrinth entstehen. Häufig anzutreffen sind Rotfeuerfische, Falterfische, Anemonenfische und Kaiserfische sowie Korallen-Lippfische, Seeschlangen, Stachel-Makrelen, Fledermausfische und Barrakudas – und all das in weniger als 20 m tiefem Wasser.

Hook Reef

Papageifische, Skorpionsfische, Rotfeuerfische, Korallen-Lippfische, Fledermausfische, Doktorfische und Süßlippen sind nur einige der Fischarten, die in den Korallengärten am Hook Reef zu Hause sind. In weniger als 20 m Wassertiefe begegnen dem Taucher Stachelrochen, Riffhaie, Seeschlangen und eine Vielzahl wirbelloser Tiere.

Horseshoe Reef

Im Umkreis des Horseshoe Reefs be-

Live-aboard-Ausflüge über 12 Stunden von der Küste entfernt

Schwankt zwischen 15 und 30 m

Starke Strömung zwischen den Riffen

Viele Stein- und Weichkorallen, Gorgonien und Peitschenkorallen

Unzählige Riff- und Hochseefische

Spektakuläre Drop-offs und Korallengärten

Korallengärten, Steilwände und Felsnadeln

Vorherige Seite: Die Zäpfchenkoralle (*Tubastraea faulkneri*) gedeiht meistens unterhalb 10 – 15 m. Die orangefarbenen Polypen, die in Wracks und Höhlen wachsen, sind immer beliebte Fotomotive. *Michael Aw.*

Gegenüberliegende Seite: Die zwischen Cairns und dem Osprey Reef verkehrende »Taka II« ist nur eins der vielen Live-aboard-Boote, mit denen man zu den Tauchplätzen am Great Barrier Reef gelangt.

finden sich mehrere beliebte Tauchplätze sowie eine Lagune mit den sichersten Ankerplätzen der ganzen Region. Am besten taucht man entlang der Steilwand, die an der Südseite des Riffs 35 m tief abfällt und mit Weich- und Hornkorallen überzogen ist. Auf einigen Felsbänken kann man Wobbegongs, Felsenlangusten und die etwas selteneren Ammenhaie beobachten. In der Nähe des Drop-offs bekommt man mit großer Wahrscheinlichkeit Hochseefische, Seeschlangen, Riffhaie und Schildkröten zu sehen.

Gannet Cay

Vor der Südseite des Gannet Cay befindet sich in einer Tiefe von 35 m eine wunderschöne Felsnadel. Um diese korallenbewachsene Struktur ziehen riesige Schwärme von Riff- und Hochseefischen ihre Runden, darunter Barrakudas und Stachel-Makrelen. Zwischen den Korallen kann man zahlreiche Arten Wirbelloser entdecken.

Snake Reef

Das Besondere am Snake Reef sind die bis zu 40 m abfallenden Drop-offs. Diese mit Korallen überwucherten Steilwände sind die Heimat vieler kleiner Wirbelloser. Auf der Suche nach Nahrung umkreisen Riffhaie, Stachel-Makrelen, Barrakudas, Fledermausfische, Doktorfische und Seeschlangen die Wand.

Central Reef

Das Central Reef eignet sich bestens zum Tauchen in allen Tiefen. Fotografen finden hier die schönsten Motive – Schwärme von Stachel-Makrelen, zahlreiche Korallen und andere Wirbellose, Rifffische und hübsche kleine Nacktkiemer.

Mystery Cay

Auf der Südseite von Mystery Cay ragen in 20 m tiefem Wasser zahlreiche Korallenstöcke empor. Diese werden von zahllosen Meeresbewohnern bevölkert und regelmäßig von Mantas aufgesucht, die dort nach Nahrung suchen und sich von den Putzerlippfischen säubern lassen.

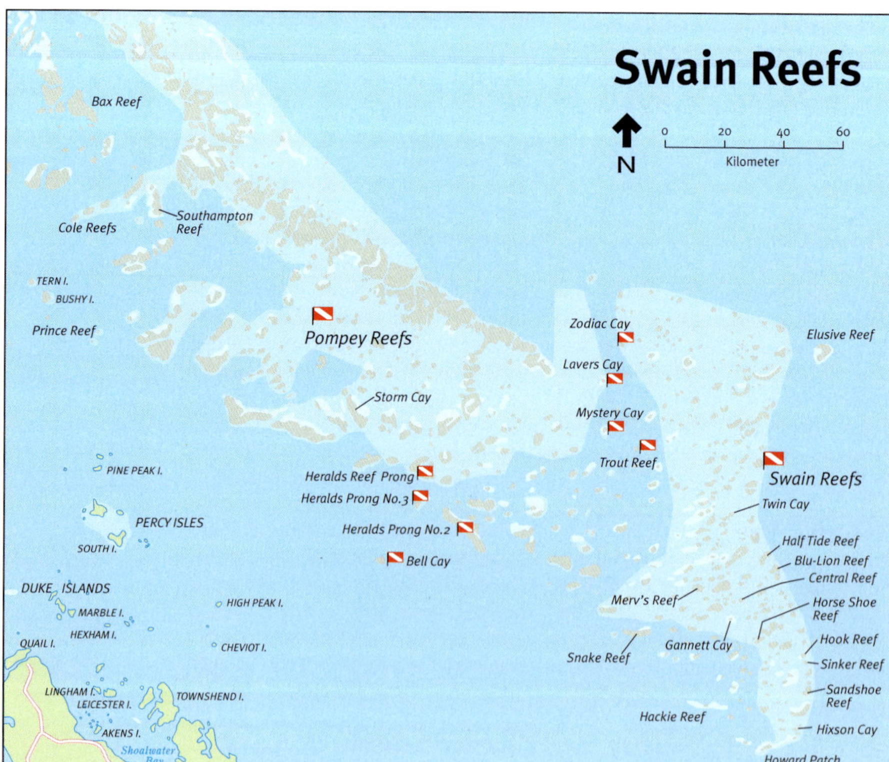

Oben: Der Weißgestreifte Zackenbarsch (*Anyperudon lenogrammicus*) bewohnt die korallenreichen Gebiete klarer Lagunen und geschützter, seewärts gelegener Riffe und ernährt sich hauptsächlich von kleinen Fischen. Die Jungtiere imitieren die pflanzenfressenden Lippfische, um sich ihrer Beute leichter nähern zu können. *Michael Aw.*

Lavers Cay

An der Nordseite von Lavers Cay findet man viele Felsbänke und Furchen, die eine interessante Vielfalt an wirbellosen Tieren beherbergen.

Pompey Reefs

Die Pompey Reefs sind die Fortsetzung der Nordspitze der Swain Reefs. In diesem Gebiet gibt es aufregende Steilwände und üppige Fisch- und Korallenpopulationen, doch nur selten verirrt sich ein Taucher hierher. Das New Blue Hole hat einen Durchmesser von 100 m. Seine mit kleinen Korallen überzogenen Steilwände fallen bis in 90 m Tiefe ab. Die Riff- und Hochseefische gelangen über die Riffspitze in das New Blue Hole.

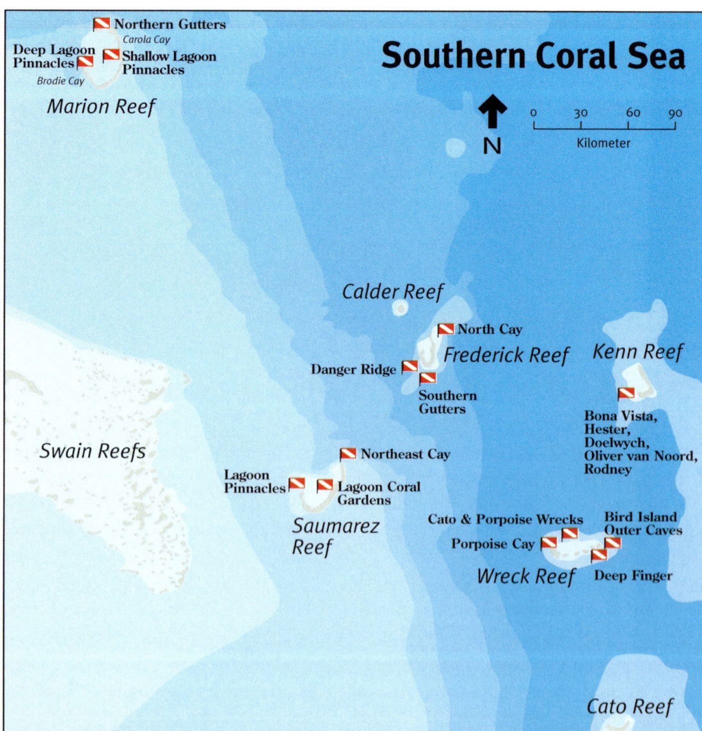

Southern Coral Sea Reefs

Das Reich der Seeschlangen

Auf den Riffen des Südlichen Korallenmeers werden dem Taucher Hunderte von Seeschlangen begegnen! In diesem Gebiet kommen mehrere Arten dieser Reptilien vor, wobei die häufigste die Olivfarbene Seeschlange ist. Seeschlangen begegnen einem auf jedem Tauchgang – sie schwimmen um die Beine des Tauchers, starren durch die Tauchermaske und manche verlieben sich sogar in die zur Tauchausrüstung gehörenden Schläuche. Obwohl diese Schlangen giftig sind, gelten sie nicht als aggressiv, sondern gehen einem aus dem Weg, nachdem sie ihre Neugier befriedigt haben. Anfänglich können diese neugierigen Tiere den Taucher etwas irritieren, aber man gewöhnt sich sehr schnell an deren Anwesenheit und kann sich dann voll den übrigen Meeresbewohnern des Südlichen Korallenmeers widmen.

Kein Riff in dieser Gegend wird von Tauchern regelmäßig aufgesucht. Um zu den abgelegenen Riffen zu gelangen, muss man ein Unternehmen finden, das Ausflüge dorthin veranstaltet oder selbst einen organisieren. Dann erlebt man echte Tauchabenteuer, weil alle Riffe über 12 Stunden vom nächsten Hafen entfernt liegen. Die besten Ausgangspunkte für Charter-Boot-Ausflüge sind Airlie Beach, Mackay, Gladstone und Hervey Bay, so dass man sich an diesen Orten nach Angeboten erkundigen sollte.

Die Riffe des Südlichen Korallenmeers unterscheiden sich von den nördlich gelegenen. Die Korallen sind hier allgemein kleiner und nicht so farbenprächtig, es gibt weniger Steilwände, so dass man die meiste Zeit an Felsnadeln oder Korallengärten taucht. Außer den Seeschlangen gibt es jedoch eine Fülle anderer Meeresbewohner, die auf diesen Riffen leben – Schildkröten, Stachelrochen, Riffhaie, Korallen-Lippfische, Riff- und Hochseefische und wirbellose Tiere.

Marion Reef

Marion Reef ist ein großes Atoll von 30 km Durchmesser, das sich über 400 km vom Festland entfernt befindet. In seiner großen Lagune findet man immer einen sicheren Ankerplatz und Hunderte von Felsnadeln in einer Tiefe von 10 bis 60 m. Diese Felsnadeln bieten sehr gute Tauchmöglichkeiten, und die im tiefen Wasser liegenden weisen üppigen Korallenbewuchs auf. Rifffische gibt es in großer Zahl, und Hochseefische, wie Stachel-Makrelen, Barrakudas, Makrelen und Tunfische, ziehen dort ihre Kreise. Sehr oft trifft man auf Seeschlangen und Riffhaie, die mitunter sehr nahe herankommen und sich gut fotografieren lassen.

An der äußeren Riffkante gibt es am Marion Reef gute Plätze für Wall Dives. Diese Steilwände sind mit Weich- und Hornkorallen, Schwämmen und Peitschenkorallen überzogen und Hochseefische und Riffhaie sind auch nie weit entfernt.

Frederick Reef

Das Frederick Reef ist ungefähr 10 km lang und besitzt großflächige Korallengärten an seiner Nordseite. Hier findet man vorwiegend Steinkorallen an, die Schutz für kleine Rifffische und wirbellose Tiere bieten. In unmittelbarer Nachbarschaft dieser einmaligen Korallenstöcke bekommt der Taucher Korallen-Lippfische, Schildkröten, Stachelrochen, Weißspitzen-Riffhaie, Stachel-Makrelen, Geigen-Rochen und Barrakudas zu sehen.

In der Lagune auf der Nordseite des Frederick Reefs befinden sich zahlreiche Felsnadeln in einer Tiefe von 10–30 m. An den Seiten dieser Felsnadeln klammern sich Peitschen- und Hornkorallen fest, während das untere Ende von Vulkanschwämmen umgeben ist. Außerdem ziehen hier Hoch- see- und Rifffische und verschiedene Haiarten ihre Kreise.

Live-aboard-Ausflüge über 16 Stunden von der Küste entfernt

Etwa 45 m und darüber

Leichte Strömung

Steinkorallen vorherrschend; auch Weichkorallen und Gorgonien

Zahllose Riff- und Hochseefische

Zahlreiche Meereslebewesen auf den Felsnadeln bei allen Riffen, Seeschlangen in großer Fülle

Korallenriffe, Felsnadeln und gelegentlich eine Steilwand

Oben: Obwohl Seeschlangen zu den giftigsten Schlangen der Welt zählen, verhalten sie sich Tauchern gegenüber eher neugierig als aggressiv. Die abgebildete Schlange scheint recht zutraulich zu sein, trotzdem ist es nicht empfehlenswert, Giftschlangen mit der Hand zu berühren. *Nigel Marsh.*

Unten: Selbst aus der Luft kann man die Dimensionen eines einzigen Riffes nur schwer erfassen, ganz zu schweigen von den tausenden Quadratkilometern des Barriereriffs. *Neville Coleman.*

Saumarez Reefs

Das Saumarez Reef ist bei Tauchern und Fischern gleichermaßen beliebt. Das Riffsystem ist ungefähr 30 km lang und ca. 300 km vom Festland entfernt. Die Nordseite des Riffs bietet die besten Anker- und Tauchplätze. Zu den interessantesten Orten gehören die Korallengärten der **North East Cay**. In den Furchen und Höhlen, die die Riffe in einer Tiefe von 6–20 m durchziehen, findet man zahllose Rifffische und Seeschlangen vor. Man sollte es sich nicht entgehen lassen, die kleinen Höhlen mit ihren Stachelrochen, Ammenhaien, Wobbegongs, Felsenlangusten und schlafenden Schildkröten zu erkunden! Wie auch an anderen Riffen dieses Gebiets, so gibt es auch hier Hunderte von Felsnadeln, die vom Grund der Lagune emporragen. Auf diesen Felsnadeln findet man den üppigsten Korallenbewuchs, und in ihrer nahen Umgebung ziehen die üblichen Riffhaie, Hochseefische und Seeschlangen ihre Runden.

Wreck Reef

Das Wreck Reef ist ca. 30 km lang und, wie der Name schon sagt, mit den Überresten zahlreicher Schiffe bedeckt. Auf dem Riff und in der Lagune findet der Taucher Wrackteile verschiedener Schiffe. Der spektakulärste Tauchplatz am Wreck Reef ist eine Steilwand vor Bird Island, die aus 10 m bis in 200 m Tiefe abfällt. Entlang der Wand wachsen Weich- und Peitschenkorallen, Schwämme und Gorgonien. Im tieferen Wasser trifft man dann auf größere Bewohner – Barrakuda-Schwärme, Stachel-Makrelen und andere Makrelen und Tunfische.

Cato und Kenn Reefs

Die kleinsten und abgelegensten Riffe des Südlichen Korallenmeers sind die Cato und Kenn Reefs. Keines dieser Riffe wird von Tauchern häufig aufgesucht, so dass es hier – wie auch an den anderen Riffen dieser Region – noch viel zu erforschen gibt.

Keppel Islands

Tauchen an den Inseln im Innern des Riffs

Die nur 10 km vor der Küste von Yeppoon gelegenen Keppel Islands sind ein beliebtes Ferienziel für Fischer, Segler und Taucher. Am besten erschlossen ist die größte Insel – Great Keppel. Taucher können entweder im Great Keppel Island Resort, im etwas günstigeren Keppel Haven Resort oder auf dem Festland übernachten, wo es eine große Auswahl an Taucherfachgeschäften und Charter-Booten gibt. Der Tauchveranstalter auf Great Keppel Island, Keppel Island Dive Centre, organisiert die besten Ausflüge zu den Dutzenden von Tauchplätzen in diesem Gebiet.

Die Keppel-Inselgruppe eignet sich hervorragend zum Tauchen, was einige vielleicht verwundern wird, da die Inseln innerhalb des Great Barrier Reefs liegen und die angrenzende Küstenlinie mit Mangroven bewachsen ist. Um jede Insel herum gibt es Felsenriffe, die von Stein- und Weichkorallen überzogen sind und die von einer faszinierenden Mischung aus Wirbellosen, Rifffischen und Seeschlangen bewohnt werden. Trotz der etwas schlechteren Sicht als am Great Barrier Reef sind die Keppel Islands ein hervorragender Tauchplatz.

Man and Wife Rocks

Auf dem Riff bei den Man and Wife Rocks bekommt man regelmäßig Wobbegongs, Schildkröten, Fledermausfische, Riffhaie, Kaiserfische, Stachelrochen, Stachel-Makrelen, Papageifische und Seeschlangen zu sehen. Zum Tauchen eignet sich am besten eine Tiefe von 15–20 m, weil man dort ein üppiges Wachstum an Stein-, Horn- und Weichkorallen so wie Schwämmen vorfindet.

Unten: Die einzigartige kleine Zehennagel-Kauri (*Calpurnus verrucosus*) verbringt ihr ganzes Leben auf ihrem Wirt, der Weichkoralle Sarcophytum, die gleichzeitig auch ihre Nahrungsquelle darstellt. *Neville Coleman.*

Bootstauchplätze bis zu 1 Stunde entfernt

Durchschnittlich 10–20 m

Häufig im Umkreis der Inseln

Dichte Stein- und Weichkorallengärten

Unzählige Rifffische, auch Hochseefische

Große Vielfalt an Lebewesen, vor allem an Wirbellosen Tieren

Korallen- und Felsenriffe

Oben: Soldatenfische (*Lutjanus amabilis*) schließen sich zu beeindruckenden Schwärmen zusammen und bewohnen Felsenriffe an der Küste sowie Lagunen im Umkreis von Korallenriffen und vor seewärts gelegenen Riffen. Sie gehen nachts auf Nahrungssuche. Michael Aw.

Miall Island

An der Nordseite von Miall Island befindet sich eine 15 m tiefe, flach abfallende Riffwand. An diesem Riff, mit seinen vielen kleinen Rifffischen und Wirbellosen, kommt jeder Fotograf auf seine Kosten. Hier sollte man unbedingt die Plattwürmer, Nacktkiemer und Federwürmer näher betrachten. Auf dem tiefen, sandigen Boden, dort wo die Strömung am stärksten ist, wachsen ganze Wäldchen von Peitschenkorallen.

Middle Island

Ähnlich wie die Inseln der Keppel Group, so besitzt auch Middle Island direkt an die Küste angrenzende Riffe. Im Underwater Observatory kann man unzählige Fische in nur 6 m Wassertiefe beobachten. Häufig zu sehen sind Korallen-Lippfische, Fledermausfische, Süßlippen, Stachel-Makrelen, Kaninchenfische, Muränen und Rotfeuerfische. Die Barsche sind hier fast zahm zu nennen.

Great Keppel Island

An einigen einmaligen Tauchplätzen beim Great Keppel Island kann man vom Strand oder Boot aus tauchen bzw. schnorcheln. Das in 18 m Wassertiefe an der Südspitze der Insel gelegene Parkers Bommies gehört zu den besten Tauchplätzen dieser Region: seine Korallenstöcke sind mit Horn-, Weich- und Peitschenkorallen überzogen. Diese fischreichen Felsnadeln locken eine große Auswahl an Meereslebewesen an.

Halfway Island

Halfway Island besitzt zahlreiche, geschützte Korallengärten in einer Tiefe von 5–10 m. Korallen wachsen hier besonders üppig und der Taucher bekommt auf diesem angrenzenden Riff viele Rifffische, Seeschlangen und Muränen zu sehen.

Humpy Island

Auf der Ostseite von Humpy Island befindet sich ein Tauchplatz genannt Cathedral Rock. Obwohl Fische und Korallen nicht in übermäßig großer Zahl vorkommen, lohnt es sich dennoch hier zu tauchen, da die vielen Höhlen, Spalten und Felsbänke in nur 12 m Wassertiefe, interessante Erlebnisse versprechen.

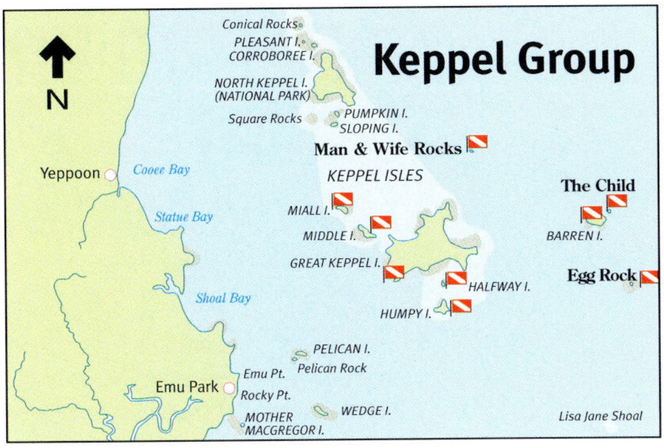

Barren Island

Das von wunderschönen Korallengärten umgebene Barren Island ist der ideale Ort, um Tisch-, Gehirn-, Geweih- und andere Stein- und Weichkorallen zu Gesicht zu bekommen. Die geschützte Südseite eignet sich am besten für unerfahrene Taucher und ist die Heimat vieler interessanter Meereslebewesen in den unterschiedlichsten Lebensräumen. In einer Tiefe bis 15 m begegnet man Rotfeuerfischen, Korallenbarschen, Seeschlangen, Stachelrochen, Süßlippen, Kaiserfischen, Falterfischen, Grundeln, Lippfischen, Anemonenfischen, Skorpionsfischen, Muränen und Feilenfischen. Auch wirbellose Tiere kommen in erstaunlicher Vielfalt vor: Ei-Kauris, Muscheln, Garnelen, Einsiedlerkrebse, Korallen-Krebse, Seesterne, Haarsterne, Schlangensterne, Plattwürmer und zahlreiche Nacktkiemer sind sehr häufig vertreten.

Child Island

Zwischen Child und Barren Island befindet sich ein 30 m nach unten verlaufender Kanal, der unter dem Namen The Gulch bekannt ist. Seine Wände sind mit kleinen, bunten Wirbellosen, wie Seescheiden, Schwämme und Gorgonien sowie Wäldern aus Peitschenkorallen, bedeckt. In dem Kanal treten Strömungen und Wellen auf, die massenhaft Fische anlocken. Wenn man Glück hat, kann man beim Tauchen Korallen-Lippfische, Barrakudas, Stachel-Makrelen, Stachelrochen, Wobbegongs und Doktorfische zu sehen bekommen.

Egg Rock

Egg Rock ist ein kleiner Monolith, umgeben von einem einmaligen Saumriff. In einer Wassertiefe von weniger als 15 m begegnet man kleinen, tropischen Fischen sowie Muränen, Korallen-Lippfischen, Seeschlangen, Anemonen, Muscheln, Stachel-Makrelen, Schildkröten und Wobbegongs.

Unten: Eine große Weichkoralle (*Dendronephthya* sp.), die auf dem Holmes Reef im Korallenmeer beheimatet ist.
Michael Aw.

Capricorn und Bunker Groups

Idyllische Korallenbänke und Riffe

Die unter dem Namen Capricorn und Bunker Groups bekannten Riffe überqueren vor Gladstone den Wendekreis des Steinbocks. Die Inselgruppen bestehen aus mehreren bewachsenen Korallensandbänken, die von Tausenden Seevögeln bewohnt werden. Im Sommer legen die Schildkröten hier ihre Eier in den warmen Sand. Heron- und Lady Elliot Islands sind für ihre einmaligen Tauchplätze berühmt, doch auch die übrigen Riffe können mit fantastischen Korallengärten, Felsnadeln und Drop-offs aufwarten, die von Riff- und Hochseefischen, Mantas, Schildkröten, Riffhaien und zahllosen Wirbellosen bevölkert werden.

Taucher können die Ferienorte auf Heron- und Lady Elliot Island aufsuchen und den Rest der Capricorn- und Bunker Groups mit dem Charter-Boot erkunden oder auf einer Korallensandbank ihr Zelt aufschlagen.

Insel-Camping

Camping ist immer noch die kostengünstigste Art, das Riff zu sehen. Die Erlaubnis zum Campen erhält man vom Queensland Department of Environment für Aufenthalte auf Lady Musgrave, Masthead, North West und Tryon Islands. Auf diesen Inseln kann Zelten zum echten Abenteuer werden, da jeder seine eigene Verpflegung und Ausrüstung mitbringen und dafür Sorge tragen muss, von einem Charter-Boot dort abgesetzt und wieder abgeholt zu werden. Kompressoren sind nur auf Lady Musgrave und North West Island erlaubt, auf allen anderen Korallenbänken darf nur geschnorchelt werden. Einige Tauchfachgeschäfte veranstalteten früher für Gruppen sogenannte Camping-Safaris, die heute stark an Popularität eingebüßt haben, da es einfacher ist, die Inseln mit live-aboard Booten zu erreichen.

Live-aboard-Ausflüge bis zu 6 Stunden von der Küste entfernt

Durchschnittlich 20–30 m

Häufig im Umkreis der Inseln

Guter Bewuchs von Stein- und Weichkorallen

Mantas, Schildkröten, Riffhaie und Korallenfische auf den meisten Riffen

Großes Vorkommen an Riff- und Hochseefischen

Korallenriffe und Felsnadeln

Ausflüge auf live-aboard-Booten

Die angenehmste Art, einen Ausflug zu den Capricorn und Bunker Groups zu unternehmen, ist auf live-aboard-Booten. Auf einer Reihe von Charter-Booten kann man von Gladstone, Bundaberg und Hervey Bay aus 5- bis 7-tägige Ausflüge unternehmen. Nach einer Tauchwoche hat man dann die wichtigsten Korallenbänke und Riffe besucht.

North Reef

Zahlreiche Mantas tummeln sich in den Korallenstöcken an der Nordseite des North Reef. In einer Wassertiefe zwischen 10 und 18 m findet man Weißspitzen-Riffhaie, Korallen-Lippfische, Schildkröten, Wobbegongs, Muränen und gelegentlich Hochseefische. Das Riff wird von Stein- und Weichkorallen beherrscht und kleine Rifffische und wirbellose Tiere gibt es hier im Überfluss.

Sykes Reef

An der Nordspitze des Sykes Reefs befinden sich einige Gräben in einer Tiefe von 6–15 m. Diese Gräben ziehen viele Meeresbewohner, wie z.B. Fledermausfische, Korallenbarsche, Korallen-Lippfische, Maori-Lippfische, Schildkröten, Muränen, Stachelrochen, Fledermausfische, Stachel-Makrelen, Papageifische, Doktorfische, Ammenhaie und Wobbegongs an. Hier versammeln sich auch Weißspitzen-Riffhaie, Schwarzspitzen-Riffhaie und Graue Riffhaie, um sich ihre Nahrung aus dem großen Fischangebot zu beschaffen.

Polmaise Reef

Auf einem flachen, ungeschützten Riff an der Westseite des Polmaise Reefs befindet sich in nur 9 m tiefem Wasser eine Anzahl kleiner Felsnadeln. Diese Felsnadeln wimmeln vor Barrakuda-Schwärmen, Stachel-Makrelen, Fledermausfischen, Süßlippen, Korallen-Lippfische, Korallenbarschen, Kaiserfischen und Rotfeuerfischen. In den Felsnadeln befinden sich einige Höhlen, in denen sich Wobbegongs, bunte Garnelen und Felsenlangusten verbergen. Zwischen den Korallen kann man Seeschlangen beobachten.

Fairfax Island

An der Nordseite von Fairfax Island stößt man auf unzählige Felsnadeln, die sich in einer Wassertiefe von 10–17 m befinden. An einer dieser Felsnadeln, die 8 m in der Höhe misst, sind unvorstellbar schöne Tauchgänge möglich. Sie ist von Höhlen durchzogen, in denen sich Unmengen kleiner Fledermausfische versammeln, die wiederum Stachel-Makrelen, Korallenbarsche, Rotfeuerfische und Regenbogen-Makrelen anlocken. Auch Wobbegongs und Muränen suchen Unterschlupf in diesen Höhlen. In der Nähe der Felsnadeln trifft man auf Schildkröten, Geigen-Rochen, Mantas, Stachelrochen, Riffhaie und Leopard-Haie.

Lady Musgrave Island

Diese, nur 2 Stunden von Bundaberg entfernte Insel ist bei Campern sehr beliebt und wird auch regelmäßig von Tagesausflüglern aus Bundaberg aufgesucht. Die »MV Lady Musgrave« fährt viermal wöchentlich zu dieser Insel, in den Schulferien sogar täglich. Auf Lady Musgrave kann man dann das Riff erforschen, eine Fahrt mit dem Glasboden-Schiff unternehmen oder an einem der vielen ausgezeichneten Plätze am Riff tauchen gehen. Auch die große Lagune eignet sich bestens zum Tauchen, da es hier Hunderte Korallenstöcke (bommies) in einer Tiefe zwischen 5 und 8 m gibt.

Die Nordseite der Insel hat hübsche Korallengärten, kleine Felsnadeln und zahlreiche Meeresbewohner wie Mantas, Riffhaie und Schildkröten zu bieten.

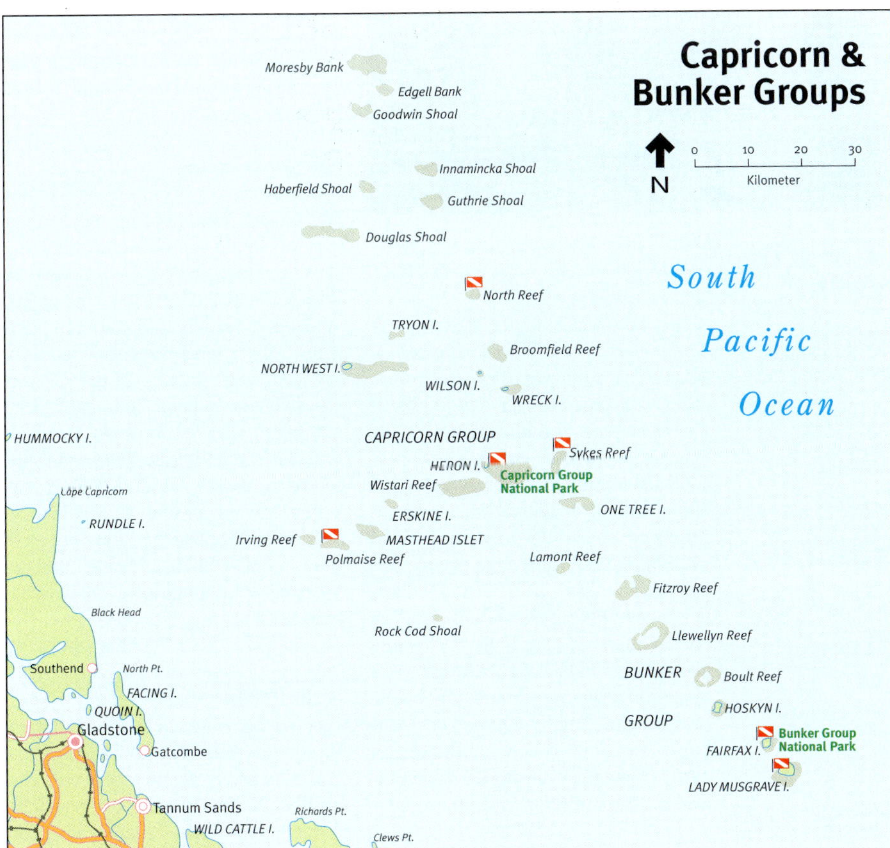

Heron Island

Das älteste Ferienzentrum am Riff

Unten: Vor Einbruch der Dunkelheit kehren die Seeschwalben (*Anous minutus*) zu Tausenden zu ihren Schlafplätzen in den Eichen zurück. *Neville Coleman.*

Von Gladstone aus kann man das zwischen den einmaligen Korallenbänken und Riffen der Capricorn Group gelegene Heron Island leicht mit dem Hubschrauber, Charter-Boot oder der Fähre erreichen. Die Strände der Insel bestehen aus weissem Korallensand, in den – während der Sommermonate – Tausende Grüne und Echte Karettschildkröten ihre Eier ablegen. Das

Unterwasserleben auf den umgebenden Riffen ist eines der interessantesten in diesem Gebiet.

Auf der Insel befinden sich eine von der University of Queensland geleitete Meeresforschungsstation und sowie ein Ferienzentrum, an dessen Stelle bis 1932 eine Schildkrötensuppenfabrik stand. Seither ist dieses Ferienzentrum ständig gewachsen und bietet heute, neben ausgezeichneter Unterbringung und Verpflegung, einen Swimming-Pool, eine Bar, Speisesäle, Spielzimmer und Einkaufsmöglichkeiten. Es gibt Pauschalangebote, die Tauchen, Unterbringung und Verpflegung beinhalten. In der Nebensaison wird manchmal Tauchen gratis angeboten. Das Tauchgeschäft veranstaltet Ausflüge zu den vielen erstklassigen Tauchplätzen bei Heron und an den benachbarten Inseln und Riffen.

Bis zu 20 Minuten mit dem Boot

Durchschnittlich 15 m

Häufig leichte Strömung

Stein- und Weichkorallen

Fischreichtum bei den Heron Bommies und anderen Tauchplätzen

Riesige Populationen von Riff-und Hochseefischen

Korallenriffe und Felsnadeln

Heron Island Bommies

Die berühmten Heron Island Bommies (Felsnadeln) liegen in einer Tiefe von 8 bis 17 m. Sie verfügen zwar nicht über ein besonders beeindruckendes Korallenvorkommen, doch diesen Mangel machen sie durch ihren Fischreichtum wieder wett. Auf einem typischen Tauchgang trifft man gewöhnlich auf Fledermausfische, Barrakudas, Rotfeuerfische, Stachel-Makrelen, Kaiserfische, Süßlippen, Füseliere, Fledermausfische, Regenbogen-Makrelen, Falterfische, Felsenbarsche, Papageifische, Doktorfische, Haie, Rochen und Reptilien. Auch Muränen, Stachelrochen, Wobbegongs, Adler- und Mantarochen, sind regelmäßige Besucher der Felsnadeln. In den Sommermonaten sind auf Heron Island häufig Schildkröten zu sehen.

Gorgonia Hole

Hier werden vor allem Fotografen auf ihre Kosten kommen, da die Gräben und Riffwände von Unmengen an Seesternen, Haarsternen, Nacktkiemern, Plattwürmern, Garnelen, Krabben, Schlangensternen und anderen kleinen Rifflebewesen bewohnt werden. Die Tiefe von maximal 16 m gibt dem Taucher ausreichend Zeit, das Riff zu erkunden. Das Vorkommen an Steinkorallen ist eher bescheiden, dafür gibt es kleine Gorgonien und Weichkorallen in Hülle und Fülle. Zu den hier lebenden Rifffischen gehören Kaiserfische, Falterfische, Schleimfische, Meerbarben, Süßlippen, Rotfeuerfische, Riffbarsche, Drückerfische, Büschelbarsche und Felsenbarsche.

Blue Pools

Taucher, die Blue Pools erkunden wollen, finden dort in 5–20 m Tiefe eine große Auswahl an Fischen vor. Ein häufiger Vertreter ist der zutrauliche Koran-Kaiserfisch (eignet sich hervorragend für Fischportraits), aber auch

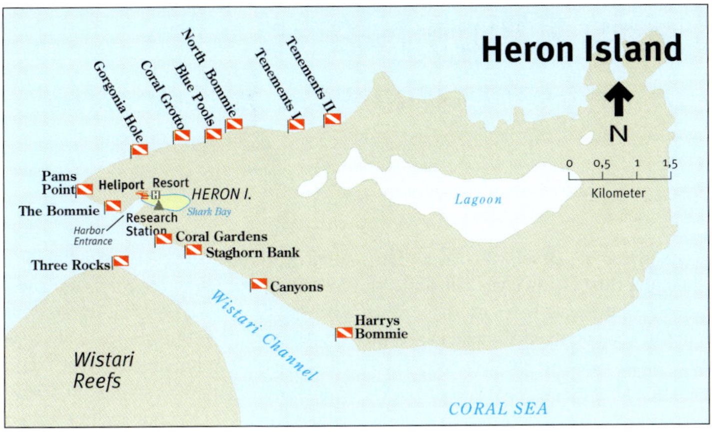

Korallen-Lippfische, Korallenbarsche, Fledermausfische, Rotfeuerfische, Lippfische, Papageifische, Doktorfische und verschiedene Falterfische gehören zu den ständigen Bewohnern. An den Korallen kann man Unmengen an wirbellosen Tieren sowie einige Nacktkiemer und Plattwürmer, entdecken. Das Riff weist hier die Form einer Schüssel auf, so dass man, wie in einem Swimming-Pool, ganz entspannt tauchen kann.

Pams Point

Diese Korallenwand ist der beste Ort, um Mantas zu treffen. Man kann sie bei der Futtersuche beobachten, wie sie mit geöffnetem Maul durchs Wasser schwimmen und dabei Plankton einsammeln. Sobald eine leichte Strömung einsetzt, versammeln sich hier auch Hochseefische und Riffhaie, so dass dieser Tauchplatz als einer der besten auf Heron Island zu empfehlen ist.

Coral Gardens

Coral Gardens besteht aus einem leicht abfallenden Riff aus Geweih- und anderen Steinkorallen,das bis in eine Tiefe von 20 m abfällt. Fische gibt es in diesem Gebiet in großer Zahl, und dem Taucher werden regelmäßig Rotfeuerfische, Muränen, Flötenfische, Stachelrochen, Korallenbarsche, Stachel-Makrelen, Barrakudas, Anemonenfische, Doktorfische und viele andere begegnen. Dieser Ort eignet sich auch, um Schildkröten, Riffhaie und Mantas zu beobachten, die in dem Kanal zwischen Heron Island und Wistari Reef auf- und abschwimmen.

In der Umgebung von Heron Island gibt es noch weitere empfehlenswerte Tauchplätze wie **Tenements**, **Harry's-Bommie**, **North Bommie** und **The Canyons**.

Wistari Reef

Das Drop-off an der Nordseite des Wistari Reefs hat eine Reihe beliebter Tauchplätze zu bieten. An dieser Stelle fällt das Riff bis in eine Tiefe von 25 m ab und weist herrliche Korallen – große Weichkorallen, Gorgonien und Peitschenkorallen – auf. Vor der Wand trifft man auf Korallenbarsche, Riffhaie, Süßlippen, Schildkröten und bisweilen auf einen Schwarm Hochseefische.

Unten: Heron Island gilt als ein Tauchgebiet der Spitzenklasse und ist der Ort, an den in den warmen Sommermonaten Tausende von Suppen- und Unechten Karettschildkröten zur Eiablage kommen. *Michael Aw.*

Lady Elliot Island

Ein unvergessliches Korallenriff

Wenn man in den frühen achtziger Jahren einen Besuch auf Lady Elliot Island machte, dann war die Unterbringung recht bescheiden: man hauste in Zelten und nahm die Mahlzeiten unter Bäumen ein. Heute kann sich das Inselferienzentrum eines ausgezeichneten Komforts rühmen. Doch eines hat sich in all den Jahren überhaupt nicht verändert: man kann hier nach wie vor spektakuläre Tauchgänge unternehmen.

Mit dem Flugzeug gelangt man in einer halben Stunde von Bundaberg nach Lady Elliot Island. Der erste Blick auf die Insel bleibt unvergesslich: Vom Flugzeugfenster aus erblickt man ein 42 Hektar großes Korallenriff, das von einer mit Gras bewachsenen Rollbahn durchschnitten wird. Lady Elliot Island liegt am südlichsten Ende des Great Barrier Reefs und kann – bedingt durch seine Nähe zur Kontinentalplatte – mit klarem Wasser und einer bemerkenswerten Fülle an Meereslebewesen aufwarten. Die berühmtesten Bewohner dieses Gebiets sind einwandfrei die Mantas, die man das ganze Jahr über zu Dutzenden bei der Nahrungssuche beobachten kann.

Das Tauchgeschäft auf der Insel veranstaltet täglich drei Ausflüge. An über 20 Plätzen wird regelmäßig getaucht, sowohl von der Küste als auch vom Boot aus. Wegen der häufigen Strömung sind die meisten Tauchgänge Strömungstauchgänge. Die Tauchplätze an der Westseite des Riffs sind von der Küste aus zu erreichen, wobei sich die zahlreichen Felsnadeln am besten zum Tauchen eignen. Das übrige Riff wird von einem atemberaubenden Drop-off begrenzt.

Das Lady Elliot Island Resort bietet zwei Arten der Unterbringung in Hütten oder Safari-Zelten. Außerdem gibt es Pauschalangebote bestehend aus Mahlzeiten, Unterbringung und Tauchen. Zu den Einrichtungen des Ferienzentrums gehören ein Unterwasser-Ausbildungszentrum, eine Bar, ein Swimming-Pool, ein Souvenirladen und ein großer Speisesaalkomplex.

Blow Hole

Diese große, röhrenförmige Höhle mit einem Durchmesser von 6 m durchzieht die Riffwand und endet an der Spitze des Riffs. Darin leben zahlreiche Fischarten, darunter Eichhörnchenfische, Rotfeuerfische, Felsenbarsche, Korallenbarsche, Süßlippen, Falterfische und unzählige Fledermausfische. Die Höhlenwände sind mit Kelchkoral-

Tauchplätze von der Küste und vom Boot aus zu erreichen

Durchschnittlich 20–30 m

Häufig im Umkreis der Inseln

Stein- und Weichkorallen

Mantas, Leopardenhaie, Riffhaie und spektakuläre Felsnadeln

Große Vielfalt an Riff- und Hochseefischen

Korallenriffe und Felsnadeln

Unten: Der auf vielen Riffen an und vor der Küste von Queensland beheimatete Manta *(Manta birostris)* gehört zu den wenigen Rochenarten, die keinen giftigen Stachel am Schwanz tragen. Im Frühling und Sommer sind diese freundlichen Riesen stundenlang mit Spielen beschäftigt und leisten dabei oft Tauchern Gesellschaft – ein Erlebnis, das man nie vergisst. *Nigel Marsh.*

len und kleinen Weichkorallen überzogen. Bei genauerem Hinsehen wird man auch Garnelen, Krabben und Kauris entdecken.

Gropers Grovel

Gropers Grovel liegt vor der Nordspitze der Insel. Hier findet man an der Riffwand unzählige Höhlen und Felsbänke. Korallen wachsen in den üppigsten Formen: Das Riff ist von Peitschen- und Hornkorallen, Schwämmen, Seescheiden, Weichkorallen und Kelchkorallen bedeckt. Hochseefische trifft man überall an – darunter Barrakudas, Stachel-Makrelen, Regenbogen-Makrelen und Füseliere. Auch ein Riesen-Queensland-Lippfisch lässt sich bisweilen hier sehen. Regelmäßige Besucher sind auch Riffhaie, Adlerrochen, Schildkröten und Silberspitzen-Riffhaie.

Anchor Bommie

Diese 7 m hohe Korallenwand, die sich in 20 m Wassertiefe befindet, wird von vielen, kleinen Höhlen durchzogen, die von Fledermausfischen, Eichhörnchenfischen und Wobbegongs bewohnt werden. Kleine Rifffische flitzen die Seiten und Spitze der Korallenfelsnadel entlang, während Barrakudas und Stachel-Makrelen in Schwärmen die Basis umkreisen. Auch Mantas kommen gelegentlich vorbei. Dem Taucher begegnen ebenfalls Schildkröten, Seeschlangen, Korallen-Lippfische, Riffhaie, Stachelrochen, Leopard-Haie, Adlerrochen und Geigenrochen. Unten, im sandigen Grund der Felsnadel, findet man ganze Kolonien von Röhrenaalen.

Lighthouse Bommies

Lighthouse Bommie, eine Gruppe kleiner Korallenwände in 15 m Wassertiefe, ist der ideale Ort um die Bekanntschaft von Mantas zu machen. In diesem Gebiet sind sie sehr zahlreich: manchmal scheinen sie miteinander Fangen zu spielen, ein andermal kann man sie bei der Suche nach Plankton beobachten. Außerdem lassen sie sich gern von dortigen Putzerlippfischen säubern. Im Umkreis der Lighthouse Bommies begegnen dem Taucher mit großer Wahrscheinlichkeit Leopard-Haie, Stachelrochen, Seeschlangen, Muränen u.v.m.

Oben: Die vom südlichen Great Barrier Reef bis in den Südpazifik weit verbreitete Nacktschnecke *Chromodoris elizabethina* ist leicht an ihrer charakteristischen Färbung und Musterung zu erkennen. *Neville Coleman.*

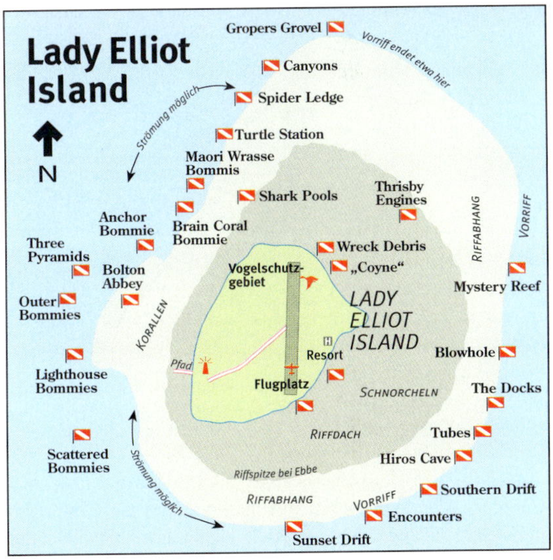

Auf der Westseite der Insel befinden sich viele weitere erstklassige Tauchplätze an der Küste, darunter Orte wie **Outer Bommies**, **Three Pyramids** und **Maori-Lippfische Bommie**, wo man Manta-Rochen und andere Meereslebewesen zu Gesicht bekommt. Der Sommer ist die beste Zeit, um an den **Shark Pools** zu schnorcheln, da sich hier die Riffhaie zur Jagd einfinden. In einer Tiefe von 3–8 m versammeln sich dann Dutzende Weißspitzen-Riffhaie, Schwarzspitzen-Riffhaie und Graue Riffhaie. Weitere beliebte Orte, an denen man vom Boot aus tauchen kann, sind **Sunset Drift**, **Southern Drift**, **Hiro's Cave**, **The Canyons** und **Turtle Station**. Überall werden dem Taucher Meeresschildkröten, Haie, Fischschwärme und Mantas begegnen.

BEDROHTE MEERESSCHILDKRÖTEN

Begegnungen mit Meeresschildkröten, den häufigsten Meeresreptilien am Great Barrier Reef, gehören zu den schönsten Erinnerungen eines Tauchers. Während der Brutzeit im Sommer sieht man diese riesigen Reptilien oft im ruhigen Wasser einer Lagune oder unter Korallenbänken schlafen. Die Mehrzahl dieser Begegnungen ist nur von kurzer Dauer, doch ab und zu kann es vorkommen, dass eine neugierige Schildkröte den Taucher über das Riff begleitet, wo sie nach Nahrung sucht. Von den sechs Meeresschildkrötenarten, die in den australischen Gewässern vorkommen, werden die Suppenschildkröte *(Chelonia mydas)* und die Echte Karettschildkröte *(Caretta caretta)*, die an der Küste von New South Wales, Queensland, Northern Territory und Westaustralien anzutreffen sind, von Tauchern am häufigsten gesichtet. Die hübsche Unechte Karett-Schildkröte *(Eretmochelys imbricata)* kommt an einigen Korallenriffen häufig vor, während die Flachrücken-Meeresschildkröte *(Chelonia depressa)* und Pazifische Meeresschildkröte *(Lepidochelys olivacea)* nur selten zu sehen sind. Die Leder-Meeresschildkröte *(Dermochelys coriacea)* ist gelegentlich vor der Ostküste anzutreffen, normalerweise bewohnt sie jedoch das offene Meer, wo sie sich von Quallen und anderen, weichen Wirbellosen ernährt. Von den sechs australischen Schildkrötenarten werden fünf von der Regierung als bedrohte Tierart eingestuft. Der Sommer ist die beste Jahreszeit, um die Schildkröten des Great Barrier Reef zu beobachten. Von Oktober bis Februar versammeln sich die Männchen und Weibchen auf ihren »Heimatriffen«, die sich im Umkreis von Sandbuchten, wie z.B. bei den Capricorn und Bunker Groups und bei Raine Island, befinden. Taucher können Schildkröten oft bei der Paarung im seichten Wasser auf der Leeseite eines Riffes beobachten. Nach Einbruch der Dunkelheit und bei einsetzender Flut, schleppen sich die massigen Weibchen an Land, um dort ihre Eier im warmen Sand abzulegen. In einer einzigen Nacht wurden auf Raine Island, das im nördlichen Teil des Great Barrier Reef Unterwasserschutzgebietes liegt, schon über 10000 Schildkröten bei der Eiablagegesichtet. Sowohl auf Heron Island als auch auf Lady Elliot Island ist das Beobachten der Schildkröten sehr beliebt geworden, es ist jedoch strengstens verboten, sie bei der Eiablage zu stören.

Frisch geschlüpfte Unechte Karettschildkröten.
Neville Coleman.

Wenn die Tiere vor dem Ablegen der Eier durch Blitzlichter, Geräusche oder Bewegungen gestört werden, kann es sein, dass sie unverrichteter Dinge ins Meer zurückkehren. Wenn die Weibchen aber einmal damit begonnen haben, ihre tischtennisballgroßen Eier abzulegen, können sie weder Fackeln noch Blitzlichter aus der Ruhe bringen. Schon seit Jahrzehnten überwachen Forscher der Queensland National Parks und des Wildlife Service die frisch geschlüpften und erwachsenen Schildkröten bei Mon Repos, Bundaberg und Heron Island. Sie fanden heraus, dass die Schildköten nur sehr langsam wachsen, erst nach 30–50 Jahren die Geschlechtsreife erlangen und dann die lange Reise (mitunter bis zu 3000 km) von den Nahrungsgründen bis zu ihrem Geburtsort antreten. Ausgewachsene Weibchen legen alle paar Jahre 3–5 Gelege mit jeweils 50–150 Eiern ab. Zu den interessantesten Erlebnissen gehört ein Besuch auf den Capricorn und Bunker Groups in der Zeit zwischen Januar und März, wenn die Schildkrötenjungen eines Nachts aus dem Sand hervorkommen und sofort in Richtung Meer losrennen. Sie wirken dabei wie winzige, aufziehbare Spielzeuge, von denen jedoch – aufgrund der vielen natürlichen Feinde – nur wenige die Geschlechtsreife erreichen.

Obwohl die Schildkröten der australischen Meere unter Naturschutz stehen, ist ihr Überleben doch äußerst fraglich. Viele sterben, weil sie sich in Hai- und Schleppnetzen verfangen: die Hauptgefahr besteht jedoch im starken Rückgang der wichtigsten Lebensräume dieser Tiere, vor allem der Seegraswiesen an der Küste, der Mangrovenwälder, Korallenriffe und der zur Eiablage geeigneten Strände. Den Aborigines und Inselbewohnern der Torres Strait ist es gestattet, jedes Jahr eine bestimmte Anzahl von ihnen zu fangen.

Bundaberg und Hervey Bay
Tummelplatz für Wale

Oben: In Australien stehen alle Schildkröten unter Naturschutz. Taucher begegnen meistens Suppenschildkröten *(Chelonia mydas)*, die sich während der Brutzeit im Sommer an den Korallenbänken einfinden. *Neville Coleman.*

Das **Roy Rufus Artificial Reef**, das größte künstliche Riff der südlichen Hemisphäre, gehört zu den beliebtesten Tauchplätzen im Gebiet von Bundaberg und Hervey Bay. Seit 1968 versenken hier die Mitglieder der Maryborough Skindivers Inc., alte Schiffe, Betonblöcke, Autokarosserien und Reifen, um in einer Wassertiefe von 18 m einen Lebensraum für Fische und andere Meeresbewohner zu schaffen. Die Mühe hat sich gelohnt: Die Wrackteile ziehen massenweise Fische an, darunter Korallen-Lippfische, Korallenbarsche, Felsenbarsche, Schnapper, Königsmakrelen, Stachel-Makrelen, Kaiserfische, Skorpionsfische, Falterfische, Süßlippen und Doktorfische.

Weitere Bewohner dieses künstlichen Riffs sind Seeschlangen, Wobbegongs, Stachelrochen, Schildkröten und sogar Seekühe. Für Taucher stellen diese Wrackteile interessante Forschungsobjekte dar. Mit etwas Vorsicht kann man sicher in sie hinein gelangen, man sollte jedoch nicht vergessen, eine Lampe mitzunehmen. Vor allen Dingen sollte man sich vor dem Steinfisch in Acht nehmen.

Es gibt noch zahlreiche andere Tauchplätze, die von Bundaberg und Hervey Bay aus zu erreichen sind, z.B. **Two Mile Rock, Four Mile Reef, Rooney Point** und **Moon Ledge**. Die Mehrzahl dieser Orte bietet das ganze Jahr über gute Tauchbedingungen, und selbst bei rauen Witterungsverhältnissen sind sie durch Fraser Island vor dem Schlimmsten geschützt. Eine reihe von Tauchgeschäften in Bundaberg und Hervey Bay veranstalten Ausflüge zu den besten Tauchplätzen des Gebietes und erteilen Ratschläge bezüglich des Tauchens vor der Küste.

Als südlichster Zugang zum Great Barrier Reef haben sowohl Bundaberg als auch Hervey Bay eine große Auswahl an Unterkunftsmöglichkeiten und Restaurants zu bieten. Die Hauptattraktion der Hervey Bay ist zweifellos das Beobachten der Wale. Jeden Winter ruhen sich Hunderte von Glattwalen in dieser Bucht aus, nachdem sie in den nördlichen Gewässern ihre Jungen zur Welt gebracht haben – und jeden Winter kommen auch Tausende von Touristen zur Hervey Bay, um einen Blick auf diese gigantischen Meeressäuger werfen zu können.

Fraser Island, die größte Sandinsel der Welt, ist ein beliebter Anlaufpunkt für Camper. Zu den charakteristischen Merkmalen dieser Insel zählen klare Seen und Flüsse, reiches Vorkommen an Wildtieren, Sanddü-

Bis zu einer Stunde mit dem Boot

Im offenen Meer 15–20 m, an der Küste 5 bis 10 m

Nur auf exponiert gelegenen Riffen

Reiche Auswahl an Stein- und Weichkorallen

Mantas und viele Meerestiere bei Evans Patch, Fischreichtum auf dem Roy Rufus Artificial Reef

Ausgewogene Mischung aus Riff- und Hochseefischen

Felsige Korallenriffe und Felsnadeln

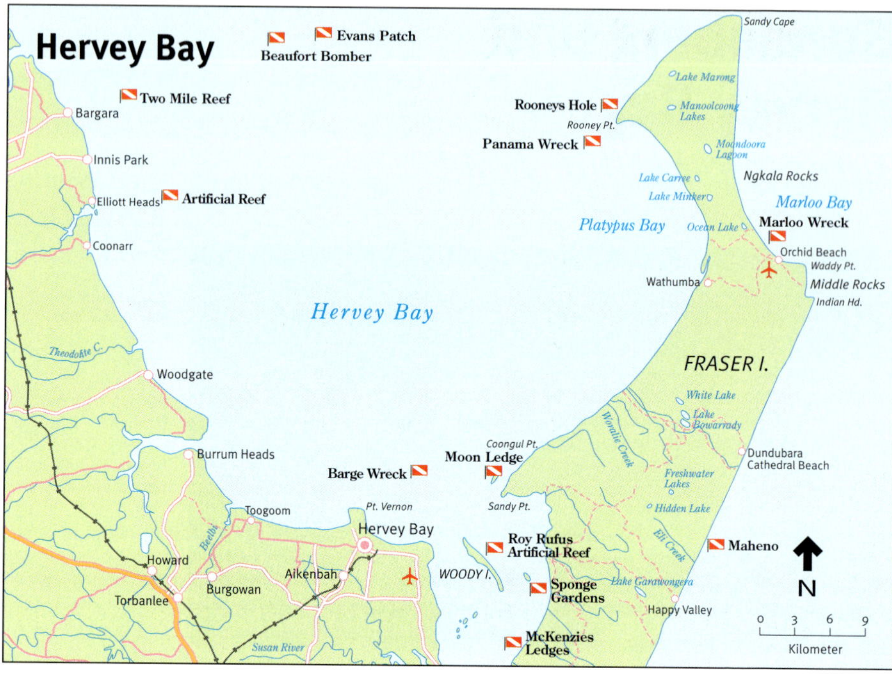

nen, Sandformationen und der einzigartige Regenwald.

Tauchplätze an der Küste von Bundaberg

Die Felsenküste bei Bundaberg hat das Wachstum zahlreicher Korallengärten gefördert. Das Gebiet zwischen Burnett Head im Norden und Elliott Head im Süden hat Dutzende faszinierender Küstentauchplätze in 9 m Tiefe zu bieten. Die Korallengärten quellen vor Meerestieren förmlich über. Nacktkiemer, Einsiedlerkrebse, Kauris, Plattwürmer, Seesterne, Schlangensterne, Garnelen und Krabben sind nur einige der hier vorkommenden Meeresbewohner. Besonders häufig sind auch kleine Rifffische wie Falterfische, Meerbarben, Felsenbarsche, Rotfeuerfische, Kaiserfische, Riffbarsche und einige Arten von Lippfischen. Dem Taucher werden ebenfalls Wobbegongs, Haie, Schildkröten, Stachelrochen und selbst neugierige Seeschlangen begegnen. Der Winter ist die beste Jahreszeit, um in diesem Gebiet zu tauchen, weil das Meer dann ruhiger und das Wasser klarer ist.

Evans Patch

Dieses Felsenriff vor der Küste ist, was die Größe anbelangt, sicherlich unbedeutend, doch von großer Bedeutung, was sein Unterwasserleben betrifft. Das Riff liegt in 22 m Wassertiefe und kann viele Male umrundet werden, bevor man an die Oberfläche zurück muss.

An diesem isoliert gelegenen Ort leben zahlreiche Fischarten: Kaiserfische, Königsmakrelen, Fledermausfische, Stachel-Makrelen, Barrakudas, Rotfeuerfische, Korallenbarsche, Süßlippen und Muränen. Mitunter wird das Riff von riesigen Schwärmen von Fledermausfischen umrundet, während Mantas sich einer Säuberungsaktion durch die dort lebenden Putzerlippfische unterziehen. Zu den häufigen Besuchern zählen auch Schildkröten, Stachelrochen und Wobbegongs. Außer diesem Fischreichtum wird der Taucher vereinzelte Korallen und eine bunte Mischung aus wirbellosen Tieren vorfinden. Auf solchen Tauchgängen verbraucht sich eine Filmrolle schneller als man unter Wasser bleiben kann.

Beaufort Bomber

An diesem Flugzeugwrack in 27 m Tiefe, lassen sich faszinierende Tauchgänge durchführen.

Sunshine Coast

Das Überraschungspaket für Taucher

Wenn man das erste Mal an der Sunshine Coast taucht, dann kann man unter Umständen sehr überrascht sein. Einige der dortigen Riffe sind mit Stein- und Weichkorallen so voll gepackt, dass man meinen könnte, jemand hätte einen Teil des Great Barrier Reefs ein Stück nach Süden verlegt. In diesem relativ kleinen Gebiet befinden sich zahllose Tauchplätze, von denen ca. hundert bereits benannt wurden. Die ortsansässigen Tauchveranstalter machen ständig neue Orte ausfindig. Neben dem großen Fischreichtum wird einem vor allem die große Auswahl an Wirbellosen im Gedächtnis bleiben.

Dem Taucher werden hier regelmäßig Krebse, Stachelhäuter und besonders Mollusken begegnen. Jeder der sich für Nacktkiemer interessiert, wird hier Dutzende von Arten vorfinden. Hier kommen auch die sonst eher seltenen Arten häufig vor, und es gibt außerdem noch einige unbenannte Arten.

Die nur 100 km nördlich von Brisbane gelegene Sunshine Coast ist ein beliebtes Feriengebiet, das sich von Noosa im Norden, bis nach Caloundra im Süden erstreckt. Entlang der Strände entstanden zahlreiche Ferienzentren und Hotels, wo die Menschen schwimmen, surfen, ausspannen oder das Nachtleben genießen können.

Parallel zur Küste verlaufen einige Korallenriffe, die allerlei Arten von Stein- und Weichkorallen aufzuweisen haben. Die meisten Riffe liegen nur 10 Minuten von der Küste entfernt, und werden von den Tauchveranstaltern regelmäßig angelaufen. Die Tauchfachgeschäfte konzentrieren sich auf das Gebiet um Noosa und Mooloolab, da letztere über einen leicht zugänglichen Hafen verfügen und die besten Tauchplätze direkt vor der Tür liegen. Manche Ausflüge führen auch etwas weiter nach Norden, zu einer beliebten Stelle, die unter dem Namen Wolf Rock bekannt ist.

Wolf Rock

Was spektakuläre Taucherlebnisse anbelangt, ist Wolf Rock kaum zu schlagen. Der Felsen fällt bis in eine Tiefe

Unten: Im Frühjahr und Sommer versammeln sich die Leopardenhaie (*Stegostoma fasciatum*) bei den Riffen und Inseln im Süden von Queensland bzw. New South Wales. Da diese Haie tagsüber schlafen, kann man sich ihnen sehr leicht nähern. *Nigel Marsh.*

10 bis 20 Minuten mit dem Boot

Durchschnittlich 12-15 m

Gelegentlich starke Strömung an den Außenriffen

Großflächige Stein- und Weichkorallengärten

Hochseefische vor dem Wolf Rock, Korallengärten bei Jew Shoal und den Gneering Reefs

Mischung aus Riff- und Hochseefischen

Felsige Korallenriffe und Felsnadeln

von 25 m steil ab, um dann bis in 35 m oder darunter sanft auszulaufen. Der Korallenbewuchs auf dem Felsen ist beeindruckend. Einige Abschnitte sind von Peitschen-, Horn- und Dörnchenkorallen überzogen. Kleine Rifffische gibt es in Hülle und Fülle, sie werden aber oftmals angesichts der riesigen Schwärme von Barrakudas, Großaugen-Stachel-Makrelen, Füselieren, Königsmakrelen, anderen Makrelen und Bonitos, übersehen. Inmitten dieser Schwärme ist gelegentlich auch ein Bronzefarbener Whaler-Hai zu sehen. Zu den regelmäßigen Besuchern des Wolf Rock gehören auch Schildkröten, Mantas, Wobbegongs, Stachelrochen, Adlerrochen und Geigenrochen.

Jew Shoal

Das Jew Shoal gehört zu den kleineren Riffen, ist aber eines der fischreichsten. Das Riff liegt in einer Tiefe von 12–20 m und besteht aus zahlreichen Höhlen, Spalten und Felsnadeln mit dichtem Korallenbewuchs, Schwämmen, Seescheiden, Anemonen und Dörnchenkorallenbäumen. Sehr häufig anzutreffen sind auch kleine Rifffische und Wirbellose wie Anemonenfische, Rotfeuerfische, Muränen, Kaiserfische, Glasbarsche, Lippfische, Mollusken, Seesterne, Schlangensterne, Felsenlangusten und unzählige Nacktkiemer. Ständige Bewohner dieses Ortes sind auch Hochseefische und große Rifffische. Wenn man Glück hat, kann man auf einem Tauchgang Fledermausfische, Korallenbarsche, Stachel-Makrelen, Korallen-Lippfische, Süßlippen, Königsmakrelen, Doktorfische, Schildkröten, Stachelrochen und Wobbegongs zu Gesicht bekommen. Im Sommer tauchen Leopard-Haie hier auf, die sich gewöhnlich in sandigen Bodenfurchen ausruhen.

Inner und Outer Gneerings

Die vor Mooloolaba gelegenen Gneering Reefs erstrecken sich über ein weites Gebiet und befinden sich in einer Tiefe von 10–25 m. Auf den inneren und äußeren Riffen findet man Dutzende Tauchplätze vor, die dicht mit Stein- und Weichkorallen überzogen sind. Das Terrain zu erforschen ist sehr abwechslungsreich, da es überall Spalten, Höhlen und Felsnadeln gibt. Die Farben sind beeindruckend: rote und orangefarbene Gorgonien, pinkfarbene Weichkorallen und weisse, buschige Dörnchenkorallenbäume – ein Eldorado für jeden Fotografen! Anemonen und die dazugehörigen Anemonenfische kommen in großer Zahl vor, ebenso wie Nacktkiemer. Hochseefische kommen häufiger an den Outer Gneerings vor, während Schildkröten, Stachelrochen und Wobbegongs fast überall zu sehen sind.

Weitere erwähnenswerte Tauchplätze in diesem Gebiet sind Halls Reef, North Reef, Sunshine Reef (vor Noosa gelegen), Coolum Reef, Mudjimba Island und Murphys Reef (vor Mooloolaba). Hoher Seegang stellt an der Sunshine Coast die einzige Beeinträchtigung beim Tauchen dar, da bei schlechten Wetterverhältnissen nur Mudjimba Island einen gewissen Schutz bietet.

Brisbane
Felsen, Riffe und Wracks

Brisbane wird oft als Tauchplatz außer Acht gelassen. Wenn Taucher einen Blick auf das braune Wasser des Brisbane Rivers werfen, nehmen sie automatisch an, dass sich dieses Gebiet nicht zum Tauchen eignet. Brisbane hat jedoch einiges zu bieten: Riffe vor der Küste, mehrere Schiffswracks und eine beeindruckende Vielfalt an Meeresbewohnern. Brisbane`s Tauchplätze liegen in der Moreton Bay, vor den Moreton und North Stradbroke Islands. Diese Orte liegen weit vor der Küste und das Wasser ist dort das ganze Jahr über einigermaßen klar. Den Taucher erwartet ein breites Angebot an Tagesausflügen und Aufenthalten auf live-aboard Booten. Buchungen nehmen die meisten Tauchergeschäfte in Brisbane an.

Die neuesten Informationen bezüglich der Tauchverhältnisse erhalten Sie über den Kundendienst der Brisbane Coastwatch, die jedes Wochenende im Fernsehen, Radio und in der Zeitung Berichte bringt.

Moreton Island

Vor Moreton Island befinden sich zahlreiche wunderschöne Tauchplätze. Zwei große künstliche Riffe befinden sich auf der landeinwärts gerichteten Seite der Insel, während die Seeseite der Insel einige Schiffswracks, ein Unterwasser-Riff und ein echtes Korallenriff aufzuweisen hat, das bei Ebbe sichtbar ist.

Curtin Artificial Reef

Seit 1968 haben die Mitglieder der Underwater Research Group of Queensland, Schiffe, Autos, Reifen und Pontons im Meer versenkt und so das Curtin Artificial Reef geschaffen. Heute pulsiert dieses künstliche Riff vor Leben: hier tummeln sich tropische Fische, Korallen-Lippfische, Schildkröten, Adlerrochen, Stachel-Makrelen und andere Schwarmfische. Bei den meisten Wracks wurden alle Hindernisse entfernt, so dass man sie sicher erkunden kann.

Tangalooma Wrecks

Auf der landeinwärts gerichteten Seite von Moreton Island wurden fünfzehn Schiffe im Wasser versenkt, die zu dem heutigen Tauchplatz mit dem Namen Tangalooma Wrecks geworden sind. Hier herrschen gute Tauchbedingungen in 2–10 m tiefem Wasser. Selbst in diesem seichten Wasser macht das Tauchen großen Spaß, weil die Wracks mittlerweile zu einem Lebensraum für Wobbegongs, Stachel-Makrelen, Königsmakrelen und viele tropische Fische geworden sind.

Unten: Viele Taucher aus Brisbane schätzen die künstlichen Riffe der Moreton Bay als gute Tauch- und Angelplätze, besonders wenn die See zu rau ist, um die Außenriffe zu erreichen. *Nigel Marsh.*

Flinders Reef

Das nördlich von Moreton Island gelegene Flinders Reef ist das einzige echte Korallenriff bei Brisbane. Im ganzen Umkreis des Riffs kann man, bei guten Tauchbedingungen in 3–25 m Wassertiefe, an Steilwänden, in Höhlen und an Felsnadeln tauchen. Im seichten Wasser findet man üppigen Korallenwuchs in Form von Geweih-, Gehirn-, Tisch- und anderen Steinkorallenarten sowie Weichkorallen, Gorgonien, Schwämme und Peitschenkorallen vor. Man begegnet außerdem

Über 1 Stunde mit dem Boot

Vor der Küste 15 – 20 m, in der Moreton Bay 10 m

Nur auf exponierten Riffen

Häufig Stein- und Weichkorallen, weiter unten Peitschen- und Schwarze Korallen

Mantas und Leopardenhaie bei den Manta Bommies, Schiffswracks beim Curtin Artificial Reef

Riff- und Hochseefische in großer Fülle

Felsige Korallenriffe und Felsnadeln

zahlreichen Rifffischen und einer breiten Auswahl an Schildkröten, Stachelrochen, Wobbegongs und gelegentlich Mantas.

Vor Moreton Island gibt es noch weitere erstklassige Tauchplätze, darunter Henderson Rock, Smith Rock und Hutchison Shoal, die alle großen Fischreichtum vorzuweisen haben. Interessante Taucherlebnisse bieten auch die Schiffswracks der »Cementco« und der »Aarhus«.

North Stradbroke Island

Straddy, wie es liebevoll genannt wird, besitzt eine Reihe vor der Küste gelegener Inseln mit guten Tauchmöglichkeiten. Dorthin zu gelangen, kann bisweilen schwierig sein, da die von Brisbane kommenden Boote eine breite Sandbank überqueren müssen, was bei schwerem Seegang unmöglich ist. Um diese Sandbank zu umgehen, startet das Stradbroke Dive Centre mit einem Schlauchboot vom Strand aus, und gelangt dadurch in Minutenschnelle zu den besten Tauchgebieten. Zu den guten Tauchgebieten vor Straddy gehören Shag Rock, Middle Reef und Boat Rock, die alle über großen Fischreichtum und zahlreiche andere Wasserlebewesen verfügen.

Manta Bommies

Das vor einer kleinen Inselgruppe (»The Group«) gelegene Manta Bommies ist der beste Tauchplatz Brisbanes. In einer Tiefe von 6–12 m befindet sich ein Felsenriff, wo es – vor allem im Sommer und Herbst – vor Meereslebewesen nur so wimmelt. Hier kann man regelmäßig bis zu einem Dutzend Mantas beobachten, wie sie das Riff umsegeln. Außerdem trifft man häufig auf Stachel- und Adlerrochen, Geigen-Rochen, Schildkröten, Wobbegongs, Katzenhaie und Leopard-Haie. Dieser ganz besondere Tauchplatz ist von einer unglaublichen Vielfalt an Riff- und Hochseefischen bzw. wirbellosen Tieren geprägt.

Flat Rock

Flat Rock ist eine Insel, die – in 35 m Tiefe – von Steilwänden, Gräben und Felsnadeln umgeben ist. Korallen wachsen hier sehr üppig, Rifffische und andere Meeresbewohner gibt es ebenfalls in großer Zahl. Im Umkreis der Insel gibt es mehrere gute Tauchgebiete, wobei das beste wohl **Shark Gutters** an der Südspitze der Insel ist. Im Winter versammeln sich bei Shark Gutters die Grauen Ammenhaie, die sich hier wahrscheinlich paaren und ihre Jungen zur Welt bringen. Beim Tauchen kann man sich ihnen gut nähern und oftmals ein Dutzend von ihnen dabei beobachten, wie sie die Gräben auf- und abschwimmen.

Gold Coast

Nicht nur ein Paradies für Surfer

Die Surfstrände an der Gold Coast sind seit mehr als 50 Jahren ein beliebtes Ferienziel. Unzählige Hochhäuser säumen den Strand, der im Sommer mit Sonnenanbetern überfüllt ist. Für Taucher mit Familie bzw. einer Nichttaucherin als Ehefrau, ist die Gold Coast der ideale Urlaubsort. Es gibt genügend Freizeitangebote und Attraktionen, um die Familie wochenlang zu unterhalten, während man selbst an den aufregenden Riffen dieses Gebiets tauchen gehen kann. Zu den Attraktionen zählen Themenparks, Nightclubs, ein Kasino, Wildtierparks und die nahegelegenen Regenwälder. Tauchen ist an der Gold Coast wahrscheinlich die am wenigsten bekannte Attraktion. Vor den berühmten Stränden liegen Dutzende von Riffen, die ganzjährig ausgezeichnete Tauchbedingungen bieten.

Das Touristengebiet der Gold Coast erstreckt sich von Southport im Norden bis nach Tweed Heads, New South Wales, im Süden. Hier finden die Feriengäste ein breites Angebot an Hotels, Läden und Restaurants. Es gibt auch einige Tauchveranstalter in diesem Gebiet, die alle am Morgen bzw. Nachmittag sogenannte double-dive Ausflüge in Charter-Booten anbieten. Die besten Tauchgebiete befinden sich im Umkreis von **Tweed Heads**, und selbst das abgelegenste Riff kann in weniger als 30 Minuten erreicht werden.

Tauchen an der Küste

Obwohl die besten Riffe im offenen Meer liegen, gibt es dennoch eine Reihe interessanter Tauchplätze entlang der Küste. Bei Flut eignen sich Southport Seaway und Tweed River sehr gut zum Tauchen, weil man dann Rifffische, Stachelrochen und bunte Wirbellose zu sehen bekommt. Das Kirra Reef ist ein großes Felsenriff, das eine beeindruckende Anzahl an Rifffischen, Wobbegongs, wirbellosen Tieren und sogar Schildkröten beherbergt. Diese Tauchplätze befinden sich allesamt in seichtem Wasser, im Durchschnitt in 6 m Tiefe, wobei die Sicht normalerweise bis zu 10 m weit ist.

Das Wrack der Scottish Prince

Im Jahr 1887 sank vor Southport das 64 m lange Segelschiff »Scottish Prince«. Heute liegt der Rumpf dieses

Unten: Viele Taucher befassen sich intensiv mit Unterwasserfotografie und verwenden dazu modernste Geräte, wie z.B. starke Scheinwerfer, um die besten Schnappschüsse zu erzielen.
Michael Aw.

10–30 Minuten mit dem Boot

Durchschnittlich 12–15 m

Auf den tiefer gelegenen Riffen im offenen Meer

Stein- und Weichkorallen, Schwämme, Peitschenkorallen und Gorgonien

Haie beim Nine Mile Reef, große Auswahl an Meerestieren bei Cook Island

Unzählige Riff- und Hochseefische

Felsige Korallenriffe und Felsnadeln

historischen Schiffswracks in 10 m Tiefe auf dem Grund und beherbergt eine große Vielfalt an Meereslebewesen. Hier sieht man Stachel-Makrelen und Königsmakrelen, die sich von den Schwärmen von Glasbarschen ernähren. Am oder im Schiffsrumpf begegnet man Stachelrochen, Muränen, Wobbegongs, Geigen-rochen, Katzenhaien, Schildkröten, Rotfeuerfischen und Korallen-Lippfischen. Es ist faszinierend, im Schiffskörper auf Entdeckungsreise zu gehen: Wenn sich die Sandschichten nach einem Sturm verschoben haben, kann man hier auf Kunstgegenstände stoßen, die man jedoch nicht mitnehmen darf, da es sich um einen historischen Ort handelt. Das Tauchen kann mitunter durch die starke Brandung erschwert sein, und man sollte sich jederzeit vor Steinfischen und kleinen Riffbarschen in Acht nehmen, die sehr aggressiv sein können, wenn sie ihre Eier bewachen.

Palm Beach Reef

Auf diesem immens großen Riff, das sich in 6–22 m Tiefe befindet, kann man an verschiedenen Stellen tauchen, vor allem an Felsnadeln, Gräben und in Höhlen. Das Korallenwachstum ist beeindruckend: es gibt Tischkorallen, Weichkorallen, Seescheiden, Schwämme, Gorgonien und Dörnchenkorallenbäume. Kaiserfische, Falterfische, Meerbarben, Rotfeuerfische, Felsenbarsche, Fahnenbarsche und Riffbarsche sind nur einige der hier vorkommenden Fischarten. Bei genauer Untersuchung des Bodens entdeckt man Nacktkiemer, Seesterne, Haarsterne, Mollusken und Krustentiere. Auf den meisten Tauchgängen wird man von Schildkröten, Stachelrochen und Wobbegongs begleitet, und bisweilen schwimmt ein Schwarm Hochseefische am Riff vorbei.

Cook Island

Das nahe an der Küste vor Fingal Head gelegene Cook Island ist wahrscheinlich der beliebteste Tauchplatz an der Gold Coast.Cook Island ist von Felsen- bzw. Korallenriffen in 6–20 m Tiefe umgeben. Hier kann man immer tauchen – ungeachtet der herrschenden Verhältnisse. In einigen Gebieten ist der Boden von Stein- und Weichkorallen bedeckt; in anderen findet man Blöcke, die Wände und Höhlen bilden, bevor sie dann zum sandigen Meeresgrund hin abfallen. Egal wo man taucht: überall trifft man auf eine interessante Mischung aus Riff- und Hochseefischen. Regelmäßig zu sehen sind Kugelfische, Korallen-Lippfische, Doktorfische, Anemonenfische, Feilenfische, Papageifische, Stachel-Makrelen, Glasbarsche und Süßlippen. Dem Fotografen bieten sich hier zahllose Motive in Form von Schlangensternen, Plattwürmern, Garnelen und Nacktkiemern. Leopard-Haie kommen nur den Sommer über in großen Zahlen hierher, während Stachelrochen, Schildkröten, Wobbegongs und Blindhaie zu den ständigen Bewohnern gehören.

Nine Mile Reef

Das unter Fischern als »haifischreicher« Ort bekannte Nine Mile Reef wird an manchen Tagen seinem Ruf sicherlich gerecht. Rifffische sind hier immer zu sehen, Hochseefische wie Makrelen und Königsmakrelen umkreisen das Riff manchmal in großer Zahl. Zu den regelmäßigen Besuchern zählen Schildkröten, Stachel- und Adlerrochen sowie gelegentlich auch Mantas. Ganzjährige Bewohner sind Wobbegongs, Blindhaie und Bronzefarbene Whaler-Haie; Leopard-Haie gibt es hier nur im Sommer, Graue Ammenhaie im Winter. Nur ab und zu lässt sich auch ein Hammer- oder Walhai blicken.

Gegenüberliegende Seite: In den vergangenen zwanzig Jahren hat die Unterwasserfotografie in Australien immer mehr Anhänger gefunden, so dass sie heute zu den beliebtesten Freizeitaktivitäten zählt. *Nigel Marsh.*

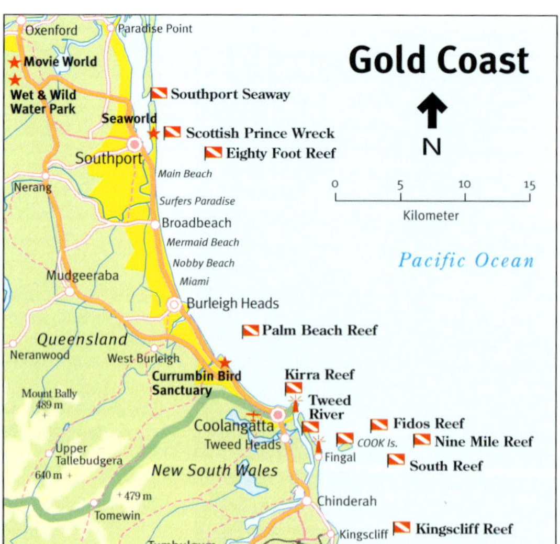

103

NEW SOUTH WALES

So ist New South Wales

Der erste australische Staat

An der 2000 km langen Küste von New South Wales befinden sich einige der interessantesten und abwechslungsreichsten Tauchgebiete Australiens. Die Meeresfauna reicht von subtropischen Rifflebewesen im Norden bis zu dichten Schwammgärten in den gemäßigten Gewässern des Südens. In den Gebieten, wo die warmen Ströme vom Great Barrier Reef auf die kühleren aus südlichen Gewässern treffen, leben die unterschiedlichsten Meereslebewesen nebeneinander. Dieses Strömungsgemisch hat eine reiche Artenvielfalt zur Folge, die nur von wenigen Orten auf der Welt übertroffen wird.

An der Nordküste des Staates begegnen dem Taucher oftmals Schildkröten, tropische Fische, Queensland-Korallen-Lippfische, Leopard-Haie und Mantas. Im Süden gibt es Riesentintenfische, Octopusse, unzählige Arten von Wirbellosen, Muränen, Fetzenfische, Seepferdchen, Blaue Korallen-Lippfische, große Hochseefische und Robben. Auch Vertreter der Hai- und Rochenfamilien kommen in großer Zahl vor – Wobbegongs, Port Jackson-Haie, Graue Ammenhaie, Stachelrochen, Geigenrochen und Zitterrochen.

Kapitän Cook sichtete diese zerklüftete und abwechslungsreiche Küste erstmals im Jahr 1770. Er ging bei Botany Bay an Land, erklärte den Kontinent als zu England gehörig und fertigte von einem Großteil der Küste Karten an. Im Jahr 1788 folgte dann die »First Fleet«, die in Farm Cove bei Port Jackson (einem der größten, natürlichen Tiefwasser-Häfen der Welt) eine Strafkolonie gründete. Sydney entwickelte sich schon bald zu einer blühenden Stadt. Heute nimmt die Stadt und ihre dazugehörigen Vororte eine Fläche von 5000 km² ein und besitzt über 4 Millionen Einwohner.

Oben: Einer der auffälligsten, einheimischen Seesterne ist der Netz-Seestern *(Pentagonaster duebeni)*, der die Riffe vom Süden Queenslands bis zum südlichen Teil Westaustraliens bewohnt. Er tritt in verschiedenen Farbnuancen auf, die auf dem Foto abgebildete ist jedoch die häufigste.
Neville Coleman.

Der Tourismus gehört zu den stärksten Industriezweigen des Staates. Die Mehrheit der internationalen Besucher kommen über Sydney nach Australien, und wenn hier im Jahr 2000 die Olympischen Spiele stattfinden werden, steigen die Touristenzahlen höchstwahrscheinlich noch an.

Zu den Attraktionen des Landes gehören die Wüsten im Westen, Skifahren in den Snowy Mountains, die Museen und Gedenkstätten in Canberra, die spektakulären Wanderungen durch den Busch in den Blue Mountains und Surfen an den Sandstränden entlang der Küste.

Die Tauchindustrie von New South Wales hat sich international einen Namen gemacht, aufgrund der erstklassigen Tauchplätze in einigen Feriengebieten. Dazu gehören u.a. die südlichsten Korallenriffe der Welt vor Lord Howe Island, die Schwammgärten bei Jervis Bay, die Grauen Ammenhaie bei Seal Rock und die Riffe vor der Byron Bay und Coffs Harbour. New South

Gegenüberliegende Seite: Ein Unterwasserfotograf, der in der Lagune bei Norfolk Island von Königsmakrelen *(Seriola lalandi)* umkreist wird. Die nur 3–5 m tiefe Lagune eignet sich vorzüglich für Tauch- und Schnorchelkurse.
Neville Coleman.

Wales besitzt zahlreiche Unterwasser-Schutzgebiete, doch viele Teile des Meeres sind durch Überfischung bedroht. Es werden Ausflüge zu Orten angeboten, die von den Tauchveranstaltern selbst zu Schutzgebieten erklärt wurden, so dass auf diesen Riffen nichts angerührt werden darf.

Einige Taucher halten Küstentauchplätze für langweilig, obwohl diese preiswerten Tauchmöglichkeiten oftmals zu den interessantesten Gebieten des ganzen Staates zählen. Vor der Küste von New South Wales befinden sich Tausende von Inseln, Riffen, Felsnadeln und Schiffswracks, die eine große Vielfalt an Unterwasserlebewesen beherbergen. Die Umgebung von Lord Howe Island bzw. den Norfolk Islands hat hervorragende Tauchmöglichkeiten und zahlreiche Fischarten zu bieten, die an diesen Inseln und den nahegelegenen Elizabeth und Middleton Reefs beheimatet sind. Westlich von Sydney – bei Wellington und Jenolan – findet man unzählige Süßwasserhöhlen mit spektakulären Kalksteinformationen.

Ein weiteres interessantes, südlich von Canberra gelegenes Tauchgebiet ist die Unterwasserstadt Lake Jindabyne, die beim Bau eines Staudamms versank. Es ist schon etwas unheimlich, zwischen den Häuserruinen zu tauchen und dabei immer wieder auf Haushaltsgegenstände zu stoßen. Tauchclubs bzw. -unternehmen aus Sydney und Canberra veranstalten gelegentlich Ausflüge zu diesen ungewöhnlichen Tauchgebieten.

Das Klima in New South Wales ist großen Schwankungen unterworfen. Im Sommer liegen die Tagestemperaturen bei 24–29 °C, mit einem Tiefstwert von 12 °C. Der Winter weist Tagestemperaturen zwischen 12 und 18 °C auf, wobei der Tiefstwert bei 0 °C liegt. Die Tauchbedingungen sind im allgemeinen ganzjährig gut, wobei der Winter die stabilste Wetterlage aufzuweisen hat, da durch die Westwinde die See ruhig ist und an der Küste klare Meeresströmungen vorherrschen. Im Sommer schwankt die Wassertemperatur zwischen 20 und 25 °C, so dass ganzjährig 5 mm dicke Tauchanzüge empfehlenswert sind. Im Winter benötigt man einen Taucherhelm, da die Wassertemperaturen bei 12–16 °C liegen.

Besucher können den Staat mit dem Auto, Zug oder Bus erkunden, wobei jedoch die meisten Touristenzentren auch über einen Flughafen verfügen, der von den regionalen Fluglinien angeflogen wird.

Unten: Der einmalige Hafen von Sydney mit Opernhaus und der Sydney Harbour Bridge: Nur zwei der zahlreichen berühmten Sehenswürdigkeiten dieses Gebiets.
Neville Coleman.

Byron Bay

Fantastische Tauchplätze im Schutzgebiet Julian Rocks

Die Küste von Byron Bay wird von den warmen Strömen des Great Barrier Reefs umspült, die auch für die große Auswahl an tropischen Fischen, Korallen und anderen Wirbellosen auf den Riffen vor der Küste verantwortlich sind. Julian Rocks, das sich durch seine besondere Artenvielfalt auszeichnet, wurde 1982 in die Liste der Unterwasser-Schutzgebiete aufgenommen.

Die lebendige Stadt bietet viele Unterkunftsmöglichkeiten, einschließlich Herbergen für Rucksacktouristen. Normalerweise wird die Stadt von Touristen und Tauchern geradezu überschwemmt, so dass man Hotels und Ausflüge rechtzeitig buchen sollte. Die Tauchboote starten von der Küste aus, und Julian Rocks ist ein Ort, der die meiste Zeit des Jahres über angelaufen wird.

Windara Banks

Diese Stelle befindet sich 20 km nördlich von Byron Bay, in ca. 12 km Entfernung von der Küste. Dieses erstklassige Riff, das aus einer Tiefe von 40 m bis in 16 m hinaufragt, wurde erst vor kurzer Zeit entdeckt. In diesem Gebiet kann man zahlreiche, mit Korallen überzogene Steilwände und Gräben erforschen, das Aufregendste ist jedoch die große Fülle an Fischarten. Auf jedem Tauchgang wird der Taucher von Schwärmen von Königsmakrelen, Doktorfischen, Stachel-Makrelen, Barracudas und Glasbarschen umkreist. Häufig sind auch Adlerrochen und Sandhaie. In den Gräben ruhen sich Graue Ammenhaie, Wobbegongs und Schildkröten aus, während die verschiedensten tropischen Fische zwischen den Riffkorallen Schutz suchen.

Cape Pinnacles

Die korallenbewachsenen Felsnadeln vor Cape Byron, die aus 25 m bis in 40 m Tiefe abfallen, werden von Judenfischen, Grauen Ammenhaien, Geigenrochen, Queensland-Korallen-Lippfischen, Stachelrochen, Königsmakrelen und Bronzefarbenen Whaler-Haien bewohnt.

Mackerel Boulders

Dieses, in einer Tiefe von 20 m liegende Riff hat zahlreiche tropische Fischarten und wirbellose Tiere zu bieten. Zu den Arten, die in den korallenbewachsenen Höhlen und Gräben leben, zählen Schildkröten, Wobbegongs, Muränen, Tintenfische, Blaue Korallen-Lippfische und Rotfeuerfische. Hochseefische ziehen durch das offene Meer vor dem Riff, das oft von Schwärmen von Glasbarschen und Riffbarschen umhüllt wird.

Kendricks Reef

Dieses Riff gehört wahrscheinlich zu den farbenprächtigsten des gesamten Gebiets. Die besten Korallengärten, in denen es vor Gorgonien, Peitschen-, Weich- und Steinkorallen, Seescheiden,

Bootstauchplätze bis zu 20 Minuten entfernt

Durchschnittlich 15–20 m

Bisweilen Strömungen vor der Küste

Schöne Schwamm- und Korallengärten

Fische und Haie bei Julian Rocks und anderen Tauchplätzen

Zahllose Riff- und Hochseefische

Felsenriffe und Felsnadeln

Gegenüberliegende **Seite**: Anemonenfische (*Amphriprion ocellaris*) leben in Symbiose mit Anemonen (*Heteractis magnifica*), denen sie – als Gegenleistung für den gebotenen Schutz – die Tentakel sauber halten. *Michael Aw.*

Unten: Ein Weißgefleckter Geigenrochen (*Rhynchobatus djiddensis*). *Nigel Marsh.*

Schwämmen und Dörnchenkorallenbäumen wimmelt, findet man in einer Tiefe von 24 m. Hochseefische kommen sehr häufig vor, genau wie die tropischen Arten, zu denen Fahnenbarsche, Felsenbarsche, Anemonenfische, Rotfeuerfische, Grundeln, Schleimfische, Lippfische, Falterfische und Kaiserfische zählen. Sie teilen das Territorium mit Seesternen, Haarsternen, Krabben, Tintenfischen, Octopussen, Nacktkiemern, Kauris und Schlangensterne (die sich gewöhnlich um die Äste der Dörnchenkorallenbäume wickeln).

Das Schutzgebiet Julian Rocks

In diesem Schutzgebiet finden sich Dutzende ausgezeichneter Tauchplätze. **The Nursery,** ein beliebter Ort bei Fotografen, ist ein Seichtwassergebiet am nördlichen Ende. In Tiefen zwischen 6 und 15 m findet der Fotograf zahllose Motive in Form von Anemonenfischen, Rotfeuerfischen, Nacktkiemern, Schildkröten, Blindhaien, Kauris, Muränen, Weichkorallen, Plattwürmern und Seesternen. The Nursery ist wegen seiner zahllosen, kleinen Fische bekannt, obwohl dem Taucher auch Schwärme großer Hochseefische begegnen können.

Cod Hole ist eine sehr hübsche, 10 m lange Höhle in 21 m Tiefe, die mit *Tubastrea*-Korallen, Schwämmen, Kauris und Weichkorallen überzogen ist. Zu den ständigen Höhlenbewohnern zählen Muränen, Rotfeuerfische, Stachelrochen, Tintenfische und Korallen-Lippfische. Gelegentlich kommen auch Graue Ammenhaie, Rote Morwong, Glasbarsche und Süßlippen hier vorbei. Die Gräben beim Cod Hole sind mit Schildkröten, Wobbegongs, Judenfischen, Mantas, Adlerrochen und Leopard-Haien (nur im Sommer) besetzt.

Hugo's Trench ist der Name eines Grabens, der Julian Rocks durchzieht. Er befindet sich in einer Tiefe von 12 m und wird von Schnappern, Blauen Korallen-Lippfischen, Süßlippen, Glasbarschen und Doktorfischen bevölkert. Es gibt Zeiten, in denen die Fische hier in solchen Massen auftreten, dass man die größeren Bewohner, wie Schildkröten, Stachelrochen und große Wobbegongs, überhaupt nicht bemerkt. Bei schlechten Wetterverhältnissen kann die Brandung sehr stark sein, doch es macht immer Freude, hier zu tauchen.

The Needles haben Steilwände und Felsbänke in 15 m Tiefe vorzuweisen, die mit Stein- und Weichkorallen und vielen wirbellosen Tieren bedeckt sind. Am Boden begegnet man Schildkröten, Wobbegongs, Stachelrochen und Haien, während weiter oben, Schwärme von Stachel-Makrelen und Königsmakrelen ihre Kreise ziehen.

Im Umkreis von **Julian Rocks** finden sich noch weitere Gräben, Höhlen und Drop-offs in Tiefen bis zu 25 m.

Das Wrack der »Tassie II«

Wenn das Wasser vor der Main Beach sehr klar ist, kann man das Wrack der »Tassie II« von der Wasseroberfläche aus erkennen. Das Schiffswrack liegt nur 5 m unterhalb der Oberfläche und bietet Lebensraum für Wobbegongs, Stachelrochen, Tintenfische, Nacktkiemer, Seesterne, Morwong, Schnapper, Muränen und andere.

Ballina

Unberührt und unerforscht

Ballina, die Großstadt an der Mündung des Richmond River, ist ein beliebtes Urlaubsziel für Familien. Dieser Ort gilt nicht als ausgesprochenes Tauchgebiet, so dass man hier noch viele unberührte Stellen entdecken kann. Ein Tauchgeschäft in Ballina veranstaltet Ausflüge zu den nahegelegenen Riffen. Hier finden Feriengäste ein reiches Angebot an Motels, Wohnwagenplätzen, fantastischen Stränden und zahlreichen Freizeitaktivitäten vor, darunter eine berühmte Wasserrutsche. Während der Schulferien kann Ballina ziemlich überfüllt sein, so dass man sein Hotelzimmer schon frühzeitig buchen sollte. Zudem sind die Übernachtungspreise etwas niedriger als im benachbarten Byron Bay, so dass Sie sich eventuell dafür entscheiden werden, Ballina als Ausgangspunkt für Ihre Tauchausflüge auszuwählen.

Lennox Pinnacles

Vor Lennox Pinnacles befinden sich in Tiefen von 12–15 m mehrere Felsenriffe, die von Tang und Schwämmen überzogen sind. Bei genauem Hinschauen entdeckt man Nacktkiemer, Plattwürmer, Seesterne, Ei-Kauris und andere Mollusken. Auf diesen Riffen leben große Ansammlungen von Fischen: Morwongs, Blaue Korallen-Lippfische, Geigenrochen, Glasbarsche, Stachel-Makrelen, Wobbegongs, Stachelrochen, Königsmakrelen, Schnapper, »Sweeps« und eine interessante Auswahl an tropischen Arten.

Richmond River

Im Richmond River, der bei Flut Salzwasser führt, findet man eine erstaunliche Vielfalt an Meeres- und Flusslebewesen vor. Entlang der felsigen Flussufer gibt es überall Tauchplätze in 5–10 m Wassertiefe. Im Sommer wird

Bootstauchplätze bis zu 30 Min. entfernt

Durchschnittlich 10–15 m

Gelegentlich Strömung vor der Küste

Algen- und Schwammgärten

Zahlreiche unerforschte Riffe

Unzählige Riff- und Hochseefische

Felsenriffe und Felsnadeln

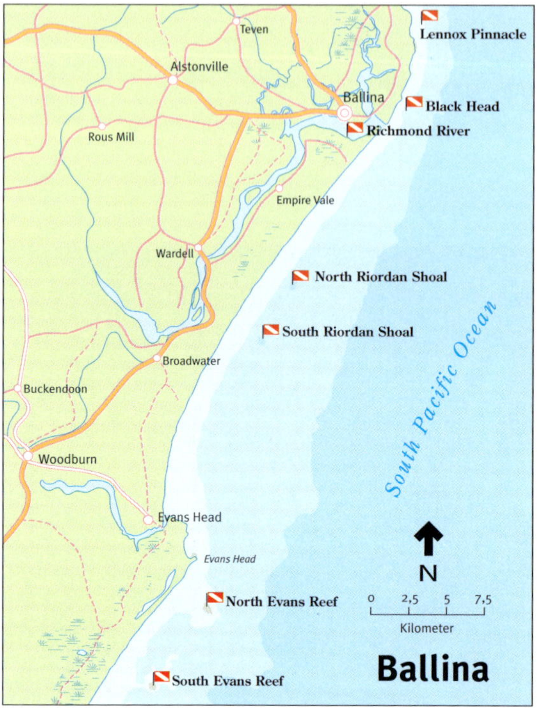

der Fluss von zahlreichen tropischen Arten wie Falterfischen, Kaiserfischen und Lippfischen bewohnt. Während der übrigen Monate wird er von Fledermausfischen oder großen Krokodilfischen bevölkert. Wenn man Glück hat, kann man auch viele Nacktkiemer und andere Wirbellose entdecken.

Black Head

Hummer und verschiedene Rifffische sind die Bewohner dieses Felsenriffs, das sich direkt vor der Mündung des Richmond River in einer Tiefe von 8–10 m befindet. Am Fuß des Riffes trifft man auf Wobbegongs und Stachelrochen.

North und South Riordan Shoals

Obwohl die Shoals noch nicht vollständig erforscht sind, haben sich die bisher bekannten Tauchplätze dort als ziemlich aufregend herausgestellt. In einer Tiefe von 18–40 m stößt man auf Felsnadeln, Gräben und Felsbänke, weiter unten gibt es faszinierende Schwammgärten zu entdecken. Rifffische und wirbellose Tiere kommen in großen Mengen vor, außerdem trifft man hier Blaue Korallen-Lippfische, Königsmakrelen, Wobbegongs, Muränen und ab und zu eine Schildkröte.

North und South Evans Reefs

Diese Riffgruppe, die ähnliche Meerestiere aufzuweisen hat wie die Riordan Shoals, eignet sich in Tiefen von 20–25 m sehr gut zum Tauchen und Erforschen. Die Firma Allan Jarrett's Divers World, die für das Gebiet um Ballina zuständig ist, bietet Tauchkurse und Wochenendausflüge zu den örtlichen Riffen an.

Unten: Obwohl Suppenschildkröten (*Chelonia mydas*) ihre Eier in den Tropen ablegen, wurden sie auch schon im südlichen Teil von New South Wales getroffen. *Nigel Marsh.*

Brooms Head

Pimpernel Rock: Steilwände, Gräben und viele Haie

Vor der australischen Küste gibt es Tausende abgelegener Riffe und Felsnadeln, die nur Fischern oder Tauchern mit eigenen Booten bekannt sind. Eine solche Felsnadel ist **Pimpernel Rock**, die sich 6 km vor Brooms Head befindet und von Fischern jahrelang abgefischt wurde. Ihre Steilwände, Gräben und Felsbänke, die aus 42 m bis in 8 m Tiefe emporragen, wurden erst kürzlich von Tauchern erforscht. Die beiden großen Höhlen, von denen die eine fast 10 m hoch ist, werden von einer Kolonie Grauer Ammenhaie bewohnt. Bis zu 40 Haie wurden schon in und um die Höhle gesichtet. Da sie den Umgang mit Tauchern nicht gewöhnt sind, kommen die Haie sehr nah heran und bieten so wundervolle Fotomotive.

Pimpernel Rock ist von Peitschen-, Dörnchen- und Hornkorallen, Seetulpen, Seescheiden, Schwämmen und Anemonen überzogen. Die Felsnadel umkreisen Hochseefische wie Königsmakrelen, Stachel-Makrelen, Judenfische, Makrelen sowie Riffbarsche und Glasbarsche. Die ansässigen Doktorfische, Schildkröten, Wobbegongs, Adler- und Stachelrochen, Schwarzbarsche, Felsenlangusten und Rotfeuerfische teilen sich das Territorium mit einer beeindrukkenden Vielfalt an wirbellosen Tieren.

Seit der Eröffnung des Brooms Head Dive Centre steht Pimpernel Rock für jedermann offen. Das Tauchgeschäft veranstaltet Tagesausflüge und nächtliche Tauchgänge und hat Ferienhäuser zu vermieten. Brooms Head liegt zentral zwischen Byron Bay und Coffs Harbour und ist seit vielen Jahren ein beliebter Urlaubsort für Surfer und Angler. Pimpernel Rock liegt innerhalb des Marinereservats Solitary Islands, wird aber dennoch regelmäßig von Fischern ausgeplündert, da es noch nicht über den Status eines Schutzgebietes verfügt. Die Tauchveranstalter bemühen sich ständig darum, dieses Gebiet unter Naturschutz zu stellen, bevor es überfischt wird.

Die beiden folgenden, vor Brooms Head gelegenen Riffe bieten ebenfalls großartige Taucherlebnisse.

Buchanan Reef

Dieses Seichtwasserriff in einer Tiefe von 4–18 m besteht aus zahlreichen Gräben, Erhebungen und Felsnadeln, die mit wunderschönen Stein- und Weichkorallen überzogen sind. Die zahllosen Riff- und Hochseefische sind ständig anzutreffen, doch es sind die verschiedenartigen wirbellosen Tiere, denen das Riff seinen Bekanntheitsgrad verdankt. Fotografen finden hier eine reiche Auswahl an Nacktkiemern, Plattwürmern, Garnelen, Kauris, Tintenfischen, Einsiedlerkrebsen, Seesternen, Schlangensternen u.v.m.

Sandon Shoals

Die Erforschung dieses großen, interessanten Ortes hat erst begonnen, obwohl Tauchveranstalter in Tiefen von 9–21 m bereits zahlreiche Felsbänke und Gräben entdeckt haben, die mit Korallen, Schwämmen, Seescheiden, Anemonen, Dörnchenkorallenbäumen und Weichkorallen bedeckt sind. Zu den dortigen Meeresbewohnern zählen Blauer Teufelsfisch, Stachelrochen, Wobbegongs, Nacktkiemer, Tintenfische, Octopusse und vieles mehr.

Bootstauchplätze bis zu 30 Minuten entfernt

Durchschnittlich 15–20 m

Gelegentliche Strömung vor der Küste

Schöne Korallengärten

Häufig Riff- und Hochseefische

Üppiges Vorkommen von Meerestieren am Pimpernel Rock

Felsenriffe und Felsnadeln

Coffs Harbour
Tauchen an den Solitary Islands

Unten: Diese Schnecke (*Phenacovolva angasi*) verbringt als erwachsenes Tier das ganze Leben auf der gleichen Gorgonienkolonie, auf der sie sich als Jungtier niederließ.
Neville Coleman.

Die warmen nördlichen und die kühleren südlichen Strömungen, die sich in den Meeren vor den Solitary Islands vermischen, haben zu dem faszinierenden Artengemisch an der Küste der Inseln geführt. Im Umkreis der fünf Solitary Islands und einiger benachbarter Felsenriffe gibt es Stein- und Weichkorallengärten, von denen einige Arten sonst nur am Great Barrier Reef zu finden sind. Das Gebiet um die Inseln ist so reich an Meereslebewesen, dass es 1991 zum Unterwasserschutzgebiet erklärt wurde.

Die Solitary Islands können entweder von Coffs Harbour oder Mullaway aus erreicht werden, wo es einige Tauchergeschäfte gibt. Taucher gelangen von Mullaway aus zum nördlichen Teil und von Coffs Harbour aus zum südlichen Teil der Solitary Islands. Die Inseln werden von klaren, blauen Meeresströmungen umspült und bieten das ganze Jahr über sehr gute Tauchmöglichkeiten. Die örtlichen Tauchveranstalter verfügen an allen Plätzen über Anlegestellen, damit die empfindlichen Korallen nicht beschädigt werden.

Die Feriengäste können Pet Porpoise Pool und Big Banana besuchen, mit dem Floß den **Nymboida River** hinunterfahren, in den Nationalparks Buschwanderungen unternehmen und sich an den zahlreichen, kaum bevölkerten Stränden entspannen. Die Region bietet ein breitgefächertes Angebot an Unterkunftsmöglichkeiten – von 4-Sterne Hotels bis zu einfachen Motels – und zahlreiche gute Restaurants bzw. Schnellgaststätten.

North West Rock

Das zerklüftete Terrain und die Strömungen locken massenhaft Fische zum North West Rock. Interessante Entdeckungen kann man an einer Spalte machen, die den Felsen teilt, am besten eignen sich zum Tauchen jedoch die tiefen Gräben an der Ostseite. Hier begegnet man regelmäßig Hochseefischen, Adlerrochen, Wobbegongs, Blauen Korallen-Lippfischen,

Bootstauchplätze bis zu 50 Minuten entfernt

Durchschnittlich 15–20 m

Gelegentlich starke Strömung vor der Küste

Schöne Stein- und Weichkorallengärten

Farbenprächtige Riffe und eine reiche Auswahl an Meerestieren

Riff- und Hochseefische häufig

Felsenriffe und Felsnadeln

BEWOHNER DES MEERESBODENS –
Wobbegongs und Port Jackson-Haie

An der Küste Australiens gibt es eine Reihe verschiedener Haiarten. Die gefährlicheren, wendigen Hochseehaie bekommt man nur gelegentlich zu sehen, am häufigsten begegnet man den harmlosen Bodenbewohnern, wie z.B. Leopard und Tawny Ammenhaien, Blind- und Engelhaien, einigen Katzenhaiarten und vor allem den Wobbegongs und Port Jackson-Haien, die hier liebevoll »wobbies« bzw. »PJs« genannt werden.

Der Gefleckte Wobbegong (*Orectolobus maculatus*) und der Stierkopfhai (*Heterodontus portusjacksoni*) gehen erst nachts auf die Jagd und verbringen den Tag oft in derselben Höhle. *Nigel Marsh.*

Wobbegongs

In den australischen Meeren existieren sechs verschiedene Wobbegong-Arten (auch carpet sharks genannt). Diese Bodenbewohner verhalten sich vollkommen reglos und sind durch ihre Tarnfarbe kaum vom Untergrund zu unterscheiden. Auf diese Weise lauern sie Fischen, Stachelrochen, Octopussen, Tintenfischen, Felsenlangusten, Krabben und selbst anderen Haien auf. Sie bringen bis zu einem Dutzend lebende Junge zur Welt. Der »Tasselled« Wobbegong (*Eucrossorhinus dasypogon*) ist ein häufiger Bewohner der Korallenriffe vor Queensland, dem Northern Territory und Westaustralien. Der »Northern« Wobbegong (*Orectolobus wardi*) bewohnt ebenfalls Korallenriffe, wird jedoch – außer vor der Küste Westaustraliens- nur selten gesichtet. Der »Cobbler« Wobbegong (*Sutorectus tentaculatus*) ist eine sehr seltene Spezies, die die Gewässer vor Süd- und Westaustralien bewohnt und der »Western« Wobbegong (*Orectolobus* sp.) ist eine noch nicht beschriebene Art, die man vor Westaustralien findet. Die in großer Zahl vorkommenden »Gefleckten« (*Orectolobus maculatus*) und »Ornate« Wobbegongs (*Orectolobus ornatus*) werden bis zu 3 m lang und sind in ganz Australien vertreten.

Wobbegongs machen einen trägen Eindruck, können aber blitzschnell reagieren, wenn sie Futter oder die Hand eines Tauchers erspähen. Von »wobbies« wurden schon mehr Taucher gebissen als von jeder anderen Haiart Australiens: es gab zwar noch keine Todesfälle, doch ihre nadelscharfen Zähne können schlimme Verletzungen verursachen. Meistens wurden Taucher gebissen, die einen wobby am Schwanz packten oder in seiner Nähe mit der Harpune auf Fischfang gingen: und wenn ein Wobbegong einmal zugebissen hat, rasten seine Kiefer ein und er lässt seine Beute nicht mehr los. Zahlreiche Taucher sind schon mit einem am Arm, Bein oder Gesäß hängenden Wobbegong zum Boot zurückgekehrt. Wenn man sie jedoch in Ruhe lässt, sind Wobbegongs im allgemeinen friedlich.

Port Jackson-Haie

Der Port Jackson-Hai (*Heterodontus portusjacksoni*) gehört zur Familie der Stierkopfhaie, die eine der drei in Australien vorkommenden Familien darstellt. Obwohl die Stierkopfhaie vor den Rückenflossen scharfe Stacheln tragen, gelten sie doch als ziemlich harmlos – statt Zähnen besitzen sie Kauplatten, mit denen sie ihre Nahrung aus Muscheln, Krebsen und kleinen Fischen zerkleinern. Stierkopfhaie legen ihre kegelförmigen Eier normalerweise unter Felsbänken ab. Der bis zu 170 cm lange Port Jackson ist der häufigste und größte Vertreter. Man findet ihn an der Küste aller südlichen Staaten, vor allem aber vor New South Wales.

Roten Morwongs, Stachelrochen und Grauen Ammenhaien. Auf der Westseite befinden sich hübsche Korallengärten mit Rifffischen und wirbellosen Tieren.

North Solitary Island

Das Terrain um North Solitary Island ist sehr abwechslungsreich. An der West- bzw. Nordseite befinden sich unzählige, mit üppigen Korallen überzogene Gräben, während man an der Ost- bzw. Südseite, Drop-offs, Felsnadeln und Hochseefische vorfindet. Die **Anemone Bay** an der Nordspitze der Insel weist ungewöhnlich dichte Populationen von Meereslebewesen auf. Hier ist der Meeresgrund im wahrsten Sinne des Wortes mit einem Anemonenteppich bedeckt, in dem man drei Arten Anemonenfische entdecken kann. In Tiefen zwischen 10 und 20 m findet der Taucher eine Fülle an Stein- und Weichkorallen sowie Massen an tropischen Fischen vor. Während der Sommermonate trifft man hier Schildkröten, Stachelrochen, Muränen, Wobbegongs und Leopard-Haie. Andere Stellen im Gebiet von North Solitary sind von Grauen Ammenhaien, Schwärmen von Königsmakrelen und Stachel-Makrelen und Adlerrochen bevölkert.

North West Solitary Island

Ein beliebtes Ziel bei Tauchern sind die Gräben, Felsnadeln, Höhlen und Felsbänke bei North West Solitary, wobei der bekannteste Platz das **Manta Reef** an der Westseite der Insel ist. Dieses in einer Tiefe von 6–22 m liegende Riff wird von einigen Gräben durchzogen und ist mit Korallen und Schwämmen übersät. Es ist der Le-

Rechts: Dörnchen- oder Schwarze Korallen (*Antipathes* sp.) kommen in den seichten Gewässern (10–20 m) des nördlichen Teils von New South Wales recht häufig vor, während sie weiter südlich an tieferen Stellen gedeihen und als selten angesehen werden. *Nigel Marsh.*

bensraum unglaublich vieler Wirbelloser und tropischer Fische. Im Sommer kommen hier Mantas vorbei, die sich von den Putzerlippfischen säubern lassen und die erstaunten Taucher umkreisen.

Black Rock

Alles was man von Black Rock zu sehen bekommt, ist eine kleine Felsnadel, die über die Wasseroberfläche hinausragt. Unter Wasser fällt der Monolith von 10 m bis in eine Tiefe von 25 m ab. Die Wände und Gräben sind dicht mit Schwämmen, Weichkorallen und Anemonen bewachsen. Blaue Korallen-Lippfische, Wobbegongs, Stachel-Makrelen, Königsmakrelen, Judenfische, Doktorfische, Rote Morwongs und Graue Ammenhaie sind nur einige der hier lebenden Meeresbewohner.

South Solitary Island

Diese Insel hat ober- und unterhalb der Wasseroberfläche einiges zu bieten. Ihre felsigen Steilwände fallen von 10 auf 30 m ab und bieten interessante Tauchplätze. Der beliebteste Ort ist **Shark Gutters** an der Nordspitze der Insel, wo sich jedes Frühjahr bzw. jeden Sommer in 18–23 m Tiefe, die Grauen Ammenhaie versammeln. Wenn sich die Taucher ruhig verhalten, kommen die Haie recht nah an die Menschen heran. Die Haie teilen sich die Gräben mit Schildkröten, Wobbegongs, Muränen, Königsmakrelen, Judenfischen, Stachel-Makrelen, Blauen Korallen-Lippfischen, Rotfeuerfischen und Adlerrochen.

Marsh Shoal

Marsh Shoal, das zu einer Reihe versteckter Riffe gehört und von 12 auf 20 m steil abfällt, ist mit Stein- und Weichkorallen, Gorgonien, Schwämmen und Seescheiden bedeckt. Hier bekommt man auch viele kleine Riffische zu sehen. Wenn man die Augen offen hält, kann man Ei-Kauris, Spanische Tänzerinnen, Garnelen, Seesterne, Haarsterne und andere wirbellose Tiere entdecken.

Split Solitary Island

Split Solitary ist von Felsengräben und Drop-offs umgeben, die von Tischkorallen, Weichkorallen, Schwämmen, Gorgonien und Seescheiden überzogen sind. Diese Korallengärten sind die Heimat tropischer Fische, von Blindhaien, Roten Morwongs, Tintenfischen, Octopussen, Muränen, Wobbegongs, Nacktkiemern, Blauen Korallen-Lippfischen und anderen Arten. Die Wassertiefe schwankt zwischen 10 und 20 m und die Sicht beträgt durchschnittlich 10 m.

Oben: Die aus den Tropen stammenden Ei-Kauris (*Ovula costellata*) kommen anscheinend auf den Riffen und bei den Inseln des nördlichen New South Wales häufiger vor als auf dem Great Barrier Reef. *Neville Coleman.*

South West Rocks

Abenteuerliches Höhlentauchen und noch mehr

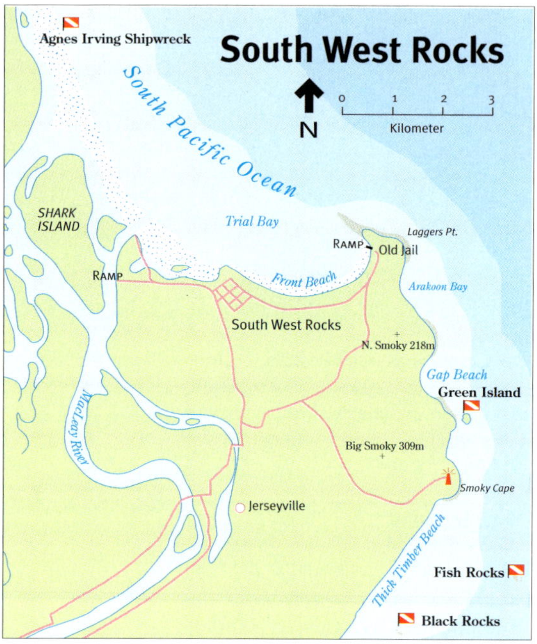

Bootstauchplätze bis zu 30 Minuten entfernt

Durchschnittlich 15–20 m

Gelegentlich starke Strömung vor der Küste

Einzigartige Schwamm- und Korallengärten

Fish Rock Cave, große Vielfalt an Meereslebewesen an den meisten Tauchplätzen

Riff- und Hochseefische

Felsenriffe und Felsnadeln

Fish Rock Cave

Über der Wasseroberfläche erscheint Fish Rock eher unscheinbar, seine wahre Schönheit liegt jedoch in der Unterwasserhöhle verborgen. Die Fish Rock-Höhle (120 m lang) beginnt mit einem 10 m breiten Graben und endet an einem weiteren, 24 m breiten Graben. Die Wände sind von Schwämmen, *Tubastrea*-Korallen und großen Gorgonien bedeckt, während die Höhleneingänge von Glasbarschen-Schwärmen umlagert werden. Regelmäßige Höhlenbewohner sind auch Wobbegongs und Felsenlangusten.

Das Tauchen in dieser Höhle gehört zu den schönsten Erlebnissen und erfordert auf alle Fälle eine Lampe, weil die Gänge bisweilen sehr dunkel sind. Beginnen Sie die »Höhlenreise« am unteren Ende. Die ersten 15 m ist die Höhle sehr eng, verbreitert sich dann aber zu einem 5 m langen Schacht. Am Ende dieses Schachtes ist die Höhle 6 m hoch und man kann allmählich einen Ausgang erkennen. Nach weiteren 100 m – ganz in der Nähe des Ausgangs – gibt es einige Luftblasen, wo die Taucher miteinander sprechen können. Es dauert nicht sehr lange, die Höhle der Länge nach zu durchschwimmen und sie gilt auch als recht sicher.

Fish Rock

Im Umkreis des Fish Rock gibt es noch mehrere aufregende Plätze zum Tauchen. Auf der Südseite wurden Haigräben in 25 m Tiefe entdeckt, wo sich im Winter und Frühling Graue Ammenhaie versammeln. Diese Gräben sind mit Schwämmen und Dörnchenkorallen ausgekleidet und eignen sich vorzüglich zur Beobachtung von Wobbegongs, Stachelrochen, Blauen Korallen-Lippfischen, Tintenfischen und Schildkröten (tatsächlich lebt hier eine Echte Karettschildkröte, die oft Taucher beim Schwimmen begleitet). Die Westseite des Felsens ist von hübschen Korallen- und Schwammgärten überwuchert, die vielen Arten von Rifffischen Zuflucht bieten. Atemberaubende Taucherlebnisse bieten die Felswände, die auf der Ostseite der Insel 35 m weit abfallen. Hier tummeln sich in der Strömung Hochseefische, Adlerrochen und Bronzefarbene Whaler-Haie.

Fish Rock ist nur eines von mehreren Riffen vor South West Rocks, einer verschlafenen Kleinstadt 480 km nördlich von Sydney. Am Strand der historischen Trial Bay befindet sich ein ehemaliges Gefängnis, das zwischen 1877 und 1886 aus Granit erbaut wurde. Das Gefängnis wurde 17 Jahre später aufgegeben und stellt heute eine beliebte Touristenattraktion dar. Das Gebiet umfasst wunderschöne Strände und Granit-Landzungen, von wo aus man den Delfinen beim Spielen zusehen kann. Zwei Tauchgeschäfte in South

West Rocks laufen die folgenden Tauchplätze an.

Das Wrack der »Agnes Irving«

Der Raddampfer »Agnes Irving« ging 1879 an der Mündung des Macleay Rivers unter. Sein Wrack liegt heute in 12 m Tiefe. Die Sichtweite schwankt je nach Wetter, Gezeiten und Sandbewegung. Bei guter Sicht kann man die Motoren und Dampfkessel erkunden und die Schaufelräder erkennen. Die Wrackteile sind nun dicht bewachsen und von Rifffischen und wirbellosen Tieren bevölkert.

Green Island

Im seichten Wasser vor Green Island findet man zahlreiche interessante Steilwände, Gräben und Felsbänke. Der Boden ist mit kleinen Schwämmen und Korallen bedeckt, und Fotografen finden hier die schönsten Bildmotive in Form von Nacktkiemern, Plattwürmern, Kofferfischen, Rotfeuerfischen, Muränen, Ei-Kauris, Spanischen Tänzerinnen, Seesternen, Haarsternen und Garnelen. Auch Rifffische, wie Gehörnte Kofferfische, Feilenfische, Morwongs, Lippfische, Falterfische und Kugelfische, sind hier häufig anzutreffen. Wenn man die Felsbänke näher erkundet, entdeckt man Felsenlangusten, Blindhaie und kleine Wobbegongs. Weitere regelmäßige Bewohner der Gewässer um Green Island sind Stachelrochen, Schildkröten, Königsmakrelen, Glasbarsche, »Sweep« und Drummer.

Black Rock

Die schönsten Stein- und Weichkorallen findet man im Umkreis von Black Rock, vor allem auf der Westseite der Insel. In einer Tiefe von 8–12 m ist der Boden von Tischkorallen bedeckt. Hier versammeln sich auch zahlreiche Fischarten wie z.B. Glasbarsche, Königsmakrelen und Stachel-Makrelen. Man kann auch ganz leicht Rifffische, wirbellose Tiere, Schildkröten, Tintenfische, Rotfeuerfische, Wobbegongs, Stachelrochen und Muränen entdecken, gelegentlich auch große Weißgefleckte Geigenrochen, die sich auf dem sandigen Meeresgrund am Riff ausruhen.

Bei günstigen Verhältnissen kann man noch viele weitere Riffe und Felsnadeln vor South West Rocks besuchen. Die meiste Zeit des Jahres über gelangt klares, blaues Wasser vom Great Barrier Reef in dieses Gebiet (das sich nur einige Kilometer von der Kontinentalplatte entfernt befindet) und sorgt für die interessante Zusammenstellung von tropischen Fischen und Wirbellosen.

Oben: Die sehr auffällig gezeichnete Sepia (*Sepia mestus*) lebt im allgemeinen als Einzelgänger, nur in der Paarungszeit schließt sie sich paarweise zusammen. *Michael Aw.*

Unten: Mosaikseesterne (*Plectaster decanus*) sind in verschiedenen Lebensräumen anzutreffen, von Korallenriffen bis zu schlammigen Meeresbuchten. *Michael Aw.*

Port Macquarie

Seichtwasserriffe mit einer Fülle an Meereslebewesen

Dieses geschäftige Ferienzentrum wird von vielen Tauchern übersehen, dabei hat es zahlreiche Seichtwasserriffe mit einer Fülle an Korallen, Rifffischen, Wirbellosen und Hochseefischen zu bieten. Port Macquarie verfügt über ausgezeichnete Unterkunftsmöglichkeiten.

Das Wrack der »Ballina«

Die Überreste des Raddampfers »Ballina«, der 1879 versank, liegen in 10 m Tiefe. Bei Flut kann man das Schiffswrack am besten erkunden, weil das Wasser dann ruhig und relativ klar ist. Durch die ständige Bewegung ist das Wrack einmal mit Sand bedeckt und dann wieder nicht.

Cod Hole

Auf der Südseite dieses hübschen Riffs, das von 9 bis in 17 m Tiefe abfällt, befinden sich mehrere Gräben und eine große Höhle. Dem Taucher begegnen hier Blaue Korallen-Lippfische, Wobbegongs, Muränen und die verschiedensten Rifffische.

South American Reef

Dieses, in einer Tiefe von 10–20 m gelegene große Riff, ist von Schwämmen, Gorgonien, Seetulpen und Weich- und Steinkorallen überwuchert. Die hier lebenden Riffische sind Rotfeuerfische, Feilenfische, Lippfische, Morwongs, Muränen und Skorpionsfische.

Coral Reef

Coral Reef gehört zu den besten Tauchplätzen von Port Macquarie. Das Riff, das aus 20 m Tiefe emporragt, ist von vielen wunderschönen Korallen und Schwämmen bedeckt. Bisweilen kommen hier einige Mantas vorbei, die häufigsten Bewohner sind jedoch Königsmakrelen, Drummer, Felsenlangusten, Wobbegongs, Blaue Korallen-Lippfische und auch Schildkröten.

Lighthouse Reef

Dieses 2 km lange Riff befindet sich in einer Tiefe von 11–18 m. Es ist der ideale Platz, wenn man Nacktkiemer, Garnelen,Röhrenwürmer, Schwämme, Seescheiden, Gorgonien und Korallen sowie die größeren Rifffische und Hochseefische wie Königsmakrelen, andere Makrelen und Morwongs fotografieren möchte.

The Pinnacles

Die in 11–28 m Tiefe liegenden Pinnacles haben das beinahe schönste Korallenvorkommen des gesamten Gebiets vorzuweisen und ziehen damit massenhaft Riff- und Hochseefische an.

Bootstauchplätze bis zu 20 Minuten entfernt

Durchschnittlich 10–15 m

Gelegentliche Strömung vor der Küste

Schwammgärten und einige Steinkorallen

Interessante Zusammenstellung von farbenprächtigen Riffen in Küstennähe

Riff- und Hochseefische auf den meisten Riffen

Felsenriffe und Felsnadeln

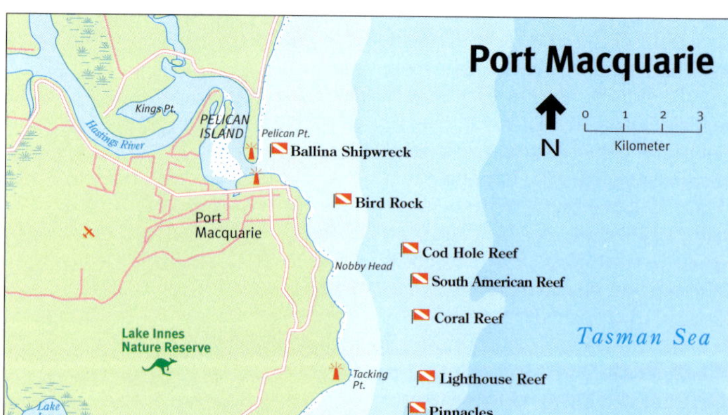

BLUE »GROPER« LIPPFISCHE
– Teufel in blauer Verkleidung

An fast allen Tauchplätzen stößt man auf eine Blue Groper-Familie, die aus ca. 12 Tieren besteht. Wesentlich mehr Groper versammeln sich jedoch an Stellen, wo es reichlich Nahrung gibt, wie z.B. beim Latitude Rock vor Forster/Tuncurry, wo man über hundert zu sehen bekommen kann. Sobald ein Taucher ins Wasser springt, versammeln sich gropers um ihn: sie tauchen aus den Algen, kleinen Höhlen und aus dem Sand auf. Wenn der Taucher dann auf dem Grund angelangt ist, findet er sich von bis zu sechzig Tieren umzingelt. Die Korallen-Lippfische umkreisen den Taucher, untersuchen seine Kamera und warten darauf, dass er ein Messer herauszieht. Es ist immer ein Taucher dabei, der ihre Erwartungen erfüllt und mit dem Messer ein paar Seeigel öffnet, um sie der hungrigen Meute zuzuwerfen. Doch dann geht der Spaß erst richtig los: im Kampf ums Futter werden die Taucher von den Fischen gerammt, geschubst und regelrecht terrorisiert, bis sie das Wasser verlassen.

Heutzutage ist der Blaue Lippfisch (*Acherodus viridis*) in den meisten Tauchgebieten in New South Wales sehr häufig anzutreffen, weil er zu den geschützten Arten gehört. *Nigel Marsh.*

Den Östlichen Blauen Korallen-Lippfisch (*Achoerodus viridis*) findet man an der gesamten Küste von New South Wales, bis in den Süden von Queensland und Victoria. Die Männchen werden bis zu 120 cm lang und sind durch ihre Wulstlippen, die hellblaue Körperfärbung und gelbe Gesichtsmusterung leicht zu erkennen. Die Weibchen sind kleiner und rötlichbraun gefärbt. Die meisten Männchen haben einen ganzen Harem von Weibchen um sich, und an den meisten beliebten Tauchplätzen New South Wales kann man zwei oder drei Männchen in Gesellschaft von bis zu zwölf Weibchen zu Gesicht bekommen. Der nah verwandte Westliche Blaue Korallen-Lippfisch (*Achoerodus gouldii*) wird bis zu 160 cm lang und kommt in Südaustralien und dem südlichen Westaustralien vor. Beide Arten werden allgemein unter der Bezeichnung Blaue Korallen-Lippfische zusammengefasst.

Die dicken Lippen mindern die Verletzungsgefahr, die von ihrer Lieblingsnahrung, den Seeigeln, ausgeht, deren Stacheln oft noch in ihren Lippen stecken. Blaue Korallen-Lippfische sind sehr gierig auf Krustentiere und Mollusken und sind ständig auf der Suche nach Nahrung. Sie verfolgen neugierig jede Bewegung der Taucher und schubsen diese auch mal zur Seite, wenn sie einen schmackhaften Leckerbissen entdeckt haben. Zur Warnung sei jedoch gesagt, dass sie sich nur selten mit einer Fütterung zufrieden geben und die Taucher verfolgen und ärgern, bis diese ihnen noch mehr Nahrung geben. Wenn man ihnen nachgibt, sollte man nur Nahrung verfüttern, die sie auch in der Natur zu sich nehmen und sie nicht überfüttern. An manchen Stellen haben Taucher die Zahl der Seeigel schon drastisch vermindert. In früheren Jahren waren diese Fische beliebte Opfer von Fischern und Unterwasserjägern, seit man sie jedoch nicht mehr mit Harpunen fangen darf, haben sich ihre Populationszahlen wieder erholt. In ganz New South Wales kann man diese neugierigen, fotogenen und zutraulichen Fische aus nächster Nähe bewundern.

Norfolk Island

Einst Hölle für Sträflinge, heute ein Paradies für Taucher

Bootstauchplätze bis zu 20 Minuten entfernt

Durchschnittlich 20–30 m

Gelegentliche Strömung vor der Küste

Weich- und Steinkorallen

Erstaunliche Vielfalt an Meerestieren und interessante Unterwasserlandschaft

Riff- und Hochseefische häufig

Felsen- und Korallenriffe

Im Jahr 1788 wurde Norfolk Island als Strafkolonie gegründet, ein Umstand, der aus dem damals unbewohnten Inselparadies die Hölle auf Erden für die dort ansässigen Strafgefangenen machte. Nach jahrelanger grausamer Behandlung wurden die Sträflinge im Jahr 1856 in die noch härtere Strafkolonie Port Arthur in Tasmanien verlegt. Während dieser Jahre wurde an der Küste bei Kingston eine kleine Siedlung gegründet, aus der sich die heutige Hauptstadt entwickelte.

Die verlassene Insel ging nach und nach in den Besitz der Inselbewohner von Pitcairn, den Nachfahren der Meuterer von der »Bounty« über, weil deren eigene Insel langsam zu dicht bevölkert war. Seit dieser Zeit ist aus Norfolk wieder ein Paradies geworden, wo Fischerei und Landwirtschaft – neben der immer bedeutender werdenden Touristikbranche – immer noch die wichtigsten Einnahmequellen darstellen.

Heute ist Norfolk Island ein australischer Bundesstaat, der seine eigenen Gesetze und Bräuche hat. Die 1600 km nordöstlich von Sydney gelegene Insel wird regelmäßig von Sydney und Brisbane aus angeflogen. Norfolk besitzt subtropisches Klima, wo es im Winter jedoch recht kalt werden kann, so dass man das ganze Jahr über in 5 mm dicken Anzügen tauchen sollte. Hier können Feriengäste die Naturschönheiten der Insel genießen, historische Ruinen besuchen, zollfrei einkaufen gehen, angeln, schwimmen, schnorcheln, tauchen und natürlich Bekanntschaft mit den Nachfahren der Bounty-Meuterer machen.

Norfolk und die Nachbarinseln Philip und Nepean sind von Felsenriffen umgeben, die mit Stein- und Weichkorallen überzogen und die Heimat vieler Fische und einheimischer Wirbelloser sind. Auf der Insel gibt es ein Tauchgeschäft, das regelmäßig Tauchausflüge zu den erstklassigen Plätzen in dieser Region anbietet.

Black Bank

Black Bank ist ein atemberaubendes Riff in 21 m Tiefe. Die Felsblöcke bilden Höhlen, Durchgänge und Gräben, die mit Weichkorallen, Schwämmen, Seesternen, Schlangensternen, Kauris und Nacktkiemern angefüllt sind. Zu den häufig anzutreffenden Fischen gehören Korallenwelse, Falterfische, Lippfische, Papageifische, Anemonenfische, »Sweep«, Felsenbarsche und Meerbarben. Dem Taucher begegnen auch regelmäßig Schwärme von Königsmakrelen und Stachel-Makrelen.

Cook's Arch

Cook's Arch (das in in der Duncombe Bay mit ihren unzähligen interessanten Tauchplätzen liegt) besteht aus einem 12 m hohen Bogen, der das Riff durchteilt, und einem bis in 21 m Tiefe abfallenden Drop-off. Das Riff weist die für dieses Gebiet typischen Meeresbewohner auf: Weichkorallen, Schwämme, Seescheiden und *Tubastrea*-Korallen. Schwärme von Fledermausfischen füllen den Bogen und die benachbarten Höhlen aus. In den Spalten und unter Überhängen und Felsbänken kann man Korallen-Lippfische, Morwongs, Felsenbarsche, Muränen, Rotfeuerfische, Imperator-Kaiserfische und gelegentlich auch Felsenlangusten entdecken.

Longnose Reef

Die Außenseite des Longnose Reef fällt bis auf 30 m, die Innenseite von 5 auf 25 m ab. An den Steilwänden befinden sich zahlreiche Höhlen und Durchgänge, die sich ausgezeichnet zum Tauchen eignen. Mit Hilfe einer Lampe kann man Schwämme, Weichkorallen, Rotfeuerfische, Felsenbarsche, Muränen und bizarre Nacktkiemer entdecken. Rifffische sind häufig anzutreffen, gelegentlich kommen auch Hochseefische vorbei.

Johnnystone Rock

Die Spitze dieser spektakulären Felsnadel ragt 2 m über die Wasseroberfläche hinaus und die Wände fallen bis in 30 m Tiefe ab. Die Wände bestehen aus einem Höhlenlabyrinth, das Fledermausfischen, Garnelen, Einsiedlerkrebsen, Kardinalfischen, Felsenbarschen, Seesternen, Haarsternen und Rotfeuerfischen Zuflucht bietet. Auf der Suche nach Nahrung umkreisen Schwärme von Königsmakrelen und Stachel-Makrelen den Felsen. Im Hintergrund kann man Stachelrochen, Lippfische, Schildkröten und auch Blue »Groper« Wrasse entdecken.

Slaughter Bay

Diese geschützte Bucht, die ein beliebtes Ziel für nächtliche Tauchgänge darstellt, kann auch von der Küste aus erforscht werden. In einer Wassertiefe von 6 m tummeln sich Nacktkiemer, Seesterne, Anemonenfische, Stachelrochen, Schlangenaale, Falterfische, Garnelen, Meerbarben und viele andere mehr. Am Rand der Bucht liegen die Wrackteile der »HMS Sirus«, dem Flaggschiff der ersten Flotte, das hier im Jahr 1790 auf Grund lief. Von dem historischen Schiff, das 200 Jahre lang jedem Sturm ausgesetzt war, ist nur noch wenig übrig geblieben.

Reids Folly

Diese an der Nordseite von Nepean Island gelegene Felsnadel fällt 24 m tief ab. Es ist ein aufregendes Erlebnis, durch ein Loch in der Spitze der Felsnadel, in einen breiten Bogengang hinabzutauchen. Stein- und Weichkorallen gibt es hier in unzähligen Mengen und die Felsnadel wimmelt von Riff- und Hochseefischen.

Clayton's Shipwreck

Dieses korallenbewachsene Riff befindet sich in 16 m Tiefe an der Südseite von Nepean Island. Zu seinen Bewohnern zählen Riffbarsche, Anemonenfische, Felsenbarsche, Nacktkiemer, Garnelen, Seesterne, Falterfische und Muränen.

South Rock

South Rock ist der beste Tauchplatz, den man im Umkreis von Philip Island finden kann. Der mit Schwarzkorallen, Weichkorallen, Schwämmen, Steinkorallen und Seescheiden überzogene Felsen fällt 40 m tief ins Wasser ab. Entlang der Steilwände trifft man viele farbenprächtige Rifffische und wirbellose Tiere, während Schildkröten, Stachel-Makrelen, »Sweeps«, Königsmakrelen, Felsenbarsche, Morwong und auch Galapagos-Haie, das offene Meer bevorzugen.

Unten: Der tagaktive Einsiedlerkrebs (*Dardanus* sp.) besitzt an seinem Hinterleib keine harte Außenschale, so dass er ihn zum Schutz vor seinen Feinden in unbewohnten Schneckenhäusern verbirgt.
Michael Aw.

Lord Howe Island

Die südlichsten Korallenriffe der Welt

Oben: Mit seiner atemberaubenden Landschaft und den ausgezeichneten Tauchmöglichkeiten zählt Lord Howe Island zu den schönsten Inseln der Welt und gilt als Mekka für Taucher. *Neville Coleman.*

Bootstauchplätze bis zu 20 Minuten entfernt

Durchschnittlich 20–30 m

Gelegentlich starke Strömung vor der Küste

Schöne Stein- und Weichkorallen

Interessantes Terrain und zahlreiche Fische

Riff- und Hochseefische auf den meisten Riffen sehr häufig

Felsen- und Korallenriffe

Das 770 km nordöstlich von Sydney gelegene Lord Howe Island gehört zu den schönsten Inseln der Welt. Über der Insel erheben sich zwei kleine Berge, Mt. Gower und Mt. Lidgbird, – Überreste eines großen Vulkans, dessen Alter auf 7 Millionen Jahre geschätzt wird. Hier haben sich zahlreiche einzigartige Pflanzen und Tiere entwickelt, wie z.B. die bedrohte Lord Howe Island Wood Hen und die einheimische Kentia-Palme. Die ersten Siedler kamen 1830 auf diese Insel, deren Bevölkerung sich heute auf 300 Einwohner beläuft, die ihren Lebensunterhalt hauptsächlich durch den Tourismus bestreiten. Es stehen gute Unterbringungsmöglichkeiten zur Auswahl.

Auf den umgebenden Korallenriffen (den südlichsten auf der ganzen Welt) wurden 50 verschiedene Korallenarten identifiziert, von denen die meisten in der großen Lagune auf der Westseite der Insel zu finden sind. Die Riffe haben beeindruckende Populationen von Wirbellosen und über 500 Fischarten vorzuweisen, von denen 13 ausschließlich in diesem Gebiet beheimatet sind. Angesichts dieser außergewöhnlichen Naturschönheiten, wurde Lord Howe Island 1982 in die Liste der Weltkulturdenkmäler aufgenommen.

Feriengäste können auf Lord Howe in der Lagune oder bei Neds Beach schnorcheln (wo sich Tausende von Fischen zur Fütterung einfinden), Busch- oder Bergwanderungen (mit wunderschönem Ausblick) unternehmen, die einheimische Tierwelt beobachten (besonders die nistenden Seevögel) oder die Insel mit dem Fahrrad erkunden (dem Hauptverkehrsmittel auf dieser wundervollen Insel).

Viele Taucher kommen jedes Jahr hierher und buchen Pauschalangebote, in denen Unterkunft und Tauchen enthalten sind. Das hier ansässige Tauchgeschäft heisst Pro Dive und veranstaltet täglich zwei Ausflüge zu jeder der 28 Inseln, die es im Umkreis von Lord Howe gibt. Dabei stehen dem Taucher annähernd 100 verschiedene Tauchplätze zur Auswahl.

Roach Island

In einer Tiefe zwischen 18 und 30 m findet man riesige Felsblöcke vor, die mit Weich- und Steinkorallen, Schwämmen, Seescheiden und Gorgonien überzogen sind. Obwohl auf dem Saumriff auch Wirbellose in großer Zahl vorkommen, ist dieses Gebiet doch vor allem für seinen Fischreichtum bekannt. Kaiserfische, Falterfische, Anemonenfische, Gestreifte Korallenwelse, Netzmuränen, Rotfeuerfische, Süßlippen, Papageienfische und Galapagos-Haie sind nur einige der bei Roach Island und an den meisten Tauchplätzen um Lord Howe Island vorkommenden Arten.

Malabar Reef

Dieses große, in einer Tiefe von 9–18 m vor Malabar Hill gelegene Felsenriff besitzt unendlich viele Gräben, Felsbänke und kleine Felsnadeln, die allesamt dicht mit Korallen bewachsen sind. Zwischen den Korallen stößt man auf Nacktschnecken (darunter auch Spanische Tänzerinnen), Anemonenfische, Plattwürmer, Garnelen, Einsiedlerkrebse, Seesterne, Haarsterne, Schlangensterne, Rotfeuerfische, Büschelbarsche, Grundeln und andere.

Comets Hole, Erscotts Hole

Diese 7 m tiefen Löcher in der Lagune sind gewöhnlich die Heimat einer großen Zahl von Fischen, zum Beispiel von Falterfischen, Lippfischen, Kaiserfischen, Muränen, Rotfeuerfischen und vielen anderen Arten. Die Formationen von Steinkorallen werden von Nacktkiemern, Plattwürmern, Krabben, Garnelen, Seesternen, Röhrenwürmern und anderen Wirbellosen bevölkert.

Shark Reef

Dort, wo der Lagunenrand bis auf 30 m abfällt, trifft man auf zahlreiche Gräben, Durchgänge und Überhänge. Fotografen finden hier zwischen den Korallen zahlreiche Fotomotive, darunter Garnelen, Muscheln, Plattwürmer, Nacktschnecken, Seesterne und Rifffische in Hülle und Fülle. Gelegentlich schwimmen auch Hochseefische und vereinzelte Galapagos-Haie durch die Gewässer vor dem Riff.

South Head

Die Südspitze von Lord Howe Island, welche bis auf 50 m steil abfällt, ist als Tauchgebiet kaum bekannt. Bei den Steilwänden und Höhlen begegnet man zahlreichen Riff- und Hochseefischen und eventuell einigen flinken Galapagos-Haien.

Balls Pyramid

Dieser spektakuläre Felsen ragt 551 m über die Oberfläche hinaus und fällt unter Wasser 37 m tief ab. Das 23 km südöstlich von Lord Howe Island gelegene Balls Pyramid wird nur gelegentlich von Tauchern besucht und auch nur bei guten Bedingungen. Die Wände bzw. der Meeresboden am Fuße des Monolithen sind spärlich mit Dörnchenkorallen, Gorgonien, Weichkorallen und Schwämmen bewachsen. Zwischen den Korallen und Schwämmen flitzen Rifffische umher, während man im offenen Wasser Schwärmen von Füselieren, Doktorfischen und Königsmakrelen begegnet. Sehr häufig trifft man auch auf Graue Riffhaie und Galapagos-Haie, die sich oft sehr nah an Taucher heranwagen.

Elizabeth & Middleton Reefs

Diese 190 km nördlich von Lord Howe Island gelegenen Korallenmeerriffe sind schon zahlreichen Schiffen zum Verhängnis geworden. In diesem Gebiet kommen vor allem Rifffische, Königsmakrelen, Süßlippen und besonders Haie in großer Zahl vor. Auf jedem Tauchgang begegnen einem Dutzende Graue Riff- und Galapagos-Haie, und selbst einige Tigerhaie wurden bereits gesichtet. Diese Riffe werden nur gelegentlich von Live–aboard–Booten angefahren, die von Lord Howe Island aus starten.

North Haven

Tauchen auf dem Wrack der »Titan«

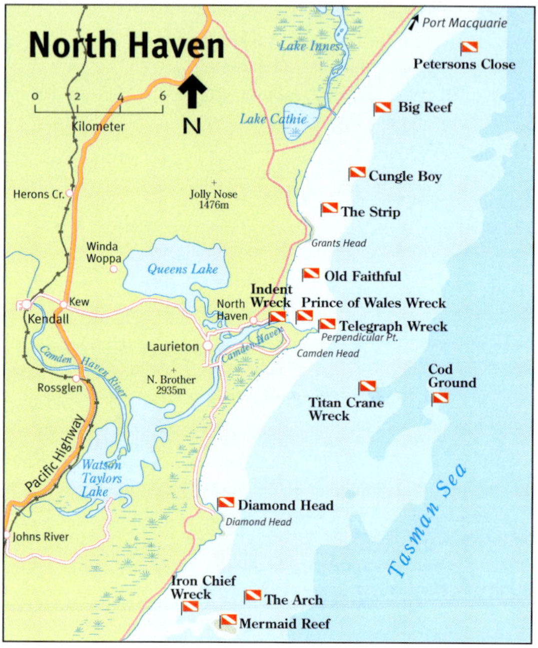

Bootstauchplätze bis 20 Minuten entfernt

Normalerweise 15–20 m

Gelegentlich starke Strömung vor der Küste

Farbenprächtige Schwammgärten

Wrack des Kranes »Titan« und Beobachtung von Fischen und Haien am Cod Ground

Riff- und Hochseefische in großer Zahl

Felsenriffe und Felsnadeln

»Titan«, der größte, schwimmende Kran der südlichen Hemisphäre, spielte in der Geschichte Sydneys eine bedeutende Rolle. Als der Kran im Januar 1992 von Sydney aus nach Singapur abgeschleppt werden sollte, stieß diese Aktion bei einem großen Teil der Bevölkerung auf heftigen Widerstand: Viele Menschen waren der Ansicht, dass man ein so geschichtsträchtiges Objekt nicht nach Übersee verkaufen sollte. Der Kran wurde schließlich vor North Haven (einem kleinen Ferienort 470 km nördlich von Sydney) auf eine Tiefe von 38 m versenkt. Der Cool D Dive Shop veranstaltet Tauchausflüge zur »Titan« und zu einer Reihe anderer aufregender Riffe und Wracks im Gebiet um North Haven.

Das Wrack des Kranes »Titan«

Wenn man zwischen den Wrackteilen dieses riesigen Kranes taucht, der in 28–38 m Tiefe auf der Seite liegt, fühlt man sich beinahe wie auf einer Baustelle. Als Taucher kann man den gesamten Kran von innen und außen erforschen und sich auf dem Deck umsehen. Für die kurze Zeit, die der »Titan« erst unter Wasser liegt, hat er bereits eine fantastische Vielfalt an Unterwasserlebewesen angezogen. Wunderschöne Juwelenanemonen und Schwämme zieren den Kran, Wobbegongs ruhen sich an günstigen Aussichtspunkten aus, Felsenlangusten verkriechen sich in Öffnungen und hübsche Nacktschnecken kriechen die Balken entlang. Hier sieht man sich stets von Schwärmen von Gelbschwanzmakrelen, Königsmakrelen, Zackenbarschen und anderen umringt, gelegentlich auch von Schnappern, Blauen Lippfischen und Port Jackson-Haien.

Cod Ground

Der Cod Ground weist in einer Tiefe von 18–40 m eine Reihe von Felsnadeln auf, die von Gräben und Felsbänken durchzogen und mit Schwämmen, Ascidien und Schwarzen Korallen bewachsen sind. Prächtige Rifffische und Wirbellose Tiere gehören zu den ständigen Bewohnern, die Szene wird jedoch eindeutig von den größeren Arten beherrscht. In den Gräben versammeln sich Graue Ammenhaie – bisweilen kann man dort bis zu einem Dutzend auf einmal zu sehen bekommen. Unter Felsbänken liegen Wobbegongs und Port Jackson-Haie Seite an Seite mit Felsenlangusten und den seltenen »Black cod«. Bei den Felsnadeln trifft man auf Schwärme von Gelbschwanzmakrelen, Zackenbarsche, Königsmakrelen und andere.

In dieser Region befinden sich einige Schiffswracks, darunter das der »Telegraph« (in 17 m Tiefe), der »Iron Chief« (in 9 m Tiefe), der »Prince of Wales« (in 4 m Tiefe) und der »Indent« im Camden Haven River (in 6 m Tiefe).

Forster/Tuncurry und Seal Rocks

Willkommen in Shark City

Wenn sich die Grauen Ammenhaie am **Big Seal Rock** einfinden, wird das Tauchen dort zu einem unvergesslichen Erlebnis. Wenn man die Felswand hinabtaucht, gelangt man in 21 m Tiefe an einen breiten Graben mit einer kleinen Höhle. In diesem Graben ziehen Schwärme von Königsmakrelen und Stachel-Makrelen ihre Kreise, während Schildkröten, Wobbegongs, Stachelrochen und Port Jackson-Haie sich auf dem Grund ausruhen. In der Zeit zwischen Sommer und Winter wird der Graben oft von Dutzenden von Grauen Ammenhaien bevölkert. Man kann diese großen Haie dabei beobachten, wie sie beim Schwimmen Achterfiguren beschreiben. Graue Ammenhaie trifft man das ganze Jahr über auf den meisten Riffen vor Forster/Tuncurry und Seal Rocks.

Vor der Zwillingsstadt Forster/Tuncurry, die sich 300 km nördlich von Sydney befindet, gibt es Hunderte, ja vielleicht Tausende verborgener Riffe. Seit 40 Jahren erforschen Taucher dieses Gebiet und haben bisher nur die Spitze des Eisberges entdeckt. In der Region gibt es drei Tauchgeschäfte, die regelmäßig Ausflüge zu den örtlichen Riffen und Seals Rock veranstalten.

Taurus Reef

Das felsige Taurus Reef befindet sich in einer Tiefe von nur 9–15 m. Obwohl es nur recht spärlich mit Schwämmen und Algen bedeckt ist, haben seine Gräben und Höhlen dennoch eine große Auswahl an Meereslebewesen angelockt: Port Jackson-Haie, Wobbegongs, Muränen, Rotfeuerfische, Judenfische, Königsmakrelen, Stachel-Makrelen, Pike, Rifffische und die zart gestreiften Korallen-Garnelen. Eine große Höhle an der Südseite des Riffs ist der beste Ort, um Graue Ammenhaie zu beobachten.

Snapper Rock

Die zahlreichen Wände und Gräben beim Snapper Rock sind gebietsweise kahl und erst weiter unten mit dichten Schwammgärten bewachsen. Häufige Bewohner sind hier Graue Ammenhaie, Stachelrochen, Tintenfische, Wobbegongs, Schnapper, Blaue Korallen-Lippfische und viele bunte Rifffische. Wenn man dieses große Riff, das sich in einer Tiefe von 18–24 m befindet, gründlich erforschen möchte, braucht es dazu einige Tauchgänge.

Snowflake Reef

Dieses Riff ist mit Schwämmen, See-

Unten: Diese zu den Nacktkiemern zählende Schnecke *(Chromodoris sp.)* besaß anfangs noch eine Schale, die sie dann abwarf, als sie sich als Larve auf dem Riff niederließ, um sich zum erwachsenen Tier weiter zu entwickeln.
Michael Aw.

Bootstauchplätze bis zu 30 Minuten entfernt

Durchschnittlich 15–20 m

Gelegentlich starke Strömung vor der Küste

Schwammgärten und einige Steinkorallen

Graue Ammenhaie an den meisten Tauchplätzen, viele farbenprächtige Riffe mit unzähligen Meereslebewesen

Riff- und Hochseefische auf den meisten Riffen sehr häufig

Felsenriffe und Felsnadeln

GRAUE AMMENHAIE

– die erste geschützte Haiart der Welt

DER GEFÄHRLICH AUSSEHENDE, aber in Wirklichkeit recht harmlose Graue Ammenhai (*Carcharias taurus*) wurde in den sechziger Jahren für jede Haiattacke verantwortlich gemacht, die sich vor der Küste von New South Wales ereignete. In den darauffolgenden zwei Jahrzehnten wurden Tausende dieser vermeintlich angriffslustigen Haie von Unterwasserjägern mit Strychnin-Nitratnadeln getötet. In den Augen der Bevölkerung waren diese Fischer Helden, obwohl man schnell herausfand, dass der Graue Ammenhai weder für Badegäste noch für Taucher eine Gefahr darstellte, aber eben eine gute Zielscheibe abgab. Das Massaker ging weiter und bald waren die Haie auf vielen Riffen vor der Küste von New South Wales ausgerottet.

In den achtziger Jahren war die Zahl der Grauen Ammenhaie so stark zurückgegangen, dass man vermutete, sie würde sich nicht mehr erholen: die Unwissenheit der Menschen hatte diese Haiart in weniger als zwanzig Jahren nahezu ausgelöscht. Bei der Tauchindustrie läuteten die Alarmglocken, und einige Taucher forderten von der Regierung, diese Haie unter Schutz zu stellen. Im Jahr 1984 wurden der Graue Ammenhai und sein Verwandter, der Herbst's Ammenhai (*Odontaspis ferox*), in den Gewässern vor New South Wales unter Naturschutz gestellt.

Der Graue Ammenhai gehört zur Familie der *Odontaspididae* (Sand tigerhaie) und bewohnt die gemäßigten und subtropischen Küstengewässer des Atlantischen, Indischen und Pazifischen Ozeans. Es gibt vier anerkannte Arten der Sand-Tigerhaie. Exemplare dieser Art, die man zur Vermessung in Strandnetzen gefangen hatte, wiesen eine Länge von bis zu 3,8 m auf, im Durchschnitt jedoch nur 2,5 m bis 3 m. Über ihre Lebenserwartung sowie ihre Balz- und Paarungsrituale ist so gut wie nichts bekannt. Man nimmt an, dass die Weibchen alle zwei Jahre, nach achtmonatiger Tragezeit, ein bis zwei Junge zur Welt bringen.

Der Graue Ammenhai ernährt sich von Hochseefischen, kleinen Haien, Rochen, Tintenfischen, Krabben und Felsenlangusten. Die langen, dolchartigen Zähne dienen dazu, die Beute festzuhalten, nicht sie zu zerkleinern, so dass sie meistens in einem Stück verschlungen wird. Es gab nur vier Fälle, in denen Taucher von diesen Haien gebissen wurden: alle Vorfälle ereigneten sich beim Füttern der Tiere in Aquarien.

Obwohl der Graue Ammenhai (*Carcharias taurus*) gesetzlich geschützt ist, besteht für ihn doch noch Verletzungsgefahr in Form von Hainetzen und Fischern, die es eigentlich auf Wobbegongs abgesehen haben (bei zahlreichen Grauen Ammenhaien hängen von den Kiefern verschiedene Haken herunter). Das abgebildete Tier konnte einem Netz entkommen und hat sich dabei nur äußerlich verletzt. *Nigel Marsh.*

Der Graue Ammenhai ist vor dem südlichen Teil von Queensland, dem südlichen Westaustralien und am häufigsten vor New South Wales anzutreffen. Hier wandern sie bei sich ändernden Wassertemperaturen die Küste entlang – im Winter findet man sie im Norden des Staates, im Sommer im Süden. Seit sie geschützt sind, scheint ihre Zahl wieder angestiegen zu sein und an manchen Tauchplätzen werden sie bereits wieder gesichtet. Mittlerweile ist jedoch eine neue Gefahr in Form von Langleinen aufgetaucht. Berufsfischer verwenden Langleinen, um Wobbegongs zu fangen, wobei jedoch auch Graue Ammenhaie auf die Köder hereinfallen. Oft werden die Grauen Ammenhaie dann einfach ihrem Schicksal überlassen und sterben. Zahlreiche Taucher haben sich dafür eingesetzt, das Fischen mit Langleinen zu verbieten, sind aber bis jetzt mit ihrem Protest auf taube Ohren gestoßen.

scheiden und weissen Weichkorallen geradezu übersät: daher auch der Name »Schneeflocken-Riff«. In einer Tiefe von ca. 20 m besteht das Riff dann aus Gräben, in denen man jederzeit auf Nacktkiemer, Blaue Teufelsfische, Büschelbarsche, Blaue Korallen-Lippfische, Morwongs, Feilenfische und Rotfeuerfische stoßen kann.

Latitude Reef

Zu den besten Tauchplätzen des gesamten Gebietes gehört Latitude Reef, ein langgezogener Felsrücken, der bis in 20 m Tiefe abfällt. In den zahlreichen Gräben wimmelt es vor Blauen Korallen-Lippfischen, Wobbegongs, Port Jackson-Haien, Stachelrochen, Tintenfischen, Blindhaien, Muränen und auch Grauen Ammenhaien. Rifffische und wirbellose Tiere gibt es in Hülle und Fülle. Eine hier lebende Echte Karettschildkröte, der man den Namen Agro gegeben hat, kann von Hand gefüttert werden. Diese Schildkröte ist zwar nicht immer anwesend, aber wenn sie es ist, dann lässt sie auf unmissverständliche Weise wissen, dass sie Futter erwartet.

Pinnacles

Diese einige Kilometer vor der Küste gelegenen Felsnadeln (die aus einer Tiefe von 45–30 m emporragen) sind mit wunderschönen Korallen und Schwämmen überwuchert. Diese Pinnacles ziehen große Schwärme von Hochseefischen wie Königsmakrelen, »Sweep«, Glasbarschen, Stachel-Makrelen und anderen Makrelen an. In Bodennähe bekommt man eher Port Jackson-Haie, Wobbegongs, Stachelrochen, Rote Morwongs und eine Handvoll Graue Ammenhaie zu sehen. Wenn man hier taucht, sollte man immer auf das Unerwartete vorbereitet sein, da man auch Bronzefarbene Whaler-Haie, Hammerhaie, Marline und gelegentlich einen Mako-Hai hinter den Felsen sehen kann.

Seal Rocks

Entlang der Küste, in der Nähe der kleinen, unberührten Ansiedlung Seal Rocks, findet man noch saubere Strände, Felsenriffe und einige kleine Inseln. Nach einer 5 km langen, anstrengenden Fahrt über schier unpassierbare Straßen gelangt man zu dem

50 km südlich von Forster/Tuncurry gelegenen Seal Rocks. Tauchveranstalter bieten vom Strand aus Ausflüge zu den nahegelegenen, ausgezeichneten Tauchplätzen an.

Das Wrack der »Satara«

Das 120 m lange Frachtschiff »SS Satara«, das im Jahr 1910 vor Seal Rocks unterging, liegt nun in einer Tiefe von 42 m auf seiner Backbordseite. Das Heck liegt aufrecht da, so dass man die riesige Schiffsschraube, die Bullaugen, Heizkessel, den Motor, die Propellerwelle, stapelweise Ketten und Hunderte von Tellern erkennen kann. Das Wrack ist mit Schwämmen, Seescheiden, Anemonen und Dörnchenkorallenbäumen bewachsen.

Weitere, interessante Tauchplätze vor Seals Rock sind z.B. Skeleton Rocks, Little Seal Rock, Edith Breakers und das in 60 m Tiefe liegende, 93 m lange Wrack der »Catterthun«.

Port Stephens

Die besten Tauchplätze an der Küste von New South Wales

Küsten- bzw. bis zu 30 Minuten entfernte Bootstauchplätze

Durchschnittlich 10–15 m

Gelegentlich starke Strömung vor der Küste

Schwammgärten

Hervorragende Küstentauchplätze innerhalb der Bucht, außerhalb farbenprächtige Riffe und Schiffswracks

Riff- und Hochseefische sehr häufig

Felsenriffe

Port Stephens ist ein wunderschönes Feriengebiet, das 230 km nördlich von Sydney liegt. Diese malerische, blaue Bucht wird von sauberen Stränden, rauem Buschland und einigen vor der Küste gelegenen verwitterten Inseln umsäumt. Die zahlreichen Riffe, steilen Drop-offs und einige Schiffswracks draußen vor der Bucht versprechen fantastische Taucherlebnisse. Aber auch innerhalb der Bucht lässt es sich ganz hervorragend tauchen: hier befinden sich drei der besten Tauchplätze der gesamten Ostküste Australiens. An allen Plätzen innerhalb der Bucht taucht man am besten bei einsetzender Flut, da sonst das Wasser trübe und die Strömung zu stark ist.

Die Mehrzahl der für Port Stephens zuständigen Tauchgeschäfte befinden sich an der Nelsons Bay, nur eines liegt auf der anderen Seite der Bucht, in Hawks Nest. Alle Veranstalter bieten Tauchgänge an der Küste und vom Boot aus an und unternehmen auch nächtliche Tauchausflüge, die sich immer größerer Beliebtheit erfreuen. Tauchverhältnisse und Sichtweite sind immer Schwankungen unterworfen, doch bei rauer See kann man zum Tauchen immer noch an die Küste bei Port Stephens ausweichen.

Halifax Park

Dieses 30 m steile Felsenriff mit seiner reichen Vielfalt an Schwämmen, Weichkorallen und den dazugehörigen Bewohnern, liegt direkt auf der Hauptschifffahrtsroute bei Halifax Park, so dass man stets auf vorbeifahrende Schiffe achtgeben sollte. Überall trifft man auf Nacktkiemer, Seepferdchen, Anglerfische, Seesterne, Seespinnen, Ananasfische, Muränen, Seehasen und viele tropische Fischarten. Im Wasser wimmelt es vor Glasbarschen, Blauen Korallen-Lippfischen, Pike, Morwong, Schnappern und »Sweep«. In Bodennähe leben Tintenfische, Octopusse, Rotfeuerfische, Meerbarben, Feilenfische, Kofferfische, Korallenwelse, Wobbegongs, Port Jackson-Haie, Stachelrochen und Zitterrochen. Die Artenvielfalt in diesem Gebiet ist so groß, dass Halifax Park und das benachbarte Fly Point 1983 zu Unterwasserschutzgebieten erklärt wurden.

Fly Point

Fly Point besteht aus einer Reihe von Felsbänken, die bis in eine Tiefe von 24 m abfallen. Bis vor wenigen Jahren wies dieses Gebiet noch einen großen Artenreichtum auf, doch die vielen Taucher und der Bau eines Jachthafens in der Nelsons Bay haben diesen Ort stark in Mitleidenschaft gezogen. Die Unterwasserfauna ähnelt der von Halifax Park, mit großen bunten Schwämmen, die den Meeresgrund beherrschen.

The Pipeline

Diese Pipeline, die weit in die Bucht hinein verläuft, ist mit Schwämmen,

Seescheiden und vor allem mit Weichkorallen überwuchert – zu manchen Zeiten ist hier der Meeresboden üppiger bewachsen als bei Halifax Park und Fly Point. In 12 m Tiefe befindet sich der Taucher mitten im Unterwasserleben: hier wimmelt es vor Nacktkiemern, Seespinnen, Seefedern, Seepferdchen, Plattwürmern, Haarsternen, Weichkorallen, Tintenfischen, Muränen, Riff- und Hochseefischen. Auf dem Meeresgrund trifft man eher auf Stachelrochen, Geigenrochen, Zitterrochen und Wobbegongs.

Broughton Island

Erst kürzlich entdeckte man bei Broughton Island eine Reihe faszinierender Tauchplätze in Tiefen von 12–35 m. Die Höhlen, bunten Schwammgärten, Steilwände und Gräben ziehen massenhaft Fische an. Als Taucher bekommt man häufig Schildkröten, Stachelrochen, Graue Ammenhaie, Hochseefische und ab und zu Mantas zu sehen. Bei günstigen Bedingungen lohnt sich ein Besuch auf der Insel auf alle Fälle und die Fahrt dorthin dauert nicht länger als 30 Minuten.

Das Wrack der »Oakland«

Im Jahr 1903 lief die »SS Oakland« vor Cabbage Tree Island auf Grund auf. Der 45 m lange Schiffsrumpf ist größtenteils noch intakt und liegt aufrecht in 27 m Wassertiefe. An diesem aufregenden Tauchplatz trifft man Königsmakrelen, »Sweep«, Glasbarsche und Stachel-Makrelen, die sich über dem Wrack sammeln, das zahlreiche Rifffische, mehrere Stachelrochen und einige große Wobbegongs beherbergt.

Little Island

Das 35 m tief abfallende Felsenriff, das Little Island umgibt, ist die Heimat zahlreicher Hochseefische, wie Königsmakrelen, Stachel-Makrelen und anderer Makrelen. Da die Felsen nur dürftig mit Schwämmen bewachsen sind, müssen sich die Taucher an dem außergewöhnlichen Fischreichtum erfreuen.

Boondelbah Island

Hübsche Schwammgärten überziehen die in 20–30 m liegenden Gräben, Felsbänke und Höhlen des Felsenriffs Boondelbah Island. Im Umkreis der Insel findet man eine große Vielfalt an Rifffischen, wirbellosen Arten, Wobbegongs, Blauen Korallen-Lippfischen, Stachelrochen, Tintenfischen und Königsmakrelen.

Shark Island

Die vor Port Stephens gelegene kleine Insel Shark Island liegt an einer Stelle, wo der Meeresboden ganz abrupt in tiefes Wasser abfällt. Das Felsenriff weist Wände und Felsbänke auf, die dicht mit Peitschenkorallen, Gorgonien, Moostierchen, Seefedern, Seescheiden, Schwämmen und Weichkorallen bewachsen sind. Häufig anzutrefffen sind auch Riff- und Hochseefische, Blaue Korallen-Lippfische, Königsmakrelen, Rote Morwongs, Rotfeuerfische, Schnapper, Stachelrochen und Port Jackson-Haie.

Gegenüberliegende Seite: Im Sommer trifft man die zarten Jungtiere der Rotfeuerfische *(Pterois volitans)* auf Riffen in Häfen und Buchten an. Bei warmen Temperaturen können diese Fische bis zur nächsten Saison überleben. *Neville Coleman.*

Newcastle und Swansea

Schiffsfriedhöfe

Unten: Der seltene Nacktkiemer *Miamira sinuata* bewohnt die Riffe vor Zentral-New South Wales. Bei Lord Howe Island wurde er schon in Tiefen bis zu 20 m gesichtet. *Neville Coleman.*

Küsten- bzw. bis zu 30 Minuten entfernte Bootstauchplätze

Durchschnittlich 10–12 m

Gelegentlich starke Strömung vor der Küste

Schwammgärten

Große Auswahl an Schiffswracks und Riffen

Riff- und Hochseefische sehr häufig

Felsenriffe und Felsnadeln

Newcastle ist eine bedeutende Industriestadt und die sechsgrößte Stadt Australiens. In den vergangenen 150 Jahren haben Tausende von Schiffen diesen Hafen angelaufen und viele von ihnen haben hier auch ihre letzte Ruhestätte gefunden – entweder durch Kollisionen oder indem sie auf die berüchtigten Oyster Banks an der Hafeneinfahrt von Newcastle aufliefen. Daher ist Newcastle der ideale Ort für alle Taucher, die sich für Schiffswracks begeistern. Für diejenigen, die sich eher für das Unterwasserleben interessieren, gibt es viele wunderschöne Riffe und Felsnadeln.

Uralla Pinnacle

Dieser eindrucksvolle Tauchplatz vor der Nordspitze von Stockton Beach wird nur gelegentlich von Tauchern besucht. Die Spitze der tangbedeckten Felsnadel befindet sich in einer Tiefe von 6 m. Die mit Schwämmen bewachsenen Steilwände fallen 30 m tief ab. Hier begegnet man normalerweise Königsmakrelen, Judenfischen, Grauen Ammenhaien, Wobbegongs, Port Jackson-Haien, Adlerrochen, Blauen Korallen-Lippfischen, Samsonfischen, Stachel-Makrelen und Rifffischen.

Das Wrack der »Davenport«

Im Jahr 1943 sank die 60 m lange »Davenport«, deren Wrack heute in 12 m Tiefe vor Stockton Beach liegt. Die einzelnen Wrackteile, wie Heizkessel, Schiffsschraube, Schiffsrippen und Winsch, sind am besten bei Flut zu erkennen. Das Wrack hat Wobbegongs, Blindhaie, Blaue Korallen-Lippfische, Muränen und Schwärme von Glasbarschen angelockt.

Das Wrack der »Signa«

Das Wrack der »Signa« wurde 1974 bei Stockton Beach halb an Land gezogen. Der Schiffsbug ist abgebrochen, so dass Taucher in das Wrack hineinschwimmen und sein Inneres erforschen können. Der Maschinenraum und andere Wrackteile liegen in einer Tiefe von 8 m und sind leicht zugänglich. In den Überresten leben Judenfische, Felsenlangusten und vieles mehr.

Stockton Breakwall Wrecks

Oyster Banks ist heute eine Wellenbrecherwand, die auf den Überresten der vielen Schiffe erbaut wurde, die hier auf Grund liefen. In einer Tiefe von 6–15 m kann man hier auf den Wracks der »Cawarra«, »Colonist«, »Wendouree«, »Regent Murray«, »Lindus« und »Adolphe« tauchen. In und um die Schiffswracks leben viele Arten von Rifffischen und wirbellosen Tieren.

Swansea

Swansea ist ein Vorort im Süden von

Newcastle und liegt an der Mündung des Lake Macquarie. Der See ist ein beliebtes Ferienziel für Besucher, die nach Swansea zum Angeln, Segeln und Wasserski laufen kommen. Jeden Tag überschwemmt der See bei Ebbe die üppigen Schwammgärten im Swansea Channel mit Nährstoffen.

Swansea Channel

An diesem erstklassigen Platz an der Küste lässt es sich am besten bei Flut tauchen, wenn man nicht unbedingt in der Strömung tauchen möchte. Der Kanalboden bzw. die Brückenpfeiler sind mit Schwämmen, Seescheiden und Weichkorallen überzogen, und das Wasser ist reich an Meereslebewesen. In 12 m Tiefe trifft man auf Nacktkiemer, Ananasfische, Rotfeuerfische, Kofferfische, Meerbarben, Feilenfische, Anglerfische, Seesterne, Schlangensterne, Haarsterne, Mollusken, Tintenfische und Muränen.

Weitere Tauchplätze an der Küste

Das Gebiet um Swansea bietet noch einige aufregende Tauchplätze an der Küste, z.B. beim ehemaligen Kohlenverlade-Pier in der Catherine Hill Bay und auf den Wracks der »Wallarah«, »Shamrock« und »Lubra« in Tiefen von 3–6 m. In der Bucht und am Pier sind die unterschiedlichsten Meeresbewohner versammelt – von wirbellosen Tieren bis zu Schwärmen von »Yellowtails«. Die nahegelegenen Unterwasserhöhlen, die bei Fraser Park unter der Landspitze verlaufen, sind nicht sehr tief, sollten jedoch nur bei ruhiger See besucht werden, da das Verlassen der Höhlen schwierig sein kann. Im Umkreis von Moon Island findet man riesige Schwammgärten in einer Tiefe von 12–20 m, und es macht Spaß, die vielen Höhlen und Durchgänge dort zu erforschen. Das umgebende Riff wird von Rifffischen, Wobbegongs, Stachelrochen, Port Jackson-Haien, Tintenfischen, Blauen Korallen-Lippfischen und Morwongs bewohnt.

Das Wrack der »Bonnie Dundee«

Die 1879 vor Swansea auf Grund gelaufene »Bonnie Dundee«, liegt heute auf dem sandigen Meeresgrund in 34 m Tiefe. Der Schiffsrumpf ist mittlerweile auseinandergebrochen und hat Motor und Heizkessel frei gelegt. Der Schiffsbug ragt immer noch aus dem Sand heraus. Auf dem Wrack wimmelt es vor interessanten Lebewesen, wie Königsmakrelen, Judenfischen, Glasbarschen, Stachelrochen, Port Jackson-Haie und Wobbegongs. Südlich von der »Bonnie Dundee« liegen in 48 m Tiefe die Überreste der »Advance«.

Caves Beach Shoal

Direkt vor Caves Beach liegt in 13 m Tiefe ein Felsenriff, das durch Gräben und Felsbänke unterbrochen wird. Es ist mit Schwämmen, Seescheiden, Gorgonien und Moostierchen überdeckt und beheimatet zahlreiche größere Wirbellose und Rifffische. Bei günstigen Bedingungen kann man hier Wobbegongs, Stachel- und Adlerrochen und eventuell eine Schildkröte zu sehen bekommen.

Vor Newcastle gibt es noch weitere interessante Riffe, wie z.B. Big Ben Reef und North Reef, sowie zahlreiche Schiffswracks in 20–42 m Tiefe, darunter das der »Irresistable«, »Yarra Yarra«, »Southland«, »Mud Barge«, »Commodore« und »Osprey«.

Central Coast

Ein Geheimtip fürs Wochenende

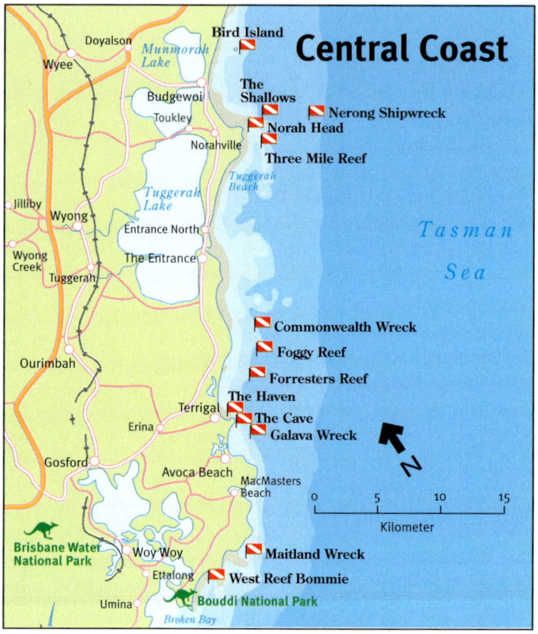

Küsten- bzw. bis zu 30 Minuten entfernte Bootstauchplätze

Durchschnittlich 10–12 m

Gelegentlich starke Strömung vor der Küste

Schwammgärten

Große Auswahl an Riffen und Schiffswracks

Riff- und Hochseefische recht häufig

Korallenriffe und Felsnadeln

Die Central Coast von New South Wales, zwischen Norah Head und Broken Bay gelegen, war für die Einwohner von Sydney schon immer ein beliebter Ferienort. In den letzten Jahren sind viele Bewohner Sydneys in dieses Gebiet gezogen und pendeln nun täglich in die Stadt.

Hier werden dem Besucher günstige Tauchausflüge und Unterkunftsmöglichkeiten angeboten. An den zahllosen, von der Küste aus zugänglichen Tauchplätzen wimmelt es vor Unterwasserlebewesen: Mit dem Boot gelangt man ganz leicht zu den unzähligen Riffen und aufregenden Schiffswracks vor der Küste, die sich in ganz unterschiedlichen Wassertiefen befinden.

Für Taucher stehen an der Central Coast Geschäfte in Long Jetty, Terrigal und Umina zur Verfügung. Da die Central Coast in unmittelbarer Nachbarschaft zu Sydney liegt, kann es dort an den Wochenenden bzw. während der Schulferien sehr geschäftig zugehen, so dass man auf jeden Fall rechtzeitig buchen sollte. Die beste Jahreszeit für Taucher ist der Winter, wenn die Menschenmassen verschwunden sind und die Central Coast wieder zu einem Geheimtip fürs Wochenende geworden ist.

Bird Island

Bird Island ist ein Naturschutzgebiet im Norden von Norah Head. Rifffische, unzählige Wirbellose, Blaue Korallen-Lippfische, Port Jackson-Haie, Tintenfische und Stachelrochen sind nur einige Lebewesen, die in den Gräben und Höhlen des umgebenden Felsenriffs in Tiefen zwischen 9 und 20 m leben.

The Shallows

An seiner Längsseite weist dieses große Riffsystem viele erstklassige Tauchplätze auf. Der Großteil des Felsenriffes befindet sich in einer Tiefe von 12–18 m, einige Abschnitte fallen jedoch bis in 30–40 m ab. Das Riff ist dicht mit Schwämmen und Tang bewachsen und ist die Heimat vieler Rifffische. Das Riff wird von einem riesigen, 25 m breiten Canyon durchteilt, dessen Seitenwände aus 18 m bis in 25 m Tiefe abfallen. Der Canyon wimmelt oft vor Kleinfischen, während sich am Meeresboden Wobbegongs, Stachelrochen und ein großer Schwarm Blauer Teufelsfische aufhalten.

Three Mile Reef

Dieses vor Norah Head in einer Tiefe von 8–30 m gelegene Riff (auch unter dem Namen »The Bommies« bekannt) hat Steilwände, Felsnadeln, Höhlen und farbenprächtige Schwammgärten vorzuweisen. Hochseefische, Graue Ammenhaie und Bronzefarbene Whaler-Haie gibt es in großer Zahl. Ganz in der Nähe, in 46 m Tiefe, liegen die Überreste der »Kiama«, die hier 1951 auf Grund lief.

Das Wrack der »Nerong«
Die 36 m lange »Nerong« versank im Jahr 1917 vor Norah Head. Heute liegen Teile des Schiffsrumpfes, der Motor, die Winsch, der Heizkessel und die Propellerwelle in 42 m Tiefe. Das Wrack ist Anziehungspunkt für Glasbarsche, Stachel-Makrelen, Königsmakrelen, Makrelen, Wobbegongs, Rifffische und für Whaler-Haie.

Das Wrack der »Commonwealth«
Im Jahr 1916 sank die »Commonwealth«, die mit Kohle beladen war, vor Terrigal. Die Überreste des 36 m langen Dampfers, wie Heizkessel, Motoren und andere Wrackteile, liegen heute über den Boden verstreut in einer Tiefe von 35 m.

Foggy Reef
Das Foggy Reef in einer Tiefe von 30—40 m eignet sich hervorragend für Tauchgänge vom Boot aus. Seine Gräben, Steilwände und Felsbänke sind mit Seetulpen, Gorgonien und Seescheiden überzogen. Hier versammeln sich Nacktkiemer, Mollusken, Riff- und Hochseefische, Blaue Korallen-Lippfische, Wobbegongs, Tintenfische und – im Winter – Graue Ammenhaie (vor allem in der Foggy Cave).

The Cave
Dieser Tauchplatz an der Küste vor Terrigal besteht aus einem ca. 15 m tiefen und 45 m langen Graben, der das Riff durchschneidet. Man taucht hier besser nur bei ruhiger See. An einigen Stellen des Grabens befinden sich Höhlen, deren Wände mit Tang, Schwämmen und Seescheiden bedeckt sind: bei näherer Betrachtung wird man auch Nacktkiemer und Garnelen entdecken. Oft begegnen dem Taucher hier auch Stachelrochen, Tintenfische, Blaue Teufelsfische, Königsmakrelen und Blaue Korallen-Lippfische.

Forresters Reef
Dieses farbenprächtige Riff, das bis in 30 m Tiefe abfällt, ist die Heimat von Tintenfischen, Port Jackson-Haien, Stachelrochen, Blauen Korallen-Lippfischen, Wobbegongs und Unmengen an Rifffischen. Das Forresters Reef hält immer etwas Besonderes für Taucher bereit, vor allem wenn es von klaren Meeresströmungen umspült wird.

The Haven
The Haven ist ein bliebter Ort, wenn man schnorcheln oder im offenen Meer tauchen möchte. Das geschützte, in seichtem Wasser liegende Felsenriff ist immer einen Tauchgang wert, da es zahlreiche wirbellose Arten, Rifffische, riesige schwarze Stachelrochen, Tintenfische, Muränen, Zitterrochen, Wobbegongs, Blaue Korallen-Lippfische und Port Jackson-Haie beherbergt.

Das Wrack der »Galava"
Das Kohlenschiff »Galava« versank 1927 vor Terrigal in 52 m tiefem Wasser. Das 42 m lange Schiff ist nun dabei auseinanderzubrechen, bietet jedoch noch aufregende Erlebnisse für erfahrene

Oben: Das hier abgebildete orangefarbene Seepferdchen *(Hippocampus whitei)* ist ein häufiger Bewohner von Riffen und Seegraswiesen in geschützten Buchten. Es gibt auch Exemplare mit schwarzer, weisser, gelber oder brauner Färbung.
Neville Coleman.

Sydney
Tauchen in der Hafenstadt

Sydney ist die größte Stadt Australiens, und das Leben kann dort bisweilen recht hektisch sein – die Einwohner von Sydney wissen jedoch sich zu entspannen, und die meisten tun es im bzw. am Wasser: sie gehen segeln, surfen, schwimmen, angeln oder tauchen. Sydney gehört zu den bedeutendsten Tauchzentren des Landes und hat Tauchern einiges zu bieten. Dutzende von Tauchgeschäften und Charter-Boot-Unternehmen veranstalten Ausflüge zu den vielen erstklassigen Tauchplätzen vor der Küste und zu den Riffen und Schiffswracks, die sich an der 100 km langen Küste von Sydney befinden.

Northern Beaches
Die Strände von Palm Beach bis Manly werden täglich von Tausenden von Menschen besucht, die hier schwimmen, schnorcheln und tauchen möchten. Zwar gibt es einige interessante Küsten-Tauchplätze an den Northern Beaches, besonders an den Landzungen, doch ist das Gebiet eher für seine vielen hervorragenden Tauchplätze an Schiffswracks und Riffen bekannt, die vom Boot aus erreicht werden können.

Das Wrack der »Valiant«
Ein beliebtes Tauchziel ist die »Valiant«, ein 22 m langer Schlepper, der 1981 sank und nun, beinahe unbeschädigt, in 26 m Tiefe liegt. Man kann den Maschinenraum inspizieren, durch die Luken blicken und auf der Kommandobrücke herumschwimmen. Bisweilen wimmelt das Wrack vor »Yellowtails« und »Sweeps«, während Glasbarsche und die größeren Hochseefische das offene Meer draußen vorziehen. Im Schutz des Schiffsrumpfes leben Blaue Korallen-Lippfische, Tintenfische, Muränen, Wobbegongs, Stachelrochen und einige Rifffische.

Palm Beach Reef
Dieses hübsche Riff liegt vor der Südspitze von Palm Beach in einer Tiefe von 10–16 m. Das Riff ist teilweise von der Küste aus zu erreichen, zu den besten Plätzen gelangt man jedoch mit dem Boot. Große Flächen des Riffes sind mit Schwämmen und kleinen Hornkorallen bedeckt. Auch hier gehören Seegras-Fetzenfische, Port Jackson-Haie, Stachelrochen, Felsenlangusten, Geigenrochen, Tintenfische und Muränen zu den ständigen Besuchern.

The Pinnacles
Bei den Pinnacles handelt es sich um massive Felswände, die aus 16 m Tiefe emporragen und interessante, mit Schwämmen und Gorgonien überzogene Gräben und Steilwände aufweisen. Zu den dortigen Bewohnern zählen Port Jackson-Haie, Tintenfische, Blaue Korallen-Lippfische, Königsmakrelen, Pike, Muränen und zahlreiche Rifffische.

Das Wrack der »Duckenfield"
Die »Duckenfield« sank im Jahr 1889, nachdem sie auf das Long Reef aufgelaufen war. Motoren, Heizkessel und die übrigen Teile dieses historischen Wracks wurden erst kürzlich in 24 m Tiefe entdeckt – ein Paradies für Zackenbarsche, Drummers, Königsmakrelen, Morwongs und Wobbegongs.

Long Reef Wall
Entlang der Long Reef Wall finden sich eine Reihe ausgezeichneter Tauchplätze. Diese Wand, die aus 8 m bis in 20 m Tiefe abfällt, beherbergt massenhaft Schwämme, Seetulpen und Gorgonien. Im offenen Meer daneben, ziehen Königsmakrelen, Glasbarsche, Pike, Blaue Korallen-Lippfische, Doktorfische, »Sweep« und Stachel-Makrelen ihre Kreise. Auch Riesentintenfische, Stachelrochen, Geigenrochen, Port Jackson-Haie, Seegras-Fetzenfi-

Küsten- bzw. bis zu 15 Minuten entfernte Bootstauchplätze

Durchschnittlich 10–12 m

Gelegentlich starke Strömung vor der Küste

Schwammgärten

Schiffswracks in großer Tiefe, Küsten- und Bootstauchplätze

Riff- und Hochseefische recht häufig

Felsenriffe und Felsnadeln

sche, Wobbegongs und Graue Ammenhaie werden oft in diesem Gebiet gesichtet.

North Head

An diesem Felsenriff wird man wahrscheinlich bei jedem Tauchgang auf die Überreste der Schiffe stoßen, die bei North Head auf Grund liefen. Das Riff ist mit wirbellosen Tieren (vor allem Schwämmen) und Rifffischen bedeckt. Häufig anzutreffen sind auch Port Jackson-Haie, Nacktkiemer, Hochseefische, Wobbegongs u.v.m.

South Head

Entlang des Küstenstreifens, der sich von South Head bis Cape Banks erstreckt, findet man eine Reihe erstklassiger Tauchplätze. Auch der Hafen von Sydney bietet eine Menge interessanter Tauchplätze mit einer großen Auswahl an Fischen und wirbellosen Tieren.

Camp Cove

Direkt vor dem Strand von Camp Cove befindet sich, innerhalb des Hafengeländes, ein Felsenriff in 8 m Tiefe. Auf diesem leicht zugänglichen Riff trifft man auf Trompetenfische, Kofferfische, Tintenfische, Octopusse, »Old wives«, Muränen, Anglerfische, Morwongs, Schlangensterne, Seesterne, Seehasen, Nacktkiemer, Stachelrochen und andere Unterwasserbewohner.

Das Wrack der »Royal Shepherd«

Im Jahr 1890 versank die 40 m lange »Royal Shepherd« nach einer Kollision in den Tiefen des Meeres. Heizkessel, Motor, Propellerwelle und andere Wrackteile liegen verstreut auf dem sandigen Meeresgrund in 28 m Tiefe.

The Gap

The Gap ist ein ausgezeichneter Platz, um vom Boot aus in 22 m Tiefe zu Höhlen und Gräben hinabzutauchen. Die hübschen Schwammgärten werden von unzähligen Seesternen und Nacktkiemern bewohnt. Dem Taucher werden an den Gräben gewöhnlich Port Jackson-Haie, Blaue Korallen-

Unten: Camp Cove, an der südlichen Hafeneinfahrt von Sydney gelegen, ist ein exzellentes Tauchgebiet mit geringer Wassertiefe und eignet sich besonders für Fotografen, die Nahaufnahmen machen wollen. Im Lauf der Jahre hat dieses Gebiet zahlreiche neue Arten hervorgebracht. *Neville Coleman.*

Oben: Im Umkreis von Sydney stößt man auf zahlreiche Schiffswracks. Aufgrund starken Seegangs und wegen Bergungsmaßnahmen ist von manchen Wracks nur noch die Grundstruktur übrig geblieben.
Nigel Marsh.

Lippfische, Königsmakrelen, Bonitos, Glasbarsche und viele Rifffische begegnen.

Shark Point

Shark Point eignet sich vorzüglich für Ufer-Tauchgänge. An der Stelle wo das Riff 20 m steil abfällt, stößt man auf üppige Schwammgärten, Felsbänke und Höhlen. Hier trifft der Taucher auf Felsenlangusten, Stachelrochen, Muränen, Seegras-Fetzenfische, Blaue Teufelsfische, Port Jackson-Haie und Tintenfische. Riff- und Hochseefische kommen in großen Mengen vor. Hinter Shark Point liegt die Clovelly Bay – ein natürliches Meeresschwimmbad und ein wunderbarer Ort für nächtliche Tauchgänge in nur 8 m tiefem Wasser.

Thomsons Bay

Thomsons Bay ist ein beliebter Ufer-Tauchgang in 14 m Tiefe. In den Gräben und unter den Felsbänken oder -blöcken kann man eine erstaunliche Vielfalt an Meerestieren beobachten, darunter Stachelrochen, Meerbarben, Zitterrochen, Port Jackson-Haie, Wobbegongs, Felsenlangusten, Nacktkiemer, Muränen, Feilenfische, Rotfeuerfische, Tintenfische, Meer-Riffbarsche, Brassen, Krokodilfische und Morwongs.

Long Bay

An der Nordseite der Long Bay sank im Jahr 1931 die »Malabar«.In einer Tiefe von 6–10 m liegen Teller und Maschinenteile aus dem Schiff verstreut auf dem mit Steinblöcken bedeckten Meeresboden.

Bare Island

In der Umgebung von Bare Island gibt es eine Reihe ausgezeichneter Tauchplätze entlang der Küste. Die Insel ist von wunderschönen Schwammgärten, Höhlen, kleinen Drop-offs und Gräben umgeben, die sich in Tiefen zwischen 9 und 18 m befinden. Zu den Meeresbewohnern, die man um die Insel herum antrifft, gehören Nacktkiemer, Muränen, Tintenfische, Seepferdchen, Kauris, Seegras-Fetzenfische, Trompetenfische, Port Jackson-Haie, Morwongs, Blaue Korallen-Lippfische, Garnelen, Krabben, Stachelrochen, und eine Fülle an Rifffischen.

Southern Suburbs

Entlang der Küste zwischen Botany Bay und dem Royal National Park findet man zahlreiche erstklassige Tauchplätze. Dieses Gebiet besitzt das klarste Wasser und die farbenprächtigsten Schwammgärten im ganzen Umkreis Sydneys.

Kurnell

Bei Kurnell befinden sich einige der besten Küstentauchplätze Sydneys. Innerhalb der Bucht liegt in 5m Tiefe ein langes Pier, das die Heimat vieler unterschiedlicher Rifffische und wirbelloser Tiere ist. Wunderschöne Schwammgärten findet man sowohl vor Sutherland als auch vor Inscription Point in Tiefen zwischen 10 und 22 m. Bei jedem

Tauchgang wird man auf zahlreiche Rifffische und wirbellose Tiere stoßen. Gewöhnlich begegnen dem Taucher auch Seepferdchen, Seegras-Fetzenfische, Port Jackson-Haie, Stachelrochen, Blaue Korallen-Lippfische, Tintenfische, Muränen, Blaue Teufelsfische und gelegentlich ein Schwarm Hochseefische.

Cape Bailey

Vor Cape Bailey befinden sich einige sehr schöne Tauchplätze, die vom Boot aus zu erreichen sind. Das 26 m tief abfallende Felsenriff ist mit Schwammgärten bedeckt. Häufig anzutreffen sind dort Nacktkiemer, Seesterne, kleine Tintenfische, Garnelen, Kofferfische, Seepferdchen, Riff- und Hochseefische, Haie und Rochen.

Osborne Shoals

Die Innenseite von Osborne Shoals, die 18 m tief abfällt, ist über und über mit Tang bedeckt. Die Außenseite, die bis in 25 m Tiefe abfällt, ist von vielfarbigen Schwammgärten überwuchert, in denen Rifffische, Königsmakrelen, Makrelen, Blaue Teufelsfische, Tintenfische, Morwongs, Stachelrochen und Port Jackson-Haie leben.

Shiprock

An diesem fantastischen Ort in Port Hacking taucht man am besten bei Flut. Die mit Schwämmen, Seescheiden und Weichkorallen überwucherte Wand fällt steil in 6–15 m Tiefe ab. Fotografen werden ihre Freude an dieser enormen Vielfalt haben: hier tummeln sich Seepferdchen, Anglerfische, Trompetenfische, Nacktkiemer, Muränen, Seesterne, Tintenfische, Octopusse, Röhrenwürmer und Rotfeuerfische. Man trifft auch auf größere Rifffische, wie »Sweeps«, Morwongs, Feilenfische, Büschelbarsche, Lippfische und »Old wives«.

Jibbon Bombora

Die mit hübschen Schwammgärten bedeckte Felsnadel ragt aus einer Tiefe von 30 m empor. Auch hier werden Fotografen geeignete Fotomodelle in Form von Seesternen, Nacktkiemern, Tintenfischen, Seepferdchen, Garnelen, Seegras-Fetzenfischen, Einsiedlerkrebsen, Krabben und Octopussen finden.

DER AUSTRALISCHE TINTENFISCH – ein freundlicher Vertreter seiner Art

In den Meeren um Australien findet man ungefähr 10 verschiedene Arten von Tintenfischen. Diese gehören der Weichtierklasse Cephalopoda an, die Tintenfische, Octopusse, Kalmare und den Nautilus umfasst. Die meisten Tintenfische sind recht klein und scheu, ein Mitglied dieser Familie wird jedoch bis zu 150 cm lang und verhält sich Tauchern gegenüber sehr zutraulich. Es handelt sich um den Australischen Tintenfisch – den freundlichsten Vertreter seiner Art.

Dieser große Tintenfisch (*Sepia apama*), der auf Riffen und Schiffswracks vom südlichen New South Wales bis zum Süden Westaustraliens zu Hause ist, verbringt die meiste Zeit des Tages in Höhlen oder zwischen Algen versteckt. Nachts geht er auf Beutefang in Form von Rifffischen, Krustentieren und sogar anderen Mollusken. Dabei umschlingt er das Beutetier mit seinen acht Armen, um es dann mit Hilfe seines papageienähnlichen Schnabels und seiner reibeisenartigen Zunge zu verschlucken. Wenn er sich durch Haie, Rochen oder Muränen bedroht fühlt, ändert der Tintenfisch seine Farbe oder sendet Warnsignale aus, indem er die in seiner Haut befindlichen Pigmentzellen (Chromatophoren) ausdehnt bzw. zusammenzieht. Er kann sogar seine Körperstruktur verändern, so dass er von seiner Umgebung nicht mehr zu unterscheiden ist, indem er die auf seiner Haut sitzenden Knötchen beeinflusst. Diese Eigenschaften benutzt er auch bei der Jagd, Balz und Paarung. Bei Gefahr hebt der Tintenfisch zwei Arme empor, um seinen Angreifer einzuschüchtern und wenn das nichts nützt, macht er sich in einer Wolke aus Tinte aus dem Staub.

Durch wellenförmige Bewegungen mit seinen Seitenflossen kann sich der Tintenfisch langsam fortbewegen, wenn er schnell vorwärts kommen will, drückt er Wasser durch seinen Sipho, so dass eine Art Rückstoßantrieb erfolgt. Die porösen Innenknochen können zur Auftriebskontrolle mit Gas gefüllt werden. Tintenfische haben gute Augen, die sie durch Muskelkontraktion auf ein Ziel einstellen können.

Taucher begegnen diesem Meeresriesen meistens im Winter und Frühling während der Paarungszeit. In dieser Zeit verlängern sich die Arme der Männchen, und sie stellen sich vor den versammelten Weibchen zur Schau. Wenn ein Männchen einem Weibchen durch sein Gehabe imponiert hat, umschlingen sie sich in einem undurchdringlichen Gewirr aus Armen. Dabei gibt das Männchen über ein dafür vorgesehenes Tentakel ein Paket aus Samenzellen an das Weibchen ab. Später legt das Weibchen einige hundert große, runde Eier auf einen Schwamm, eine Gorgonie oder auf einer Höhlendecke ab, die sich in der Strömung befinden müssen, damit die heranwachsenden Jungen ausreichend mit Sauerstoff versorgt sind. Nach einem Monat schlüpfen die nur 1 cm großen Jungtiere aus den Eiern, treiben die erste Zeit ihres Lebens in der Strömung, bevor sie sich dann endgültig für ein Riff entscheiden.

Der Tintenfisch paart sich nur einige Male, bevor er dann, nach nur einem Jahr Lebenszeit, stirbt.

Den Australischen Tintenfisch (*Sepia apama*) trifft man von Zentral-New South Wales bis ins südliche Westaustralien an. Diese Mollusken gelten als intelligent und neugierig. Trotz ihres harmlosen Aussehens besitzen sie einen Schnabel, mit dem sie heftig zubeissen können. Da sie von glänzenden Dingen (normalerweise Fische) angezogen werden, hat bereits ein Exemplar den Tod eines Tauchers verursacht, indem es dessen Mundstück attackierte. *Nigel Marsh.*

Barrens Hut

Ein beliebter Tauchplatz an einem 26 m tief abfallenden Felsenriff. Die Wände und Gräben sind mit Schwämmen, Peitschenkorallen, Gorgonien, Moostierchen und Seescheiden überzogen. Auf dem übrigen Riff begegnet man einer vielfältigen Auswahl an Wirbellosen und Rifffischen sowie Port Jackson-Haien, Tintenfischen, Stachelrochen und Königsmakrelen-Schwärmen.

Marley Reef

Vor der Küste des Royal National Parks befinden sich einige sehr gute Tauchplätze am Marley Reef. Dieses Felsenriff verfügt über zahlreiche Steilwände und Gräben und fällt bis in 24 m Tiefe ab. Die Steinblöcke sind mit einer interessanten Vielfalt von Wirbellosen – einschließlich dichter Schwammgärten – bedeckt. Sehr häufig sind auch Rifffische, wie Büschelbarsche, Morwongs, Feilenfische, Lippfische, Skorpionsfische, Rotfeuerfische und Muränen.

Die Schiffswracks von Sydney

Es gibt viel zu viele Schiffswracks vor Sydney, um sie hier alle beschreiben zu können – und alle paar Jahre werden wieder neue entdeckt, selbst in den bekannten Tauchgebieten. Zu den Wracks, die im seichten Wasser liegen und leicht erforscht werden können, gehören die »Dunbar«, »Centurion«, »Fame«, »Tekapo«, »Belbowrie« und »Hilda«. Die aufregendsten Wrack-Tauchplätze befinden sich im tieferen Wasser, sind jedoch nur für erfahrene Taucher mit der entsprechenden Ausbildung bzw. Ausrüstung zu empfehlen. Zu diesen Tiefwasser-Wracks gehören die »Birchgrove Park« in 50 m Tiefe, die zehn Wracks auf dem Ship Reef (45 m), die »Myola« in 48 m, die »Annie M. Miller« (44 m), die »Kelo« (42 m), die »Woniora« (62 m), die »Tuggerah« (45 m) und die »Undola« (45 m).

Die oben erwähnten Schiffswracks sind nur eine kleine Auswahl der vor Sydney gelegenen Wracks und Riffe. Tauchausflüge mit dem Boot werden jedes Wochenende angeboten, einige Veranstalter laufen auch unter der Woche aus, wenn genügend Teilnehmer zusammenkommen. Die Tauchbedingungen sind sehr unterschiedlich, und die Sichtweite kann zwischen 3 und 30 m schwanken. Die bei weitem beste Jahreszeit für Taucher ist der Winter, weil dann die Westwinde das Meer glätten und klares, blaues Wasser von der offenen See her bringen.

Oben: Der auffällig gemusterte Geigenrochen *(Trigonorrhina fasciata)* lebt entlang der südlichen Küstengebiete in Seegraswiesen, auf Riffen und auf dem sandigen Meeresboden. Er ernährt sich hauptsächlich von Mollusken und Krustentieren, frisst jedoch auch Fische, wenn sich die Gelegenheit dazu bietet.
Nigel Marsh.

Von Wollongong bis Kiama

Tauchplätze an der Leisure Coast

Küsten- bzw. bis zu 15 Minuten entfernte Bootstauchplätze

Durchschnittlich 10–15 m

Gelegentlich starke Strömung vor der Küste

Schöne Schwammgärten

Einmalige Küstentauchplätze

Riff- und Hochseefische sehr häufig

Felsige Korallenriffe und Felsnadeln

Der Küstenstreifen, der unter dem Namen Leisure Coast bekannt ist, bietet zahlreiche Freizeitaktivitäten: surfen, schnorcheln, tauchen, Buschwanderungen im Regenwald und den Nationalparks, entspannen an den goldfarbenen Stränden und nahegelegenen Seen. Die nicht weit von Sydney entfernte Leisure Coast ist ein beliebtes Ziel für Wochenendausflügler, die scharenweise den Prince's Highway entlangfahren.

Das Gebiet von Wollongong bis Kiama verfügt über zahlreiche ausgezeichnete Ufertauchgänge (die man hier als »rock hops« bezeichnet) entlang des Küstenstreifens. Und tatsächlich finden Taucher in der Umgebung von Bass Point und Kiama die besten rock hops des Landes. Tauchgeschäfte in Wollongong und Bass Point veranstalten Tauchausflüge an der Küste und von Booten aus.

Beaky Bay

Auf der Nordseite von Bass Point befindet sich eine breite Bucht mit dem Namen Beaky Bay. Hier kann man praktisch an jeder Stelle ins Wasser springen und die Gräben und Felsbänke am steinigen Meeresboden entlang tauchen, wo die Tiefe maximal 12 m beträgt. Hier begegnen dem Taucher die verschiedensten Rifffische, Port Jackson-Haie, Tintenfische, Wobbegongs und Muränen. Die Bucht wird von einem 100 m langen Schiffsverlader aus blauem Metall beherrscht. Seine Stützpfeiler sind mit Schwämmen, Anemonen und anderen Wirbellosen überkrustet. Unterhalb des Piers stößt man auf Tintenfische, Octopusse, Stachelrochen, Blaue Korallen-Lippfische und Schwärme von Glasbarschen.

Bushrangers Bay

Bushrangers Bay befindet sich an der äußersten Spitze von Bass Point. Der geschützte felsige Meeresboden, der in 15 m Tiefe abflacht, ist der Lebensraum für Tanggärten, viele bunte Schwammarten, Nacktkiemer, Seegras-Fetzenfische, Stachelrochen und unzählige Rifffische. An ihrer Außenseite fällt die Bucht 25 m tief ab. An dieser Stelle begegnen dem Taucher gewöhnlich Port Jackson-Haie, Wobbegongs, Schwärme von Hochseefischen und eventuell Schildkröten.

Kiama Blowhole

Überall in der Umgebung von Blowhole Point gibt es fantastische Tauchplätze. Blowhole selbst strahlt jedoch einen ganz besonderen Zauber aus. Seine Wände fallen 12 m tief ab und sind von unzähligen Schwämmen und wirbellosen Tieren überzogen. Blowhole ist eine tiefe Höhle, die starken Wellengang verursacht. In Blowhole und den benachbarten Höhlen leben Stachelrochen, Tintenfische, Muränen, Blaue Korallen-Lippfische, Felsenlangusten u.v.m.

Wollongong Reef

Dieses große Felsenriff vor Wollongong, das von 25 auf 40 m abfällt, ist ein beliebtes Ziel für Taucher. Riff- und

Hochseefische teilen sich das Riff mit den unzähligen Wirbellosen und Schwammgärten.

Das Wrack der »Bombo«

Im Jahr 1949 sank die »Bombo« bei rauer See vor der Küste von Wollongong. Heute liegt sie in 30 m Tiefe mit der Oberseite nach unten. Obwohl der Schiffsrumpf zusammengebrochen ist, kann man durch verschiedene Öffnungen in das Wrack hineinschwimmen.

Gap Island

Gap Island mit seinen steilen Felswänden, die mit dichten Schwammgärten überwuchert sind, ist eine der fünf Inseln vor der Küste von Wollongong. Gap Island hat atemberaubende Tauchplätze zu bieten, und alle Inselriffe verfügen über ein reiches Fischvorkommen. Zu den dort lebenden Rifffischen gehören Blaue Korallen-Lippfische, Meer-Riffbarsche, Feilenfische, Lippfische, Rote Morwongs und Skorpionsfische. Häufig anzutreffende Hochseefische sind Königsmakrelen, Pike, »Sweeps«, Brassen und gelegentlich auch Lachse und Judenfische.

The Humps

Dieser von Schwämmen überwucherte Tauchplatz vor Bass Point, der unter dem Namen The Humps bekannt ist, besteht aus drei großen Felsnadeln, die aus 30 m bis in 10 m Tiefe emporragen. Die Felsnadeln umkreisen Schwärme von Königsmakrelen, andere Makrelen, Rote Morwongs, Pike, »Sweeps«, Blaue Korallen-Lippfische, »Old wives« und viele andere Arten. Bisweilen tauchen auch Mantas und Schildkröten hier auf.

Lou's Reef

Direkt vor Bass Point liegt eine sehr schöne Stelle, die unter dem Namen Lou's Reef bekannt ist und die von 15 bis in 35 m Tiefe abfällt. Dieses Riff besitzt einige der schönsten Schwammgärten des gesamten Gebiets, aber auch zahlreiche Gorgonien, Peitschenkorallen, Hydrozoen, Anemonen, Seetulpen, Fingerschwämme, Seesterne und ganz besonders Nacktkiemer. Immer vertreten sind Rifffische und normalerwiese auch Tintenfische, Stachelrochen, Königsmakrelen, Muränen, Wobbegongs und Blaue Korallen-Lippfische.

The Archway

Dieser massive Durchgang liegt an der Südseite von Bass Point. The Archway befindet sich in 25 m Tiefe und ist mit Schwämmen, Seescheiden und Anemonen bedeckt. Ganz in der Nähe gibt es wunderschöne Schwammgärten in bis zu 30 m Tiefe. Genau wie Rifffische und wirbellose Tiere, sind auch Blaue Korallen-Lippfische, Riesentintenfische, Blaue Teufelsfische, Stachelrochen und sehr viele Port Jackson-Haie hier zu finden.

Blowhole Point

Der größte Teil von Blowhole Point ist von der Küste aus zugänglich, an die Spitze gelangt man jedoch am besten mit dem Boot – eine Mühe, die sich auf alle Fälle lohnt. An dieser Stelle fällt das Felsenriff 20 m tief ab und bietet dem Taucher eine große Vielfalt an Gorgonien, Seetulpen und Schwämmen. Hier versammeln sich auch Königsmakrelen, Glasbarsche, Pike und Drummer. Oftmals nähern sich Stachel- und Adlerrochen, Blaue Korallen-Lippfische und Port Jackson-Haie.

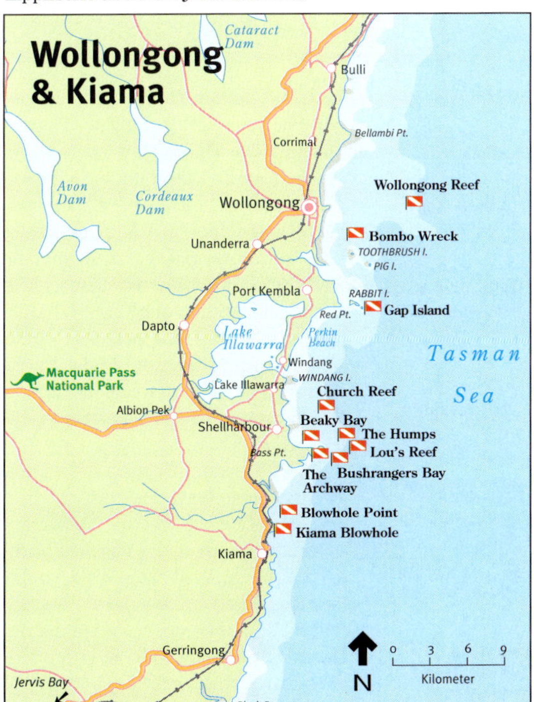

Gegenüberliegende Seite: Die wunderschöne Prachtascidie *(Botryloides magni coecum)* kommt häufig in Buchten, Meeresarmen und auf Riffen vor. Die goldgelbe Grundfarbe ist bei allen Tieren gleich, das Muster kann jedoch von einer Kolonie zur anderen unterschiedlich gefärbt sein und zwischen blau und violett bzw. dunkelrot und schwarz variieren. *Neville Coleman.*

Jervis Bay
Geschützt zu Ihrer Freude

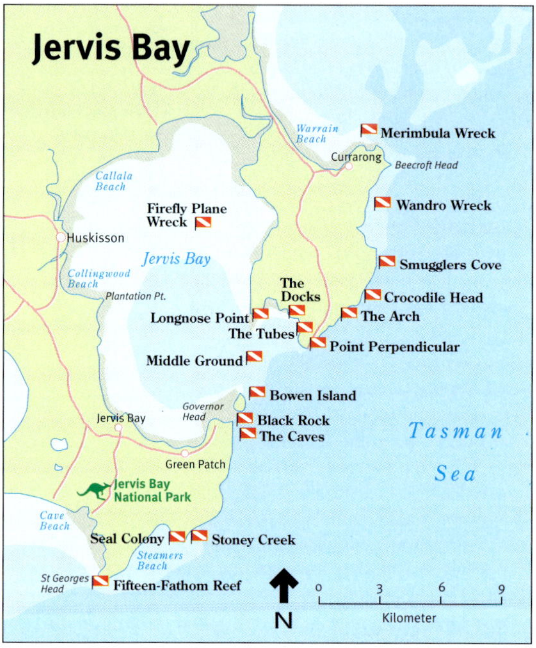

Küsten- bzw. bis zu einer Stunde entfernte Bootstauchplätze

Durchschnittlich 15–20 m

Gelegentlich starke Strömung außerhalb der Bucht

Eindrucksvolle Schwammgärten

Fantastische Unterwasserlandschaften und einmalige Schwammgärten

Riff- und Hochseefische recht häufig

Felsenriffe, Steilwände und Felsnadeln

Jahrelang hatten Umweltschützer gegen Pläne zur Verlagerung des Flottenstützpunktes von Sydney nach Jervis Bay protestiert. Dieser Umzug hätte das Ausbaggern bedeutender Seegrasflächen im empfindlichen Meereslebensraum notwendig gemacht. Im Jahr 1994 wurde die Jervis Bay auf Beschluss der Bundesregierung unter Naturschutz gestellt – eine besonders gute Nachricht für Taucher, da die Bucht über einige der besten Tauchplätze an der gesamten Küste von New South Wales verfügt.

Viele tausend Besucher kommen jährlich an die Jervis Bay, um sich hier auf den sauberen, weissen Sandstränden zu entspannen, um Vögel zu beobachten oder in den dichten Wäldern entlang der Küste zu wandern. Taucher kommen hierher, um unter Wasser die Höhlen und Steilwände zu erkunden, die sich unterhalb der 200 m hohen Klippen befinden, die außerhalb der Bucht aus dem Wasser ragen. Diese Steilwände sind mit Schwämmen und einer großen Vielfalt an Unterwasserlebewesen bedeckt. Einige interessante Tauchplätze befinden sich innerhalb der Bucht bei **Murrays Beach** und **Green Patch**, die besten Orte erreicht man jedoch nur mit dem Boot.

Tauchboote starten von **Huskinson**, wo sich auch sämtliche Tauchgeschäfte befinden, zu den unglaublich schönen Tauchplätzen (darunter eine erst kürzlich gegründete Robbenkolonie) an der Jervis Bay.

Wenn man einen Besuch während der Schulferien plant, sollte man die Tauchausflüge bzw. Unterkunft rechtzeitig buchen.

Smugglers Cave

Diese spektakuläre breite Höhle ist 150 m lang und verläuft mitten durch die Landzunge. Der Haupteingang befindet sich zur Hälfte über Wasser, während der mit Steinen bedeckte Höhlenboden 15 m unter Wasser liegt. Mit einer guten Taschenlampe kann man einen Blick auf die zahlreichen Schwämme und Gorgonien werfen. Die Höhle ist relativ sicher, da das Licht vom Eingang her überall zu sehen ist. Bei rauer See sollte man sie jedoch besser meiden. Man kann entweder durch die schwammüberzogene Höhle hindurchschwimmen und um die Landzunge herum zurückkehren, oder wieder durch die Höhle zurückschwimmen.

The Arch

The Arch ist eine natürliche Brücke, die einen Absatz in der Felswand überspannt. Die Spitze des Arch befindet sich in 28 m Tiefe, der untere Teil in 38 m. Das gesamte Gebiet wimmelt vor farbenprächtigen Meeresbewohnern. Auch Rifffische, Wobbegongs, Stachelrochen und Schwärme von Königsmakrelen und Schmetterlings-Felsenbarsche kommen häufig vor.

Point Perpendicular

Point Perpendicular fällt bis zu den unglaublich schönen Schwammgärten in 40 m Tiefe steil ab. Der beste Tauchplatz befindet sich jedoch bei den riesigen Steinblöcken im seichten Wasser auf der Innenseite des Point. Hier findet man in 15 m Tiefe unzählige Durchgänge, die mit Schwämmen und wirbellosen Tieren überkrustet sind.

The Docks

Die steil abfallenden Wände, Steinblöcke und Höhlen machen The Docks zu einem sehr beliebten Tauchplatz. Die Wände fallen senkrecht bis in 20 m Tiefe ab, wo Nacktkiemer, Seesterne und andere wirbellose Tiere in den Schwammgärten am Fuß der Wand nach Nahrung suchen. Die Höhlen sind die Heimat verschiedener Riffbewohner, wie z.B. des scheuen Roten Indianerfisches, von Tintenfischen, Seegras-Fetzenfischen, Octopussen, Glasbarschen, Muränen und Blauen Korallen-Lippfischen. Zwischen den Steinblöcken am Meeresgrund erblickt man häufig Port Jackson-Haie, Stachelrochen und andere.

Stoney Creek

Stoney Creek gehört zu den aufregendsten Tauchplätzen des gesamten Gebiets. Der Platz befindet sich in großer Tiefe (von 25 m bis über 60 m), weist starke Strömungen auf und ist nur für erfahrene Taucher geeignet. Die Felswände von Stoney Creek sind dicht mit Schwämmen, Seescheiden, Peitschenkorallen, Anemonen, Gorgonien und Moostierchen überwachsen, die hier alle um den besten Standort kämpfen. Das Riff ist mit wirbellosen Arten sowie Riff- und Hochseefischen vollgepackt.

Longnose Point

Der ideale Platz, um während der Sommermonate Graue Ammenhaie zu beobachten, sind die Gräben, Felsnadeln und Felsbänke, die sich in 10–25 m Tiefe vor Longnose Point befinden. Hier findet man das ganze Jahr über Blaue Korallen-Lippfische, Wobbegongs, Eberfische, Felsenlangusten, Seegras-Fetzenfische, Muränen, Stachelrochen und den Australischen Tintenfisch.

Middle Ground

Dieses Riff am Zugang zur Jervis Bay reicht von 35 m Tiefe bis 16 m unter die Wasseroberfläche. Abgesehen von einigen bunten Schwämmen, ist Middle Ground vor allem für seinen Fischreichtum bekannt: hier tummeln sich Pike, Stachel-Makrelen, Eberfische, Glasbarsche, Geigenrochen, Wobbegongs, Port Jackson-Haie, Schmetterlings-Felsenbarsche und Rifffische.

Bowen Island

Bowen Island besitzt viele ausgezeichnete Plätze, wo man bei jedem Wetter tauchen kann. Die Westseite im Inneren weist Felsenriffe in seichtem Wasser bis 15 m Tiefe auf, wo man auf unzählige wirbellose Tiere und Fischarten trifft. Die Nord- bzw. Ostseite, die 30 m tief abfällt, ist mit einem dichten Teppich aus Schwämmen ausgelegt. Königsmakrelen, Blaue Korallen-Lippfische, Engelhaie, Adlerrochen, Stachelrochen, Wobbegongs und Tintenfische sind nur

Unten: Seit einigen Jahren ist die Jagd auf den Blauen Mirakelbarsch *(Paraplesiops bleekeri)* für Unterwasserjäger untersagt, so dass sich die Bestände erholen konnten und die Tiere sich mittlerweile an Sporttaucher gewöhnt haben. *Nigel Marsh.*

Ulladulla

Bezaubernde Riffe in Küstennähe

Küsten- und Bootstauchplätze nur wenige Minuten entfernt

Durchschnittlich 10–15 m

Leichte Strömung auf den Riffen vor der Küste

Schöne Schwammgärten

Zahlreiche farbenprächtige Schwammgärten

Riff- und Hochseefische sehr häufig

Felsenriffe

Die Riffe von Ulladulla, die sich 60 km südlich der Jervis Bay befinden, liegen in seichtem Wasser, sehr nah an der Küste – einige nur fünf Minuten mit dem Boot entfernt. Diese Felsenriffe weisen eine unvorstellbare Vielfalt an Schwämmen, Gorgonien, Peitschenkorallen, Seescheiden, Seetulpen, Anemonen und Moostierchen sowie unzählige Rifffische und wirbellose Tiere auf. In den Wintermonaten besuchen Gemeine und Flaschennasen-Delfine sowie Glattwale dieses Gebiet. Ulladulla ist ein Fischerhafen und beliebter Ferienort, so dass man während der Schulferien frühzeitig buchen sollte.

Lighthouse Reef Wall

Dieses Felsenriff fällt von der Wasseroberfläche bis in 20 m Tiefe ab und ist mit Ansammlungen von Gorgonien, Schwämmen und Seetulpen bedeckt. Zwischen den Korallen und Schwämmen entdeckt man Seesterne, Nacktkiemer, Gorgonenhäupter, Einsiedlerkrebse, Tintenfische, Octopusse, farbige Garnelen und die üblichen Rifffische – Feilenfische, Rote Morwongs, Skorpionsfische, Meer-Riffbarsche und »Old wives«. Die Wand ist ein Treffpunkt für Hochseefische wie Königsmakrelen, Gelbschwanzmakrelen, Bonitos und Stachel-Makrelen.

Home Bommie

Home Bommie besteht aus zahllosen Steinblöcken in einer Tiefe von 15–22 m. Unter den Felsbänken und in den Höhlen (die vor Glasbarschen überquellen) begegnet man normalerweise Tintenfischen und Port Jackson-Haien. In einer großen Höhle befindet sich ein Anker. Häufige Bewohner von Home Bommie sind auch Stachelrochen, Australische Tintenfische und einige zutrauliche Blaue Korallen-Lippfische.

Burrill Rocks

Das lange, 10–26 m tiefe Riff vor Burrill Beach besteht aus zahlreichen Steinblöcken. Die Felsen sind mit dichten Schwammgärten überzogen und weisen eine erstaunliche Vielfalt an wirbellosen und Wirbeltieren auf, darunter Seegras-Fetzenfische, Seepferdchen, Blaue Korallen-Lippfische, Blaue Teufelsfische, Stachelrochen, Wobbegongs, Grüne Muränen, Tintenfische, Trompetenfische und ab und zu ein Schwarm Hochseefische.

Weitere außergewöhnliche Tauchplätze (wahrscheinlich sogar die besten) befinden sich südlich des Hafens von Ulladulla, vor **Crampton Island**, **Stokes Island** und **Brush Island**. Es sind Schwammgärten in tiefem Wasser, wo es vor Unterwasserlebewesen wimmelt. Es gibt auch einige gute Tauchplätze an der Küste.Diese befinden sich jedoch in seichtem Wasser und können mit den Orten, die mit dem Boot zu erreichen sind, nicht mithalten.

Batemans Bay

Felsenriffe und Fetzenfische

Entlang der Felsenküste von Batemans Bay bis Broulee Island gibt es zahlreiche kleine Inseln und Riffe, die aufregende Taucherlebnisse bieten. Dieses Gebiet ist besonders bei Tauchern aus dem nur 85 km entfernten Canberra beliebt. Die Bucht war einst als Seehafen vorgesehen, das Wasser war für diesen Zweck jedoch zu seicht. Heute ist Batemans Bay ein beliebter Urlaubsort mit vielen Nationalparks und hübschen Stränden. Hier finden die Feriengäste ein breites Angebot an Übernachtungsmöglichkeiten und Restaurants für jeden Geldbeutel.

Tauchplätze an der Küste

Im Umkreis der Batemans Bay gibt es einige seichte Tauchplätze an der Küste. Der bekannteste Ort ist **Guerilla Bay**, die sehr seicht und über und über mit Tang bedeckt ist. Direkt außerhalb der Bucht fällt der Meeresgrund auf 15 m ab, und die farbenprächtigen Schwämme sind häufiger zu erblicken. Meereslebewesen kommen in Hülle und Fülle vor, so dass dem Taucher hier Nacktkiemer, Stachelrochen, Zitterrochen, Blaue Korallen-Lippfische, Tintenfische, Seesterne und Seegras-Fetzenfische begegnen werden.

Tauchausflüge mit dem Boot

Die besten Plätze, die Batemans Bay zu bieten hat, sind mit dem Boot zu erreichen. Die **Tollgate Islands** sind von Felsenriffen umgeben, die Schwärme von Hochseefischen anziehen. Die Steinblöcke sind mit Schwämmen überwuchert, zwischen denen eine außergewöhnliche Artenvielfalt an Meeresbewohnern lebt. **Black Rock** besitzt einige Felsbänke und Höhlen, in denen Tintenfische, Wobbegongs und Felsenlangusten zu Hause sind. **Jemmy Island** bietet interessante Riffe mit Schwämmen, wirbellosen Tieren und Riff- und Hochseefischen. **Burrewarra Point** eignet sich vorzüglich zum Tauchen, weil das Riff in tiefes Wasser abfällt. Dieses Felsenriff ist mit wunderschönen Schwämmen und unzähligen Wirbellosen übersät. Auch Wirbeltiere gibt es in großer Zahl – Stachelrochen, Seegras-Fetzenfische, Blaue Korallen-Lippfische, Eberfische, Blaue Teufelsfische und gelegentlich ein Schwarm Königsmakrelen.

John Penn

Im Jahr 1879 lief die »John Penn« bei Burrewarra Point auf Grund und versank in der Broulee Bay, nachdem man sie von den Felsen weggeschleppt hatte. Das Wrack gibt immer noch einen interessanten Tauchplatz ab: der 50 m lange Schiffsrumpf ist mit Schwämmen und Gorgonien überzogen und wimmelt vor Rifffischen. Obwohl das Schiffswrack in 13 m Tiefe im Sand liegt, können Taucher immer noch die Motoren, Heizkessel, Schandeckel und den Anker erkennen.

Küsten- bzw. bis zu 30 Minuten entfernte Bootstauchplätze

Durchschnittlich 1–15 m

Leichte Strömung auf den Riffen vor der Küste

Schwammgärten

Viele farbenprächtige Schwammgärten und das Wrack der »John Penn«

Riff- und Hochseefische recht häufig

Felsenriffe

Montague Island

Tauchen in Begleitung freundlicher Robben

Unten: Montague Island ist für seine zutraulichen Robben *(Artocephalus pusillus)* bekannt, die man leicht vom Boot aus beobachten kann. *Michael Aw.*

»Wir wussten, dass es ein einmaliger Tauchgang werden würde – schon während wir uns fürs Tauchen bereit machten, schwammen die Robben um unser Boot herum. Sobald wir uns dann unter Wasser, auf dem 15 m tiefen, felsigen Meeresgrund befanden, näherten sich sogleich zahlreiche Robben und führten uns eine Show vor. Sie schwammen zwischen uns durch, spielten Fangen oder schlugen aus purer Lebensfreude die tollsten Purzelbäume. Nach einigen Minuten machten wir alle mit – zum großen Vergnügen der Robben. Ihnen schienen unsere Kunststückchen zu gefallen, so dass sie uns darin noch zu übertreffen versuchten. Einige kamen ganz nah zu uns heran und untersuchten unsere Handschuhe mit ihren Schnurrbärten und Nasen. Manche Robben sonnten sich die ganze Zeit über an der Wasseroberfläche, behielten dabei jedoch ihre Köpfe unter Wasser, damit sie das Schauspiel dort unten mitverfolgen konnten. Dann wurden unsere Aktivitäten von einem großen Manta durchkreuzt und einige Robben begleiteten ihn ein Stück seines Weges. Einige von uns folgten den Robben ins seichte Wasser, wo sich ihre Fangplätze befanden. Alle paar Sekunden tauchte eine Robbe ins Wasser, schwamm durch den dichten Tang und schoss an uns vorbei. Wir hätten noch Stunden mit den Robben verbringen können, doch wir wollten noch andere Tauchplätze aufsuchen.« *Neville Coleman*

Das große, felsige Montague Island, das 9 km vor der Stadt Narooma liegt, bietet Nistplätze für die vielen tausend Seevögel, darunter Seeadler, Seeschwalben und kleine Pinguine. Im Winter und Frühjahr begegnet man hier einer aus 400 Tieren bestehenden Robbenkolonie. Kleinere Gruppen kann man dort das ganze Jahr über be-

Bootstauchplätze bis zu 30 Minuten entfernt

Durchschnittlich 15–20 m

Leichte Strömung an der Insel

Dichte Schwammgärten

Begegnungen mit Robben, Mondfischen und Grauen Ammenhaien

Riff- und Hochseefische sehr häufig

Felsenriffe, Steilwände und Felsnadeln

obachten. Das Wasser, das die Insel umgibt, ist sehr tief. Die nur wenige Kilometer entfernte Kontinentalplatte bringt die meiste Zeit des Jahres über klares Wasser, und damit eine erstaunliche Auswahl an tropischen Fischen, zu der Insel. Die örtlichen Tauchgeschäfte in Narooma und Bermagui führen Tauchausflüge zu den erstklassigen Plätzen in der Nähe der Insel durch.

Keyhole

Ähnlich wie die meisten Tauchplätze um Montague Island besteht auch Keyhole aus einer Felswand, die aus 20 m bis in 35 m Tiefe abfällt. Die Wand ist mit farbenfrohen Peitschenkorallen, Fingerschwämmen, Gorgonien, Seescheiden, Moostierchen und Seetulpen sowie den etwas beweglicheren Arten, wie Haarsternen, Seesternen, Seeigel, Gorgonenhäupter, Nacktkiemer, Octopussen, Garnelen und Tintenfischen bedeckt. Rifffische, wie Feilenfische, Eberfische, Blaue Korallen-Lippfische, »Old wives«, Lippfische, Rote Morwongs und Grüne Muränen, kommen in Hülle und Fülle vor. Bisweilen suchen auch Hochseefische, Mondfisch und Mantas die gemäßigten Gewässer um Montague Island auf.

Seal Bay

Die Umgebung von Seal Bay ist in günstigen Zeiten die Heimat vieler hundert Robben und Grauen Ammenhaien, die sich dort während der Sommermonate aufhalten. In der Bucht ist der Meeresboden mit Steinblöcken bedeckt, die Gräben, Felsbänke und Wände bilden, die bis 30 m tief abfallen. In der Nähe der Insel gibt es einige Gräben, die gewöhnlich der ideale Ort sind, um Haie zu beobachten. An der gleichen Stelle trifft man auch auf Adlerrochen, Port Jackson-Haie, Wobbegongs, Eberfische, Stachel- und Geigenrochen, Blaue Korallen-Lippfische und Riesentintenfische.

Weitere aufregende Tauchplätze in 20–40 m sind Bubble Cave, the Pinnacles, The Den und The Grotto.

Tauchplätze an der Küste

In dem Gebiet um Montague Island gibt es zahlreiche interessante Küsten-Tauchplätze. Ein Strömungstauchgang

in **Narooma Harbour** in 6 m Tiefe kann großen Spaß machen. Bei klarem Wetter kann der Taucher unzählige kleine Fische und wirbellose Tiere beobachten. An der **Mystery Bay** gibt es einige interessante Felsenriffe mit vielen Fischen, Stachelrochen und Nacktkiemern. Bei der **Horseshoe Bay** vor Bermagui fällt die Felsenküste steil ab, wo es in 20 m Tiefe wunderschöne Schwammgärten und eine überwältigende Zahl an Meeresbewohnern gibt. Die örtlichen Tauchgeschäfte können Sie über die besten Küsten-Tauchplätze dieses Gebiets informieren.

Tathra

Schwammgärten und eine große Werft

Das 450 km südlich von Sydney gelegene Fischerstädtchen Tathra liegt am Rand einer tiefen Bucht. Das Gebiet um Tathra Wharf gehört zu den besten Küstentauchplätzen in New South Wales, und die Gewässer vor Tathra bieten Riffe und Felsnadeln mit großen Populationen an Fischen und wirbellosen Tieren.

Tathra Pinnacles

Überwältigende Schwammgärten schmücken diese beiden Felsnadeln, die aus 10 m bis in 30 m Tiefe steil abfallen. Die Pinnacles sind mit Fingerschwämmen, Seetulpen, Gorgonien, Peitschenkorallen, Moostierchen und Seescheiden überdeckt. Bei genauem Hinsehen kann man zwischen den Schwämmen zahlreiche Nacktkiemer, Seesterne, Garnelen, Tintenfische und kleine Rifffische entdecken. In der näheren Umgebung der Felsnadeln ziehen große Schwärme von Hochseefischen vorbei.

Tathra Wharf

Ein Tauchgang im 6–8 m tiefen Wasser unter dem Tathra Wharf ist auf alle Fälle lohnenswert. Die bunten Stützpfeiler sind mit Schwämmen, Juwelenanemonen und anderen Unterwasserlebewesen – Schleimfischen, Garnelen, Krabben und Nacktkiemern – überkrustet. Zwischen den Pfeilern leben ebenfalls Muränen, Seepferdchen, Octopusse, Tintenfische, Blaue Korallen-Lippfische und Rifffische. Von der Werft aus kann man zu einem in 15 m Tiefe liegenden Felsenriff tauchen, das hübsche Schwammgärten und eine interessante Auswahl an Rifffischen und wirbellosen Tieren zu bieten hat.

Kianinny Bay

Kianinny Bay ist ein weiterer aufregender Tauchplatz an der Küste. Das Wasser in der Bucht selbst ist verhältnismäßig seicht, weiter draußen jedoch fällt das Riff 18 m tief ab und ist mit üppigen Schwammkolonien bedeckt. Die Gräben, Felsnadeln und Felsbänke sind der Lebensraum für Wobbegongs, Port Jackson-Haie und zahlreiche Rifffische.

Little Kangarutha

Diese einmalige Felsnadel, die an ihrem unteren Ende in 22 m Tiefe üppige Schwammgärten aufweist, ist die Heimat von Seegras-Fetzenfischen, Blauen Korallen-Lippfischen und Unmengen farbenfroher Wirbelloser.

Küsten- bzw. bis zu 15 Minuten entfernte Bootstauchplätze

Durchschnittlich 10–15 m

Leichte Strömung auf den Riffen vor der Küste

Prächtige Schwammgärten

Tathra Wharf, üppige Schwammgärten an den meisten Tauchplätzen

Riff- und Hochseefische sehr häufig

Felsenriffe und Felsnadeln

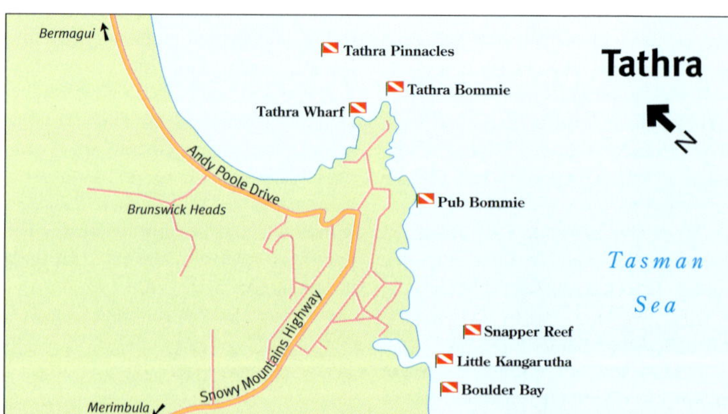

Merimbula und Eden

Abenteuer an der Sapphire Coast

Der Urlaubsort Merimbula und der geschäftige Fischerhafen Eden befinden sich beide auf halbem Weg zwischen Sydney und Melbourne. Dieses malerische Küstengebiet ist wegen seines blauen Wassers unter dem Namen Sapphire Coast bekannt. Beide Städte sind beliebte Ferienorte, in denen man u.a. surfen, angeln, reiten und durch den Busch wandern kann. Taucher werden besonderen Gefallen an den großartigen Tauchplätzen an der Küste und den Schiffswracks haben. Für die Sapphire Coast sind zwei Tauchveranstalter zuständig: Twofold Dive Charters mit Sitz in Eden und Merimbula Divers Lodge in Merimbula. Beide Unternehmen bieten Tauchkurse, Tauchausflüge mit dem Boot und Pauschalangebote an, bestehend aus Unterbringung und Tauchen.

Tauchplätze an der Küste

Long Point, ein Felsenriff vor Merimbula , ist der beliebteste Küsten-Tauchplatz des gesamten Gebiets. Im seichten Wasser, das vorwiegend von Algen beherrscht wird, leben Seegras-Fetzenfische, Seepferdchen, Tintenfische und Grüne Muränen. In einer Tiefe von 15 m ersetzen dann Schwämme das übermäßige Algenwachstum. Häufige Vertreter von Rifffischen sind Feilenfische, Gehörnte Kofferfische, Kugelfische, Morwongs, Lippfische, Skorpionsfische, »Old wives« und Felsenbarsche. Mit großer Wahrscheinlichkeit begegnen dem Taucher auch Stachelrochen, Conger-Aale, Geigenrochen, Zitterrochen, Blaue Korallen-Lippfische, Wobbegongs und eventuell ein Engelhai, der fast vollständig im Sand verborgen ist. Auch wirbellose Arten kommen in großer Zahl vor, darunter Seesterne, Nacktkiemer, Krabben und Garnelen.

Im Umkreis von Eden gibt es mehrere interessante Tauchplätze an der Küste, während man etwas weiter südlich, bei Green Cape, aufregende Tauchabenteuer erleben kann. Obwohl die meisten Tauchplätze am Green Cape nur mit Allradantrieb zu erreichen sind, wird man dafür durch die Vielzahl an Fischen und wirbellosen Tieren entschädigt. Unabhängig von den Wetterbedingungen findet man hier in diesem Gebiet immer einen Küsten-Tauchplatz, der leicht zugänglich ist. Informationen darüber erhalten Sie in den örtlichen Tauchgeschäften.

Unten: Die Schiffsschraube der »Tasman Hauler« (gesunken im Jahr 1988) ist so dicht mit Meereslebewesen bewachsen, dass sie wie bemalt aussieht.
Dave Warth.

Tauchausflüge mit dem Boot

Direkt vor Merimbula liegen zahlreiche Felsenriffe, die großartige Tauchgänge versprechen. **Short Point Bommie** ragt aus 18 m Tiefe bis 5 m unter die Wasseroberfläche empor und ist Anziehungspunkt für große Schwärme von Hochseefischen wie Königsmakrelen, Bonitos und Gelbschwanzmakrelen. Am Fuß der Felsnadel befinden sich wunderschöne Schwammgärten mit Seegras-Fetzenfischen, Blauen Korallen-Lippfischen, Octopussen, Nacktkiemern, Stachelrochen und unzähligen Rifffischen. Die in 16 m Tiefe liegenden **Gardens** bei Long Point, sind vollgepackt mit Schwämmen, Gorgonien, Seetulpen, Seescheiden und Moostierchen. Dieser Ort eignet sich auch sehr gut, wenn man Riff- und Hochseefische, viele farbige Nacktkiemer, Port Jackson-Haie, Riesentintenfische und Seepferd-

Küsten- bzw. bis zu 30 Minuten entfernte Bootstauchplätze

Durchschnittlich 10–15 m

Leichte Strömung auf den Riffen vor der Küste

Wunderschöne Schwammgärten

Die Wracks der »Empire Gladstone« und »The Tugs«, üppige Schwammgärten

Riff- und Hochseefische auf allen Riffen sehr häufig

Felsenriffe und Felsnadeln

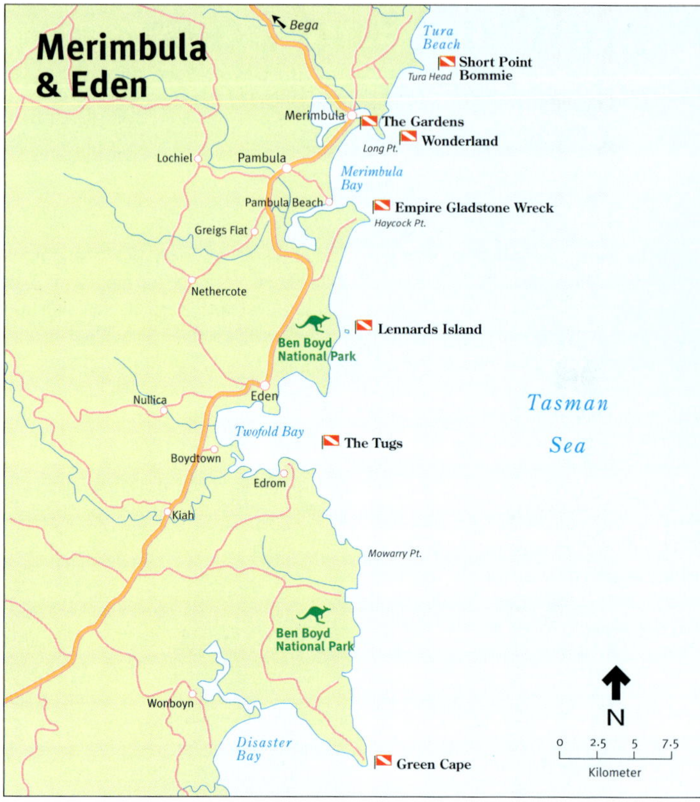

chen beobachten will. Das in 25 m Tiefe liegende Felsenriff **Wonderland** besitzt einen prächtigen Schwammgarten – Taucher werden hier keinen freien Fleck finden, da der Boden vollständig mit Unterwasserlebewesen, aber auch Stachelrochen, Seegras-Fetzenfischen, Eberfischen, Feilenfischen und vielen Rifffischen bedeckt ist.

Empire Gladstone

Im Jahr 1950 lief die 140 m lange »Empire Gladstone« auf den Haystack Rock auf, brach auseinander und versank. In einer Tiefe von 6–12 m kann man noch heute, zwischen Tang verborgen, Wrackteile dieses Schiffes, wie z.B. Heizkessel, Schiffsschraube und viele zerbrochene Teller finden. Taucher können in das Wrack hinein- und das lange Antriebswellenrohr entlangschwimmen, das im Maschinenraum endet, der vor Gelbschwanzmakrelen und »Sweep« wimmelt. Auf dem felsigen Meeresgrund liegen überall Wrackteile verstreut. Bei den Überresten versammeln sich Wobbegongs, Port Jackson-Haie, Stachelrochen, Tintenfische, Muränen und gelegentlich auch ein Schwarm Hochseefische.

The Eden Tugs

Vor Eden befinden sich viele interessante Felsenriffe und Schwammgärten, der beliebteste Ort ist jedoch The Tugs. 1988 wurden von dem hier ansässigen Tauchveranstalter zwei 42 m lange Schlepper versenkt – die »Henry Bolte« und die »Tasman Hauler« -, um auf diese Weise ein künstliches Riff zu schaffen. Die »Tasman Hauler« liegt aufrecht im Sand in einer Tiefe von 30 m, die »Henry Bolte« befindet sich 500 m davon entfernt, in einer Tiefe von 26 m. Nach dieser relativ kurzen Zeit sind die beiden Wracks heute bereits mit wunderschönen, rosafarbenen Juwelenanemonen und Schwämmen überzogen. Bei den Wracks tummeln sich Rifffische und Fledermausfische. Obwohl allgemein davon abgeraten wird, ins Innere der Wracks vorzudringen, können die Taucher immerhin die massiven Propeller, Masten und Aufbauten erkunden.

Gegenüberliegende Seite: Vielen Tauchern erscheint der sandige Meeresgrund uninteressant und ohne Leben zu sein. Unter dem Sand befindet sich jedoch der Lebensraum für unzählige Tiere. Die Taucherin auf dem Foto hat einen Großen Sandseestern (*Luidia australasie*) entdeckt. *Nigel Marsh.*

So ist Victoria

Gemäßigte Gewässer

Die Taucher aus Victoria gehören zu den wagemutigsten ganz Australiens. Mitten im Winter erforschen an jedem Wochenende mehrere tausend Taucher die Gewässer um Melbourne, ganz egal, wie die Wetterverhältnisse sind. Manchen Menschen mögen diese Taucher wohl etwas »verrückt« vorkommen, doch wenn man einmal die erstaunliche Vielfalt der Tauchplätze bzw. der Meereslebewesen in den Gewässern Victorias erlebt hat, wird man ihren Enthusiasmus verstehen und vielleicht sogar mitmachen wollen.

Als beinahe kleinster Staat Australiens wird Victoria, gegenüber den übrigen Staaten, als Tauchziel oft stiefmütterlich behandelt. Es gibt jedoch viele ausgezeichnete Tauchzentren, die für die Südküste bei Wilsons Promontory, Melbourne, Port Campbell, Warrnambool und Portland zuständig sind. Entlang der Küste finden sich die Überreste einiger hundert Schiffe (einschließlich einiger U-Boote), farbenprächtige Schwammgärten, Felsenriffe, Höhlen, Felsnadeln, Tangwiesen und Piers, die zahllose wirbellose Tiere und Fische beherbergen. Außerdem kann man hier mit Robben zusammen tauchen und gelegentlich einen Buckelwal beobachten.

Kapitän Cook entdeckte Victoria erstmals im Jahr 1770, als er, am Cape Everard vorbei, in die Region bei Gippsland segelte. Obwohl in den folgenden Jahren viele Forscher an dieser Küste ihre Beobachtungen anstellten und auch ein paar Robben- bzw. Walfänger kleine Siedlungen errichteten, konnte man von einer richtigen Besiedlung erst nach dem Jahr 1826 sprechen, als eine kleine Gruppe bei Philip Island an Land ging. Um das Jahr 1880 führte die Möglichkeit einer russischen Invasion zum Bau von Tunnels, Forts und Geschützstellungen. Eines dieser unvollendeten Forts in der Port Philip Bay (Popes Eye) ist heute ein beliebter Tauchplatz und Teil eines Meeresreservates.

Melbourne, die Hauptstadt Victorias, wurde im Jahr 1835 nach einem Vertragsabschluss mit den ortsansässigen Aborigines gegründet. Die Einwohnerzahlen der Stadt bzw. des Staates stiegen jedoch erst merklich an, als man 1851 in Ballarat Gold entdeckte. Während des darauffolgenden Goldrausches wuchs die Bevölkerung Victorias sehr rasch an und machte schon bald Sydney, der wichtigsten Stadt der gesamten Kolonie, Konkurrenz. Nach der Föderation im Jahr 1901 wurde Melbourne zur Hauptstadt Australiens ernannt, bis 1927 Canberra gegründet wurde. Heute gehört Victoria zu den wichtigsten Industriestaaten der Nation und ist Sitz einiger großer australischer Unternehmen.

Der Staat bedeckt eine Fläche von 227 600 km², was gerade 3 Prozent des australischen Kontinents entspricht. Victoria hat außergewöhnlich viele Naturschönheiten zu bieten; ein Drittel der Nationalparks des Landes befinden sich innerhalb seiner Grenzen. Diese

Oben: Einer der vielen Strände auf der Seeseite der Mornington Peninsula. Auf den Riffen, die an diese Strände angrenzen, kann nur bei ruhiger See getaucht werden. *Nigel Marsh.*

Gegenüberliegende Seite: Diese ganz selten einzeln auftretenden Fische (*Enoplosus armatus*) kommen häufig paarweise, in kleinen Gruppen oder großen Schwärmen vor. Man trifft sie an den Pfeilern von Piers, auf Riffen oder in den Algenwäldern der gemäßigten, südlichen Gewässer an. *Michael Aw.*

Naturwunder ziehen zahlreiche Besucher an, die sich an den Schneefeldern, Bergrücken, Flüssen, Seen, grünen Tälern, Wüsten und am Buschland erfreuen. Die Reiseroute könnte aber genau so gut zu den Pinguinen und anderen Wildtieren von Philip Island, zu den spektakulären Landschaften der Great Ocean Road, den geschützten Wassern der Port Philips Bay, der herben Schönheit von Wilsons Promontory und dem Gewirr von Wasserwegen an den Gippsland Lakes führen. Weitere Anziehungspunkte sind die historischen Städte und alten Goldminen, die vielen kulturellen Ereignisse und die berühmten Einkaufszentren in Melbourne.

Was das Wetter angeht, hat Victoria einen schlechten Ruf, da man hier an einem Tag alle vier Jahreszeiten erleben kann. Im Sommer beträgt die Lufttemperatur zwischen 10 und 24 °C, im Winter zwischen 4 und 14 °C, dazwischen schwanken die Temperaturen ganz erheblich. Im Sommer und Herbst ist das Wetter am beständigsten, was vor allem für Taucher sehr wichtig ist. Das Meer ist dann gewöhnlich ruhig, der Himmel blau, es weht nur ein leichter Wind und die Temperaturen sind angenehm. Die Wassertemperaturen können manchmal bis 20 °C erreichen, obwohl sie normalerweise zwischen 12 °C im Winter und 18 °C im Sommer schwanken.

In und um Melbourne gibt es zahlreiche Tauchgeschäfte, in den übrigen Landesteilen jedoch nur sehr wenige. Wegen der fehlenden Tauchgeschäfte bzw. Charter-Boote sind viele herrliche Tauchplätze, vor allem an der Ostküste, für Taucher nicht zugänglich. Zu diesen Plätzen gehört auch Gabo Island mit seinen prächtigen Schwammgärten und dem historischen Wrack der »Monumental City«.

Entlang der Küste von Victoria gibt es unzählige Tauchplätze, die an der Küste liegen bzw. vom Boot aus zu erreichen sind. Mit einigen live-aboard-Booten kann man z.B. Ausflüge zu Wilsons Promontory und den Inseln der Bass Strait unternehmen. Hier kann man wie sonst nirgendwo in Australien aufregende Tauchabenteuer erleben. Die Sichtweite schwankt in den einzelnen Landesteilen erheblich und liegt bei 5–15 m. Das klarste Wasser ganz Victorias findet man vor Wilsons Promontory. An einem guten Tag kann die Sicht über 45 m betragen. In Victoria tragen Taucher einen 5 mm dicken Kälteschutzanzug im Sommer und einen 7 mm dicken Kälteschutzanzug oder Trockentauchanzug im Winter.

Feriengäste finden in Victoria ein breites Angebot an Unterkunftsmöglichkeiten vor, darunter auch Ferienhäuser für Taucher. Die Verkehrsverbindungen sind überall gut.

Wilsons Promontory

Die raue Wildnis des »Prom"

Bootstauchplätze bis zu 80 Minuten entfernt

Durchschnittlich 15–25 m

Strömung auf manchen Riffen

Schwammgärten und Algenwiesen

Steilwände, Felsnadeln, Höhlen und eindrucksvolle Meerestiere

Riff- und Hochseefische sehr häufig

Felsenriffe und Felsnadeln

»The Prom«, wie Wilsons Promontory landläufig bezeichnet wird, ist die raue Wildnis der Halbinsel mit einer Vielzahl einheimischer Wildtiere, wie Kängurus, Wombats, Wallabys, Emus, Schnabeltiere, Koalas, Robben, kleinen Pinguinen und vielen Vogelarten. The Prom, das 140 km von Melbourne entfernt liegt, wurde schon immer als etwas Besonderes angesehen und 1908 zum Nationalpark erklärt.

Jedes Jahr kommen viele tausend Besucher hierher, um Buschwanderungen zu unternehmen oder zu campen, obwohl die Plätze hierfür begrenzt sind. Der wichtigste Campingplatz befindet sich am Tidal River, wo man vom Ufer aus mit Booten Ausflüge unternehmen kann. Jedes Wochenende kommen zahlreiche Taucher hierher, um die Buchten und Inseln vom Boot aus zu erforschen.

Die eindrucksvolle Landschaft aus Granit-Landzungen, Steinblöcken und Inseln, setzt sich unter Wasser in Form von Steilwänden, Höhlen und Felsnadeln fort. Die Felsenriffe sind im seichten Wasser mit Tang, im tieferen Wasser mit Schwämmen bedeckt. Die Vielzahl an Meeresbewohnern ist beeindruckend: zahllose wirbellose Tiere, Riff- und Hochseefische sowie zahlreiche Robbenkolonien. Schlechte Wetterverhältnisse und schwer zugängliche Lage sind die einzigen Hemmfaktoren für diese einmaligen Tauchplätze auf offener See, die am besten mit einem Schnellboot zu erreichen sind. Mehrere Charter-Boote veranstalten Tagesausflüge bzw. Ausflüge auf live-aboard Booten in dieses Gebiet. Sie starten von Port Albert, Port Welshpool und Port Franklin auf der Ostseite des Prom aus.

Horn Point

An dieser Stelle fällt eine mit hübschen Schwämmen bedeckte Steilwand 20 m tief ab. Bei näherem Hinschauen wird man zwischen den Schwämmen Seesterne, Seespinnen, Haarsterne, Gorgonenhäupter und eine große Zahl Nacktkiemer entdecken können. Der felsige bzw. sandige Meeresboden wimmelt vor Rifffischen wie Morwongs, Felsenbarschen, Feilenfischen, Kofferfischen, »Old wives«, Eberfischen, Meerbarben und Königsmakrelen. Dem Taucher werden oft Stechrochen, Port Jackson-Haie, Seegras-Fetzenfische, Tintenfische und Haie über den Weg schwimmen.

Bareback Cove

An der Südspitze von Bareback Cove gibt es eine Reihe von Granit-Felsnadeln, an denen man ausgezeichnet tauchen kann. Die Spitzen sind mit Tang überzogen, weiter unten – bis in 25 m Tiefe – sind die Pinnacles dann mit Schwämmen, Seescheiden, Gorgonien und Krustenanemonen bedeckt. In den zahlreichen Höhlen und unter den Felsbänken leben Felsenlangusten, Tintenfische, Glasbarsche, Bärtige Felsenbarsche, Feilenfische und Blaue Teufelsfische.

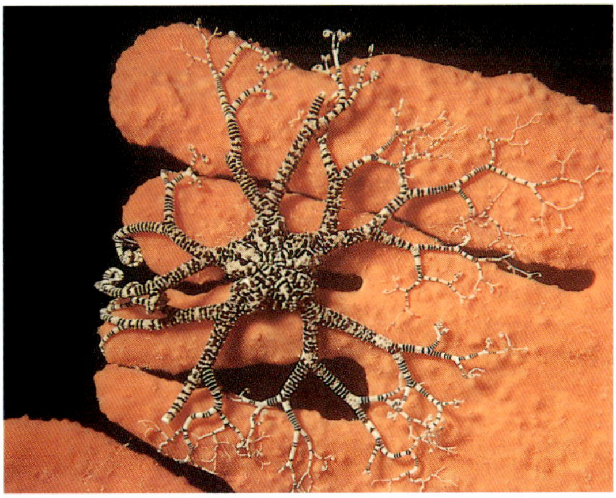

Oben: Gorgonenhäupter (*Conocladus australis*) sind häufige Bewohner von »The Prom«. Am Tage findet man sie auf Kolonien sesshafter Tiere, wie Schwämme oder Gorgonien. Bei Nacht begeben sie sich zum höchsten Punkt und strecken ihre Arme nach Plankton aus. *Neville Coleman.*

Waterloo Bay

In bis zu 40 m Tiefe liegen Granitblöcke, die in dieser Tiefwasserbucht fantastische Wände und Höhlen bilden. Mit einer Taschenlampe kann man in den Höhlen scharenweise gelbe Krustenanemonen, Peitschenkorallen und unzählige Felsenlangusten erkennen, die im Halbdunkel ihre Fühler ausstrecken. Hier finden Fotografen unendlich viele Fotomotive in Form von Riesentintenfischen, Haien, Nacktkiemern, Seesternen, Blauen Teufelsfischen, Langschnäuzigen Eberfischen, Schwärmen von Königsmakrelen und überaus freundlichen Feilenfischen.

South East Point

In einer Tiefe von 28 m findet man Steilwände und Gräben mit den üblichen farbenprächtigen Schwammgärten, Rifffischen und wirbellosen Tieren. Unter dem Leuchtturm liegen auf dem Meeresboden stapelweise Vorräte verstreut, die bei der Verladung durch einen Kran ins Meer fielen.

West Moncoeur Island

Mehrere hundert Robben aus der Kolonie auf West Moncoeur Island begleiten die Taucher im Wasser. Manche von ihnen sind so neugierig, dass sie vorsichtig die Schwimmflossen und Finger der Taucher anknabbern. Die Taucher können sich entweder auf den Meeresboden im nur 10 m tiefen Wasser setzen und dem Schauspiel zusehen oder mit diesen Unterwasserakrobaten zusammen spielen. Eines steht jedoch fest: kein Taucher wird das Wasser frühzeitig verlassen wollen!

Forty Foot Rocks

Die beiden Felsen ragen 10 m über die Wasseroberfläche empor und fallen bis zum 70 m tiefen Meeresgrund ab. In nur 24 m Tiefe befindet sich zwischen den Felsen ein Graben und überall im Umkreis findet man zahlreiche Höhlen und Felsbänke. Juwelenanemonen, Peitschenkorallen, Gelbe Krustenanemonen, Gorgonien, Seescheiden, Seetulpen, Schwämme, Moostierchen und viele andere stellen hervorragende Fotomotive dar. Man trifft hier häufig auf Port Jackson-Haie, Königsmakrelen, Gelbschwanzmakrelen, Glasbarsche, Eberfische, Felsenlangusten und Tintenfische. Auch ein paar Robben haben hier eine Kolonie gegründet.

Rodondo Island

Atemberaubend ist das ideale Wort, wenn man einen Tauchgang bei Rodondo Island beschreiben will. Die Insel erhebt sich 40 m hoch und fällt nach unten 50 m weit ab. Die vielen, aufregenden Tauchplätze um die Insel haben Steilwände, Höhlen, Durchgänge, Gräben und Felsbänke zu bieten. Im oberen Abschnitt der Felsen findet man vorwiegend Tang, weiter unten dann wunderschöne Schwammgärten und die dazugehörigen Meereslebewesen. Auf dem Riff bekommt man eine Vielzahl von Nacktkiemern und Seesternen, zusammen mit Tintenfischen, Felsenlangusten, Einsiedlerkrebsen, Garnelen und Mollusken zu sehen. Neben Port Jackson-Haien, Katzenhaien, Königsmakrelen, Pike, Stachel-Makrelen und Schmetterlings-Felsenbarschen, begegnen dem Taucher auch zahlreiche Arten von Rifffischen.

Cleft Island

Cleft Island, das auch unter der Bezeichnung Skull Island bekannt ist, sieht

Unten: Die von Tauchern meist unbeachtete Seespinne (*Pseudopallene ambigua*) lebt zwischen den Kolonien von Moostierchen. *Neville Coleman.*

Oben: – Ähnlich wie alle Kofferfische besitzt auch diese Art (*Aracana aurita*) ein hartes Außenskelett und ist somit ungenießbar.
Neville Coleman.

aus, als wäre es für einen Film geschaffen worden. Die Insel ragt 113 m aus dem Wasser empor, ist an der Spitze abgerundet und besitzt tiefe Höhlen. Unter Wasser weist diese Granit-Felsnadel faszinierende Höhlen und Wände in einer Tiefe von 40 m auf. Die besten Tauchplätze befinden sich an der Nordostseite und weisen unzählige Steinblöcke auf, die mit Schwämmen, Peitschenkorallen, Krustenanemonen und Gorgonien überdeckt sind. Robben, Eberfische, »Old wives«, Blaue Teufelsfische, Morwongs, Schmetterlings-Felsenbarsche, Port Jackson-Haie, Stechrochen, Kofferfische, Königsmakrelen, Felsenbarsche und Skorpionsfische sind nur einige der hier lebenden Meerestiere.

Kanowna Island

Die Robbenkolonie auf Kanowna Island besteht aus über 2000 Tieren und es gibt Zeiten, zu denen das Wasser mit diesen freundlichen Lebewesen völlig überfüllt ist. Hier geht es so turbulent zu, dass es Fotografen schwer fallen wird, sich auf ihre Arbeit zu konzentrieren, vor allem wenn ein neugieriges Robbenbaby heranschwimmt und sein eigenes Spiegelbild in der Linse betrachtet oder beschließt, am Blitzgerät herumzunagen. Wenn auch das Tauchen mit Robben durch nichts zu schlagen ist, so sollte man dennoch einen Blick auf die zahllosen Höhlen und Steilwände im Umkreis der Insel werfen.

Anser Island

Anser Island hat interessante Unterwasserhöhlen, die von Juwelenanemonen, Schwämmen, Seescheiden und goldfarbenen Teppichen aus gelben Krustenanemonen überwachsen sind. Man sollte auf alle Fälle eine Taschenlampe mitnehmen, um die Felsenlangusten, Conger-Aale, wunderschöne Blaue Teufelsfische, Skorpionsfische, Bärtige Felsenbarsche und auch Anglerfische aufspüren zu können. Auf der Südseite der Insel liegen die Überreste eines nicht identifizierten Schiffes, das die See schwer mitgenommen hat.

Dannevig Island

Die Inseln auf der Westseite von The Prom bieten alle ausgezeichnete Tauchmöglichkeiten. Dannevig Island macht da keine Ausnahme: es hat 35 m tief abfallende Felswände und unzählige Höhlen zu bieten. Unterhalb 15 m sind die Felsen mit wunderschönen Schwämmen bedeckt und Lippfische, Feilenfische, Kofferfische, Stechrochen, Felsenbarsche, Morwongs, Riffbarsche, »Sweeps«, Seesterne, Katzenhaie und Nacktkiemer sind überall zu sehen. Mit großer Wahrscheinlichkeit trifft man auch auf Felsenlangusten, Port Jackson-Haie, Schwärme von Hochseefischen und Schmetterlings-Felsenbarschen.

Great Glennie Island

Bei schlechtem Wetter suchen viele Boote in der Bucht am Nordende von Great Glennie Island Schutz. Diese geschützte Stelle hat ausgezeichnete Tauchplätze zu bieten. Am sandig-felsigen, von Tang bedeckten Meeresboden in 18 m Tiefe findet man Geigenrochen, Seegras-Fetzenfische, Haie, Katzenhaie u.v.m.

AUSTRALISCHE ROBBEN –

die Unterwasserakrobaten

ALS DIE EUROPÄER AUSTRALIEN ENTDECKTEN, waren die südlichen Küstenabschnitte von Hunderttausenden Robben bevölkert. Doch bald schon kamen Robbenfänger, die zahllose Tiere wegen ihres Pelzes, Fleisches und Trans umbrachten. Zwischen 1798 und 1860 gelang es den Robbenjägern die gesamten Kolonien der Seeelefanten auszurotten bzw. die Zahl der Australian Pelzrobben, New Zealand Pelzrobben der Australischen Seelöwen drastisch zu reduzieren. Obwohl die Tiere seit 1890 vollkommen geschützt sind, sind die Populationen immer noch sehr klein und – sehen sich neuen Gefahren in Form von Ölkatastrophen und schießwütigen Fischern gegenüber.

In Begleitung australischer Robben zwischen Algenwäldern herumzuschwimmen, gehört zu den vergnüglichsten Unterwassererlebnissen. *Neville Coleman.*

Die häufigste Robbenart, die man in Victoria, Tasmanien und dem südlichen Teil von New South Wales findet, ist die AustralischePelzrobbe (*Arctocephalus pusillus doriferus*). Gegenwärtig beläuft sich ihr Bestand auf 30 000 Tiere. Die größten Kolonien Victorias befinden sich bei Seals Rock, Lady Julia Percy Island und Kanowna Island.

Das Fisheries and Wildlife Department von Victoria führte zwischen 1960 und 1970, ausgedehnte Studien über die AustralischePelzrobbe durch. Bei Seal Rock und Lady Julia Percy Island wurden zahlreiche Robben gekennzeichnet, gewogen und gemessen, einschließlich über 1000 junge Robben, die jedes Jahr in den Kolonien zur Welt kommen. Die Studien zeigten, dass sich die Robben von Riff-und Hochseefischen, Octopussen, Tintenfischen, Kalmaren, Felsenlangusten und Krabben ernähren. Die Tiere sind in der Lage, auf der Suche nach Nahrung bis in eine Tiefe von 200 m hinabzutauchen (gegenwärtig steht der Rekord bei 120 m, der durch einen unglücklichen Umstand ermittelt wurde, nämlich als man Jungtiere in Hummerkörben fing, die darin elend umgekommen waren). Die natürlichen Feinde der Robben sind Killerwale und Weisse Haie, denen sie jedoch mit Leichtigkeit entkommen, wenn sie sie rechtzeitig bemerken. Es wurde schon beobachtet, wie Robben einen großen Weissen Hai in die Flucht schlugen.

Die Australischen Pelzrobben bringen ihre Jungen im November und Dezember zur Welt. Nach einem halben Jahr beginnen die Jungtiere, feste Nahrung zu sich zu nehmen. Während der Fortpflanzungszeit finden unter den Bullen Kämpfe um die aus mehreren Weibchen bestehenden Harems statt. Das stärkste Männchen paart sich mit den Weibchen, die nach einer Tragezeit von 51 Wochen jeweils ein Junges zur Welt bringen. Die Sterblichkeitsrate unter den neugeborenen Robben ist sehr hoch, die durchschnittliche Lebenserwartung liegt bei zwanzig Jahren.

Zu den verspieltesten Robbenarten gehört der Australische Seelöwe *(Neophoca cinera)*, der in Südaustralien und dem südlichen Teil Westaustraliens anzutreffen ist. Tauchern gegenüber verhalten sie sich sehr zutraulich und posieren auf dem Meeresgrund sogar für Fotos. Die Bestandszahlen belaufen sich gegenwärtig auf 5 000 Tiere, so dass sie zu den am meisten bedrohten Robbenarten gehören.

Melbourne
Eine Stadt für jeden Geschmack

Küsten- bzw. bis zu 30 Minuten entfernte Bootstauchplätze

Im Sommer 10–20 m, im Winter 5–10 m

Strömung auf manchen Riffen

Schwammgärten und Algenwiesen

Großartige Schiffswracks und Riffe. Tauchen mit Robben.

Riff- und Hochseefische recht häufig

Felsenriffe und Felsnadeln

Abgesehen von den einheimischen Tauchern sind sich nur wenige Taucher der Tatsache bewusst, dass Melbourne mit die interessantesten und abwechslungsreichsten Tauchplätze Südaustraliens zu bieten hat. Die Wetterverhältnisse sind zwar nicht immer ideal, an einem schönen Tag hat Melbourne jedoch einiges zu bieten: man kann an einem versunkenen U-Boot tauchen, die Bekanntschaft einer riesigen Felsenlanguste machen, mit Robben oder Flaschennasen-Delfinen spielen oder unter einem Pier herumstöbern.

Melbourne ist die zweitgrößte Stadt Australiens. Es besitzt zwei breite Buchten und mehrere hundert Tauchplätze – ob nun Riff, Schiffswrack oder Pier. Wie schlecht die Wetterverhältnisse auch sein mögen, in Melbourne wird man immer eine geschützte Stelle zum Tauchen finden. Für Taucher liegt die günstigste Zeit zwischen November und Mai, wenn das Meer ruhig, das Wasser wärmer (18–20 °C) und die Sichtweite gut ist, d.h. zwischen 10–20 m liegt.

Zwischen den einzelnen Tauchgängen hat die Weltstadt Melbourne ihren Besuchern einiges zu bieten: sportliche Aktivitäten, Kunstgalerien, Wildtierparks, Aquarien, historische Stätten und Kneipen, Nachtclubs und Feste.

Western Port Bay

Western Port Bay besteht im wesentlichen aus zwei großen Inseln – French Island in der Mitte und Philip Island direkt am Zugang. Philip Island hat eine der bedeutendsten Touristenattraktionen Melbournes zu bieten: die nächtliche Pinguinparade, bei der man die kleinen Pinguine dabei beobachten kann, wie sie nach ihrem täglichen Fischfang auf die Insel zurückkehren. Den Inselbesuchern werden ebenfalls Kängurus, Wombats, Koalas und andere einheimische Tiere begegnen, dem Taucher stehen zahlreiche gute Tauchplätze zur Auswahl.

The Pinnacle

Dieser eindrucksvolle Felsturm ragt aus 40 m Tiefe bis 10 m unterhalb der Wasseroberfläche empor. Seine Spitze ist mit Tang überzogen, der restliche Teil dicht mit Gorgonien, Krustenanemonen, Moostierchen, Anemonen, Seescheiden und zahlreichen Schwammarten bewachsen. Rifffische und wirbellose Tiere gibt es in Hülle und Fülle. Zu den Hochseebewohnern der Pinnacle gehören Königsmakrelen, Schnapper und Stachel-Makrelen.

Pyramid Rock

Der vor der Südseite von Philip Island

Unten: – Bei einer Wassertiefe von nur 4 m bieten die mehreren hundert Pfeiler des Flinders Pier Lebensraum für eine erstaunliche Vielfalt an Meerestieren.
Neville Coleman.

gelegene Pyramid Rock ist zwar von der Küste aus zu erreichen, am besten jedoch mit dem Boot. Der Felsen hat viele Gräben, Felsnadeln, Felsbänke und Höhlen zu bieten, die in Tiefen zwischen 10 und 15 m liegen. Das Riff ist vorwiegend mit Tang bewachsen, in den weiter unten liegenden Abschnitten jedoch mit Schwämmen, Seesternen, Mollusken, Krustenanemonen und Gorgonien. Um das Riff herum schwimmen Port Jackson-Haie, Königsmakrelen, Morwongs, Pike, Lippfische, Eberfische, »Old wives«, Katzenhaie, Felsenlangusten, Glasbarsche, Feilenfische und gelegentlich eine Robbe.

Seal Rocks

Bei Seal Rocks befindet sich die größte Robbenkolonie Südaustraliens. An dieser Felsenküste leben über 5000 Robben, so dass dem Taucher jedes Mal mindestens eine begegnen wird. Tatsächlich werden Taucher an diesem Felsenriff oft von mehreren hundert Robben umkreist. Bei klarem Wasser ist dies ein unvergessliches Taucherlebnis, bei dem man einen Film nach dem anderen verknipsen kann. Robben sind allgemein sehr neugierig und untersuchen jeden Taucher und seine Ausrüstung. Es ist eine einmalige Erfahrung, den Schnurrbart und die Nase einer Robbe auf der Hand zu fühlen.

Flinders Pier

Unter dem Flinders Pier, in 4 m Tiefe, findet man eine unglaubliche Vielfalt von Meereslebewesen. Die Pfeiler sind mit Seegras, Anemonen und Schwämmen überwuchert, in denen Nacktkiemer, Garnelen, Krabben, Seesterne und Seegrasfische leben. Der Sandboden ist dick mit Seegras und Tang überzogen und auch etwas Abfall kann man finden. Zwischen dem Tang treiben zahlreiche Seegras-Fetzenfische und auf dem Meeresgrund leben Trompetenfische, Feilenfische, Lippfische, Kofferfische, Meerbarben, Seeigel, Rochen, Tintenfische, Octopusse und bisweilen auch ein Roter Samtfisch. Zwischen den Pfeilern erblickt man Schwärme von »Sweeps« und Pike, ab und zu auch einen riesigen Stachelrochen.

West Head

Wenn das Meer ruhig ist, kann man bei West Head durchaus spektakuläre Tauchgänge erleben. Obwohl man zu diesem Ort erst nach langem Fußmarsch gelangt, lohnt sich die Mühe auf alle Fälle. In 4—10 m Tiefe warten Höhlen und Gräben darauf, von Tauchern erforscht zu werden, und der Boden ist dicht mit Tang bewachsen. Bei näherem Hinsehen wird man zwischen dem Tang Katzenhaie, Felsenlangusten, Seesterne und Seeohren entdecken. Die kleinen Höhlen sind mit Schwämmen und Gorgonien überwuchert und bieten Lebensraum für Blaue Teufelsfische, Kardinalfische, Eberfische, Felsenbarsche und zahlreiche Felsenlangusten.

The Arch

Vor der Monington Peninsula befinden sich eine Reihe interessanter Tauchplätze in seichtem Wasser. Mit nur 5–10 m tiefem Wasser, zahlreichen Höhlen und Gräben ist The Arch typisch für dieses Gebiet. Felsenlangusten, Katzenhaie, Blaue Teufelsfische, »Sweeps«, Tintenfische, Feilenfische, Lippfische, Geigenrochen, Port Jackson-Haie und eine große Zahl wirbelloser Tiere kommen sehr häufig vor.

Port Philip Bay

Der schmalen Zufahrt in die Port Philips Bay, bekannt als The Rip, sind in den vergangenen 200 Jahren schon viele Schiffe zum Opfer gefallen. Die meisten Schiffswracks in der Bucht sind in viele Teile zerbrochen, die besten Tauchplätze befinden sich jedoch auf dem »Schiffsfriedhof«, wo in den zwanziger Jahren über 30 Schiffe versanken. Wie die Schiffswracks können auch viele Riffe, Steilwände und Felsnadeln mit dem Boot erreicht werden. Zu den Riffen im seichten Wasser und den farbenprächtigen Piers gelangt man am besten, indem man von der Küste aus hinschwimmt.

Back Beaches

Wenn das Meer ruhig ist, laufen viele Taucherboote zur Seeseite der Mornington Peninsula hin aus, um Felsenlangusten zu fangen und man kann dort auf wahre Ungetüme stoßen! Selbst wenn man keine Felsenlangusten fangen will, lohnt sich ein Tauchgang an den Back Beaches. In 5–15 m Tiefe ist das felsige Terrain mit Höhlen und Durchgängen durchsetzt. Zahlreiche Höhlen und Tunnel sind mit Gorgonien und Krustenanemonen überdeckt und werden von Conger-Aalen, Blauen Teufelsfischen, Eberfischen und Tintenfischen bewohnt. Ebenfalls häufig auf dem mit Tang bedeckten Riff anzutreffen sind Seesterne, Nacktkiemer, »Sweeps«, Katzenhaie, Morwongs, Felsenbarsche und Rochen. Bisweilen erblickt man auch einen Adlerrochen.

Nepean Wall

Diese am Zugang zur Port Philips Bay gelegene Wand fällt von 18 auf 66 m Tiefe ab und bietet spektakuläre Tauchgänge. Entlang der Steilwand finden sich zahlreiche Höhlen und Felsbänke, die mit Schwämmen, Peitschenkorallen, riesigen »lace corals« (Moostierchen), Krustenanemonen, Gorgonien und Anemonen überzogen sind. Fotografen werden sich hier wie im Paradies fühlen: Nacktkiemer, Seesterne, Rifffische, Tintenfische und auch Schwärme von Hochseefischen stehen als Modelle zur Verfügung. In diesem Gebiet kann nur bei Stillwasser getaucht werden.

Schiffsfriedhof

In den zwanziger Jahren wurden vor Melbourne über 30 Schiffe versenkt,

Unten: Die große Seespinne (*Leptomithrax gaimardi*) bevorzugt seichte Gewässer, wo sie häufig in Schwammgärten, an Pfeilern und in Seegraswiesen anzutreffen ist. *Nigel Marsh.*

Oben: – Dieser am Meeresgrund lebende Skorpionsfisch (*Helicolenus papillosus*) bewohnt die südöstlichen Gewässer, hauptsächlich das Gebiet der Victorian Bass Strait. *Neville Coleman.*

die heute zu den aufregendsten Tauchplätzen in Victoria zählen. Zu den beliebtesten Orten gehören vier J-Class U-Boote aus England, die 80 m lang sind. In das J5-U-Boot, das sich in 25 m Tiefe befindet, kann man am besten hineinschwimmen. Da der Bug abgebrochen ist, können Taucher den Torpedoraum inspizieren. Die anderen U-Boote (J1, J2 und J4) liegen in einer Tiefe von 36–39 m, und es ist zu gefährlich, sie von innen zu begutachten. Ein weiterer beliebter Tauchplatz ist die »Coogee« in 33 m Tiefe, die mit Schwämmen und Krustenanemonen überwachsen ist. Der Schiffsrumpf ist teilweise auseinandergebrochen, doch die Taucher können noch den Bug, das Heck und den Maschinenraum dieses 66 m langen Schiffes erforschen.

Lonsdale Reef

Bei Point Lonsdale liegen viele Schiffe auf dem Meeresgrund, und bei günstigen Wetterverhältnissen können diese Schiffswracks von der Küste aus erreicht werden. Das mit Tang bedeckte Felsenriff befindet sich in 5–10 m Tiefe. Aus dem Tang ragen Schiffsrippen und –balken und andere Wrackteile heraus, die von Schiffen wie der »George Roper«, »Holy Head«, »Black Boy«, »Grange« oder »Glaneuse« stammen.

Lonsdale Wall

Diese großartige Steilwand fällt aus 12 m bis in 60 m Tiefe ab und ist mit Unterwasserlebewesen überzogen. Überall in den unzähligen Höhlen und Durchgängen trifft man auf Felsenlangusten, Eberfische, Blaue Teufelsfische, Nacktkiemer, Seespinnen, Felsenbarsche, Morwongs und zahlreiche Rifffischarten.

Das Wrack der »Eliza Ramsden«

Einer der aufregendsten Tauchplätze in der Bucht ist das Wrack der »Eliza Ramsden«, die 1875 sank. Ein Großteil des Schiffsrumpfes liegt noch heute in 18 m Tiefe auf dem sandigen, mit Steinen übersäten Meeresgrund, wobei der Bug 7 m weit aus dem Boden herausragt. Wenn man das Wrack erforscht, begegnen einem Königsmakrelen, Tintenfische, Feilenfische, wirbellose Tiere und viele Rifffische.

Portsea Hole

Bei Portsea Hole kann man nur bei Ebbe oder Flut tauchen, wenn die Wasserbewegung am geringsten ist (dies gilt für die meisten Tauchplätze in der Bucht). Hier gibt es Steilwände, die von 13–28 m tief abfallen, zahlreiche Felsbänke und Höhlen. An die Wand klammern sich unzählige Schwämme, Seescheiden, Krustenanemonen und Moostierchen, darunter auch Seesterne, Nacktkiemer, Gorgonenhäupter, Garnelen, Krabben und Octopusse. Entlang der Steilwand stößt man auf Rifffische, wie Lippfische, Feilenfische, Felsenbarsche, Blaue Teufelsfische und Morwongs.

Popes Eye

Dieses nie zu Ende gebaute Fort gehört jetzt zu einem Marinereservat und ist der Lebensraum zahlloser Seevögel. Der beste Tauchplatz befindet sich auf der Südseite, an der 3–12 m abfallenden Steilwand. Taucher werden von Fischschwärmen umkreist, große Feilenfische blicken neugierig durch die Tauchermaske, während Lippfische und Felsenbarsche zwischen dem Tang hin- und herflitzen. Häufige Bewohner dieses Ortes sind auch Morwongs, Blaue Teufelsfische, Kofferfische, Trompetenfische, Eberfische, Skorpionsfische, Riffbarsche, »Old wives« und Rochen.

Portsea Pier

Portsea Pier wird zur Taucherausbildung und als Ausgangspunkt für viele Taucherboote verwendet. Man kann dort am besten tauchen, wenn möglichst wenig Boote unterwegs sind, weil dann die Sicht unter Wasser besser ist. Der Pier befindet sich in nur 6 m tiefem Wasser und zwischen seinen Pfeilern leben Seegras-Fetzenfische, Trompetenfische, Seepferdchen, Tintenfische, Octopusse, Rochen, große Spinnenkrabben, Seesterne, Kofferfische, Nacktkiemer, Lippfische, Meerbarben und auch einige seltenere Lebewesen wie kleine Flügelrossfische.

Fotografen werden von den Schwämmen, Weichkorallen und Seescheiden begeistert sein, die die Pfeiler überziehen.

Das Wrack der »Cerebrus«

Die »Cerebrus« wurde 1926 vor Black Rock als Wellenbrecher versenkt. Das 68 m lange Schiff, das sich in nur 5 m Wassertiefe befindet, kann leicht von der Küste aus erreicht werden, weil der größte Teil aus dem Wasser ragt. Zwar ist es einfach, in den Schiffsrumpf hinein zu gelangen, doch hat sich der Zustand in den letzten Jahren so drastisch verschlechtert, dass jederzeit Einsturzgefahr besteht und es sehr gefährlich ist, dort zu tauchen. Um das Wrack herum kann man jedoch jederzeit tauchen, und am nahegelegenen Riff kann man Seepferdchen, Rochen, Seesterne, Nacktkiemer, Feilenfische, Feilenmuscheln, Kofferfische, Krokodilfische, Geigenrochen und viele andere Rifffische beobachten.

Robbenkolonie

An den Navigationstürmen 6 und 10 in der Port Philips Bay haben zwei kleine Robbengruppen Kolonien gegründet. In Begleitung der Robben zu schnorcheln bzw. zu tauchen ist immer ein fantastisches Erlebnis. Beim Tauchen sollte man einen Blick auf den unteren Teil der Türme (in 12 und 21 m Tiefe) werfen, der mit vielen Schwammarten und anderen wirbellosen Tieren überkrustet ist. Im Umkreis der Türme bekommt man auch die unterschiedlichsten Rifffische zu sehen.

Tauchen mit Delfinen

In Port Philips Bay gibt es zwei Herden Flaschennasen-Delfine, die einen beim Schnorcheln begleiten. Sobald die Boote nach dem Auslaufen auf Delfine stoßen, steigen die Taucher ins Wasser und werden ins Schlepptau genommen. Auf diese Weise kommen die Delfine sehr nah an die Schnorchler heran. Man kann sogar am eigenen Körper fühlen, wie ihre Schallwellen – abprallen: ein erhebendes Erlebnis, das jeder genießen wird.

Unten: – Die Prachtascidie (*Botrylloides magnicoecum*) gehört zu den höchstentwickelten wirbellosen Tieren. Während des Larvenstadiums weisen diese Tiere ein rudimentäres Rückgrat auf, was auf ihre Verwandtschaft zu den Wirbeltieren hindeutet.
Michael Aw.

SOUTHERN RIGHT WHALES –
langsam auf dem Weg der Besserung

»Als ich an der Wasseroberfläche schnorchelte, konnte ich, 8 m unter mir auf dem Meeresboden, viele kleine Fische erblicken. Die Sichtweite betrug bestimmt nicht mehr als 10 m, als ich in das trübe Wasser starrte und darauf wartete, dass sich der Wal zeigte. Plötzlich tauchte vor mir ein riesiger, mit Muscheln überzogener Kopf auf, dem wenig später der 12 m lange Körper folgte: es war ein gigantischer Südlicher Glattwal! Ich war wie gelähmt und vergaß sogar, ein paar Fotos zu machen: dabei versperrte ich dem Wal auch noch den Fluchtweg. Der Körper des Meeresriesen kam auf mich zu, und als sein Kopf direkt unterhalb meiner Flossen vorüberkam, konnte ich das kleine Auge, die Brustflossen und den übrigen Körper mit dem 3m breiten Schwanz erkennen. Ich war darauf gefasst, einen Schwanzschlag abzubekommen, der Wal glitt jedoch um mich herum und schlug erst wieder mit dem Schwanz, als er an mir vorüber war. Das Tier wusste genau, wo ich mich befand und hatte alles unter Kontrolle. Eine Stunde lang schwammen einige Schnorchler und ich in Begleitung des Wals und genossen diese Begegnung mit jedem Atemzug.« *Neville Coleman*

Die Glattwale bringen ihre Jungen im Frühling an den Küsten Südaustraliens zur Welt. In dieser Zeit kommen diese Tiere sehr nahe an den Strand und lassen sich gut fotografieren. *Neville Coleman.*

Zwischen Juni und September, wenn dieSüdlichen Glattwale (*Eubalaena australis*) nach Norden wanderten, um dort ihre Jungen zur Welt zu bringen und aufzuziehen, traf man diese Wale sehr häufig in den südlichen Gewässern Australiens an. Im Gegensatz zu anderen Walen bevorzugten sie seichte Buchten und wurden somit zu einer leichten Zielscheibe für Walfänger. Hunderttausende wurden abgeschlachtet und ihr Bestand ging bedrohlich zurück, bis sie endlich unter Schutz gestellt wurden. Der ausschließlich in der südlichen Hemisphäre vorkommende Südliche Glattwal ist gegenwärtig auf dem Weg, sich zu erholen. Trotzdem gibt es weltweit nur noch wenige tausend Exemplare.

Im Winter sorgt die jährliche Wanderung der Wale entlang der australischen Küste für Schlagzeilen. Minke- und Glattwale beginnen ungefähr zur selben Zeit mit ihrer Wanderung. Die Glatt- und Minke-Wale ziehen weit nach Norden, in die tropischen Meere, während die Südlichen Glattwale ihre Reise im allgemeinen bei Sydney und Perth beenden. Einzelne Wale trifft man in fast jeder Bucht an, die Mehrheit von ihnen kann man jedoch vor Warrnambool und den Klippen der Nullarbor Plain beobachten.

Vor dem Erlass der Schutzgesetze konnten Taucher mit den Südlichen Glattwalen frei umherschwimmen, und da diese Tiere sehr neugierig sind, folgten sie oft dem Taucher nach. Wenn man in das Auge eines Wales blickt, kommt man sich sehr klein vor – manche Taucher könnten schwören, dass dieses intelligente, neugierige Lebewesen sich seine Gedanken macht.

Heute ist das Tauchen mit Walen gesetzlich geregelt, um z.B. schwachsinnige Surfer davon abzuhalten, den Walen auf den Rücken zu springen oder zu verhindern, dass die Tiere belästigt werden. Ein Boot darf sich nur bis auf 100 m nähern und muss den Motor abstellen, wenn die Menschen an Bord den Wal beobachten wollen. Taucher dürfen sich dem Wal bis auf 30 m nähern (ihn jedoch nicht jagen), der Wal selbst kann sich den Menschen jedoch unbeschränkt nähern, Während die meisten Wale sehr menschenscheu sind, schwimmt der neugierige southern right whale meistens auf die Menschen zu, um sie genau zu inspizieren. Sie sollten diese Regeln auf alle Fälle befolgen, da schon einige wegen Nichtbeachtung dieser Gesetze bestraft wurden.

Port Campbell
Tauchen an Schiffswracks

Küsten- bzw. bis zu 20 Minuten entfernte Bootstauchplätze

An der Küste 5 m, vor der Küste 15 m

Strömung und Wellen auf manchen Riffen

Schwammgärten und Algenwiesen

Tauchen auf historischen Schiffswracks

Riff- und Hochseefische in großer Zahl

Felsenriffe und Felsnadeln

Zu den malerischsten Strecken Australiens gehört eine Fahrt auf der Great Ocean Road in Victoria. Die Landschaft entlang dieses Küstenstreifens ist atemberaubend – turmhohe Klippen, tiefe Schluchten, unglaubliche Felsnadeln und verwitterte Felsgewölbe. Dieser Küstenabschnitt stellte in früheren Zeiten eine große Gefahr für die Seeleute dar, da hier zahlreiche Schiffe untergingen, nachdem sie bei stürmischem Seegang auf die Klippen aufgelaufen waren. In der Umgebung von Port Campbell findet man einige der berühmtesten Wahrzeichen dieses Gebiets: the Twelve Apostles, The Arch, The Grotto und The London Bridge (mittlerweile eingestürzt).

Dieses Gebiet ist heute unter dem Namen Shipwreck Coast bekannt, und obwohl die See zeitweise recht stürmisch sein kann, bieten sich hier bei ruhigen Wetterverhältnissen die besten Tauchmöglichkeiten. Im seichten Wasser an der Küste kann man an Felsenriffen mit beträchtlichen Populationen an Rifffischen und wirbellosen Tieren tauchen. Wenn die Wetterverhältnisse dementsprechend sind, lassen sich die Schiffswracks und Riffe vom Boot aus erreichen. Tauchen konzentriert sich auf das Gebiet um Port Campbell – informieren Sie sich bei Schomberg Dive Services oder Port Campbell Boat Charters.

Port Campbell ist ein beliebtes Feriengebiet, das eine breite Auswahl an Unterkunftsmöglichkeiten bietet. Lohnenswert ist auch ein Besuch im Loch Ard Shipwreck Museum, in dem zahlreiche, faszinierende Gegenstände ausgestellt sind, die man aus dem Wrack retten konnte.

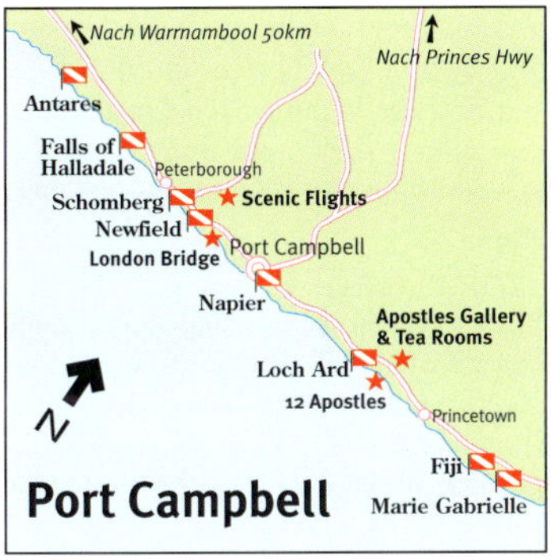

Das Wrack der »Loch Ard"

Das 1873 gebaute Barkschiff »Loch Ard« befand sich gerade auf seiner fünften Reise nach Australien, als es an der Felsenküste von Mutton Bird Island unterging. Im Jahr 1967 wurde das 80 m lange Schiff von Tauchern entdeckt und zum historischen Schiffswrack erklärt. Die Wrackteile liegen in 10–24 m Tiefe verstreut. Der auf seiner Backbordseite liegende Bug kann noch identifiziert werden. Man kann in den gegen eine Felswand gepressten Schiffsrumpf hineinschwimmen und die Überreste der Schiffsladung ansehen: Bleibarren, Kupferstäbe, Eisenbahnschienen, Flaschen, Fliesen, Besteck, Geschirr, sogar noch die Bilgenpumpe und natürlich zahlreiche Rifffische und Felsenlangusten.

Unten: – Wie Wächter erheben sich die Twelve Apostles an einem der schroffsten Küstenabschnitte Australiens. *Neville Coleman.*

Das Wrack der »Falls of Halladale«

Nachdem die »Falls of Halladale« 1908 bei voller Fahrt auf Grund gelaufen war, wurde sie schon bald zu einer Touristenattraktion. Ihre Segel waren noch zwei Monate lang gesetzt, bevor sie allmählich auseinanderbrach. Heute liegt das Wrack in 12 m Tiefe und ist ein äußerst interessanter Tauchplatz. Der Schiffsrumpf aus Eisen und die Ladung Schiefer sind immer noch zu erkennen und Bug sowie Steuer ragen aufrecht aus dem Boden empor.

Das Wrack der »Schomberg«

Der 83 m lange Klipper »Schomberg« ging im Jahr 1855, auf seiner Jungfernfahrt von England nach Australien, unter. Die Wrackteile liegen überall verstreut in einer Tiefe von 3–8 m, und obwohl der hölzerne Schiffsrumpf nicht mehr vorhanden ist, kann man doch einige hundert Eisenbahnschienen entdecken.

Das Wrack der »Fiji«

Die Überreste der »Fiji« liegen überall verteilt in 3–6 m Wassertiefe. Nachdem das Schiff 1891 bei Moonlight Head auf Grund gelaufen war, dauerte es nicht lange und es brach bei stürmischer See auseinander.

Weitere Schiffswracks

Bei entsprechenden Wetterverhältnissen kann man in diesem Gebiet noch an vielen weiteren historischen Schiffswracks tauchen. Einige davon sind die »Newfield«, »Lydia«, »Children«, »Antares« und die »Napier«. Wenn man an geschützten Wracks wie z.B. der »Loch Ard« oder der »Schomberg« tauchen möchte, benötigt man dafür eine Erlaubnis. Einzelheiten darüber erfahren Sie in den Tauchgeschäften.

Tauchplätze an der Küste

Am leichtesten zugänglich ist wahrscheinlich das 15 km westlich von Port Campbell gelegene Petersborough. Die im seichten Wasser liegenden Riffe sind mit einer dicken Tang- und Seegrasschicht bedeckt. Die vielen kleinen Höhlen und Felsbänke sind mit Gorgonien, Schwämmen und Krustenanemonen überwuchert und werden von Felsenlangusten, Seesternen und anderen wirbellosen Tieren bewohnt.

Riffe im offenen Meer

Vor diesem Küstenabschnitt befinden sich mehrere hundert verborgene Riffe. Die Wassertiefe schwankt zwischen 15 und 25 m, und das Terrain besteht aus Gräben, Höhlen, Felsbänken und Felsnadeln. Wunderschöne Schwammgärten und Tangfelder überziehen den gesamten Meeresboden. Tauchern begegnen hier gewöhnlich Port Jackson-Haie, Pike, »Sweeps«, Morwongs, Eberfische, Felsenlangusten, Schnapper, Feilenfische, Felsenbarsche und eine interessante Vielfalt an wirbellosen Tieren.

Lake Purrumbete

Wenn man auf der Suche nach etwas Besonderem ist, bietet sich ein Ausflug zum 50 km nördlich von Port Campbell gelegenen Lake Purrumbete an. In diesem klaren Süßwassersee findet man die unterschiedlichsten Fische, Aale, Wasserschildkröten und »Yabbies« (Süßwasser-Hummer).

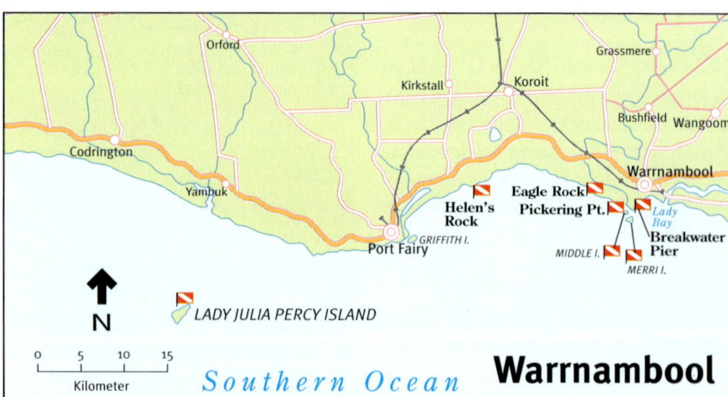

Warrnambool

Eine große Auswahl an Küsten-Tauchplätzen

Küsten- bzw. bis zu 20 Minuten entfernte Bootstauchplätze

5–10 m

Sehr gering

Algenwiesen

Zahlreiche interessante Küstentauchplätze und Riffe im offenen Meer

Rifffische in großer Zahl

Felsenriffe

In früheren Zeiten wurden in Warrnambool viele tausend Robben und Wale getötet und verarbeitet, heute dient dieses Gebiet aber eher zur Beobachtung der Wale. Im Winter wird dieser Küstenabschnitt von Südlichen Glattwalen aufgesucht, die hier – unter den Augen von vielen tausend Besuchern – im seichten Wasser ihre Jungen zur Welt bringen und spielen. Viele Taucher zieht es wegen der unzähligen Tauchplätze, die an der Küste bzw. vom Boot aus zu erreichen sind, in dieses Gebiet.

Breakwater Pier

Obwohl Breakwater Pier als Tauchplatz für Anfänger gilt, gibt es hier doch immer etwas Interessantes zu entdecken. Um die Pfeiler herum, die sich in einer Tiefe von 3–9 m befinden, trifft man auf Trompetenfische, Octopusse, Tintenfische, Seesterne, Kofferfische, »Sweeps«, Lippfische, Grundeln, Schleimfische und Nacktkiemer.

Stingray Bay

Obwohl hier erst sehr wenige Stachelrochen gesichtet wurden, lohnt es sich immer, in dieser felsigen, tangbedeckten Bucht zu tauchen. Hier ist das Wasser nur 7 m tief, doch zwischen dem Tang trifft man auf eine Vielzahl an wirbellosen Tieren, Wobbegongs, Morwongs, Feilenfischen, Felsenlangusten, Seeohren und Felsenbarschen.

Middle Island

Die geschützten Gewässer um Middle Island bieten sehr gute Tauchmöglichkeiten in Tiefen bis zu 12 m. Die vielen Felsbänke und Gräben sind von der Küste aus zu erreichen und wimmeln vor Felsenlangusten, Blauen Teufelsfischen, Tintenfischen, Katzenhaien u.a.

Pickering Point

Dieser Ort mit seinen 8 m tief abfallenden Felsenriffen ähnelt den meisten Tauchplätzen in der Umgebung von Warrambool. Viele der ortsansässigen Taucher fangen hier Felsenlangusten und Seeohren, wobei sie immer von zahlreichen Rifffischen und wirbellosen Tieren umgeben sind.

Helen's Rock

Zu den beeindruckendsten Tauchplät-

Unten: – Diese äußerst seltene, noch nicht identifizierte Anemone wächst auf einer Felsbank in 12 m Tiefe vor Kangaroo Island. *Michael Aw.*

Oben: – Mit ihrem blätterartigen Tarnkleid bieten die Fetzenfische (*Phycodunus eques*) einen wundervollen Anblick.
Michael Aw.

zen dieses Gebiets gehört zweifellos Helen's Rock. Diese Felsnadel reicht von 24 m Tiefe bis knapp unter die Wasseroberfläche hinauf und wird ständig von Hochseefischen umkreist. Dicht an der Wand trifft man auch auf Königsmakrelen, Gelbschwanz-Makrelen, Stachel-Makrelen und die überall vertretenen Glasbarsche.

Port Fairy

Das 28 km westlich von Warrnambool gelegene Port Fairy ist eine kleine Ferienstadt, die unzählige Tauchplätze an der Küste bzw. auf offener See zu bieten hat. Wenn man ein Boot besitzt, kann man einen Ausflug zum Lady Julia Percy Island machen, auf dem über 5000 australische Robben leben. In der Umgebung der Insel gibt es zahlreiche gute Tauchplätze und Robben, die jeden Taucher beim Schwimmen begleiten; dennoch wird die Insel wegen ihrer ungünstigen Lage und der großen Zahl Weisser Haie, die dort nach Nahrung suchen, nur selten von Tauchern aufgesucht.

Im Gebiet um Warrnambool gibt es zwei Tauchgeschäfte, die hauptsächlich von Port Fairy aus, Tauchausflüge veranstalten. Auf alle Fälle lohnt sich ein Besuch im Hill Maritime Museum, in dem eine faszinierende Sammlung von Gegenständen ausgestellt ist, die aus den vielen, an dieser zerklüfteten Küste gesunkenen Schiffen stammen.

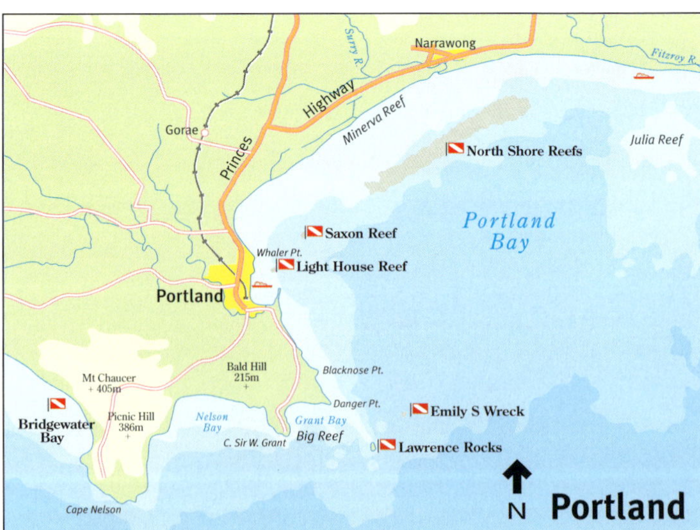

Portland

Das Juwel im Westen Victorias

Küsten- bzw. bis zu 20 Minuten entfernte Bootstauchplätze

An der Küste 5 m, vor der Küste 15 m

Strömung an manchen Riffen

Schwammgärten und Algenwiesen

Tauchen mit Robben an der Küste, unglaubliche Auswahl an Tauchplätzen

Riff- und Hochseefische auf allen Riffen reichlich vorhanden

Felsenriffe und Felsnadeln

Portland liegt dicht an den Grenzen Victorias und Südaustraliens und besitzt einige der schönsten Tauchplätze Australiens. Es gibt nur wenige Orte auf der Welt, wo man an der Küste mit Robben tauchen, faszinierende Höhlen und farbenprächtige Schwammgärten erforschen, durch Tangwiesen schwimmen, bis zu 70 m tief an Steilwänden hinabtauchen, vollständige Schiffswracks erkunden und Blatt- bzw. Seegras-Fetzenfische, kleine Pinguine, Südliche Glattwale und andere Tiere treffen kann – und das alles in einem Umkreis von wenigen Kilometern von der Stadt entfernt!

Der Tiefwasserhafen Portland befindet sich 375 km von Melbourne entfernt und ist als Handels-und Industriestadt bekannt. Allmählich entdecken auch die Touristen die vielen Attraktionen, die hier auf sie warten – besonders die wunderschönen Tauchplätze. Hier kann man an der Küste tauchen oder mit einem Boot der Professional Diving Services aufs offene Meer hinausfahren. Das Unternehmen hat etwa 160 Tauchplätze zur Auswahl, so dass der Taucher die Qual der Wahl hat.

Bridgewater Bay

Hier kann man das ganze Jahr über die etwa 250 Robben treffen, die mit großem Vergnügen jeden Taucher ins Wasser begleiten. Der Meeresboden in der Bucht (in 12 m Tiefe) besteht aus Felsenriffen, Tangwiesen und sandigen Abschnitten. Die Robben sind natürlich der absolute Höhepunkt eines jeden Tauchgangs, doch auch Katzenhaie, Rochen, Flundern, Feilenfische und andere Rifffische gehören zu den häufig anzutreffenden Bewohnern.

Nunns Bay

Das Felsenriff bei Nunns Beach, das im geschützten Wasser 12m tief abfällt, ist einer der vielen Küsten-Tauchplätze in der Nähe Portlands. Es ist der ideale Ort, um Blatt- und Seegras-Fetzenfische zu beobachten, obwohl sie durch ihre natürliche Tarnung nur schwer zwischen den Algen zu entdecken sind. Häufig begegnen dem Taucher auch Conger-Aale, »Sweeps«, Felsenbarsche, Morwongs, Feilenfische, Lippfische, Katzenhaie und eine große Zahl wirbelloser Tiere.

Cappers Camp

Um an diese Stelle zu gelangen, muss man zuerst eine Klippe hinunterklettern – ein Umstand, der viele Taucher davon abhält, diesen herrlichen Küsten-Tauchplatz aufzusuchen. In 14 m Tiefe stößt man auf Vertiefungen und Gräben, und unter den Felsbänken bzw. zwischen den Algen leben Felsenlangusten, Katzenhaie, Garnelen, Tintenfische, Octopusse und Nacktkiemer. Das Riff hat zahlreiche Rifffische, vor allem Mor-

Links: – Diesen Seestern (*Patiriella gunnii*) findet man oft unter Steinen, wo er sich tagsüber aufhält. *Neville Coleman.*

Gegenüberliegende Seite: – Portsea Pier ist besonders für Teilnehmer an Tauchkursen geeignet. Wegen des regen Bootsverkehrs ist in diesem Gebiet jedoch eine Tauchgenehmigung erforderlich. *Nigel Marsh.*

wongs, »Sweeps«, Felsenbarsche, Feilenfische und Lippfische zu bieten.

Das Wrack der »Saxon«

Dieses Schiff, das man absichtlich versenkt hat, um ein künstliches Riff zu schaffen, liegt in einer geschützten Bucht in nur 9 m Wassertiefe. Man kann entweder das Kalksteinriff erforschen, auf dem das Wrack liegt, oder die Kommandobrücke, das Ruderhaus und die Luftschächte des Schiffes inspizieren. Das Wrack ist Treffpunkt für viele Rifffische, darunter »Sweeps«, Glasbarsche, Skorpionsfische, Felsenbarsche, Morwongs, Eberfische und Lippfische.

Das Wrack der »Emily S«

Das 30 m lange Schiff wurde 1991 versenkt, um ein künstliches Riff zu schaffen, und liegt nun in einer Tiefe von 23 m (das Deck in 18 m). Das Schiff ist im wesentlichen noch intakt und beherbergt zahllose Rifffische. Taucher können ohne Bedenken in das Ruderhaus und andere Wrackteile hineinschwimmen, die mit Juwelenanemonen und Schwämmen bewachsen sind.

Lawrence Rocks

Diese Felsen gehören zu den spektakulärsten Tauchplätzen vor Portland. Auf der Lee-Seite kann man zwischen unterschiedlichen Terrains wählen. In 5–12 m Tiefe befindet sich ein Wald aus Algen (im Winter ist er am dichtesten) mit zahlreichen Rifffischen und wirbellosen Tieren. Seitlich stößt man auf Felsbänke, die 45 m tief abfallen und wunderschöne Schwammgärten aufweisen – ein guter Platz, um Nacktkiemer, Seesterne, unzählige Rifffische und Schwärme von Königsmakrelen und Meeräschen zu beobachten. Man kann auch die Senke erforschen, die durch die Felsen hindurch verläuft. Diese mündet in 33 m Tiefe in einem Amphitheater, wo man Schwammgärten und zahllose Rifffische vorfindet. Bei ruhiger See kann man an der Außenseite der Felsen bis in 70 m Wassertiefe hinabtauchen.

Southwest Bay

Shark Alley in 21 m Tiefe ist eigentlich ein tiefer Graben, der sich hervorragend zum Tauchen eignet. Dieser Graben ist gewöhnlich mit Wobbegongs und Port Jackson-Haien so überfüllt, dass die einzelnen Tiere sich übereinanderstapeln müssen. Manchmal ist der Graben auch bis zum Rand mit Glasbarschen, Gelbschwanz-Makrelen, Pike, Meeräschen, Morwongs und Felsenbarschen gefüllt. Eine Wand des Grabens wird auch als Gorgonien-Wand bezeichnet: viele tausend Gorgonien, Schwämme, Seescheiden, Moostierchen und Krustenanemonen überziehen die Stelle.

Vor Portland gibt es noch viele weitere Tauchplätze an Riffen und Schiffswracks. Im Winter kommen die Glattwale bis dicht an die Küste, wo sie sich paaren und ihre Jungen zur Welt bringen: dies ist auch weltweit einer der wenigen Orte, an denen der seltene Zwerg-Buckelwal gesichtet wurde. In diesem Gebiet finden sich auch einige Pinguinkolonien und auf fast jedem Tauchgang wird man einem Pinguin begegnen. In Portland findet man das ganze Jahr über günstige Bedingungen vor.

Rechts: – Ei-Kauris (*Ovula ovum*) suchen auf Weichkorallen und Schwämmen nach Nahrung oder kratzen mit ihrer feilenähnlichen Radula Algen von Steinen ab. *Michael Aw.*

So ist Tasmanien

Der wilde Staat

Das in den berüchtigten »Roaring Forties« (stürmischer Teil des Ozeans zwischen dem 39. und 50. Breitengrad) gelegene Tasmanien kann praktisch zu jeder Jahreszeit widrige Witterungsverhältnisse aufweisen. Wenn man letztere dann noch mit kaltem Wasser und kühlen Lufttemperaturen vermischt, erhält man als Ergebnis ein wenig ansprechendes Tauchziel. Wenn man Tasmanien jedoch auslässt, verpasst man einige der schönsten Tauchplätze Australiens. Die gemäßigten Meeres sind hier im Normalfall sehr klar und stecken voller faszinierender Unterwasserlebewesen. Bei jedem Tauchgang bekommt man unzählige Fische und wirbellose Arten zu sehen, und die Möglichkeit, neue Arten zu entdecken, ist immer gegeben. Im tiefen Wasser gibt es Schwammgärten in Hülle und Fülle, die auch noch viel farbenprächtiger als jedes Korallenriff sind. Tauchgänge in Tangfeldern, Höhlen, an Felsnadeln und Schiffswracks gehören zu den unvergesslichen Erlebnissen. Wenn man dann noch die Begegnungen mit Delfinen, Robben, Walen und Pinguinen mit ins Spiel bringt, versteht man vielleicht, warum so viele Taucher ihre Ferien in Tasmanien verbringen.

Obwohl der Staat in den »Roaring Forties« liegt, kommt an einem durchschnittlichen Tag nicht mehr Wind auf als in den anderen südlichen Staaten. Die Temperaturen sind großen Schwankungen unterworfen – im Sommer beträgt die Durschnittstemperatur 12–22 °C, im Winter liegt sie bei 6–14 °C. Der Winter ist die beste Jahreszeit zum Tauchen, weil das Wetter zwar kalt, aber recht stabil ist, das Meer ruhig ist und die Sichtweite bis zu 45 m erreichen kann.

Tasmanien wurde 1642 von einem Europäer, dem holländischen Forscher Abel Tasman entdeckt, der an der Marion Bay an Land ging und die neue Landmasse »Van Diemans Land« nannte (nach dem Generalgouverneur Indonesiens). Anfangs glaubte man, Tasmanien sei mit dem Festland verbunden, bis dann, im Jahr 1798, Bass und Flinders die Insel umschifften und den größten Teil ihrer Küste auf Karten verzeichneten. Im Jahr 1803 gründete John Bowen, mit 49 Strafgefangenen und Soldaten zusammen, die erste Siedlung bei Ridson Cove. Auseinandersetzungen mit den einheimischen Aborigines zwangen sie jedoch zum Umzug nach Sullivan's Cove, dem heutigen Hobart. Zwischen 1803 und 1877 wurden viele tausend Sträflinge nach Tasmanien geschickt, wo sie in den berüchtigten Gefängnissen von Port Arthur, Macquarie Harbour, Maria Island und Sarah Island ihr Leben ließen.

Oben: Zwergpinguine (*Eudyptula minor*) werden regelmäßig bei Tasmanien gesichtet. Ihre Nisthöhlen befinden sich – oft sehr hoch oben – an den Küstenrändern oder auf Inseln.
Nigel Marsh

Tasmanien macht 1 % der australischen Landmasse aus und misst von einem Ende zum anderen nur 296 km. Der Staat hat etwa eine halbe Million Einwohner, wovon 40 Prozent in Hobart leben. Es ist der waldreichste und wildeste Staat Australiens, von dem einige Gebiete im Südwesten bis heute nicht erforscht sind. Das Landesinnere besteht größtenteils aus Gebirgen und großen Schneefeldern. Im Winter ist dieses Gebiet schneesicher, und selbst im Sommer kann es zu unerwarteten Schneefällen kommen. Aufgrund der isolierten Lage konnten auf der Insel zahlreiche einzigartige Pflanzen und Tiere überleben, so z.B. die »Huon pine« (eine der besten Holzarten), der »Leatherwood tree« (aus dem die Bienen den erstklassigen Leatherwood-Honig herstellen) und der berühmte Tasmanische Teufel.

Tauchen ist in Tasmanien nur begrenzt möglich, da es nur eine geringe Zahl an Tauchgeschäften und Zugangsstellen gibt und die Bedingungen oftmals nicht günstig sind. An der wilden Westküste trifft man nur sehr wenige Taucher, außer denjenigen, die Jagd auf Seeohren machen. An der Südwestküste bei Port Davey gibt es einen Platz, der mehr Aufmerksamkeit verdient hätte. Hier geht das trübe, dunkle Oberflächenwasser weiter unten in klares Wasser über, wo wegen der geringen Lichteinwirkung im seichten Wasser zahlreiche Tiefseefische und wirbellose Tiere vorkommen. Außerdem sind noch die wunderschönen Tauchplätze bei Maria Island und Freycinet Peninsula erwähnenswert.

In den Gebieten, die mit Charter-Booten zu erreichen sind, kann man wundervolle Taucherfahrungen erleben. Tasmaniens berühmtestes Tauchziel ist Bicheno (Das Team von Cousteau war hiervon so beeindruckt, dass sie eine Extrasendung über dieses Gebiet brachten). Hervorragende Tauchplätze findet man jedoch ebenso auf der Tasman Peninsula, vor St. Helens, Hobart, Wynyard und bei den Inseln der Bass Strait.

Mit 10–16 °C liegen die Wassertemperaturen in Tasmanien ungefähr bei denen in Victoria, obwohl sie – je nach Strömungsverhältnissen – auch kälter oder wärmer sein können. Die meisten Taucher tragen 7 mm dicke Kälteschutzanzüge bzw. Trockentauchanzüge, die den größten Komfort bieten.

Der Tourismus ist ein wesentlicher Bestandteil der tasmanischen Wirtschaft. Die Naturschönheiten Tasmaniens sind kaum zu überbieten: wildes Buschland, saubere, menschenleere Strände, schneebedeckte Bergrücken, klare Seen und Flüsse, turmhohe Klippen und ein wundervolles Panorama. Hier können Feriengäste die unberührten Nationalparks erkunden, mit dem Floß den Gordon bzw. Franklin River hinunterfahren, im Hochland Ski fahren, einen Ausflug zu den historischen Ruinen von Port Arthur machen, Museen und Kunstgalerien besuchen, Forellen fangen, einheimische Wildtiere beobachten, einen Rundflug machen oder die landestypischen Kunstgegenstände erwerben.

Unten: Obwohl der Tasmanische Gefleckte Katzenhai (*Parascyllium multimaculatum*) nicht selten vorkommt, ist er auf den algenüberzogenen Riffen, die sein bevorzugter Lebensraum sind, nur schwer zu entdecken. *Neville Coleman.*

Bass Strait Islands

Taucherlebnisse auf dem Schiffsfriedhof

Mehrere Dutzend Inseln und zahllose Riffe liegen überall in der zwischen Victoria und Tasmanien gelegenen Bass Strait verteilt. Diesen heimtückischen Gewässern fielen über 250 Schiffe und einige tausend Menschen zum Opfer, bevor man endlich Leuchttürme errichtete.

Die zahlreichen Schiffswracks haben schon seit jeher Taucher nach Tasmanien gelockt. Einige der Wracks konnten geborgen werden, aber viele bleiben auch spurlos verschwunden. Auf den vielen Wracks finden Taucher heute noch regelmäßig Gegenstände des täglichen Lebens. Heute gehören Flinders Island und King Island zu den beliebtesten Tauchzielen. Beide besitzen Tauchgeschäfte und können mit dem Boot bzw. dem Flugzeug erreicht werden. Die übrigen Inseln in der Bass Strait werden gelegentlich von liveaboard-Booten aus Victoria oder Tasmanien besucht.

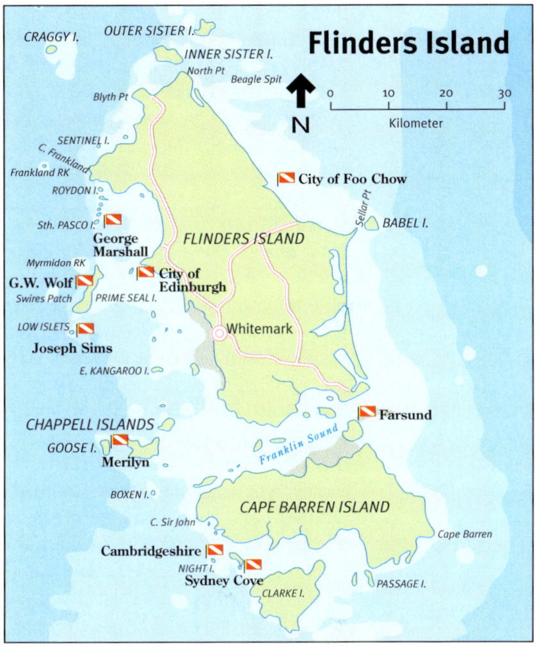

Flinders Island

Flinders Island, die größte Insel der Furneaux Group, befindet sich vor der Nordostspitze Tasmaniens. Die zerklüftete Insel ist 64 km lang und 29 km breit und hat an der Küste einige Städtchen aufzuweisen, von denen Whitemark die größte ist. Die wenigen Inselbewohner verdienen ihren Lebensunterhalt durch Landwirtschaft, Fischerei und Tourismus. Taucher kommen nach Whitemark, um dort Felsenlangusten zu fangen und die Felsenriffe und Schiffswracks zu erkunden, die größtenteils von der Küste aus zugänglich sind.

City of Edinburgh

Dieses Schiff ging 1840 unter und nur wenige Wrackteile sind davon erhalten geblieben. In der Nähe des Wracks befindet sich in 13 m Tiefe ein Granitriff mit Höhlen und Gräben, die von Felsenlangusten, Feilenfischen, Eberfischen, Morwongs, Felsenbarschen und anderen Rifffischen bewohnt werden.

Merilyn

Die »Merilyn« sank 1958, nachdem sie auf ein Riff vor Goose Island aufgelaufen war. Die Wrackteile liegen auf dem steinigen Meeresboden verteilt und werden von Felsenbarschen, Nacktkiemern, Lippfischen, Kofferfischen, Barschen und zahlreichen Felsenlangusten bewohnt.

Cambridgeshire

An den Überresten der »Cambridgeshire« kann man nur bei ruhiger See tauchen. Das Schiff ging im Jahr 1875 vor Preservation Island verloren. Der offene Schiffsrumpf, der sich in 10 m Wassertiefe befindet, bietet wunderbare Tauchmöglichkeiten.

Sydney Cove

Eines der ältesten Schiffswracks Aus-

Küsten- bzw. bis zu 30 Minuten entfernte Bootstauchplätze

Im Sommer 10–15 m, im Winter 20–30 m

Strömung auf manchen Riffen

Algen- und Schwammgärten

Hunderte Schiffswracks und Felsenlangusten

Rifffische in großer Zahl, Hochseefische etwas seltener

Felsenriffe und Felsnadeln

traliens, die »Sydney Cove«, ging im Jahr 1797 vor Preservation Island unter. Das Wrack liegt in nur 4 m Tiefe auf dem sandigen, mit Seegras bewachsenen Meeresgrund. Im Lauf der Jahre haben Meeresarchäologen zahlreiche interessante Gegenstände aus dem Schiffswrack geborgen: Kanonen, chinesisches Porzellan, Flaschen, Schüsseln und Münzen. Ein Großteil des Wracks liegt im Sand vergraben, so dass der hölzerne Schiffsrumpf hoffentlich noch viele Jahre lang erhalten bleibt. Das Wrack wird von Tauchern nur selten besucht, da man eine Genehmigung dafür benötigt.

King Island

King Island, das ungefähr die gleiche Größe wie Flinders Island aufweist, befindet sich vor der Nordwestspitze Tasmaniens. Die Insel zählt etwa 3000 Einwohner und ist besonders für ihre Molkereierzeugnisse bekannt, vor allem für den Käse. Zu den örtlichen Industriezweigen gehören u.a. der Felsenlangusten-Fang, Algenabbau und Tourismus. Über die flache Insel verstreut stößt man auf zahlreiche kleine Siedlungen, von denen Grassy und Currie die größten sind. Felsenlangusten (teilweise riesige Exemplare) gibt es hier in Hülle und Fülle. Es macht immer Spaß, die Felsenriffe und Schiffswracks von King Island zu erforschen, selbst wenn die Witterungsverhältnisse bisweilen recht rau sein können.

Loch Leven

Die Überreste der »Loch Leven«, die 1871 auf Grund lief, befinden sich an der Nordspitze der Insel und sind von der Küste aus zu erreichen. Die Wrackteile liegen in 6 m Tiefe auf dem Meeresboden verstreut. Das Felsenriff ist die Heimat von Felsenlangusten, wirbellosen Tieren und vielen kleinen Rifffischen.

Cataraqui

Das schlimmste Schiffsunglück in der australischen Geschichte war der Untergang der »Cataraqui« mitsamt ihren 399 Passagieren im Jahr 1845. Von dem historischen Schiffswrack ist heute außer einem Anker, Kanonen, Flaschen und anderen Wrackteilen nicht mehr viel zu erkennen.

Brahmin

Die Überreste der »Brahmin«, die 1842 unterging, liegen heute in einer Tiefe von 5–10 m verstreut. Auf dem mit Seegras bewachsenen Meeresgrund finden Taucher auch heute noch Münzen, Steingut, Schüsseln, Porzellanfiguren und Flaschen.

Blencathra

Das Wrack der »Blencathra«, die 1875 auf ihrer Jungfernfahrt unterging, befindet sich in 8 m Tiefe vor Currie Harbour. In unmittelbarer Nähe des Wracks findet man Tonpfeifen und Flaschen und stößt auf Felsenlangusten und Rifffische.

Grassy Harbour

Eine Reihe guter Tauchplätze befindet sich direkt vor Grassy Harbour. Vom Hafen aus kann man zu einem interessanten Felsenriff gelangen. In 12 m Tiefe sind hier die Felswände mit Algen und Schwämmen übersät. Auf dem Riff begegnet man Felsenlangusten, Seeohren, Eberfischen, Nacktkiemern, Seesternen, Kofferfischen, Feilenfischen und Lippfischen. Manchmal trifft man sogar auf einige kleine Pinguine, die auf der Insel nisten.

Die Steilwand

An dieser Steilwand, die von 15 bis 30 m Tiefe abfällt, bieten sich dem Taucher ausgezeichnete Möglichkeiten. Die Wand ist mit Schwämmen, Seetulpen, Seescheiden, Hydrozoen, Moostierchen und gelben Krustenanemonen überzogen.

LANGUSTEN UND SEEOHREN –
das große Geschäft

Wenn man eine noch unberührte Stelle zum Tauchen findet, so ist das immer ein aufregendes Erlebnis. Auf den Riffen Südaustraliens kann man an der Zahl der Felsenlangusten und Seeohren ganz leicht feststellen, ob man der erste Besucher eines Riffes ist. In den südlichen Meeren Australiens kamen sowohl Felsenlangusten als auch Seeohren in Hülle und Fülle vor, und man konnte oft beide Tierarten in Höhlen und an Felsbänken entdecken. Auch heute sind beide noch recht häufig anzutreffen, obwohl sie in den beliebtesten Tauchgebieten wegen Überfischung nur noch selten zu sehen sind.

In den australischen Gewässern existieren mehrere tropische Felsenlangusten-Arten. Die von Tauchern und Fischern am häufigsten gefangenen Arten sind die Südliche Felsenlanguste *(Jasus novaehollandiae)*, deren Verbreitungsgebiet sich von New South Wales bis Westaustralien erstreckt und die Westliche Felsenlanguste *(Panulirus cygnus)* in Westaustralien. Beide Arten sind Höhlenbewohner, die sich nachts von Seeohren, Seeigeln, anderen Felsenlangusten und abgestorbenen Gewebeteilen ernähren. Die bis zu 500 mm langen Tiere findet man sowohl im seichten Wasser als auch in Tiefen unterhalb 80 m. Felsenlangusten pflanzen sich im Winter fort: die Weibchen tragen die Eier in den Monaten Oktober und November. Nach dem Schlüpfen treiben die jungen Larven mit dem Plankton zusammen im Wasser, bevor sie sich auf einem Riff niederlassen, um dort den Rest des Lebens zuzubringen.

Jedes Jahr fangen Fischer Tausende dieser Tiere ein, deren Export sich zu einem millionenschweren Geschäft ausgeweitet hat, zu dem auch die Taucher ihren Teil beitragen. Die gesetzlichen Vorschriften bezüglich der Fangquoten von Felsenlangusten sind von Staat zu Staat verschieden. In New South Wales und Queensland dürfen Langusten, außer Weibchen mit Eiern, nur in Frei-Tauchgängen eingefangen werden. Die Gesetze der jeweiligen Bundesstaaten geben Ihnen Informationen über Einschränkungen bezüglich Größe und Fangzahlen sowie über Schonzeiten. Diese Regelungen wurden eingeführt, um den Fortbestand der Felsenlangusten-Populationen auch in Zukunft zu gewährleisten und sie sollten unbedingt eingehalten werden. Diese Ungetüme von der Größe eines kleinen Hundes lassen sich im übrigen auch wunderbar fotografieren!

Viele Arten der Seeohren (*Haliotis*-Schnecken) findet man sowohl in seichten als auch tiefen Gewässern. Die meisten von ihnen sind recht klein, und die drei südlichen Arten, Greenlip-Seeohren *(Haliotis laevigata)*, Roe's Seeohren *(Haliotis roei)* und Blacklip-Seeohren *(Haliotis ruber)* stellen eine Lieblingsspeise der Aborigines dar und bilden die Grundlage einer großen Exportindustrie. Auf dem internationalen Markt liefert Australien über ein Drittel aller Seeohren. In der Anfangszeit arbeiteten Seeohren-Taucher viele Stunden lang bei sehr schlechter Bezahlung. In der heutigen Zeit verdienen sie Millionen, doch der Erwerb einer Lizenz kostet sehr viel Geld.

Kaltes Wasser und raue Wetterverhältnisse bieten die idealen Lebensbedingungen für Seeohren (*Abalones*), doch leider nicht für die Taucher, die Jagd auf sie machen. Das Leben der tasmanischen Seeohr-Taucher ist hart, vor allem an der Westküste. *Neville Coleman.*

Wynyard
Tauchabenteuer an der Nordküste

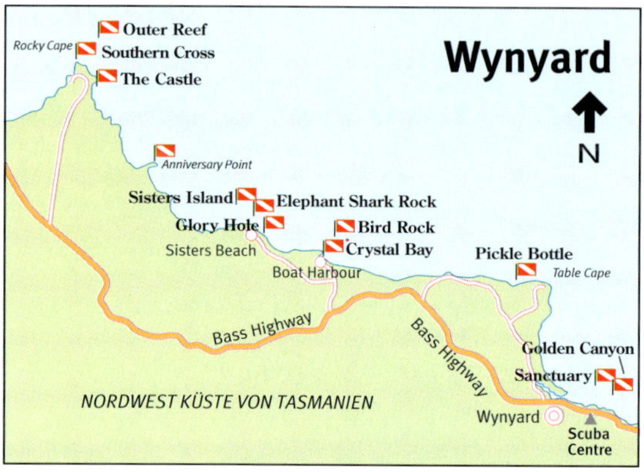

Küsten- bzw. Bootstauchplätze zwischen 5 und 20 Minuten von der Anlegestelle entfernt

Schwankt zwischen 10 und 20 m

Leichte Strömung auf manchen Riffen

Farbenprächtige Schwammgärten

Gutes Angebot an Küsten- und Bootstauchplätzen

Große Populationen von Riff- und Hochseefischen

Felsenriffe und Felsnadeln

Das von Feldern und Felsenküste umgebene Wynyard gehört zu den wenigen Städten an der Nordküste Tasmaniens, die ein professionell geführtes Tauchgeschäft besitzen. Das Scuba Centre veranstaltet regelmäßig Ausflüge mit dem Tauchboot zu zahlreichen Riffen in diesem Gebiet: für Taucher mit etwas kleinerem Etat stehen zahlreiche Tauchplätze an der Küste zur Verfügung. Die Übernachtungsmöglichkeiten in Wynyard sind begrenzt, man sollte daher frühzeitig reservieren.

Golden Canyon
Bei Golden Canyon kann man in 8–21 m Tiefe ein interessantes künstliches Riff erkunden. Der größte Teil des Riffs ist mit Schwämmen und Krustenanemonen bedeckt, in denen man auf Nacktkiemer, Seesterne, Schlangensterne, Krabben und andere Wirbellose stößt. Fische sind hier im allgemeinen nicht sehr zahlreich, nur Feilenfische, »Old wives«, Eberfische, Lippfische, Morwongs und Glasbarsche kommen recht häufig vor.

Sanctuary
Das Felsenriff bei Sanctuary weist in 8–20 m Tiefe zahlreiche Höhlen, Gräben und Durchgänge auf, wo sich Rifffische und gelegentlich auch Schwärme von Hochseefischen tummeln.

Pickel Bottle
Ausgedehnte Algenfelder bedecken das unter dem Namen Pickle Bottle bekannte Felsenriff, das vom seichten Wasser bis in 25 m Tiefe reicht. Unter den Algen verbergen sich unzählige Höhlen und Durchgänge mit Seespinnen, Seesternen, Nacktkiemern und Mollusken. Das mit Algen bedeckte Terrain ist die Heimat vieler Rifffische, darunter Morwongs, Felsenbarsche, Feilenfische, Schleimfische, Lippfische und Skorpionsfische.

Western Bay
Obwohl man einen langen Fußweg auf sich nehmen muss, um zur Western Bay zu gelangen, lohnt sich ein Besuch an diesem hervorragenden Küsten-Tauchplatz allemal. Die rechte Seite der Bucht ist wohl die interessantere. Wenn man an der Riffkante entlang- und dann in 16 m hinabtaucht, trifft man auf dem steinigen Meeresboden auf Nacktkiemer, Seesterne, Tintenfische, kleine Rifffische und manchmal auch Felsenlangusten.

Bird Rock
Am Bird Rock stehen dem Taucher zahlreiche Tauchplätze zur Auswahl. Auf der Westseite befinden sich mehrere Felsbänke, auf der Ostseite stehen einem unzählige Felsnadeln zur Verfügung. Die Nordseite fällt 25 m tief ab und bietet wunderschöne Schwammgärten, Rifffische in Hülle und Fülle, wirbellose Tiere und auch Hochseefische.

Glory Hole
Dieser seichte Küsten-Tauchplatz ist ein guter Ort, wenn man Rifffische beobachten möchte. Das Felsenriff befindet sich in 4–9 m Tiefe und weist zahlreiche Felsbänke und Höhlen auf. Die häufig-

sten Rifffische sind Felsenbarsche, Morwongs, »Old wives«, Lippfische und viele verschiedene Feilenfische.

Elephant Shark Rock

Am Elephant Shark Rock stehen drei Felsen mit hübschen Schwammgärten zur Auswahl. Die Wassertiefe schwankt zwischen 18 und 25 m. Häufig anzutreffen sind hier Glasbarsche, Eberfische, Feilenfische und gelegentlich ein Schwarm Hochseefische.

Sister's Island

In weniger als 14 m Tiefe findet man bei Sister's Island die üppigsten Schwammgärten vor. Fotografen stehen hier Nacktkiemer, Seespinnen, Seesterne, Tintenfische und viele andere wirbellose Tiere als Fotomodelle zur Auswahl.

Anniversary Point

Das Felsenriff bei Anniversary Point hat viele farbenprächtige Schwammgärten in 10–16 m Tiefe zu bieten. Das Riff wird nur spärlich von Rifffischen bevölkert, gelegentlich lassen sich hier jedoch einige Port Jackson-Haie, Rochen oder ein Hai blicken. Das ungewöhnlichste Lebewesen, das man hier findet, ist der »Warty Prowfish«, der eine braune, lederähnliche Haut aufweist, die er abwirft. Dieser Fisch liegt regungslos zwischen den Schwämmen und ist daher nur schwer zu entdecken.

Rocky Cape

Der Nationalpark bei Rocky Cape bietet ausgezeichnete Tauchmöglichkeiten an der Küste. Der Eintritt in den Park ist jedoch nicht kostenlos. Wenn man am Kap angelangt ist, kann man entweder im seichten Wasser der Ostseite tauchen, wo man Nacktkiemer, Tintenfische und andere wirbellose Arten zu sehen bekommt, oder aber an der zerklüfteten Westseite. Letztere fällt 16 m tief ab und hat Eberfische, Felsenlangusten, Feilenfische, Felsenbarsche, Morwongs, Lippfische und bunte wirbellose Tiere zu bieten.

The Castle

An dieser breiten Felsnadel, die aus einer Tiefe von 14 m bis in 6 m hinaufragt, scheint es immer vor Fischen zu wimmeln: Glasbarsche, Stachel-Makrelen, Königsmakrelen, Eberfische, »Old wives«, Morwongs, Feilenfische und Lippfische. The Castle befindet sich direkt vor Rocky Cape und ist mit sesshaften Meereslebewesen und Algen bedeckt.

Das Wrack der »Southern Cross«

Viele Jahre lang war das Schicksal der 1920 verschollenen Schonerbark »Southern Cross« und ihrer zehnköpfigen Besatzung ein Rätsel gewesen. Heute liegt das Wrack in einer Tiefe von 8–12 m vor Rocky Cape und bietet, trotz seines schlechten Zustands, interessante Taucherlebnisse. Auf dem Meeresgrund kann man Heizkessel und Schiffsschraube erkennen.

Outer Reef

Die farbenprächtigsten und erlebnisreichsten Tauchplätze vor Wynyard befinden sich am Outer Reef, das eine große Fläche bedeckt und 35 m tief abfällt. Hier wird das Tauchen in jeder Tiefe zum Erlebnis. Das Riff ist größtenteils von Schwämmen, Gorgonien, Seescheiden, Moostierchen und Krustenanemonen bedeckt, zwischen denen kleine Rifffische und wirbellose Tiere leben. Dem Taucher begegnen hier mit großer Wahrscheinlichkeit auch Tintenfische, Haie, Eberfische, Port Jackson-Haie und Felsenlangusten. An der Riffkante versammeln sich viele Hochseefische.

Oben: Der nachtaktive Rote Samtfisch (*Gnathanacanthus goetzeei*) lebt auf algenbedeckten Riffen und ist nur schwer ausfindig zu machen.
Nigel Marsh.

St. Helens
Küsten-Tauchplätze und ausgezeichnete Meeresfrüchte

Oben: Der in den tasmanischen Gewässern beheimatete Gebänderte Morwong (*Cheilodactylus spectabilis*) kann bis zu 1 m groß werden. Hinter dem abgebildeten Exemplar sind Gelbe Krustenanemonen zu sehen. *Nigel Marsh*.

Küsten- bzw. bis zu 30 Minuten entfernte Bootstauchplätze

Im Sommer 10–15 m, im Winter 20–30 m

Strömung vor der Küste

Dichte Schwammgärten

Große Anzahl unberührter Tauchplätze

Riff- und Hochseefische in großer Zahl

Felsenriffe und Felsnadeln

Das am oberen Ende der Georges Bay gelegene St. Helens war früher eine Bergbaustadt. Heute stellen Fischerei und Tourismus die Existenzgrundlagen für diese Stadt dar. Hier können Urlauber frische Meeresfrüchte genießen, kunsthandwerkliche Gegenstände erwerben, die nahegelegenen Nationalparks durchwandern und die einzigartige Unterwasserwelt entlang der Küste kennenlernen.

Die Tauchplätze vor St. Helens wurden eigentlich erst interessant, als das East Coast Scuba Centre eröffnete, Tauchausflüge mit dem Boot anbot und wertvolle Informationen über die besten Küstentauchplätze erteilte.

Booker Rocks

Dieser Ort, der 1 km von St. Helens Point entfernt liegt, ist auch unter dem Namen »Dough Boys« bekannt. Auf der Ostseite der Felsen befindet sich ein herrliches Riff, das von 10 auf 26 m abfällt. Die Riffspitze ist dicht mit Algen bewachsen, die weiter unten immer seltener werden und schließlich vollständig durch Schwämme, Seescheiden, Moostierchen und Krustenanemonen ersetzt werden. Die vielen Höhlen und Durchgänge, die tief in die Wand einschneiden, werden von Eberfischen, Felsenlangusten, Conger-Aalen, Bärtigen Felsenbarschen und anderen bewohnt. Zwischen den Schwämmen leben Seesterne, Nacktkiemer, Seespinnen, Gorgonenhäupter und andere wirbellose Tiere.

Merrick Rock

Drei Kilometer östlich von St. Helens Point entfernt befindet sich ein Unterwasserriff, das unter dem Namen Merrick Rock bekannt ist und dessen Spitze 4 m unterhalb der Wasseroberfläche liegt. Die Seiten fallen ins tiefe Wasser ab und bieten spektakuläre Taucherlebnisse an Felsnadeln, Steilwänden, in Höhlen und Gräben, die mit Schwämmen und zahllosen Rifffischen und wirbellosen Tieren angefüllt sind. Taucher werden sofort von Fischschwärmen umkreist und machen die Bekanntschaft von Haien, Tunfischen, Königsmakrelen und anderen Hochseefischen. Im Winter wird das Riff von Südlichen Glattwalen und Delfinen aufgesucht.

Tauchplätze an der Küste

Vor der Küste St. Helens befinden sich zahlreiche Tauchplätze, die leicht zu erreichen sind. Da gibt es z.B. Binalong Bay und Grants Point, wo auf den Taucher eine große Vielfalt an Fischen und wirbellosen Tieren wartet. In der Georges Bay eignen sich die dortigen Außenpiers am besten zum Tauchen.

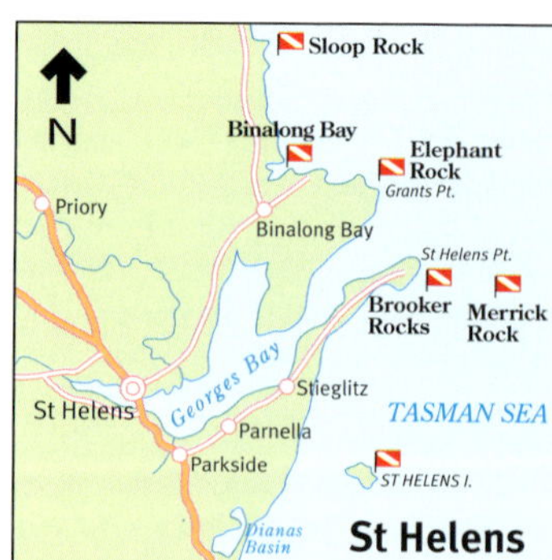

Bicheno

Tauchen im Marinereservat von Governor Island

Die klaren gemäßigten Gewässer um Governor Island (Bicheno) enthalten üppige Schwammgärten, Unmengen an Fischen, mit wirbellosen Tieren überfüllte Höhlen und eindrucksvolle Algenfelder. Dieses Gebiet ist so reich an Meerestieren, dass eine 60 ha große Fläche auf der Ostseite von Governor Island 1991 zum Marinereservat erklärt und somit die Zukunft dieses wertvollen Unterwasserlebensraumes gesichert wurde.

Bicheno ist eine kleine Ferien- und Fischerstadt an der Ostküste Tasmaniens, die ungefähr auf halbem Weg zwischen Hobart und Launceston liegt. Dieser Küstenabschnitt, der auch Sun Coast genannt wird, kann sich des wärmsten Klimas und der meisten Sonnentage in ganz Tasmanien rühmen. In der Umgebung Bichenos gibt es menschenleere Sandstrände, Landzungen aus Granit und unzählige Felseninseln, die von der Tasmanischen See umspült werden.

Jedes Jahr kommen viele tausend Touristen nach Bicheno, um hier zu angeln, tauchen, schnorcheln, surfen, segeln, am Strand und im Busch spazierenzugehen oder einfach zu entspannen. Viele Jahre lang waren die Seeohren-Fischer die einzigen Taucher, die sich an dem abwechslungsreichen Unterwasserleben erfreuen konnten. Dies änderte sich jedoch, als im Jahr 1983 das Bicheno Dive Centre eröffnet wurde. Das Unternehmen veranstaltet täglich Bootsausflüge und betreibt ein »live«- Boot, damit den empfindlichen Schwämmen durch den Anker kein Schaden zugefügt wird. Die Betreiber haben schon zahlreiche Tauchplätze ausfindig gemacht und laufen regelmäßig über 30 Orte an.

Zu den weiteren Attraktionen in der Umgebung Bichenos gehören das Sea Life Centre, East Coast Birdlife und Animal Park sowie die Nationalparks. Der nächstgelegene Nationalpark befindet sich auf Diamond Island, wo mehrere hundert Pinguine nisten.

Trap Reef

Trap Reef ist eine Felsnadel im Norden von Governor Island, die sich in 35 m Tiefe befindet. Das Riff besteht aus einem dichten, vielfarbigen Teppich aus Schwämmen, Peitschenkorallen, Seescheiden, Seescheiden, Krustenanemonen und Moostierchen. Dieser »Garten« ist so dicht, dass man optimal austariert sein muss, da es kaum Stel-

Unten: Das Füttern von Conger-Aalen in den südlichen Gewässern ist nicht so gefährlich wie die Fütterung von Muränen. Conger-Aale sind von Natur aus eher passiv und besitzen nur kleine Zähne. Trotz allem sollte man das Füttern unterlassen. *Nigel Marsh.*

Bootstauchplätze 5–10 Minuten von der Anlegestelle entfernt

Im Sommer 10–15 m, im Winter 20–30 m

Leichte Strömung auf manchen Riffen

Einige der üppigsten Schwammgärten und Algenwiesen ganz Australiens

Dichte Schwammgärten mit unzähligen Meereslebewesen, eindrucksvolle Algenwiesen

Rifffische reichlich vorhanden, Hochseefische weniger häufig

Felsenriffe und Felsnadeln

Oben: Governor Island bei Bicheno ist ein Vogelschutzgebiet und auch ein Unterwasserreservat. *Nigel Marsh.*

len am Boden gibt, wo man sich niederlassen kann. Zu den ständigen Riffbewohnern zählen Morwongs, Felsenbarsche, Schmetterlings-Felsenbarsche, Bärtige Felsenbarsche, Gehörnte Kofferfische und eventuell einige Rochen.

Rose Garden

In 36 m Tiefe befindet sich zwischen zwei Wänden ein Tal, das über und über mit Schwämmen bewachsen ist und als Rose Garden bezeichnet wird. Dieser überdimensional große Schwammgarten ist wie eine Patchworkarbeit aus den verschiedenfarbigsten Farbflecken zusammengesetzt. Im Schein der Taschenlampe entdeckt man die unterschiedlichsten Rot-, Orange-, Gelb-, Rosa- und Violetttöne. Zwischen den Schwämmen ruhen sich verschiedene Felsenbarsche aus. Weitere typische Bewohner dieses Tales sind Langschnäuzige Eberfische, Riesen-Eberfische, Schmetterlings-Felsenbarsche, Bärtige Felsenbarsche, Morwongs, Gehörnte Kofferfische, Meerbarben, Grundeln, Schleimfische und viele Arten von Lippfischen und Feilenfischen. Auf den Schwämmen kleben oftmals Gorgonenhäupter und Hai-Eier.

Golden Bommies

Diese in 40 m Wassertiefe gelegenen und 10 m hohen Felsnadeln gehören zu den bekanntesten Tauchplätzen Bichenos. Die vollständig mit Peitschenkorallen, Schwämmen, Seescheiden, Moostierchen und gelben Krustenanemonen überzogenen Felsnadeln bieten einen überwältigenden Anblick. Krustenanemonen kommen in so großer Zahl vor, dass es selbst ohne Taschenlampe den Anschein hat, als ob die Felsnadeln in goldenem Glanz erstrahlen würden. Hier könnte man Stunden damit verbringen, die wirbellosen Arten wie Seesterne, Nacktkiemer, Gorgonenhäupter, Garnelen, Krabben, Seespinnen, Mollusken und Tintenfische zu fotografieren. Hier trifft man auch häufig auf Eberfische, »Old wives«, Morwongs, Pike und Schwärme von Schmetterlings-Felsenbarschen.

The Castle

Zwei riesige Granitblöcke formen hier ein Gebilde, das unter der Bezeichnung The Castle bekannt ist. Am Fuß der Granitblöcke befindet sich ein Durchgang, der normalerweise vor Fischen wimmelt. Schon am Eingang begegnet man Scharen von Glasbarschen, Kardinalfische, Morwongs, Bärtigen Felsenbarschen und anderen. Wenn man mit der Taschenlampe die vielen Felsbänke in der Höhle beleuchtet, entdeckt man zahllose rote Beine und Fühler: sie gehören zu Felsenlangusten, die zu Dutzenden die Höhle bewohnen. Da es sich jedoch um ein Marinereservat handelt, darf man hier nur fotografieren. Außerhalb der Höhle kann man noch einen großen Überhang erforschen. Der Meeresboden ist mit Peitschenkorallen übersät, die Decke mit gelben Krustenanemonen überzogen.

Kanuck

Mit seinen großen aus Steinblöcken gebildeten Höhlen, Gräben und Steilwänden, ähnelt Kanuck vielen anderen Gebieten vor Governor Island. In 20 m Tiefe findet man hier dichte Algenwälder und Schwammgärten, die massenhaft Rifffische und wirbellose Tiere beheimaten. Ein guter Platz, um dickbäuchige Seepferdchen, Rote Samtfische, Feilenfische, Gehörnte Kofferfische, Morwongs und Tintenfische zu beobachten.

Bird Rock

In 10–20 m Tiefe hat Bird Rock zahlreiche interessante Höhlen und Durchgänge zu bieten. In einer Höhle namens The Elbow, lebt ein 2 m langer Conger-Aal, der regelmäßig von den Mitarbeitern des Bicheno Dive Centre von Hand gefüttert wird. Sobald man ihm ein paar Fischstückchen hinhält, lässt sich der Aal langsam blicken und macht sich über die Gratismahlzeit her. Er schnappt nur einmal kräftig zu und schon ist der Fisch in seinem Maul verschwunden. Ganz in der Nähe befindet sich eine weitere Höhle, die unter dem Namen The Ballroom bekannt ist. Die Höhlendecke ist vollständig mit orangefarbenen Juwelenanemonen überzogen. Der Fischreichtum in dieser Höhle ist beeindruckend: hier tummeln sich Eberfische, Morwongs, Felsenbarsche, Glasbarsche, Blaukehl-Lippfische und Feilenfische.

Alligator Rock

Vom Alligator Rock fallen bis in 20 m Tiefe Granitwände ab, die eine unglaubliche Vielfalt an Schwämmen, Seescheiden, Krustenanemonen und Peitschenkorallen aufzuweisen haben. Besonders prächtig sind die Peitschenkorallen, die von zarten rosafarbenen Juwelenanemonen umgeben sind. Zu den häufigen Besuchern gehören Schmetterlings-Felsenbarsche, Blaukehl-Lippfische, Felsenbarsche, Feilenfische und eventuell ein Hai.

Muirs Rock

Außerhalb des Marinereservates gibt es eine Reihe interessanter Tauchplätze. Bei Muirs Rock befindet sich in einer Tiefe von 15–20 m ein Gewirr aus riesigen Steinblöcken, die wiederum Höhlen, Durchgänge und Gräben bilden. Hier findet man eine interessante Mischung an Meereslebewesen, darunter Tintenfische, Felsenlangusten, eberfische, Nacktkiemer, Seesterne, Feilenfische, Morwongs, Glasbarsche, Seeohren und Felsenbarsche.

Algenfelder

Im Winter kann man bei Bicheno eine Reihe von Algenfeldern erkunden. Das bekannteste befindet sich südlich des Marinereservates und reicht aus 18 m Tiefe bis an die Wasseroberfläche. Man kommt sich vor wie im Traum, wenn man durch diese Unterwasserwälder schwimmt. Die einzelnen Pflanzen stehen normalerweise weit genug auseinander, um sich nicht darin zu verfangen. Mit großer Wahrscheinlichkeit begegnen dem Taucher Rifffische, Mollusken, Garnelen, Seesterne und Haie zwischen den Algen.

Zwischen Herbst und Frühjahr werden die Gewässer um Bicheno häufig von Robben, Glattwalen, Minke-Walen, Orkas und Delfinen aufgesucht.

UNTERWASSER-DSCHUNGEL
– die Kelp-Wälder Tasmaniens

»IM WASSER TAUCHEN WIR LANGSAM HINAB und schwimmen den felsigen Meeresgrund entlang. Als wir uns im Dämmerlicht des Algenwaldes aufhalten, erhebt sich plötzlich eine grüne Wand über uns. Durch diesen turmhohen Pflanzenwald hindurch zu schwimmen ist recht einfach, und man kann dabei die buschigen Blattwedel oder die Stielenden der Algen untersuchen, die fest im Meeresboden verankert sind. Matter Lichtschein dringt durch diesen Baldachin, und im Halbdunkel erkennt man nachtaktive Lebewesen, die sich im Schutz der Algen fortbewegen. Inmitten der Algen trifft man auf Nacktkiemer, Seespinnen, Mollusken, Garnelen, Krabben, Seeohren, Felsenlangusten, Seesterne, Gorgonenhäupter und eine Vielzahl von Rifffischen. Hier sind die Möglichkeiten für Fotos fast unbegrenzt: die Silhouetten des dichten Blattwerks, von Blattwedeln umgebene Taucher oder Porträts von Meereslebewesen, die in diesem unvorstellbaren Ökosystem beheimatet sind.« *Neville Coleman*

Die Tange gehören zu den Braunalgen, von denen viele Arten in den australischen Meeren beheimatet sind. Die häufigste Art ist die Braunalge (*Ecklonia radiata*), die eine Länge von 1 m erreicht und vom südlichen Teil von Queensland bis zum südlichen Westaustralien vorkommt. Braunalgen, die mit einem einzigen Stiel im Felsboden verankert sind, gedeihen am besten an halbgeschützten Orten. Der Bull-Kelp (*Durvillaea potatorium*) ist von dicker, gummiartiger Beschaffenheit und kommt in Victoria und Tasmanien am häufigsten vor. Im seichten Wasser wird er bis zu 10 m lang und bevorzugt einen rauen, exponierten Standort. Bei starkem Seegang kann es mitunter schwierig sein, den Bull-Kelp zu durchdringen, doch wenn das Wasser ruhig ist, findet man eine bemerkenswerte Vielfalt an Meereslebewesen, die zwischen den Algen leben.

Auf King Island in der Bass Strait wird der Bull-Kelp nach einem Sturm von den Stränden aufgesammelt. Die Algen werden im Ofen getrocknet und zur Herstellung von Alginat weiterverwendet, das in Eiscreme, Bier und Zahnpasta enthalten ist.

Wälder aus Riesenkelp (*Macrocystis angustifolia*) findet man überall in Tasmanien. Die auf dem Foto abgebildeten befinden sich vor St Helens und sind nicht so dicht wie andere in den südlichen Gebieten. *Neville Coleman*.

Die echten Algenwälder bestehen aus dem Riesentang *(Macrocystis angustifolia)*, der – je nach Lichtverhältnissen – bis in eine Tiefe von 25 m gedeihen kann. Man findet ihn nur stellenweise vor der Küste Victorias und Tasmaniens. Der Riesentang ist mit starken Halterungen im Boden verankert, während die Äste bis zur Oberfläche hinauf reichen und dort von gasgefüllten »Schwimmern« gehalten werden. Die Algen gedeihen im Winter am besten, wenn das Wasser ruhig und klar ist und können unter idealen Bedingungen bis zu 60 cm pro Tag wachsen.

Der Riesentang kann viele Jahre lang wachsen und in dieser Zeit zahlreiche Zweige und Blätter durch Mollusken, Seeigel und starken Seegang verlieren.

Früher wurden diese Algen in Australien geerntet, heute lässt man sie als Lebensraum für zahlreiche Lebewesen und zur Freude der Taucher stehen.

Die Tasmanische Halbinsel

Tauchabenteuer auf dem Dampfer »Nord«

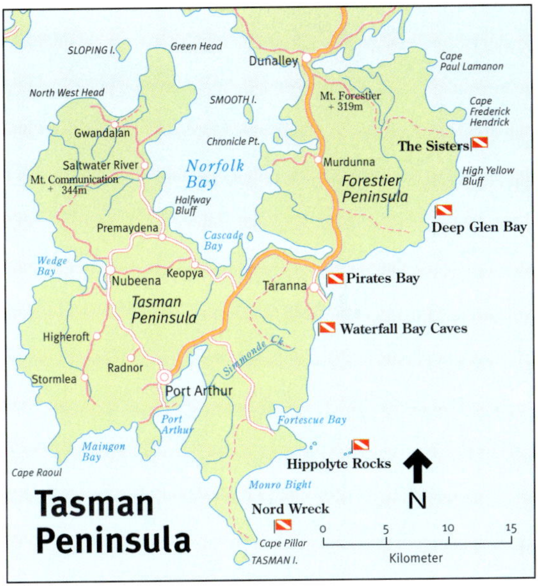

Der Dampfer »Nord« sank im Jahr 1915, nachdem er vor den Hippolyte Rocks auf ein Riff aufgelaufen war, das auf keiner Karte verzeichnet war. Heute liegt das 81 m lange Schiff aufrecht in einer Tiefe von 42 m und gilt als einer der besten Tauchplätze Australiens. Der Schiffsrumpf ist immer noch in bemerkenswert gutem Zustand, und obwohl ein Großteil des Decks bereits eingestürzt ist, kann man doch den Motor, die Heizkessel, die Schiffsschraube, die Winschen und andere Maschinenteile noch leicht erkennen. Der Bug ist ebenfalls zusammengebrochen, doch von Steuerrad und Propeller lassen sich immer noch interessante Fotos machen. Es braucht schon mehrere Tauchgänge, um das gesamte Wrack erforschen zu können, und wenn man sich Zeit nimmt, kann man auf interessante Gebrauchsgegenstände, wie z.B. Flaschen und Teller stoßen. Der Schiffsrumpf ist mit Krustenanemonen, Schwämmen, Seetulpen, Peitschenkorallen und Moostierchen überdeckt. Auf jedem Tauchgang begegnen einem massenhaft Fische, darunter Schmetterlings-Felsenbarsche, Lippfische, Glasbarsche, Eberfische, Feilenfische, Bärtige Felsenbarsche, Morwongs, Gehörnte Kofferfische und ab und zu auch ein Hai.

Die »Nord« ist nur einer der zahlreichen wunderschönen Tauchplätze auf der tasmanischen Halbinsel. Dieser zerklüftete Landvorsprung mit den turmhohen Klippen hat ausgezeichnete Küstentauchplätze mit Felsenriffen und Piers, aber auch Tauchplätze im offenen Meer mit Schwammgärten, Felsnadeln, Höhlen und Algenfeldern zu bieten. Aufgrund der Form findet man – unabhängig von den Wetterverhältnissen – immer eine Stelle zum Tauchen. Auf der tasmanischen Halbinsel konzentriert sich das Tauchen auf das Gebiet um Eaglehawk Neck, wo das Eaglehawk Dive Centre Tauchausflüge mit dem Boot und eigene Übernachtungsmöglichkeiten anbietet.

Sisters Rock

Entlang der Ostseite der tasmanischen Halbinsel findet man überwältigende Steilwände und Felsnadeln vor. Bei Sisters Rock stürzen die Wände 40 m tief ab und sind mit Fingerschwämme, einem dichten Belag aus Peitschenkorallen, Moostierchen, gelben Krustenanemonen und Hydrozoen bedeckt. Im tieferen Wasser werden die Taucher von Felsenbarschen-Schwärmen und anderen Rifffischen umrundet. Für den Fotografen stehen Nacktkiemer, Seesterne, Gorgonenhäupter, Mollusken, Krustentiere und Seespinnen als Motive zur Verfügung.

Waterfall Bay Caves

Dieses riesige Höhlensystem an der Waterfall Bay gilt als der beste Höhlentauchplatz Australiens. Die Höhlen laufen unter den Klippen hindurch, wobei die eindrucksvollste Cathedral Cave ist.

Bootstauchplätze 5–40 Minuten von der Anlegestelle entfernt

Im Sommer 10–15 m, im Winter 20–30 m

Leichte Strömung an einigen Riffen

Schwammgärten und Algenwiesen

Das Wrack der »Nord«, Waterfall Bay Caves

Rifffische in Massen, Hochseefische etwas seltener

Felsenriffe und Felsnadeln

Oben: In Tasmanien leben viele Fische, die sich auf ihren umgewandelten Brustflossen auf dem Meeresboden fortbewegen. Der häufigste Vertreter dieses Fischtyps ist *Brachionichthys hirsutus*, der normalerweise auf weichem Untergrund lebt. Wie die Anglerfische besitzen auch diese Fische einen »Köder« (auf dem Foto ist er eingezogen), mit dem sie Beutetiere anlocken. *Neville Coleman.*

In diese 30 m lange und 21 m tiefe Höhle gelangt man über drei große Eingänge. Andere Höhlen in diesem Gebiet führen bis zu 100 m weit in die Klippen hinein und erfordern ausreichendes Tauchtraining, bevor sie erforscht werden können. Alle Höhlen sind mit Schwämmen und Krustenanemonen überzogen und werden von wirbellosen Tieren, Rifffischen und manchmal auch von Glasbarschen bewohnt.

Riesentang-Wälder

Im Winter findet man vor Eaglehawk Neck drei Riesentang-Wälder, nämlich bei Shag Rock Bay, Deep Glen Bay und Fortescue Bay. Am besten gelangt man mit dem Boot dorthin, wobei das Algenfeld bei Fortescue Bay auch teilweise von der Küste aus erreicht werden kann. In einer Tiefe von 10–30 m trifft man auf einen dichten Urwald aus Macrocystis-Algen, der aufregende Taucherlebnisse garantiert. Obgleich schon das Schwimmen in diesem Urwald ein unvergessliches Erlebnis ist, sieht man sich als Taucher auch noch einer eindrucksvollen Vielfalt an Meeresbewohnern gegenüber: Rochen, Feilenfischen, Kofferfischen, Lippfischen, Felsenbarschen, Morwongs, Stachel-Makrelen, Pikes, Makrelen, Haien, Seegras-Fetzenfischen, Krötenfischen, Seepferdchen, Mollusken und Krustentieren.

Hippolyte Rocks

Bei den Hippolyte Rocks findet man in 40 m Tiefe eindrucksvolle Steilwände, Felsnadeln und Höhlen vor. Das ganze Gebiet ist mit dichten Schwammgärten bedeckt, und je weiter man nach unten taucht, desto vielfältiger wird das Unterwasserleben. Unzählige Rifffische und wirbellose Arten verleihen diesen malerischen Schwammgärten noch mehr Farbe. An der nordöstlichen Seite von Big Hippolyte lebt eine kleine Kolonie Robben, die die Taucher oft beim Schwimmen begleiten.

Port Arthur

Im Umkreis des historischen Ortes Port Arthur gibt es eine Reihe guter Tauchplätze, sowohl an der Küste als auch im offenen Meer. Die Pfeiler von Port Arthur Jetty sind mit Schwämmen, Nacktkiemern, Seesternen, Garnelen, Krabben, Mollusken und Schleimfischen bedeckt. Kleine Rifffische sind in großer Zahl vorhanden und der sandige Meeresboden wird von Rochen und anderen Bodenfischen bewohnt.

Am nahegelegenen Safety Cove befindet sich ein Felsenriff, das von der Küste aus erreicht werden kann. Auf den Felsen und zwischen dem Seegras am Boden begegnet man hier Morwongs, Feilenfischen, Bärtigen Felsenbarschen, Kofferfischen, Felsenbarschen und vielen verschiedenen Wirbellosen. Zu den besten mit dem Boot erreichbaren Tauchplätzen vor Port Arthur gehören die Felsenriffe bei der Isle of the Dead. Hier wachsen Algenwälder in nur 12 m tiefem Wasser. Rifffische und wirbellose Tiere kommen häufig vor, genau wie Hummer, Rochen und die wunderschönen Seegras-Fetzenfische.

Hobart

Tauchen in den südlichen Gewässern Australiens

Taucher, die ihre Ferien in Hobart verbringen, finden eine große Auswahl an Tauchplätzen vor – von Algenfeldern und hübschen Felsenriffen an der Küste bis zu Tangwäldern, Schwammgärten und einigen intakten Schiffen auf einem künstlichen Riff. Diese südlichste Küste Australiens bietet in der Tat viel Abwechslung. Für dieses Gebiet sind mehrere Tauchveranstalter zuständig, die Bootsausflüge anbieten und Informationen über die besten Küstentauchplätze erteilen. Die Sichtweite kann unter Umständen zu wünschen übrig lassen, doch wie die Witterungsverhältnisse auch sein mögen, man findet immer eine ruhige geschützte Stelle zum Tauchen.

Tinderbox

Bei Tinderbox finden sich viele abwechslungsreiche Tauchplätze. Tag und Nacht trifft man hier auf eine unglaubliche Vielfalt an Meereslebewesen. Auf den Seegrasmatten entdeckt man Tintenfische, Nacktkiemer, Seesterne, Octopusse, Krötenfische, Rochen, Einsiedlerkrebse, Mollusken, Seehasen, Feilenfische, Gehörnte Kofferfische, Lippfische, Felsenbarsche, Meerbarben, Kofferfische und eventuell auch einen Rochen oder Himmelsgucker.

Piersons Point

Ein charakteristisches Merkmal von Piersons Point sind die dichten Algenwälder in 15 m Tiefe. Der steinige Meeresgrund und die wogenden Algenwälder bieten Lebensraum für die unterschiedlichste Unterwasserfauna. Unter den Felsbänken entdeckt man Felsenlangusten, Seeohren, Eberfische, Conger-Aale, Bärtige Felsenbarsche und cardinalfish. Zwischen den Algen schwimmen Feilenfische, Morwongs, Lippfische, Felsenbarsche und auch seltenere Fische wie Krötenfische und Rote Samtfische.

Bligh Point

Das Wasser am Bligh Point ist nur 8 m tief, das Felsenriff wird jedoch von zahlreichen Meereslebewesen, wie z.B. Algen, Schwämmen, Nacktkiemern, Tintenfischen, Seesternen, Feilenfischen, Octopussen, Meerbarben, Gehörnten Kofferfischen, Trompetenfischen, Kugelfischen, Flundern, Grundeln, Lippfischen, Morwongs und Eberfischen bewohnt. Außerdem gibt es hier eine Reihe kleiner Höhlen und Durchgänge, in denen man im Schein einer Taschenlampe, viele buntgefärbte Schwämme und verborgene Lebewesen entdecken kann.

Unten: Dieser Skorpionsfisch (*Scorpaena papillosa*) ist ein begehrter Speisefisch, der auf Felsbänken der gemäßigten Gewässer lebt.
Michael Aw.

Cape De La Sortie

An diesem Felsenriff befindet sich in 12 m Tiefe ein Algenwald, der aufregende Tauchgänge garantiert. Hier kann man Rifffische, Felsenlangusten, Seeohren, Krötenfische, Gehörnte Kofferfische und Haie beobachten.

Yellow Bluff

Die 25 m tief abfallenden Felsenriffe bei Yellow Bluff ähneln den zahlreichen Tauchplätzen vor Bruny Island. Am Boden befinden sich übereinander gestapelte Steinblöcke, die Höhlen, Gräben und Durchgänge bilden. Im

Küsten- bzw. bis zu 30 Minuten entfernte Bootstauchplätze

Im Sommer 5–10 m, im Winter 15–25 m

Leichte Strömung an einigen Riffen

Farbenprächtige Schwammgärten und dichte Algenwälder

Hervorragendes Angebot an Küsten- und Bootstauchplätzen

Rifffische in Massen

Felsenriffe und Felsnadeln

Umkreis der Riffe trifft man auf wundervolle Schwammgärten mit Nacktkiemern, Skorpionsfischen, Seesternen, Gorgonenhäuptern, Gehörnten Kofferfischen, Grundeln und den merkwürdigen »Spiny pipehorse« (ein Tier, das einer Kreuzung zwischen Trompetenfisch und Fetzenfisch ähnelt). Häufig vorkommende Riffbewohner sind außerdem Eberfische, »Sweeps«, Schmetterlings-Felsenbarsche, Gebänderte Morwongs und verschiedene Feilenfisch-Arten.

Top Slip Point

Das Felsenriff bei Top Slip Point ist mit herrlichen Schwammgärten bedeckt. Das Riff fällt bis zum sandigen Meeresgrund in 25 m Tiefe ab, wo man häufig Rochen, Himmelsguckern, Engelhaien und Knurrhähnen begegnet.

Das künstliche Riff bei Betsey Island

In den siebziger und achtziger Jahren wurden an diesem künstlichen Riff elf Schiffe versenkt. Die beiden interessantesten Schiffe sind die in 22 m Tiefe liegenden »William Callper« und die »Macquarie«. Diese Wracks sind zu einem Treffpunkt für Fische und wirbellose Tiere geworden: hier stößt der Taucher auf Morwongs, Lippfische, Felsenbarsche, Tintenfische, Octopusse, Nacktkiemer, Schwämme, Krustenanemonen, Juwelenanemonen und Seesterne. Die Wracks sind auch für unerfahrene Taucher sicher genug, da man durch die zahlreichen Öffnungen leicht in den Schiffsrumpf vordringen kann.

Betsey Reef

Südlich von Betsey Island befindet sich ein Felsvorsprung, der bis in 22 m Tiefe von einem Riff umgeben ist. Betsey Reef ist der ideale Ort, um Felsenlangusten, Seeohren und Rifffische zu beobachten. Aufmerksame Taucher werden außerdem Seegras-Fetzenfische, »Spiny pipehorses«, Krötenfische, Haie und Seepferdchen entdecken.

Ninepin Point

Der an der Mündung des Huon River gelegene Ninepin Point wird von tanninhaltigem Süßwasser gespeist, das auf dem Salzwasser schwimmt. Sobald man die trübe, obere Wasserschicht durchdrungen hat, sieht man sich von klarem Meerwasser umgeben. Der steinige Meeresgrund, dessen Tiefe zwischen 6 und 10 m schwankt, ist mit interessanten Schwamm- und Algenarten überzogen. Wegen der herrschenden Dunkelheit gibt es hier eine außergewöhnliche Auswahl an Fischen und wirbellosen Tieren, darunter auch viele Tiefseearten. Sehr häufig begegnet man hier Gorgonenhäuptern, Schlangensternen, Seespinnen, Morwongs, Nacktkiemern, Rochen, Seesternen, Pike, Feilenfischen, Felsenbarschen, Skorpionsfischen, Seepferdchen, Trompetenfischen, Felsenlangusten, Lippfischen und den prächtigen Krötenfischen.

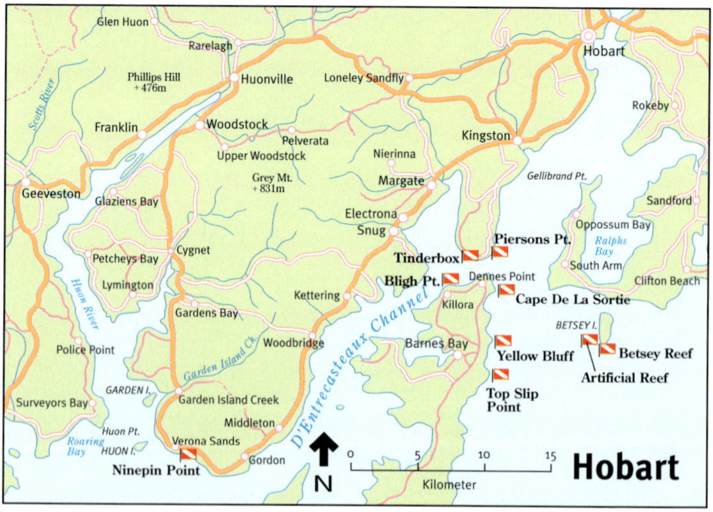

Gegenüberliegende Seite: Die Unterwasserflora wird oftmals von Fotografen vernachlässigt, obwohl sie bei richtiger Beleuchtung und gutem Kontrast zur Umgebung großartige Fotomotive bereithält. *Michael Aw.*

So ist Südaustralien

Wo sich die Ströme mischen

Die meisten Taucher aus dem Ausland kommen aus einem einzigen Grund nach Südaustralien: sie wollen dem legendären Weissen Hai begegnen. Die unzähligen Filme und Reportagen, die in südaustralischen Gewässern gedreht wurden, vermitteln den Eindruck, als ob hier die Weissen Haie zu Tausenden direkt vor der Küste herumschwimmen würden. Tatsache ist jedoch, dass ihre Zahl stark zurückgegangen ist und daher nur wenige Taucher jemals einem Weissen Hai begegnen werden.

Abgesehen von den Weissen Haien hat Südaustralien noch zahlreiche Unterwasserattraktionen zu bieten. Die Ströme aus dem Indischen bzw. Pazifischen Ozean führen Lebewesen mit sich, die sowohl für östliche als auch westliche Küstenzonen typisch sind. Außerdem hat der Staat auch seine eigenen landestypischen Arten vorzuweisen. An vielen Tauchplätzen trifft man auf Seelöwen und Neuseelandrobben, die für die einheimischen Taucher schon zur Gewohnheit geworden sind. Die südaustralische Küste ist der geeignete Ort, um Glattwale, Gemeine und Flaschennasen-Delfine, Felsenlangusten und merkwürdige Kreaturen, wie z.B. den buntgefärbten Harlekinfisch, den Westlichen Blauen Teufelsfisch, den Westlichen Blauen Korallen-Lippfisch sowie Seegras- und Blatt-Fetzenfische zu beobachten.

Obwohl die südaustralische Tauchindustrie noch in den Kinderschuhen steckt, gibt es doch Gebiete mit ausgezeichneten Tauchmöglichkeiten. Mount Gambier ist für seine Süßwasserseen und Dolinen bekannt – ein absolutes Muss für alle, die Höhlen und

Gegenüberliegende Seite: Kangaroo Island ist mit verschiedenen Booten zu erreichen. Die Insel ist für ihre Kängurus und zutraulichen Robben bekannt.
Michael Aw.

klares Wasser mögen. Küstentauchplätze und Bootstauchgänge gibt es bei Victor Harbour, Kangaroo Island, Adelaide und in der Umgebung der Yorke und Eyre Halbinseln. Für diejenigen, die einen Ausflug auf einem live-aboard-Boot vorziehen, stehen Hunderte von Inseln zur Verfügung, die sich direkt vor der Küste befinden. Viele Orte können hier nicht erwähnt werden, weil es in dem jeweiligen Gebiet keine Taucheinrichtungen gibt: für Taucher mit einem eigenen Boot und Kompressor gibt es jedoch jede Menge Tauchplätze an der Ostküste bei Port Mac-Donnell, Beachport, Robe und Kingston. An der oberen Spitze der Eyre Peninsula bieten sich im Winter (wenn das Wasser klar ist) von Whyalla bis Port Neill sehr gute Tauchmöglichkeiten.

An dem parallel zur Nullarbor Plain verlaufenden Küstenstreifen – direkt vor Städten wie Streaky Bay, Smoky Bay und Ceduna gelegen – befinden sich einige zerklüftete Riffe mit Felsenlangusten und Rifffischen. Die vielen Schiffswracks und eine Reihe künstlicher Riffe vor Adelaide sind zum Anziehungspunkt für zahlreiche Fische und wirbellose Tiere geworden. Südaustralien besitzt unzählige Marinereservate, die zum Schutz der Unterwasserlebewesen ins Leben gerufen wurden.

Die Tauchbedingungen sind praktisch ganzjährig als gut zu bezeichnen, wobei jedoch der Sommer die beste Jahreszeit ist, weil das Wasser dann klar und warm ist. Die Mehrzahl der einheimischen Taucher verwenden einen 5 bzw. 7 mm dicken Kälteschutzanzug, da die Wassertemperaturen zwischen 14 und 20 °C schwanken. Der gesamte Staat ist dürr und trocken mit Lufttemperaturen von 15–28 °C im Sommer und 6–16 °C im Winter.

Südaustralien erstreckt sich über eine Fläche von 984 377 km, ungefähr die gleiche Größe wie der US-Staat Texas. Die Besiedelung des Staates begann offiziell im Jahr 1836 mit der Gründung einer kleinen Ortschaft auf Kangaroo Island. Seitdem ist die Einwohnerzahl auf 1,4 Millionen angewachsen, wobei die Umgebung von Adelaide die größte Bevölkerungsdichte aufweist. Adelaide ist vor allem wegen seines Kolonialbaustils, seinen Parks und Gärten bemerkenswert. Die staatlichen Einnahmen stammen vorwiegend aus Bergbau und Landwirtschaft. Ein bedeutender Industriezweig ist der Weinanbau – das Barossa Valley ist für seine Weinsorten berühmt.

Die ca. 250 Nationalparks locken viele Besucher nach Südaustralien. Zu den Wahrzeichen des Staates gehören u.a. die Flinders Ranges, einer der ältesten Gebirgszüge der Welt, in dem man zahlreiche Fossilien entdecken kann; das Lake Eyre Basin, eine ausgedehnte Salzfläche, die alle paar Jahre überflutet wird und dann vor Vögeln und Fischen nur so wimmelt; die öde Nullarbor Plain an der Grenze zur Great Australian Bight gelegen, die mit unterirdischen Höhlen durchzogen ist, in denen man mit klarem Wasser gefüllte Dolinen und Zeichnungen der Aborigines finden kann; die 1 500 Millionen Jahre alten Gawler Ranges – riesige Monolithen aus Granit, die einzigartige Wildtiere beheimaten und natürlich die zahllosen Beuteltier- und Vogelarten, die auf Kangaroo Island zu Hause sind. Weitere Attraktionen sind die Strände, Angeln, das Adelaide Arts Festival, die Opalminen bei Coober Pedy und der eindrucksvolle Murray River, auf dem Urlauber eine Fahrt mit dem Schaufelraddampfer oder auf Hausbooten unternehmen können. Der Staat stellt Naturschönheiten, Geschichte und Kultur in den Vordergrund und verzichtet dabei auf Themenparks und große Feriensiedlungen. Der Tourismus ist inzwischen zum wachsenden Industriezweig geworden.

Gegenüberliegende Seite: Süßwasserpflanzen bilden den Hauptbestandteil in der Ernährung des Süßwasserkrebses *(Eustaceus bispenosus)*, obwohl er auch Jagd auf andere Süßwassertiere macht. *Neville Coleman.*

Unten: Den farbenprächtigen Blauen Mirakelbarsch *(Paraplesiops meleagris)* findet man unter Felsbänken und in Höhlen. *Neville Coleman.*

Mount Gambier

Ein Süßwasser-Märchenland

15 km südlich von Mount Gambier befindet sich Ewens Ponds, drei untereinander verbundene kleine Seen mit unglaublich klarem Wasser. Der erste See misst 50 m im Durchmesser, und für Taucher ist meistens das andere Ende klar zu erkennen. Während man über Gräser und Schilfrohr schwimmt, um zum 10 m tiefer gelegenen Grund zu gelangen, kann man bisweilen kaum unterscheiden, ob man sich im Wasser befindet oder eher über einen grasbewachsenen Hügel fliegt. Die einzigen Anhaltspunkte sind die gelegentlich vorbeischwimmenden kleinen Fische und die Luftblasen, die von den Pflanzen emporsteigen – Sauerstoff, der bei der Photosynthese hergestellt wird.

Wenn man auf der anderen Seite des Sees in den Kanal hineinschwimmt, der zum nächsten See führt, wird man von der starken Strömung sofort in den zweiten See mitgezogen. Dieser zweite See (mit 40 m Durchmesser) ist die Heimat größerer Fischpopulationen, darunter Schwarze Schnapper, Tupong, Zwergbarsche und einige Aale. An der Stelle auf dem Grund, wo Quellwasser in den See hineinfließt, bildet der Sand Blasen. Mit der Strömung gelangt man durch den zweiten Kanal in den letzten der drei Seen, der nur 30 m im Durchmesser misst. Kleine Fische flitzen über den Grund des Sees, und in 9 m Tiefe entdeckt man Süßwasser-Krebse, die sich hinter Felsen verstecken. An dieser Stelle beenden die meisten Taucher ihren Tauchgang, doch man kann dem seichten Eight Mile Creek noch weitere 3 km folgen. Man darf dabei nicht vergessen, dass der Rückweg sehr lang ist und man besser von einem Auto abgeholt werden sollte.

Das Gebiet um Mount Gambier weist zahlreiche Seen und Dolinen auf – man spricht von über 200 Höhlen –, von denen aber nur 40 regelmäßig von Tauchern besucht werden. Der in

Grenznähe zu Victoria gelegene Mount Gambier wurde in den sechziger Jahren von Tauchern entdeckt, die daraufhin mit der Erforschung der einzigartigen Dolinen begannen. Als dieses Gebiet immer bekannter wurde, kamen auch immer mehr Taucher, wovon einige – mangels Erfahrung – ihr Leben ließen. Um diesem Problem zu begegnen, wurde die Cave Divers Association of Australia (CDAA) ins Leben gerufen, die Tauchern Anleitung für sicheres Tauchen in Höhlen gibt und die einzelnen Dolinen einstuft. Ewens Ponds sind die einzigen Seen in diesem Gebiet, in denen ohne Genehmigung der CDAA getaucht werden darf. Die meisten Senkgruben befinden sich auf Privatgrundstücken oder Staatsbesitz, so dass man vor dem Tauchen eine Genehmigung einholen muss: die Mühe lohnt sich aber in jedem Fall.

Weitere Informationen über Senkgruben, Höhlentauchtraining und Genehmigungen erhält man bei der Cave Divers Association of Australia.

Zahlreiche Tauchplätze von der Küste aus zu erreichen

Durchschnittlich 20–40 m

Zwischen den Seen

Gräser, Schilfrohr und Süßwasserschwämme

Sehenswerte, klare Seen und Dolinen

Begrenzte Anzahl an Süßwasserfischen

Kalksteinhöhlen und Dolinen

Oben: Süßwasserschildkröten, die in zahlreichen Höhlen und Teichen am Mt. Gambier zu Hause sind, lassen sich am besten am frühen Morgen bzw. späten Nachmittag beobachten.
Neville Coleman.

Piccaninnie Ponds (S)

Picaninnie Ponds ist die berühmteste und beliebteste Doline in Mount Gambier. Hier gelangen Taucher über einen kleinen Landungssteg ins Wasser, wo sie zuerst einen See durchschwimmen und dann The Chasm erreichen. Dieses Loch (ca. 5 m breit und 50 m lang) fällt bis in eine Tiefe von 60 m ab. Während man die algenbedeckten Wände hinabtaucht, wird man von der verlockenden Tiefe stark angezogen, doch man muss sich bei allen Tauchgängen bewusst sein, dass die Grenze bei 36 m liegt. In 10 m Tiefe zeigt sich in der Wand eine Öffnung, die sogenannte Cathedral – ein beeindruckender Höhlensaal mit weissen Kalksteinwänden von 30 m Höhe bzw. 20 m Breite. Hinaus gelangt man durch ein zweites Loch in 25 m Tiefe, von wo aus man dann die Kalksteinwände von The Chasm erforschen kann. In Piccaninnie Ponds gibt es eine Vielzahl von Tieren zu sehen, darunter Wasserschildkröten, Süßwasser-Krebse, Krabben, Garnelen, Aale, Zwergbarsche, tauchende Käfer und andere Insekten. Sowohl Taucher als auch Schnorchler werden ihre Freude an Piccaninnie Ponds haben, die Besucherzahlen sind jedoch beschränkt, so dass man rechtzeitig buchen sollte.

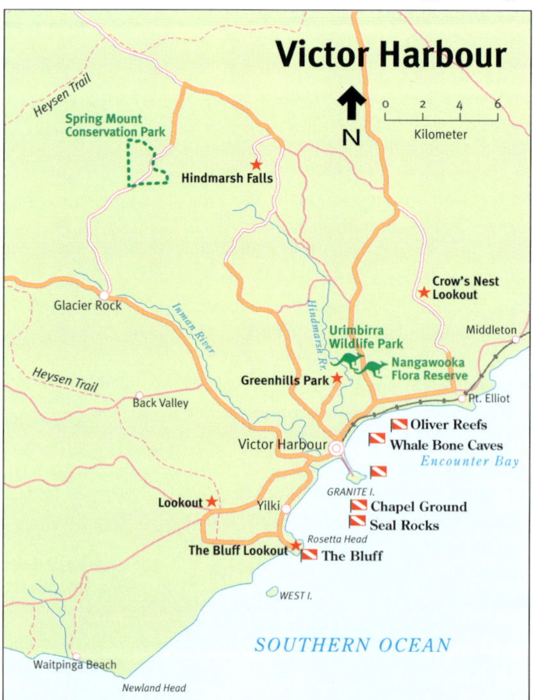

Little Blue (S)

In dieser Grube wurden jahrelang Abfallgegenstände versenkt, darunter auch Autos, die jetzt den Grund in 35 m verschmutzen.

Gouldens Hole (CN)

In Gouldens Hole findet man zahlreiche Felsbänke in einer Tiefe von 25 m. Über die Rampe eines Pumpwerks hat man leichten Zugang zum Wasser, man sollte sich jedoch vor Wasserlinsen und Schlamm in Acht nehmen.

One Tree (S)

Die trichterförmige Höhle One Tree ist typisch für die meisten Dolinen in diesem Gebiet: das eingestürzte Dach bildet in 30 m Tiefe einen Steinhaufen, von wo aus man 50 m tief, d.h. weit unterhalb der sicheren Tauchgrenze hinabtauchen kann.

The Pines (C)

Die Oberfläche dieser Höhle ist mit Wasserlinsen bedeckt, darunter findet man jedoch klares Wasser und einen weissen Kalksteingrund vor. The Pines bestehen aus zahlreichen Tunnels und Höhlen, die man in 30 m Tiefe erforschen kann. Hier stößt man auch auf die Fossilien von Weichtierschalen, die in die Wände eingemauert sind.

The Shaft (S)

Nach dem tragischen Tod von vier Tauchern, blieb der Shaft, zweifellos eine der berüchtigsten Höhlen dieses Gebietes, 16 Jahre lang geschlossen.

Victor Harbour

Entspannte Atmosphäre, schroffe Küstenabschnitte

Für viele Einwohner von Adelaide ist Victor Harbour das beliebteste Ferienziel überhaupt, weil sie dort eine entspannte Atmosphäre, reizvolle Landschaften und schroffe Küstenabschnitte vorfinden. Eine der Hauptattraktionen von Victor Harbour ist das direkt vor der Küste in der Encounter Bay gelegene Granite Island. Der historische Screwpile Jetty verbindet die Insel mit dem Festland – man kann die Strecke entweder zu Fuß oder in einer von Pferden gezogenen Straßenbahn zurücklegen. Auf der Insel begegnet man Wallabies und kleinen Pinguinen und bisweilen wird man Zeuge einer gewaltigen Gischtbildung, wenn die massive Brandung gegen die Insel peitscht.

In der Umgebung von Victor Harbour findet man viele interessante Tauchplätze und Meereslebewesen. Wenngleich die See nicht immer stürmisch ist, so ist das Tauchen im Hafen doch sehr wetterabhängig. Bei Südwind weichen Taucher im allgemeinen auf die nahegelegene Rapid Bay aus, bei Nordwind ist das Meer jedoch ruhig, vor allem im Herbst. Für das Gebiet um Victor Harbour sind Victor Dive Charters, Victor Marine und Watersport zuständig.

Port Elliot

An der Felsenküste von Port Elliot findet man viele, interessante Riffe vor. Die in einer Tiefe von 10–20 m gelegenen Felsbänke und Gräben, sind von den Felsen aus zugänglich. Am Meeresboden stößt man auf Seesterne, Nacktkiemer, »Sweeps«, Feilenfische, Kofferfische, Lippfische, Morwongs, Seeohren, Blatt-Fetzenfische, Felsenlangusten und Glasbarsche.

Olivers Reefs und Whale Bone Caves

Diese beiden, 8–12 m tief gelegenen Riffe in der Encounter Bay bieten eine große Auswahl an Tauchmöglichkeiten. Dichte Algenteppiche bedecken den Meeresgrund, der von Blatt-Fetzenfischen, Felsenlangusten, Seeohren und verschiedenen Rifffischen bzw. wirbellosen Arten bewohnt wird.

Granite Island

Granite Island kann man von der Küste aus erreichen, die interessanteren Tauchplätze liegen jedoch draußen im offenen Meer. Auf der Südseite befinden sich Steinblöcke in bis zu 15 m Tiefe, die Blaue Teufelsfische, Eberfische, Felsenbarsche, »Sweeps« und die seltene Schwarze Kauri beheimaten.

Seal Rocks

Bis in 25 m Tiefe wird Seal Rocks von riesigen Granitblöcken umgeben. Im Umkreis der Insel findet man Schwämme, Gorgonien, Krustenanemonen, Moostierchen, Seescheiden, Morwongs, Port Jackson-Haie, Felsenlangusten, Gelbschwanz-Makrelen, Königsmakrelen und Rifffische in Hülle und Fülle.

The Bluff

Der wahrscheinlich beliebteste Küstentauchplatz bei Victor Harbour ist The Bluff. Zwischen den Steinblöcken in bis zu 18 m Tiefe leben Blatt-Fetzenfische, Seeohren, Felsenlangusten, Seesterne, Blaue Teufelsfische, Morwongs, Kofferfische, »Sweeps« und manchmal auch eine Robbe.

West Island

West Island ist immer einen Besuch wert, obwohl einheimische Taucher sich eher selten dorthin verirren. Die von Riffen umgebenen, mit Algen bedeckten Höhlen und Spalten bieten ein abwechslungsreiches Farbenspiel und sind Lebensraum für Gorgonien, Schwämme, Seescheiden und gelegentlich auch Schwarze Kauris. Die Insel wird von einer kleinen Kolonie Neuseelandrobben bevölkert.

Küsten- bzw. 10 Minuten entfernte Bootstauchplätze

Durchschnittlich 5–10 m

Etwas Strömung vor der Küste

Schwammgärten und Algen

Felsenriffe, gelegentlich Fetzenfische

Rifffische recht häufig

Felsenriffe

FETZENFISCHE
– Meister der Tarnung

FETZENFISCHE GEHÖREN ZU DEN BIZARRSTEN und einzigartigsten Tieren in den Meeren Südaustraliens. Es sind nur zwei Arten bekannt. Der Seegras- (oder Gemeine) Fetzenfisch (*Phyllopteryx taeniolatus*), der Algenwälder und Schwammgärten der seichten Gewässer von Sydney bis Perth bewohnt, ist am häufigsten anzutreffen. Schon die Färbung dieses Fetzenfischs gehört zum Auffälligsten, was die Natur zu bieten hat: violett, orange und rosa mit Tausenden kleiner gelber Punkte. Trotz dieser Farbenpracht ist das Tier für ungeübte Augen sehr schwer zu erkennen, da man es für einen Teil der Algen hält. Erst im Schein einer Taschenlampe kommen seine auffälligen Farben zur Geltung.

Wenn Sie bereits Schwierigkeiten hatten, einen Seegras-Fetzenfisch zu entdecken, dann wird es Ihnen kaum gelingen, den Blatt-Fetzenfisch (*Phycodurus eques*) ausfindig zu machen, der ein Meister der Tarnung ist. Diese Tiere findet man in geschützten Buchten zwischen Algen- und Seegraswiesen in den seichten Gewässern vor Südaustralien, dem westlichen Teil Victorias und dem südlichen Westaustralien. Der Autor selbst hat auf vielen Tauchgängen erfolglos versucht, einen Blatt-Fetzenfisch zu entdecken.

Seegras-Fetzenfische gehören zusammen mit Seepferdchen und Seenadeln zur Familie der *Syngnathidae*. Sie besitzen ein knöchernes Außenskelett, das jedoch kaum Schutz vor ihren Hauptfeinden – Haien und Rochen – bietet. Ihre beste Verteidigung ist die Tarnung. Normalerweise lassen sie sich von der Gezeitenströmung und der Brandung treiben, können sich jedoch auch mit Hilfe ihrer kleinen Flossen fortbewegen.

Seegras-Fetzenfische ernähren sich ausschließlich von Mysis (winzige, garnelenähnliche Krebstiere), die sie durch ihre verlängerten Schnauzen einsaugen. Bei den Seepferdchen, Seenadeln und Fetzenfischen kümmern sich die Männchen um die Brutpflege. Das Weibchen legt die Eier auf der Schwanzunterseite des Männchens ab und verschwindet. Im Sommer kann man männliche Seegras-Fetzenfische beobachten, die Hunderte rosafarbener Eier mit sich tragen. Diese Methode bietet den Jungtieren bessere Überlebenschancen, als wenn die Eier direkt ins Wasser entlassen werden, wo sie die Beute anderer Fische werden. Nach 3 Wochen schlüpfen die Jungen, die ihren Eltern wie Abziehbilder gleichen. Über die Lebenserwartung des Fetzenfisches ist nichts bekannt, beide Arten können bis 45 cm lang werden.

Der Fetzenfisch *(Phycodurus eques)* gehört zu den ungewöhnlichsten Lebewesen Australiens. Er ist teilweise geschützt und darf nur mit einer Lizenz eingesammelt werden. *Michael Aw.*

Seegras-Fetzenfischen zu begegnen ist immer ein faszinierendes Erlebnis. Sie lassen sich hervorragend fotografieren, man sollte jedoch nicht den Blick von ihnen wenden, da sie sich oft ganz schnell aus dem Staub machen. Sie sollten diese Tiere auf keinen Fall in die Hand nehmen: sie besitzen zwar ein robustes Außenskelett, sind aber trotzdem sehr zerbrechlich und können bei grober Behandlung einen Schock bekommen und sterben. Obwohl Fetzenfische in Australien halbwegs geschützt sind, stellen sie immer noch begehrte Objekte für den Aquarienhandel dar. Auf dem Schwarzmarkt lässt sich mit diesen Tieren viel Geld machen und in manchen Tauchgebieten ist ihr Bestand in den letzten Jahren schon beträchtlich zurückgegangen.

Kangaroo Island

Ein Paradies für Wildtiere: an Land und unter Wasser

Kangaroo Island ist ein Paradies für Wildtiere, wie z.B. Koalas, Oppossums, Emus, Kängurus, Wallabies und unzählige Reptilien- und Vogelarten. Jährlich kommen viele tausend Besucher auf die große, bewaldete Insel, um diese Tiere zu beobachten: die schönsten Erlebnisse kann man aber mit den australischen Seelöwen haben, die tagsüber am Strand schlafen und den Umgang mit Menschen gewöhnt sind, so dass man sich ihnen bis auf 4 m nähern kann.

Auf den Riffen bei Kangaroo Island begegnen den Tauchern oft Seelöwen, kleine Pinguine, Delfine, Neuseelandrobben und Fetzenfische, aber auch Hochsee- und Rifffische sowie wirbellose Tiere trifft man in Hülle und Fülle. Eine der Hauptattraktionen von Kangaroo Island ist seine Unterwasserwelt entlang der 400 km langen Küste: hier findet man farbenprächtige Schwammgärten, Felsenriffe und über fünfzig Schiffswracks vor, die noch nicht einmal alle lokalisiert wurden.

Regelmäßige Bootsausflüge zu den besten Tauchplätzen werden von den beiden örtlichen Tauchveranstaltern, Adventureland Diving und Kangaroo Island Dive Safaris, durchgeführt. Den Urlaubern steht eine breite Palette an Übernachtungsmöglichkeiten zur Auswahl. Die Insel ist mit dem Flugzeug, dem Auto oder der Fähre (von Port Adelaide oder Cape Jervis aus) zu erreichen.

Snapper Point

Um starke Strömungen zu vermeiden, sollte man an dieser turmhohen Klippe am besten nur bei Flut Tauchgänge unternehmen. Die Riffwand fällt auf 40 m ab und weist viele Felsbänke auf, die mit Schwämmen, Seescheiden, Gorgonien und Weichkorallen besetzt sind. Auf dem Meeresboden stößt man auf interessante wirbellose Tiere, wie z.B. Nacktkiemer, Seesterne, Gorgonenhäupter, Tintenfische, Krabben und Kauris. Rifffische kommen in verschwenderischer Fülle vor, darunter Feilenfische, Morwongs, Felsenbarsche, Skorpionsfische, Lippfische, Blaue Teufelsfische, »Old wives«, »Sweeps« und die wunderschönen Harlekinfische. Hier umkreisen den Taucher oftmals Schwärme von Gelbschwanz-Makrelen, Pike und Königsmakrelen, ab und zu auch eine Robbe oder ein Pinguin.

Penneshaw Jetty

Obwohl hier das Wasser eine Tiefe von nur 6 m aufweist, kann ein Küstentauchgang bei Penneshaw Jetty durchaus lohnenswert sein. Die Pfeiler des Piers sind mit Gorgonien, Schwämmen,

Küsten- bzw. Bootstauchplätze bis zu 20 Minuten entfernt

Durchschnittlich 10–20 m

Leichte Gezeitenströmung

Üppige Schwammgärten und Algen

Unendlich viele Begegnungen mit Meereslebewesen

Riff- und Hochseefische in Massen

Felsenriffe

Gegenüberliegende Seite: Der über 500 m lange Rapid Bay Jetty befindet sich 95 km südlich von Adelaide. An seinem Ende beträgt die Wassertiefe nur 9 m, die Tauchbedingungen sind jedoch einmalig gut.
Nigel Marsh.

Unten: Die normalerweise in Schwärmen auftretenden Gelbschwanz-Makrelen *(Seriola lalandi)* sind sehr neugierig und leisten Tauchern oftmals Gesellschaft.
Nigel Marsh.

Seescheiden und Anemonen überkrustet, und Fotografen finden hier immer die passenden Bildmotive: Seesterne, Schlangensterne, Kauris, Nacktkiemer, Octopusse und Tintenfische. Die hier lebenden Fische umfassen Meerbarben, Morwongs, Feilenfische, Zebrafische, Gehörnte Kofferfische, Lippfische und gelegentlich Himmelsgucker, die sich im Sandboden verbergen.

Kangaroo Head

Einer der besten Plätze, um Blatt-Fetzenfische zu beobachten, ist wahrscheinlich Kangaroo Head, wenngleich man schon sehr genau hinschauen muss, um diese Fische in ihrer Umgebung aus Seegras und Algen ausfindig zu machen. Das Felsenriff, das von Felsenlangusten, Eberfischen, Felsenbarschen, Morwongs und zahlreichen, bunten wirbellosen Tieren bewohnt wird, fällt 12 m tief ab.

Nepean Bay

Einer der abwechslungsreichen Tauchplätze im Umkreis der Nepean Bay ist das Wrack der »Fanny M.«. Das 50 m lange Schiff ging 1885 unter, und seine Überreste liegen heute in einer Tiefe von 5 m. Den Schiffsrumpf kann man teilweise noch erkennen, da zahllose Rippen aus dem Boden herausragen. Ab und zu stößt man noch auf Gebrauchsgegenstände, die jedoch aus diesem historischen Schiffswrack nicht entfernt werden dürfen.

Cape Torrens

Zu den prachtvollsten Tauchplätzen dieses Gebietes gehört die Steilwand vor Cape Torrens. Diese Wand, die 39 m tief abfällt, ist mit gelben Krustenanemonen, Gorgonien, Schwämmen, Weichkorallen, Anemonen, Moostierchen und Seescheiden übersät.

Western River Cove

Diese felsige Bucht stellt einen interessanten Küstentauchplatz dar. An der Außenkante fällt sie 18 m tief ab, an einer Stelle, wo das Riff mit Algen und Schwämmen überzogen ist. Häufige Riffbewohner sind auch Nacktkiemer, Tintenfische, Felsenlangusten, Blaue Teufelsfische, Blaue Korallen-Lippfische, Gehörnte Kofferfische und »Old wives«.

Das Wrack der »Loch Vennachar«

Die »Loch Vennachar« verschwand im Jahr 1905 und wurde erst 1976 von Tauchern entdeckt. Zahlreiche Wrackteile liegen noch heute auf dem Meeresgrund verstreut – die Winsch, der Anker und stapelweise Ballast aus Roheisen.

Das Wrack der »Fides«

Die »Fides« sank 1860 und brach in 10 m tiefem Wasser auseinander. Unter den Wrackteilen findet man einige Messingteile, Flaschen und Besteck. Das Riff selbst, das von zahlreichen Rifffischen und wirbellosen Tieren bewohnt wird, eignet sich sehr gut zum Tauchen.

Snug Cove

Über der Snug Cove erheben sich 200 m hohe Klippen aus dem Wasser. Unter Wasser reichen die Wände bis in eine Tiefe von 20 m und weisen zahlreiche Gräben und Felsbänke auf. Entlang der Steilwände begegnet man Felsenlangusten, Morwongs, Königsmakrelen, Eberfischen, Lippfischen, Feilenfischen, Harlekinfischen, Tintenfischen und Blaue Korallen-Lippfische.

Hanson Bay

Die an der Mündung des South West River gelegene Hanson Bay, ist von der Küste aus zu erreichen. In der nur 5–10 m tiefen Bucht findet man Stachelrochen, Tintenfische, Drummer, Morwongs, Schnapper, Pike und wirbellose Tiere in Hülle und Fülle.

Adelaide

Künstliche Riffe wohin das Auge blickt

Vor der Küste Adelaides befinden sich einige Felsenriffe, der größte Teil des Meeresbodens ist jedoch mit Sand bedeckt und bietet keinen Schutz für Meereslebewesen. Zur Lösung dieses Problems hat das South Australian Fisheries Department vor diesem Küstenabschnitt systematisch künstliche Riffe angelegt. Zehn Jahre lang wurden unzählige Reifen und Schiffe in Tiefen von 18–30 m versenkt. Diese künstlichen Riffe zogen eine große Vielfalt von Fischen und wirbellosen Tieren an und werden am Wochenende von zahlreichen Anglern und Tauchern besucht.

Die Hauptstadt Südaustraliens – Adelaide – weist eine gute Infrastruktur auf, mit breiten Straßen und zahlreichen Parkanlagen. Die Stadt, die auch als »City of Churches« bekannt ist, ist für ihr Künstlerfestival und die großartigen Weine berühmt, die im nahegelegenen Barossa Valley angebaut werden.

Von der Küste bzw. vom Boot aus gelangt man zu vielen Unterwasserattraktionen, wie z.B. künstlichen Riffen, Piers, Felsenriffen und historischen Schiffswracks. Die Mitarbeiter der Tauchveranstalter und Charter-Boot-Unternehmen, die für die Gegend um Adelaide zuständig sind, stehen einem gern mit ihrem Wissen zur Seite.

Rapid Bay Jetty

Jedes Wochenende machen sich viele Taucher nach Rapid Bay auf (95 km südlich von Adelaide), um dort den 500 m langen Pier zu erforschen, der als einer der besten Tauchplätze Australiens gilt. An den mehreren hundert Pfeilern wimmelt es vor Meereslebewesen. Man kann entweder an der Küste oder am Ende des Piers (was einer kleinen Wanderung gleich kommt) über eine Leiter ins Wasser tauchen. Die Fischpopulationen sind bemerkenswert, wenn man bedenkt, wie viele Angler oben ihr Glück versuchen. Zwischen den Pfeilern drehen »Old wives«, Pike, Gelbschwanz-Makrelen und Glasbarsche ihre Runden. Zwischen dem Seegras am Meeresgrund

findet man Feilenfische, Eberfische, Morwongs, Felsenbarsche, Skorpionsfische, Gehörnte Kofferfische, »Sweeps«, Lippfische, Zebrafische, Mondfalterfische, Meerbarben und Südliche Korallenfische. Häufige Bodenbewohner sind auch Tintenfische, Kalmare, Octopusse, Nacktkiemer, Seesterne, Mollusken und Himmelsgucker oder Blatt-Fetzenfische. Fotografen sollten sich die Pfeiler genau anschauen, weil sie meistens mit wirbellosen Tieren bedeckt sind. Das Ende des Piers befindet sich in 9 m Tiefe und ist Treffpunkt großer Schwärme von Königsmakrelen. Hier stößt man beim Tauchen oftmals auch auf verlorengegangene Angelruten und Blinker.

Aldinga Reef Drop-off

Die Spitze des Aldinga Reef liegt nur 6 m tief im Wasser, an der Außenkante fällt es jedoch 20 m tief ab. Obwohl es gebietsweise recht schlammig ist, hat

Küsten- bzw. Bootstauchplätze bis zu 20 Minuten entfernt

Durchschnittlich 10–20 m

Leichte Gezeitenströmung

Üppige Schwammgärten und Algen

Unendlich viele Begegnungen mit Meereslebewesen

Riff- und Hochseefische in Massen

Felsenriffe

Oben: Oft werden Fische mit Futter angelockt, um sie besser fotografieren zu können. Diese Methode darf jedoch nicht zu häufig angewendet werden. Außerdem sollte man den Tieren nur Futter anbieten, das sie von Natur aus auch fressen würden. *Michael Aw.*

dieses 6 km lange Riff Massen an farbigen Schwämmen, Seescheiden, Gorgonien, Weichkorallen, Moostierchen und Krustenanemonen vorzuweisen. Zwischen Felsblöcken oder unter Felsbänken findet man Tintenfische, Nacktkiemer, Seesterne, Blaue Teufelsfische, Morwongs, Felsenbarsche, Eberfische, Blaue Korallen-Lippfische, »Old wives«, Wobbegongs, Octopusse, Stachelrochen und Skorpionfische. An der Kante des Drop-offs ziehen Schwärme von Königsmakrelen, Pike und »Sweeps« vorüber.

Das Wrack der »Star of Greece«

Die 70 m lange »Star of Greece« sank im Jahr 1880, nachdem sie ein starker Sturm an die Küste getragen hatte. Die Überreste dieses Schiffes liegen heute in 8 m Tiefe, nur etwa 200 m vom Strand entfernt.

Port Noarlunga Reef

Das Unterwasserreservat Port Noarlunga Reef gehört zu den beliebtesten Tauchplätzen Südaustraliens. Dieses Felsenriff, das einige hundert Meter weit parallel zur Küste verläuft, liegt bei Ebbe frei. Das Riff erreicht man über einen Pier. Sobald man über die Leiter am Ende des Piers ins Wasser getaucht ist, kann man entweder das geschützte Innenriff oder die interessantere Außenseite erkunden. Auf der Innenseite des Felsenriffs (in 9 m Tiefe) bekommt man Drummer, »Old wives«, Mondfalterfische, Lippfische, Zebrafische, Schuppige Riffbarsche, Feilenfische und Tintenfische zu sehen. Das Außenriff fällt 20 m tief ab und besitzt viele Gräben und Felsbänke, die mit Algen, Schwämmen, Seescheiden, Weichkorallen und kleinen Gorgonien bedeckt sind. Zu den häufigen Riffbewohnern zählen Teufelsfische, Octopusse, Nacktkiemer, Morwongs, Seesterne, Skorpionsfische, Felsenbarsche, Gehörnte Kofferfische, Welse, Glasbarsche, Gelbschwanz-Makrelen, Krokodilfische und verschiedene Arten von Feilenfischen.

Noarlunga Tyre Reef

3 km vor Noarlunga befindet sich in 20 m Tiefe ein künstliches Riff, das ausschließlich aus Reifen besteht. Die Reifen sind der Lebensraum für Tintenfische, Octopusse, Blaue Teufelsfische, Morwongs, Wobbegongs, Glasbarsche, Felsenbarsche und viele andere Arten. Riffe aus Reifen wurden ebenfalls vor Glenelg und Grange angelegt.

Stanvac Barges

Vor Port Stanvac befinden sich in einer Tiefe von 30 m ein 50 m langer und zwei 20 m lange Schleppkähne, die zusammen ein weiteres, hervorragendes künstliches Riff bilden. In den bzw. um die Schleppkähne tummeln sich Stachelrochen, Glasbarsche, Tintenfische, Blaue Teufelsfische, Morwongs, Felsenbarsche und Welse.

Stanvac Dump

Eine große Vielfalt an Meeresbewohnern findet man auf einer Mülldeponie vor der Port Stanvac Oil Refinery in einer Tiefe von 12 m. Die Rohre bzw. die übrigen Industrieabfälle, die hier deponiert wurden bewirken, dass einem eine Fülle von Kleinlebewesen begegnen. Die Pfeiler bzw. die verstreuten Wrackteile unterhalb des Piers beheimaten Mollusken, Nacktkiemer, Tintenfische, Octopusse, Schleimfische, Gehörnte Kofferfische, Feilenfische, Lippfische und Seesterne. Dies ist ein Paradies für alle Fotografen, besonders nachts, wenn sich Krabben und Garnelen aus ihren Verstecken heraus wagen.

The Dredge

Die 1985 als künstliches Riff versenkte »The Dredge« ist heute das beliebteste Taucherwrack vor Adelaide. Das Wrack liegt aufrecht in 20 m Tiefe, und Taucher können in den Fracht- und Maschinenraum sowie in das Ruderhaus hineinschwimmen, das gewöhnlich mit Glasbarschen überfüllt ist. Obwohl die Versenkung erst kurze Zeit zurückliegt, ist die »Dredge« mittlerweile von Weichkorallen, Schwämmen, Anemonen, Seescheiden und Moostierchen überdeckt. Im Umkreis des Wracks stößt man auf viele Rifffische, darunter »Old wives«, Blaue Teufelsfische, Morwongs, Felsenbarsche, Feilenfische, Stachelrochen, Wobbegongs und Tintenfische. Nur 80 m südlich der »Dredge« befindet sich eine Baggerprahm, die man erreicht, wenn man einigen Markierungen folgt. Dieses Schiff stellt ebenfalls einen interessanten Tauchplatz dar, hat jedoch normalerweise nicht so viele Fische zu bieten.

Das Wrack der »Norma«

Nach einer Kollision im Jahr 1907, sank die 85 m lange »Norma« im 15 m tiefen Wasser vor Senaphore Beach. Obgleich der größte Teil des Schiffsrumpfes auseinandergebrochen ist, kann man doch noch Teller, Masten und andere Gegenstände erkennen. Das Wrack zieht massenhaft Fische an, wie z.B. Gelbschwanz-Makrelen, Glasbarsche, Felsenbarsche, Eberfische, Morwongs und Meerbarben.

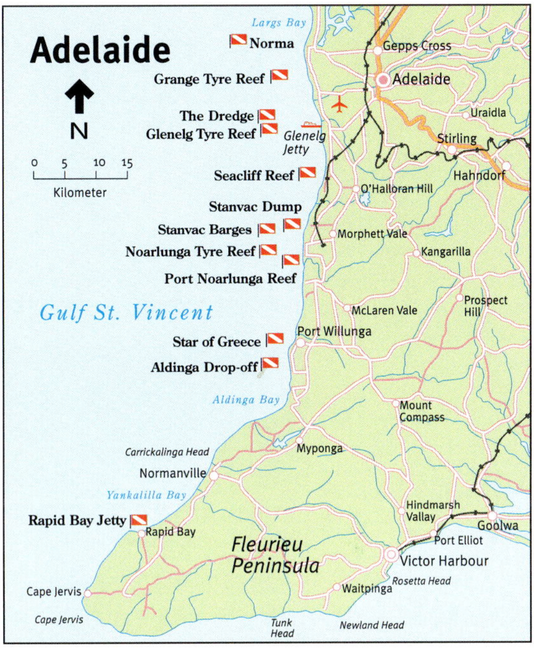

Das Wrack der »Zanoni«

Wahrscheinlich ist die 42 m lange »Zanoni« das am besten erhaltene historische Schiffswrack Südaustraliens, das allerdings erst 1983 von Tauchern entdeckt wurde. Das Schiff kenterte während eines Unwetters im Jahr 1867 und liegt nun in 18 m Tiefe auf seiner Backbordseite. Masten, Achtersteven, Ruder, Bugspriet und andere Ausstattungs- und Gebrauchsgegenstände sind heute noch zu erkennen. Es handelt sich hierbei um ein bedeutendes historisches Schiffswrack, das zur Zeit von Meeresarchäologen aus Adelaide untersucht wird.

Unten: »Silver Sweeps« sammeln sich tagsüber in Höhlen und schwärmen nachts aus, um nach Zooplankton zu suchen. *Michael Aw.*

DER GROSSE WEISSE HAI
– eine bedrohte Tierart?

MORGENS UM 3 UHR blutige Köder ins Meer zu kippen, entspricht bestimmt nicht jedermanns Vorstellung von einem gelungenen Urlaub. Wenn man jedoch einen Tauchausflug im Haikäfig unternimmt, um dem Weissen Hai zu begegnen, gehört das mit dazu. Vier Tage lang kippten wir Köder ins Wasser, spielten Karten, angelten, beobachteten die Robben und warteten – doch es war kein Weisser Hai in Sicht. Um der Langeweile zu entgehen, konnten wir nicht einmal tauchen oder schwimmen gehen. Es war eine entmutigende und kostspielige Erfahrung, doch dieses Risiko muss man als Taucher eingehen, wenn man den berüchtigsten aller Haie zu sehen bekommen will.

Der Große Weisse Hai (*Carcharodon carcharias*) bewohnt sowohl die gemäßigten als auch die tropischen Meere, hauptsächlich jedoch die kühleren Gewässer, wo er sich von Delfinen, Haien, Robben, Rochen und Hochseefischen ernährt.

Der auch unter der Bezeichnung »Weisser Tod« oder »Weisser Hai« bekannte Große Weisse Hai ist ein Mitglied der Familie der Makrelen-Haie, der z.B. auch Makos angehören.

Der Fortpflanzungszyklus dieser Haie ähnelt dem der Grauen Ammenhaie: die ungeborenen Jungen ernähren sich von Eiern, die das Weibchen extra für sie produziert. Im allgemeinen bringt das Weibchen weniger als zehn Junge zur Welt, die bei der Geburt 1 m lang sind. Die Jungtiere besitzen lange, nadelscharfe Zähne (die schließlich durch die dreieckigen Schneidezähne der ausgewachsenen Tiere ersetzt werden) und ernähren sich von verschiedenen Fischarten.

Die kürzlich gefällte Entscheidung, den Großen Weissen Hai *(Carcharodon carcharias)* nicht unter Schutz zu stellen, hat zur Folge, dass Bilder wie das obige noch lange nicht der Vergangenheit angehören. Anglervereine und Fischer behaupten im allgemeinen, dass die Bestandszahlen nicht rückläufig sind. *Nigel Marsh.*

Große Weisse Haie kommen am häufigsten entlang der Südküste Australiens vor. Es ist der Traum vieler Taucher, dieses unglaubliche Meereslebewesen im Wasser zu sehen, obwohl dieser Hai für die meisten Angriffe auf Menschen mit tödlichem Ausgang verantwortlich gemacht wird. Gelegentlich bekommt man ein Exemplar dieser Haiart in freier Wildbahn zu sehen, die sicherste Methode ist es jedoch, im Wasser Köder auszukippen. Tauchausflüge mit Haikäfigen starten von Port Lincoln aus und führen zum Dangerous Reef und den Neptune Islands.

Aus aller Welt kommen Taucher nach Port Lincoln, in der Hoffnung hier einen Weissen Hai zu sehen zu bekommen, doch es scheint, dass diese Haie immer seltener werden. Vor einigen Jahren lag die Chance, einen Großen Weissen Hai zu sehen, noch bei 70%, heute sind es lediglich noch 30%.

Erst kürzlich wurde der Große Weisse Hai in Queensland, New South Wales und Tasmanien unter Schutz gestellt, in den anderen Bundesstaaten wird er jedoch nach wie vor verfolgt. Die größte Gefahr für die Bestände geht von einigen kommerziellen Fischern aus, die Netze und Langleinen verwenden. Von der South Australian Fisheries Research Unit wurden Studien durchgeführt, die zeigten, dass die meisten gekennzeichneten und später in Fischernetzen gefangenen Tiere noch nicht einmal die Geschlechtsreife erreicht hatten.

Es wird schwierig sein, den Großen Weissen Hai in ganz Australien unter Schutz zu stellen, da den meisten Leuten noch der Film »Der Weiße Hai« im Gedächtnis geblieben ist.

Yorke Peninsula

Karges Land, herrliche Unterwasserwelt

Der 1873 erbaute **Edinburgh Jetty** ist 170 m lang und 12 m breit und gehört zu den beliebtesten Tauchplätzen auf der Yorke Halbinsel. Unterhalb des Piers ist das Wasser nur 5–7 m tief und die Pfeiler sind mit Schwämmen, Seescheiden, Röhrenwürmern, Moostierchen und Weichkorallen überkrustet. Unter diesen Unmengen an sesshaften Meereslebewesen finden sich u.a. auch Nacktkiemer, Seesterne, Seespinnen, Garnelen und Mollusken. Im Umkreis des Piers wimmelt es vor Octopussen, Tintenfischen, Kalmaren, Anglerfischen, Gehörnten Kofferfischen, Seepferdchen, Trompetenfischen, Blatt-Fetzenfischen und vielen anderen Arten mehr. Edinburgh Jetty ist nur einer der vielen herrlichen Küsten- und Bootstauchgänge, die die Halbinsel zu bieten hat.

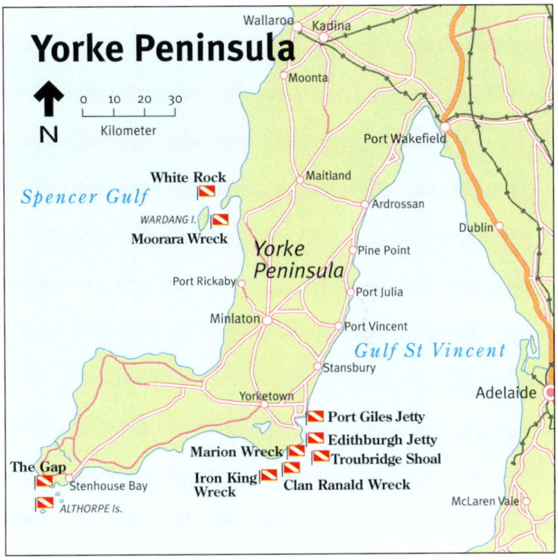

Die trockene, karge Halbinsel, die als Urlaubsziel sehr beliebt ist, besitzt viele wunderschöne Strände und kleine Städtchen auf ihrer Längsseite. In einigen Orten dieses rauen Landstrichs sind Charter-Boote und Pressluft erhältlich.

Port Giles Jetty

Ein weiterer, herrlicher Tauchplatz an einem Pier mit prächtig gefärbten Pfeilern und vielleicht noch mehr Fischarten als der Edinburgh Jetty. Sehr häufig trifft man auf Eberfische, Stachel Makrelen, Felsenbarsche, Morwongs, Glasbarsche, Gelbschwanz-Makrelen, Seepferdchen und Blatt-Fetzenfische.

Das Wrack der »Clan Ranald«

Die übel zugerichteten Wrackteile der 1909 gesunkenen »Clan Ranald« liegen heute in einer Tiefe von 20 m. Das Wrack bietet vielen Fischen und wirbellosen Tieren Unterschlupf.

The Gap

Auf diesem Riff gibt es eine Reihe interessanter Höhlen, darunter eine mit über 50 m Länge. Taucher sollten auf alle Fälle eine Lampe mitnehmen, um die farbenprächtigen Schwämme, Gorgonien und Seescheiden an den Höhlenwänden sowie die dort lebenden Eberfische, Glasbarsche, Blauen Teufelsfische, Morwongs und Wobbegongs ausfindig zu machen.

Althorpe Island

Bei gutem Wetter kann sich ein Ausflug zu Althorpe Island durchaus lohnen. Die Felsenriffe fallen dort 25 m tief ab und weisen zahlreiche Höhlen und Gräben auf. Rifffische und wirbellose Tiere treten in Massen auf, und gelegentlich kann man auch eine Robbe sichten.

Wardang Island

In Tiefen zwischen 2 und 8 m wurden im Umkreis der Insel die Überreste von neun Schiffswracks lokalisiert. Das am besten erhaltene Wrack ist das der 1975 gesunkenen »Moorara«. Außerdem kann man hier Felsenriffe erkunden und an der Nordspitze – bei White Rock – eine Seelöwenkolonie bewundern.

Küsten- bzw. Bootstauchplätze bis zu 20 Minuten entfernt

Durchschnittlich 10–15 m

Gezeitenströmung häufig

Üppige Schwammgärten

Faszinierende Tauchgänge an Piers

Große Auswahl an Riff- und Hochseefischen

Felsenriffe

Spencer Gulf

Von Insel zu Insel den Golf entlang

Am südlichen Ende des Spencer Gulf findet man unzählige Inseln im offenen Meer verstreut. Einige der Inseln sind an einem Tag zu erreichen, für die meisten anderen ist jedoch ein Langstreckenboot, z.B. ein live-aboard-Boot, erforderlich. Zum Glück gibt es ein solches Boot – der 35 m lange Zweimastsegler »Falie«, eines der schönsten Tauchboote ganz Australiens.

Diese zweimastige Ketsch wurde 1919 gebaut und scheint aus dem letzten Jahrhundert zu stammen. Sie wurde 1922 als gewöhnliches Frachtschiff nach Australien gebracht. Im Jahr 1982 wurde sie aus den Diensten entlassen und von der südaustralischen Regierung aufgekauft, die ihr ein völlig neues Aussehen verlieh. Heute kann man auf ihr Segel- und Tauchausflüge zu den Inseln Südaustraliens unternehmen.

Die »Falie« steht für Ausflüge zu den Gambier Islands, der Sir Joseph Banks Group, den Neptune Islands (wo man in Taucherkäfigen weisse Haie beobachten kann) und der Investigator Group (die weit draußen in der Great Australian Bight liegt) zur Verfügung.

Live-aboard-Ausflüge bis zu 12 Stunden von der Küste entfernt

Durchschnittlich 15–20 m

Gelegentliche Strömung vor der Küste

Schwammgärten und Algenwiesen

Hervorragende Tauchmöglichkeiten vor Wedge- und Pearson Islands

Riff-und Hochseefische sehr häufig

Felsenriffe

Wedge Island

Vor Wedge Island, der größten Insel der Gambier Islands, findet man einige der besten Tauchplätze Südaustraliens. Vor der Felsenküste kann man bis in 25 m Tiefe spektakuläre Tauchgänge erleben. Auf dem Meeresboden verteilt, findet man zahllose Steinblöcke, die Gräben, Felsbänke und Höhlen bilden. Mit einer Taschenlampe kann man die herrlich gefärbten Schwämme, Gorgonien, Krustenanemonen, Weichkorallen, Moostierchen und Anemonen bewundern, die die Höhlenwände überdecken. Unter Felsbänken und in den Gräben stößt man auf Blaue Teufelsfische, Glasbarsche und unzählige wirbellose Arten. Auf dem Felsenriff begegnet man außerdem Blatt-Fetzenfische, Katzenhaien, Stachelrochen, »Old wives«, Wobbegongs, Morwongs, Harlekinfischen, Felsenbarschen, Lippfischen, Feilenfischen, Robben und einigen großen, freundlichen Blauen Korallen-Lippfischen.

Sir Joseph Banks Group

Die nur 25 km östlich von Tumby Bay auf der Eyre Peninsula gelegenen siebzehn Inseln der Sir Joseph Banks Group, erreicht man am besten von einem live-aboard-Boot aus. Die Mehrzahl der Inseln bietet interessante Tauchplätze in einer Tiefe von 20 m, und die prachtvollen Unterwasserlebewesen stehen den Landbewohnern in keiner Weise nach. Ein Besuch an der Küste ist ein absolutes Muss, wenn man Wallabies, Cape Barren Gänse, kleine Pinguine, Eidechsen, Schlangen, Seeadler, Fischadler, Papageien und Robbenkolonien zu sehen bekommen möchte.

Spilsby Island

Spilsby Island ist die größte Insel der Sir Joseph Banks Group. Die besten Tauchplätze befinden sich an der Südostseite. Hier hat das Felsenriff eine unglaubliche Vielfalt an Fischen, wie z.B. Silber-

Drummer, Stachel-Makrelen, Glasbarsche, Gehörnte Kofferfische, Blaue Korallen-Lippfische, Feilenfische, Lippfische, Eberfische, Zebrafische, »Sweeps« und zahlreiche Morwongs zu bieten.

Stickney Island

Zu den aufregendsten Tauchplätzen auf Stickney Island gehören zwei schmale Spalten, die durch die Mitte der Insel verlaufen. Diese Spalten sind der Traum eines jeden Fotografen: Wände voller Schwämme, Gorgonien, Weichkorallen, Nacktkiemer, Kauris, Seesterne, Haarsterne und Seespinnen.

Pearson Island

Das zur Investigator Group zählende Pearson Island ist von wundervollen Tauchplätzen umgeben, die alle tiefer als 30 m liegen. Im seichten Wasser entdeckt man unzählige algenüberzogene Steinblöcke, die weiter unten durch Schwammgärten ersetzt werden. Robben sind hier regelmäßig zu sehen und stehen Tauchern jederzeit als Schwimmbegleiter zur Verfügung. Zu den üblichen Rifffischen, wie Harlekinfische, Blaue Teufelsfische, Morwongs, Felsenbarsche, Drummer, Blaue Korallen-Lippfische und massenhaft Lippfische und Feilenfische, gesellen sich noch Schwärme von Hochseefischen sowie einzelne Wobbegongs, Felsenlangusten und Katzenhaie hinzu. Ein Besuch an der Küste von Pearson Island ist auf alle Fälle lohnenswert. Hier trifft man auch einige der Tiere, die auf der Sir Joseph Banks Group leben: als zusätzlichen Bonus gibt es auf dieser Insel noch das seltene Pearson Island Wallaby zu sehen.

Langton Island

Die australischen Seelöwen von Langton Island gehören zu den regelmäßigen Begleitern der Taucher. Schnorcheln empfiehlt sich, wenn man mit diesen verspielten Tieren in dem nur 2 m tiefen Wasser schwimmen möchte: man kann mit ihnen Purzelbäume schlagen oder Fangen spielen. Wenn man sich ihnen ganz dicht nähern will, ist es am besten, sich auf den Grund zu legen, weil die Seelöwen dann das gleiche tun. Manchmal kommen sie dabei dem Taucher so nahe, dass sie ihn mit dem Schnurrbart berühren.

Topgallant Island

Die vielen Steilwände und Gräben bei Topgallant Island (Investigator Group) bieten ausgezeichnete Tauchmöglichkeiten. An diesem Felsenriff trifft man auf Nacktkiemer, die in den Schwammgärten nach Nahrung suchen, mutige Blaue Teufelsfische, die ihre Höhlen bewachen, Felsenlangusten, die sich etwas Ruhe gönnen, Silber-Drummer die um die Riffkante kreisen, Blaue Korallen-Lippfische, die nach einer Gratismahlzeit Ausschau halten und vieles mehr.

Gegenüberliegende Seite: In Südaustralien sammelten professionelle Muscheltaucher so viele dieser Helmmuscheln, dass der Fortbestand dieser Art mittlerweile an vielen Stellen gefährdet ist. *Michael Aw.*

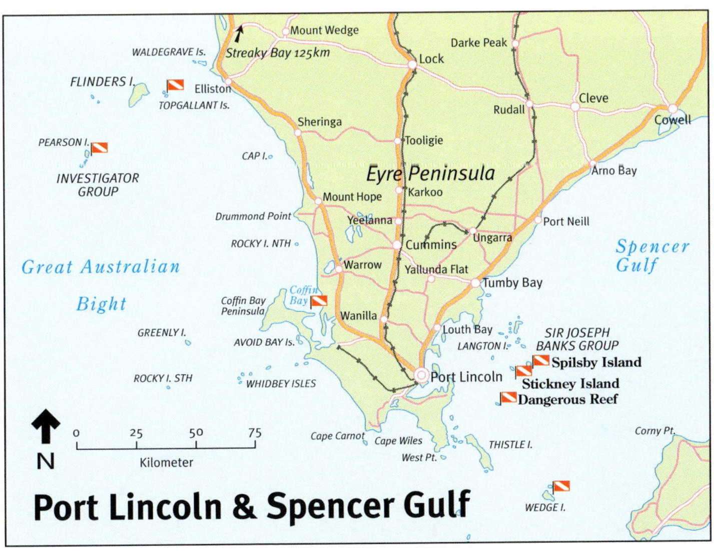

Port Lincoln

Begegnung mit dem Weissen Hai

Unten: Dieser einzig in Südaustralien vorkommende Fetzenfisch *(Phyllopteryx taeniolatus)* gehört zu den bizarrsten und merkwürdigsten Meereslebewesen. *Neville Coleman.*

Das Fischerstädtchen Port Lincoln, das für seine Tunfische berühmt ist, befindet sich an der äußersten Spitze der Eyre Peninsula. In diesem Gebiet findet man zahlreiche aufregende Tauchplätze vor. Sie brauchen jedoch keinesfalls alle paar Minuten hinter sich zu blicken, um zu sehen, ob Sie von einem Weissen Hai verfolgt werden: wenn Sie nicht gerade mit der Harpune Jagd auf Fische machen oder Felsenlangusten bzw. Seeohren fangen, sind die Chancen, diesem Hai zu begegnen, äußerst gering. Einige Tauchgeschäfte in Port Lincoln laufen viele der Inseln und Riffe am Südende der Eyre Peninsula, regelmäßig an.

Port Lincoln Town Jetty

Versuchen Sie es doch mal mit einem entspannenden Tauchgang unterhalb des Town Jetty im Herzen von Port Lincoln. Viele der Pfeiler sind mit Schwämmen, Anemonen und Seescheiden vollgepflastert. Zu den typischen Unterwasserbewohnern zählen Seespinnen, Einsiedlerkrebse, Octopusse, Seesterne, Seegurken, Schleimfische, Nacktkiemer, Garnelen, Felsenbarsche, Feilenfische, Lippfische, Meerbarben, »Sweeps« und kleine Felsenlangusten. Auch andere Piers in diesem Gebiet, darunter der Tumby Bay Jetty, eignen sich hervorragend zum Tauchen. Um die anderen Küstentauchplätze zu erreichen, ist ein Fahrzeug mit Allradantrieb erforderlich, so dass Ausflüge mit dem Tauchboot wohl die beste Lösung darstellen.

Das Wrack der »Degei«

Dieser Schleppnetzfischer liegt in 11 m Tiefe auf der Westseite von Donington Island. Das Wrack bietet gute Motive für Fotografen: wirbellose Tiere kommen in Hülle und Fülle vor, ebenso »Old wives«, Feilenfische, Skorpionsfische, Eberfische, Glasbarsche und Tintenfische.

Taylors Island

Auf dem mit Steinblöcken übersäten Meeresboden bieten sich einige aufregende Tauchgelegenheiten. Die zahlreichen Durchgänge und Gräben sind die Heimat vieler Fische. In einer Tiefe von 12 m befinden sich viele kleine Höhlen, die mit Schwämmen und Gorgonien gepflastert sind.

Küsten- bzw. Bootstauchplätze bis zu 30 Minuten entfernt

Durchschnittlich 10–15 m

Leichte Strömung

Schwammgärten und Algen

Hunderte Inseln mit guten Tauchplätzen

Große Auswahl an Riff- und Hochseefischen

Felsenriffe

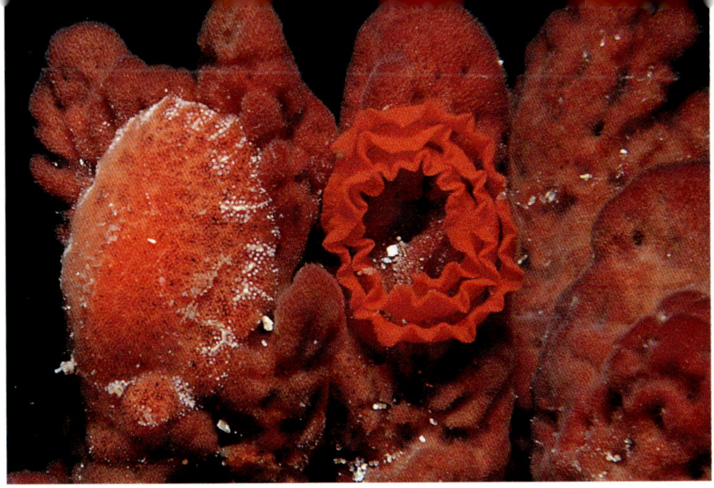

Links: Zahlreiche Meereslebewesen der gemäßigten Gewässer sind bis heute noch nicht identifiziert. Die abgebildete »Strawberry Rostanga« (*Rostanga* sp.) sitzt hier auf ihrem Wirtsschwamm und hat gerade ihre Eischnur abgelegt.
Neville Coleman.

Nächste Seite: Während der Paarungszeit besitzen die stärksten Bullen einen Harem, der aus bis zu sechs bis acht Weibchen besteht. Das Männchen verjagt sämtliche Eindringlinge aus seinem Revier, das manchmal den ganzen Strand umfasst.
Michael Aw.

Hopkins Island

Das seichte Wasser um Hopkins Island ist der ideale Ort, um mit Seelöwen zu tauchen. Sobald ein Taucher auf der Bildfläche erscheint, verlassen viele der neugierigen Seelöwen den Strand und folgen ihm ins Wasser. Einige dieser wunderbaren Tiere scheinen die Taucher mit ihren Kunststückchen beeindrucken zu wollen, anderen wiederum genügt es, auf dem Meeresgrund zu liegen und die Menschen zu betrachten. Im Umkreis von Hopkins Island gibt es eine Menge interessanter Tauchplätze, einer davon ist eine Felsnadel vor der Südwestspitze der Insel. Hier ragen Unmengen an Steinblöcken aus einer Tiefe von 30 m bis 4m unterhalb der Wasseroberfläche empor und bilden zahllose Höhlen und Durchgänge. Die Höhlen sind mit besonders farbenfrohen Schwämmen und Gorgonien überzogen und sind Heimat unzähliger Fische.

Dangerous Reef

Zweifellos gibt es am Dangerous Reef einige hervorragende Tauchplätze, doch in den vergangenen dreißig Jahren wagten sich nur die mutigsten Abenteurer in dieses Gebiet, und das auch nur in Taucherkäfigen. Heute kommen viele Besucher an das Riff, das für seine Weissen Haie berühmt ist, in der Hoffnung, von der sicheren Unterwasserplattform aus, einen Hai zu erblicken.

Cape Wiles

Diese spektakuläre, geschützt liegende Lagune bei Cape Wiles, befindet sich 30 km südlich von Port Lincoln und ist nur mit dem Boot zu erreichen. Die Tiefe des Meeresbodens schwankt zwischen 6 und 15 m und die vielen Höhlen dort sind mit wirbellosen Tieren vollgepflastert. Auf dem Riff begegnet man Felsenlangusten, Morwongs, Blauen Korallen-Lippfischen, Harlekinfischen und vielen mehr.

Coffin Bay

Die malerischen Gewässer der Coffin Bay liegen 50 km nordwestlich von Port Lincoln. Das Gebiet ist am besten mit Allradantrieb zu erreichen und kann dann von der Küste bzw. vom Boot aus erforscht werden. Die Felsenriffe und nahegelegenen Inseln beherbergen eine Fülle an Meereslebewesen.

Elliston

Die 150 km nordwestlich von Port Lincoln gelegene Stadt Elliston kann jederzeit als Tauchziel aufgeführt werden – ihr fehlen leider nur die Taucheinrichtungen. Wenn man ein eigenes Boot besitzt, kann man die vor den Inseln gelegenen Riffe besuchen, auf denen es vor Meeresbewohnern nur so wimmelt. Taucher, die dieses Gebiet bereits erforscht haben, berichten von überwältigenden Unterwasserlandschaften und Begegnungen mit Robben, Delfinen und vielen Fischarten.

Streaky Bay

Die 125 km nordwestlich von Elliston gelegene Streaky Bay ist für ihre Seelöwenpopulationen bekannt. Die Kolonie befindet sich am Point Labatt, den man über eine Klippe erreichen und von wo aus man auch Tauchgänge unternehmen kann.

So ist Westaustralien

Ein Staat der viel Abwechslung bietet

Die ersten Taucher, die es an die Küste Westaustraliens zog, waren Perlensucher. In den warmen Gewässern an der Nordküste von Australiens größtem Staat gedeihen Perlaustern besonders gut, und diese Tatsache war der Grund, dass im vergangenen Jahrhundert Japaner, Chinesen, Philippinos und Malayen zu Tausenden in die Städte nördlich der Shark Bay kamen. Broome war das Zentrum der Perlentaucherindustrie, und in der Blütezeit zwischen 1890 und 1910 lebten mehr als 2000 Japaner in dieser Stadt. Viele von ihnen kehrten als wohlhabende Männer nach Japan zurück, doch über 900 Taucher hatten nicht so viel Glück und liegen auf dem japanischen Friedhof in Broome begraben. Ein paar Taucher arbeiten immer noch in diesem Industriezweig, doch die Mehrzahl der Perlen wird heute gezüchtet, indem man kleine Perlmuttkügelchen in Muscheln implantiert.

Heute kommen Taucher aus verschiedenen Gründen nach Westaustralien – einer ist sicher das jährliche Treffen der Walhaie vor dem Ningaloo Reef. Zu den weiteren herausragenden Taucherlebnissen zählen die Erforschung des Höhlenkomplexes unterhalb der Nullarbor Plain, die Inseln und Riffe bei Esperance und Albany, die Kalksteinriffe und Schiffswracks von Rottnest Island, die artenreichen Korallenriffe von Ningaloo und Shark Bay und die Tauchplätze vor Houtman Abrolhos, Monte Bello Islands und North West Shelf. Vor der Küste wurden erst kürzlich die Inselgebiete von Christmas Island und den Cocos (Keeling) Islands für Besucher zugänglich gemacht.

Westaustralien hat die abwechslungsreichsten Unterwasserlandschaften aller australischer Staaten zu bieten. In den gemäßigten südlichen Gewässern gedeihen dichte, farbenfrohe Schwammgärten, wo man Robben, Riesentintenfische, Blatt-Fetzenfische, Harlekinfische und eine Menge anderer Arten trifft. In den wärmeren Gewässern vor den Nordküsten findet man eher Korallenriffe und isoliert gelegene Atolle mit Seekühen, Seeschlangen, Schildkröten, Riffhaien, Mantas und vielen verschiedenen tropischen Fischen und wirbellosen Tieren. Im warmen Wasser, das der Leeuwin Strom die Küste herunterbringt, begegnet man einer interessanten Mischung von Arten aus den tropischen bzw. gemäßigten Gewässern.

Westaustralien besitzt eine massive, 12500 km lange Küste und nimmt

Gegenüberliegende Seite: Oft ist das Wasser vor Zentral- bzw. Nordwestaustralien sehr klar und die Sichtweite beträgt manchmal über 25 m. Je nach Verhältnissen und Gezeitenströmungen können die Sichtweiten auf den Riffen an der Küste etwas schlechter sein. *Neville Coleman.*

Unten: Fishhook Bay gehört zu den besten Tauchgebieten auf Rottnest Island. Dieser geschützte Platz eignet sich hervorragend zum Schnorcheln oder für noch etwas unerfahrene Sporttaucher. *Neville Coleman.*

Oben: Bei Esperance, Albany und Denmark hat die Erforschung der örtlichen Unterwasserfauna und -flora gerade erst begonnen. Im Frühling säumen zahlreiche einheimische Wildblumen die Sandstrände.
Neville Coleman.

eine Fläche von 2,5 Millionen km² ein, wovon der Großteil Wüste ist. Während der Südwesten des Staates aus grünen Wiesen und dichten Wäldern besteht, herrschen in den übrigen Landesteilen Wüstengebiete, wie z.B. die Nullarbor Plain, Great Victoria Desert, Gibson Desert und Great Sandy Desert, vor. Die ersten Europäer, die die westaustralische Küste erforschten, waren die Holländer, die ein trockenes, ungastliches Land vorfanden. Die Besiedlung des Staates zog sich bis 1829 hin, als an den Ufern des Swan River, an der Stelle, wo sich heute Perth befindet, eine kleine Kolonie gegründet wurde. Doch aufgrund der isolierten Lage und der flächenmäßig großen Ausdehnung ging die weitere Entwicklung des Staates recht langsam vonstatten. Kurz danach wurde im Süden die Stadt Albany gegründet, die zum ersten Anlegehafen für Schiffe wurde, die den Indischen Ozean überquerten, das übrige Land wurde jedoch erst besiedelt, als man dort um das Jahr 1890 Gold entdeckte. Der Bergbau ist auch heute ein bedeutender Industriezweig Westaustraliens.

Die Bevölkerung Westaustraliens wächst ständig an und nähert sich jetzt der 2-Millionen-Grenze. Wegen seiner leicht isolierten Lage gibt es immer noch unbegrenzte Möglichkeiten, sich dort selbständig zu machen. Die Mehrheit der Einwohner lebt in der Hauptstadt Perth an den Ufern des Swan River. Perth ist eine junge Stadt, die zahlreiche Attraktionen zu bieten hat: Museen, Parks, historische Gebäude, den Zoo von Perth, Märkte und wunderschöne Sandstrände. Reisen nach bzw. von Perth aus sind relativ teuer, sei es mit dem Flugzeug, der Bahn oder dem Bus. Während es von der Nullarbor Plain die Küste entlang bis Darwin, gut ausgebaute Straßen gibt, sind für das Landesinnere Fahrzeuge mit Allradantrieb empfehlenswert.

Für Abenteurer stehen in Westaustralien viele Nationalparks und wilde Gebiete zur Verfügung. Auch ein Ausflug ins »outback« ist durchaus lohnenswert – vor allem, wenn nach Regenfällen, Wildblumen in Hülle und Fülle zum Blühen kommen. In den Nationalparks bzw. der Wildnis findet man Höhlen, Regenwälder, niedrige Bergrücken, tiefe Schluchten, Flüsse, Seen und Meteoritenkrater.

Die klimatischen Verhältnisse Westaustraliens sind sehr unterschiedlich: im Sommer gibt es Monsun und Wirbelstürme im Norden, während der Süden warm und trocken ist. Der Winter ist im Süden nass und kühl, im Norden warm und trocken. Die Lufttemperatur schwankt zwischen 10 und 25 °C im Süden bzw. zwischen 20 und 35 °C im Norden. Taucher besuchen den Norden am besten im Winter, den Süden eher im Sommer. Die Wassertemperaturen liegen bei 13–20 °C im Süden und 20–28 °C im Norden.

Die westaustralische Tauchindustrie steckt noch in den Kinderschuhen, so dass viele einheimische Taucher immer noch die meiste Zeit mit der Jagd nach Fischen und Felsenlangusten verbringen. Im gesamten Staat gibt es nur ein paar Marinereservate, diese befinden sich jedoch in den beliebtesten Tauchgebieten wie Ningaloo Reef, Shark Bay, Rottnest Island, Houtman Abrolhos und Rowley Shoals.

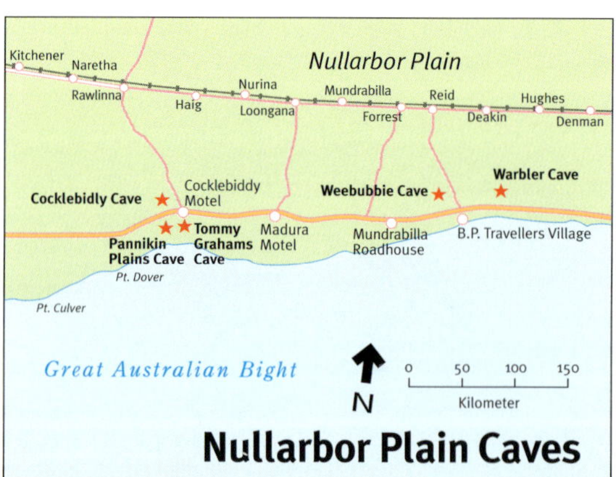

Nullarbor Plain

Aufregende Höhlentauchgänge unter der Wüste

Schwierige Tauchgänge an einzelnen Felsblöcken

Praktisch unbegrenzt

Nicht vorhanden

Nicht vorhanden

Massive Höhlen und klares Wasser

Nur gelegentlich einige Fossilien

Kalksteinhöhlen

Wenn man von den östlichen Staaten nach Perth fährt, muss man die Nullarbor Plain durchqueren. Diese große, ausgetrocknete Wüste weist nur spärlichen Pflanzenbewuchs auf und ist wohl der letzte Ort, an dem man mit klarem Wasser gefüllte Höhlen vermuten würde. Doch 90 m unter der Wüste befindet sich ein riesiges Becken mit den herrlichsten Höhlen zum Tauchen.

Obwohl die Aborigines die Höhlen in der Nullarbor Plain schon lange kannten und sie mit unzähligen Felsmalereien verzierten, wurden sie erst 1963 von Tauchern entdeckt. Mindestens 11 der Höhlen enthalten Wasser, doch nur acht davon eignen sich zum Tauchen.

Höhlentauchen erfordert immer eine spezielle Ausbildung und diese Höhlen machen da keine Ausnahme. Wenn man Informationen und Ratschläge über das Tauchen in den Höhlen der Nullarbor Plain benötigt, sollte man sich mit der Cave Divers Association of Australia (CDAA) in Verbindung setzen.

Cocklebiddy Cave

Die zweifellos berühmteste Höhle unter der Nullarbor Plain ist die Cocklebiddy Cave. Seit Anfang der siebziger Jahre wurde die Höhle schon von vielen Expeditionen besucht, die bis zu ihrem Ende vorstoßen wollten. Zu jener Zeit wurden viele Rekorde bezüglich des längsten Höhlentauchgangs der Welt aufgestellt, wobei 1983 ein australisches Team eine absolute Spitzenleistung vollbrachte, als es in der Höhle eine Strecke von 6090 m tauchte, ohne dass ein Ende in Sicht war. Diese spektakuläre Höhle weist mancherorts 30 m breite Tunnel und zwei trockene Felshaufen auf, wo Taucher übernachten können. Die Sichtweite reicht gerade so weit wie der Schein der Taschenlampe.

Pannikin Cave

Im Jahr 1988 machte eine Expedition australischer Höhlentaucher in der ganzen Welt Schlagzeilen, als sie nach einem schweren Unwetter in der Pannikin Plains Cave festsaßen. Sie waren noch 3000 m vom Eingang entfernt und hatten gerade das Ende der Höhle gesichtet, als der Sturm losschlug. Ein Großteil der Ausrüstung ging verloren und 13 Expeditionsteilnehmer waren 30 Stunden lang eingeschlossen, bevor ein neuer Ausgang gefunden werden konnte. Zum Glück wurde niemand ernsthaft verletzt, doch heute kann man in der Höhle nicht mehr tauchen, weil der Eingang jederzeit einstürzen kann.

Warbler Cave

Diese nur 10 m tiefe Höhle besitzt große Höhlensäle und eine unterirdische Luftkammer.

Weebubbie Cave

Die massiven Tunnel, von denen einige 20 m Durchmesser aufweisen, sind ein charakteristisches Merkmal der Weebubbie Cave. Sie soll außerdem noch zwei Seen und eine Luftkammer in 160 m Tiefe besitzen.

Unten: Dolinen, die zu Süßwasserteichen und unterirdischen Flüssen führen, sind charakteristisch für die öde, aber nicht gänzlich baumlose Nullarbor Plain. *Neville Coleman.*

Küsten- bzw. Bootstauchplätze bis zu 1 Stunde entfernt

Durchschnittlich 15–20 m

Leichte Strömung vor der Küste

Üppige Schwammgärten und Algenwiesen

Das Wrack der »Sanko Harvest«. Unendliche Auswahl an Inseln und Riffen

Riff- und Hochseefische in Massen

Felsenriffe und Felsnadeln

Esperance

Über 280 Inseln und doppelt so viele Riffe

Der Kapitän des 33 000 Tonnen Frachters »Sanko Harvest« würde den Valentinstag 1991 wahrscheinlich am liebsten aus seinem Gedächtnis streichen. Als er in den unbekannten Gewässern vor Esperance eine Abkürzung einschlug, lief das Schiff auf ein verborgenes Riff auf und schlug leck. Alle hatten die Hoffnung, dass das Schiff und das geladene Phosphat gerettet werden könnten. Als jedoch am nächsten Tag ein starker Sturm aufkam, wurde das Schiff wieder gegen mehrere Felsen geschlagen, brach auseinander und sank. Aus dem Wrack lief Öl aus und verseuchte unberührte Strände und zahllose Seevögel und Robben. Durch das schnelle Eingreifen von freiwilligen Helfern und den Behörden konnte jedoch noch größeres Unheil verhindert werden.

Heute liegt das 174 m lange Wrack in 30–40 m Tiefe, wobei sich die Kommandobrücke 50 m weit vom Schiffsrumpf entfernt befindet. Dieser Ort eignet sich nur für erfahrene Taucher, weil man oft scharfen Metallgegenständen und herunterhängenden Drähten ausweichen und darauf achten muss, dass man auf diesem großen Wrack die Orientierung behält. Taucher können die Kommandobrücke, den Maschinenraum und die Turmkräne inspizieren. Der Schiffsrumpf ist mit einer Schicht aus Algen, Anemonen, Schwämmen und Seetulpen überzogen. Häufige Bewohner des Schiffswracks sind Rifffische, wie z.B. Eberfische, Glasbarsche, Blaue Korallen-Lippfische, Morwongs, »Sweeps«, Felsenbarsche und Gelbschwanz-Makrelen. Esperance liegt 725 km südöstlich von Perth. Die Stadt hat ein breites Angebot an Unterkunftsmöglichkeiten. Das für dieses Gebiet zuständige Tauchgeschäft ist die Esperance Diving Academy, die regelmäßig Tages- bzw. live-aboard-Ausflüge zum Archipelago of the Recherche und den unzähligen Tauchplätzen vor Esperance durchführt.

Das Naturschutzgebiet Archipelago of the Recherche besteht aus über 280 Inseln und wahrscheinlich doppelt so vielen Riffen. Die zahllosen Inseln und Riffe verlaufen 230 km weit parallel zur Küste und sind für ihren Artenreichtum sowohl an Land als auch unter Wasser bekannt. Die meisten dieser Inseln sind nur von einem live-aboard-Boot aus zu erreichen, doch es gibt auch zahlreiche Küstentauchplätze in der Nähe von Esperance.

Unten: Häufige Bewohner vor der Küste Südwestaustraliens sind die Seesterne *Nepanthia troughtoni* und *Pentagonaster duebeni*, die hier in der für dieses Gebiet typischen Orangefärbung zu sehen sind.
Neville Coleman.

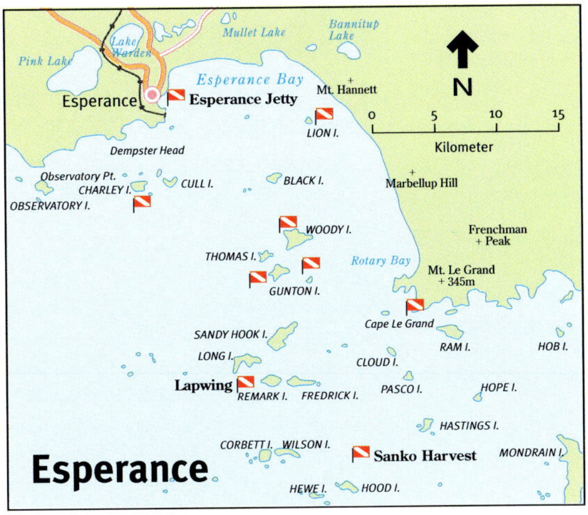

Esperance Jetty

Der 1 km lange (einige Abschnitte fehlen allerdings) Esperance Jetty bietet ausgezeichnete Tauchmöglichkeiten in einer Tiefe von 6–12 m. Unter dem Pier wimmelt es von kleinen Fischen, darunter »Old wives«, Feilenfische, Silber-Drummer, Seepferdchen, Trompetenfische, Grundeln, Kofferfische, Anglerfische, Schleimfische, Südliche Korallenfische, Skorpionfische, Lippfische und Felsenbarsche. Jeder der Holzpfeiler ist mit einer Schicht aus Weichkorallen, Schwämmen, Gorgonien und Seescheiden überzogen. Auf dem Meeresboden kann man Seespinnen, Seesterne, Schlangensterne, Plattwürmer, Nacktkiemer, Garnelen, Haarsterne, Octopusse, Seegurken, Tintenfische und Einsiedlerkrebse beobachten. In der Nähe des Piers trifft man auf einige Seelöwen, die gelegentlich die Taucher begleiten.

Lion Island

Zahlreiche Steinblöcke formen die Landschaft bei Lion Island, die aus Gräben, Durchgängen, Felsbänken und Höhlen besteht. Im seichten Wasser findet man vorwiegend Algen, der Meeresgrund wird dagegen von Schwämmen, Weichkorallen, Seetulpen, Seescheiden, Steinkorallen und Gorgonien beherrscht. Auch hier werden Fotografen auf ihre Kosten kommen: Nacktkiemer, Octopusse, Einsiedlerkrebse, Seesterne, Felsenlangusten, Tintenfische, Gorgonenhäupter und zahlreiche Rifffische stehen als Modelle zur Verfügung.

Cape Le Grand

Obwohl einige Gebiete des Cape Le Grand von der Küste aus zugänglich sind, erreicht man die Spitze des Kaps doch am besten vom Boot aus. Große Steinblöcke reichen bis zum Riff in 30 m Tiefe hinunter. Die Steinblöcke bieten Lebensraum für Blatt-Fetzenfische, Blaue Teufelsfische, Eberfische, Glasbarsche, Silber-Drummer, Harlekinfische, Feilenfische, Blaue Korallen-Lippfische, Morwongs, Felsenbarsche, Skorpionsfische und vieles mehr.

Long Island

Der beliebteste Tauchplatz bei Long Island ist das Wrack des Schleppers »Lapwing«, das sich in 30 m Tiefe befindet. Das Wrack ist größtenteils noch intakt und mit Weichkorallen und Schwämmen bedeckt. Ganz in der Nähe befindet sich ein Felsenriff mit Rifffischen und Blatt-Fetzenfischen.

Remark Island

Wie viele der Inseln im Archipelago of the Recherche, bietet auch Remark Island die vielfältigsten Taucherlebnisse. Die Gewässer auf der Nordseite der Insel sind seicht und geschützt – ein Paradies für Rifffische und wirbellose Tiere. Die exponierte Südseite fällt 50 m tief ab und weist zahlreiche Felsbänke und Höhlen auf. Im tieferen Wasser besteht das Terrain aus einer dicken Schicht von Schwämmen, Gorgonien und ab und zu auch einem Schwarzkorallenstock. Zu den typischen Fischen zählen Blaue Korallen-Lippfische, Morwongs, Eberfische, Harlekinfische, Blaue Teufelsfische, Silber-Drummer, Glasbarsche und Schwarme von Hochseefischen.

Unten: Der ausschließlich in Süd- und Südwestaustralien vorkommende *Acanthaluteres brownii* ist regelmäßig auf dem Wrack der »Cheynes III« in 20–25 m Tiefe anzutreffen. Bei dem abgebildeten Exemplar handelt es sich um ein Männchen in voller Farbenpracht. *Neville Coleman.*

Albany

Tauchgänge auf einem Walfänger

Küsten- bzw. Bootstauchplätze bis zu 20 Minuten entfernt

Durchschnittlich 15–20 m

Strömung vor der Küste

Farbenprächtige Schwammgärten und Algenwiesen

Wrack der »Cheynes III«, unzählige Inseln und Riffe

Riff- und Hochseefische in großer Zahl

Felsenriffe und Felsnadeln

Die 410 km südlich von Perth gelegene Stadt Albany wurde im Jahr 1826 an der geschützten Küste von King George Sound gegründet. Sie wurde schon bald zum bedeutendsten Hafen Westaustraliens und ersten Anlegehafen für Segelschiffe, die den Indischen Ozean überquerten. 1901 wurde der Hafen von Fremantle eröffnet, dann wurde es still um die Stadt, bis Albany im Jahr 1947 zum größten Walfanghafen Australiens aufstieg. In den folgenden 31 Jahren wurden Pott- und Glattwale zu Tausenden abgeschlachtet. Im Jahr 1978 wurde der Walfang verboten.

In Whaleworld, einem Museum in der ehemaligen Walfangstation von Cheynes Beach, werden Erinnerungen an die Tage der Waljagd wach. Zu den dortigen Hauptattraktionen gehört der frühere Walfänger »Cheynes IV«, wobei sein Schwesterschiff von größerem Interesse für Taucher sein dürfte.

Die 47 m lange »Cheynes III«, die 1982 als künstliches Riff vor der Westseite von Michaelmas Island versenkt wurde, liegt nun in 23 m Tiefe. Um das Wrack herum tummeln sich Eberfische, Morwongs, Blaue Korallen-Lippfische, Glasbarsche, »Old wives«, Felsenbarsche, Schnapper, Judenfische, Silber-Drummer, Königs-Makrelen, Samsonfische und Feilenfische. Obwohl der Schiffsrumpf allmählich auseinanderzubrechen droht, kann man noch in das Ruderhaus und den Maschinenraum hineinschwimmen. Der ganze Schiffsaufbau ist mit Schwämmen, Weichkorallen, Anemonen und anderen wirbellosen Arten übersät.

Im Umkreis von Albany gibt es an den vor der Küste gelegenen Riffen und Inseln unzählige hervorragende Tauchplätze. Die besten Tauchbedingungen findet man normalerweise im Herbst vor, wenn das Meer ruhig und das Wasser klar ist. Dieses beliebte Touristengebiet hat ausgezeichnete Unterkunftsmöglichkeiten und Restaurants zu bieten.

Mistaken Island

Die Felsenriffe bei Mistaken Island gehören zu den besten Küstentauchplätzen des gesamten Gebietes. Die Riffe befinden sich in Tiefen zwischen 5 und 12 m, wobei die interessantesten Unterwasserlandschaften auf der tiefergelegenen Südseite zu finden sind: hier gibt es Schwammgärten mit Nacktkiemern, Octopussen, Kofferfischen, Morwongs, Tintenfischen, Krabben, Seesternen, Feilenfischen, Skorpionsfischen, Grundeln, Schleimfischen, Trompetenfischen und Lippfischen.

Michaelmas Island

Mit Algen, Schwämmen, Gorgonien,

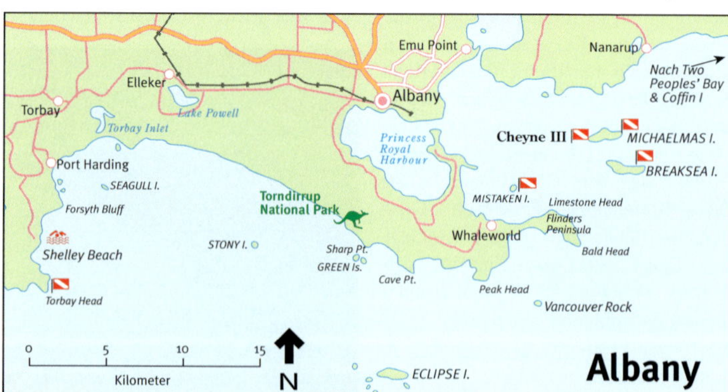

Seetulpen, Seescheiden und Weichkorallen überzogene Granitblöcke umgeben diese Insel und fallen 20–30 m tief ins Wasser ab. Bei den Granitblöcken leben zahlreiche Rifffische und wirbellose Tiere, darunter Blaue Korallen-Lippfische, Morwongs, Seesterne, Nacktkiemer, Harlekinfische, Lippfische, Feilenfische und andere.

Breaksea Island

Die meisten Tauchplätze vor Breaksea Island sind ähnlich wie die bei Michaelmas Island. Für diejenigen, die sich fürs Tieftauchen interessieren, eignet sich die Südseite der Insel, die 40 m tief ins Wasser abstürzt. Entlang dieser Steilwand stößt man auf zahlreiche Höhlen und überwältigende Schwammgärten, in denen auch Dörnchenkorallen zu finden sind. Zu den ständigen Bewohnern zählen Rifffische und wirbellose Tiere, während Konigs-Makrelen, Samsonfische und Stachel-Makrelen nur auf Besuch vorbeikommen.

Two People Bay

Die Strände um Albany sind absolut als fantastisch zu bezeichnen, und die Two People Bay macht da keine Ausnahme. Die besten Tauchplätze befinden sich an den Riffen vor Little Beach und Waterfall Beach. Diese Felsenriffe fallen bis zu 15 m tief ab und weisen eine überraschende Vielzahl an wirbellosen Tieren auf. In der Umgebung der Steinblöcke leben »Old wives«, Lippfische, Harlekinfische, Morwongs, Felsenbarsche und auch Blatt-Fetzenfische.

Coffin Island

Coffin Island befindet sich genau südlich der Two People Bay und hat Riffe mit Höhlen, Gräben, Schwammgärten und zahlreichen Unterwassertieren zu bieten. Taucher kommen gewöhnlich hierher, um zusammen mit den australischen Seelöwen und Neuseelandrobben zu schwimmen, die die geschützten Gebiete an der Inselküste bewohnen. Anfänglich sind die Tiere meistens noch etwas zurückhaltend, doch schon nach kurzer Zeit umkreisen sie die Taucher, führen ihnen Kunststückchen vor und posieren für umwerfende Bilder.

Torbay Head

Ähnlich wie an den zahlreichen anderen Tauchplätzen dieser Gegend, fallen auch hier die Granitblöcke 30 m tief ab. Diese mit Schwämmen, Weichkorallen und Gorgonien bedeckten Steinblöcke bilden zahlreiche Höhlen und Gräben, in denen unzählige Rifffische leben.

Bremer Bay

Die 180 km östlich von Albany gelegene Bremer Bay bietet ausgezeichnete Tauchplätze, aber leider keine Taucheinrichtungen. Manchmal werden Ausflüge nach Bremer Bay, vor allem jedoch nach Glasse Island, angeboten. Die Insel ist von farbenprächtigen Riffen umgeben.

Oben: Ein Unterwasserfotograf, der in der Two People Bay (Albany) die Seegraswiesen nach scheuen Fetzenfischen durchkämmt.
Neville Coleman.

Küsten- bzw. Bootstauchplätze bis zu 20 Minuten entfernt

Durchschnittlich 10–15 m

Starke Strömung vor der Küste

Mischung aus Schwammgärten und Algenwiesen

Zahlreiche unerforschte Riffe und Inseln

Riff- und Hochseefische sehr häufig

Felsenriffe und Felsnadeln

Augusta

Wilde, unerforschte Küstenabschnitte

Die unzähligen Inseln und Riffe zwischen Cape Leeuwin und Cape Naturaliste sind mit großen Fischen, Felsenlangusten und dichten, farbenfrohen Schwammgärten gepflastert. Wegen der riesigen Wellen, die beinahe das ganze Jahr über gegen die Felsenküste krachen, gehört diese Gegend zu den am wenigsten erforschten Gebieten im südlichen Westaustralien. In den ruhigeren Herbstmonaten warten jedoch viele großartige Orte auf die Taucher. Die Tauchgeschäfte in Augusta und Margaret River bieten Charter-Ausflüge an und erteilen wertvolle Tipps über die örtliche Taucherszene.

Seal Island

Die zahlreichen Gräben und Felsbänke am steinigen Meeresboden sind mit Weichkorallen, Schwämmen, Gorgonien und Seescheiden überdeckt. Unter den Überhängen stößt man auf Felsenlangusten, Krabben, Garnelen, Blaue Teufelsfische, Tintenfische, Nacktkiemer und sogar den scheuen westaustralischen Judenfisch. Im Umkreis des Riffes erblickt man Rifffische und Schwärme von Hochseefischen, wie Samsonfische, Königs-Makrelen und Stachel-Makrelen.

Augusta & Geographe Bay

Groper Bay

Einige interessante Tauchplätze befinden sich bei Groper Bay. Auf einem Felsenriff in 12 m Tiefe findet man üppigen Algenwuchs, Feilenfische, Seesterne, Lippfische, Morwongs, Skorpionsfische, Glasbarsche, Nacktkiemer und ein paar Felsenlangusten.

St. Alouarn & Flinders Island

Einige Kilometer vor Cape Leeuwin liegen die exponierten St. Alouarn und Flinders Islands, die bei günstigen Wetterbedingungen spektakuläre Taucherlebnisse zu bieten haben. Taucher berichten über herrliche Schwammgärten in der Umgebung der Inseln. Sehr häufig anzutreffen sind hier Judenfische, Morwongs, Schnapper, Blaue Korallen-Lippfische, Samsonfische, Königs-Makrelen und viele andere Arten. Gelegentlich machen auch einige Robben einen Abstecher in diese Gegend, und es sollen auch schon Wale und große Weisse Haie gesichtet worden sein.

Das Wrack der »Cumberland«

Cape Leeuwin besaß schon immer einen schlechten Ruf unter Seeleuten. Die im seichten Wasser liegenden Riffe und das raue Wetter wurden schon vielen Schiffen zum Verhängnis, so auch der »Cumberland« (1830), deren Wrackteile 1981 entdeckt wurden. Das Wrack liegt in einer Tiefe von 3–8 m auf einem felsigen, algenbedeckten Riff verteilt. Hier findet man zwischen den Algen noch Anker, den hölzernen Schiffsrumpf, Kanonen und Gegenstände des täglichen Lebens.

Geographe Bay
Tauchen unter dem Busselton Jetty

Küsten- bzw. Bootstauchplätze bis zu 15 Minuten entfernt

Durchschnittlich 10–15 m

Etwas Strömung vor der Küste

Einmalige Korallen- und Schwammgärten

Busselton Jetty

Reiche Auswahl an Riff- und Hochseefischen

Felsenriffe

Der fast zwei Kilometer lange Busselton Jetty zählt zu den beliebtesten Tauchplätzen Westaustraliens. Er eignet sich auf der ganzen Länge bestens zum Tauchen, doch der ideale Platz befindet sich am Ende des Piers – was allerdings mit einem langen Fußmarsch oder einer kurzen Fahrt mit dem Boot verbunden ist. Unter Wasser, in einer Tiefe von nur 8 m, sieht man sich einem wahren Dschungel aus Pfeilern gegenüber. Jeder Pfeiler ist dicht mit farbigen Weichkorallen, Schwämmen, Seescheiden, Gorgonien, Moostierchen und Anemonen bewachsen. Bei näherer Betrachtung entdeckt man eine unglaubliche Vielfalt an Nacktkiemern, Garnelen, Seesternen, Schlangensternen, Haarsternen, Seegurken, Einsiedlerkrebsen, Seespinnen, Grundeln, Schleimfischen, Skorpionsfischen, Anglerfischen, Rotfeuerfischen und Kofferfischen. Einzelne Abschnitte des Piers werden von Schwärmen von »Old wives«, Silber-Drummer, Stachel-Makrelen, Glasbarschen und anderen Schwarmfischen bewohnt. Am grasbewachsenen Meeresboden stößt man auf Geigenrochen, Octopusse, Lippfische, Tintenfische, Feilenfische, Krokodilfische, Südliche Korallenfische, Stachelrochen und Harlekinfische. Tagsüber ist das Tauchen am Pier schon ein großartiges Erlebnis, aber bei Nacht offenbart sich dem Taucher eine fantastische Welt aus Farben und Bewegung.

Die geschützten Gewässer der Geographe Bay, 230 km südlich von Perth, sind ein beliebtes Ziel für Wochenendausflügler und haben zahlreiche Tauchplätze an der Küste und im offenen Meer zu bieten. Das Wasser in dieser breiten Bucht ist normalerweise sehr ruhig, außer wenn in den Wintermonaten gelegentlich ein starker Nordwind aufkommt. In der Umgebung von Busselton und Bunbury gibt es eine Reihe Tauchgeschäfte, die Bootsausflüge zu den besten Tauchplätzen durchführen.

The Indicators

Bei The Indicators finden sich in einer Tiefe von 20–30 m zahlreiche farbenprächtige Korallen- bzw. Schwammgärten. Die Steilwände, Höhlen und Gräben wimmeln vor Rifffischen und wirbellosen Tieren und natürlich vor Schwärmen von Königs-Makrelen und Samsonfischen.

Canal Rocks

Die Innenseite von Canal Rocks ist von der Küste aus zugänglich. Die in 14 m Tiefe befindlichen Gräben und Felsbänke werden von kleinen Fischen und wirbellosen Tieren bewohnt. Das Felsenriff an der Außenseite von Canal Rocks – das 25 m tief abfällt – ist am besten mit dem Boot zu erreichen.

Eagle Bay

Auf dem seichten Meeresgrund der Eagle Bay sind unzählige, korallenbedeckte Felsenriffe verstreut. Von der Küste aus können Taucher einige der Riffe – einschließlich ein massives Korallenriff in 10 m Tiefe – erreichen. Das Unterwasserleben präsentiert sich in verschwenderischer Fülle in Form von Wobbegongs, Stachelrochen, Judenfischen, Tintenfischen u.v.m.

The Ledge

Die Geographe Bay ist sehr seicht, doch einige Kilometer weiter draußen befindet sich in 18 m Tiefe eine Felsbank, die parallel zur Küste verläuft.

Unten: Der Schwarzstreifen-Barsch *(Hypoplectrodes nigrorubrum)* ist ein Bodenbewohner, der tagsüber völlig ungeschützt und unbeweglich auf Beute lauert.
Neville Coleman.

DER LEEUWIN-STROM

– ein einmaliges Tauchgebiet

WENN MAN ZUM ERSTEN MAL die Riffe vor der Südküste Westaustraliens erforscht, ist man meistens sehr überrascht, so weit südlich Korallen und tropische Fische vorzufinden. Auch das Wasser kann einige Grad wärmer sein als erwartet (vor allem im Winter). Am auffälligsten ist dies vor Perth, wo das Meer bei Rottnest Island um einige Grad wärmer sein kann als vor der Festlandküste. Dies liegt an einer warmen Meeresströmung – dem Leeuwin - Strom – der aus dem tropischen Norden kommt und im Süden einige Überraschungen bereithält. Über diesen Leeuwin-Strom ist nur wenig bekannt: Er ist ca. 50 km breit und 300 m tief und hat seinen Ursprung in den Gewässern Indonesiens, von wo aus er im Herbst und Winter die Westküste entlangfließt. Die Stärke des Stromes ist unterschiedlich, es wurden jedoch schon Geschwindigkeiten bis zu 3 Knoten verzeichnet. Fünf Monate lang setzt der Strom seinen Weg entlang der Küste, zwischen der Kontinentalplatte und dem Festland und um das Cape Leeuwin herum fort, um schließlich zur Great Australian Bight zu gelangen.

Dieser außergewöhnliche Strom stellt etwas ganz Besonderes dar. Alle anderen Kontinente der südlichen Hemisphäre werden von nordwärts fließenden Strömen beeinflußt, die kühleres Wasser mit sich bringen und das Korallenwachstum damit auf das Gebiet um den Äquator begrenzen. Der einzige Strom mit ähnlicher Wirkung ist der vom Great Barrier Reef aus südwärts fließende Strom, der die Ostküste Australiens umspült.Sobald dieser Strom jedoch die Nordküste von New South Wales erreicht hat, schwenkt er nach Osten auf Neuseeland zu.

Vom warmen Leeuwin-Strom hängt das Überleben zahlreicher Lebewesen, wie z.B. Korallenpolypen und tropischen Fische ab. Dieser Strom dehnt auch das Verbreitungsgebiet der Westlichen Felsenlangusten aus, so dass die Langusten-Fischereibetriebe zu den produktivsten in ganz Westaustralien zählen. Im Winter trifft man in den südlichen Gewässern auf Schildkröten, und sogar Seeschlangen bekommt man ab und an zu sehen. Der Leeuwin -Strom ermöglicht es, dass Seekühe das ganze Jahr über in der Shark Bay ausreichend Nahrung finden und nicht die Küste entlang wandern müssen, um im Winter in wärmeres Wasser zu gelangen.

Der warme Strom sorgt dafür, dass man an der Südküste Westaustraliens auf zahlreiche tropische Arten stößt, ist andererseits aber auch für die in vielen Landesteilen herrschenden trockenen Bedingungen verantwortlich. Die nordwärts fließenden kalten Ströme begünstigen die Bildung von Nebel und Regenwolken vor Südamerika und Afrika, während das warme Wasser des Leeuwin-Stroms fast das ganze Jahr hindurch für trockene Bedingungen sorgt.

Taucher schätzen diesen Strom wahrscheinlich am meisten, weil er ihnen im Winter vielerorts warmes, klares Wasser bringt. Die Auswirkungen des Stroms kann man vor Esperance und Albany beobachten, ganz offensichtlich sind sie jedoch vor der Küste zwischen Geographe Bay und Geraldton. Hier gibt es Stein- und Weichkorallen in großer Fülle und auch zahlreiche tropische Fische und Wirbellose, die sonst nur in den nördlichen Gewässern zu finden sind.

Der Leeuwin-Strom wird von einer unglaublichen Vielfalt an Wirbellosen Tieren bewohnt, von denen viele noch nicht einmal identifiziert wurden. *Neville Coleman.*

Perth

Tauchplätze für jeden Geschmack

Küsten- bzw. Bootstauchplätze bis zu 20 Minuten entfernt

Vor der Küste 5-15 m, an der Küste 5–10 m

Leichte Strömung vor der Küste

Algen- und Schwammgärten

Die Unterwasserschutzgebiete Marmion & Shoalwater Islands, Weichboden-Tauchen bei Cockburn Sound.

Riff- und Hochseefische reichlich vorhanden

Kalksteinriffe

Perth hat sehr abwechslungsreiche Tauchplätze zu bieten – an der Küste finden sich eine Reihe ausgezeichneter Tauchmöglichkeiten, selbst wenn die Sicht nicht immer optimal ist. Die Kalksteinriffe und Inseln im offenen Meer sind mit farbenprächtigen Rifffischen und wirbellosen Tieren übersät. An vielen Tauchplätzen kann man die auf den Inseln häufig anzutreffenden australischen Seelöwen regelmäßig beobachten. Auf den Riffen liegen zahlreiche Schiffswracks. Einige davon sind noch intakt und bieten ausgezeichnete Taucherlebnisse. Die Mehrzahl der Tauchplätze befindet sich innerhalb der Marinereservate von Marmion und Shoalwater Islands und sind somit für alle geschützt. Einzigartige Taucherlebnisse hält auch der weiche Meeresgrund von Cockburn Sound bereit, wo die Sicht im Herbst und Winter recht gut sein kann.

Perth ist eine wunderschöne Stadt mit 1 Million Einwohnern, die außer Tauchplätzen noch allerhand zu bieten hat. Jeder Taucher sollte einen Besuch im Western Australian Maritime Museum in Fremantle machen, das sich 18 km westlich von Perth an der Küste befindet. Das Museum umfasst eine Sammlung von Gebrauchsgegenständen und hält Informationen über die unzähligen Schiffswracks an der westaustralischen Küste bereit.

In der Stadt und den Vororten von Perth gibt es eine Reihe von Tauchgeschäften, die jedes Wochenende Ausflüge in die Gegend unternehmen.

Murray Reefs

Interessante Tauchgänge in 6 m Tiefe kann man auf den Riffen vor Mandurah, die unter dem Namen Murray Reefs bekannt sind, erleben. Zu den Bewohnern dieser Kalksteinriffe zählen Felsenlangusten, Judenfische, Samsonfische, Stachel-Makrelen, Königs-Makrelen und große Mengen Rifffische. Am südlichsten Riff dieser Gruppe befinden sich die Überreste des 1878 gesunkenen Dreimasters »James Service«.

Five Fathom Bank

Das Five Fathom Reef ist ein weiterer Riffkomplex, der sich in 12 m Tiefe befindet und 30 km weit parallel zur Küste verläuft. Diese Kalksteinriffe weisen unzählige Höhlen und Felsbänke auf, die mit Seescheiden, Schwämmen, Weichkorallen und Gorgonien überzogen sind und die von den üblichen Tintenfischen, Octopussen, Nacktkie-

Oben: Der häufig im Süden Westaustraliens anzutreffende »Western footballer Sweep« *(Neatypus obliques)* schließt sich in Schwärmen zusammen und bewohnt Riffe in bis zu 25 m Tiefe.
Neville Coleman.

mern, Seesternen, Feilenfischen, Felsenbarschen, Morwongs, Blauen Teufelsfischen, Glasbarschen, Wobbegongs und Felsenlangusten bewohnt werden. Beliebte Tauchplätze sind die Wracks der »Carlisle Castle« (1899) und der »Orizaba« (1886), die auf diesem Riff gesunken sind. Von der »Carlisle Castle« ist – abgesehen von ihrer Ladung Ziegelsteine, einem Anker und kleinen Gebrauchsgegenständen – nur wenig übrig geblieben, während die 140 m lange »Orizaba« noch deutlich als Schiff zu erkennen ist. Der größte Teil des Schiffsrumpfes ist für Taucher zugänglich und man kann Bug, Heizkessel, Antriebswelle und verschiedene Gegenstände erkennen.

Seal Island

Seal Island liegt im Zentrum des Marinereservates von Shoalwater Island und ist der ideale Ort, wenn man gemeinsam mit australischen Seelöwen schwimmen möchte. Auf der Insel leben gut ein Dutzend dieser wundervollen Säugetiere, die oft das seichte Wasser aufsuchen, um mit Tauchern gemeinsam zu schwimmen. Diese Unterwasser-Akrobaten sind traumhafte Fotomodelle und unterhaltsame Schwimmgefährten.

Cape Peron

Das große Kalksteinriff vor der Küste von Cape Peron ist ein äußerst beliebter Tauchplatz. Hier gibt es viel zu entdecken, obwohl das Wasser an keiner Stelle tiefer als 7 m ist. Das Riff ist mit Algen, Schwämmen, Seescheiden, Gorgonien, Weichkorallen, Nacktkiemern, Tintenfischen, Seesternen, Seegurken, Krabben und Garnelen bevölkert. Die Rifffische sind hier eher klein: zu den häufig vorkommenden Arten gehören Feilenfische, Grundeln, Lippfische, Morwongs, Skorpionsfische, Glasbarsche u.v.m.

Palm Beach Jetty

Der in den geschützten Gewässern des Cockburn Sound gelegene Palm Beach Jetty ist ein sehr guter Küstentauchplatz in einer Tiefe von 5 m. Die Pfeiler des Piers werden von den vielfältigsten Unterwasserbewohnern bewohnt, darunter Seespinnen, Garnelen, Trompetenfische, Schleimfische, Kofferfische, Nacktkiemer, Seepferdchen und Seegurken.

Rockingham Jetty

Obwohl man unter dem noch existierenden Teil des Rockingham Jetty interessante Tauchgänge durchführen kann, ist dennoch der 18 m tief abfallende, eingestürzte Teil, viel besser zum Tauchen geeignet. Hier gibt es auch ein künstliches Riff sowie eine große Zahl an Unterwasserlebewesen.

Das Wrack der »MV Petrel«

Das von der Küste aus erreichbare Wrack des Dampfers »MV Petrel« garantiert interessante Tauchgänge. Das 15 m lange Schiff liegt in einer Tiefe von 14 m und wird gewöhnlich von Schwärmen von Gelbschwanz-Makrelen und Glasbarschen umkreist. Auf dem weichen Untergrund in der Nähe des Wracks trifft man auf Weichkorallen, Anemonen, Seefedern, Seegurken und andere wirbellose Arten.

Das Wrack der »D9 Dredge«

Die 30 m lange »D9 Dredge« lief im Jahr 1962 auf Grund und liegt nun in einer Tiefe von 13 m. Das Schiff ist im wesentlichen noch intakt und kann von einigen Stellen aus betreten werden, jedoch nur nach ausreichendem Training und mit der entsprechenden Ausrüstung. In der Nähe des Wracks stößt man auf Tintenfische, Rochen, Seepferdchen, »Old wives«, Gelbschwanz-Makrelen, Glasbarsche, Nacktkiemer und Garnelen. Das Schiff ist mit Anemonen, Weichkorallen, Seescheiden und Schwämmen bewachsen. Vorsicht, Schlamm!

Woodman Point

Ein guter Küstentauchplatz ist das Kalksteinriff bei Woodman Point. Die Steilwand fällt bis in 8 m Tiefe ab, wo es zahlreiche Bildmotive in Form von Seepferdchen, Anemonen, Seesternen, Nacktkiemern, Röhrenwürmern, Kofferfischen und Grundeln gibt.

Carnac Island

Eine Reihe ausgezeichneter Tauchplätze finden sich im Umkreis von Carnac Island in nur 4–7 m tiefem Wasser. Das Riff verfügt über zahlreiche Höhlen und Gräben, die von einer großen Vielfalt an Rifffischen und wirbellosen Tieren bewohnt werden. Taucher können auch zusammen mit Seelöwen schwimmen, da es auf der Westseite der Insel eine kleine Kolonie davon gibt.

Marmion Reef

Das Marmion Reef ist nur eines der zahlreichen Riffe im Unterwasserpark von Marmion und bietet außergewöhnliche Taucherlebnisse in Tiefen von 6–10 m. Das Kalksteinriff besitzt zahllose Felsbänke und Höhlen, die mit Schwämmen, Weichkorallen und Gorgonien überzogen sind. Bei jedem Tauchgang macht man die Bekanntschaft von verschiedenen Meeresbewohnern, wie z.B. Nacktkiemern, Feilenfischen, Blauen Teufelsfischen, Seesternen, Rotfeuerfischen, Stechrochen, Morwongs, Samsonfischen, Stachel-Makrelen, Glasbarschen, Lippfischen und Felsenlangusten. An der Südspitze des Riffes liegen die Überreste der »Centaur«, die hier im Jahr 1874 auf Grund lief. Zwischen den Algen kann man auf Metallverkleidungen und -rippen sowie die Ladung aus Bleierz stoßen.

Straggler Reefs

Dieses in seichtem Wasser gelegene Riffsystem ist schon zahlreichen Schiffen, die in den Hafen von Fremantle einlaufen wollten, zum Verhängnis geworden. In 8 m Tiefe findet man die Wracks der »Lancier« (1839) und »Zedora« (1875). Das 91 m lange Segelschiff »Ulidia« (1893) liegt in einer Tiefe von 3–6 m und verfügt noch über einen intakten Bug, der bei ruhigen Bedingungen erforscht werden kann.

Boyinaboat Reef

Seit man im Jahr 1987 den Hilary Boat Harbour erbaut hat, ist dieses kleine Riff von der Küste aus zu erreichen. An diesem seichten Riff findet man eine große Population an Rifffischen, wie z.B. Morwongs, Felsenbarschen, »Old wives«, Glasbarschen, Feilenfischen, Wobbegongs und Silber-Drummer. Im Umkreis des Riffes, das zum Unterwasserpark von Marmion gehört, sind zehn Tafeln aufgestellt, die den Taucher über die Gegend informieren.

Unten: Die Kalksteinriffe von Cockburn Sound bei Rottnest Island sind für ihre Höhlen, Durchgänge und Überhänge bekannt, die mit Meerestieren übersät sind.
Neville Coleman.

Rottnest Island

Das beliebte Ausflugsziel bei Perth

Bootstauchplätze durchschnittlich 15 Minuten entfernt, bzw. 1 Stunde von Fremantle

Durchschnittlich 15–20 m

Geringe Strömung und leichter Wellengang

Wunderschöne Korallen- und Schwammgärten

Zahlreiche Riffe und Wracks im seichten Wasser

Große Auswahl an Riff- und Hochseefischen

Kalksteinriffe

Rottnest Island befindet sich 18 km westlich von Perth. Dieses ca. 10 km lange und 4 km breite Marinereservat wird von Sandstränden und geschützten Buchten eingesäumt und ist die meiste Zeit des Jahres von klarem, warmem Wasser umgeben. Jede Woche kommen mehrere tausend Besucher auf die Insel, um an den unzähligen Riffen und Wracks zu tauchen, sich an den sauberen Stränden zu erholen, die berühmten Quokkas (kaninchengroße Beuteltiere) zu beobachten und sich an den Naturschönheiten der Insel zu erfreuen.

Die hervorragenden Tauchplätze der Insel kann man auf einem Tagesausflug von Fremantle aus erreichen (alle Tauchveranstalter in Perth bieten regelmäßig Ausflüge an) – oder man bucht eine Unterkunft auf der Insel. Es steht eine große Auswahl an Unterkunftsmöglichkeiten (die sich alle um die Thomson Bay konzentrieren) und täglich stattfindenden Bootsausflügen zur Verfügung.

Thomson Bay

Diese seichte Bucht, wo sich in 3 m Tiefe das Wrack der »Uribes« befindet, ist bei Schnorchlern äußerst beliebt. Das 37 m lange Schiff ging 1942 unter, und man kann heute noch die Umrisse des Schiffsrumpfes deutlich erkennen.

Dyer Island

Wenn das Meer auf der Südseite von Dyer Island ruhig ist, kann man an den Überresten der »Lady Elizabeth« tauchen. Dieses 1878 gesunkene, 49 m lange Schiff bietet interessante Taucherlebnisse in 7 m tiefem Wasser: Bug, Fock- und Großmast, Poller, Winschen und Balken sind heute noch deutlich zu identifizieren. Ganz in der Nähe befindet sich das Wrack der »Raven« (1891), von dem jedoch nur wenig zu sehen ist, da das Schiff größtenteils im Sand vergraben liegt.

Parker Point

Auf dem Riff bei Parker Point trifft man in 3 m Tiefe auf üppige Korallengärten und die unterschiedlichsten Rifffische, darunter Silber-Drummer, Süßlippen, Falterfische, Morwongs und andere.

Strickland Bay

Einer der aufregendsten Tauchplätze bei Rottnest ist die Steilwand an der Strickland Bay, die von 7 m bis in 18 m Tiefe abfällt und unzählige Felsbänke und Höhlen aufweist. Schwämme, See-

Unten: Eine einzigartige Sehenswürdigkeit von Rottnest Island sind seine großen Kolonien von *Pocillopora*- Korallen. Das Gebiet, das unter dem Namen Pocillopora-Reef bekannt ist, beginnt langsam abzusterben, obwohl die Ursache dafür unbekannt ist.
Neville Coleman.

scheiden, Gorgonien, Weich- und Steinkorallen gibt es in Hülle und Fülle, genau wie Rifffische und wirbellose Arten. Dem Taucher begegnen hier gewöhnlich Königs-Makrelen, Eberfische, Samsonfische, Judenfische und gelegentlich eine Suppenschildkröte.

Cape Vlaming

Bei günstigen Bedingungen bietet Cape Vlaming ideale Tauchmöglichkeiten. Das Riff fällt 26 m tief ab, und die Wand weist unzählige Höhlen und Gräben auf. Im Schein der Taschenlampe entdeckt man an den Wänden prächtige Korallen, ansonsten wird die Höhle von Felsenlangusten, Blauen Teufelsfischen, Wobbegongs, Mollusken, Tintenfischen und Nacktkiemern bewohnt.

Swirl Reef

Die Wassertiefe am Swirl Reef schwankt zwischen 4 und 16 m. Die Felsbänke und Höhlen auf diesem Kalksteinriff sind die Heimat zahlreicher wirbelloser Arten und von Harlekinfischen, Blauen Teufelsfischen, Felsenlangusten und sogar einigen Port Jackson-Haien. In der Nähe des Riffes liegt das Wrack der »Mira Flores«, die 1886 auf Grund lief. Die Überreste liegen heute in 12 m Tiefe verstreut, und am Heck, das weit aus dem Boden herausragt, kann man noch zahlreiche Gebrauchsgegenstände finden.

Catherine Bay

Auf den unzähligen Riffen der bis zu 7 m tiefen Catherine Bay, stößt man auf viele Höhlen und Gräben, die mit einer dich-

Oben: Auf den Transit Reefs begegnet man großen Schwärmen dieser Fische (*Schuetta woodwardi)*, die sich am Spätnachmittag im seichten Wasser versammeln. *Neville Coleman.*

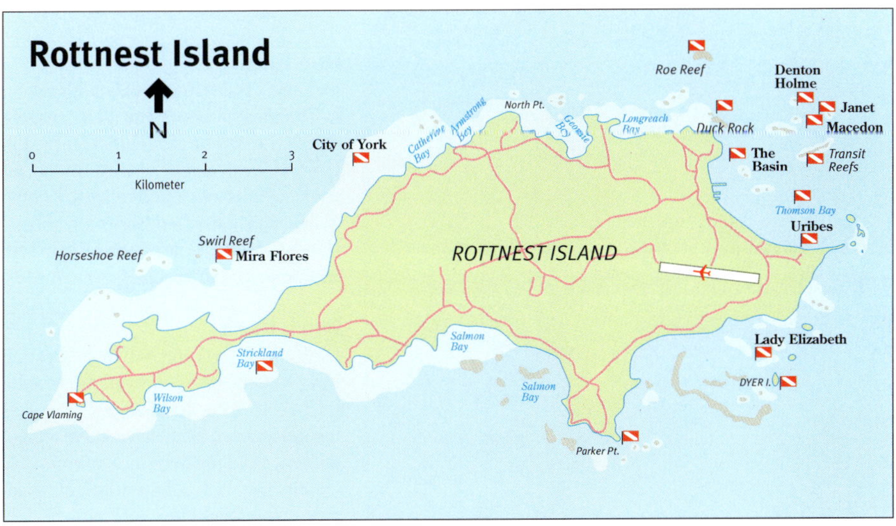

Oben: Begegnung zwischen *Choerudon cyanodus* und einem Kleinnasen-Kofferfisch.
Michael Aw.

ten Korallen- und Schwammschicht überzogen sind. Sehr häufig begegnen dem Taucher auch Kofferfische, Lippfische, Silber-Drummer, Morwongs, Rotfeuerfische, Gelbschwanz-Makrelen, Glasbarsche, Falterfische, Blaue Teufelsfische, Feilenfische und zahllose Wirbellose. Die Wrackteile der »City of York« liegen direkt vor der Bucht in 7 m Tiefe. Das 1899 gesunkene Schiff ist heute dicht mit Algen bewachsen, doch es gibt dort noch einiges zu sehen.

Transit Reefs

Im vergangenen Jahrhundert fielen den Transit Reefs drei Schiffe zum Opfer: die »Janet« (1887), »Macedon« (1883) und die »Denton Holme« (1890). Obwohl das Riff sehr interessante Tauchplätze mit farbenprächtigen Korallen und den verschiedenartigsten Fischen aufweist, stellen diese Wracks doch die aufregendsten Orte für Taucher dar. Die in 2–7 m gelegene »Denton Holme« ist mittlerweile auseinandergebrochen, wobei der Bug weit aus dem Meeresgrund herausragt. Hier findet man überall verstreut Rohre, Poller, Masten, Balken und Teller. Von der »Janet« ist außer einem Heizkessel und Anker kaum noch etwas zu erkennen, während die 67 m lange »Macedon« im wesentlichen noch intakt ist. Der Schiffsrumpf befindet sich in 6 m Wassertiefe und eignet sich vorzüglich zum Tauchen, vor allem, wenn das Meer ruhig ist.

Roe Reef

Im Umkreis des Roe Reef befinden sich, in Tiefen zwischen 3 und 25 m, zahlreiche, interessante Tauchplätze. In den Höhlen und Gräben trifft man mit großer Wahrscheinlichkeit auf Wobbegongs, Stachelrochen, Silber-Drummer, Harlekinfische, Tintenfische, Blaue Teufelsfische und Rifffische.

Duck Rock

Die in einer Tiefe von 5–10 m gelegenen Riffe beim Duck Rock werden von zahlreichen Höhlen durchzogen. Das sind die geeigneten Stellen, um Felsenlangusten, Stachelrochen, Tintenfische, Octopusse und gelegentlich Judenfische zu beobachten.

Jurien Bay

Das artenreiche Unterwasserreservat

Küsten- bzw. Bootstauchplätze bis zu 30 Minuten entfernt

Durchschnittlich 15–20 m

Leichte Strömung

Wunderschöne Korallen- und Schwammgärten

Endlose Auswahl an Riffen und Inseln

Interessante Riff- und Hochseefische

Kalksteinriffe

Mit dem Bau eines Jachthafens im Jahr 1988 wurde die Jurien Bay für den Tauchsport zugänglich gemacht. Davor stellte es eine große Herausforderung dar, das Tauchboot von einer der exponierten Rampen aus zu starten. Doch die Mühe lohnte sich, da das Unterwasserreservat Jurien Bay eine unglaubliche Auswahl an Riffen und Inseln mit überwältigenden Tauchplätzen zu bieten hat.

Das malerische Fischerstädtchen und Urlaubsziel (250 km nördlich von Perth) bietet ausreichend Unterkunftsmöglichkeiten. Die Firma Jurien Bay Dive and Hire unternimmt Bootsausflüge zu den besten Tauchplätzen in der Bucht.

Booker Rocks

Auf den Kalksteinriffen bei Booker Rocks trifft man in 4–10 m Tiefe auf Rifffische, Schildkröten, Felsenlangusten und auch Seelöwen.

East West Ledge

Der East West Ledge, der aus 8 m bis in 15 m Tiefe abfällt, weist ein außergewöhnlich üppiges Korallenwachstum auf. Schwämme, Stein- und Weichkorallen, Gorgonien und *Tubastrea*-Korallen gibt es hier in verschwenderischer Fülle.

Zu den Riffbewohnern zählen außerdem Felsenlangusten, Seesterne, Nacktkiemer, Tintenfische und Unmengen an Rifffischen.

Seaward Ledge

Seaward Ledge ist Anziehungspunkt für zahlreiche große Fische. Das Riff fällt von 8 m bis in 20 m Tiefe ab und hat unzählige Höhlen und Felsbänke aufzuweisen.

Häufige Riffbewohner sind hier Königs-Makrelen, Korallen-Lippfische, Judenfische, Tunfische, Stachel-Makrelen und bisweilen auch Schildkröten.

Unten: Das üppige Korallenwachstum wird hier von der Tischkoralle *Acropora* bestimmt. *Michael Aw.*

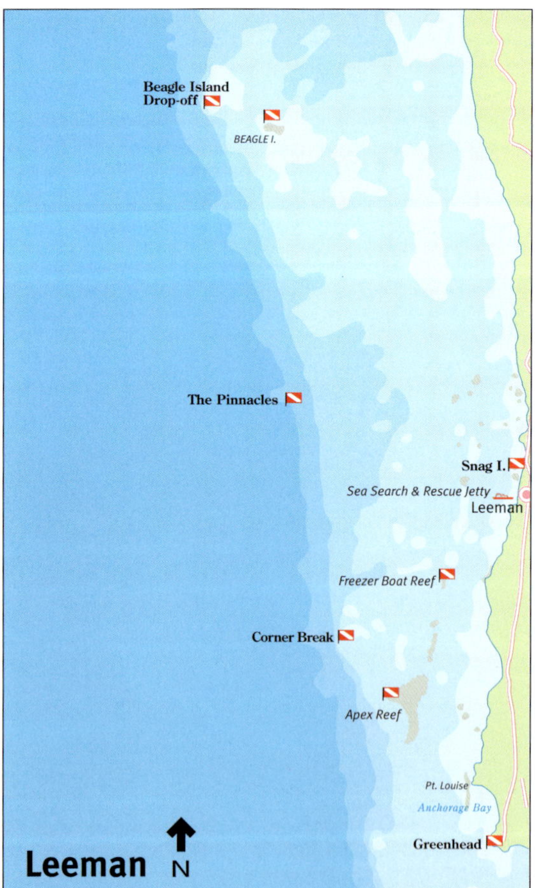

Boat Rock

Auf den Riffen bei Boat Rock findet man in einer Tiefe von bis zu 12 m unzählige, mit Korallen und Schwämmen bedeckte Höhlen vor, in denen Langusten, Stachelrochen und Wobbegongs leben.

Favourite Island

In der Umgebung von Favourite Island gibt es eine Reihe hervorragender Tauchplätze. In Tiefen zwischen 3 und 10 m stößt man auf Höhlen und Gräben, die mit Schwammgärten bedeckt sind und vor Unterwasserlebewesen wimmeln. Die Felsküste wird von Seelöwen bewohnt, die den Tauchern beim Schwimmen Gesellschaft leisten.

North Head

Vor North Head befindet sich ein wahres Labyrinth aus Kalksteinriffen, die von der Küste oder vom Boot aus zu erreichen sind. Die Riffe liegen in 6–15 m Tiefe und weisen zahllose Höhlen auf, die von den unterschiedlichsten Rifffischen und wirbellosen Tieren bewohnt werden. Ein nächtlicher Tauchgang in diesem Gebiet kann zu einem unvergesslichen Erlebnis werden: der Taucher kann hier Mollusken, Stachelhäuter, Krustentiere und schlafende Fische entdecken.

Leeman

Ein weiterer »Hot Spot« Westaustraliens

Küsten- bzw. Bootstauchplätze bis zu 20 Minuten entfernt

Durchschnittlich 15–20 m

Leichte Strömung

Mischung aus Korallen- und Schwammgärten

Seelöwen von Beagle Islands, unzählige Riffe vor der Küste

Riff- und Hochseefische reichlich vorhanden

Kalksteinriffe

Eine der nördlichsten Seelöwenkolonien findet man auf den Beagle Islands, einem Gebiet, das zum Unterwasserreservat erklärt wurde. Diese kleine Inselgruppe ist von Kalksteinriffen umgeben, die den Seelöwen ein reichhaltiges Nahrungsangebot in Form von Fischen, Mollusken und Krustentieren bieten. Sobald sich ein Tauchboot den Inseln nähert, begeben sich die Seelöwen zu Dutzenden ins Wasser und schwimmen auf das Boot zu. Sowohl Schnorchler als auch Sporttaucher können hier eine herrliche Zeit mit den Seelöwen verbringen. Die Beagle Islands gehören zu den vielen neuen Tauchplätzen vor Leeman, die erst kürzlich für den Tauchsport erschlossen wurden.

Die Zwillingsstädte Leeman und Greenhead befinden sich 300 km von Perth entfernt. Bevor die Beagle Island Diving Company ins Leben gerufen wurde, kamen nur wenige Taucher zu den unzähligen, vor diesem Küstenabschnitt gelegenen Kalksteinriffen. Das Tauchgeschäft veranstaltet nun regelmäßig Ausflüge mit Tauchbooten. In der kurzen Zeit, die seit der Gründung des Unternehmens verstrichen ist, wurden in dem faszinierenden Gewirr von Kalksteinriffen zahllose hervorragende Tauchplätze erschlossen.

Freezer Boat Reef

Am Kalksteingrund des Freezer Boat Reef stößt man auf herrliche Höhlen und Durchgänge, die sich in nur 14 m Tiefe befinden. Zu den üblichen Höhlenbewohnern gehören Gorgonien, Schwämme, *Tubastrea*-Korallen, Seescheiden, Felsenlangusten, Blaue Teufelsfische, Glasbarsche, Wobbegongs und die beweglicheren wirbellosen Arten. Rifffische kommen in großen Zahlen vor, und der Taucher sieht sich oft von Schwärmen von Schnappern eingekreist.

Sea Search & Rescue Jetty

Einer der besten Küstentauchplätze des gesamten Gebietes befindet sich unterhalb des Bergungspiers in nur 4 m Tiefe. Hier trifft man Tag und Nacht Unmengen an Rifffischen und wirbellosen Tieren. Vom Pier aus gelangt man über ein Riff zum Snag Island, wo man häufig Felsenlangusten, Wobbegongs und Rifffischen begegnet.

The Pinnacles

Die aus 20 m Tiefe bis 10 m unter die Wasseroberfläche emporragenden Pinnacles weisen Höhlen, Felsbänke und Durchgänge auf, die von Felsenlangusten, Blauen Korallen-Lippfischen, Wobbegongs und Fledermausfischen bewohnt werden. Hochseefische ziehen ständig ihre Kreise und auch Judenfische gehören zu den ortsansässigen Bewohnern.

Beagle Islands Drop-off

Westlich der Beagle Islands fällt das Riff von der Oberfläche bis in 25 m Tiefe ab. Entlang der Steilwand, die mit Stein- und Weichkorallen und Gorgonien bewachsen ist, begegnet man Königs-Makrelen, Stachel-Makrelen, Samsonfischen und anderen Hochseefischen.

Unten: An der Küste entdeckt man unter Felsbänken und in Höhlen zahlreiche Exemplare dieser Felsenlanguste *(Panulirus cygnus)*. Sie kommen von allen australischen Felsenlangusten-Arten am häufigsten vor und sind selbst im seichten Wasser anzutreffen. *Neville Coleman.*

Bootstauchplätze bis zu 30 Minuten entfernt

Durchschnittlich 10–15 m

Leichte Strömung und Wellen

Schöne Korallen- und Schwammgärten

Zahllose unerforschte Riffe

Große Auswahl an Riff- und Hochseefischen

Kalksteinriffe

Geraldton

Fantastische Kalksteinriffe mit überwältigenden Höhlen und Spalten

Für die meisten Taucher ist Geraldton nur eine Zwischenstation, um zu den spektakulären Inseln und Riffen der Houtman Abrolhos zu gelangen. Dabei lassen sie sich jedoch zahlreiche Kalksteinriffe mit Höhlen und Spalten entgehen, die von Riff- und Hochseefischen, Felsenlangusten und wirbellosen Tieren bevölkert werden. Die besten Tauchbedingungen herrschen zwischen März und Mai, wenn sich das Wetter und das Meer beruhigt haben.

Point Moore

Viele der Küstentauchplätze bei Point Moore weisen Riffe in 1–9 m Tiefe auf, die von Muränen, Stachelrochen, Felsenlangusten, Garnelen, Nacktkiemern, Falterfischen, Tintenfischen, Octopussen, Seesternen, Korallenbarschen, Lippfischen, Skorpionsfischen und Papageifischen bevölkert sind.

Lighthouse Passage

Diese, zwischen zwei Riffen verlaufende Passage zieht zahlreiche Schwarmfische an. In diesem Kanal trifft man regelmäßig auf Schwärme von Schnappern, Königs-Makrelen, Stachel-Makrelen und Samsonfischen. Sehr häufig begegnet man auch Stachelrochen, Schildkröten und einer bunten Vielfalt an Rifffischen. Das Riff bei Lighthouse Passage, das bis 18 m tief abfällt, ist mit Weichkorallen und Gorgonien überzogen.

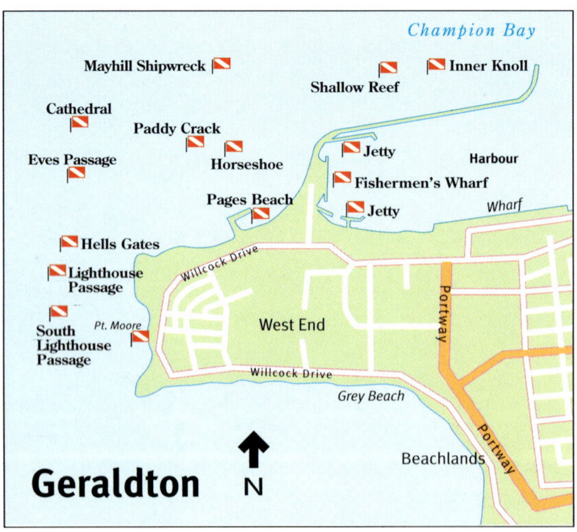

Hells Gates

Das Riff bei Hells Gates, das 18 m nach unten abfällt, ist ein guter Platz, um Felsenlangusten, Judenfische, Blaue Teufelsfische, Korallenbarsche, Korallen-Lippfische, Stachel-Makrelen und Schildkröten zu beobachten.

Fisherman's Wharf

Unterhalb des Fisherman's Wharf leben zahllose wirbellose Tiere und Rifffische. Die Pfeiler und der Meeresboden sind mit Weichkorallen und Schwämmen überwachsen.

Breakwater

Breakwater ist die Heimat zahlreicher Meeresbewohner, darunter Tintenfische, Octopusse, Seesterne, Einsiedlerkrebse, Falterfische, Rotfeuerfische, Muränen, Stachelrochen u.v.m.

Shallow Reef

Wie viele der vor Geraldton gelegenen Riffe weist auch das Shallow Reef zahlreiche Felsbänke und Höhlen auf. In Tiefen zwischen 4 und 12 m trifft man auf Weichkorallen, Blaue Teufelsfische, Felsenlangusten, Ananasfische, Garnelen, Korallenbarsche, Kaiserfische, Nacktkiemer und Rifffische.

Das Wrack der »Mayhill«

Die fast 90 m lange »Mayhill« war ein Viermaster, der im Jahr 1895 vor der Küste Geraldtons sank. Das Wrack, dessen Heck das umgebende Kalksteinriff weit überragt, liegt heute in einer Tiefe von 6 m. In der näheren Umgebung findet man Teile des Schiffsrumpfes und des Mastes, sowie Eisenbahnschienen, die sie mitführte.

Houtman Abrolhos

100 Inseln mit herrlichen Tauchplätzen

Ausflüge auf Live-aboard-Booten

Im Allgemeinen 20 m

Strömung sehr häufig

Wunderschöne Korallengärten

Auf den Korallenriffen einzigartige Artenmischung aus tropischen und gemäßigten Gewässern

Zahlreiche Riff- und Hochseefische

Kalkstein- und Korallenriffe

Die im Jahr 1617 von dem holländischen Seefahrer Frederick Houtman entdeckten Inseln und Riffe der Houtman Abrolhos, waren nach dem Untergang der »Batavia« im Jahr 1629 bei Seeleuten sehr berüchtigt. Das Schiff befand sich auf der Fahrt nach Batavia (Jakarta), als es in der Dämmerung zu sinken begann. Die Mehrzahl der 316 Menschen an Bord überlebten und konnten sich auf Beacon Island retten, doch nur wenige überstanden die darauffolgende Meuterei.

Die »Batavia« wurde 1963 entdeckt und zählt heute zu den bedeutendsten Schiffswracks Australiens. Das Western Australien Maritime Museum konnte viele Gebrauchsgegenstände und Teile des Schiffsrumpfes bergen, die heute im Museum in Fremantle zu bewundern sind.

Das 60 km westlich von Geraldton gelegene Houtman Abrolhos besteht aus 100 Inseln und zahllosen Riffen. Die dortigen Korallenriffe sind die am südlichsten gelegenen im Indischen Ozean und gedeihen so gut, weil der warme Leeuwin–Strom im Winter durch dieses Gebiet fließt. Die Riffe stellen die besten Fangplätze für Felsenlangusten in ganz Australien dar: zwischen März und Juni arbeiten etwa 200 Fischer in diesem Gebiet. Auf einigen Inseln haben die Fischer Barracken erbaut, die jedoch keine Beeinträchtigung für die Umwelt darstellen.

Die Inseln der Houtman Abrolhos lassen sich in drei Abschnitte unterteilen: die Pelsaert, Easter und Wallaby Group, die sich alle drei hervorragend zum Tauchen eignen. Die Tauchplätze an den Inseln sind äußerst abwechslungsreich: es gibt Riffe in seichtem Wasser, Steilwände, Höhlen, Gräben und eine außergewöhnliche Mischung aus Korallen und Algen. Sowohl tropische als auch die gemäßigten Gewässer bewohnenden Arten kommen hier häufig vor. Selbst australische Seelöwen werden hier ab und zu gesichtet. Einige live-aboard-Boote laufen von Geraldton regelmäßig die Houtman Abrolhos an. Die Ausflüge reichen von Wochenendtrips bis zu einwöchigen Fahrten. Die Tauchbedingungen sind stets recht gut, als beste Zeit gilt jedoch der Herbst bzw. der Frühling.

Halfmoon Reef

In der Umgebung des Halfmoon Reef findet der Taucher einen spektakulären Fischreichtum vor: Morwongs, Judenfische, Korallenbarsche, Korallen-Lippfische, Königs-Makrelen, Silber-Drummer, Tunfische, Stachel-Makrelen, Samsonfische und manchmal auch einen Riffhai.

Pelsaert Island

Auf der Ostseite von Pelsaert Island befindet sich eine herrliche Steilwand. Hier kann man in der Strömung von 5–25 m tief tauchen und dabei die atemberaubende Vielfalt an Korallen bewundern, die an der Steilwand gedeihen. Auf dem Riff trifft man viele Felsenlangusten (die aus diesem Gebiet nicht entfernt werden dürfen).

Unten: Die zu den Nacktkiemern zählende Spanische Tänzerin ***(Hexabranchus sanguineus)*** wurde bei den Abrolhos Islands fotografiert und bewohnt sowohl den Pazifischen als auch den Indischen Ozean. Die abgebildete Farbvariante ist typisch für den Indischen Ozean. *Neville Coleman.*

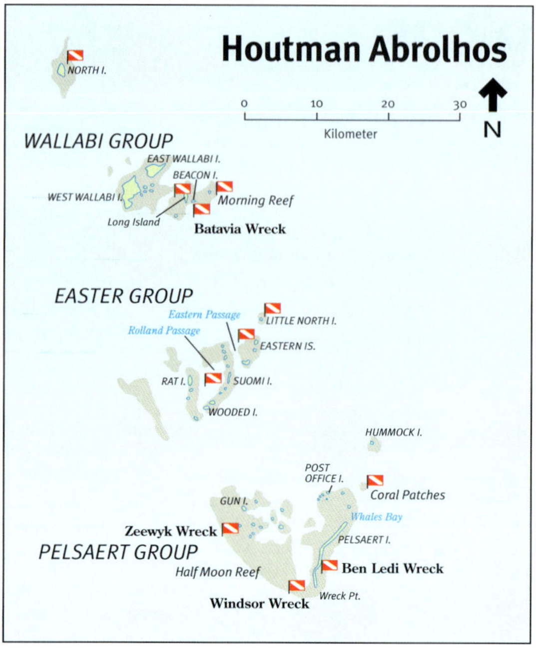

Morley Island

Wegen der vielen interessanten Tauchplätze in der Lagune bzw. entlang der Steilwand lohnt sich ein Besuch auf Morley Island auf alle Fälle. In der Lagune finden Fotografen ausreichend Motive: Röhrenwürmer, Tintenfische, Seesterne, Seeigel, Plattwürmer, Garnelen, Krabben, Anemonenfische, Rotfeuerfische und Nacktkiemer.

Rolland Passage

In Tiefen zwischen 5 und 30 m gedeihen prächtige Korallengärten an den Riffen der Rolland Passage. Hier gibt es Falterfische, Papageifische, Tintenfische, Kaiserfische, Korallenbarsche, Grundeln, Anemonenfische, Riffbarsche, Felsenbarsche, Korallen-Lippfische und Süßlippen in großer Fülle.

Eastern Islands

Weitere aufregende Erlebnisse beim Steilwandtauchen verspircht die Ostseite der Eastern Islands. Dieser Ort wird von Korallen-Lippfischen, Königs-Makrelen, Kaiserfischen, Schnappern, Stachelrochen, Korallenbarschen, Süßlippen und vielen anderen Riff- und Hochseefischen bevölkert.

Das Wrack der »Batavia«

Die Überreste der »Batavia« liegen in 6 m Tiefe, und man kann noch Kanonen, Anker und gelegentlich auch einen Gebrauchsgegenstand erkennen. Das umgebende Riff wird von einer interessanten Mischung aus Meeresbewohnern bevölkert.

Morning Reef

Herrliche Taucherlebnisse bieten die Korallengärten im seichten Wasser am Morning Reef. In 6–10 m Tiefe entdeckt man Steinkorallen, farbenprächtige Rifffische und wirbellose Tiere.

Beacon Island

Im Umkreis von Beacon Island finden sich hübsche Korallengärten mit Geweih- und Tisch-Korallen, Anemonenfischen, Octopussen, Felsenlangusten, Garnelen, Falterfischen, Skorpionsfischen, Muränen, Morwongs und vielen anderen Arten.

Long Island

Einer der besten Plätze für das Tauchen an Steilwänden befindet sich an der Ostseite von Long Island. Hier fällt die Wand 40 m tief ab. Haie und Hochseefische gehören hier zu den üblichen Tauchbegleitern.

Unten: Der Straßenkehrer *(Lethrinus nebulosus)* gilt als begehrter Speisefisch, der auf mit Algen bewachsenen Riffen, in Lagunen und auf seewärts gelegenen Riffen anzutreffen ist. *Michael Aw.*

SCHIFFE MIT WERTVOLLER LADUNG

DER ERSTE EUROPÄER, der an der Westküste Australiens an Land ging, war der holländische Seefahrer Dirk Hartog, der im Jahr 1616 gleich neben der Shark Bay die Küste entdeckte, nachdem er auf seinem Weg nach Batavia vom Kurs abgekommen war. Hartog ging am Cape Inscription an Land und hinterließ einen Zinnteller mit Inschrift, der von seiner Landung Zeugnis ablegen sollte. Er musste feststellen, dass das Great Southern Land unfruchtbar und unwirtlich war und war erleichtert, dass er vor diesem merkwürdigen neuen Kontinent keinen Schiffbruch erlitten hatte. Andere Schiffe hatten weniger Glück, so dass heute einige der ältesten und interessantesten Schiffswracks vor Westaustralien zu finden sind. Sie sind alle durch die Gesetze des Historic Shipwrecks Act geschützt.

Eine Teilansicht der Zuytdorp –Klippen, die nach dem berühmten Schiffswrack benannt wurden, das hier im Jahre 1927 von einem Viehzüchter entdeckt wurde, als dieser einen Dingo verfolgte. Bei der Betrachtung dieser Klippen- und sei es nur aus der Luft – bekommt man eine Vorstellung, was für einen abschreckenden Eindruck sie auf die ersten Seefahrer gemacht haben müssen. *Neville Coleman.*

Trial (1622)
Weil der Kapitän der »Trial« eine Abkürzung nehmen wollte, lief sein Schiff plötzlich auf ein Riff vor den Monte Bello Islands auf. Als es auseinander zu brechen drohte, verließ die Mannschaft das Schiff und machte sich in Booten auf die 2000 km lange Reise nach Batavia. Das Wrack (das älteste in den Meeren Australiens) wurde 1969 entdeckt, doch außer Kanonen und den Ankern ist nur wenig davon übrig geblieben.

Batavia (1629)
In dem Abschnitt über die Houtman Abrolhos finden Sie nähere Informationen über den Untergang der »Batavia« und das Schicksal der Besatzungsmitglieder. Die Schiffsladung bestand aus Edelsteinen und Münzen, von denen ein Großteil beim Untergang gerettet werden konnte. Seither hat das Australian Maritime Museum unzählige Silbermünzen aus dem Wrack geborgen.

Vergulde Draeck (1656)
Die 42 m lange »Vergulde Draeck«, auch unter der Bezeichnung »Gilt Dragon« bekannt, sank nördlich von Perth. Das 1963 entdeckte Wrack liegt über ein Kalksteinriff verstreut: die häufigsten Relikte sind Kanonen und Anker. Das Schiff hatte acht Truhen mit Silbermünzen an Bord. Viele davon konnten, zusammen mit Glasflaschen, Krügen, Werkzeugen und Messinggegenständen, geborgen werden.

Zuytdorp (1712)
Dieses Schiff verschwand auf seiner Fahrt nach Batavia. Sein Schicksal und das der Besatzung war bis zum Jahr 1927 unbekannt, als man das Wrack am Fuße einer Klippe südlich der Shark Bay entdeckte. Bei späteren Nachforschungen fand man im Wasser und zwischen den Felsen am Fuß der Klippe zahlreiche Silbermünzen.

Zeewijk (1727)
Als die »Zeewijk« auf ein Riff bei den Houtman Abrolhos auflief, führte sie zehn Truhen mit Silbermünzen mit an Bord. Taucher entdeckten Kanonen und Anker, die Silbermünzen wurden jedoch zum Zeitpunkt des Untergangs von der Mannschaft gerettet.

Rapid (1811)
Die »Rapid« war ein amerikanisches Handelsschiff, das sich auf der Reise von Boston nach Canton befand. Sie hatte 280 000 spanische Dollar an Bord, als sie beim Ningaloo Reef auf Grund lief. Um die Ladung geheim zu halten, brannte man das Schiff ab, ein Großteil der Münzen konnte jedoch später geborgen werden.
Im Jahr 1978 wurde das Wrack von Fischern entdeckt, seine Identität blieb jedoch eine Zeitlang rätselhaft.

Küsten- und Bootstauchplätze

Durchschnittlich 5–15 m

Geringe Strömung

Wunderschöne Korallengärten

Begegnungen mit Delfinen, Seekühen, Haien und Schildkröten

Große Auswahl an Rifffischen

Korallenriffe

Shark Bay

Delfine, Seekühe und merkwürdige Stromatolithen

Zu den primitivsten Lebensformen, die je auf unserer Erde existierten, gehören blaue bzw. grüne Algen, sogenannte Stromatolithen. Einige Milliarden Jahre lang waren sie die zahlenmäßig am stärksten vertretene Lebensform auf unserem Planeten. Man hat Fossilien von Stromatolithen entdeckt, die ca. 3,5 Milliarden Jahre alt sind. Im Jahr 1954 wurde eine Kolonie von Stromatolithen (die man längst für ausgestorben gehalten hatte) in Hamelin Pool an der Shark Bay entdeckt. Sie sind in der Lage, in Gewässern mit extrem hohem Salzgehalt zu überleben, wo sonst nur wenige Lebewesen (außer eventuell Mollusken oder Quallen) existieren können. Die in 1,5 m tiefem Wasser beheimateten Stromatolithen ragen bei Ebbe über die Wasseroberfläche hinaus und eignen sich hervorragend als Fotomotive.

Am berühmtesten ist die Shark Bay wahrscheinlich für ihre Flaschennasen-Delfine, die sich hier täglich zur Fütterung bei Monkey Mia einfinden. Anfangs folgten die Delfine den Fischerbooten, von denen sie mit Fischabfällen gefüttert wurden, doch später, im Jahr 1964, tauchten sie am Strand auf und warteten dort auf Futter. Es wurden immer mehr und heute sind bis zu achtzehn Delfine im seichten Wasser versammelt, die sich mit den Menschen abgeben und ihre Fische abholen. Heute kommen über 100 000 Besucher nach Monkey Mia, um diese wundervollen, intelligenten Meeressäuger aus nächster Nähe beobachten zu können.

Die am westlichsten Punkt Australiens gelegene Shark Bay wird von unzähligen Inseln und zwei großen Halbinseln eingesäumt. Die Bucht nimmt eine Fläche von 8 000 km ein und gilt als Weltkulturerbe. In dieser seichten Bucht (durchschnittlich kaum 10 m tief), trifft man auf eine prachtvolle Unterwasserwelt. Haie und auch Schildkröten kommen hier häufig vor – letztere legen ihre Eier an den Stränden der Bucht ab. Die Bucht ist aber auch die Heimat von 10 000 Seekühen, die auf den ausgedehnten Seegraswiesen nach Nahrung suchen. Diese sogenannten Dugongs werden von Tauchern oft gesichtet. Es gibt spezielle Angebote für Ausflüge zu Orten, an denen Seekühe beobachtet und fotografiert werden können, und manchmal kann man sogar mit ihnen zusammen schnorcheln.

Die Shark Bay ist sehr seicht, daher können viele Tauchplätze von der Küste aus erreicht werden. Die besten Stellen der Bucht erreicht man jedoch nur mit einem Boot. Das Tauchen ist nur innerhalb der Bucht gestattet, weil draußen das Meer recht stürmisch ist und die Plätze nur schwer zugänglich sind.

An der Küste der Shark Bay befinden sich einige kleinere Städte, von denen Denham und Carnarvon das Zentrum darstellen. Im allgemeinen sind die Tauchbedingungen im Winter und Frühjahr am besten, wenn das Klima angenehm ist und nur leichte Winde wehen. Im Gebiet der Shark Bay gibt es eine Reihe von Charter-Boot-Unternehmen sowie zahlreiche Bootsrampen für diejenigen Taucher, die ein eigenes Boot besitzen.

Unten: Shark Bay ist für ihre roten Klippen, die ausgedehnten Seegraswiesen (auf denen große Seekuhherden leben), die weissen Sandstrände, zerklüfteten Kalksteinküsten, wundervollen Buchten, die guten Angelmöglichkeiten, die Delfine, Stromatolithen und Haie bekannt. Man kann hier auch ausgezeichnet tauchen, doch meistens nur vom Boot aus. *Neville Coleman.*

South Passage

Obwohl in dieser Gegend starke Strömungen auftreten und das Wasser manchmal verschmutzt ist, gibt es in der South Passage doch immer etwas zu erleben. Der in nur 7 m befindliche Meeresboden ist nur spärlich mit Steinkorallen und anderen wirbellosen Arten bedeckt, bietet jedoch Lebensraum für die unterschiedlichsten Meereslebewesen, wie z. B. Seeschlangen, Schildkröten, Riffhaie, Stachelrochen, Wobbegongs, Felsenlangusten, Geigenrochen, Korallen-Lippfische und Rifffische. Bisweilen begegnen Taucher hier auch einem Dugong, der die Menschen neugierig begutachtet.

Monkey Rock

Das Riff bei Monkey Rock fällt 15 m steil ab und beherbergt eine Vielfalt von Lebewesen, wie z.B. Rotfeuerfische, Lippfische, Kugelfische, Muränen, Papageifische, Riffbarsche, Falterfische, Kaiserfische, Süßlippen, Doktorfische, Büschelbarsche, Skorpionsfische, Nacktkiemer, Seesterne, Haarsterne, Muscheln und andere Mollusken.

Bernier Island

Auf der Ostseite von Bernier Island stößt man auf einen außergewöhnlichen Fischreichtum. Auf beinahe allen Tauchgängen begegnet man Kaiserfischen, Doktorfischen, Riffbarschen, Anemonenfischen, Kofferfischen, Kugelfischen, Feilenfischen, Grundeln, Stachel-Makrelen, Schleimfischen, Lippfischen, Felsenbarschen, Korallenbarschen, aber auch Schildkröten, Felsenlangusten, Seeschlangen, Wobbegongs und Riffhaien.

Point Quobba

An der Nordspitze der Shark Bay, vor Point Quobba, gedeihen im seichten Wasser wunderschöne Korallengärten. Riff und Lagune sind von der Küste aus zugänglich, da das Wasser jedoch nur eine Tiefe von 2 m aufweist, eignen sie sich am besten zum Schnorcheln. Inmitten der Steinkorallen entdeckt man hier Wobbegongs, Stachelrochen, Papageifische, Kaiserfische, clams, Anemonenfische, Nacktkiemer, Seesterne, Falterfische, Kugelfische, Lippfische, Doktorfische u.v.m.

Oben: Jedes Jahr reisen über 100 000 Menschen nach Monkey Mia, um mit den Delfinen zu kommunizieren. *Neville Coleman.*

Dorre Island

Die Ostseite von Dorre Island bietet erstklassige Tauchmöglichkeiten. In diesem Gebiet befinden sich einige der schönsten Korallengärten der Shark Bay.

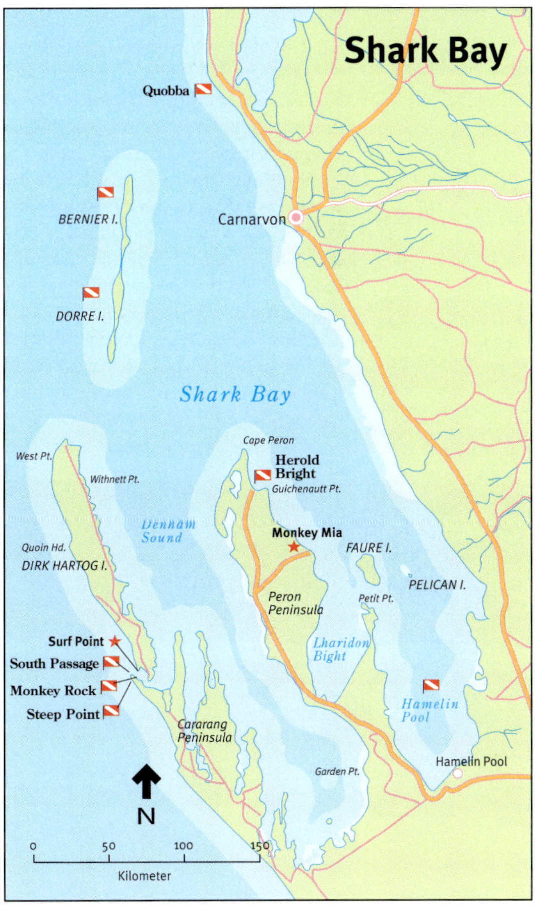

Ningaloo Reef
Zwischenstation für Walhaie

Küsten- bzw. Bootstauchplätze bis zu 20 Minuten entfernt

Durchschnittlich 20–30 m

Starke Gezeitenströmung innerhalb des Exmouth Gulf

Walhaie zwischen März und Mai, der faszinierende Navy Pier

Große Auswahl an Riff- und Hochseefischen

Korallenriffe

Das Städtchen Exmouth (1300 km nördlich von Perth gelegen) liegt am oberen Ende des unfruchtbaren North West Cape. Doch jedes Jahr im März, April und Mai, kommt Leben in die Stadt: dann fallen Taucher und Kamerateams in den Ort ein, um einen Blick auf die Walhaie zu werfen, die dem Ningaloo Reef-Unterwasserreservat ihren jährlichen Besuch abstatten. Diese harmlosen Riesen ernähren sich vom Plankton und den kleinen Fischen, die man während der jährlichen Vermehrung der Korallen dort vorfindet. Drei Monate lang wird die Küste von Aufklärungsflugzeugen beobachtet, die an die unten befindlichen Boote die Position der Walhaie durchgeben. Das Schwimmen in Begleitung dieser gigantischen Tiere ist für jeden Taucher ein unvergessliches Erlebnis.

Das Ningaloo Reef verläuft beinahe parallel zur Küste, von der Coral Bay nach Norden bis nach Exmouth, das entspricht einer Strecke von über 260 km. Die Entfernung vom Riff zum Festland schwankt zwischen 200 m bis 7 km. Viele Bereiche des Innenriffes sind von der Küste aus zugänglich, während das Außenriff am besten mit einem Boot zu erreichen ist.

Mehrere Tauchbetriebe und Charter-Boot-Unternehmen sind ganzjährig für dieses Gebiet zuständig. Während der Walhaisaison setzt ein großer Zustrom von Taucherbooten ein: ein Besuch in diesem Gebiet ist jedoch trotzdem lohnenswert. Die beste Jahreszeit für einen Besuch am Ningaloo Reef ist vom Herbst bis zum Frühjahr, wenn das Meer ruhig ist und kein starker Wind aufkommt.

Coral Bay

Die 150 km südlich von Exmouth gelegene Coral Bay ist der ideale Ort, um mit der Erkundung des Ningaloo Reef zu beginnen. Das Riff wird hier von Steinkorallen beherrscht. An der Riffkante leben Schildkröten, Riffhaie, Süßlippen, Makrelen, Korallen-Lippfische und Schwärme von Barrakudas und Stachel-Makrelen. Auf dem Saumriff gedeihen in nur 5 m Wassertiefe, zahlreiche Korallenstöcke. Große Fische kommen nicht sehr häufig vor, dafür aber Papageifische, Falterfische, Grundeln, Anemonenfische, Doktorfische, Kaiserfische und viele andere Rifffische.

Norwegian Bay

Etwas weiter nördlich, entlang der Küstenlinie der Norwegian Bay, trifft man

Unten: Diese, im Gebiet des Ningaloo Reef als »Krötenfisch« bezeichnete Fischart, wurde bisher noch nicht identifiziert.
Michael Aw.

häufig auf Schildkröten, Stachelrochen, Süßlippen, Felsenbarsche, Kaiserfische, Doktorfische und zahlreiche wirbellose Arten.

Mandu Wall

Wie zahlreiche Tauchplätze an der Außenseite des Ningaloo Reefs, fällt auch Mandu Wall 20 m tief ab, weist jedoch nur mäßig starken Korallenbewuchs auf. Der Fischreichtum ist dagegen überwältigend: auf einem Strömungstauchgang kann man Stachel-Makrelen, Barrakudas, Korallen-Lippfischen, Korallenbarschen, Süßlippen, Fledermausfischen, Füsilieren, Eichhornfischen, Riffhaien und zahllosen Rifffischen begegnen.

Blizzard Ridge

Der Grund des Blizzard Ridge, der sich in nur 15 m Tiefe befindet, ist mit beeindruckenden Kolonien von bunten Weichkorallen, Schwämmen und Gorgonien bewachsen. Zu den Riffbewohnern gehören Wobbegongs, Stachelrochen, Korallenbarsche, Fledermausfische, Stachel-Makrelen, Rotfeuerfische, Korallen-Lippfische, Seeschlangen und zahlreiche wirbellose Arten.

North West Reef

Die Riffwand des North West Reefs weist zahlreiche Gräben, Felsbänke und Höhlen auf. Im Schein der Taschenlampe wird man die leuchtenden Farben der Weichkorallen, Gorgonien und anderer Höhlenbewohner erkennen können. In 16 m Tiefe stößt man auf Riffhaie, Korallen-Lippfische, Haie, Stachelrochen, Schildkröten, Korallenbarsche, Muränen, Schwärme von Hochseefischen und eventuell auf einen Manta.

Bundegi Reef

Das an der inneren Spitze des North West Cape gelegene Bundegi Reef weist eine außergewöhnliche Vielfalt an wirbellosen Tieren auf: Mollusken, Nacktkiemer, Plattwürmer, Seesterne, Seegurken, Haarsterne, Röhrenwürmer, Anemonen, Garnelen, Krabben.

Navy Pier

Wie an allen Tauchplätzen im Exmouth Gulf, kann man an dem 300 m langen Navy Pier – aufgrund der Gezeitenströmungen – nur bei Ebbe oder Flut tauchen. Zwischen dem Gewirr aus korallenbewachsenen Pfeilern und Balken unterhalb des Piers lebt eine erstaunliche Vielfalt von Meereslebewesen: Muränen, Fledermausfische, Nacktkiemer, Seesterne, Plattwürmer, Octopusse, Rotfeuerfische, Falterfische, Kaiserfische, Kofferfische, Korallen-Lippfische, Papageienfische, Stachel-Makrelen, Felsenbarsche, Schnapper und Korallenbarsche. Die maximale Wassertiefe beträgt 17 m, die durchschnittliche Sichtweite nur 12 m, doch der Artenreichtum an Unterwasserlebewesen entschädigt einen für jedes Defizit. Für das Tauchen am Pier ist eine Genehmigung erforderlich, die man vom Exmouth Dive Centre erhält: man sollte sich jedoch mindestens eine Woche im voraus darum bemühen.

Sponge Gardens

Ein weiterer, spektakulärer Tauchplatz im Exmouth Gulf sind die Sponge Gardens. Hier handelt es sich um einen Strömungstauchgang, der am Meeresgrund in 22 m Tiefe von einem dichten Teppich aus Schwämmen, Gorgonien, Weichkorallen und Peitschenkorallen bedeckt ist.

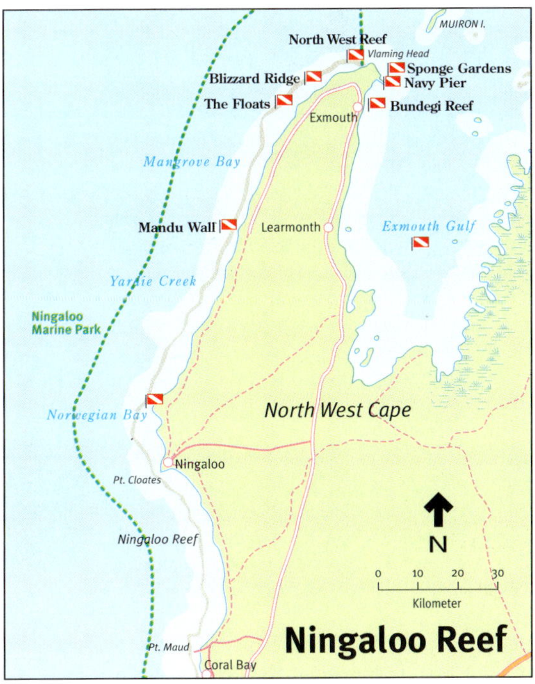

WALHAIE

– die Giganten des Ningaloo Reef

IM JAHR 1982 ZOG DR. GEOFF TAYLOR nach Exmouth, wo er am Ningaloo Reef zu tauchen und fischen begann. Im ersten Jahr war er sehr erstaunt, als er an einem Tag zwei Walhaie auf einmal antraf, konnte jedoch nicht mit den Tieren tauchen. Doch im März 1983 gelang es Geoff, an einem Wochenende mit sieben Walhaien zu tauchen. In den nächsten Jahren tauchte er von März bis Mai mit Dutzenden Walhaien. Er war sich im klaren darüber, etwas Außergewöhnliches entdeckt zu haben, da Walhaie allgemein als Einzelgänger angesehen wurden. Er erkundigte sich, warum sich jedes Jahr so viele Tiere in einem bestimmten Gebiet trafen. Befanden sich die Walhaie auf der Wanderschaft, auf Nahrungssuche oder brachten sie hier ihre Jungen zur Welt?

Die Aussicht, gemeinsam mit Walhaien Schnorcheln zu können, zieht viele Besucher aus aller Welt in die Stadt Exmouth. *Michael Aw.*

Die Antwort bekam er von dem Biologen Chris Simpson, der herausfand, dass die Korallen des Ningaloo Reef sich in den Monaten März und April, gleich nach Vollmond, vermehrten. Im folgenden entdeckte man, dass tropischer Krill und zahlreiche andere Arten sich auf dem gleichen Riff zur selben Zeit fortpflanzten – so dass Plankton in Hülle und Fülle vorhanden war.

Seither hat Geoff Taylor wertvolle Forschungsarbeit über die Walhaie geleistet: er führte Zählungen vom Flugzeug aus durch, er kennzeichnete sie, legte für jedes Tier eine Foto-Datenbank an und verfolgte einige von ihnen mittels eines Satelliten. Außerdem verfasste er das äußerst empfehlenswerte Buch *»Whale Sharks: The Giants of Ningaloo Reef«*.

Heute kommen jährliche einige tausend Taucher zum Ningaloo Reef, um dort mit diesen erstaunlichen und offensichtlich zutraulichen Lebewesen zu tauchen.

Obwohl diese Haie jedes Jahr im Mittelpunkt des Geschehens stehen, ist dennoch kaum etwas über sie bekannt. Der Walhai *(Rhincodon typus)* wird bis zu 14 m lang, obwohl auch schon viel größere Exemplare gesichtet wurden. Über ihr Verhalten, ihren Lebenszyklus und ihre Wanderrouten weiss man so gut wie nichts; sogar ihren Fortpflanzungszyklus kann man nicht mit Sicherheit beschreiben. Ein einziger Eierbeutel mit einem jungen Walhai darin wurde vor einiger Zeit in einem Schleppnetz im Golf von Mexiko gefangen, wahrscheinlich schlüpfen die Jungen jedoch vor der Geburt. Die Mehrheit der am Ningaloo Reef versammelten Walhaie sind noch nicht geschlechtsreife, männliche Tiere, so dass hier die Möglichkeit, ihr Paarungsverhalten zu studieren, wegfällt.

Begegnungen mit Walhaien gehören zu den atemberaubenden Erlebnissen im Leben eines Tauchers, besonders wenn man gleich von mehreren Tieren umkreist wird. Angesichts der vielen Taucher war es notwendig, gewisse Regeln festzusetzen, damit die Tiere nicht abgeschreckt wurden. So ist es nun den Tauchern verboten, die Tiere zu berühren und es dürfen sich nicht mehr als acht Taucher gleichzeitig mit einem Walhai im Wasser aufhalten. Auch Booten wurden Beschränkungen auferlegt, und man konnte sich mit den Unternehmern darauf einigen, dass sich nicht zu viele Boote in der Nähe eines einzigen Tieres aufhielten.

Die Forschungsstudien über das Leben der Walhaie werden fortgesetzt, so dass bald mehr Informationen über den größten Fisch der Meere zur Verfügung stehen werden.

Der über 14 m lange Walhai *(Rhincodon typus)* ist der größte Fisch des Meeres. Ihm von Angesicht zu Angesicht zu begegnen ist ein atemberaubendes Erlebnis. *Neville Coleman.*

Dampier

Tor zu den Monte Bello Islands und dem Dampier Archipelago

Bootstauchplätze bis zu 1 Stunde entfernt, Live-aboard-Ausflüge

Schwankt zwischen 5 und 20 m

Starke Gezeitenströmung

Korallen- und Schwammgärten

Hunderte unerforschter Inseln und Riffe

Riff- und Hochseefische reichlich vorhanden

Korallen- und Felsenriffe

Im Oktober 1952 waren zwei britische Kriegsschiffe zu den abgelegenen Monte Bello Islands (125 km westlich von Dampier) unterwegs, um dort eine Atombombe zu testen. Mit dem Zünden dieser Bombe begann für Großbritannien und Australien das Atomzeitalter. Diesem atmosphärischen Test folgten zwei weitere Explosionen im Jahr 1956. Nachdem die Testreihe abgeschlossen war, überließ man die Inseln ihrem Schicksal und sorgte sich auch nicht sonderlich um die zerstörte Umwelt. Die Inseln blieben jahrelang für Besucher geschlossen. Zum Glück hatten die Atomtests nur geringe Auswirkungen auf die Unterwasserwelt, und die Inseln konnten nach einer gewissen Zeit wieder zugänglich gemacht werden.

Dampier ist immer einen Besuch wert, da ein Großteil des Gebietes noch unerforscht ist und in den Gewässern vor der Stadt zahlreiche neue Arten entdeckt wurden. Die beste Zeit für Taucher ist der Winter, weil im Sommer das Wasser recht verschmutzt sein kann.

Monte Bello Islands

Die ca. 100 Inseln der Monte Bello-Gruppe werden nur gelegentlich von live-aboard-Booten angelaufen. Obwohl immer noch eine geringe Strahlung gemessen werden kann, gelten die Riffe als sicher. Die meisten Inseln sind von Korallenriffen eingesäumt. Auf den Außenriffen kommen Stachel-Makrelen, Barrakudas, Makrelen, Riffhaie, Stachelrochen, Fledermausfische, Korallen-Lippfische, Schildkröten, Muränen, Papageifische und andere große Fischarten vor. In der seichten Lagune in der Mitte der Inselgruppe findet man üppiges Korallenwachstum sowie eine Fülle an Rifffischen, Stachelrochen, Schildkröten und manchmal auch Leopard-Haie vor. Zu den besten Tauchplätzen gehört die Nordspitze von North West Island, wo das Riff 30 m steil abfällt und mit Gorgonien und Weichkorallen überzogen ist. An diesem Drop-off ziehen Schwärme von Hochseefischen, riesige Queensland Korallen-Lippfische und Riffhaie ihre Runden. In diesem Gebiet beträgt der Tidehub 6 m, so dass man folglich vor den Inseln starke Strömungen und schmutziges Wasser vorfindet. Ein Besuch an der Küste ist auf alle Fälle die Mühe wert. Die Inseln weisen nur eine spärliche Vegetation auf, doch es gibt immer noch viele Tiere und die Überreste von Betonbunkern aus der Zeit der Atomtests zu sehen.

Dampier Archipelago

Der Stadt Dampier direkt vorgelagert befinden sich die 40 Granitinseln, die den Dampier Archipelago ausmachen. An den Stränden legen Schildkröten ihre Eier ab, und auf den Inseln herrscht reges Tierleben. Obwohl dieses Gebiet starken Gezeiteneinflüssen unterworfen ist und gelegentlich nur eine geringe Sichtweite besteht, gibt es doch zahlreiche hervorragende Tauchplätze, für die ein Tagesausflug ausreicht.

Enderby Island

Enderby Island wird in einer Tiefe von 15 m von Saumriffen umgeben. Falterfische, Kaiserfische, Papageifische,

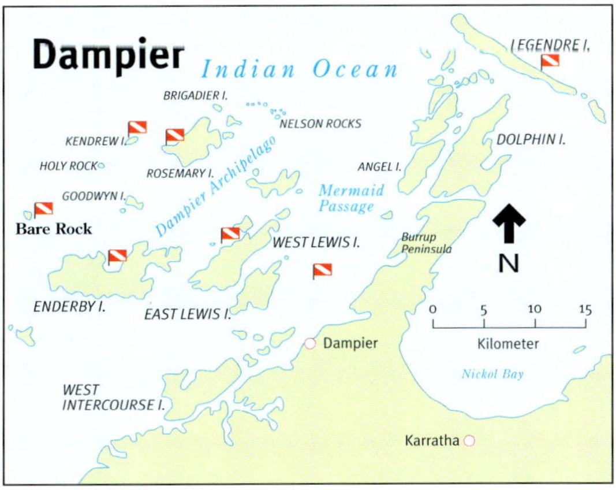

Oben: Einige Nacktkiemer der Gattung *Risbecia* weisen eine interessante Angewohnheit auf, die unter der Bezeichnung »tail-gating« bekannt wurde. Dabei folgt ein Tier einem anderen über weite Strecken und berührt oder bedeckt dabei den Schwanz des vorangehenden Tieres mit seinem Vorderteil. Der abgebildete Nacktkiemer ist eine neue Art vom Dampier Archipelago. *Neville Coleman.*

Süßlippen, Stachelrochen, Seesterne, Nacktkiemer, Muränen und Wobbegongs sind nur einige der vielen Arten, die man auf dem mit Stein- und Weichkorallen bewachsenen Riff vorfindet.

West Lewis Island

Die auf der Innenseite des Dampier Archipelago gelegenen Inseln (wie z.B. West Lewis Island), sind von seichten Korallengärten eingesäumt. Auf diesen Riffen trifft man häufig Lippfische, Anemonenfische, Riffbarsche, Felsenbarsche, Rotfeuerfische, Falterfische, Kofferfische, Kugelfische, Skorpionsfische, Doktorfische und viele wirbellose Arten an.

Mermaid Passage

Der sandige Meeresgrund der Mermaid Passage ist mit Peitschenkorallen, Anemonen, Gorgonien, Schwämmen, Weichkorallen und Seefedern übersät. Fotografen bietet sich hier eine interessante Auswahl an Bildmotiven, wie z.B. bizarr aussehende Nacktkiemer, Krabben, Kauris, Tintenfische, Octopusse, Garnelen, Seesterne, Mollusken, Plattwürmer, Schlangensterne und auch Seepferdchen. Viele der hiesigen Arten sind sehr selten oder wurden erst vor kurzer Zeit entdeckt.

Rosemary Island

Im Umkreis von Rosemary Island befindet sich eine ganze Reihe von Riffen. Das Saumriff wimmelt vor Rifffischen, und im Schutz der Sandbuchten gedeihen eindrucksvolle Korallen und wirbellose Arten. Beim Tauchen kann man die Bekanntschaft von Delfinen, Seekühen oder Riffhaien machen.

Bare Rock

Die zahlreichen Gräben und Felsbänke entlang des 20 m abfallenden Drop-offs bei Bare Rock bieten Lebensraum für Stachel-Makrelen, Schildkröten, Korallen-Lippfische, Fledermausfische, Felsenlangusten, Stachelrochen und unendlich viele Rifffische.

Kendrew Island

In der Umgebung von Kendrew Island findet man Gräben und Felsnadeln in Tiefen zwischen 10 und 20 m. Häufig anzutreffen sind hier Korallenbarsche, Kaiserfische, Papageifische und ab und zu auch ein Queensland Korallen-Lippfisch. Um die verstreut liegenden Felsnadeln versammeln sich zahlreiche Rifffische, und am Meeresboden kann man Stachelrochen, Geigenrochen und Leopardenhaie beobachten.

Legendre Island

An der Nordseite von Legendre Island fällt das Riff 30 m weit ab. Die Steilwand hat eine beachtliche Auswahl an Wirbellosen zu bieten: Peitschenkorallen, Weichkorallen, Gorgonien und Schwämme. In der Strömung schwimmen Barrakudas, Stachel-Makrelen, Makrelen und Fledermausfische.

Port Hedland

Ein Paradies fürs Strömungstauchen

Bootstauchplätze bis zu 1 Stunde entfernt

Schwankt zwischen 2 und 15 m

Starke Gezeitenströmung

Korallen- und Schwammgärten

Schöne Riffe mit einer großen Vielfalt an Meerestieren

Riff- und Hochseefische reichlich vorhanden

Korallen- und Kalksteinriffe

Der Winter ist sicherlich die beste Jahreszeit, um bei Port Hedland zu tauchen, weil dann das Meer ruhiger und somit das Wasser klarer ist. Bei 7 m Tidenhub und trübem Wasser an der Küste, würden wahrscheinlich die meisten Taucher ihre Ausrüstung wieder einpacken. Einige Kilometer weiter draußen findet man jedoch einzigartige Tauchbedingungen auf Riffen und an Bojen vor, an denen es vor Meerestieren wimmelt. Die Firma Big Blue Dive ist für das Gebiet um Port Hedland zuständig und unternimmt Charterboot-Ausflüge zu den Inseln und Riffen vor der Küste. Hier gibt es noch zahlreiche Schiffswracks, die es noch zu entdecken und erforschen gilt, darunter auch die 105 m lange »Koombana«, die im Jahr 1912 verschwand.

The Barges

In nur 14 m Tiefe stößt man auf diese Schleppkähne, die während des Baus eines Eisenerzbetriebes sanken. Seit diese Wracks auf dem Meeresgrund liegen, haben sie eine einzigartige Vielfalt an Fischen angezogen, wie z.B. Stachel-Makrelen, Kaiserfische, Falterfische, Süßlippen, Morwongs und andere.

24 Buoy

An den Bojen vor Port Hedland findet man einige der besten Tauchplätze. Boje 24, die aus 18 m Tiefe emporragt, ist mit Korallen und Schwämmen überkrustet. Im Umkreis der Boje trifft man auf eine bunte Vielfalt von Rifffischen und wirbellosen Arten, während man als Taucher von einem Schwarm Stachel-Makrelen umkreist wird.

Weerdee Island Trench

Zwischen Weerdee Island und Downer Island verläuft ein Graben, der aus 6 m bis in 12 m Tiefe abfällt. Dieser mit Stein- und Weichkorallen bewachsene Graben ist die Heimat vieler Rifffische und Wirbelloser sowie von Felsenlangusten.

Minilya Bank

Vor Port Hedland befinden sich einige Sandbänke, darunter die in 6–12 m gelegene Minilya Bank. Bei einem Strömungstauchgang an diesem korallenbedeckten Riff wird man wahrscheinlich Nacktkiemer, Stachelrochen, Mollusken, Seesterne, Muränen, Papageifische und große Schwärme von Hochseefischen zu sehen bekommen.

Little Turtle Island

Die im seichten Wasser vor Little Turtle Island gelegenen Korallengärten stellen wunderschöne Tauchplätze dar. In 6–14 m Tiefe findet man Gräben und Höhlen vor und begegnet Süßlippen, Morwongs, Fledermausfischen, Papageifischen, Kaiserfischen, Wobbegongs, Stachelrochen.

Bedout Island

Hier befinden sich ein paar der besten Tauchplätze der gesamten Umgebung. In einer Tiefe von 30 m stößt man hier auf Felsnadeln, Drop-offs, Gräben, Höhlen und Felsbänke. Korallen sind sehr stark vertreten und auch Rifffische und wirbellose Tiere kommen in großer Zahl vor.

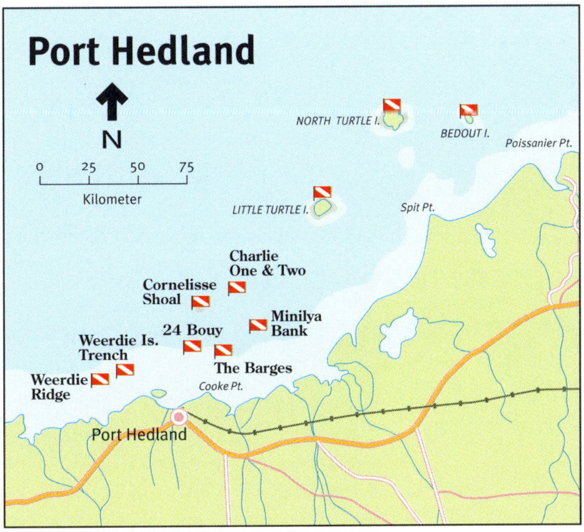

Bootstauchplätze bis zu 1 Stunde entfernt

Schwankt zwischen 2 und 20 m

Starke Gezeitenströmung

Korallen- und Schwammgärten

Reiche Auswahl an Riffen und Meerestieren

Riff- und Hochseefische häufig

Korallen- und Felsenriffe

Broome

Das einstige Zentrum für Perlentaucher

Die ersten Taucher, welche die Gewässer vor Broome erforschten, waren asiatische Perlentaucher. Im vergangenen Jahrhundert arbeiteten in diesem Gebiet Tausende Perlentaucher unter äußerst schlechten Bedingungen – in einfacher Standardtauchausrüstung mussten sie in tiefem, trübem Wasser und starker Strömung tauchen. Heute werden die Perlen gezüchtet.

Broome gilt heute noch als schwieriges Tauchgebiet, da die Tauchzeiten durch den Tidenhub von 10 m eingeschränkt sind. Das Wasser kann unter Umständen schlammig sein und man muss auf Würfelquallen und Krokodile Acht geben: dafür wird man jedoch gebührend belohnt. Die Riffe vor Broome weisen eine einmalige Auswahl an

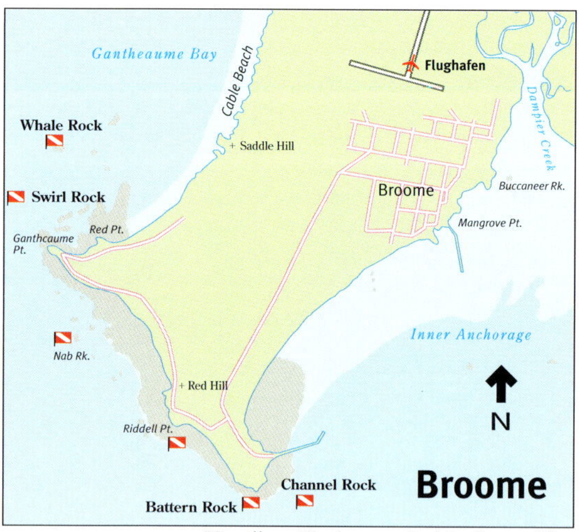

Korallen, Fischen und wirbellosen Tieren, einschließlich zahlreicher, noch nicht identifizierter Arten, auf.

Channel Rock

In der Umgebung des Channel Rock gibt es eine ganze Reihe guter Tauchplätze, The Amphitheatre ist jedoch einer der besten. In einer Tiefe von 25 m findet man ein Labyrinth von Durchgängen vor, die von Weichkorallen, Eichhörnchenfischen, Korallen-Lippfischen, Wobbegongs, Felsenlangusten, Fledermausfischen und vielen kleinen Wirbellosen bewohnt werden.

Whale Rock

Auf dem 20 m tief abfallenden Riff bei Whale Rock begegnen einem jederzeit Kaiserfische, Korallen-Lippfische, Stachel-Makrelen, Muränen, Wobbegongs, Stachelrochen und zahlreiche Rifffischarten.

Swirl Rock

An dieser Stelle ist das Riff von hübschen Weichkorallen, Gorgonien, Peitschenkorallen und Schwämmen überzogen und bietet Lebensraum für Felsenlangusten, Skorpionsfische, Falterfische, Korallen-Lippfische und wirbellose Tiere.

Battern Rock

Der von der Küste aus zugängliche Battern Rock ist von bis zu 35 m tief abfallenden Riffen und Drop-offs umgeben. Bei Tag und Nacht kann man hier auf Nacktkiemer, Plattwürmer, Muränen, Stachelrochen, Seesterne, Weichkorallen, Mollusken, Anemonen und Rifffische stoßen.

Disaster Rock

Als Höhepunkt eines Tauchganges am Disaster Rock präsentieren sich Schwärme von Stachel-Makrelen, Barrakudas, Tunfischen, Makrelen, Fledermausfischen und Füsilieren.

Riddell Point

Zahllose Rifffischarten sind die Bewohner der Korallengärten bei Riddell Point, die man in dem nur 10 m tiefen Wasser vorfindet. Auf dem Meeresgrund stößt man auf Stein- und Weichkorallen, Schwämme sowie Unmengen an wirbellosen Tieren, wie Nacktkiemer, Seesternen, Garnelen, Krabben, Mollusken und Plattwürmern.

Northern Atoll Reefs

Zahme Fische und massenhaft Seeschlangen

Live-aboard-Ausflüge über 14 Stunden von der Küste entfernt

Schwankt zwischen 20 und 40 m

Starke Strömung sehr häufig

Prächtige Korallengärten

Einmalige Tauchgänge an Steilwänden, farbenprächtige Korallengärten, Begegnungen mit Mantas, Seeschlangen, Haien und Zackenbarschen.

Riff- und Hochseefische in großer Zahl

Korallenriffe

Im ganzen gesehen weist das Great Barrier Reef wahrscheinlich einen größeren Artenreichtum an Korallen und Fischen auf als die Northern Atoll Reefs, doch hier sind die einzelnen Riffe viel abwechslungsreicher und vielfältiger. Im Westen von Broome befinden sich sieben große Atolle, die von ihrem Aufbau und ihrer Größe her ähnlich sind und dennoch alle etwas Besonderes zu bieten haben. Die drei Riffe der Rowley Shoals sind für ihre Hochseefische und zahmen Kartoffelbarsche bekannt, während die vier nördlichen Riffe Unmengen an Seeschlangen aufzuweisen haben. Allen Atollen gemeinsam ist jedoch das prachtvolle Korallenwachstum und die zahlreichen Riffhaie, Mantas, Schildkröten sowie verschiedene Rifffische und wirbellose Tiere. Einige Boote unternehmen von Broome aus regelmäßig Ausflüge zu den Rowley Shoals und den anderen Riffsystemen. Winter und Frühjahr sind die besten Jahreszeiten für einen Besuch, weil der Sommer die Zeit der Wirbelstürme ist.

Rowley Shoals

Die 280 km westlich von Broome gelegenen Rowley Shoals sind das bei weitem beliebteste Tauchziel der Northern Atoll Reefs. Dieses System besteht aus drei großen Riffen, von denen jedes etwa 17 km lang und 8 km breit ist. Im Süden liegt das Imperieuse Reef; das Clerke Reef befindet sich 40 km weiter nördlich und das Mermaid Reef weitere 30 km nach Norden. Sowohl das Imperieuse als auch das Clerke Reef gelten als Schutzgebiete, während das Mermaid Reef leider immer noch von den Menschen ausgebeutet wird.

Clerke Reef

Im Umkreis des Clerke Reef liegen zahlreiche, hervorragende Tauchgebiete. Die geschützte Lagune weist vereinzelte Kolonien von Stein- und Weichkorallen und eine breite Palette von Rifffischen und wirbellosen Tieren auf. Die beliebtesten Stellen befinden sich an der schrägen Riffkante in einer Tiefe von 20–30 m, wo unzählige, von Gorgonien, Peitschenkorallen, Schwämmen und Weichkorallen bewachsene Höhlen, Gräben und Felsbänke zu sehen sind. Taucher begegnen hier Schildkröten, Mantas, Stachelrochen, Muränen, Riffhaien, Hochseefischen und den stets freundlichen Kartoffelbarschen.

Mermaid Reef

Überall im Umkreis des Mermaid Reefs findet man atemberaubende Steilwände, die bis in 200 m Tiefe hinabstürzen und mit Gorgonien, Weichkorallen, Dörnchenkorallen, großen Schwämmen und Massen von Peitschenkorallen überzogen sind. Bei einem Strömungstauchgang an den Wänden entlang wird man von Barrakudas, Stachel-Makrelen, Makrelen, Tunfischen, Riffhaien, Kartoffelbarschen, Maori-Lippfischen und auch Mantas begleitet. Die 20 m tiefe La-

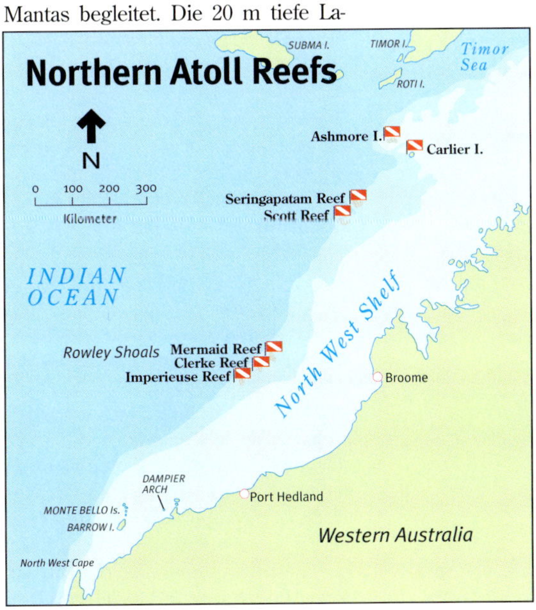

Oben: Der Blaugesäumte Kaiserfisch *(Pomocanthus navachus)* gehört zu den auffälligsten Vertretern seiner Familie und wurde erst in den achtziger Jahren auf den nördlichen Atollen Westaustraliens entdeckt.
Neville Coleman.

gune in der Mitte des Mermaid Reefs stellt einen sicheren Ankerplatz dar.

Scott Reef

400 km nördlich von Broome befinden sich das Scott und das Seringapatam Reef. Das Scott Reef ist in zwei große Riffe unterteilt – das North und South Reef, die durch eine Lagune voneinander getrennt sind. Die ersten Meereslebewesen, die man hier zu sehen bekommen wird, sind Seeschlangen: auf manchen Tauchgängen sind es bis zu einem Dutzend auf einmal. Hier hat jede Stelle ihre interessanten Seiten, seien es die Korallenriffe in der Lagune oder die Saumriffe. Dort, wo das Riff in tiefes Wasser abfällt, sind die Wände mit farbenprächtigen wirbellosen Tieren gepflastert. Um das Riff schwimmen Kaiserfische, Schildkröten, Falterfische, Korallenbarsche, Makrelen, Barrakudas, Riffhaie und viele mehr.

Seringapatam Reef

25 km nördlich des Scott Reefs befindet sich das Seringapatam Reef, ein Atoll mit einem Durchmesser von 9 km und einer 30 m tiefen Lagune in der Mitte. Die spektakulärsten Tauchgänge hat jedoch eine senkrecht abfallende Wand am nördlichen Ende des Riffes zu bieten: sie fällt von einer Tiefe von 25 m bis in 100 m ab und ist reich an einmaligen Fotomotiven. An der Wand findet man Schwärme von Barrakudas und Stachel-Makrelen, während Makrelen, Tunfische, Regenbogen-Makrelen und Riffhaie eher im näheren Umkreis zu sehen sind.

Ashmore Reef

Das 600 km nördlich von Broome gelegene Ashmore Reef befindet sich näher bei Timor als Australien. Taucher verirren sich nur selten hierher und es heisst, dieses Riff hätte weltweit die größte Population an Seeschlangen aufzuweisen. Die zum Nationalpark erklärten Riffe im seichten Wasser bei Ashmore werden von Stein- und Weichkorallen, Schildkröten, Mantas, Stachelrochen, Riffhaien und auch Seekühen bevölkert.

Cartier Island

Das von tiefen Gewässern umgebene Cartier Island befindet sich nur 30 km östlich des Ashmore Reefs. Hier sind die Tauchplätze noch beeindruckender. Die Riffkante besteht größtenteils aus steil abfallenden Drop-offs, die mit Weichkorallen, Gorgonien, Schwämmen und Peitschenkorallen vollgepackt sind. Seeschlangen, Muränen, Riffhaie, Stachelrochen, Schildkröten, Hochseefische und Mantas bieten einen gewohnten Anblick.

Die oben erwähnten Riffe werden regelmäßig von indonesischen Fischern angelaufen und weisen daher weniger große Fische auf als die Rowley Shoals.

Christmas Island

Millionen wandernder Krabben

Küsten- bzw. Bootstauchplätze bis zu 20 Minuten entfernt

Schwankt zwischen 20 und 40 m

Strömung sehr häufig

Üppiger Korallenbewuchs

Höhepunkte: aufregende Tauchgänge an Steilwänden

Riff- und Hochseefische in Massen

Korallensteilwände

Das 2600 km nordwestlich von Perth gelegene Christmas Island ist von spektakulären Korallenwänden und einer verschwenderischen Fülle an Unterwasserlebewesen umgeben. Der größte Teil der Insel ist mit dichten Regenwäldern bedeckt.

Christmas Island wurde erst vor kurzer Zeit für Touristen geöffnet, und jetzt kann man zweimal wöchentlich von Perth aus mit dem Flugzeug dorthin gelangen. Die meisten Besucher kommen auf die Insel, um Wildtiere – vor allem die jährliche Massenwanderung der Roten Krabben *(Gecarcoidea natallis)* – zu beobachten.

Perpendicular Wall

Diese von 4 auf 70 m abfallende Wand ist Treffpunkt zahlreicher Weißspitzen-Riffhaie, Schildkröten, Tunfische, Grauer Riffhaie, Makrelen und Großer Maori-Lippfische. Auch Leopard-Haie wurden hier schon gesichtet.

West White Beach

Die Korallengärten vor der Küste sind bei Tauchern und Schnorchlern gleichermaßen beliebt. Hier stößt man auf Korallen-Lippfische, Muränen, Papageifische, Kaiserfische, Lippfische, Drückerfische u.v.m. Walhaie finden sich hier zwischen November und April.

Boat Cave

Vor der Boat Cave-Wand versammeln sich normalerweise Doktorfische, Fledermausfische, Schildkröten, Stachel-Makrelen, Tunfische, Regenbogen-Makrelen, Große Maori-Lippfische und gelegentlich auch ein Hammerhai.

Flying Fish Cove

Am Flying Fish Cove herrscht reges Leben: direkt vor dem Strand liegen wunderschöne Korallengärten, die vor Rifffischen und wirbellosen Tieren wimmeln – ein fantastischer Küstentauchplatz!

Cocos (Keeling) Islands

Ein kleines Stück Asien

Küsten- bzw. Bootstauchplätze bis zu 20 Minuten vom Pier entfernt

Schwankt zwischen 20 und 40 m

Gelegentlich auftretende Strömung

Farbenprächtige Korallengärten

Steinkorallengärten, Begegnungen mit Mantas und Schildkröten

Rifffische in Massen

Korallenriffe

Gegenüberliegende Seite: Die Schwärme der Großaugenbarsche *(Priacanthus hamur)* suchen tagsüber Schutz auf dem Riff und gehen nachts auf Nahrungssuche. *Michael Aw.*

Die Besiedelung dieser Inseln begann erst 1826, als einige hundert asiatische Arbeiter wegen des Handels mit Kopra dorthin gebracht wurden. Diese 2760 km nordwestlich von Perth gelegenen Inseln kamen erst 1955 unter australische Verwaltung. Allmählich werden die Cocos Islands zu einem beliebten Touristenziel, obwohl die Unterbringungsmöglichkeiten noch sehr begrenzt sind. Zweimal wöchentlich bringen Flugzeuge aus Perth die Urlaubsgäste auf die Inseln, damit sie dort die Wildtiere und die Kultur der malaiischen Bevölkerung kennenlernen können. Das Atoll ist von Korallengärten, Drop-offs und einer faszinierenden Unterwasserwelt umgeben.

Garden of Eden

Wenn man farbenprächtige Korallen zu sehen bekommen möchte, dann ist der auf der Nordseite von Horsburgh Island gelegene Garden of Eden der ideale Platz dafür. Hier können Taucher die bis zu 26 m tief abfallenden Steilwände mit den von Gorgonien und Weichkorallen bedeckten Felsbänken und Gräben erforschen.

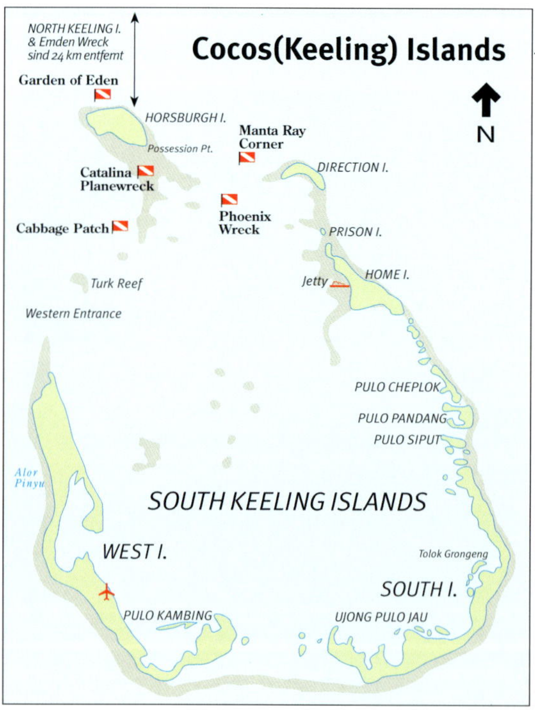

Cabbage Patch

Für Taucher ist es ein wahrer Genuss, die dichten Korallengärten bei Cabbage Patch zu erkunden. Zwischen den Korallen, in einer Tiefe von 20 m, verstecken sich Rifffische und wirbellose Tiere.

West Island Jetty

Zu den größten Taucherlebnissen gehört ein nächtlicher Tauchgang unterhalb des West Island Jetty. In einer Tiefe von nur 3 m trifft man eine Fülle an wirbellosen Tieren, schlafenden Rifffischen und Schildkröten.

Das Flugzeugwrack »Catalina«

Das Flugzeug »Catalina« stürzte 1945 ab und wurde erst neulich entdeckt. Es liegt in einer Tiefe von 4–8 m, und obwohl es sehr stark beschädigt ist, kann man immer noch zahlreiche Teile davon erkennen.

Manta Ray Corner

An der Manta Ray Corner kann man eine Begegnung mit Mantas fast garantieren. Die nährstoffreichen Strömungen, die durch den Kanal fließen, ziehen Mantas, Schildkröten, Riffhaie und gelegentlich auch Hochseefische an.

Das Wrack der »Emden«

Der 118 m lange deutsche Kreuzer »Emden« war im ersten Weltkrieg für den Untergang zahlreicher Schiffe verantwortlich. Doch schließlich ging sie im Jahr 1914 bei North Keeling Island unter, nachdem sie von der »HMAS Sydney« unter Beschuss genommen worden war.

So ist das Northern Territory

Tauchgebiete der Spitzenklasse an der äußersten Spitze Australiens

Obwohl die Küste von Mangroven gesäumt wird, Krokodile und Würfelquallen im offenen Meer anzutreffen sind und starke Gezeitenströmungen und schlechte Sicht das Tauchen auf den Riffen und Schiffswracks beeinträchtigen, gehört der Tauchsport dennoch zu den beliebtesten Freizeitaktivitäten im Northern Territory.

Darwin besitzt die beste Sammlung an Schiffs- bzw. Flugzeugwracks aus dem zweiten Weltkrieg. Außerdem weisen die Korallenriffe vor der Stadt eine reiche Auswahl an Rifffischen und wirbellosen Tieren auf. Zu bestimmten Zeiten trifft man auf den Riffen vor der Gove Peninsula Mantas, Riffhaie, Schildkröten, Schwärme von Hochseefischen und selbst Walhaie an.

Das 1,4 Millionen km² umfassende Northern Territory ist ein Land voller Gegensätze. Der Großteil des Territory besteht aus heisser, trockener Wüste. Die obere Spitze ist jedoch feuchtheiss, weil hier im Sommer (Oktober bis April) sintflutartige Regenfälle niedergehen, die Ausläufer der tropischen Monsunregen sind. Bei den Temperaturen gibt es nur geringe Abweichungen: am Tag betragen sie ca. 30 °C, in der Nacht schwanken sie zwischen 20 und 30 °C. Im trockenen Landesinneren gibt es glühend heisse Sommertage mit Temperaturen bis 40 °C, im Winter schwanken die Temperaturen tagsüber zwischen 20 und 30 °C, in der Nacht können sie bis auf 0 °C sinken.

Als die Engländer das Northern Territory besiedelten, stellte dies einen Versuch dar, die Franzosen und Holländer daran zu hindern, im Great Southern Land Fuß zu fassen. Zwischen 1824 und 1838 wurden mehrere Forts erbaut, die jedoch ebenso schnell wieder verlassen wurden. Schließlich wurde im Jahr 1869 Darwin Harbour (nach Charles Darwin benannt) als Siedlungspunkt ausgewählt. Die Stadt wuchs sehr schnell nachdem am Pine Creek Gold entdeckt worden war, entwickelte sich jedoch erst im zweiten Weltkrieg zu einem bedeutenden Hafen. Während des Krieges waren viele Schiffe und Flugzeuge der Alliierten, die in Kämpfe gegen die japanischen Stellungen verwickelt waren, in Darwin stationiert. Die Stadt wurde vierundsechzig Mal von den Japanern bombardiert.

Im Sommer stellen Wirbelstürme eine große Gefahr für Darwin dar: doch kaum einer hatte die zerstörerische Kraft des Wirbelsturms Tracy, der an Weihnachten 1974 große Teile der Stadt dem Erdboden gleich machte. Danach wurde Darwin wieder aufgebaut und gehört heute zu den modernsten, weltoffensten Städten Australiens. Im Northern Territory gibt es noch einige kleinere Städte, von denen jedoch nur das im Herzen Australiens gelegene Alice Springs zu erwähnen ist.

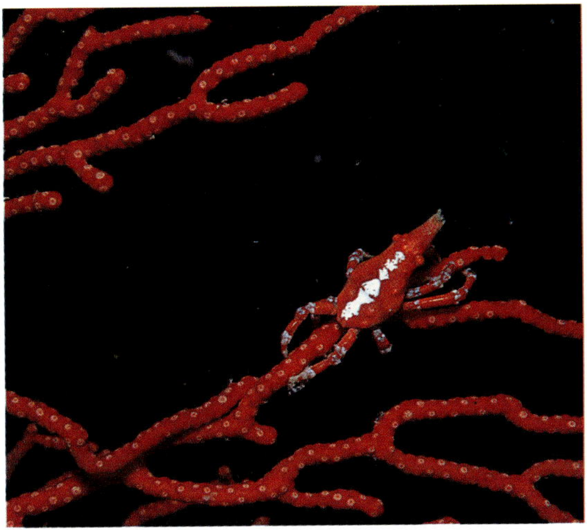

Oben: Die Gorgonien-Krabbe *(Xenocarcinus depressus)* ist häufig auf Gorgonien in den Gewässern des Northern Territory zu finden.
Neville Coleman.

Gegenüberliegende Seite: Viele Küstenabschnitte bei Darwin Harbour weisen auffällig gefärbte, von den Wellen ausgewaschene Felsformationen auf – eine natürliche Galerie für Steinzeitkunst.
Neville Coleman.

Im Territory leben über 150 000 Menschen aus den unterschiedlichsten Kulturen.

Ein Drittel des Territory befindet sich im Besitz der Aborigines, die etwa ein Viertel der Bevölkerung ausmachen. Eine Genehmigung ist erforderlich, wenn man das Land der Aborigines betreten will. Einige Stämme heissen Touristen herzlich willkommen und bringen ihnen die Kultur und das Handwerk der Aborigines näher: Rindenmalerei, Speer- und Bumerangwerfen und das Spielen auf dem »Didgeridoo«.

Von Darwin aus erreicht man den Kakadu National Park mit seinem Vogel- und Wildreichtum, den Sandsteinklippen, Ebenen, »Billabongs« (Wasserstellen) und einmaligen Felsmalereien. Die 13 Schluchten am Katherine River, die sogenannte Katherine Gorge, erforscht man am besten mit dem Kanu. In der Nähe von Darwin befindet sich der Litchfield National Park, der für seine Quellen, Regenwälder, Wasserfälle und Wildtiere berühmt ist.

Obwohl es auf der 1 500 km langen Fahrt von Darwin nach Alice Springs eine Menge zu sehen gibt, ziehen die meisten Touristen einen Flug dorthin vor. Im Umkreis von Alice Springs findet man zahlreiche Nationalparks, darunter die Eastern und Western MacDonnell Ranges, die man entweder mit einem Fahrzeug mit Allradantrieb, zu Fuß oder auf Kamelen erkunden kann. 450 km westlich von Alice Springs befinden sich Uluru (Ayers Rock) und die nicht minder berühmten Olgas.

Gegenwärtig gibt es im Northern Territory zwei Tauchzentren: das Gebiet um Darwin (für das ein paar Tauchbetriebe und Charter-Boot-Unternehmen zuständig sind) und die Gove Peninsula an der Ostspitze von Arnhern Land. Zum Tauchen vor Darwin eignet sich die trockene Jahreszeit (von April bis September) am besten, weil es nur wenig regnet, Würfelquallen nur selten zu sehen sind und das Wasser klarer ist (bis 10 m Sichtweite an guten Tagen). Das Gegenteil trifft auf die Gove Peninsula zu: hier ist die beste Tauchzeit die nasse Jahreszeit, d.h. zwischen September und April.

Die Wassertemperatur an den Küsten des Territory ist gleichmäßig warm, d.h. zwischen 24 und 32 °C. Taucher sollten immer einen Schutzanzug gegen Würfelquallen tragen. Obwohl es in der Gegend von Bathurst Island, Melville Island, Cobourg Peninsula und Groote Eylandt unzählige Korallenriffe und eine faszinierende Unterwasserwelt gibt, fehlen in diesem Gebiet die entsprechenden Taucheinrichtungen, so dass es sich nur für Taucher mit einem eigenen Boot eignet.

Unten: Der die Korallenriffe an der Küste bewohnende Steinfisch *(Synanceia sp.)* gehört zu den giftigsten Fischen der Welt. Mit einer fast unmerklichen, nur Bruchteile einer Sekunde dauernden Bewegung saugt er seine Beute ein. Taucher müssen sehr vorsichtig sein, dass sie mit diesem Fisch nicht in Berührung kommen.
Michael Aw.

Darwin

Zahlreiche Schiffswracks aus dem Zweiten Weltkrieg

Im Zweiten Weltkrieg wurden die meisten australischen Truppen nach Übersee geschickt, so dass nur wenige Streitkräfte zur Verteidigung des Landes übrigblieben. Die Chancen eines Angriffs wurden als gering erachtet, bis am 19. Februar 1942 die Japaner Darwin Harbour angriffen. Als die 188 trägergestützten Flugzeuge (aus der gleichen Flotte, die Pearl Harbor angriff) und 54 landgestützte Bomber Darwin angriffen, befanden sich gerade über 45 Schiffe der Alliierten im Hafen. Bei diesem Angriff wurden zehn Schiffe und mehrere Dutzend Flugzeuge zerstört, weitere 14 Schiffe schwer beschädigt und 243 Menschen getötet.

Zu den größten Schiffen, die bei diesem Angriff verloren gingen, gehörten der amerikanische Zerstörer »Peary«, der Tanker »British Motorist«, die amerikanischen Transportschiffe »Meigs« und »Mauna Loa«, die amerikanischen Versorgungsschiffe »Florence D« und »Don Isidro«, die mit Kohle beladene »Kelat«, der Dampfer »Zealandia« und das Frachtschiff »Neptuna«. Im Jahr 1959 kehrten die Japaner zurück, um die »British Motorist« zu bergen und zahlreiche weitere Wracks auszuräumen: was sie dabei zurückließen oder vergaßen gehört heute zu den besten Tauchplätzen des Landes.

Zahlreiche weitere Schiffe wurden an Weihnachten 1974 zu Wracks, als der Wirbelsturm Tracy mehrere Dutzend Schleppkähne, Fähren und kleine Privatboote versenkte. Später wurden einige davon geborgen, doch die Überreste dieser Schiffe zählen zu den besten Tauchplätzen bei Darwin. Manche der gesunkenen Schiffe konnten nie lokalisiert werden.

Für das Gebiet um Darwin sind mehrere Tauchbetriebe zuständig, die regelmäßig die besten Tauchplätze anlaufen. Die Tauchgebiete vor Darwin bieten meistens alles andere als ideale Tauchbedingungen: eine Sicht von fünf Metern wird schon als gut erachtet und durch den großen Tidenhub sind die Tauchzeiten auf den Gezeitenwechsel beschränkt. Die beste Jahreszeit für Taucher stellt der trockene Winter dar, wenn das Meer ruhig ist und die Sichtweite bis zu 10 m beträgt. Im Sommer wird das Tauchen durch Wirbelstürme, heftige Niederschläge, schlechte Sicht und Würfelquallen beeinträchtigt. In

Küsten- bzw. Bootstauchplätze bis zu 90 Minuten entfernt

Im Sommer 1–3 m, im Winter 1–10 m

Starke Gezeitenströmung

Verschiedene Schwämme und Korallen

Zahlreiche Schiffswracks

Riff- und Hochseefische in großer Zahl

Korallen- und Schwammgärten

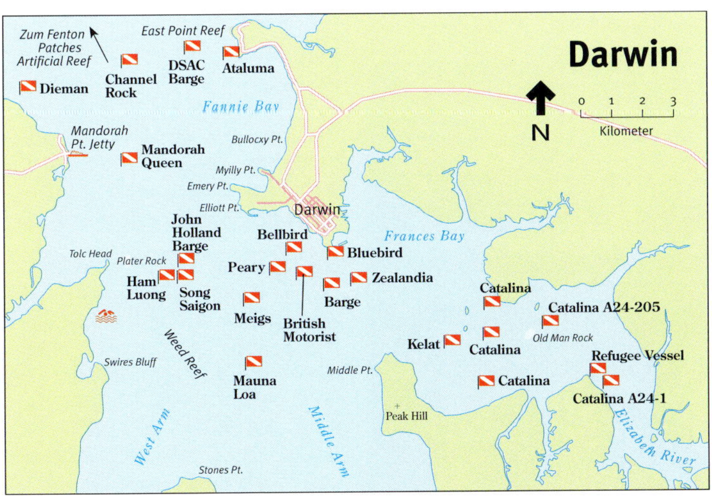

der Gegend um Darwin sind Krokodile, Steinfische und Haie sehr häufig anzutreffen, die Hauptgefahr für Taucher sind jedoch die Quallen. Taucher sollten sich immer gut schützen und einen Tauchanzug, Handschuhe, Füßlinge und eine Haube tragen.

Kelat

Von der in 15 m Tiefe gelegenen 78 m langen »Kelat« können nur die Deckaufbauten erforscht werden. Am Meeresgrund findet man Wobbegongs, zwischen den Wrackteilen schwimmen Korallen-Lippfische, Süßlippen, Fledermausfische, Stachel-Makrelen und Mangrove-Makrelen umher.

Mauna Loa

Heute liegen die Überreste der 123 m langen »Mauna Loa« in einer Tiefe von 18 m. Zwischen den Wrackteilen sind ein Motorrad der Marke Harley Davidson, Truppentransporter und Munition zu erkennen. Auf dem Wrack wimmelt es vor Fischen, wie z.B. Doktorfischen, Barrakudas, Korallen-Lippfischen und Fledermausfischen.

Meigs

Die Überreste der 129 m langen »Meigs« findet man in 18 m Tiefe. Große Teile des Wracks wurden bereits geborgen, übrig geblieben sind nur Schott und Deckaufbauten. Eisenbahnschienen, Munition, Kabel, Bergungsausrüstung und einige Gegenstände sind immer noch gut zu erkennen.

USS Peary

Der größte Teil der 95 m langen »USS Peary« wurde von den Japanern geborgen, doch das Wrack ist immer noch ein interessanter Tauchplatz. Das Schiff liegt in 27 m Tiefe und wird von Schwärmen von Riff- und Hochseefischen umkreist. Die Motoren liegen frei, und auf dem Wrack verstreut findet man überall stapelweise Munition, Messingzubehörteile und Gewehre.

Catalina-Wasserflugzeuge

Während des Krieges wurden mehrere Catalina-Wasserflugzeuge im Hafen von Darwin zerstört. Die meisten befinden sich in einem schlimmen Zustand, doch Tragflächen, Motoren, Rumpf und das Cockpit können von Tauchern noch erforscht werden.

Zealandia

Obwohl das meiste schon geborgen wurde, gibt es auf der 123 m langen »Zealandia« doch noch einiges zu entdecken. Auf einem Unterwasser-Schuttabladeplatz finden sich Schotten, Messingteile, Taschenlampen und stapelweise Fliesen. Das Schiff liegt in einer Tiefe von 18 m und ist mit Weichkorallen bewachsen, die Unterschlupf für verschiedene Rifffische und wirbellose Tiere bieten.

Bellbird

Dieser Schleppkahn liegt verkehrt herum in 16 m Tiefe. Man kann in das Innere des Wracks schwimmen und den Maschinenraum und die Kabinen inspizieren, sollte jedoch immer darauf achten, keinen Schlamm aufzuwirbeln! Hier trifft man auf eine beeindruckende Vielfalt an Fischen.

Mandorah Queen

Dieses in 18 m Tiefe liegende Wrack weist eine außergewöhnlich starke Population an Judenfischen, Korallen-Lippfischen, Fledermausfischen, Kaiserfischen, Falterfischen, Felsenbarschen, Korallenbarschen u.a. auf.

NR Dieman

Das am besten erhaltene Wrack, das man im Hafen von Darwin findet, ist die »NR Dieman«. Der 20 m lange Schleppkahn liegt in 12 m Tiefe und wird von vielen kleinen Wirbellosen, Rifffischen, Wobbegongs, Korallen-Lippfischen, Tunfischen, Barrakudas, Stachel-Makrelen und Felsenbarschen bewohnt.

Unten: Darwin Harbour wird von Mangrovenwäldern eingesäumt. In der Regenzeit fließen unzählige Flüsse, Bäche und Ströme ein und machen jegliches Tauchen unmöglich. In der Trockenzeit ist es jedoch gerade diese Landschaft, die für jeden Taucher eine Herausforderung darstellt. *Neville Coleman.*

KROKODILE –
gefährlich und beeindruckend

IN DEN MEEREN DES TROPISCHEN AUSTRALIENS sind zwei Krokodilarten beheimatet: das einheimische Süßwasserkrokodil (*Crocodile johnstoni*) und das Meerwasserkrokodil (*Crocodylus porosus*), das im gesamten Gebiet des Indopazifik zu Hause ist. Beide Arten werden als gefährlich eingestuft, wobei das Süßwasserkrokodil viel kleiner (nur bis 2,5 m), scheu und harmlos ist, so lange es nicht in die Enge getrieben wird. Das bis zu 7 m lange Meerwasserkrokodil jagt und tötet große Tiere, wie z.B. Schweine, Rinder, Pferde, Kängurus und bisweilen auch Menschen. Der Lebensraum dieser Krokodilarten ist nicht auf das Meer begrenzt, man findet sie auch an der Küste, von Rockhampton bis Broome, wo sie Bäche, Sümpfe, Flüsse und Buchten bewohnen.

In unserem Jahrhundert wurde über eine halbe Million dieser Tiere von Trophäenjägern umgebracht. Seit im Jahr 1972 Schutzgesetze erlassen wurden, hat sich ihr Bestand wieder erholt.

Ausflüge in die Wildnis oder auf Farmen zu diesen eindrucksvollen Reptilien sind im Norden Australienes mittlerweile zu einer Touristenattraktion geworden. Gegenwärtig existieren noch sechs Krokodilfarmen, in denen die Tiere wegen ihrer Haut und ihres Fleisches gezuchtet werden. Obwohl jedes Jahr einige Menschen von Krokodilen angegriffen werden, essen doch mehr Leute Krokodilfleisch als umgekehrt.

In den ersten Lebensjahren wachsen Krokodile sehr schnell, später etwas langsamer, da die Wachstumsrate vom Nahrungsangebot abhängt. Ihr Fortpflanzungszyklus ähnelt dem anderer Reptilien: das Weibchen legt die Eier ab, die sie dann im Nisthügel vergräbt und ausbrütet. Meerwasserkrokodile brüten im Sommer, wobei die Mutter das Gelege bzw. die Jungen bis aufs Äußerste verteidigt. Nachdem die Jungen geschlüpft sind, hilft sie ihnen aus dem Nest heraus und beschützt sie vor anderen Krokodilen. Süßwasserkrokodile brüten im Winter und sind bei der Verteidigung der Jungen etwas nachlässiger, da sich diese Krokodilart nur selten von frisch geschlüpften Jungtieren ernährt.

In einem von Meerwasserkrokodilen bewohnten Gewässer zu schwimmen oder auch nur am Ufer zu stehen, kann sehr gefährlich sein, da die Krokodile geduldige Jäger sind, die bis zu einem Jahr ohne Nahrung auskommen. Es gibt allerdings keine Berichte über Krokodilattacken auf Taucher im Gebiet vor Darwin, obwohl in der Hafenstadt jährlich über 100 Meerwasserkrokodile gefangen und entfernt werden.

Jedes Jahr werden aus Darwin Harbour zahlreiche Meerwasserkrokodile *(Crocodylus porosus)* entfernt, um das Risiko von Angriffen auf Menschen zu verringern. Die Gefahr besteht jedoch immer in Nordaustralien. Bisher wurde noch von keinem Angriff auf Menschen berichtet, obwohl in den Gewässern des Northern Territory schon Schnorchler und Badegäste verletzt wurden (Achten Sie auf Hinweisschilder und seien Sie an der Küste und in der Nähe von Flussmündungen besonders vorsichtig). *Neville Coleman.*

Man hat erst wenige Male versucht, Meerwasserkrokodile unter Wasser zu filmen bzw. zu fotografieren, Süßwasserkrokodilen kann man sich jedoch vorsichtig nähern und spektakuläre Aufnahmen von diesen Tieren machen.

Der in Cairns ansässige Tauchbetrieb »Just Add Water« veranstaltet Wochenendausflüge zu den Krokodilen des Mitchell River, wobei man Gelegenheit hat, ein Süßwasserkrokodil aus nächster Nähe unter Wasser zu beobachten. Kein Käfig oder Metallanzug ist erforderlich: die Taucher und Schnorchler, die sich in das seichte, schlammige Wasser wagen, begegnen Fischen, Garnelen, Schildkröten und Schlangen – und, mit etwas Glück, einem 2 m langen Süßwasserkrokodil.

Rechts: Auf allen Korallenriffen stößt man auf Kolonien des Spiralröhrenwurms *(Spirobranchus giganteus)* in allen möglichen Farbvarianten. *Neville Coleman.*

Song Saigon und Ham Luong

Diese beiden Flüchtlingsboote wurden versenkt, um daraus ein künstliches Riff zu schaffen. Die kleinen Schiffe liegen in 25 m Tiefe und sind im wesentlichen intakt. Ganz in der Nähe befindet sich die »John Holland«, die ebenfalls gute Tauchmöglichkeiten bietet.

Fenton Patches Artificial Reef

Dieser 28 km nördlich von Darwin gelegene künstliche Riffkomplex besteht aus Reifen, Bootsteilen, einigen Schiffen und sogar einigen Unterständen von Bushaltestellen. Es gibt eine Menge interessanter Tauchplätze rund um das Riff, der aufregendste ist jedoch das Wrack der »Marchart 3«. Das Wrack liegt auf dem Riff in 28 m Tiefe und man kann gut in sein Inneres hineintauchen. Am Fenton Patches Artificial Reef herrscht im allgemeinen gute Sicht und man begegnet großen Schwärmen von Judenfischen, Stachel-Makrelen, Fledermausfischen und anderen Arten.

Nightcliff Reef

In 6–10 m Wassertiefe findet man Korallenstöcke und dichte Schwammgärten. Dicht am Meeresgrund kann man einmalige Fotos von Nacktkiemern, Garnelen, Krabben, Grundeln, Anemonen und den dazugehörigen Anemonenfischen, Rotfeuerfischen, Plattwürmern und bunten Rifffischen machen.

Mandorah Point Jetty

Reges Unterwasserleben herrscht auch unterhalb des Mandorah Point Jetty. Die Pfeiler sind mit Schwämmen, Weichkorallen, Seescheiden, Röhrenwürmern und Anemonen überwuchert. Zwischen Reifen und anderem Abfall leben Rifffische und wirbellose Tiere. Zu den üblichen Bewohnern zählen auch viele große Fische, wie z.B. Barramundi, Stachel-Makrelen, Fledermausfische und ein Exemplar der Queensland Korallen-Lippfische.

East Point Reef

Eine farbenprächtige Palette an wirbellosen Arten breitet sich hier aus: Schwämme, Stein- und Weichkorallen, Peitschenkorallen und Seescheiden überziehen das Riff und bieten sich für einzigartige Bilder an, obwohl die Sicht begrenzt ist.

Channel Rock

Auf den Riffen in dieser Gegend trifft man auf einzigartige Unterwasserlebewesen. Das Riff erhebt sich bis 12 m unterhalb der Wasseroberfläche und ist mit Stein- und Weichkorallen, Peitschenkorallen und Schwämmen bedeckt. Taucher finden hier eine erstaunliche Auswahl an Rifffischen wie Stachelrochen, Schildkröten, Barrakudas, Fledermausfischen, Korallen-Lippfischen und auch Seeschlangen.

Berry Springs

100 km südlich von Darwin stößt man auf eine Reihe von Süßwasserquellen. Die bekannteste ist wahrscheinlich Berry Springs, wo im Winter die Sichtweite über 10 m betragen kann. In Tiefen bis zu 7 m begegnet man Garnelen, Schlangen, Schildkröten, Archerfischen und ab und zu auch einem Süßwasserkrokodil.

Gove Peninsula

Fantastische Angel- und Tauchmöglichkeiten im Arafura Meer

Die eigentlichen Besitzer von Arnhem Land, einem der größten Aboriginal-Reservate Australiens, bewohnen dieses Gebiet schon seit über 40000 Jahren. Die Stammesgemeinschaften der Aborigines leben auf die gesamte Region verteilt, und viele von ihnen sind immer noch Sammler und Jäger. Um diesen außergewöhnlichen und wunderschönen Teil Australiens zu besuchen, ist eine Genehmigung erforderlich.

Die an der Ostseite von Arnhem Land gelegene Gove Peninsula wird vom warmen, klaren Wasser des Arafura Meeres umspült. Diese abgelegene Halbinsel ist von herrlichen Inseln und Riffen umgeben. Die Angel- bzw. Tauchmöglichkeiten sind in diesem Gebiet ausgezeichnet: Schildkröten, Walhaie, Mantas und Hochseefische sind alle Bestandteil dieser Unterwasserlandschaft. Die Gove Diving Academy, die Tauchkurse und Ausflüge zu den zahlreichen, der Küste vorgelagerten Inseln und Riffen durchführt, hat ihren Sitz in der Stadt Nhulunbuy, die für ihre Bauxitbergwerke bekannt ist.

Truant Island

Zu den spektakulärsten Taucherlebnissen zählt ein Ausflug in die Nähe des weit vor der Küste gelegenen Truant Island. Im gesamten Umkreis der Insel findet man steil abfallende Riffe mit Riffhaien, Mantas, Korallen-Lippfischen, Korallenbarschen, Hochseefischen, Adlerrochen, Stachelrochen und Schildkröten. Im Sommer können Taucher auch Walhaien begegnen.

Bromby Islets

Auf der Leeseite der Bromby Islets findet man eine Reihe ausgezeichneter Tauchplätze auf Korallen-Saumriffen. Auf der Seeseite fällt die Riffwand 35 m tief ab und ist mit Weichkorallen, Gorgonien, Dörnchenkorallen, Peitschenkorallen und Schwämmen bedeckt. An der Riffkante ziehen Schildkröten, Riffhaie, Hochseefische, Mantas, Adlerrochen und Walhaie ihre Runden durchs Wasser.

Bonner Rocks

In einer Tiefe von 7–25 m entdeckt man bei Bonner Rocks Korallenstöcke, Gräben, Korallengärten und Schiffswracks. Häufig begegnet man hier Kaiserfischen, Süßlippen, Falterfischen, Lippfischen, Korallenbarschen, Felsenbarschen, Papageifischen, Doktorfischen, Riffbarschen und Anemonenfischen. Das vollkommen intakte Wrack eines Schleppkahns zählt zu den fischreichsten Stellen des gesamten Gebietes, mit

Unten: Normalerweise kommen die größeren Fischarten nicht sehr häufig in Häfen oder in Schwammgärten bzw. Weichkorallenkolonien vor. Die kleineren Arten, wie dieser Kaiserfisch *(Chaetodontoplus duboulayi)* erblickt man jedoch beinahe auf jedem Tauchgang.
Neville Coleman.

Küsten- bzw. Bootstauchplätze bis zu 3 Stunden entfernt

Im Sommer 2–25 m, im Winter 2–15 m

Häufig Gezeitenströmung

Große Auswahl an Schwämmen und Korallen

Aufregende Tauchgänge und reiche Auswahl an Meerestieren

Riff- und Hochseefische sehr häufig

Korallengärten

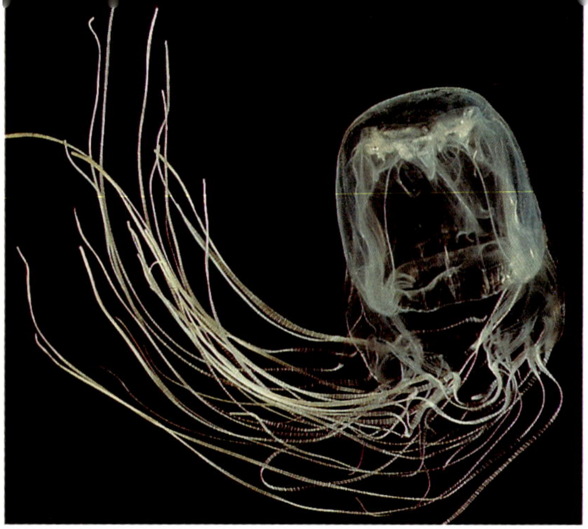

Oben: Die Quallensaison dauert von Oktober bis Mai. In dieser Zeit sollte man in den nördlichen Gewässern beim Tauchen, Schwimmen, Schnorcheln und Waten immer Schutzkleidung tragen, da man jederzeit einer solchen Würfelqualle *(Chironex fleckeri)* begegnen kann. *Neville Coleman.*
Gegenüberliegende Seite: Der in tropischen Gewässern beheimatete Napoleon-Lippfisch *(Cheilinus undulatus)* kann oft sehr aggressiv werden, außer an Stellen, wo er von Tauchern gefüttert wird. *Neville Coleman.*

Korallen-Lippfischen, Wobbegongs, Stachel-Makrelen, Barrakudas, Fledermausfischen, vielen Rifffischen und wirbellosen Tieren.

Veronica Island

Die besten Tauchplätze bei Veronica Island befinden sich an den bis zu 30 m abfallenden Korallenwänden. Nacktkiemer, Plattwürmer, Seesterne, Schlangensterne, Garnelen, Korallen-Krabben, Mollusken und Fische teilen sich das Riff mit einer riesigen Auswahl an Weichkorallen, Gorgonien, Peitschenkorallen und Schwämmen.

Bremer Island

In der Gegend um Bremer Island gibt es eine Unmenge interessanter Tauchgebiete: Korallengärten im seichten Wasser, 40 m steil abfallende Wände, Höhlen und Felsnadeln. Auf den Riffen vor der Insel findet man überall Weichkorallen, Peitschenkorallen, Schwämme und Gorgonien. Zu den Riffbewohnern gehören Schildkröten, Korallen-Lippfische, Korallenbarsche, Muränen, Mantas, Stachelrochen, Adlerrochen, Stachel-Makrelen und Massen von Rifffischen.

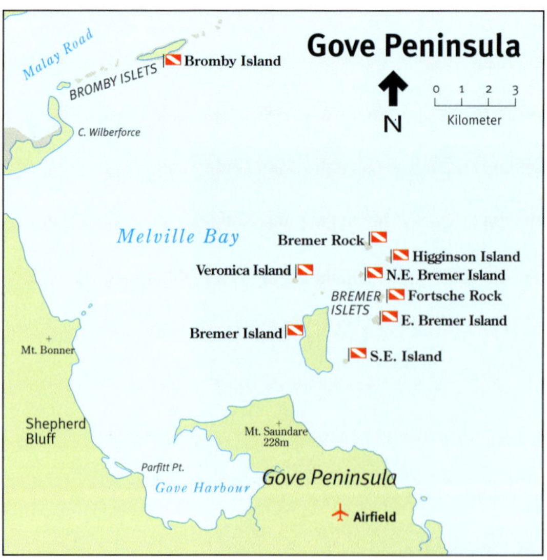

Sir Roderick's Rocks

Obwohl man um zu den Sir Roderick's Rocks zu gelangen eine lange Bootsfahrt entlang der Küste auf sich nehmen muss, lohnt sich diese Mühe bei gutem Wetter auf alle Fälle. Im Umkreis dieser aus Granit bestehenden Inselgruppe gibt es einmalige Tauchgebiete: Höhlen und Durchgänge mit Haien, Wobbegongs, Stachelrochen, Felsenlangusten, schlafenden Schildkröten, Muränen, Korallen-Lippfischen und Schwärmen von Fledermausfischen; 40 m tief abfallende Steilwände mit Weichkorallen, Gorgonien, Peitschenkorallen und Schwämmen; tiefe Gewässer mit Mantas, Barrakudas, Tunfischen, Schnappern, Stachel-Makrelen, Riffhaien, Adlerrochen, Korallen-Lippfischen, Makrelen und gelegentlich auch einem Walhai; und in 40 m Tiefe das Wrack eines Schleppkahns, das vor Fischen wimmelt. Auf der Fahrt zu den zahlreichen Tauchplätzen vor der Gove Peninsula bietet sich dem Taucher immer die Gelegenheit, auf Delfine, Pilot-Wale, Walhaie und Falsche Killerwale zu treffen.

Saumriffe

Zahlreiche Saumriffe fallen bis zu 20 m tief ab und bieten ausgezeichnete Tauchmöglichkeiten, obwohl die Sicht bisweilen eingeschränkt sein kann. Zu den häufig vorkommenden Arten zählen Nacktkiemer, Rotfeuerfische, Seesterne, Falterfische, Schildkröten, Stachelrochen, Grundeln, Süßlippen, Papageifische und Muränen.

Town Wharf

Die in 16 m tiefem Wasser befindlichen Pfeiler des Town Wharf sind mit Weichkorallen und Schwämmen bewachsen und weisen die dazugehörigen Plattwürmer, Spinnenkrabben, Nacktkiemer, Seesterne, Haarsterne und andere wirbellose Tiere auf.

Mehr zum Thema finden Sie hier.

Südostasien hat eine ungeheure Vielzahl der unterschiedlichsten Tauchplätze zu bieten. Fast immer handelt es sich dabei um prächtige Korallenriffe, aber auch Wracks und Großfische sowie Delfine und andere Säugetiere gehören zum Repertoire dieser einzigartigen und unbeschreiblich schönen Wunderwelt. Die Meere um Südostasien sind die artenreichsten Meereszonen dieser Erde. Ob Walhaie, Hochseehaie, Riffhaie, Mantas oder auch die schier unglaubliche Vielfalt der wirbellosen Meeresbewohner, in Südostasien findet man garantiert genügend davon. Dieser Tauchführer begleitet sie zu den besten Tauchplätzen Südostasiens. Aus dem Inhalt: Einführung. Indonesien. Malaysia. Philippinen. Thailand. Anhang mit Adressen und sonstigen wichtigen Informationen.

Tauchatlas Südostasien. *Ein Führer zu den besten Tauchplätzen Südostasiens. Kal Muller. Etwa 228 Seiten, 107 Farbabb., viele Übersichtskarten. ISBN 3-8001-7464-2.*

Die Tier- und Unterwasserwelt des Mittelmeeres fasziniert alljährlich hunderttausende von Urlaubern. Beim Schnorcheln und Tauchen begegnen sie den vielfältigen Arten und Lebensformen an niederen Tieren und Fischen, über die sie Genaueres erfahren möchten. Dabei hilft dieses handliche Bestimmungsbuch. Es informiert über die häufigsten und charakteristischen Tierarten des Mittelmeeres. Es bietet zu den insgesamt rund 280 ausführlich beschriebenen Arten alle notwendigen Informationen. Erkennungsmerkmale, Verwechslungsmöglichkeiten, Lebensraum, Lebensweise und Biologie einschließlich Pflegehinweise für solche Arten, die auch von aquaristischem Interesse sind, werden hier vermittelt. Dieser Farbatlas durch die Fauna des Mittelmeeres ist das Ergebnis langjähriger Beobachtungen und Literaturstudien des Autors.

Farbatlas Mittelmeerfauna. *Niedere Tiere und Fische. Helmut Göthel. 2., überarbeitete und erweiterte Auflage 1997. 319 Seiten, 385 Farbfotos. ISBN 3-8001-7368-9.*

INHALT
PRAKTISCHE HINWEISE

Im folgenden Abschnitt »Praktische Hinweise« finden Sie alle Informationen, die Sie für Ihre Reise nach Australien benötigen. Die **Reisetips** *liefern Ihnen aufschlussreiche Informationen über Australien. Unter* **Verkehrsverbindungen** *erfahren Sie, wie Sie am besten nach Australien gelangen und sich im Land selbst fortbewegen können. Die* **Reisehinweise** *für die einzelnen Länder konzentrieren sich auf den jeweiligen Zielort und geben ausführliche Informationen über Verkehrsverbindungen, Unterkunftsmöglichkeiten und Tauchveranstalter. Die einzelnen Abschnitte sind nach Ländern geordnet und entsprechen der ersten Hälfte dieses Tauchführers.*

Praktische Hinweise

Was Sie vor der Abreise beachten sollten

Verkehrsverbindungen

Queensland

New South Wales

Victoria

Tasmanien

Südaustralien

Westaustralien

Northern Territory

Anhang

Australien auf einen Blick

Mit einer Gesamtfläche von 7682300 km^2 ist Australien das sechstgrößte Land der Welt, jedoch der kleinste Kontinent. Die 17 Millionen Einwohner verteilen sich größtenteils auf die jeweiligen Hauptstädte oder entlang der 36735 km langen Küste.

Im letzten Jahrhundert bestand Australien aus einer Gruppe Kolonien, die unter englischer Herrschaft standen. Als 1901 eine Föderation ins Leben gerufen wurde, ging damit auch die Unabhängigkeit des Landes einher. Heute gibt es sechs Staaten und zwei selbständig regierte Gebiete sowie eine Bundesregierung, deren parlamentarisches System auf dem Großbritanniens basiert. Von der Verfassung her bestehen immer noch Bindungen zu England, wobei die Königin durch den australischen Generalgouverneur repräsentiert wird, während das Land durch einen Premierminister vertreten ist. Für die Wirtschaft des gesamten Landes ist die Bundesregierung verantwortlich, während die Regierungen der Bundesstaaten und Gebiete sich um Verkehr, Gesundheitswesen, Bildung, Wohnungsbau und Rechtsangelegenheiten zu kümmern haben. Außerdem gibt es ein örtliches Verwaltungssystem, das sich mit lokalen Fragen beschäftigt. Alle Regierungen Australiens werden für eine drei- bzw. vierjährige Amtszeit gewählt, wobei für die Bürger der Gang zur Wahlurne Pflicht ist. Zu den Wahlen werden zahlreiche politische Parteien aufgestellt, doch hauptsächlich bestreiten die Labor Partei bzw. die Koalition aus Liberalen/Nationalen den Kampf um die Macht. Die Hauptstadt Australiens ist Canberra – im Australian Capital Territory gelegen –, wo sich auch der Sitz des Bundesparlamentes befindet.

Aufgrund der sinkenden Rohstoffpreise, des Abwärtstrends in der Industrie und wirtschaftlichen Rationalisierungsmaßnahmen, importiert Australien zur Zeit mehr, als es exportiert und hat somit hohe Auslandsschulden aufzuweisen. Seit kurzer Zeit ist die Wirtschaft wieder auf dem Weg, sich zu erholen und sowohl die Industrie als auch der Tourismus spielen dabei eine wesentliche Rolle. Australiens Bruttosozialprodukt liegt etwa bei 250 Milliarden $, wobei das jährliche Durchschnittseinkommen ca. 30000 $ beträgt. Die Landeswährung ist der australische Dollar, der ungefähr 0, 75 US $ entspricht (Stand Mai 1997).

Historischer Überblick

Australien ist seit mehr als 40000 Jahren bewohnt. Die australischen Ureinwohner, die Aborigines, kamen aus Asien und verteilten sich über das ganze Land. Diese Menschen lebten in Gruppen zusammen, waren Sammler und Jäger und benutzten das Feuer, um sich zu verteidigen. Ihre Kultur und Kunst ist wahrscheinlich die älteste der Welt.

Während der Nordteil des Landes Kontakte zu Asien unterhielt, wurde das Great Southern Land erst im 17. Jahrhundert von den Europäern entdeckt. Im Jahr 1606 erkundeten portugiesische Forscher die Gebiete bei Torres Strait, und in den folgenden Jahren landeten oder strandeten viele holländische Seeleute an der unwirtlichen Westküste. Im Jahr 1642 entdeckte Abel Tasman Tasmanien, dem er den Namen Van Dieman's Land gab. Das Land wurde oft als für Menschen unbewohnbar beschrieben, obwohl sich die Aborigines dort offensichtlich wohl fühlten. Erst als Kapitän James Cook im Jahr 1770 die Ostküste erforschte und auf Karten verzeichnete, wurde der mögliche Nutzen, den dieses Land bereithielt, in Erwägung gezogen. Die Engländer, die eine Lösung für ihre überfüllten Gefängnisse suchten, schickten eine Flotte aus, die im Jahr 1788 eine Strafkolonie gründete. Von Port Jackson bei Sydney Cove aus ging die Besiedelung von New South Wales erst sehr langsam vonstatten und die Versorgung war knapp. Die Umgebung wurde erforscht, es kamen weitere Siedler an, Land wurde urbar gemacht und die Ureinwohner wurden verdrängt und enteignet. Mitte des neunzehnten Jahrhunderts wurde Gold entdeckt, weitere Siedlungen entstanden und die Menschen strömten zu Tausenden ins Land.

Als 1901 die Föderation entstand, war Melbourne noch die Hauptstadt, bis dann im Jahr 1927 Canberra gegründet wurde. Australien unterhielt weiterhin enge Beziehungen zu England und stand ihm in drei Kriegen – einschließlich dem Zweiten Weltkrieg – zur Seite. Dabei wurden, aufgrund der Bedrohung durch die Japaner, auch Verbindungen mit den USA aufgenommen. Die amerikanischen und australischen Truppen besiegten die Japaner im Pazifik und waren im Korea- bzw. Vietnamkrieg Verbündete.

Nach dem Zweiten Weltkrieg öffnete Australien seine Tore für europäische Auswanderer, während in jüngster Zeit die Mehrzahl der Neuankömmlinge asiatische Flüchtlinge sind. Heute weist Australien eine ausgesprochen multikulturelle Gesellschaft auf, wobei der Versöhnungsprozess mit den Aborigines noch nicht abgeschlossen ist.

Reisetips
Was Sie vor der Abreise beachten sollten

Was Sie mitnehmen sollten
Was Sie mitnehmen sollten, hängt von Ihrem Zielort und der Jahreszeit ab. Wenn Sie im Sommer ans Great Barrier Reef fahren, sollten Sie nur leichte Kleidung einpacken. Möchte man hier jedoch im Winter tauchen, kann es recht kühl sein (selbst vor Cairns), so dass man auf jeden Fall einen Pullover und lange Hosen brauchen wird. Im Sommer wird man in Australien hauptsächlich mit leichter Kleidung auskommen, doch je weiter man in den Süden fährt, desto eher sollte man die Garderobe um warme Kleidung erweitern. In den südlichen Staaten Australiens braucht man im Winter immer warme Kleidung. Wenn die Tagestemperaturen auch recht angenehm sein mögen, nachts können sie sehr stark sinken.

Die meisten Taucher werden es vorziehen, ihre eigene Tauchausrüstung mitzubringen, doch für diejenigen, die sie sich lieber ausleihen möchten, bieten beinahe alle Tauchbetriebe Leihausrüstung zu vernünftigen Preisen an. Pauschalangebote sind im allgemeinen die kostengünstigste Art, sich eine Tauchausrüstung auszuleihen. Zur Maximierung der Tauchzeiten sind Tauchcomputer sehr zu empfehlen, besonders auf live-aboard-Booten: auf einigen Booten wird für die Benutzung eines Tauchcomputers nichts berechnet. Die meisten Tauchbetriebe bieten den Tauchern auch einen Kundenservice an, wobei normalerweise alle gängigen Marken und Teile erhältlich sind.

Toilettenartikel, Filme für Dias und Papierbilder, Batterien, Sonnenmilch, Mützen, Sonnenbrillen, Kontaktlinsen, Kondome, Bekleidung, Abwehrmittel gegen Insekten, Badekleidung, Medikamente gegen Seekrankheit und andere Dinge, die man im Notfall braucht, sind in allen Städten und Orten Australiens erhältlich. Sonnenmilch, eine Mütze und Sonnenbrille sind lebenswichtig und gehören in Australien zur Grundausstattung, weil dort die Sonneneinstrahlung sehr stark ist und es weltweit die höchste Zahl an Hautkrebserkrankungen aufweist.

Klima
Da Australien auf der südlichen Hemisphäre liegt, sind die Jahreszeiten hier genau das Gegenteil von denen in Europa und Nordamerika. Der Sommer dauert von Dezember bis Februar, der Herbst von März bis Mai, der Winter von Juni bis August und der Frühling von September bis November. Im Norden - besonders in der Gegend von Darwin – sind die einzelnen Jahreszeiten nicht ganz deutlich voneinander zu trennen: im wesentlichen gibt es nur zwei Jahreszeiten, die nasse von September bis April und die trockene von Mai bis August.Die obere Hälfte Australiens befindet sich nördlich des Wendekreises des Steinbocks und weist beinahe ganzjährig tropisches Klima auf. Im Sommer können hier Temperatur und Luftfeuchtigkeit so unerträglich werden, dass man einen Urlaub im Norden am besten auf den Winter legt.

Im Süden von Queensland, im Norden von New South Wales und in der Mitte Westaustraliens herrscht subtropisches Klima mit angenehmen Temperaturen das ganze Jahr über. Obwohl im Winter die Nächte recht kalt sein können, sind doch die Tage im allgemeinen sonnig und warm. Die beste Zeit für einen Urlaub in den südlichen Staaten ist der Sommer mit seinen heissen Tagen und ruhigen Wetterverhältnissen. Auch im Herbst und Frühjahr kann es sehr schöne Tage geben, doch im Winter (vor allem in Victoria und Tasmanien) können die Temperaturen schon ungemütlich niedrig sein. Obwohl die Temperaturen nur selten unter den Gefrierpunkt sinken, bringen die starken Winde aus der Antarktis doch eine große Kälte mit sich. An windstillen Wintertagen kann das Tauchen in Tasmanien jedoch große Freude machen.

Die Temperaturen im tropischen Norden liegen ganzjährig bei 24–34 °C, in der Nacht schwanken sie zwischen 20 und 25 °C. In den subtropischen Gebieten betragen die Temperaturen tagsüber 20–30 °C, nachts zwischen 10 und 15 °C. Der Süden weist im Sommer eine Durchschnittstemperatur von 15–25 °C auf, wobei nicht selten auch Tage mit 30–40 °C vorkommen, während nachts die Temperaturen zwischen 5 und 15 °C, im Winter auch bis 0 °C, betragen.

Zeitzonen
Australien ist in drei Zeitzonen aufgeteilt.Die östlichen Staaten Queensland, New South Wales, Victoria und Tasmanien sind der Green-

wicher Zeit (GMT) um 10 Stunden voraus, Südaustralien und Northern Territory nur um 9,5 Stunden bzw. Westaustralien um 8 Stunden. Etwas komplizierter wird es im Sommer, wenn einige Staaten auf Sommerzeit umstellen. In der Zeit zwischen Oktober und März ist das Land in fünf Zeitzonen aufgeteilt, weil New South Wales, Victoria, Tasmanien und Südaustralien die Uhr um eine Stunde vorstellen.

Währung und Banken

Sämtliche, in diesem Buch angegebenen Preise beziehen sich auf australische Dollar und sollen nur als Anhaltspunkt dienen. Der australische Dollar wird vielerorts gehandelt und entspricht in etwa dem Wert von 0,75 US $. Es gibt Scheine zu 100 $, 50 $, 20$, 10$ und 5$, sowie Münzgeld zu 2 $, 1$, 50 c, 20 c, 10 c und 5 c.

In Australien gibt es sehr viele Banken und Bausparkassen, wo man als Urlauber Reiseschecks einlösen oder fremde Währung umtauschen kann. Die Öffnungszeiten sind montags - donnerstags von 9.00 bis 16.00 Uhr, freitags von 9.00 bis 17.00 Uhr; einige Banken haben auch donnerstags bis 20.00 und samstags von 9.00 bis 12.00 Uhr geöffnet. In allen Haupt-und Großstädten, sowie auf den Flughäfen, gibt es Wechselstuben, in denen man Fremdwährung umtauschen kann. In Australien werden alle gängigen traveller checks akzeptiert, die Gebühren können jedoch recht unterschiedlich sein, so dass man sich vorher umsehen sollte.

Auch Kreditkarten werden häufig benutzt und gern akzeptiert, wobei die beliebtesten Karten die von Visa, Mastercard, American Express, Diners Club und Bankcard sind.

Steuer, Dienstleistungen und Trinkgelder

In Australien wird auf Waren und Dienstleistungen keine extra Mehrwertsteuer o.ä. berechnet, so dass der angegebene Preis auch der ist, den man tatsächlich zu bezahlen hat.

Trinkgelder werden in Australien nicht erwartet, höchstens in Restaurants und einigen, größeren Hotels. Im Restaurant kann man, als kleine Aufmerksamkeit (aber nur wenn man mit dem Essen und dem Service zufrieden war), ein kleines Trinkgeld geben: 5–10 Prozent des Rechnungsbetrages sind völlig ausreichend. In den größeren Hotels kann man dem Personal ein Trinkgeld geben, doch man ist keinesfalls dazu verpflichtet.

Öffnungszeiten

Die meisten Behörden haben montags bis freitags von 9.00–17.00 geöffnet. Läden sind montags bis freitags von 8.00 –17.30 Uhr (donnerstags bis 21.00 Uhr) und samstags von 8.00–12.00 Uhr geöffnet (in den Hauptstädten bleiben am Wochenende die Läden von 10.00 bis 17.00 Uhr geöffnet). Die verlängerten, abendlichen Öffnungszeiten bei Supermärkten sind von Staat zu Staat verschieden. Einige Apotheken und Tankstellen haben 24 Stunden geöffnet. Lebensmittelgeschäfte sind unterschiedlich lang offen: einige der kleineren Familienbetriebe öffnen täglich von 6.00 bis 18.00 Uhr, während die größeren oft durchgehend geöffnet haben.

Post

Ein Standardbrief bzw. eine Postkarte innerhalb Australiens kostet 45 c, während Auslandsbriefe oder -postkarten, je nach Entfernung, mit 70 c bis zu 1.20 $ frankiert werden müssen. Postämter findet man in jeder Stadt im ganzen Land und diese haben im allgemeinen montags bis freitags von 9.00 bis 17.00 Uhr geöffnet. Briefmarken erhält man auch in Lebensmittelgeschäften und an Kiosken.

Telefon und Fax

Australien verfügt über ein ausgezeichnetes Telefonnetz, das erst kürzlich freigegeben wurde. Die wichtigsten Telefonanbieter sind Telstra und Optus.Öffentliche Telefonzellen findet man überall in Australien und man kann von dort sowohl Orts- als auch Ferngespräche führen (den im vorliegenden Buch aufgeführten Telefonnummern muss noch die jeweilige Vorwahl vorangestellt werden). Ein Ortsgespräch kostet 40 c, Ferngespräche werden je nach Entfernung berechnet. Telefonkarten sind in allen Läden erhältlich. Ferngespräche sind abends und an den Wochenenden billiger.

Wenn man Ferngespräche über die Vermittlung führen oder ein R-Gespräch anmelden möchte, wählt man die Nummer 0101 (vom privaten Telefon aus) oder 0107 (von einem öffentlichen Telefon aus). Wenn man den Gesprächspartner direkt anwählen möchte, wählt man zuerst die internationale Vorwahl 0011, dann die Vorwahl des jeweiligen Landes (im Telefonbuch befindet sich eine ausführliche Liste der Vorwahlnummern), dann die der Stadt und schließlich die eigentliche Telefonnummer. Das gleiche gilt, wenn man eine Person in Australien anrufen will. Wenn Sie sich z.B. mit einem Tauchveranstalter in Sydney in Verbindung setzen möchten, wählen Sie zuerst die internationale Vorwahl, daraufhin 61 (für Australien), dann 2 (bei der Vorwahl für die Stadt stets die »0« weglassen) und schließlich 99123456 (die eigentliche Telefonnummer). Faxgeräte sind weit verbreitet, und für sie gilt die gleiche Vorgehensweise wie für Telefone.

Sowohl im normalen Telefonbuch als auch in den Gelben Seiten der jeweiligen Stadt finden Urlaubsgäste zahlreiche, nützliche Informationen: außer einer Auflistung hilfreicher Telefonnummern und Dienstleistungen der einzelnen Gemeinden liefern sie auch Hinweise über Einkaufsmöglichkeiten, Märkte, Geschichte, Verkehrsverbindungen, Unterhaltung, Touristeninformationen, Sehenswürdigkeiten, Veranstaltungen und sogar Landkarten.

Australien verfügt überdies über eines der modernsten Mobilfunknetze der Welt. Anrufe über Mobilfunk kosten ungefähr das gleiche wie Ferngespräche.

Zur Zeit werden alle Telefon- bzw. Faxnummern in Australien um eine oder zwei Stellen erweitert, um der steigenden Nachfrage gerecht zu werden. Diese Änderungen werden seit 1994 vorgenommen und waren erst Ende 1997 abgeschlossen. Die Telefon- und Faxnummern, die sich 1997 änderten, sind in den Kapiteln über die jeweiligen Gebiete aufgeführt.

Elektrizität

In Australien werden 220–240 V verwendet, so dass für 110-Volt-Geräte aus Nordamerika ein Stromumwandler erforderlich ist. Standard sind dreipolige Stecker, die sich von den britischen unterscheiden. Adapter erhält man in Haushaltswarengeschäften und am Flughafen.

Touristeninformation

Touristeninformationsbüros findet man in allen Hauptstädten der einzelnen Staaten:

Queensland Government Travel Centre,
Cnr Adelaide & Edward St, Brisbane. Tel: 07-32216111.

Travel Centre of New South Wales,
19 Castlereagh St, Sydney. Tel: 02-92314444.

Victorian Tourist Information Centre,
230 Collins St, Melbourne. Tel: 03-97903333.

Tasmanian Travel & Information Centre,
20 Davey St, Hobart. Tel: 03-62308233.

South Australian Travel Centre,
1 King William St, Adelaide. Tel: 08-82121505.

Western Australian Tourist Centre,
Cnr Forrest Pl und Wellington St, Perth. Tel: 09-94831111.

Northern Territory Holiday Centre,
Tel: 1800-89621336.

Canberra Tourism Commission,
Northbourne Ave, Dickson. Tel: 02-62050044.

Auch einige Flughäfen erteilen Informationen. Die lokalen bzw. regionalen Touristenbüros geben Ratschläge bezüglich Unterbringung, Restaurants und Sehenswürdigkeiten. Vor der Abreise können Sie sich in Ihrem Land mit der Australian Tourist Commission (ATC) in Verbindung setzen, die Ihnen bei Ihrer Urlaubsplanung hilfreich zur Seite stehen wird.. Niederlassungen gibt es in folgenden Ländern:

Kanada, 10 Green Lefe Court, Eurora, Ontario L4G 6A4. Tel: 1905-7131995.

Deutschland, Neue Mainzerstr. 22, D 6000 Frankfurt/Main 1. Tel: 069-204006.

Hong Kong, Suite 604, Sun Plaza, 28 Canton Rd, Tsimshatsui, Kowloon. Tel: 3-3111555.

Japan, 8th Floor, Sankaido Bldg, 9-13, Akasaka 1-chome, Minato-ku, Tokio 107. Tel: 03-5822191.

Japan, 4th Floor, Yuki Bldg, 3-3-9 Hiranomachi, Chuo-Ku, Osaka 541. Tel: 06-2293601.

Neuseeland, 15th Floor, Quay Towers, 29 Customs St.West, Auckland. Tel: 09-799594.

Singapur, Suite 1703, United Square, 101 Thomson Rd, Singapur 307591. Tel: 09-799594.

Großbritannien, Gemini House, 10-18 Putney Hill, London SW 15. Tel: 071-7802227.

USA, Suite 2130, 150 North Michigan Ave, Chicago Il. Tel: 312-7815150.

USA, Suite 1200, 2121 Ave Of The Stars, Los Angeles, CA 90067. Tel: 213-5521988.

USA, 31st Floor, 489 Fifth Ave, New York, NY 10017. Tel: 212-6876300.

Sicherheit

Australien gilt als sicheres Urlaubsland, wenn man seine Reise vernünftig plant. Das Reisen per Anhalter ist nicht empfehlenswert, ist jedoch genau so sicher wie in den meisten anderen westlichen Ländern. Autodiebstahl kommt in Australien überall häufig vor, Sie sollten daher das Auto immer abschließen und - falls vorhanden - die Alarmanlage einschalten. Die Städte sind im allgemeinen auch als sicher zu bezeichnen, nachts sollten Sie jedoch nicht allein durch dunkle Nebenstraßen gehen. Beachten Sie die einfachen Vorsichtsmaßnahmen, die Sie auch in Ihrem Heimatland ergreifen würden. Verschließen Sie die Tür im Motel, nutzen Sie die Möglichkeit, ihre Wertsachen in Schließfächern aufzubewahren, lassen Sie keine Wertgegenstände im Auto herumliegen, machen Sie Kopien von Ihrem Flugticket und allen Ihren Dokumenten, tragen Sie nie höhere Geldbeträge mit sich herum und zeigen Sie Ihr Geld nicht in der Öffentlichkeit. Wenn Sie all dies beachten, werden Sie bestimmt einen schönen Urlaub genießen können.

Gesundheit

Als Reisender sollte man stets eine Reiseversicherung abschließen, nicht nur für den Fall eines Rücktritts, sondern auch für medizinische Notfälle. Australien ist ausreichend mit privaten bzw. öffentlichen, medizinischen Einrichtungen versorgt, d.h. Krankenhäuser und Arztpraxen gibt es in fast allen Städten im Land. Bei einem medizinischen Notfall sind Sie also immer in den besten Händen. Bei kleineren gesundheitlichen Beschwerden genügt es, einen Arzt (Arztbesuche sind nicht sehr teuer) oder eine Apotheke (drug store) aufzusuchen. Für Tauchunfälle stehen in den meisten Hauptstädten Dekompressionskammern zur Verfügung. Bei Tauchnotfällen ist der DES (Diving Emergency Service) zu verständigen, den Sie unter der Nummer 1800088200 erreichen. Die meisten Charter-Boote haben eine Erste-Hilfe-Ausrüstung und Sauerstoff an Bord, man kann aber auch sein eigenes Erste-Hilfe-Zubehör mitbringen.

Für die Einreise nach Australien sind keine Impfvorschriften einzuhalten, solange Sie sich in den vorangegangenen 14 Tagen nicht in einem verseuchten Gebiet aufhielten. AIDS und andere, durch Geschlechtsverkehr übertragene Krankheiten sind in Australien unter Kontrolle, Kondome sind jedoch empfehlenswert und Spritzen sollten nie mit einer anderen Person geteilt werden. Malaria stellt kein großes Problem dar, während es in den tropischen und subtropischen Gebieten Australiens einige Moskitoarten gibt, die das Ross River Fieber auf den Menschen übertragen können: tragen Sie deshalb immer ein Insektenschutzmittel auf und schützen Sie sich nachts durch ein Moskitonetz. Australiens Hauptproblem ist die intensive Sonneneinstrahlung, so dass Sie sich nie ohne Sonnencreme, Mütze und Sonnenbrille im Freien aufhalten sollten.

Unterbringung

Als beliebtes Touristenziel hat Australien seinen besuchern eine breite Palette an Unterkunftsmöglichkeiten für jeden Geldbeutel zu bieten. Zur Auswahl stehen Hotels, Motels, Ferienhäuser, Campingplätze, Herbergen für Rucksacktouristen, Frühstückspensionen und sogar einige Taucherhotels. Dabei gibt es erhebliche Preisunterschiede, die sich nicht immer nach dem gebotenen Komfort, sondern auch nach der verfügbaren Bettenkapazität und dem Beliebtheitsgrad des Hotels richten.

Preisgünstige Unterkünfte

Die meisten Herbergen für Rucksacktouristen sind sehr einfach ausgestattet und mehrere Personen müssen sich jeweils Küche, Toiletten und Duschen miteinander teilen. Die Preise betragen hier zwischen 10 und 20 $ pro Übernachtung.

Auch einige Tauchgeschäfte betreiben Tauchunterkünfte, die von der Ausstattung und den Preisen her den beschriebenen Herbergen gleichen.

Manche Campingplätze bieten ebenfalls Schlafbaracken an, doch die meisten verfügen über Wohnmobile und Hütten, in denen bis zu sechs Personen zum Preis von 20–60 $ die Nacht Platz finden. Es gibt auch einfache Motels, wo man schon ab 25 $ übernachten kann.

Unterkünfte der mittleren Preisklasse

Ferienhäuser für Selbstversorger schwanken im Preis zwischen 30 und über 100 $ am Tag, wobei es günstiger ist, gleiche eine ganze Woche zu buchen. Auch die Mehrzahl der Motels gehört in diese mittlere Preiskategorie: hier kostet die Übernachtung zwischen 40 und 90 $. In den südlichen Staaten sind Frühstückspensionen und Gästehäuser weit verbreitet, die für eine Übernachtung zwischen 45 und 90 $ inklusive Frühstück verlangen.

Gehobene Unterkünfte

Die großen 4- bzw. 5-Sterne-Hotels mit Zimmerservice und zahlreichen anderen Einrichtungen, variieren im Preis zwischen 100 und 250 $ pro Nacht für ein Zimmer, bzw. 200 und 1000 $ für eine Suite. Die Urlaubsorte auf den Inseln und an der Küste bieten im allgemeinen verschiedene Zimmerkategorien an, die zwischen 100 und 1000 $ pro Nacht kosten: bei vielen Inselhotels sind jedoch Mahlzeiten und Aktivitäten (außer Tauchen) in diesen Preisen inbegriffen.

In den vorliegenden »Praktischen Hinweisen« finden Sie eine Liste von Unterkünften, die Ihnen als Anhaltspunkt dienen soll. Wenn Sie eine ausführlichere Aufstellung benötigen, sollten Sie bei den Automobilclubs (NRMA, RACQ, usw.) des jeweiligen Staates einen Hotelführer anfordern.

Essen & Trinken

Australien besteht aus einer multikulturellen Gesellschaft, und diese Vielfalt kommt auch beim Essen und Trinken zum Ausdruck. In den kleineren Städten kann die Auswahl unter Umständen etwas begrenzt sein, in den größeren Orten kann man jedoch zwischen chinesischen, vietnamesischen, indischen, thailändischen, französischen, italienischen, griechischen, libanesischen, mexikanischen und japanischen Restaurants wählen. Fisch- und Steakrestaurants erfreuen sich großer Beliebtheit, während vegetarische Restaurants eher selten zu finden sind. Die Restaurants weisen beträchtliche Preisunterschiede auf, wobei die billigen oftmals das bessere Essen servieren: Sie sollten sich daher am besten auf Ihren Geschmacksinn verlassen. In den meisten australischen Restaurants gilt BYO (»Bring your own alcohol«), d.h. alkoholische Getränke müssen selbst mitgebracht werden. Trinkgelder sind nur angebracht, wenn man mit dem Essen und dem Service zufrieden war.

Auch Fast Food ist in Australien weit verbreitet: in den meisten Städten findet man Imbissbuden, Pizza- und Hamburgerstände, chicken shops sowie chinesische Speisen zum Mitnehmen. Natürlich sind auch sämtliche großen Fast-Food-Ketten vertreten.

Die meisten Australier trinken gerne Bier. Es gibt unzählige einheimische Biersorten, und auch die bekanntesten internationalen Biere sind erhältlich – außer vielleicht in den völlig abgelegenen Orten. Australien gehört außerdem zu den bedeutendsten Weinexporteuren der Welt, so dass man fast überall gute und günstige Qualitätsweine erhält.

Feiertage

In Australien gibt es eine Reihe festgelegter gesetzlicher Feiertage: Neujahrstag (1. Januar), Australia Day (26. Januar), Ostern (Karfreitag und Ostermontag abwechselnd), Anzac Day (25. April), Geburtstag der Queen (2. Montag im Juni), erster und zweiter Weihnachtstag (25. und 26. Dezember). Außerdem gibt es noch die sogenannten »cup days« (wie z.B. den Melbourne Cup), »show days« und »labor days«, die jeweils auf einen Montag gelegt werden, um der arbeitenden Bevölkerung ein verlängertes Wochenende zu ermöglichen. In Australien ist das Schuljahr in vier Trimester eingeteilt, mit Ausnahme Tasmaniens, wo es aus dreimal vier Monaten besteht. Während der Schulferien sind die Hotels oftmals teurer und schnell ausgebucht. Die Schulferien beginnen in jedem Staat etwa zur selben Zeit, können sich jedoch überschneiden bzw. um eine oder zwei Wochen verschoben sein. Die Sommerferien dauern von Mitte Dezember bis Ende Januar, die übrigen Ferien fallen auf April, Ende Juni bis Anfang Juli und Ende September bis Anfang Oktober. Bevor Sie Ihren Urlaub buchen, sollten Sie einen Kalender oder Ihr Reisebüro zu Rate ziehen.

Einkaufen

Außer bei zollfreien Einkäufen, sind in Australien allgemein Kleidung, Fotozubehör und Elektroprodukte teurer als in Europa oder Nordamerika. Bei einigen Artikeln, wie z.B. Opalen, australischen Weinen, Rum aus Bundaberg, Buschkleidung (Akubra-Hüte und Drizabone-Mäntel) und Produkten aus Schafwolle, lohnt es sich jedoch, sie in Australien zu erwerben.

An Souvenirs gibt es die übliche Auswahl an Geschirrtüchern, Plüschkängurus, T-shirts, Büchern, Postern und Ansichtskarten – das ist eine Frage Ihres persönlichen Geschmacks. Die besten Andenken an Ihre Australienreise sind wahrscheinlich kunsthandwerkliche Gegenstände und Schnitzereien der Aborigines.

Fotozubehör

In Australien sind alle Marken, Größen und Arten von Filmen erhältlich. Obowohl die Preise hierfür nicht überhöht sind, ist es doch am besten, Filme zollfrei oder in großen Mengen zu kaufen. Sowohl Filme für Dias als auch Papierbilder erhält man im ganzen Land: in kleineren Städten kann es eventuell schwieriger sein, Diafilme zu erwerben. Filme für Papierbilder kann man beinahe überall entwickeln lassen, wobei die Preise mit denen anderer Länder vergleichbar sind. E 6-Diafilme werden in allen Hauptstädten und einigen anderen Städten entwickelt. Die Mehrzahl der Profilabors bietet einen 3-Stunden-Service an. Kodachrome-Filme werden alle zur Entwicklung nach Melbourne eingeschickt, so dass es zwei Wochen dauern kann, bis man sie zurückerhält.

Verkehrsverbindungen

Diese umfassende Übersicht über das breite Angebot der Reiseanbieter ermöglicht Ihnen eine genaue Urlaubsplanung, auch in finanzieller Hinsicht. Weitere Details über jedes Gebiet finden Sie im jeweiligen Abschnitt der »Praktischen Hinweise«. Die Preise sind in australischen Dollar angegeben. Preise und andere Angaben sollen nur als Anhaltspunkte dienen, so dass Sie sich vor Ihrer Abreise mit dem Tauchveranstalter bzw. dem Reisebüro in Verbindung setzen sollten, um die neuesten Informationen zu erhalten.

Die besten Verbindungen nach Australien

Australien ist ein beliebtes Urlaubsziel, das von den meisten internationalen Fluglinien angeflogen wird. Von Europa aus fliegt man im allgemeinen über Singapur, Hong Kong oder Bangkok; von Asien aus sind es meistens Direktflüge, von Nordamerika gehen die Flüge über Hawaii oder direkt von Los Angeles aus. Außerdem gibt es Flüge von Neuseeland, Afrika und Südamerika aus.

Der International Airport von Sydney ist der betriebsamste des ganzen Landes und auch der mit den meisten Verspätungen. An zweiter Stelle folgen die International Airports von Brisbane und Melbourne, die allgemein weniger Verspätungen vorzuweisen haben. Auch auf dem International Airport von Cairns, der die Feriengäste mitten in das Herz des Great Barrier Reef bringt, herrscht reger Betrieb. Weitere Flughäfen befinden sich in Adelaide, Darwin und Perth. Von Canberra gehen nur Inlandflüge aus, während Hobart nur von internationalen Flügen aus Neuseeland angeflogen wird. Die beiden bedeutendsten australischen Fluggesellschaften, Ansett und Qantas, bieten sowohl internationale als auch Inlandflüge an.

Natürlich gibt es bei den Flugpreisen große Unterschiede, wobei die beliebtesten Strecken wie z.B. London/Sydney und Los Angeles/Sydney die günstigsten sind. Von Europa und Asien kommend, ist es billiger in Perth oder Darwin zu landen, während für Besucher aus Nordamerika und Neuseeland die Flughäfen von Sydney, Brisbane oder Melbourne günstiger sind. Es ist immer ratsam, sich vor dem Abflug über die Preise kundig zu machen, wobei es besser ist, über ein Reisebüro anstatt direkt bei einer Fluggesellschaft zu buchen.

Visa

Jeder Australientourist, ausgenommen Neuseeländer, benötigt ein Visum für die Einreise. Visa stellt das Australische Konsulat in Ihrem Land aus (siehe Aufstellung unten). Touristenvisa sind kostenlos und bis zu sechs Monaten gültig. Für 18–26 jährige Touristen, die in den Ferien arbeiten wollen, werden Visa ausgestellt, die es ihnen ermöglichen, jedes Jahr drei Monate lang zu jobben. In Australien können Visa von der Einwanderungsbehörde (Department of Immigration) verlängert werden, die im ganzen Land über Niederlassungen verfügt. Für eine Verlängerung werden 50 A$ berechnet und es kommt viel Schreibarbeit auf einen zu. Alle Besucher benötigen hierfür einen Pass, ein Rückflug-bzw. Weiterflugticket und ausreichend finanzielle Rücklagen. Australische Konsulate sind in folgenden Ländern vertreten:

Kanada Suite 710, 50 O'Connor St, Ottawa K1P 6L2. Tel: 613–2360841.

Dänemark Kristianagade 21, 2100 Kopenhagen. Tel: 31262244.

Deutschland Godesberger Allee 107, 5300 Bonn 2. Tel: 0228–81030.

Griechenland 37 Dimitriou Soutsou St, Ambelokpi, Athen 11521. Tel: 6447303.

Hong Kong Harbour Centre, 24th floor, 25 Harbour Rd, Wanchai, Hong Kong Is. Tel: 5-731881.

Indien Australian Compound, No1/50-G Shantipath, Chanakyapuri, Neu-Delhi 110021. Tel: 601336

Indonesien Jalan Thamrin 15, Gambir, Jakarta. Tel: 323109.

Irland Fitzwilton House, Wilton Terrace, Dublin 2. Tel: 761517.

Italien Via Alessandria 215, Rom 00198. Tel: 832721.

Japan 2-1-14 Mita, Minato-ku, Tokio. Tel: 52324111.

Malaysia 6 Jalan Yap Kwan Seng, Kuala Lumpur 50450. Tel: 2423122.

Niederlande Camegielaan 12, 2517 KH Den Haag. Tel: 70–3108200.

Neuseeland 72-78 Hobson St, Thorndon, Wellington. Tel: 736411.

Philippinen Bank of Philippine Islands Blg, Paseo de Roxas, Makati, Manila. Tel: 8177911.

Singapur 25 Napier Rd, Singapur. Tel: 7379311.

Schweden Sergels Torg 12, Stockholm C. Tel: 6132900.

Schweiz Alpenstr. 29, Bern. Tel: 430143

Thailand 37 South Sathorn Rd, Bangkok 10120. Tel: 2872680.

Großbritannien Australia House, The Strand, London WC2b 4LA. Tel: 071–3794334.

USA 1601 Massachussetts Ave NW, Washington DC, 20036. Tel: 202–7973000.

In manchen Ländern gibt es auch kleinere Niederlassungen, schauen Sie also zuerst im Telefonbuch nach der entsprechenden Adresse bzw. Telefonnummer nach. (Zum Zeitpunkt, als dieses Buch geschrieben wurde, hatte Australien gerade damit begonnen, einen elektronischen Visaservice einzuführen, für den Ihr Reisebüro nicht mehr als sechs Sekunden Zeit benötigt).

Botschaften

Die meisten Länder sind durch ihre Botschaften in Australien vertreten, deren Sitz Canberra ist. Außerdem findet man in fast allen Hauptstädten Niederlassungen der Konsulate. In den Gelben Seiten finden Sie eine vollständige Liste unter der Rubrik »Consulates & Legations«:

Zollbestimmungen

Jeder Reisende darf 1 Liter Alkohol, 200 Zigaretten, Parfüm und Geld bzw. Reiseschecks in unbegrenzter Höhe einführen (beim Verlassen des Landes dürfen Sie jedoch nicht mehr als 5 000 A$ mit sich führen). Natürlich gibt es Einfuhrbeschränkungen für Drogen, Waffen und Munition, aber auch für pflanzliche bzw. tierische Erzeugnisse. Australiens Quarantänebestimmungen gehören zu den strengsten weltweit und haben das Land vor zahlreichen Krankheiten und Seuchen bewahrt. Geben Sie daher alle Waren an!

Steuer bei der Ausreise

Bei der Ausreise sollten Sie darauf achten, dass Sie noch 27 A$ in Ihrer Brieftasche haben, die Sie zum Bezahlen der Ausreisesteuer benötigen (evtl. im Preis Ihres Flugtickets enthalten).

Reisen in Australien

Die beiden einheimischen Fluggesellschaften Ansett und Qantas bieten täglich Flüge zu allen Städten des Landes an. Die Flugpreise weisen beträchtliche Unterschiede auf, wobei es allgemein am günstigsten ist, wenn man im voraus (mindestens 21 Tage) oder einen Standby-Flug bucht. Vermeiden Sie es, Ihren Urlaub in den Schulferien zu buchen, weil in dieser Zeit die Preise höher sind und das Buchen unter Umständen schwieriger sein kann. Es ist günstiger, seinen Flug außerhalb Australiens zu buchen : Studenten erhalten eine Ermäßigung, was Sie am besten bei Ihrem Reisebüro erfragen sollten. In australien müssen Inlandflüge nicht bestätigt werden. Für Informationen oder Buchungen stehen Ihnen Ansett (Tel: 131300) oder Qantas (Tel: 131313) zur Verfügung. Beide Telefonnummern gelten für ganz Australien und werden nur zum Ortstarif abgerechnet.

Auch zahlreiche kleine Fluggesellschaften bieten Flüge innerhalb Australiens an (wovon mehrere im Besitz von Ansett und Qantas sind). Diese Linien fliegen (meistens mit kleinen Flugzeugen)die größeren Städte und Inseln an. Die Flugpreise können recht hoch sein, doch manchmal handelt es sich dabei um Pauschalangebote, in denen die Unterbringung im Preis inbegriffen ist. Sprechen Sie mit Ihrem Reisebüro über die besten Angebote.

Straßenverkehr

Obwohl die australischen Städte über ein gutes öffentliches Verkehrsnetz verfügen, stellt das Auto doch für die meisten Australier das Verkehrsmittel der Wahl dar. In Australien fährt man auf der linken Straßenseite, und die Verkehrsregeln sind recht unkompliziert. Überall sind Schilder mit der zulässigen Höchstgeschwindigkeit (in Kilometer angegeben) aufgestellt: hierbei sind 60 km/h in Wohngebieten und 100 bis 110 km/h auf Highways und Bundesstraßen vorgeschrieben. Sitzgurte sind Vorschrift. Die Polizei setzt Radarfallen und Überwachungskameras gegen Raser, Rotlichtkameras gegen Autofahrer, die eine rote Ampel ignorieren und willkürliche Alkoholtests gegen Trunkenheit am Steuer ein. Jeder Staat besitzt seinen eigenen Automobilclub (NRMA, RACQ, usw.), in dem man gegen geringe Aufnahmegebühren Mitglied werden kann und dafür kostenlos Pannenhilfe und viele andere Serviceleistungen erhält. In Australien sollten Sie im Besitz einer Internationalen Fahrerlaubnis sein, die Sie bei Ihrem Automobilclub erhalten.

Autovermietung

Wenn Sie vorhaben, längere Zeit in Australien zu verbringen, kann es unter Umständen billiger sein, ein Auto zu kaufen und es vor Ihrer Abreise wieder zu verkaufen: Sie sind damit völlig unabhängig und können das Land in Ihrem Tempo erforschen. Wenn Sie jedoch nur einen zeitlich begrenzten Aufenthalt geplant haben, ist ein Mietwagen die beste Lösung. Autovermietungen gibt es auf den Flughäfen und in den meisten Städten im ganzen Land. Die bekanntesten Unternehmen sind Avis, Budget, Hertz und Thrifty. Die zahlreichen, kleineren Firmen bieten jedoch durchaus konkurrenzfähige Preise an (ältere Autos sind oft schon sehr günstig zu mieten). Die Preise für einen Mietwagen hängen von der Größe des Autos, der Mietdauer und der Verwendung ab: im Durchschnitt werden pro Tag 45 bis 80 $ berechnet, Versicherung und Extra-Kilometer nicht inbegriffen (zusätzlich ca. 15 $ pro Tag). Erkundigen Sie sich nach Sonderangeboten, bei denen für eine bestimmte Anzahl von Tagen ein Mietwagen kostenlos im Flugpreis enthalten ist.

Busverbindungen

Die billigste Art, durch Australien zu reisen, ist mit dem Bus. Obwohl lange Fahrten, wie z.B. von Sydney nach Perth oder von Melbourne nach Cairns, in einem überfüllten Bus recht unbequem sein können, ist bei kürzeren Fahrten diese Art zu reisen durchaus eine gute Alternative. Es gibt zwei nationale Busunternehmen, Greyhound Pioneer und McCafferty's, die Fahrten durchs ganze Land anbieten. Die kleineren Busunternehmen sind auf bestimmte Regionen beschränkt. Die Mehrzahl der Busse ist mit Klimaanlage, Toiletten und Videos ausgestattet. Es werden regelmäßig – bisweilen zu den ungewöhnlichsten Zeiten – Essenspausen eingelegt. Die Preise sind unten aufgeführt. Erhältlich sind außerdem sogenannte »Kilometre Passes«, mit denen man innerhalb eines Jahres zwischen 2000 km (176 $) und 20 000 km (1344 $) unbegrenzt reisen kann. Dann gibt es noch die »Aussie Passes«, mit denen man innerhalb eines bestimmten Zeitraumes eine unbegrenzte Kilometeranzahl reisen darf, z.B. 7 Tage in einem Zeitraum von 30 Tagen (475 $), 10 Tage innerhalb 30 Tagen (610$), 15 Tage innerhalb 30 Tagen (710 $) oder 21 Tage in einem Zeitraum von 60 Tagen (935 $). Informationen und Buchungen über Greyhound-Pioneer (Tel: 132030) oder McCafferty's (Tel: 0292123433).

Bahnverbindungen

Die Hauptstädte und die wichtigsten Gebiete des Landesinnern sind alle mit der Bahn zu erreichen, nur entlang der Küste sind die Verbindungen nicht ideal. Die meisten Züge verfügen bei Schlafwagen bzw. normalen Sitzplätzen über erste und zweite Klasse. Preise sind unten aufgeführt. Eine Reihe von Zugpässen, wie z.B. der Sunshine Rail Pass, ermöglichen unbeschränkte Zugfahrten quer durch Queensland zu einem Preis von 267 $ / 388 $ für 14 Tage, 309 $ / 477 $ für 21 Tage und 388 $ / 582 $ für 30 Tage. Mit dem Austrail Pass kann man sechs Monate lang durch das Land reisen, wobei die Preise bei 380 $ / 650 $ für 8 Tage bzw. 995 $ / 1620 $ für 29 Tage liegen (mit den meisten Pässen hat man nur Anspruch auf einen Sitzplatz). Informationen und Buchungen über Rail Australia (Tel: 132232).

Leihgebühren für Tauchausrüstung

Hier ist eine grobe Aufstellung über die Leihgebühren für eine Tauchausrüstung pro Tag: Lungenautomat 12 $, Flasche 10 $, Bleigurt 5$, Taucheranzug 10 $, BCD 10 $, Schnorchelausrüstung 8$ und Tauchcomputer 12 $. Diese Preise sind um einiges niedriger, wenn Sie ein Pauschalangebot buchen. Einige Veranstalter verleihen auch Unterwasserkameras.

Eine Flaschenfüllung kostet zwischen 6 und 10 $, wobei einige Tauchbetriebe sogenannte »air-cards« anbieten, die z.B. zum Preis von 50 $ den Taucher zu 10 Füllungen berechtigen.

Tauchkurse

Alle Tauchausbildungszentren in Australien bieten Tauchkurse bis Ausbilderniveau an. Zahlreiche Tauchbetriebe führen kostenlose bzw. sehr günstige Einführungskurse in Schwimmbecken durch. Kurse in den Urlaubsorten am Great Barrier Reef sind ganz besonders beliebt, wobei die Preise- je nach Größe des Bootes und Dauer des Ausflugs – zwischen 100 und 200 $ schwanken. Hierbei handelt es sich nur um eintägige Tauchkurse, die Sie nicht zum Taucher ausbilden. Kurse im offenen Meer kosten zwischen 250 und 400 $ und werden als halb-bzw. ganztägige Ausflüge über 4 bis 5 Tage angeboten. Einige Kurse am Great Barrier Reef sind etwas teuerer, weil Unterbringung und Mahlzeiten auf einem live-aboard-Boot mit inbegriffen sind. Sie sollten sich zuerst bei einigen Tauchveranstaltern erkundigen, bevor Sie Ihre Wahl treffen, weil im Winter viele von ihnen auch günstige »two-for-one« Pauschalen anbieten (»Zwei zum Preis von einem«). Zum Abschluss eines Tauchkurses im offenen Meer müssen Sie sich einer ärztlichen Untersuchung unterziehen.Tauchern werden aber auch Kurse für Fortgeschrittene und eine Ausbildung zum Rettungstaucher bzw. Tauchlehrer angeboten. Die meisten dieser Kurse liegen im Preis bei 100 bis 300 $, für die etwas langwierigere Ausbildung zum Tauchlehrer muss man jedoch mit mehr rechnen.

Queensland

Als beliebtes Feriengebiet wird Queensland jährlich von Millionen Touristen besucht, die wegen des Great Barrier Reef und anderer Sehenswürdigkeiten hierher kommen. Dieser Sonnenstaat hat entlang der gesamten Küstenlinie – von Port Douglas bis zur Gold Coast – zahlreiche Tauchplätze zu bieten. Die Tauchindustrie in Queensland kann mit der Konkurrenz durchaus mithalten, vor allem in den bekannten Gebieten wie Cairns und Port Douglas. Die meisten der erstklassigen Tauchgebiete des Great Barrier Reefs und des Korallenmeeres sind jedoch ausschließlich mit live-aboard-Booten zu erreichen, so dass man genügend Zeit und Geld für diese Ausflüge mitbringen sollte.

Anreise

Für Queensland stehen die internationalen Flughäfen von Brisbane, Cairns und Townsville zur Verfügung. Einige internationale Fluggesellschaften fliegen diese Zentren direkt an und bringen Sie somit ins Herz des Great Barrier Reefs. Von den übrigen austral. Staaten aus bieten Ansett und Qantas Inlandflüge in diese Gebiete an.

Örtliche Verkehrsverbindungen

Wenn man direkt in das gewünschte Tauchgebiet fliegt, spart man viel Zeit und Geld; will man jedoch zuvor verschiedene Tauchplätze erkunden, muss man sich auf lange Fahrten einstellen. Die einfachste Art, im Land herumzukommen, ist mit Inlandflügen, weil es in allen größeren Orten einen Flughafen gibt. Queensland wird von den Linien Ansett, Flight West, Qantas und Sunstate angeflogen. Wenn Sie mehr Zeit zur Verfügung haben, können Sie sich auch mit dem Auto auf dem gut ausgebauten Straßennetz entlang der Küste fortbewegen.

Mietwagen stehen auf allen Flughäfen und in allen Städten zur Verfügung: die bekanntesten Vermietungen sind Avis, Budget, Hertz und Thrifty. Pannenhilfe bietet der RACQ (Royal Automobile Club of Queensland) den Autofahrern an. Busverbindungen bestehen zu allen Orten entlang der Küste, doch lange Busfahrten (beinahe 2 Tage von Brisbane nach Cairns) sind nicht jedermanns Sache und sollten eher für kürzere Strecken in Betracht gezogen werden. Die größten Busunternehmen, die für die Küste von Queensland zuständig sind, heissen Greyhound-Pioneer und McCafferty's. Queensland besitzt überdies ein gutes Eisenbahnnetz: obwohl die Fahrt mit dem Zug teurer als eine Busfahrkarte ist, kann man sich doch auf einer Fahrt im Schlafwagen um einiges besser erholen als im Bus.

Medizinische Versorgung

Entlang der Küste von Queensland findet man zahlreiche Krankenhäuser und Kliniken. Die einzige Dekompressionskammer des Staates befindet sich in Townsville.

Im Notfall (außer Tauchnotfällen!) rufen Sie die Nummer **000** und bitten, an die zuständige Stelle weiter verbunden zu werden (Feuerwehr, Polizei oder Notarzt).

Für Tauchunfälle in ganz Australien ist der DES (Diving Emergency Service) mit der Nummer **1 800 088 200** zuständig: machen Sie ausführliche Angaben über die Art des Unfalls und den Zustand des Tauchers.

Die strengen Tauchvorschriften in Queensland haben zu einer äußerst sicherheitsbewussten Tauchindustrie geführt. Alle Taucher müssen zu ihrer Sicherheit Dekompressionspausen einlegen und Logbücher führen. Alle Charter-Boote müssen Sauerstoff und eine Erste Hilfe-Ausrüstung an Bord haben und die Besatzung muss mit deren Umgang vertraut sein.

Fotozubehör

Sowohl Filme für Dias als auch für Papierbilder kann man überall in Queensland erwerben: einige Charter-Boote führen sogar einen Notvorrat an Filmen mit. Während Papierbilder überall entwickelt werden, gibt es bei der Entwicklung von E6-Filmen einige Einschränkungen. In Cairns, Townsville, Airlie Beach, Rockhampton, Brisbane, Gold Coast und auf einigen live-aboard Booten werden E6-Filme noch am selben Tag entwickelt.

Achtung: Die folgenden Telefonnummern ändern sich im November 1997: 070xxxxx wird zu 07-40xxx, 077xxxx wird zu 07-47xxxx, 079xxxx zu 07-49xxxx und 071xxxx zu 07-41xxxx.

Far Northern Reefs

Die Riffe des nördlichen Great Barrier Reef sind immer noch größtenteils unerforscht und können nur mit live-aboard-Booten erreicht werden. Zwischen April und Januar laufen einige Charter-

Boote von Lockhart River (eine kleine Stadt 500 km nördlich von Cairns) aus, dieses Gebiet an. Taucher gelangen von Cairns mit dem Flugzeug in dieses Gebiet, wobei der Flugpreis im allgemeinen bereits in den Ausflugskosten enthalten ist. Diese Ausflüge dauern zwischen 5 und 10 Tage und kosten 200 bis 300 $ am Tag.

Charter-Boote

Auriga Bay II, PO Box 274, Manunda, Cairns. Tel: 070–58 14 08, Fax: 070–58 14 04. Die »Auriga Bay II« läuft seit über zehn Jahren die Far Northern Reefs an und entdeckt immer wieder neue Tauchgebiete in der Zeit von April bis Dezember.

Reef Explorer, PO box 1090, Cairns. Tel: 070–93 91 13, Fax: 070–93 91 12. Zwischen Oktober und Januar unternimmt die »Reef Explorer« ausgedehnte Ausflüge zu den Far Northern Reefs.

Mike Ball Dive Expeditions, 28 Spence St, Cairns. Tel: 070–31 54 84, Fax: 070–31 54 70. MBDE veranstaltet auf der »Spoilsport« alle paar Jahre Forschungsfahrten zu den Far Northern Reefs.

Nimrod III Dive Adventures, 46 Spence St, Cairns. Tel: 070–31 55 66, Fax: 070–31 24 31. Die »Nimrod III« bietet gelegentlich Fahrten zu den Far Northern Reefs an.

Undersea Explorer, Reef Plaza, Spence St, Cairns, Tel: 070–51 27 33, Fax: 070–51 22 86. Die »Undersea Explorer« , die in Port Douglas liegt, organisiert jährlich Forschungsfahrten zu den Far Northern Reefs.

Lizard Island

Lizard Island Lodge, PMB 40, Cairns. Tel: 07–33 60 24 44, Fax: 07–33 60 24 53. Die 270 km nördlich von Cairns gelegene, exklusive Ferieninsel Lizard Island, wird regelmäßig von Charter-Booten angelaufen, die sich auf dem Weg zu den Ribbon Reefs befinden. Die Insel ist nur mit dem Flugzeug von Cairns aus zu erreichen (1 Stunde Flugzeit). Die Unterbringung erfolgt in 32 Villen, die preislich zwischen 690 und 1 728 $ am Tag (Mahlzeiten inbegriffen) liegen. Kinder unter sechs Jahren sind nicht erlaubt. Zu den Einrichtungen des Ferienzentrums gehören Speisesaal, Schwimmbad, Restaurant, Cocktail Bar und Tennisplätze. Tauchen ist nur eine der zahlreichen Freizeitaktivitäten, die den Gästen hier geboten werden. Sehr beliebt sind auch Angeln, Wasserski, Surfen, Golf, Buschwandern und Segeln. Der Tauchbetrieb auf der Insel führt Tauchkurse durch und organisiert Halbtagesausflüge zu den örtlichen Riffen (117 $) bzw. Ganztagesausflüge zu den Ribbon Reefs (145 $). Die Bedingungen sind im allgemeinen das ganze Jahr über gut.

Cairns und Port Douglas

Die Städte Cairns und Port Douglas sind die beliebtesten Tauchziele des Landes. Hier kann man fast in jedes Geschäft eintreten und einen Tauchausflug buchen. Von Cairns und Port Douglas aus können Taucher Halbtagesausflüge nach Green Island und Fitzroy Island (ca. 80 $), Tagesausflüge zu den Innen -und Außenriffen (von 100 bis 200 $), Zwei- (250 $), Drei- (350 $) und live-aboard-Ausflüge(200 bis 300 $ pro Tag) zu den Ribbon Reefs und zum Korallenmeer unternehmen.Tauchbetriebe und Charter-Boote sind in diesem Gebiet überall zu finden – von Cape Tribulation im Norden bis zur Mission Beach südlich von Cairns. Die Tauchbedingungen vor diesem Küstenabschnitt können ganzjährig als gut bezeichnet werden.

Tauchveranstalter und Charter-Boote

Adventure Connections Australia, Shop 9, Paradise Village, Palm Cove. Tel: 070–59 15 99, Fax: 070–59 16 14. Tagesausflüge zu den Riffen vor Cairns und live-aboard Ausflüge zu den Ribbon Reefs und ins Korallenmeer. Außerdem Tauchkurse und Abenteuertouren zum Cape York.

Aristocat Reef Cruises, Suite 6/8 Macrossan St, Port Douglas. Tel: 070–99 45 44, Fax: 070–99 45 65. Tagesausflüge zu den Riffen vor Port Douglas.

Auriga Bay II, PO Box 274, Manunda, Cairns. Tel: 070–58 14 08, Fax: 070–58 14 04. Ausflüge auf live-aboard Booten zu den Ribbon Reefs, nach Cod Hole, ins Korallenmeer und zu den Far Northern Reefs.

Bali Hai II & Floreat Charter Boats, 15 Arnhem Cl, Cairns. Tel: 070–45 26 49. Charterboot-Ausflüge zu den Riffen vor Cairns.

Cairns Dive Centre, 135 Abbott St, Cairns. Tel: 070–51 02 94, Fax: 070–51 75 31. CDC organisiert 2- bzw. 3-Tagesausflüge zu den Riffen vor Cairns. Außerdem werden PADI und NAUI Tauchkurse angeboten und Tauchausrüstungen können gekauft bzw. ausgeliehen werden.

Cape Tribulation Dive Services, Cape Tribulation. Tel: 070–31 15 88, Fax: 070–31 33 18. Tauchkurse und Tagesausflüge auf der »Taipan Lady«.

Cape Tribulation H2O Dive, Mason's Store, Cape Tribulation. Tel: 070–980069.

Deep Sea Divers Den, 319 Draper St, Cairns. Tel: 070–312223, Fax: 070–311210. Organisiert Fahrten auf den Booten »Tropic Queen«, »Tropic Princess« und »Explorer II« zu den Ribbon Reefs, zum Cod Hole und zu den örtlichen Riffen. Außerdem werden PADI Tauchkurse angeboten. Verkauf und Verleih von Tauchausrüstungen.

Dive 7 Seas, 129 Abbott St, Cairns. Tel: 070–41 2700.

Don Cowie's Reef Services, Shields St, Cairns. Tel: 070–311588, Fax: 070–313318. Tagesausflüge auf der »Down Under« zu den Riffen vor Cairns, sowie auf der »Taipan Lady« zu den Riffen vor Cape Tribulation. Tauchkurse werden ebenfalls angeboten. Verkauf und Verleih von Tauchausrüstung.

Down Under Dive, 155 Sheridan St, Cairns. Tel: 070-311288, Fax: 070–311373. Tägliche Tauchausflüge zu den Riffen vor Cairns auf dem Charter-Boot »Scuba Roo«. Für ausgedehnte Tauchausflüge steht das Schiff »SV Atlantic Clipper« zur Verfügung, das am Riff verankert liegt. PADI Tauchkurse und Verleih von Tauchausrüstung.

Great Diving Adventures, Wharf St, Cairns. Tel:070–510455, Fax: 070–313753. Tagesausflüge auf einem großen Katamaran zu den Riffen vor Cairns. Tauchzentren auf Fitzroy und Green Island. GDA besitzen ein Ponton am Moore Reef, von wo Begleitboote die Taucher zu den nahegelegenen Tauchplätzen bringen. Außerdem werden PADI Tauchkurse angeboten.

Haba Dive, Marina Mirage, Port Douglas. Tel: 070–995254, Fax: 070–995385. Tagesausflüge zu den Riffen vor Port Douglas auf dem Katamaran »Haba Queen«. Tauchkurse, Verkauf und Verleih von Tauchausrüstung.

Hostel Reef Trips, 73 Esplanade, Cairns. Tel: 070–317217.

Impulse Dive, 51a Macrossan St, Port Douglas. Tel: 070–995967. Ausflüge zu den Riffen vor Port Douglas.

John Thackrays' Diving Services, 10 Guava St, Holloways Beach. Tel: 070–559798.

Just Add Water, Shop 9, Reef Plaza, Spence St, Cairns. Tel: 070–412799. Tauchkurse, Verkauf und Verleih von Tauchausrüstung, Tagesausflüge auf der »Front Runner« in die Umgebung von Port Douglas. Außerdem Tauchausflüge zu den Krokodilen des Mitchell River.

Lady Ruby Charters, Marlin Jetty, Cairns. Tel: 070–313528, Fax: 070–313554. Ein- bzw. mehrtägige Ausflüge zu den Riffen vor Cairns.

Kangaroo Explorer Cruises, 79 Wattle St, Yorkeys Knob. Tel: 070–558188. Ausgedehnte Tauchfahrten zum Thursday Island.

Marlin Coast Divers, Novotel Palm Cove Resort, Palm Cove. Tel: 070–591144.

Mike Ball Dive Expeditions, 28 Spence St, Cairns. Tel: 070–315484, Fax: 070–315470. Tauchkurse und viertägige Ausflüge auf der »Supersport« zu den Ribbon Reefs und Cod Hole.

Nimrod III Dive Adventures, 46 Spence St, Cairns. Tel: 070–315566, Fax: 070–312431. Ausflüge auf der »Nimrod III« zu den Ribbon Reefs, ins Korallenmeer und den Far Northern Reefs.

Ocean Spirit Cruises, 143 Lake st, Cairns. Tel: 070–312920, Fax: 070–314344. Tagesausflüge auf dem großen Katamaran »Ocean Spirit« zu den Riffen vor Cairns. Außerdem PADI Tauchkurse.

Outer Edge Dive, Suite 6/8, Macrossan St, Port Douglas. Tel: 070–994544, Fax: 070–994565. Tagesausflüge zu den Riffen vor Port Douglas.

Passions of Paradise, PO Box 2145, Cairns. Tel: 070–316465, Fax: 070–519505. Tagesausflüge auf dem Katamaran »Passions of Paradise«.

Peter Tibb's Scuba School, 370 Sheridan St, Cairns. Tel: 070–521266.

Peter Tibb's Dive Shop, 65 Grafton St, Cairns. Tel: 070–311586.

Phantom Charters, Marina Mirage, Port douglas. Tel: 070–941220.

Port Douglas Dive Centre, Prince's Wharf, Port Douglas. Tel: 070–995327. Tauchkurse und Ausflüge zu den Riffen vor Port Douglas.

Poseidon Dive Charters, 10 Sonata CI, Port Douglas. Tel. und Fax: 070–985806. Tagesausflüge auf dem Charter-Boot »Poseidon« zu den

Riffen vor Port Douglas. Tauchkurse und Verleih von Tauchausrüstung.

Pro Dive Cairns, Marlin Parade, Cairns. Tel: 070–315255, Fax: 070–519955. Dreitägige Ausflüge auf den beiden Charter-Booten »Stella Maris« und »Kalinda« zu den Riffen vor Cairns. Außerdem PADI Tauchkurse, Verkauf bzw. Verleih von Tauchausrüstung.

Quicksilver Diving Services, Marina Mirage, Port Douglas. Tel: 070–995050, Fax: 070–994065. Tägliche Ausflüge auf zwei großen Katamaranen zu einem Ponton beim Agincourt Reef. Außerdem Rundflüge mit dem Hubschrauber, Kurse in Meeresbiologie, Tauchkurse und Segeltörns.

Quintessential Diving, 8 Bradford St, Whitfield. Tel: 070–536841.

Quintessential Diving, 14 Jarda St, Smithfield Heights, Tel: 070–382304.

Reef Explorer, PO Box 1090, Cairns. Tel: 070–939113, Fax: 070–939112. Ausflüge auf live-aboard-Booten zu den Ribbon Reefs, Cod Hole, Far Northern Reefs und ins Korallenmeer.

Reef Jet Cruises, Pier Market Pl, Cairns. Tel: 070–315559, Fax: 070–315819. Halbtagesausflüge zum Green Island.

Rum Runner Charters, Trinity Wharf, Cairns. Tel: 070–521388, Fax: 070–521488. Ausflüge auf zwei live-aboard Booten zu den Ribbon Reefs, Cod Hole und ins Korallenmeer.

Sanduria Sail & Dive, 99 The Esplanade, Cairns. Tel: 070–516950. Tägliche Ausflüge zu den Riffen vor Cairns auf einer 18 m langen Ketsch.

Seastar II, Leoni Cl, Cairns. Tel: 070–330333. Tägliche Bootsausflüge zu den Riffen.

Sunlover Cruises, Trinity Wharf, Cairns. Tel: 070–311055. Tagesausflüge auf einem großen Katamaran zu den Riffen vor Cairns.

S2 Dive, Shop 2 Hides Corner, Lake St, Cairns. Tel: 070–312150.

Taka Dive, Cnr Lake & Aplin Sts, Cairns. Tel: 070–518722, Fax: 070–312739. Tauchkurse, Verkauf und Verleih von Tauchausrüstung, breite Auswahl an Kameras. Fahrten auf den live-aboard Booten »Taka II« und »Taka III« zu den Ribbon Reefs, Cod Hole und ins Korallenmeer.

Tusa Dive, Cnr Aplin St & The Esplanade, Cairns. Tel: 070–311248, Fax: 070–315221. Tagesausflüge auf den drei Tauchbooten bzw. Fahrten auf live-aboard-Booten, Tauchkurse und Verleih von Tauchausrüstung.

Undersea Explorer, Reef Plaza, Spence St, Cairns. Tel: 070–512733, Fax: 070–512286. Undersea Explorer organisiert von Port Douglas aus Ausflüge auf live-aboard-Booten zu den Ribbon Reefs, zum Cod Hole und ins Korallenmeer.

Wavelength Reef Charters, Macrossan St, Port Douglas. Tel: 070–995031. Tägliche Fahrten zu den Riffen vor Port Douglas.

Unterbringung

Es gibt zahllose Unterkunftsmöglichkeiten in der Gegend von Cairns und Port Douglas. Die folgende Aufstellung soll Ihnen nur ein Bild des Gesamtangebotes vermitteln.

Cairns International, 17 Abbott St, Cairns. Tel: 070–311300, Fax: 070–311801. Ein 16-stöckiger Hotelkomplex im Stadtzentrum mit Zimmerpreisen zwischen 225 und 400 $ pro Nacht.

Coolabah Motel, 564 Mulgrave Rd, Cairns. Tel: 070–542711, Fax: 070–335340. Zimmer von 40 bis 50 $ pro Übernachtung.

Sheraton Mirage Resort, Port Douglas Rd, Port Douglas. Tel: 070–995888, Fax: 070-985885. Dieser 3-stöckige Komplex besteht aus Villen und Hoteleinheiten in der Preislage zwischen 470 und 2100 $.

Port Douglas Motel, 9 Davidson St, Port Douglas. Tel: 070–995248, Fax: 070–995504. Zimmerpreise zwischen 72 und 84 $ pro Übernachtung.

Fitzroy Island Resort, PO Box 2120, Cairns. Tel: 070–519588, Fax: 070–521335. Ferienhäuser ab 240 bis 417 $ pro Nacht, sowie Schlafhütten zu 28 $ die Nacht. Große Auswahl an Wassersportarten – einschließlich Tauchen. Zu den Einrichtungen gehören ein Restaurant, Bistro und eine Bar. Fitzroy Island ist täglich mit einem schnellen Katamaran von Cairns aus zu erreichen (Fahrtkosten 22 $).

Green Island Resort, Cairns. Tel: 070–313300, Fax: 070–521511. Zweibettzimmer – einschließlich aller Mahlzeiten – zu 776 $ pro Übernachtung. Die Insel ist von Cairns aus mit einem Boot zu erreichen.

Coral Sea Reefs

Zu den aufregendsten Tauchplätzen der Welt gehören die Gebiete jenseits des Great Barrier Reef, tief im Korallenmeer. Über 250 km vor dem Festland, von der Hervey Bay im Süden bis zum Cape York im Norden, befinden sich mehr als ein Dutzend abgelegener Riffe. Von Port Douglas, Cairns, Townsville und Airlie Beach aus fahren regelmäßig Charter-Boote zu den bekannteren Northern Coral Sea Reefs. Diese Ausflüge kosten zwischen 200 und 300 $ am Tag. Fahrten zu den Southern Coral Sea Reefs sind im Preis gleich, finden jedoch nur unregelmäßig statt: sie werden jährlich höchstens von einer Handvoll Booten angelaufen. Im allgemeinen wird ein Boot von einer Gruppe von Tauchern gemietet. Die Tauchbedingungen im Korallenmeer können ganzjährig gut sein, wobei Herbst und Frühjahr vom Wetter her am zuverlässigsten sind.

Charter-Boote

Adventure Connections Australia, Shop 9, Paradise Village, Palm Cove. Tel: 070–59 15 99, Fax: 070–59 16 14. Ausflüge auf dem live-aboard Boot »Pacific Adventure« zu den Ribbon Reefs und ins Korallenmeer.

Auriga Bay II, PO Box 274, Manunda, Cairns. Tel: 070–58 14 08, Fax: 070–58 14 04. Die »Auriga Bay II« fährt vorwiegend zu den Far Northern Reefs, gelegentlich unternimmt sie aber auch kombinierte Fahrten zum Osprey Reef und den Ribbon Reefs.

Australiana, 45 Hickey Ave, Gladstone. Tel: 079–78 39 56. Ausflüge zu den Swain Reefs, Capricorn und Bunker Groups und ins Südliche Korallenmeer.

Booby Bird, Marine Drv, Gladstone. Tel: 079–72 69 90, Fax: 079–72 69 90. Ausflüge zu den Swain Reefs, Capricorn und Bunker Groups und ins Südliche Korallenmeer.

Boomerang Cruises, 22 Byron St, Scarness, Hervey Bay. Tel: 071–24 23 93. Fahrten zu den Swain Reefs, Bunker Group und ins Südliche Korallenmeer.

Elizabeth E Coral Cruises, 102 Goldsmith St., Mackay. Tel: 079–57 42 81, Fax: 079–57 22 68. Ausflüge zu fast allen Gebieten des Great Barrier Reef und Korallenmeeres.

Max Allen Cruises, 7 Illawong Crt, Gladstone. Tel: 079–79 13 77.Fahrten mit den Charter-Booten » Kanimbla« und »Spirit of Freedom« zu den Swain Reefs, Capricorn und Bunker Groups und ins Südliche Korallenmeer.

Mike Ball Dive Expeditions, 252 Walker St, Townsville. Tel: 077–72 30 22, Fax: 077–21 21 52. MBDE fährt mit dem Katamaran » Spoilsport« regelmäßig zum Flinders Reef, den Boomerang Reefs und zum Wrack der »Yongala«. Einige , längere Ausflüge führen ins Korallenmeer zu Herals Cays, Coringa Islets und den Abington und Malay Reefs.

Pacific Star Charters, 48 Coral Esplanade, Cannonvale, Airlie Beach. Tel: 079–46 63 83, Fax: 079–46 69 01. Wöchentliche Fahrten zum Lihou Reef, den Diamond Islets, zum Abington Reef, Flinders Reef, zu den Riffen bei den Whitsundays und gelegentlich auch zum Marion Reef im Südlichen Korallenmeer.

Reef Explorer, PO Box 1090, Cairns. Tel: 070–93 91 13, Fax: 070–93 91 12. Regelmäßige Ausflüge zum Osprey Reef und den Ribbon Reefs, ausgedehnte Fahrten ins Korallenmeer zum Flinders Reef, Herald Cays, Abington Reef, Lihous Reef, Diamond Islets und den Riffen des Südlichen Korallenmeeres.

Rum Runner Charters, Trinity Wharf, Cairns. Tel: 070–52 13 88, Fax: 070–52 14 88. Fahrten auf zwei Charter-Booten zum Holmes Reef, Bougainville Reef und den Ribbon Reefs.

Taka Dive, Cnr Lake & Aplin Sts, Cairns. Tel: 070–51 87 22, Fax: 070–31 27 39. Ganzjährig Fahrten zum Osprey Reef, den Ribbon Reefs und auch zum Holmes Reef.

Undersea Explorer, Reef Plaza, Spence St, Cairns.Tel: 070–51 27 33, Fax: 070–51 22 86. Wöchentliche Fahrten zum Osprey Reef und den Ribbon Reefs. Außerdem Ausflüge zum Dart Reef, Bougainville Reef und den Far Northern Reefs.

Yellowfin Charters, 16 Perry St, Bundaberg. Tel: 071–51 64 48, Fax: 071–53 12 15. Die »Yellowfin« steht für Fahrten zu den Capricorn und Bunker Groups, Swain Reefs und ins Südliche Korallenmeer zur Verfügung.

Mission Beach und Dunk Island

Die 120 km südlich von Cairns und 160 km nördlich von Townsville gelegene Mission Beach ist ein sehr beliebtes Touristengebiet mit Zugang zu vielen Inseln und zum Riff und der Möglichkeit zum Wildwasser-Rafting auf dem Tully River. Statt auf der Mission Beach können Sie Ihren Aufenthalt natürlich auch auf Dunk Island buchen. Der Nationalpark Dunk Island gehört zur Bedarra-Inselgruppe und ist mit Regenwäldern bedeckt und von wunderschönen Stränden umsäumt. Dunk Island erreicht man von der Mission Beach mit dem Wassertaxi oder dem Boot (der Preis für eine Rückfahrkarte beträgt 22 $), von Cairns oder Townsville mit dem Flugzeug zu einem Preis von 195 $ bzw. 215 $.

Tauchveranstalter

Dale Skipper Services, 27 Holland St, Mission Beach. Tel: 070–68 85 50. Fahrten mit dem Charter-Boot zu den Riffen.

Great Barrier Reef Dive Inn, The Hub Shopping Centre, Mission Beach. Tel: 070–68 72 94, Fax: 070–68 72 94. Tauchkurse, Verkauf bzw. Verleih von Tauchausrüstung und Tauchausflüge zum Riff.

Quick Cat Dive, PO Box 208, Mission Beach. Tel: 070–68 72 89, Fax: 070–68 71 85. Tägliche Fahrten mit dem Katamaran »Qick Cat« zum Beaver Reef. Gestartet wird morgens von Clump Point aus, auf Dunk Island werden die Passagiere an Bord genommen, die dann drei Stunden auf dem Riff zubringen. Der Ausflug kostet 110 $ plus 50 $ für einen Tauchgang bzw. 30 $ für einen weiteren (Tauchausrüstung ist im Preis inbegriffen). PADI Tauchkurse auf Mission Beach und Dunk Island.

Unterbringung

Great Barrier Reef Hotel Resort, Dunk Island, PMB 28, Townsville. Tel: 07–33 60 24 44, Fax: 07–33 60 24 53. Zu den Hoteleinrichtungen gehören ein Restaurant, ein Bistro, Nachtclub, Squash-Court, Golfplatz, Schwimmbad und viele Freizeitangebote. Es gibt vier verschiedene Zimmerkategorien, die preislich zwischen 340 und 534 $ liegen, je nachdem, ob es sich dabei um Einzel-, Doppel- oder Dreibettzimmer handelt (Mahlzeiten nicht inklusive).

In der Umgebung von Mission Beach findet man außerdem Feriensiedlungen, Motels, Campingplätze und auch Herbergen für Rucksacktouristen.

Beachside Apartments Holiday Units, 32 Reid Rd, Mission Beach. Tel: 070–68 88 90, Fax: 070–68 88 98. Appartements von 45 bis 55 $ pro Nacht bzw. 275 und 385 $ pro Woche.

Mission Beach Resort, Cnr Cassowary Drive & Wongaling Beach Rd, Mission Beach. Tel: 070–68 82 88, Fax: 070–68 84 29. Zimmerpreise ab 80 $ pro Übernachtung.

Orpheus Island

Das zur Palm Island Group gehörende Orpheus Island befindet sich 80 km nördlich von Townsville bzw. 24 km vor der Küste. Das von Saumriffen umgebene Orpheus Island, sowie die übrigen Inseln der Palm Group, bieten alle gute Tauchmöglichkeiten mit Sichtweiten zwischen 8 und 25 m. Hier findet man Korallengärten, Muschelkolonien, Riffwände und eine große Auswahl an Korallen, Rifffischen und wirbellosen Tieren. Die einzige Unterkunftsmöglichkeit auf Orpheus Island ist das **Orpheus Island Resort**, Private Bag 15, Townsville, Tel: 077–77 73 77, Fax: 077–77 75 33. Dieses exklusive Ferienzentrum hat eine sehr private Atmosphäre und Kinder unter 15 Jahren sind auf der Insel nicht erlaubt. Den Gästen wird eine breite Palette an Freizeitaktivitäten geboten: Wasserski, Segeln, Surfen, Buschwandern, Angeln, Tennis, Schnorcheln und Tauchen. Zu der Anlage gehört außerdem ein Restaurant und ein Versammlungszentrum. Es gibt vier Zimmerkategorien, die im Preis zwischen 390 und 1 030 $ liegen, je nach Aufenthaltsdauer und Anzahl der Personen (alle Mahlzeiten sind im Preis inbegriffen). Es werden täglich Tauchgänge an den örtlichen Riffen angeboten, die durchschnittlich um die 65 $ kosten. Außerdem werden Tauchkurse und Ausflüge zu den Riffen durchgeführt, die auch als Pauschalangebote erhältlich sind. Orpheus Island ist mit dem Wasserflugzeug von Townsville oder Cairns aus erreichbar, wobei die Preise für einen Hin-und Rückflug 270 $ bzw. 420 $ betragen.

Townsville

Das 1371 km nördlich von Brisbane gelegene Townsville ist die größte Stadt in Nord-Queensland. Von hier aus werden Tages-, Dreitages- bzw. Wochenausflüge zum Korallenmeer, den örtlichen Riffen und zum Wrack der »*Yongala*« organisiert. Tagesausflüge kosten zwischen 140 und 180 $, Dreitagesausflüge zwischen 300 und 350 $, während eine Woche oder länger im Korallenmeer im Preis zwischen 200 und 300 $ pro Tag schwankt. Die Tauchbedingungen sind im allgemeinen ganzjährig gut.

Tauchveranstalter

Dive Bell, 16 Dean St, Townsville. Tel: 077–211155. SSI Tauchkurse, Ausflüge mit Übernachtung auf der »Hero«, Verkauf und Verleih von Tauchausrüstung.

Duckin' N' Divin' Down Under, 7 Queens Rd, Railway Estate. Tel: 077–214089.

Mike Ball Dive Expeditions,252 Walker St, Townsville. Tel: 077–723022, Fax: 077–212152. MBDE verfügen über zwei Schiffe, die 30 m lange »Spoilsport«, auf der man Fahrten ins Korallenmeer, zu den örtlichen Riffen und zum Wrack der »Yongala« unternehmen kann, sowie die 21 m lange »Watersport«, auf der man Zwei- bzw. Dreitagesausflüge zum »Yongala"-Schiffswrack und den örtlichen Riffen machen kann. Außerdem Tauchkurse, Verkauf und Verleih von Tauchausrüstung.

Power Play Charters, Breakwater Marina, Townsville. Tel: 077–872666. Bietet Tagesausflüge an.

Pro Dive Townsville, Shop 4, Great Barrier Reef Wonderland, Flinders St, Townsville. Tel: 077–21 1760, Fax: 077–211791. Dreitagesausflüge zum »Yongala«-Schiffswrack und den örtlichen Riffen auf der 17 m langen »Running Free«. PADI Tauchkurse, Verkauf und Verleih von Tauchausrüstung.

Pure Pleasure, PO Box 1831, Townsville. Tel: 077-213555, Fax: 077–213590. Tagesausflüge zum eigenen Ponton am Kelso Reef auf dem 30 m langen Katamaran »2001«. Außerdem Tauchkurse und Riffökologie-Fahrten.

Reef Charters, 20 Tamarind St, Kirwan. Tel: 077–733341. Bietet Tagesausflüge an.

Reef Magic Charters, 5 Barringha Court, Mysterton. Tel: 016 782286. Tagesausflüge mit Übernachtung zum Riff und »Yongala«-Schiffswrack auf dem eigenen Kreuzer.

Scorpion Charters, 5 Sharp St, Mt Louisa. Tel: 077–797568.

Sun City Watersports, Tobruk Pool, The Strand, Townsville. Tel: 077–716527. Taucherausflüge und -ausbildung, Verkauf und Verleih von Tauchausrüstung.

Tangaroa, 19 Crowle St, Hyde Park. Tel: 077–722127. Tagesausflüge mit Übernachtung.

True Blue Charters, 65 Gilbert Crs, North Ward. Tel: 077–715474.

Unterbringung

Townsville hat eine gute Auswahl an Unterkunftsmöglichkeiten zu bieten: von 5-Sterne Hotels bis zu Herbergen für Rucksacktouristen.

Sheraton Breakwater Casino Hotel, Sir Leslie Thiess Dr, Townsville. Tel: 077–222333, Fax: 077–723488. Das Sheraton ist ein elfstöckiger, 5-Sterne Hotelkomplex mit einem Kasino und Zimmerpreisen zwischen 220 bis 850 $ pro Nacht.

Townsville Travelodge, Flinders Mall, Townsville. Tel: 077–722477, Fax: 077–211263. Das mitten im Stadtzentrum gelegene Travelodge hat Preise zwischen 160 und 200 $ pro Nacht.

Central City Gardens, 270 Walker St, Townsville. Tel: 077–722655, Fax: 077–211728. Dieses, neben der Firma Mike Ball Dive Expeditions gelegene Motel ist bei Tauchern sehr beliebt und hat Zimmer zu 83 $ die Nacht.

Civic Guesthouse & Backpacker Inn, 262 Walker St, Townsville. Tel: 077–715381. Zimmerpreise zwischen 30 und 43 $ pro Übernachtung.

Magnetic Island

Diese hübsche Insel liegt 4 Seemeilen vor Townsville und ist bei Einheimischen und Touristen gleichermaßen als Urlaubsziel beliebt. Magnetic Island befindet sich innerhalb des Naturschutzgebietes des Great Barrier Reef und hat einige gute Küstentauchplätze zu bieten, obwohl das Riff und das Vorland bei Nelly Bay in Kürze wieder hergerichtet werden müssen. Auf den Saumriffen im seichten Wasser finden Taucher eine Vielfalt an Fischen und wirbellosen Tieren, wobei die Sicht jedoch bisweilen eingeschränkt sein kann. Für das Tauchen im Gebiet von Magnetic Island ist das **Magnetic Island Tropical Resort**, Yates St, Nelly Bay, Tel: 077–785955, Fax: 077–785601 zuständig. Die Unterbringung kostet zwischen 40 und 60 $ pro Übernachtung, es werden Tauchgänge vor Ort (35 $ für einen Tauchgang, 55 $ für zwei Tauchgänge), Tauchgänge am Riff und SSI-Tauchkurse angeboten.

Auf Magnetic Island bieten sich dem Feriengast viele Unterkunftsmöglichkeiten, am empfehlenswertesten sind jedoch Ferienhäuser.

Magnetic Island Holiday Units, 16 Yule St, Picnic Bay. Tel: 077–785246. Ferienhäuser für bis zu vier Personen zu 65 $ pro Nacht bzw. 400 $ pro Woche.

Magnetic Retreat, Rheuben Tce, Alma Bay. Tel. und Fax: 077–785357. Ferienhäuser zu 50 bis 80 $ pro Tag.

Magnetic Island ist entweder mit dem Boot (Rückfahrkarte 19$) oder der Autofähre (85 $ Rückfahrkarte) zu erreichen.

Whitsunday Islands

Die Inseln der Whitsunday-Gruppe sind sowohl bei Touristen als auch Tauchern sehr beliebt. Die bei Airlie Beach und Mackay gelegenen Whitsunday Islands erreicht man durch Direktflüge nach Hamilton Island oder nach Proserpine (26 km von Airlie Beach entfernt) bzw. Mackay, von wo aus man mit dem Wassertaxi oder Boot (meistens von Shute Harbour aus) zu den Inseln gelangt. Einige der Inseln besitzen Ferienzentren und alle verfügen über gute Tauchplätze. Man kann auch vom Festland aus einen Tagesausflug zu den Inseln oder zum Riff unternehmen. Tagesausflüge zum Riff kosten um die 120 $ (2 Tauchgänge und die gesamte Ausrüstung inbegriffen), Dreitagesausflüge ca. 375 $ und Bootsausflüge in die Umgebung der Inseln kommen auf ca. 60 $. Die Tauchbedingungen sind im allgemeinen ganzjährig als gut zu bezeichnen. Im Winter kann man in vielen Tauchgebieten Mantas zu sehen bekommen. Mackay befindet sich 975 km nördlich von Brisbane, Airlie Beach 1125 km nördlich von Brisbane.

Tauchveranstalter und Charter-Boote

Aquatic Centre of Education, Shute Harbour Rd, Airlie Beach. Tel: 079–467446. PADI Tauchkurse und Tauchausflüge.

Barrier Reef Diving Services, The Esplanade, Airlie Beach. Tel: 079–466204, Fax: 079–4651 30. Niederlassungen auf Hayman Island und Airlie Beach. Tauchkurse bis Ausbilderniveau, Verkauf bzw. Verleih von Tauchausrüstung, ein-bzw. mehrtägige Ausflüge zu den Inseln und zum Riff.

Critical Response, 12 Apollo Dve, Mackay. Tel: 079–552986. Tauchkurse und Verleih von Tauchausrüstung.

Downunder Dive, 11 Iluka St, Cannonvale. Tel: 079–466869.

Elizabeth E Coral Cruises, 102 Goldsmith St, Mackay. Tel: 079–574281, Fax: 079–572268. Das live-aboard-Boot »Elizabeth E« kann von Gruppen für ausflüge zum Great Barrier Reef und ins Korallenmeer gechartered werden.

Hamdon Star Charters, Mackay Harbour, Mackay. Tel: 079–552490, Fax: 079–553209. Fahrten zu den Inseln und zum Great Barrier Reef.

High Dive The Whitsundays, 119 Whitsunday Harbour Apartments, Cannonvale. Tel: 079–467260, Fax: 079–465969.

H2O Sportz, Front St, Hamilton Island, Tel: 079–469888, Fax: 079–469888. Tägliche Ausflüge zum Riff und den örtlichen Tauchgebieten, PADI Tauchkurse, Verkauf und Verleih von Tauchausrüstung.

Island Divers, Mandalay Point Rd, Airlie Beach, Tel: 079–465650.

Kelly Dive Whitsunday's, Eshelby Drv, Cannonvale. Tel: 079–466122.

Mackay Adventure Divers, 153 Victoria St, Mackay. Tel: 079–531431. PADI Tauchzentrum, Verkauf und Verleih von Tauchausrüstung, ein- und mehrtägige Ausflüge.

Maxi Ragamuffin, 283 Shute Harbour Rd, Airlie Beach. Tel: 079–467777, Fax: 079–466941. Tägliche Segel- und Tauchausflüge.

Nari Cruises, 4 Sunbird Close, Jubilee Pocket. Tel: 079–465012.

Oceania Dive, Shute Harbour Rd, Airlie Beach. Tel: 079-466032, Fax: 079-466032. PADI Tauchkurse, Tauchfahrten zu den örtlichen Inseln und Riffen.

On The Edge, 402 Shute Harbour Rd, Airlie Beach. Tel. und Fax: 079–467533.

Pacific Reef Charters, 48 Coral Esplanade, Cannonvale. Tel: 079–466383, Fax: 079–466901. Wochenausflüge zu den Riffen in der Umgebung der Whitsundays und ins Nördliche bzw. Südliche Korallenmeer.

Pro Dive Whitsunday, Shute Harbour Rd, Airlie Beach. Tel: 079–466508. Tagesausflüge mit Übernachtung zu den Inseln und Riffen, PADI

Tauchkurse bis Ausbilderniveau, Verkauf bzw. Verleih von Tauchausrüstung.

Reef Enterprise Diving Services, 386 Shute Harbour Rd, Airlie Beach. Tel: 079–467228. Ein-und mehrtägige Ausflüge zu den Inseln und zum Riff, Tauchkurse.

Scuba Sport, The Esplanade, Airlie Beach. Tel: 079–466204, Fax: 079–465130. Tägliche Tauchausflüge zum Riff auf dem eigenen Katamaran; Tauchkurse.

True Blue Dive, 364 Shute Harbour Rd, Airlie Beach. Tel: 079–466662.

Whitsunday Diving Services, 34 Manooka Drv, Cannonvale. Tel: 079–466811. SSI und PADI Tauchkurse, Tauchausflüge, Niederlassungen auch auf South Molle Island, Daydream Island und Hook Island.

Whitsunday Pleasure Dives, PO Box 1038, Airlie Beach. Tel: 079–465752.

Whitsunday Scuba Centre, 5 Garema St, Cannonvale. Tel: 079–466865.

Unterbringung

Auf der Whitsunday Group verteilt gibt es eine ganze Reihe von Ferienzentren, die alle Tauchen, Buschwandern, Angeln, Segeln, Wasserski, Bogenschießen, Surfen, Schnorcheln, Tennis, Golf und andere Freizeitaktivitäten anbieten.

Brampton Island Resort, Tel: 07–33602444, Fax: 07–33602453. Zweistöckiger Komplex mit 3 verschiedenen Preiskategorien, die von 280 bis 340 $ reichen. Anreise über Mackay mit dem Boot (40$ die Rückfahrkarte) oder dem Flugzeug (142 $ hin und zurück).

Daydream Island Travelodge Resort, Tel: 079–488488, Fax: 079–488499. Die Anlage bietet drei verschiedene Unterkunftsarten, die im Preis zwischen 185 und 265 $ pro Nacht liegen. Anreise mit dem Wassertaxi von Shute Harbour aus (22 $ hin und zurück).

Holiday Inn Crowne Plaza Resort, Hamilton Island, Tel: 079–469999, Fax: 079–468888. Diese Anlage ist recht weiträumig und bietet verschiedene Unterkunftsmöglichkeiten, von Penthouse-Suiten bis zu einfachen Ferienwohnungen. Die Preise schwanken zwischen 200 und 1675 $ pro Nacht.Dieses Freizeitzentrum mit eigenem Flughafen und Jachthafen ist von Shute Harbour aus mit dem Boot zu erreichen (32 $ hin und zurück).

Hayman Island Resort, Tel: 079–401234, Fax: 079–401567. Dies ist die exklusivste Ferienanlage des gesamten Gebietes. Hier stehen dem Feriengast Penthouses, Suiten und Wohnungen zu Preisen zwischen 395 und 1300 $ zur Verfügung. Anreise von Airlie Beach mit dem Wassertaxi (80 $ hin und zurück).

Palm Bay Hideaway Resort, Long Island, Tel. und Fax: 079–469233. Diese kleine anlage bietet Ferienhäuser und -wohnungen zu Preisen zwischen 129 und 284 $ pro Nacht an. Anreise erfolgt mit dem Wassertaxi von Shute Harbour aus (22 $ hin und zurück).

Whitsunday's Long Island Resort, Tel: 079–469400, Fax: 079–469555. Diese zweistöckige Anlage verfügt über 140 Einheiten mit Zimmerpreisen zwischen 75 und 110 $ pro Übernachtung.

South Molle Island Resort, Tel: 079–469433, Fax: 079–469580. Sechs verschiedene Kategorien von Ferienwohnungen mit Preisen zwischen 190 und 370 $ pro Nacht (alle Mahlzeiten inbegriffen). Anreise über einen Zubringerdienst von Shute Harbour aus (30 $ hin und zurück).

Auf dem Festland gibt es ein großes Angebot an Ferienzentren, Motels und Campingplätzen in Airlie Beach und Mackay.

Boathaven Lodge Holiday Units, 440 Shute Harbour Rd, Airlie Beach. Tel: 079–466421, Fax: 079–466421. Preise für eine Ferienwohnung zwischen 45 und 65 $ pro Übernachtung bzw. 270 und 390 $ pro Woche.

Coral Sea Resort, 25 Ocean View Ave, Airlie Beach. Tel: 079–466458, Fax: 079–466516. Zimmerpreise liegen zwischen 109 und 175 $ pro Nacht.

Beach Tourist Park, Petrie St, Mackay. Tel: 079–574021, Fax: 079–514551. Ferienhäuser ab 45 $, Hütten ab 36 $ und Zelte ab 16 $.

Coral Sands Motel, 44 MacAlister St, Mackay. Tel: 079–511244, Fax: 079–572095. Zweistöckiger Komplex mit Zimmern zwischen 51 und 73 $ pro Nacht.

Keppel Islands

Die vor Yeppoon gelegene Inselgruppe Keppel bietet das ganze Jahr über gute Tauchbedingungen. Man kann diese Inseln und Riffe auf einem

Tagesausflug vom Festland aus erreichen oder man entscheidet sich dafür, auf Great Keppel Island zu bleiben, um näher am Geschehen zu sein. Auf Great Keppel gibt es zwei Ferienzentren und ein Tauchgeschäft. Die Insel erreicht man entweder mit dem Zubringerboot (30 Minuten Fahrtzeit zu 25 $ hin und zurück) oder mit dem Flugzeug von Rockhampton aus (150 $ hin und zurück). Vom Festland aus kostet ein Tagesausflug 40 $ für zwei Tauchgänge, während ein einziger Tauchgang von Great Keppel aus ebenfalls 40 $ kostet.

Great Keppel liegt 681 km nördlich von Brisbane und 40 km nordöstlich von Rockhampton.

Tauchveranstalter

Capricorn Reef Diving, 189 Musgrave St, North Rockhampton. Tel: 079–22 77 20, Fax: 079–22 79 33. PADI Tauchzentrum, Tagesausflüge zur Keppel-Inselgruppe, Tauchkurse, Verkauf und Verleih von Tauchausrüstung.

Inner Space Images, 17 Caroline St, Yeppoon. Tel: 079–39 33 12. SSI Ausbildung und Unterwasservideo bzw. -kamera Service.

Keppel Reef Scuba Adventures, Great Keppel Island. Tel: 079–39 50 22, Fax: 079–39 50 22. Das Keppel Island Dive Centre mit Sitz auf Great Keppel bietet für Taucher täglich Bootsausflüge an. PADI Tauchkurse, Verkauf und Verleih von Tauchausrüstung.

Keppel Isles Yacht Charters, 12 Poplar St, Cooee Bay. Tel: 079–394949. Charterbootfahrten zu der Keppel Group.

Keppel Tourist Services, Rosslyn Bay Boat Harbour, Yeppoon. Tel: 079–33 67 44. Tägliche Schnorchel- und Tauchausflüge zu den Keppel Islands auf dem großen Katamaran »Reefseeker«.

Rockhampton Diving, Shop 3, 61 High St, North Rockhampton. Tel: 079–28 04 33. SSI Trainingszentrum, Ausflüge zu den Keppel Islands und den Riffen, Verkauf und Verleih von Tauchausrüstung.

Tropicana Dive, 12 Anzac Pde, Yeppoon. Tel: 079–39 46 42, Fax: 079–39 46 62. Ausflüge zu den Keppel Islands und den Riffen, SSI und PADI Tauchkurse, Verkauf und Verleih von Tauchausrüstung.

Unterbringung

Auf Great Keppel Islands stehen Tauchern zwei Ferienanlagen zur Auswahl.

Great Keppel Island Resort, PMB 8001, North Rockhampton. Tel: 079–33602444, Fax: 079–33 60 24 53. Zum Great Keppel Island Resort gehören ein Restaurant, Nachtclub, Versammlungszentrum, Schwimmbad, Squash-Court, Tennisplatz, Golfplatz und eine ganze Reihe von Wassersportarten. Bei der Unterbringung gibt es drei verschiedene Preiskategorien, die zwischen 270 und 384 $ pro Nacht liegen, je nach gebuchter Pauschale und Anzahl der Personen. Mahlzeiten sind im Preis nicht inbegriffen.

Keppel Haven Resort, Tel: 079–33 67 44, Fax: 079–33 64 29. Keppel Haven Resort ist für Leute mit kleinerem Geldbeutel gedacht, die sich mit der Unterbringung in Hütten und Zelten begnügen. Die vor Ort vorhandenen Zelte kosten 17 $ die Nacht, die Hütten für Selbstversorger liegen bei 110 $ pro Nacht. Die Anlage verfügt über ein Restaurant, eine Küche, Barbecue-Grill und bietet zahlreiche Wassersportaktivitäten an.

Wenn Sie Ihren Urlaub lieber auf dem Festland verbringen, dann bieten sich in der Gegend um Rockhampton bzw. Yeppoon zahlreiche Unterkunftsmöglichkeiten. Zur Auswahl stehen Ferienzentren, Motels, Campingplätze und Ferienhäuser mit Preisen, die zwischen 10 und 200 $ pro Nacht schwanken.

Capricorn International Resort, Farnborough Rd, Yeppoon. Tel: 079–39 51 11, Fax: 079–39 56 66. Diese große Anlage hat verschiedene Zimmer zur Auswahl, die pro Nacht zwischen 145 und 220 $ kosten.

Como Holiday Units, 32 Anzac Pde, Yeppoon. Tel: 079–39 15 94. Direkt am Strand gelegen, biete Como Ferienwohnungen zu 50 $ pro Nacht.

Capricorn und Bunker Groups und Swain Reefs

Wie es auch bei vielen anderen Tauchplätzen auf dem Riff der Fall ist, so sind auch die Capricorn und Bunker Groups und Swain Reefs nur von einem live-aboard Boot aus zu erreichen. Die Boote starten von Hervey Bay, Bundaberg und Gladstone aus, wobei nur Lady Musgrave Island regelmäßig angelaufen wird. Alle aufgeführten Boote sind Charter-Boote, die von Tauchbetrieben und Taucherclubs für Ausflüge angemietet werden, jedoch keinen festgelegten Fahrplan haben. Einzelbuchungen sind möglich, da Ihr Name einfach mit auf die Gruppenliste gesetzt wird, die das Boot angemietet hat. Charter-Ausflüge zur Capricorn und Bunker Group kosten zwischen 120 und 180 $ am Tag, während Fahrten zu den Swain Reefs etwas teurer sind (150 bis 200 $ am Tag). An beiden Zielorten herrschen ganzjährig gute Tauchbedingungen, und selbst wenn die Fahrt recht stürmisch verläuft, sind die Tauchplätze innerhalb des Riffsystems doch immer geschützt. Gladstone befindet sich 530 km nördlich von Brisbane, Bundaberg 368 km nördlich von Brisbane, während Hervey Bay 80 km südlich von Bundaberg liegt.

Tauchveranstalter und Charter-Boote

Australiana. 45 Hickey Ave, Gladstone. Tel: 079–783956. Fahrten zu den Swain Reefs, Capricorn und Bunker Groups und ins Südliche Korallenmeer.

Booby Bird, Marine Drv, Gladstone. Tel: 079–726990, Fax: 079–726990. Die »Booby Bird« steht für Ausflüge zu den Swain Reefs, Capricorn und Bunker Groups und ins Südliche Korallenmeer zur Verfügung.

Boomerang Cruises, 22 Byron St, Scarness, Hervey Bay. Tel: 071–242393. Ausflüge zu den Swain Reefs, Bunker Group und ins Südliche Korallenmeer.

Captain Cook Great Barrier Reef Cruises, Seventeen Seventy. Tel: 079–749077, Fax: 079–749505. Tagesausflüge zu Lady Musgrave Island und Tauchkurse.

Gladstone Reef Charters, Marine Dve, Gladstone. Tel: 079–725166. Bietet einen Inseltaxi-Service für Gruppen, die auf North West, Tyron und Masthead Islands zelten wollen.

Harris Undersea Services, 44 Higgins St, Gladstone. Tel: 079–722784.

Last Wave Watersports, 16 Goondoon St, Gladstone. Tel: 079–729185. Tauchkurse, Tauchcharter, Verkauf und Verleih von Tauchausrüstung.

Max Allen Cruises, 7 Illawong Crt, Gladstone. Tel: 079–791377. Fahrten auf den Charter-Booten » Kanimbla« und »Spirit of Freedom« zu den Swain Reefs, Capricorn und Bunker Groups, sowie ins Südliche Korallenmeer.

Reef Knot Charters, 19 The Esplanade, Gladstone. Tel: 079–724129. Charterausflüge zu den Swain Reefs und Capricorn und Bunker Groups. Sewah Charters, Gayndah Rd, Oakhurst, Bundaberg. Tel: 071–213155. Fahrten zu den Swain Reefs und Capricorn und Bunker Groups.

Yellowfin Charters, 16 Perry St, Bundaberg. Tel: 071–516448, Fax: 071–531215. Ausflüge zu den Capricorn & Bunker Groups, Swain Reefs und ins Südliche Korallenmeer.

Unterbringung

Charter-Boote, die die Capricorn und Bunker Groups und die Swains zum Ziel haben, laufen meistens nachts aus und kommen am Spätnachmittag wieder zurück. Wenn Sie hier nach einer Bleibe suchen, stehen Ihnen von Hervey Bay bis Gladstone unzählige Motels, Ferienwohnungen, Zentren und Campingplätze mit Preisen zwischen 200 und 10 $ pro Nacht, zur Verfügung.

Heron Island

Heron Island Tourist Resort, P & O Resorts, Tel: 079–781488, Fax: 079–781457. Heron Island war schon immer ein beliebtes Urlaubsziel für Taucher. Die Tauchbedingungen sind ganzjährig gut und dem Taucher bietet sich eine abwechslungsreiche Unterwasserwelt dar. Zu den Einrichtungen auf der Insel gehören ein Tennisplatz, Schwimmbad, Läden und eine Tauchbasis. Auf der Insel gibt es vier Unterkunftskategorien, die im Preis zwischen 149 und 548 $ schwanken. Die Tauchbasis organisiert tägliche Bootsausflüge zu Tauchplätzen bei Heron: zwei Tauchgänge kosten 60 $, ganztägige Tauchabenteuer mit zwei Tauchgängen 120 $, nächtliche Tauchgänge 55 $. Die Tauchbasis führt auch Tauchkurse durch und hat ein breites Angebot an Leihausrüstungen. Es gibt Pauschalangebote, die Unterbringung und Tauchen beinhalten, wobei manchmal das Tauchen als Gratis-Angebot mit dabei ist. Heron Island befindet sich 72 km östlich von Gladstone und ist mit der Fähre bzw. dem Hubschrauber zu erreichen. Für die Fähre kostet die Hin-und Rückfahrt 136 $, für den Hubschrauber 364 $.

Lady Musgrave Island

Lady Musgrave Barrier Reef Cruises, 1 Quay St, Bundaberg. Tel: 071–529011, Fax: 071–524948. Lady Musgrave Island wird regelmäßig von Charter-Booten angelaufen, die sich auf dem Weg zu den Bunker Groups befinden. Man kann jedoch auch auf der Insel campen bzw. einen Tagesausflug dorthin unternehmen. Die Firma Lady Musgrave Barrier Reef Cruises organisiert immer dienstags, donnerstags, samstags und sonntags (während der Schulferien jeden Tag) Tagesausflüge auf die Insel. Sie bietet Ausflüge auf dem glass-bottom Boot zur Korallenbeobachtung, Inselwanderungen, Mittagessen und Schnorcheln für 96 $ (für Erwachsene) bzw. 50 $ (für Kinder) an. Die Tauchausflüge finden in Zusammenarbeit mit dem **Salty's Dive Team**, 22 Quay St, Bundaberg, Tel: 071–534747, Fax: 071–526707, statt. Ein Tauchgang kostet 35 $ (Tauchausrüstung inbegriffen), einführende Tauchgänge kommen auf 50 $. Salty's bietet außerdem sogenannte Fly-Dive Ausflüge an: für 180 $ werden vier Taucher in einem Wasserflugzeug nach Lady Musgrave geflogen, wo sie einige Tauchgänge unternehmen können und dann nach Bundaberg zurückgeflogen werden.

Lady Elliot Island

Lady Elliot Island Resort, PO Box 206, Torquay. Tel: 071–564444, Fax: 071–564400. Die Tauchbedingungen auf Lady Elliot Island sind das ganze Jahr über hervorragend. Die Insel bietet ein breites Angebot an Unterkunftsmöglichkeiten.Die einfachen, aber komfortablen Schlafbaracken und Safari-Zelte kosten zwischen 175 und 230 $ die Nacht, während für Ferienwohnungen mit 200 bis 280 $ gerechnet werden muss. Zu den Einrichtungen auf der Insel gehören ein Trainingszentrum, Speisesaal, Bar und ein Laden. Tauchgänge vom Boot aus kosten 35 $, an der Küste 25 $: es ist jedoch um einiges günstiger, eine Pauschale über 10 Tauchgänge zu 250 $ zu kaufen. Immer wieder gibt es auch Sonderangebote, bei denen man gratis tauchen kann: Sie sollten sich daher in Ihrem Reisebüro nach günstigen Angeboten erkundigen. Der Tauchbetrieb bietet außerdem PADI-Tauchkurse und Einführungskurse im Schwimmbecken an und verleiht auch Tauchausrüstungen. Die einzige Möglichkeit nach Lady Elliot Island zu gelangen, ist mit dem Flugzeug ab Hervey Bay, Bundaberg oder Gladstone. Die Flugkosten sind in Pauschalangeboten bereits enthalten.

Bundaberg und Hervey Bay

Bundaberg und Hervey Bay sind die südlichen Tore zum Great Barrier Reef. Von hier aus kann man auf Charter-Booten ein- bzw. mehrtägige Ausflüge unternehmen. Dieses Gebiet weist außerdem eine ganze Reihe interessanter Küstentauchplätze auf. Die örtlichen Tauchveranstalter bieten doppelte Tauchgänge an den Riffen an, die um die 70 $ kosten. Die Tauchbedingungen sind im allgemeinen ganzjährig gut, wobei im Winter das Wasser an der Küste am klarsten ist. Bundaberg liegt 368 km nördlich von Brisbane, Hervey Bay 290 km nördlich der Hauptstadt des Staates.

Tauchveranstalter

Bundaberg Scuba Centre, 200 Bourbong St, Bundaberg. Tel: 071–516422. Ausflüge auf Tauchbooten, PADI Tauchkurse, Verkauf und Verleih von Tauchausrüstung.

Bernie's Dive Connection, 382 Esplanade, Hervey Bay. Tel: 071–241133. SSI Tauchkurse, Ausflüge auf Tauchbooten, Verkauf und Verleih von Tauchausrüstung.

Diver's Mecca, 472 Esplanade, Hervey Bay. Tel: 071–251626. Ausflüge auf Tauchbooten, Tauchkurse sowie Verkauf und Verleih von Tauchausrüstung.

Eclipse Charters, Hervey Bay. Tel: 071–287030. Tauchausflüge auf einem 15 m langen Katamaran.

Lady Musgrave Scuba Services, 28 Holland St, Bargara. Tel: 071–592663. SSI Tauchkurse.

Maryborough Diver Supplies, 91 Wharf St, Maryborough. Tel: 071–233466. Verkauf und Verleih von Ausrüstung, Kundenservice.

Salty's Dive Team, 22 Quay St, Bundaberg. Tel: 071–534747, Fax: 071–526707. Tauchausflüge zu Lady Musgrave Island, und zu den Plätzen der Umgebung, Tauchkurse, Verkauf und Verleih von Tauchausrüstung.

Spirit of Bundaberg, 39 Baldwin Crs, Bundaberg. Tel: 071–522780. Taucherbootausflüge zu örtlichen Tauchplätzen.

Unterbringung

In der Umgebung von Bundaberg und Hervey Bay finden Urlaubsgäste ein reichhaltiges Angebot an Unterkunftsmöglichkeiten, da dieses Gebiet zu den beliebtesten Ferienzielen gehört.

Reef Gateway Motor Inn, 11 Takalvan St, Bundaberg. Tel: 071–532255, Fax: 071–532294. Ferienwohnungen zwischen 65 und 125 $ pro Übernachtung.

Rum City Motel, 52 Takalvan St, Bundaberg. Tel: 071–525722, Fax: 071–533964. Zimmer von 40 bis 55 $ pro Nacht.

Hervey Bay Resort, 249 Esplanade, Pialba. Tel: 071–284688, Fax: 071–284688. Dreistöckiger Komplex mit Zimmern zwischen 60 und 200 $ pro Nacht.

Colonial Log Cabin Resort, Boat Harbour Drive, Urangan. Tel: 071–251844. Wohnungen ab 52 $ pro Nacht, Schlafbaracken ab 13 $ die Nacht.

Sunshine Coast

Nur 100 km nördlich von Brisbane befinden sich vor der Sunshine coast unzählige Riffe, die Tauchplätze konzentrieren sich jedoch auf die Gegend um Noosa und Mooloolaba. Doppelte Tauchgänge vom Boot aus kosten etwa 45 $, einfache 30 $, während Tauchgänge im Haikäfig in der Underwater World von Mooloolaba bei 50 $ liegen. Die Tauchbedingungen können das ganze Jahr über ausgezeichnet sein, doch da hier geschützte Stellen sehr selten sind, muss man bei stürmischer See auf das Tauchen verzichten.

Tauchveranstalter

Aqua-Holic Divers, 11 Cocas Ave, Palmwoods. Tel: 07–54450789. PADI Tauchkurse.

Aqua Safari Scuba Centre, 120 Bulcock St, Caloundra. Tel: 07–54926266.

Aquatic Dive Studio, Islander Resort, Gympie Tce, Noosaville. Tel: 07–54424500. Ausflüge auf Tauchbooten, Verkauf und Verleih von Tauchausrüstung, PADI Tauchkurse.

Club Dive, 199 Brisbane Rd, Mooloolaba. Tel: 07–5444 47850. Tauchcharter, PADI Tauchkurse, Verkauf und Verleih von Tauchausrüstung.

Dive Boatique, Cruise Terminal, Gympie Tce, Noosaville. Tel: 07–54471300. Ausflüge auf Tauchbooten, PADI Tauchkurse, Verkauf und Verleih von Tauchausrüstung.

Scuba World, Underwater World, Parkyn Pde, Mooloolaba. Tel: 07–54448595, Fax: 07–544485 96. SSI Tauchkurse, Tauchgänge in der Underwater World, Ausflüge auf Tauchbooten und Verleih von Ausrüstung.

Sun Coast Fundive, Cnr Brisbane Rd & Woomba Pl, Mooloolaba. Tel: 07–54448883, Fax: 07–54 781020. Ausflüge auf Tauchbooten (auch nachts) PADI Tauchkurse, Verkauf und Verleih von Ausrüstung.

Sunreef Diving Services, Shop 6, 120 Brisbane Rd, Mooloolaba. Tel: 07–54445656. Tauchkurse, Ausflüge auf Tauchbooten, Verkauf und Verleih von Ausrüstung.

Sweetlip Dive Services, 5 Wingara St, Buddina. Tel: 07–54442033. Charter-Boot Service.

Unterbringung

Als äußerst beliebtes Urlaubsgebiet bietet die Sunshine Coast jede Menge Unterkunftsmöglichkeiten: zur Auswahl stehen hier Hunderte Motels, Ferienwohnungen, Campingplätze, Herbergen für Rucksacktouristen und Ferienanlagen.

Bayviews Apartments, 9 Douglas St, Mooloolaba. Tel. und Fax: 07–54440966. Wohnungen von 40 bis 115 $ pro Nacht bzw. 275 bis 850 $ pro Woche.

Mooloolaba Motel, 46 Brisbane Rd, Mooloolaba. Tel: 07–54442988, Fax: 07–54448386. Zweistöckiger Komplex mit Zimmern zwischen 48 und 105 $ pro Nacht.

Noosa River Beach Holiday Units, 281 Gympie Tce, Noosaville. Tel: 07-54497873. Ferienwohnungen zwischen 40 und 90 $ pro Nacht bzw. 220 und 550 $ pro Woche.

Brisbane

Obwohl die Tauchbedingungen vor der Küste Brisbanes im allgemeinen ganzjährig als ausgezeichnet gelten, muss man doch längere Fahrten zu den Tauchplätzen auf sich nehmen, was dann unter Umständen eine kostspielige Angelegenheit werden kann. Tagesausflüge vom Festland aus kosten etwa 80 $, wobei zwei Tauchgänge und eine Mahlzeit im Preis inbegriffen sind. Es kommt billiger, wenn man einen Wochenendausflug auf einem live-aboard Boot bucht, das Freitag abend ausläuft und Sonntag nachmittag zurückkehrt (in dieser Zeit können bis zu 8 Tauchgänge unternommen werden). Eine andere Möglichkeit ist, seine Unterkunft auf Moreton Island oder North Stradbroke Island zu wählen, da beide über Tauchbetriebe und einen leichteren Zugang zu den Tauchplätzen verfügen. Für einen einzelnen Tauchgang vor Moreton (innerhalb der Bucht) zahlt man 35 $, von »Straddy« aus muss man 40 $ bezahlen, wobei aber auch Pauschalangebote erhältlich sind. Vor Brisbane sind die Tauchbedingungen meist ganzjährig als gut zu bezeichnen, bei starkem Seegang ist das Tauchen jedoch auf die Moreton Bay beschränkt.

Tauchveranstalter

Adventure Sports, 119 Logan Rd, Wooloongabba. Tel: 07–33913766, Fax: 07–33917804.

Adventure Sports, 151 Caxton St, Paddington. Tel: 07–33 68 12 88. Beide Betriebe der Firma Adventure Sports bieten NAUI, PADI & AUSI Tauchkurse und Ausflüge mit Tauchbooten, an- und verkaufen bzw. verleihen Ausrüstung.

Bribie Island Scuba Centre, 1467 Bribie Is Rd, Ningi. Tel: 07–54 97 60 88. Ausflüge auf Tauchbooten, NAUI Tauchkurse, Verkauf und Verleih von Tauchausrüstung.

Brisbane Dive Systems, 536a Rode Rd, Chermside. Tel: 07–33 59 39 25. Ausflüge auf Tauchbooten, SSI Tauchkurse, Gasgemisch, Verkauf und Verleih von Tauchausrüstung.

Brisbane Scuba School, 2422 Logan Rd, Eight Mile Plains, Tel: 07–33 41 97 33. Tauchkurse, Verkauf und Verleih von Tauchausrüstung, Ausflüge auf Tauchbooten.

Dive Biz Underwater Adventures, Mahagony Rd, Munruben. Tel: 07–32 97 01 69. Tauchausflüge, Tauchkurse, Verkauf und Verleih von Ausrüstung.

Get Wet, Tangalooma Moreton Island Resort, PO Box 1102, Eagle Farm, 4009. Tel: 07–32 68 63 33, Fax: 07–34 08 26 66. Tauchausflüge, Tauchkurse, Unterbringung, Verkauf und Verleih von Ausrüstung.

Moreton Academy of Diving, 132 Braun St, Deagon. Tel: 07–32 69 84 00. PADI & NAUI Ausbildung, Tauchausflüge, Verkauf und Verleih von Ausrüstung.

Nautilus Scuba Centre, 520 Lutwyche Rd, Lutwyche. Tel: 07–38 57 14 40, Fax: 07–38 57 61 41. Tauchausflüge, Tauchkurse, Verkauf und Verleih von Ausrüstung.

Point Lookout Scuba Dive, Nth Stradbroke Is. Tel: 07–38 43 05 43. Ausflüge auf dem Charter-Boot »Sport Diver«, Verleih von Ausrüstung und Unterbringung.

Pro Dive Milton, Cnr Milton & Baroona Rds, Milton. Tel: 07–33 68 37 66, Fax: 07–33 68 30 25.

Pro Dive Mt Gravatt, 21 Mt Gravatt-Capalaba Rd, Upper Mt Gravatt. Tel: 07–33 43 88 66. PADI Tauchkurse, Tauchausflüge, Verkauf und Verleih von Ausrüstung.

Redland Scuba Centre, 6/1 Dan St, Capalaba. Tel: 07–32 45 10 08. Tauchausflüge,Tauchkurse, Verkauf und Verleih von Tauchausrüstung.

South Bank Dive and Hire, South Bank Parklands, Sth Brisbane. Tel: 07–38 44 71 60, Fax: 07–38 44 13 51. Tauchausflüge, PADI Tauchkurse, Verkauf und Verleih von Ausrüstung.

Stradbroke Island Scuba Centre, 1 East Coast Rd, Pt Lookout, Nth Stradbroke is. Tel: 07–34 09 87 15, Fax: 07–34 09 87 15. NAUI Tauchkurse, Ausflüge mit dem Taucherboot, Unterbringung vor Ort, Verkauf und Verleih von Ausrüstung.

Unterbringung

Wenn Sie einen Aufenthalt in Brisbane planen, so stehen Ihnen unzählige Unterbringunsmöglichkeiten zur Auswahl, besonders in der Nähe des neuen, internationalen Flughafens und in der Stadtmitte. Wollen Sie jedoch einen erholsamen Urlaub verbringen, so sollten Sie sich für Moreton Island oder North Stradbroke Island entscheiden.

Moreton Island

Um Moreton Island auszukundschaften ist ein Fahrzeug mit Allradantrieb erforderlich. Die Insel ist von Whyte Island aus mit der Autofähre (Buchungen unter Tel: 07–38 95 10 00) oder von Holt St Wharf Pinkemba aus mit dem Passagierboot (Buchungen unter Tel: 07–32 68 63 33) zu erreichen.

Tangalooma Moreton Island Resort, PO Box 1102, Eagle Farm, 4009. Tel: 07–32 68 63 33, Fax: 07–32 68 62 99. Die Ferienwohnungen liegen im Preis zwischen 140 und 250 $ pro Nacht. Geboten werden alle Einrichtungen und Aktivitäten eines Ferienzentrums, als besondere Attraktion gilt die nächtliche Fütterung freilebender Delfine.

Bulwer Holiday Flats, Tel: 07–32 03 63 99. Einfach eingerichtete Wohnungen ab 60 $ die Nacht.

Camping:
Informationen und Genehmigungen: Erkundigen Sie sich beim State Government Department of Environment & Heritage, 160 Ann St. Brisbane. Tel: 07–32 27 81 86.

North Stradbroke Island

Aufgrund des gut ausgebauten Straßennetzes und einiger kleinerer Orte ist Straddy auch ohne Fahrzeug mit Vierradantrieb befahrbar. Auf die Insel gelangt man mit der Autofähre (Buchungen unter Tel: 07–32 86 26 66) oder einer Passagierfähre (Buchungen unter Tel: 07–32 86 21 92) von Cleveland aus. Bei Amity Point und Dunwich gibt es einige Campingplätze und Motels, der ideale Aufenthaltsort ist jedoch Point Lookout wegen des Strandes, Buschlandes und der Nähe zu einem Tauchbetrieb.

Anchorage Village Beach Resort, 25 East Coast Rd, Point Lookout. Tel: 07–34098266, Fax: 07–34098304. Ferienwohnungen zwischen 80 und 130 $ die Nacht.

The Islander Holiday Units, East Coast Rd, Point Lookout. Tel: 07–34098388. Wohnungen zwischen 50 und 120 $ pro Übernachtung.

Stradbroke Island Guest House, 1 East Coast Rd, Point Lookout, Tel: 07–34098888.

Gold Coast

Das Tauchen an der Gold Coast wird dadurch vereinfacht, dass es in diesem betriebsamen Urlaubsgebiet eigentlich überall einen Tauchbetrieb gibt. Preisgünstig tauchen kann man an den Küstentauchplätzen entlang der Gold Coast. Für Ausflüge mit dem Tauchboot muss man mit 30 $ für einen Tauchgang bzw. 50 $ für einen doppelten Tauchgang rechnen. Die Tauchbedingungen können ganzjährig gut sein: der Winter ist jedoch aufgrund der stabilen Wetterlage und der wenigen Touristen empfehlenswert. Die Gold Coast liegt 100 km südlich von Brisbane.

Tauchveranstalter

Aqua'Nuts, 32 Strathaird Rd, Bundall. Tel: 07–55316511. PADI Tauchkurse, Ausflüge mit dem Tauchboot, Verkauf und Verleih von Ausrüstung.

Coolangatta Scuba Centre, Cnr Wharf St & River Tce, Tweed Heads, Tel: 07–55369622. Tauchausflüge, SSI Tauchkurse, Verkauf und Verleih von Ausrüstung.

Diver Training Services, 55 Queen St, Southport. Tel: 07–55710106.

Gold Coast Dive Centre, 20 Railway St, Southport. Tel: 07–55328088. Tauchausflüge, PADI Tauchkurse, Verkauf und Verleih von Ausrüstung.

Gold Coast Underwater Club, 1 Fifteenth Ave, Palm Beach. Tel: 07–55353696. Tauchausflüge und PADI Tauchkurse.

Kirra Dive Centre, Cnr Creek & South St, Kirra. Tel: 07–55366622, Fax: 07–55368882. PADI; NASDS und NAUI Tauchkurse, Ausflüge mit dem Tauchboot, Verkauf und Verleih von Ausrüstung.

Ocean Dive & Photographics, PO Box 887, Coolangatta. Tel & Fax: 07–55981568. Vermietung von Charter-Booten an Tauchbetriebe, Einzelpersonen, Gruppen und Tauchclubs, Verleih von Tauchausrüstung.

Pacific Ocean Divers, 55 Carrington Crt, Mudgeeraba. Tel: 07–55303295. PADI Tauchkurse und Tauchausflüge.

Palm Beach Dive Centre & Underwater Photographics, 13 Palm Beach Ave, Palm Beach. Tel: 07–55982638, Fax: 07–55983977. Verleih und Verkauf von Unterwasserkameras, Entwicklung von E6-Filmen, Tauchausflüge, PADI Tauchkurse und Verleih von Tauchausrüstung.

Southport Marine & Dive Centre, 95 Marine Pde, Southport. Tel: 07–55312333, Fax: 07–55911421. Tauchausflüge, PADI Tauchkurse, Verkauf und Verleih von Ausrüstung.

Surfers Paradise Divers, Berth 75, Mariners Cove, Seaworld Drv, Main Beach. Tel: 07–55917117, Fax: 07–55917119. Schwimmendes Tauchzentrum, das Tauchausflüge und PADI Tauchkurse anbietet und Tauchausrüstung verkauft bzw. verleiht.

The Aussie Dive Store, 22 Tedder Ave, Main Beach. Tel: 07–55916133, Fax: 07–55314708. PADI und SSI Training, Tauchausflüge, Verkauf und Verleih von Ausrüstung.

Tropic Diving Services, 23 Seabeach Ave, Mermaid Beach. Tel: 07–55725807.

Tweed Dive, 17 Tawarri Crs, Burleigh Heads. Tel: 07–55357510.

Unterbringung

In diesem beliebten Urlaubsgebiet steht ein reichhaltiges Angebot an Unterkünften zur Auswahl, das von 5-Sterne Luxushotels bis zu Schlafbaracken für Rucksacktouristen reicht. Während der Schulferien kann es dennoch vorkommen, dass die Gegend vollkommen ausgebucht ist.

Greenmount Beach Resort, 3 Hill St, Coolangatta. Tel: 07–55361222, Fax: 07–55361102. Zehnstöckiger Komplex mit Zimmerpreisen zwischen 120 und 260 $.

On The Beach Holiday Units, 118 Marine Pde, Coolangatta. Tel und Fax: 07–55363624. 16 Ferienwohnungen ab 45 $ pro Tag bzw. 280 $ pro Woche.

Ramada, Gold Coast Hwy, Surfers Paradise. Tel: 07–55793499, Fax: 07–55920026. 36-stöckiger Hotelkomplex mit Zimmerpreisen zwischen 165 und 215 $.

New South Wales

Die Küste von New South Wales eignet sich größtenteils sehr gut zum Tauchen. Sowohl die Korallenriffe im Norden des Staates als auch die farbenprächtigen Schwammgärten vor der Südküste sind wegen ihrer Vielfalt und verschwenderischen Fülle an Meerestieren als Tauchziele sehr beliebt. Die Tauchbetriebe und Charter-Boote, die man in allen größeren Orten entlang der Küste findet, bieten relativ kostengünstige Tauchausflüge an.

Anreise

Taucher aus dem Ausland, die die Küste von New South Wales erforschen wollen, können ihren Flug bis Sydney oder Brisbane buchen. Die meisten internationalen Fluggesellschaften fliegen diese Flughäfen regelmäßig an und garantieren den Feriengästen damit eine gute Verbindung zu fast allen Gebieten von New South Wales. Innerhalb Australiens bieten Ansett und Qantas regelmäßig Inlandflüge von den übrigen Hauptstädten aus an.

Örtliche Verkehrsverbindungen

Eine äußerst beliebte Art, die Küste von New South Wales kennenzulernen, sind die sogenannten »dive and drive trips«. Da zahlreiche gute Tauchplätze sehr dicht beieinander liegen, kann man während der Ferien verschiedene Gebiete aufsuchen und jeweils zwei oder drei Tage an einem Ort verbringen. Mietwagen gibt es in allen Städten und auf den Flughäfen. Die wichtigsten Autovermietungen heissen Avis, Budget, Hertz und Thrifty, Pannenhilfe wird durch den NRMA (National Roads & Motorists Association) gewährleistet. Der schnellste, aber auch teuerste Weg, zu seinem Zielort zu gelangen, ist mit einem Inlandflug. Die meisten Orte werden von Qantas, Ansett und Hazelton angeflogen. Die einzelnen Küstenorte sind durch ein gutes Busverkehrsnetz miteinander verbunden. Die größten Busunternehmen sind Greyhound-Pioneer und McCafferty's. Die Bahnverbindungen in New South Wales sind auch recht gut, Züge verkehren jedoch nur zwischen Murwillumbah und Nowra.

Medizinische Versorgung

Bei jedem Tauchunfall in Australien sollten Sie sich umgehend mit dem DES (Diving Emergency Service), Tel: **1 800 088 200** in Verbindung setzen. Schildern Sie ausführlich, wie sich der Tauchunfall ereignete und in welchem Zustand sich der Taucher befindet.

In New South Wales gibt es zwei Dekompressionskammern in Sydney, während man Krankenhäuser und Arztpraxen in jeder Küstenstadt findet. Alle Charter-Boote müssen Sauerstoff an Bord haben, und die Besatzung ist meistens in Erster Hilfe gut ausgebildet.

Bei jedem anderen Notfall (außer Tauchen) rufen Sie die Nummer 000 und verlangen entweder die Feuerwehr, Polizei oder den Notarzt.

Fotozubehör

Überall in New South Wales findet man Läden, in denen man Filme kaufen bzw. entwickeln lassen kann. Abgesehen von einigen kleineren Orten, kann man fast überall Filme für Papierbilder oder Dias kaufen. Papierbilder kann man eigentlich in jedem Fotogeschäft zur Entwicklung geben, während E6-Filme nur in den größeren Städten wie Sydney, Coffs Harbour, Newcastle, Wollongong, Central Coast und Canberra entwickelt werden.

Byron Bay

Die 790 km nördlich von Sydney und nur 200 km südlich von Brisbane gelegene Byron Bay gehört zu den beliebtesten Tauchgebieten in New South Wales. In dieser hübschen Küstenstadt findet man mehrere Tauchbetriebe, die täglich Charter-Ausflüge zum Julian Rocks Marine Reserve und anderen Plätzen organisieren. Tauchausflüge mit dem Boot kosten ca. 35 $ für einen Tauchgang, Pauschalen sind erst für mehrtägige Aufenthalte zu haben. Die Tauchbedingungen sind eigentlich das ganze Jahr über sehr gut, so dass man nur sehr selten einen Tauchgang wegen schlechter Wetterverhältnisse absagen muss.

Tauchveranstalter

Bayside Scuba, Cnr Lawson & Fletcher St, Byron Bay. Tel: 02–66858333, Fax: 02–66855750. Ausflüge mit dem Tauchboot, SSI Tauchkurse, Verkauf und Verleih von Tauchausrüstung.

Byron Bay Dive Centre, 9 Lawson St, Byron Bay. Tel: 02–66857149. Tägliche Bootsausflüge, Verkauf und Verleih von Ausrüstung, Tauchlehrgänge.

Byron Dive Downunder, Myocom Rd, Ewingsdale. Tel: 02–66847446.

Sundive Australia, Middleton St, Byron Bay. Tel: 02–66857755, Fax: 02–66858361. PADI Tauchkurse, tägliche Ausflüge mit dem Tauchboot, Verkauf und Verleih von Ausrüstung, Unterbringung.

Unterbringung

Als beliebtes Ferienziel hat die Byron Bay ein breites Angebot an Unterkunftsmöglichkeiten.

Byron Bay Holiday Inn, 45 Lawson St, Byron Bay. Tel: 02–66856373, Fax: 02–66856373.Direkt am Strand gelegen, Zimmerpreise zwischen 85 und 145 $ pro Übernachtung bzw. zwischen 595 und 910 $ pro Woche.

Cape Byron Van Village, Ewingsdale Rd, Byron Bay. Tel: 02–66857378. Ferienhäuser ab 33 bis 60 $ pro Nacht bzw. 96 bis 140 $ pro Woche.

Pacific Apartments, 62 Lawson St, Byron Bay. Tel: 02–66857597. Dreistöckiger Komplex direkt am Strand mit Zimmern zwischen 80 und 150 $ pro Nacht bzw. 375 und 1300 $ pro Woche.

Ballina

Das in Taucherkreisen noch recht unbekannte Ballina hat viele interessante Tauchplätze vor und an der Küste zu bieten, wo ganzjährig gute Bedingungen herrschen. Ballina liegt 753 km nördlich von Sydney und zählt zu den größeren Orten an der Nordküste von New South Wales.

Tauchveranstalter

Alan Jarrett's Divers World, 29 Cherry St, Ballina. Tel: 02–66863985. Die vor 19 Jahren gegründete Firma Alan Jarrett's Divers World führt NASDS Tauchkurse (halbtags) durch, verkauft und verleiht Ausrüstung und veranstaltet demnächst auch Wochenend-Charterausflüge.

Unterbringung

Obwohl sich Ballina als Tauchgebiet noch keinen Namen gemacht hat, so ist es doch ein beliebtes Urlaubsziel mit einem breiten Angebot an Unterkünften.

Ballina Beach Resort, Compton Dve, Ballina. Tel: 02–66868888, Fax: 02–66868897. Zweistöckiger Komplex mit Zimmerpreisen zwischen 79 und 180 $.

Ballina Travellers Lodge, 36 Tamar St, Ballina. Tel: 02–66866737, Fax: 02–66866342. Ferienwohnungen zwischen 41 und 90 $ pro Nacht.

Brooms Head

Brooms Head Dive Centre, 92 Ocean Rd, Brooms Head. Tel und Fax: 02–66467160. Das Brooms Head Dive Centre hat das Tauchen in dieser Gegend bekannt gemacht und bietet nun komplette Tauchferien-Pauschalen an. Es führt PADI Tauchkurse durch, verkauft bzw. verleiht Ausrüstungen und organisiert tägliche Bootsausflüge zum Buchanan Reef (40 $), den Sandon Shoals (60 $) und zum Pimpernel Rock (80 $). Das Unternehmen besitzt außerdem fünf Ferienwohnungen für Selbstversorger für jeweils bis zu sechs Personen, die pro Person und Übernachtung 12 $ kosten. Die 732 km nördlich von Sydney gelegene Kleinstadt Brooms Head eignet sich ganzjährig zum Tauchen.

Coffs Harbour

Vor der Küste von Coffs Harbour befindet sich eine Inselgruppe, die unter dem Namen Solitary Islands bekannt ist. Diese Inseln gehören zu den besten Tauchgebieten in ganz New South Wales und wurden erst neulich zum Naturschutzgebiet erklärt. Man erreicht die Inselgruppe von Coffs Harbour und dem 40 km weiter nördlich gelegenen Mullaway aus. Die Tauchbasen in den beiden Orten organisieren Bootsausflüge in dieses Schutzgebiet, die 30 $ (für einen Tauchgang) bzw. 60 $ (für einen doppelten Tauchgang, inklusive einer zweiten Flasche) kosten. Coffs Harbour ist ein betriebsamer Ferienort, 543 km nördlich von Sydney, mit hübschen Stränden und durchgehend gutem Wetter.

Tauchveranstalter

Coffs Harbour Charter Boat Services, 17 Melittas Ave, Coffs Harbour. Tel: 02–66 51 14 34. Charter-Bootsausflüge auf der »MV Laura E«.

Dive Quest, 30 Mullaway Dve, Mullaway. Tel: 02–66541930, Fax: 02–66540328. Täglich Bootsausflüge zu den Northern Solitary Islands, Tauchlehrgänge, Verkauf und Verleih von Ausrüstung, Unterstützung bei der Beschaffung von Unterkünften.

Divers Depot, Showground, Pacific Hway, Coffs Harbour. Tel: 02–66 52 20 33. Charter-Ausflüge zu den Southern Solitary Islands, Tauchkurse.

Island Snorkel & Dive Charter, 27 Carrington St, Woolgoolga. Tel: 02–66 54 28 60. Tauchausflüge zu den Northern Solitary Islands.

Jetty Dive Centre, 398 High St, Coffs Harbour. Tel: 02–66 51 16 11, Fax: 02–66 52 57 02. Täglich Tauchausflüge zu den Southern Solitary Islands, Tauchkurse, Verkauf und Verleih von Ausrüstung.

Unterbringung

In den Ferien strömen die Touristen geradezu nach Coffs Harbour, so dass hier kein Mangel an Unterbringungsmöglichkeiten herrscht.

Aanuka Beach Resort, Firman Dve, Diggers Beach. Tel: 02–66 52 75 55, Fax: 02–66 52 70 53. Dieser Komplex hat Ferienwohnungen im Preis zwischen 75 und 85 $ pro Nacht zu bieten.

Coffs Harbour Motor Inn, 22 Elizabeth St, Coffs Harbour. Tel: 02–66 52 63 88, Fax: 02–66 52 64 93. Wohnungen von 55 bis 103 $ pro Übernachtung.

Sunseeker, 7 Prince St, Coffs Harbour. Tel: 02–66 52 20 87. Ferienwohnungen im Preis von 40 bis 80 $ pro Nacht bzw. 230 und 550 $ pro Woche.

South West Rocks

Das 466 km nördlich von Sydney und an der Mündung des Macleay Rivers gelegene South West Rocks ist bei Urlaubern und Tauchern gleichermaßen beliebt. An den zahlreichen Inseln und Riffen herrschen das ganze Jahr über gute Tauchbedingungen. Die beiden Tauchbetriebe dieser Kleinstadt bieten regelmäßig Tauchausflüge an, wobei ein Tauchgang 35 $, zwei Tauchgänge 60 $ kosten. Es gibt auch Pauschalangebote, die Tauchen und Unterbringung beinhalten.

Tauchveranstalter

Fish Rock Dive Centre, 328 Gregory St, South West Rocks. Tel: 02–65 66 66 14, Fax: 02–65 66 55 85. Täglich Bootsausflüge, PADI Lehrgänge, Unterbringung in einfachen Hütten vor Ort zu 15 $ die Nacht, Verkauf und Verleih von Ausrüstung.

South West Rocks Dive Centre, 98 Gregory St, South West Rocks. Tel: 02–65 66 64 74, Fax: 02–65 66 69 59. Tauchkurse, tägliche Bootsausflüge, Verkauf und Verleih von Ausrüstung sowie Unterbringung vor Ort zu 15 $ pro Nacht.

Unterbringung

Wenn Sie nicht in den betriebseigenen Unterkünften der Tauchgeschäfte wohnen möchten, dann stehen Ihnen noch weitere Unterbringungsmöglichkeiten zur Verfügung.

Horseshoe Bay Beach Park, Livingstone St, South West Rocks. Tel: 02–65 66 63 70, Fax: 02–65 66 63 02. Hüttenunterkünfte und Wohnmobile zu 25 bzw. 55 $ die Nacht oder 140 bzw. 390 $ die Woche.

Ocean View Apartments, 2 Gregory St, South West Rocks. Tel. 02–65 66 63 13, Fax: 02–65 66 63 56. Wohnungen zu 50 $ pro Übernachtung bzw. 290 $ die Woche.

Port Macquarie

Mit seinem ganzjährig angenehmen Klima gehört Port Macquarie zu den betriebsamsten Ferienorten an der Küste von New South Wales. Während der Schulferien kann das 398 km nördlich von Sydney gelegene Port Macquarie mit Feriengästen überfüllt sein. Für Taucher lohnt sich ein Besuch in der Stadt auf jeden Fall, da sich vor diesem Küstenabschnitt viele verborgene Riffe befinden.

Tauchveranstalter

Port Macquarie Dive Centre, Port Marina, Park St, Port Macquarie. Tel: 02–65 83 84 83. PADI Tauchkurse, Tauchcharter-Ausflüge zu 30 $ (für einen Tauchgang) bzw. 55 $ für einen doppelten Tauchgang, Verkauf und Verleih von Ausrüstung.

Unterbringung

Ganz bestimmt werden Sie im Umkreis von Port Macquarie keine Probleme haben, eine passende Unterkunft zu finden.

Beachfront Regency Motor Inn, 40 William St, Port Macquarie. Tel: 02–65832244, Fax: 02–65 832868. Dreistöckiger Komplex mit Zimmern zwischen 55 und 75 $ die Nacht.

Central View Holiday Units, 2 Clarence St, Port Macquarie. Tel: 02–65831171, Fax: 02–658311 71. Ferienwohnungen zwischen 45 und 110 $ pro Übernachtung bzw. 300 und 900 $ pro Woche.

Sails Resort, Park St, Port Macquarie. Tel: 02–65 833999, Fax: 02–65840397. Zimmer von 150 bis 400 $ pro Übernachtung.

Norfolk Island

Obowhl sich Norfolk Island eher als Urlaubsort einen Namen gemacht hat, gibt es in seiner Umgebung doch zahlreiche Korallenriffe, die sich hervorragend zum Tauchen eignen. Die Tauchbedingungen sind eigentlich ganzjährig als gut zu bezeichnen, im Sommer ist das Wasser jedoch warm und klar. Die historische Insel liegt 1676 km nordöstlich von Sydney und wird täglich von Sydney und Brisbane aus angeflogen (zweieinhalb Stunden Flugzeit; Flugpreis ca. 600 $ hin und zurück).

Tauchveranstalter

Norfolk Island Bounty Divers, Village Centre, Norfolk Island. Tel: 0011–672322751, Fax: 0011–672323375. PADI Tauchkurse, tägliche Charterausflüge zu 45 $ für einen Tauchgang bzw. 70 $ für einen doppelten Tauchgang, Verkauf und Verleih von Ausrüstung.

Unterbringung

Auf Norfolk Island hat man die Auswahl unter 50 Unterkünften.

Daydreamer Holiday Units, Tel: 0011–6723221 14, Fax: 0011–672323014. Ferienwohnungen zwischen 93 und 100 $ pro Nacht.

South Pacific Resort Hotel, Taylors Road. Tel: 0011–672323154, Fax. 0011–672322166. Zimmerpreise zwischen 140 und 195 $ pro Nacht bzw. 965 und 1 350 $ die Woche.

Viewrest Inn, Grassy Rd. Tel: 0011–672322269, Fax: 0011–672322376. Wohnungen im Preis von 90$.

Lord Howe Island

Das 700 km nordöstlich von Sydney gelegene tropische Inselparadies Lord Howe Island, ist von den südlichsten Korallenriffen der Welt umgeben. Im Umkreis der Insel gibt es überall spektakuläre Tauchplätze, und die Bedingungen sind das ganze Jahr über sehr gut (im Sommer ist allerdings das Wasser am klarsten und das Wetter am stabilsten). Man erreicht die Insel mit dem Flugzeug von Sydney oder Brisbane aus (zwei Stunden Flugzeit). Der reine Flugpreis ist sehr hoch: man sollte lieber ein Pauschalangebot inklusive Flug, Unterbringung und Tauchen buchen.

Tauchveranstalter

Sea Life International, Middle Beach, Lord Howe Island. Tel: 02–65632154. Tägliche Bootsausflüge zu 55 $ für einen Tauchgang, außerdem Tauchkurse.

Pro Dive Travel, Shop 620, Royal Arcade, 255 Pitt St, Sydney. Tel: 02–92649499, Fax: 02–926494 94. Zuständig für Taucherferien auf Lord Howe Island, Pauschalangebote inklusive Tauchen, Flug und Unterkunft.

Unterbringung

Auf Lord Howe Island gibt es Unterkünfte für maximal 400 Urlaubsgäste. Die Insel hat 6 Ferienwohnungskomplexe zu bieten.

Blue Lagoon, Tel: 02–65632006, Fax: 02–6563 2150. Zimmer zwischen 190 und 290 $.

Broken Banyan, Tel: 02–65632024, Fax: 02–65 632150. Wohnungen zwischen 90 und 134 $ pro Nacht bzw. 630 und 938 $ pro Woche.

Leanda Lei Apartments, Tel: 02–65632195, Fax: 02–65632095. Ferienwohnungen von 130 bis 260 $.

Lorhiti Apartments, Tel: 02–65632081, Fax: 02–65632118. Ferienwohnungen von 90 bis 220 $ pro Übernachtung bzw. 630 und 1540 $ pro Woche.

Mary Challis Cottages, Tel: 02–65632076, Fax: 02–65632159. Preise zwischen 65 und 110 $.

Somerset Holiday Accomodation, Tel: 02–6563 2061, Fax: 02–65632110. Ferienwohnungen von 109 bis 165 $ pro Nacht bzw. 763 bis 1155 $ pro Woche.

North Haven

Das 400 km nördlich von Sydney gelegene North Haven wurde erst vor kurzer Zeit für den Tauchsport erschlossen und stellt nun ein sehr beliebtes Tauchziel dar. Vor der kleinen Küstenstadt sind die Tauchbedingungen das ganze jahr über gut.

Tauchveranstalter

Cool D Dive Shop, 615 Ocean Drive, North Haven. Tel und Fax: 02–65 59 71 81. Tägliche Tauchausflüge zu 30 $ für einen Tauchgang bzw. 50 $ für einen doppelten Tauchgang, PADI Tauchkurse, Verkauf und Verleih von Ausrüstung, Pauschalangebote inklusive Tauchen und Unterbringung.

Unterbringung

Auf North Haven gibt es nur ein paar Übernachtungsmöglichkeiten.

Jacaranda Caravan Park, 85 The Parade, North Haven. Tel: 02–65 59 94 70, Fax: 02–65 59 86 04. Hüttenunterkünfte zwischen 30 und 120 $ pro Nacht bzw. 160 und 720 $ pro Woche.

North Haven Motel, 506 Ocean Dve, North Haven. Tel: 02–65 59 96 04. Zimmer von 38 bis 65 $ pro Übernachtung und 250 bis 380 $ pro Woche.

Forster /Tuncurry und Seal Rocks

Die Zwillingsstadt Forster/Tuncurry ist bei Touristen äußerst beliebt, und wenn man die wunderschönen Strände und vielen Freizeitangebote sieht, weiß man auch, warum sie die Massen anziehen. Taucher finden hier einige der aufregendsten Tauchgebiete in ganz New South Wales, mit unzähligen Riffen und Schiffswracks und Schwärmen von Grauen Ammenhaien. Einfache Tauchausflüge zu den örtlichen Tauchplätzen kosten um die 30 $, doppelte Tauchgänge 60 $. Dieses Gebiet, das sich 300 km nördlich von Sydney befindet, eignet sich vorzüglich für Wochenendausflüge oder ausgedehnte Ferien.

Tauchveranstalter

Action Divers, 17 Manning St, Tuncurry. Tel: 02–65 55 40 53. PADI Tauchkurse, tägliche Tauchausflüge, Verkauf und Verleih von Tauchausrüstung.

Blue Water Divers, Wharf St, Forster. Tel: 02–65 54 74 78. Tauchlehrgänge, Tauchbootsausflüge, Verkauf und Verleih von Ausrüstung.

Forster Dive Centre, 15 Little St, Forster. Tel: 02–65 54 52 55. Tägliche Tauchausflüge, Tauchkurse, Verkauf und Verleih von Ausrüstung.

Unterbringung

In der Gegend von Forster/Tuncurry stehen ausreichend Unterkunftsmöglichkeiten zur Auswahl.

Bellevue, Manning St, Tuncurry. Tel: 02–65 54 65 77, Fax. 02–65 55 60 78. Ferienwohnungen zwischen 38 und 76 $ pro Übernachtung.

Forster Motor Inn, 11 Wallis St, Forster. Tel. 02–65 54 68 77, Fax: 02–65 54 50 61. Ferienwohnungen von 56 bis 140 $ pro Nacht.

Forster Waters Caravan Park, Tea Tree Rd, Forster. Tel: 02–65 54 89 03, Fax: 02–65 55 55 11. Hüttenunterkünfte zwischen 25 und 70 $ pro Nacht bzw. 175 und 480 $ pro Woche.

Port Stephens

Das nur 200 km nördlich von Sydney gelegene Port Stephens hat ein paar der besten Küsten- bzw. Bootstauchplätze in New South Wales zu bieten. Das Tauchen an der Küste kostet Sie nur eine Sauerstofffüllung, während man für Tauchausflüge mit 30 $ (für einen Tauchgang) und 55 $ (für einen doppelten Tauchgang) rechnen muss. Die Bedingungen an diesem Küstenabschnitt sind in der Regel ganzjährig gut. Port Stephens ist außerdem ein sehr beliebter Urlaubsort, und während der Schulferien kann es mitunter sehr schwierig sein, eine Unterkunft zu finden, wenn man nicht frühzeitig gebucht hat.

Tauchveranstalter

Dive Nelson Bay, Nelson Towers Complex, Victoria Pde, Nelson Bay. Tel: 02–49 81 24 91. PADI Tauchkurse, tägliche Tauchausflüge, Verkauf und Verleih von Ausrüstung.

Hawks Nest Dive & Fishing Centre, Tuloa Ave, Hawks Nest. Tel: 02–49 97 04 42.

Kunara Charters, Halifax Park Kiosk, Little Beach, Nelson Bay. Tel: 02–49 81 10 54. Tauchausflüge mit dem Charterboot.

Myall Diving, 82 Port Stephens, Tea Gardens. Tel: 02–49 97 15 57.

Pro Dive, D'Albora Marinas, Nelsons Bay. Tel: 02–49 81 43 31, Fax: 02–49 81 47 63. Tägliche Tauchausflüge, PADI Tauchkurse, Verkauf und Verleih von Ausrüstung.

Unterbringung

Da man bei Port Stephens auf beiden Seiten der Bucht tauchen kann, kann man auch aus einem breiten Angebot an Unterkunftsmöglichkeiten wählen. An der Nordseite der Bucht befinden sich Tea Gardens und Hawks Nest, auf der Südseite liegen Nelson Bay, Shoal Bay, Anna Bay und viele andere gute Tauchplätze.

Club Inn Tea Gardens, Yalinbah St, Tea Gardens, Tel: 02–49970911, Fax: 02–49970910. Dieser Komplex hat Zimmer zwischen 68 und 98 $ pro Nacht.

Hawks Nest Beach Caravan Park, Booner St, Hawks Nest. Tel: 02–49970239. Grenzt direkt an den Strand an und bietet Hüttenunterkünfte von 35 bis 65 $ die Nacht.

Nelson Lodge Motel, Government Rd, Nelson Bay. Tel: 02–49811705, Fax: 02–49814785. Zimmerpreise zwischen 75 und 160 $ pro Übernachtung.

Shoal Bay Flats, 50 Ronald Ave, Shoal Bay. Tel: 02–49811259. Ferienwohnungen von 30 bis 75 $ pro Übernachtung bzw. 125 bis 550 $ pro Woche.

Newcastel & Swansea

Newcastel zählt zu den größten Orten in New South Wales und befindet sich 150 km nördlich von Sydney, während Swansea 35 km südlich von Newcastle liegt. Die Küste von Newcastle ist mit Riffen und Schiffswracks übersät. Überall entlang der Küste findet man gute Tauchplätze. Für Tauchausflüge bezahlt man etwa 30 $ für einen Tauchgang, bzw. 50 $ für einen doppelten Tauchgang. Die Tauchbedingungen können ganzjährig gut sein, wobei jedoch der Winter mit seinen Westwinden für klares Wasser und eine ruhige See sorgt.

Tauchveranstalter

Action Divers, 194 Maitland Rd, Islington. Tel: 02–49616111. PADI Tauchkurse, Verkauf und Verleih von Ausrüstung.

Bluewater Diving Academy, 28 Watt St, Raymond Terrace. Tel: 02–49831344.

Charlestown Diving Academy, 36 Smart St, Charlestown. Tel: 02–49421412. Tauchkurse, Verkauf und Verleih von Ausrüstung.

Dive Addicts, Fairfax Rd, Warners Bay. Tel: 02–49586527. PADI Tauchkurse, Verkauf und Verleih von Ausrüstung.

Divercity Newcastle Swansea Dive Charters, 37 Ridge St, Merewether. Tel: 02–49633793. Tägliche Tauchausflüge.

Lets Go Diving, 59 Georgetown Rd, Georgetown. Tel: 02–49688744. Tauchkurse, Verkauf und Verleih von Ausrüstung.

Scuba Professionals, 430 Pacific Hwy, Belmont. Tel: 02–49453676. Verkauf und Verleih von Ausrüstung, PADI Tauchkurse.

Scuba Shack, 114 Maitland Rd, Mayfield. Tel: 02–49682977. PADI und NAUI Tauchlehrgänge, Verkauf und Verleih von Ausrüstung.

Swansea Diving Services, 18 Southern Cross Dve, Booragul. Tel: 02–49505215.

The Dive Shop, 708 Hunter St, Newcastle. Tel: 02–49294234, Fax: 02–49264617. Tauchausflüge mit dem Charter-Boot, Tauchkurse, Verkauf und Verleih von Ausrüstung.

Unterbringung

In der Gegend von Newcastle und Swansea gibt es genügend Unterkunftsmöglichkeiten.

Blue Pacific Motel, 82 Pacific Hwy, Swansea. Tel: 02–49711055, Fax: 02–49711296. Zimmer von 56 bis 72 $ pro Übernachtung bzw. 380 bis 560 $ pro Woche.

Newcastle Harbourside Motel, 107 Scott St, Newcastle. Tel: 02–49263244, Fax: 02–49263013. Zimmerpreise zwischen 50 und 71 $ pro Übernachtung.

Travellers Motor Village, 295 Maitland Rd, Mayfield. Tel: 02–49681394, Fax: 02–49688230. Ferienhäuser zu 58 $ pro Nacht bzw. 350 $ pro Woche.

Central Coast

Die 100 km nördlich von Sydney gelegene Central Coast war schon immer ein beliebtes Urlaubsgebiet. Dort findet man endlose Strände und zahlreiche Sehenswürdigkeiten, und natürlich einige erstklassige Tauchplätze. Das Gebiet vor der Central Coast eignet sich hervorragend zum Tauchen: einfache Tauchgänge kosten um die 25 $. Klares Wasser und eine ruhige See kann man hier praktisch zu jeder Jahreszeit antreffen, im Winter herrschen jedoch optimale Tauchbedingungen.

Tauchveranstalter

AJ's Scuba Centre, 350 Main Rd, Toukley. Tel: 02–43 97 19 01. PADI Tauchkurse, Tauchausflüge, Verkauf und Verleih von Ausrüstung.

Aquatic Dive Charters, RMB 3390 Wisemans Ferry Rd, Somersby. Tel: 02–43 72 15 02. Tauchausflüge mit dem Charter-Boot von Terrigal Haven aus.

C Breeze Dive Centre, 352 Main Rd, Toukley. Tel: 02–43 96 11 55, Fax: 02–43 96 11 77. Tägliche Tauchausflüge, PADI Tauchkurse, Verkauf und Verleih von Ausrüstung.

Central Coast Charters, 38 Mirreen Ave, Davistown. Tel: 02–43 63 12 21.

Gosford Diving Services, 310 Trafalgar Ave, Umina. Tel. & Fax: 02–43 42 18 55. Tauchausflüge, Tauchkurse, Verkauf und Verleih von Ausrüstung.

Orca Dive, 254 Lakedge Ave, Berkeley Vale. Tel: 02–43 89 17 28.

Pro Dive The Entrance, 96 The Entrance Rd, The Entrance. Tel: 02–43 34 15 59.

Pro Dive Norah Head, 15 Mitchel St, Norah Head. Tel: 02–43 96 36 52. Beide Pro Dive Tauchbetriebe bieten PADI Tauchkurse und -ausflüge an und verkaufen bzw. verleihen Ausrüstung.

Terrigal Diving School, The Haven, Terrigal. Tel: 02–43 84 12 19. Die vor 28 Jahren gegründete Terrigal Diving School bietet NASDS Tauchkurse und -ausflüge an und verkauft bzw. verleiht Ausrüstung.

Unterbringung

An der Central Coast stehen den Urlaubern ausreichend Unterkunftsmöglichkeiten zur Auswahl. Von Norah Head bis Umina kann man zwischen Motels, Ferienwohnungen, Strandhotels, Campingplätzen und Miethäusern wählen.

Beachcomber Resort, 200 Main Rd, Toukley. Tel: 02–43 97 13 00, Fax: 02–43 97 11 67. Zimmer von 105 bis 185 $ pro Übernachtung.

East Ocean Beach Caravan Park, Sydney Ave, Umina. Tel: 02–43 41 15 22, Fax: 02-43 41 48 55. Dieser Campingplatz bietet Unterkünfte zwischen 35 und 90 $ pro Übernachtung bzw. 210 und 540 $ pro Woche.

Norah Head Tourist Park, Victoria St, Norah Head. Tel: 02–43 96 39 35. Ferienunterkünfte zwischen 50 und 80 $ die Nacht bzw. 300 und 550 $ die Woche.

Terrigal Beach Motel, 1 Painter Lane, Terrigal. Tel: 02–43 84 14 23. Zimmer ab 40 bis 75 $/ Nacht.

Sydney

Im Umkreis von Sydney findet man genügend Küstentauchplätze bzw. Tauchplätze auf Riffen und Schiffswracks. In dieser Hafenstadt trifft man überall auf ein Tauchgeschäft und Ausflüge aufs offene Meer sind jeweils Mitte der Woche bzw. am Wochenende möglich. Einfache Tauchgänge vom Boot aus kosten zwischen 25 und 30 $, doppelte Tauchgänge liegen bei 40 bis 50 $. Die Tauchbedingungen vor Sydney können ganzjährig gut sein, wobei jedoch der Winter mit seinen Westwinden das klarste Wasser und die ruhigste See mit sich bringt.

Tauchveranstalter

Die im folgenden aufgelisteten Tauchbetriebe bieten alle Tauchausflüge und Tauchkurse an und verkaufen bzw. verleihen Ausrüstung.

Ace Bondi Diving Academy, 25 Park Pde, Bondi. Tel: 02–93 69 39 43.

Aqua Sports, 430 Hume Hwy, Yagoona. Tel: 02–97 08 28 26.

Aquatic Explorers, 7 Beach Park Ave, Cronulla. Tel: 02–95 27 15 18.

Aquatic Explorers, 11 Bridges St, Kurnell. Tel: 02–96 68 92 07.

Area North Shore Scuba School, 22 Frederick St, Hornsby. Tel: 02–94 77 69 82.

Atlantis Divers, Barrenjoey Boathouse, Palm Beach. Tel: 02–99 74 42 61.

Cannell Diving, 20 Benelong St, Seaforth. Tel: 02–99 49 51 73.

Cape Baily Diving Service, Tonkin St, Cronulla. Tel: 02–95 40 44 54. Tauchcharter.

Coastline Dive, 93 Bundeena Dve, Bundeena. Tel: 02–95 44 26 68.

Deep 6 Diving, 1057 Victoria Rd, West Ryde. Tel: 02–98 58 42 99.

Dipper Diving, Tel: 02–43 84 26 07. Tauchcharter.

Dive Centre, 40 Kingsway, Cronulla. Tel: 02–95 23 72 22.

Dive Centre Manly, 10 Belgrave St, Manly. Tel: 02–99 77 43 55.

Dive Site, Castle Pl, Castle Hill. Tel: 02–98 94 55 60.

Dive 2000, 2 Military Rd, Neutral Bay. Tel: 02–99 53 77 83.

Diver Transport, 166 Powderworks Rd, Elanora Heights. Tel: 02–99 13 87 21.

Fathom Diving, 176 Sydney Rd, Fairlight. Tel: 02–99 48 72 21.

Frog Dive Guildford, 395 Guildford Rd, Guildford. Tel: 02–98 92 34 22.

Frog Dive Maroubra Junction, 687 Anzac Pde, Maroubra Junction. Tel: 02–93 49 63 33.

Frog Dive Willoughby, 539 Willoughby Rd, Willoughby. Tel: 02–99 58 56 99.

Fun Dive Centre, 255 Stanmore Rd, Stanmore. Tel: 02–95 50 08 30.

Go Dive, 192 Bondi Rd, Bondi. Tel: 02–93 69 38 55.

Hills District Scuba School, 257 Annangrove Rd, Annangrove. Tel: 02–96 79 10 98.

Mike Scotland's Dive School, 36 Tulong Pl, Kirrawee. Tel: 02–95 21 77 20.

North Narrabeen Dive Centre, 1457 Pittwater Rd, North Narrabeen. Tel: 02–99 13 71 99.

Pacific Coast Divers Bondi, 16 O'Brien St, Bondi. Tel: 02–91 30 33 23.

Pacific Coast Divers Clovelly, 355 Clovelly Rd, Clovelly. Tel: 02–96 65 74 27.

Pacific Coast Divers Manly, 169 Pittwater Rd, Manly. Tel: 02–99 77 59 66.

Pro Aquatics, 25 Dumaresq St, Campbelltown. Tel: 02–46 27 23 51.

Pro Dive Chatswood, 67 Archer St, Chatswood. Tel: 02–94 19 55 57.

Pro Dive Coogee, 27 Alfreda St, Coogee. Tel: 02–96 65 63 33.

Pro Dive Drummoyne, 227 Victoria Rd, Drummoyne. Tel: 02–98 19 77 11.

Pro Dive Head Office, 330 Wattle St, Ultimo. Tel: 02–92 81 61 66.

Pro Dive Hornsby, Hornsby. Tel: 02–94 82 10 45.

Pro Dive Manly, Manly. Tel: 02–99 76 34 99.

Pro Dive Parramatta, 7/2 O'Connell St, Parramatta. Tel: 02–98 91 91 10.

Pro Dive Penrith, 97c Henry St, Penrith. Tel: 02–47 31 28 66.

Pro Dive Sydney, 478 George St, Sydney. Tel: 02–92 64 61 77.

St George Underwater Centre, 458 King Georges Rd, Beverly Hills. Tel: 02–91 50 02 68.

Scuba Afloat, 2 Tonkin St, Cronulla. Tel: 02–95 27 47 30.

Scuba Cruise, 15 Meig Pl, Blacktown. Tel: 02–98 31 60 88.

Scuba Warehouse, Horwood Pl, Parramatta. Tel: 02–96 89 13 89.

Sea Quest Divers, 167 Old South Head Rd, Bondi Junction. Tel: 02–93 87 27 43.

Shiprock Dive, 617 Port Hacking Rd, Lilli Pilli. Tel: 02–95 26 26 64.

Snorkel Inn, 49 President Ave, Kogarah. Tel: 02–95 88 11 52.

Southern Cross Divers, The Spit Bridge, Mossman. Tel: 02–99 69 50 72.

Sub Aquatics, 484 King Georges Rd, Beverly Hills. Tel: 02–95 70 42 22.

Wats on in Diving, Campbelltown. Tel: 02–46 25 14 25.

Wilderness Sea ,n' Ski Dee Why, 868 Pittwater Road, Dee Why. Tel: 02–99 71 11 00.

Wilderness Sea `'n' Ski Liverpool, 137 George St, Liverpool. Tel: 02–98 22 41 12.

Unterbringung

Wenn Sie nur zum Tauchen nach Sydney gekommen sind, ist es wahrscheinlich am besten, wenn Sie sich eine Unterkunft in einem Ort suchen, von wo aus Charter-Boote starten. Zu diesen Vororten gehören z.B. Palm Beach, Narrabeen, Manly, Rose Bay, Botany Bay und Cronulla. In diesen Gebieten, wie überall in Sydney, findet der Urlauber ein breites Angebot an Unterkünften vor.

Barrenjoey House, 1108 Barrenjoey Rd, Palm Beach. Tel: 02–99744001, Fax: 02–99545008. Zimmer zwischen 60 und 130 $ die nacht.

Cronulla Motor Inn, 85 Kingsway, Cronulla. Tel: 02–95236800, Fax: 02–95230314. Zimmerpreise zwischen 84 und 107 $ pro Nacht.

Lakeside Caravan Park, Lake Park Rd, Narrabeen. Tel: 02–99137845, Fax. 02–99706385. Unterkünfte von 58 bis 88 $ pro Übernachtung bzw. von 330 bis 720 $ die Woche.

Manly Beach Resort, 6 Carlton St, Manly. Tel: 02–99774188, Fax: 02–99770524. Zimmer von 70 bis 95 $ pro Nacht bzw. von 476 bis 546 $ pro Woche.

Sante Fe Holiday Units, 46 Victoria Pde, Manly. Tel: 02–99775213. Ferienwohnungen zu 69 und 180 $ pro Übernachtung bzw. 150 und 1260 $ pro Woche.

Wollongong und Bass Point

Wollongong liegt nur 80 km südlich von Sydney und eignet sich gut für einen Tagesausflug: allerdings wird man etwas mehr Zeit benötigen, um den gesamten Küstenabschnitt zu erforschen. 40 km südlich von Wollongong befindet sich Gerroa mit seinen unzahligen Tauchplätzen an und vor der Küste, zu denen auch Shellharbour, Bass Point und Kiama zählen. Einige Tauchbetriebe in dieser Gegend organisieren Tauchausflüge mit dem Charter-Boot, wobei ein einfacher Tauchgang zwischen 20 und 25 $ kostet. An diesem Teil der Küste können die Tauchbedingungen das ganze Jahr hindurch sehr gut sein: der Sommer bringt klares, warmes Wasser, der Winter eine ruhige, blaue See mit sich.

Tauchveranstalter

Coastwide Diving Services, 41 Addison St, Shellharbour. Tel: 02–42964266. Tägliche Tauchausflüge, PADI Tauchkurse, Verkauf und Verleih von Ausrüstung.

Dive Time, Novotel Northbeach, North Wollongong. Tel: 02–42265066. PADI Tauchkurse, Verkauf und Verleih von Ausrüstung.

Illawarra Aqua Centre, 235 Windang RD, Windang. Tel. und Fax: 02–42964215. Tauchausflüge, Verkauf und Verleih von Ausrüstung, PADI Tauchkurse.

Pro Dive Shellharbour, 17 Addison St, Shellharbour. Tel. & Fax: 02–42963644. PADI Tauchlehrgänge, Tauchausflüge, Verkauf und Verleih von Ausrüstung.

Subdive Australia, Albion Park. Tel: 02–42716488.

United Divers, 6 Victoria St, Wollongong. Tel: 02–42285962. Tauchausflüge, Taucherlehrgänge, Verkauf und Verleih von Ausrüstung.

Unterbringung

Von Wollongong bis Gerroa gibt es eine breite Palette an Unterkunftsmöglichkeiten.

Novotel Northbeach, 2 Cliff Rd, Wollongong. Tel: 02–42263555, Fax: 02–42291705. Der zehnstöckige Hotelkomplex hat Zimmer zwischen 145 und 800 $ pro Nacht.

Ocean Beach Motel, 2 Addison St, Shellharbour. Tel: 02–42961399. Zimmer zwischen 40 und 80 $ pro Übernachtung bzw. zwischen 423 und 462 $ pro Woche.

Shellharbour Beachside Tourist Park, John St, Shellharbour. Tel: 02–42951123. Unterkünfte von 48 bis 105 $ die Übernachtung bzw. von 330 bis 630 $ die Woche.

Surfside Motel, Harbour St, Wollongong. Tel: 02–42297288, Fax. 02–42289418. Zimmer von 73 bis 115 $ pro Nacht bzw. von 385 bis 441 $ pro Woche.

Jervis Bay

Als beliebtestes Tauchziel südlich von Sydney zieht die Jervis Bay jedes Wochenende Hunderte von Tauchern an, die die unzähligen Tauchplätze inner-und außerhalb der Bucht erforschen wollen. Hier hat der Taucher die Wahl zwischen einfachen (ca. 30 $) und doppelten Tauchgängen (ca. 50 $), sowie zwei-bis fünftägigen Ausflügen auf einem live-aboard Boot, die im Preis zwischen 295 und 500 $ schwanken. An der Jervis Bay können ganzjährig erstklassige Tauchbedingungen herrschen: im Sommer blaues Meer, im Winter unterschiedlich, je nach Wind, Strömungen und Seegang. Jervis Bay ist auch bei Urlaubern äußerst beliebt, so dass man im Sommer bzw. während der Schulferien rechtzeitig im voraus buchen sollte.

Tauchveranstalter

Aquatique, 88 Worrigee St, Nowra. Tel. 02–44 21 81 59. Verkauf und Verleih von Ausrüstung, Tauchkurse.

Delphinus Diving Services, 335 Elizabeth Drv, Vincentia. Tel: 02–44 41 62 32. Live-aboard Ausflüge auf dem 18 m langen Katamaran »Ocean Trek«, Tauchkurse.

Jervis Bay Liveaboard Charters, Jervis Bay. Tel: 02–44 41 71 07. Live-aboard-Ausflüge auf der »MV Victory«.

Jervis Bay Sea Sports, 47 Owen St, Huskisson. Tel: 02–44 41 50 12, Fax: 02–44 41 67 23. PADI Tauchkurse, Verkauf und Verleih von Ausrüstung, tägliche Tauchausflüge.

Pro Dive Jervis Bay, 64 Owen St, Huskisson. Tel: 02–44 41 52 55, Fax: 02–44 41 71 13. Tägliche Tauchausflüge, PADI Tauchkurse, Verkauf und Verleih von Ausrüstung.

Unterbringung

In der Gegend um die Jervis Bay gibt es ein reiches angebot an Unterkünften, die meisten Tauchzentren konzentrieren sich jedoch auf Huskisson.

Bayside Motor Inn, Bowen St, Huskisson. Tel: 02–44 41 51 94, Fax: 02–44 41 71 42. Zimmer zwischen 50 und 140 $ pro Nacht bzw. zwischen 360 und 850 $ pro Woche.

Huskisson Beach Tourist Park, Beach St, Huskisson. Tel: 02–44 41 51 42, Fax: 02–44 41 51 42. Ferienhäuser von 38 bis 120 $ pro Nacht bzw. 228 bis 840 $ pro Woche.

Jervis Bay Hotel, Owen St, Huskisson. Tel: 02–44 41 57 81, Fax: 02–44 41 70 72. Zimmer zwischen 55 und 95 $ pro Übernachtung.

Ulladulla

Der Fischereihafen Ulladulla liegt 210 km südlich von Sydney und hat ausgezeichnete Tauchplätze zu bieten. Bereits ein paar Minuten vom Hafen entfernt, gibt es mehrere Dutzend verborgener Riffe, die vor Fischen und wirbellosen Tieren nur so wimmeln. Die Tauchbedingungen können ganzjährig gut sein, doch im Sommer und Herbst ist die Küste von warmem, blauem Wasser umgeben.

Tauchveranstalter

Ulladulla Divers Supplies, Shop 10 Wason St, Ulladulla. Tel: 02–44 55 53 03, Fax: 02–44 55 26 95. Tägliche Ausflüge mit einfachen Tauchgängen zu 25 $ bzw. 20 $ für den zweiten Tauchgang am Tag. Tauchkurse, Verkauf und Verleih von Ausrüstung.

Unterbringung

Im Umkreis von Ulladulla gibt es eine breite Palette an Unterkünften.

Marlin Hotel, 110 Princes Hwy, Ulladulla. Tel: 02–44 55 19 99 9. Zimmer von 20 bis 60 $ pro Nacht.

Top View Motel, 72 South St, Ulladulla. Tel: 02–44 55 15 14, Fax: 02–44 55 14 00. Ferienwohnungen im Preis zwischen 38 und 115 $ pro Übernachtung.

Ulladulla Tourist Park, South St, Ulladulla. Tel: 02–44 55 24 57, Fax: 02–44 55 24 57. Unterkünfte von 30 bis 115 $ pro Übernachtung bzw. von 180 bis 805 $ pro Woche.

Canberra und Umgebung

Die australische Hauptstadt gilt eigentlich nicht als ausgesprochenes Tauchgebiet, doch die hier und in der Umgebung Canberras ansässigen Tauchbetriebe veranstalten Tauchausflüge zu zahlreichen Plätzen an der Küste von New South Wales.

Tauchveranstalter

Aqua-Medium Dive Centre, 43 Colbee Crt, Philip. Tel: 02–62 82 39 19. NASDS Tauchkurse, Verkauf und Verleih von Ausrüstung, Tauchausflüge.

Argonaut Dive, Reed St, Tuggeranong. Tel: 02–62 93 29 55. PADI Tauchlehrgänge, Tauchausflüge, Verkauf und Verleih von Ausrüstung.
Descend Diver Education, 826 David St, Albury. Tel: 02–60 41 14 06. Tauchkurse, Verkauf und Verleih von Ausrüstung.

Lady of the Sea Diving Academy, Collyburl Crs, Isabella Plains. Tel: 02–62 92 57 73. Tauchausflüge, PADI Tauchkurse, Verkauf und Verleih von Ausrüstung.

Quantum Scuba Diving, Western Creek. Tel: 02–62886111.

Scuba Store, 7 Lansdale St, Braddon. Tel: 02–62474911. Tauchlehrgänge, Tauchausflüge, Verkauf und Verleih von Ausrüstung.

Snowline Caravan Park, Jindabyne. Tel: 02–6456 2180. Unterkünfte von 12 bis 80 $ pro Übernachtung, Sauerstofffüllungen, Informationen über die versunkene Stadt Jindabyne.

Die Überreste dieser Stadt befinden sich in einer Tiefe von 2 bis 40 m, wo die Umgebung recht unheimlich sein soll. Die Stelle eignet sich nur für erfahrene Taucher (am besten im Sommer!), da die Sichtweite nur begrenzt ist und die Ruinen in sehr großer Tiefe liegen.

South West Aquatic Services, 34 Graham St, Wagga Wagga. Tel: 02–69225003. Verkauf und Verleih von Ausrüstung, Tauchkurse.

Batemans Bay

Batemans Bay und die umgebenden Städte haben wunderschöne Tauchplätze vor und an der Küste zu bieten, an denen das ganze Jahr über gute Bedingungen vorzufinden sind (ideal sind jedoch Herbst und Sommer). Die örtlichen Tauchbetriebe organisieren einfache Tauchgänge für 25 $, doppelte für 50 $. Die 275 km südlich von Sydney gelegene Batemans Bay ist ein beliebtes Ferienziel und kann im Sommer sehr überfüllt sein, so dass man möglichst im voraus buchen sollte.

Tauchveranstalter

Aqua-Medium, 5/33 Orient St, Batemans Bay. Tel: 02–44729930. NASDS Tauchkurse, Tauchausflüge, Verkauf und Verleih von Ausrüstung.

Malua Bay Dive Shop, 8 Kuppa Ave, Malua Bay. Tel: 02–44711858. Ausflüge mit dem Charter-Boot, Verkauf und Verleih von Ausrüstung, Tauchkurse.

Unterbringung

In den Schulferien herrscht reger Betrieb in der Batemans Bay, da Feriengäste aus Sydney und Canberra in die Stadt strömen. Es gibt daher keinen Mangel an Unterkunftsmöglichkeiten.

Abel Tasman Motel, 222 Beach Rd, Batemans Bay. Tel: 02–44726511, Fax: 02–44724027. Zimmer zwischen 45 und 125 $ pro Nacht bzw. 245 und 616 $ pro Woche.

Easts Riverside Holiday Park, Wharf Rd, Batemans Bay. Tel: 02–44724048. Ferienhäuser zwischen 35 und 100 $ pro Übernachtung bzw. 210 und 770 $ pro Woche.

Malua Bay Inn, 4 Kuppa Ave, Malua Bay. Tel: 02–44711659. Ferienwohnungen ab 45 bis 90 $ pro Nacht und 190 bis 600 $ pro Woche.

Montague Island

Montague Island bietet ganzjährig ausgezeichnete Tauchbedingungen und ist von den Städten Narooma und Bermagui aus zu erreichen. Der beliebte Ferienort und Fischereihafen Narooma liegt 345 km südlich von Sydney, während das Fischerstädtchen Bermagui sich 30 km südlich von Narooma befindet. Bei Montague Island kosten doppelte Tauchgänge um die 60 $, wobei im allgemeinen die zweite Sauerstofffüllung mit inbegriffen ist.

Tauchveranstalter

Bermagui Dive & Boating, 8 Bunga St, Bermagui. Tel: 02–64934184. Ausflüge mit dem Charter-Boot, Tauchkurse, Verkauf und Verleih von Ausrüstung.

Darryl's Tackle & Dive, 66 Princes Hwy, Narooma. Tel: 02–44762111. Tauchkurse, Tauchausflüge mit dem Charter-Boot, Verkauf und Verleih von Ausrüstung.

Ocean Hut Fishing & Dive Centre, 110 Main St, Narooma. Tel/Fax: 02–44762278. Tauchausflüge mit dem Charter-Boot, PADI Tauchkurse, Verkauf und Verleih von Ausrüstung.

Unterbringung

Für Taucher, die sich Montague Island als Ziel gewählt haben, stehen sowohl in Narooma als auch in Bermagui genügend Unterkünfte zur Verfügung.

Amooran Court, 30 Montague St, Narooma. Tel: 02–44762198. Zimmer zwischen 45 und 80 $ pro Übernachtung bzw. 200 und 510 $ die Woche.

Horseshoe Bay Motel, Lamont St, Bermagui. Tel: 02–64934206, Fax: 02–64934859. Ferienwohnungen von 30 bis 40 $ pro Nacht bzw. 80 bis 385 $ pro Woche.

Surf Beach Caravan Park, Ballangalla St, Narooma. Tel: 02–44762275. Ferienunterkünfte zu 30 $ pro Übernachtung und 180 bis 300 $ die Woche.

Tathra

Bei Tathra bieten sich dem Taucher erstklassige Tauchmöglichkeiten sowohl an als auch vor der Küste. In Tathra herrschen ganzjährig gute Bedingungen, doch der Sommer ist geradezu ideal, weil er klares, warmes Wasser mit sich bringt.

Tauchveranstalter

Sea Trek, 7 Beach St, Tathra. Tel: 02–64941799. Tägliche Tauchausflüge mit einfachen (zwischen 35 und 45 $) und doppelten Tauchgängen (zwischen 50 und 60 $), je nachdem wie weit die Tauchplätze entfernt sind. Außerdem Tauchlehrgänge sowie Verkauf und Verleih von Ausrüstung.

Unterbringung

Die hübsche Küstenstadt Tathra hat eine breite Auswahl an Unterkünften zu bieten.

Seabreeze Holiday Park, Andy Poole Dve, Tathra. Tel: 02–64941350. Ferienunterkünfte von 40 bis 120 $ die Nacht, sowie Wohnmobile zu 25 bis 55 $ pro Übernachtung.

Tathra Motel, Bega St, Tathra. Tel: 02–6494 11 01. Ferienwohnungen zwischen 35 und 105 $ pro Übernachtung bzw. 150 und 650 $ pro Woche.

Merimbula und Eden

Die an der Grenze zwischen New South Wales und Victoria gelegene Fischerstadt Eden, befindet sich 475 km südlich von Sydney. Das 20 km nördlich von Eden gelegene Merimbula ist eher ein Touristenort, doch beide haben Tauchern einiges zu bieten. An diesem Küstenabschnitt erwarten den Taucher zahlreiche Riffe und Schiffswracks, die entweder von der Küste oder vom Boot aus zu erreichen sind. Einfache Tauchgänge kosten 35 $ und da die Bedingungen im allgemeinen ganzjährig sehr gut sind, wird hier das Tauchen zum Erlebnis.

Tauchveranstalter

Merimbula Divers Lodge & Dive School, 15 Park St, Merimbula. Tel: 02–64953611, Fax: 02–64953648. Unterkünfte vor Ort zu 20 $ pro Übernachtung, Verkauf und Verleih von Ausrüstung, Tauchausflüge und -kurse.

Twofold Dive Charter Eden, 28 Bass St, Eden. Tel: 02–64963384. Tauchkurse, Ausflüge mit dem Charter-Boot, Unterbringung, Verkauf und Verleih von Ausrüstung.

Unterbringung

Sowohl in Merimbula als auch in Eden stehen Tauchern genügend Unterkünfte zur Verfügung, inklusive den von den Tauchbetrieben angebotenen.

Eagle Heights Holiday Units, 12 Yule St, Eden. Tel: 02–64961971. Ferienwohnungen von 45 bis 75 $ pro Übernachtung bzw. 230 bis 700 $ pro Woche.

Isabellas Holiday Flats, 2 Wonga St, Merimbula. Tel: 02–64951171. Zimmer zwischen 40 und 80 $ die Nacht bzw. 250 und 650 $ die Woche.

Victoria

Wer zum ersten Mal diesen südlichen Staat besucht, wird überrascht sein, was er alles zu bieten hat. In der Umgebung von Melbourne gibt es eine Reihe von Tauchbetrieben und Charter-Boot-Unternehmen sowie eine vielfältige Unterwasserwelt draußen vor der Küste. Tauchveranstalter gibt es fast überall in Victoria, so dass man beinahe an der gesamten Küste tauchen kann, mit Ausnahme einiger Abschnitte an der Ostküste, die von den professionellen Tauchbetrieben noch nicht angeboten werden.

Anreise

Viele internationale Fluggesellschaften fliegen regelmäßig Melbourne an: ein guter Ausgangspunkt für Taucher, die den Osten, Westen oder Melbourne selbst erkunden wollen. Von den übrigen Bundeshauptstädten aus fliegen Qantas und Ansett viele Male am Tag nach Melbourne Airport.

Örtliche Verkehrsverbindungen

Da Victoria kein sehr großer Bundesstaat ist, kann man ihn leicht mit dem Auto erkunden. Mietwagen stehen auf den Flughäfen und in den meisten Orten zur Verfügung; die bekanntesten Autovermietungen sind Avis, Budget, Hertz und Thrifty, für Pannenhilfen ist der RACV (Royal Automobile Club of Victoria) zuständig. Große Teile Victorias sind außerdem durch ein gut ausgebautes Eisenbahnnetz miteinander verbunden, so dass die meisten Tauchzentren kostengünstig erreicht werden können. Es gibt auch regelmäßige Busverbindungen der Unternehmen Greyhound-Pioneer und McCafferty's. Wer nur begrenzt Zeit hat, sollte sich für einen Inlandflug entscheiden. Ansett, Kendell und Qantas fliegen die meisten Zentren Victorias an und auch die Inseln der Bass Strait.

Medizinische Versorgung

Krankenhäuser und Arztpraxen gibt es überall in Victoria. Die einzige Dekompressionskammer befindet sich in Melbourne. Bei Tauchunfällen in allen Gebieten Australiens rufen Sie den DES (Diving Emergency Service) unter der Nummer **1800088200** an und geben ausführliche Auskünfte über den Hergang des Unfalls und den Zustand des Tauchers.

Bei anderen Notfällen (außer Tauchen) rufen Sie die Nummer **000** und verlangen entweder die Feuerwehr, Polizei oder den Notarzt. In Victoria führen alle Charter-Boote Sauerstoff und eine Erste-Hilfe-Ausrüstung mit sich, und die meisten Bootsbesatzungen sind in Erster Hilfe ausgebildet.

Fotozubehör

In allen größeren Orten Victorias sind sowohl Filme für Papierbilder als auch für Dias erhältlich, während man in den kleineren Städten Probleme haben kann, einen Diafilm zu bekommen. Papierbilder können fast in jeder Stadt Victorias zur Entwicklung gegeben werden, während E6-Diafilme nur in Melbourne und Geelong entwickelt werden.

Wilsons Promontory

Bei The Prom kann man einfache Tauchgänge (55 $), doppelte Tauchgänge (70 $) oder Ausflüge mit dem live-aboard Boot unternehmen. Das 230 km südöstlich von Melbourne gelegene Wilsons Promontory ist das ideale Ziel für einen Wochenendausflug.

Tauchveranstalter

Cross Diving Services, 48 Bailey St, Bairnsdale. Tel. 03–51524666. Tauchkurse, Verkauf und Verleih von Ausrüstung, Ausflüge auf dem Charter-Boot nach Cape Conran (25 $ pro Tauchgang) und The Prom.

SEAL Diving Services, 29 Church St, Traralgon. Tel/Fax: 03–51746216. PADI Tauchkurse, Verkauf und Verleih von Ausrüstung.

Seawork, Tarraville Rd, Port Albert. Tel: 03–51832401.

Southern Star Boat Charters, 23 Wattletree Crs, Morwell. Tel: 03–51346484. Der 12 m lange, live-aboard Katamaran »Southern Star« startet von Port Welshpool aus und fährt The Prom und die Inseln der Bass Strait an. Der Preis für Gruppen bis zu 10 Tauchern liegt bei 1400 $ pro Tag.

Strzelecki Dive Services, 9265 Invermay Rd, Jumbuk. Tel: 03–56276474. NASDS Tauchkurse, Ausflüge auf Charter-Booten, Verkauf und Verleih von Ausrüstung, Unterbringung.

Unterbringung

In den Orten bei Wilsons Promontory, wie z.B. Port Albert, Port Welshpool, Port Franklin und dem Ferienpark am Tidal River (direkt bei The Prom) gibt es genügend Auswahlmöglichkeiten an Unterkünften.

Long Jetty Caravan Park, Lewis St, Port Welshpool. Tel: 03–5688 1233. Ferienunterkünfte zwischen 35 und 56 $ pro Nacht.

Port Albert, Wharf St, Port Albert. Tel: 03–5183 2212. Zimmer von 36 bis 50 $.

Inverloch

Obwohl Inverloch im Hauptteil des vorliegenden Buches nicht erwähnt wird, hat es dennoch wundervolle Tauchplätze im Gebiet des Bunurong Marine Parks zu bieten. Dieser Küstenabschnitt kann entweder von der Küste oder vom Boot aus erkundet werden, und auf jedem Tauchgang wird man auf eine verschwenderische Fülle an Meerestieren stoßen. Die Tauchbedingungen können ganzjährig gut sein, wobei jedoch im Sommer das Wasser am klarsten und die See am ruhigsten ist. Die von Inverloch aus startenden Charter-Boote bieten doppelte Tauchgänge zum Preis von ca. 45 $ an. Inverloch ist ein landwirtschaftlich-genutztes Gebiet, das sich 143 km südöstlich von Melbourne befindet.

Tauchveranstalter

Island Divers, 16 Short St, Inverloch. Tel: 03–5674 18 48.

Lex Thorbecke, 26 Park St, Inverloch. Tel: 03–5674 2382. Tauchausflüge mit Charter-Booten in die Gegend um Inverloch und Phillip Island, Verkauf und Verleih von Ausrüstung, NASDS Tauchkurse.

Unterbringung

Obwohl die Umgebung von Inverloch landwirtschaftliche Nutzfläche darstellt, ist der Ort selbst doch ein beliebtes Ferienziel mit zahlreichen Motels und Campingplätzen.

Broadbeach Caravan Park, Esplanade St, Inverloch. Tel: 03–5674 1447, Fax: 03–5674 2695. Ferienunterkünfte zu 40 $ pro Übernachtung.

Inverloch Motel, Bass Hwy, Inverloch. Tel: 03-5674 3100, Fax: 03–5674 2146. Zimmer zwischen 38 und 65 $ pro Nacht.

Melbourne

In Melbourne herrscht kein Mangel an Tauchveranstaltern und Charter-Boot Unternehmen. Werktags und unter der Woche bezahlt man für einen einfachen Tauchgang zwischen 20 und 25 $, bzw. zwischen 35 und 45 $ für einen doppelten Tauchgang.

Die im folgenden aufgelisteten Tauchveranstalter bieten entweder Tauchkurse, Ausflüge auf Charter-Booten, Verkauf und Verleih von Ausrüstung oder alles zusamme, an.

Tauchveranstalter

AB Ocean Divers, 237 East Boundary Rd, Bentleigh East. Tel: 03–9579 2600.

Adventure Down Under, 604 Mountain Hwy, Bayswater. Tel: 03–9729 5811.

Aqua Blue Scuba Instruction, 120 Thomas St, Dandenong. Tel: 03–9794 8136.

Associated Divers, 1292 Centre Rd, Clayton. Tel: 03–9544 9002.

Australian Diving Instruction, Lot 13 Tolson St, Geelong. Tel: 03–5281 5410.

Bay City Scuba, 146 Ormond Rd, Geelong East. Tel: 03–5229 1281.

Deep Sea Charters, 27 Fyans St, Geelong. Tel: 03–5222 2181.

Dive & Dive, 11/6 Rebound Crt, Narre Warren. Tel: 03–9796 6944.

Dive Experience, 8 Wharf St, Queenscliff. Tel: 03–5258 4058.

Dive Experience, 82 Ferguson St, Williamstown. Tel: 03–9397 5139.

Dive Under, 49 Peninsula Ave, Rye. Tel: 03–5985 6999.

Diveline, 6 Young St, Frankston. Tel: 03–9783 71 66.

Diver Instruction Services, 8 Mitchell St, Doncaster. Tel: 03–9840 7744.

Diver Instruction Services, 3752 Nepean Hwy, Portsea. Tel: 03–5984 3155.

Diving Headquarters, 436 High St, Prahran. Tel: 03–9510 9081.

Geelong Dive & Outdoor Centre, 178 Learmonth St, Geelong. Tel: 03–52213342.

In Depth Scuba, 357 Lt Bourke St, Melbourne. Tel: 03–96425422.

In Depth Scuba Queenscliff, 37 Leermonth St, Queenscliff. Tel: 1800814200.

Interdive, 1242 Burwood Hwy, Upper Freentree Gully. Tel: 03–97588333.

John's Diveshop, 294 Kilda Rd, St Kilda. Tel: 03–95341471.

Melbourne Diving Services & School, 157 Whitehorse Rd, Blackburn. Tel: 03–98940012.

Melbourne Diving Services & School, 144 Bell St, Heidelberg West. Tel: 03–94594111.

Melbourne Diving Services & School, 3755 Nepean Hwy, Portsea. Tel: 03–56843666.

Ocean Graphics, 47 MacBeth St, Braeside. Tel: 03–95870953.

Oceanic Diving Australia, 123 Hotham Rd, Sorrento. Tel: 03–56844770.

Paradise Divers, 114 Carlton Rd, Dandenong North. Tel: 03–97935248.

Peninsula Diving Instruction, 33 Cook St, Flinders. Tel: 03–56890900.

Peninsula Diving Instruction , 10 Main St, Mornington. Tel: 03–56756865.

Rye Scuba Centre, 2137 Nepean Hwy, Rye. Tel: 03–59854637.

San Remo Dive Charters, 10 Wynne Ave, San Remo. Tel: 03–56785426.

Scuba Pac, 114 Kings Rd, St Albans. Tel: 03–93665434.

Simply Scuba, Box Hill. Tel: 03–98887322.

Skin & Scuba Sports, Paul Crt, Dandenong. Tel: 03–97922605.

Springvale Dive Centre, 131 Springvale Rd, Springvale. Tel: 03–95460905.

Southern Cross Divers, 92 Pakington St, Geelong West. Tel: 03–52224899.

Take 2 Diving, 6 High St, Cranborne. Tel: 1800811063.

Vision Divers, 96 Fletcher St, Essendon. Tel: 03–93261713.

Watersports Sea To Snow, 83 Hardware St, Melbourne. Tel: 03–96060149.

West Coast Diving, 25 Rodney Rd, Geelong North. Tel: 03–52785426.

Western Diving, Spotswood. Tel: 03–93991941.

Unterbringung

Melbourne erstreckt sich über eine große Fläche und hat eine dementsprechende Auswahl an Unterkünften, wie Motels, Hotels, Ferienwohnungen, Herbergen für Rucksacktouristen und Campingplätze zu bieten. Für Taucher ist es vielleicht günstiger, sich eine Unterkunft auf der Mornington oder Bellarine Peninsula zu suchen, weil die meisten Charter-Boote von dort auslaufen. Einige Tauchbetriebe haben ihre eigenen Unterbringungsmöglichkeiten, es stehen aber auch folgende Unterkünfte zur Verfügung:

Beacon Resort, 78 Bellarine Hwy, Queenscliff. Tel: 03–52581133, Fax: 03–52581152. Zimmer von 70 bis 89 $ die Nacht und Ferienhäuser von 37 bis 70 $ die Nacht.

Bell's Hostel, 3 Miranda St, Sorrento. Tel: 03–59844323. Barackenähnliche Unterkünfte ab 13 $ pro Übernachtung.

Oceanic Motel, 234 Ocean Beach Rd, Sorrento. Tel: 03–59841417. Zimmer zwischen 40 und 75 $ pro Übernachtung.

Das Landesinnere von Victoria

Obwohl es im Landesinnern von Victoria nur wenige Tauchmöglichkeiten gibt, außer vielleicht in Flüssen oder Seen, so bieten doch einige Tauchveranstalter Kurse und Ausflüge zu den Tauchplätzen an der Küste an.

Tauchveranstalter

Deep Down Diver Education, Sale. Tel: 03–51446957.

Skin Ski & Surf, 88 Bridge Mall, Ballarat. Tel: 03–53314178.

Skin Ski & Surf, Bendigo. Tel: 03–54416337.

Wetsports, 14 Bridge Mall, Ballarat. Tel: 03–53317727, Fax: 03–53322590.

Port Campbell

Vor der Küste von Port Campbell liegen zahlreiche interessante Tauchplätze, wie z.B. Schiffswracks und Riffe, an denen es von Fischen und wirbellosen Tieren wimmelt.Die 250 km westlich von Melbourne gelegene Kleinstadt Port Campbell ist bei Touristen als Urlaubsziel sehr beliebt.

Tauchveranstalter

Port Campbell Boat Charters, Great Ocean Rd, Port Campbell. Tel: 03-55986411. Tauchausflüge zu 35 $ für einen einfachen, bzw. 60 $ für einen doppelten Tauchgang.

Schomberg Dive Services, 29 Lord St, Port Campbell. Tel: 03–55986499. Tauchkurse, Verkauf und Verleih von Ausrüstung, Ausflüge mit Charter-Booten.

Unterbringung

Die kleine Küstenstadt Port Campbell hat etwa sechs Unterkunftsmöglichkeiten zu bieten, darunter die folgenden:

Loch Ard Motel, Lord St, Port Campbell. Tel: 03–55986328. Zimmer von 50 bis 85 $.

Port Campbell Caravan Park, Morris St, Port Campbell. Tel: 03–55986369. Ferienunterkünfte zwischen 35 und 50 $ pro Übernachtung.

Warrnambool

Warrnambool hat eine Reihe interessanter Tauchgebiete aufzuweisen, die sowohl von der Küste als auch vom Boot aus zugänglich sind. Tauchen kann man hier zwar das ganze Jahr über, der Sommer bietet jedoch die besten Bedingungen. Die betriebsame Ferienstadt Warrnambool befindet sich 260 km westlich von Melbourne.

Tauchveranstalter

Warrnambool Diving Services, 223 Lava St, Warrnambool. Tel: 03–5562 21685. Tauchkurse, Verkauf und Verleih von Ausrüstung.

Shipwreck Coast Diving & Charters, 457 Raglan Pde, Warrnambool. Tel: 03–55616108. Ausflüge mit Charter-Booten zu 25 $ für einen einfachen, bzw. 50 $ für einen doppelten Tauchgang (hauptsächlich an den Riffen bei Port Fairy), Verleih von Ausrüstung und Tauchkurse.

Unterbringung

Was Unterkünfte anbelangt, bieten sich dem Taucher hier genügend Auswahlmöglichkeiten.

Colonial Village Motel, 31 Mortlake Rd, Warrnambool. Tel: 03–55621455, Fax: 03–55613445. Zimmerpreise zwischen 40 und 85 $ pro Nacht.

Surfside Holiday Park, Pertobe Rd, Warrnambool. Tel: 03–55612611. Verschiedene Unterkünfte zwischen 40 und 85 $ die Nacht.

Portland

Das 360 km von Melbourne gelegene Portland befindet sich in Grenznähe zu Südaustralien. Im Umkreis von Portland gibt es eine Fülle von Tauchgebieten, die sowohl von der Küste als auch vom Boot aus zu erreichen sind.

Tauchveranstalter

Duck Dive Scuba, 57 Bentick St, Portland. Tel: 03–55235617.

Professional Diving Services, 14 Townsend St, Portland. Tel: 03–55236392, Fax: 03–55217255. Tauchausflüge zu 20 bzw. 25 $ für einfache Tauchgänge, NAUI Tauchkurse (einschließlich Höhlentauchkurse), Verkauf und Verleih von Ausrüstung.

Unterbringung

In bzw. um Portland finden sich ausreichend Unterbringungsmöglichkeiten, darunter die folgenden:

Mariner Motel, 196 Percy St, Portland. Tel: 03–55232877. Zimmerpreise zwischen 40 und 47 $ pro Übernachtung.

Portland Haven Caravan Park, 76A Garden St, Portland. Tel: 03–55231768. Unterkünfte zwischen 28 und 40 $ pro Nacht.

Tasmanien

In den kühlen, gemäßigten Gewässern Tasmaniens findet man einige der interessantesten und abwechslungsreichsten Tauchplätze Australiens. Obwohl das Wasser mitunter recht kalt sein kann, wird man durch die Vielfalt der Unterwasserlebewesen und -lebensräume für diese Unannehmlichkeit entschädigt.Auf diesem Inselstaat findet der Urlauber ausreichend Charter-Boote und Tauchveranstalter in allen Landesteilen vor.

Anreise

Tasmanien erreicht man auf dem Seeweg oder mit dem Flugzeug. Internationale Flüge nach Hobart Airport sind nur über Neuseeland möglich. Launceston und Hobart erreicht man täglich durch Inlandflüge aus den übrigen australischen Bundesstaaten. Eine weitere Möglichkeit besteht darin, eine der regelmäßig zwischen Melbourne und Devonport bzw. zwischen Port Welshpool und George Town verkehrenden Autofähren zu nehmen, die zwischen 194 und 316 $ pro Person und 250 $ pro Fahrzeug kosten (hin und zurück).

Örtliche Verkehrsverbindungen

Sobald man in Tasmanien angekommen ist, bereitet die Weiterreise mit dem Auto keinerlei Schwierigkeiten.

Wenn Sie nicht mit dem eigenen Auto unterwegs sind, haben Sie auf den Flughäfen und in den meisten Orten die Möglichkeit, ein Auto zu mieten. Einige Tauchveranstalter bieten als Teil ihrer Pauschalangebote ihren Gästen einen Bus-Zubringerdienst (diesen Service müssen Sie beim jeweiligen Veranstalter in Erfahrung bringen). Alle tasmanischen Orte sind durch ein gut funktionierendes Busverkehrsnetz untereinander verbunden. Außerdem gibt es ein recht gutes, aber leider begrenztes Eisenbahnnetz. Für Urlauber mit einem dicht gedrängten Terminplan oder Feriengäste, die die Inseln der Bass Strait besuchen möchten, empfehlen sich regionale Flüge mit Kendell Airlines, Australian Air Charters und Airlines of Tasmania.

Medizinische Versorgung

In Hobart befindet sich eine Dekompressionskammer, und im Fall eines Tauchunfalles wenden Sie sich bitte an den DES (Diving Emergency Service) unter der Nummer **1800 088 200**. Geben Sie ausführliche Auskünfte über den Unfallhergang und den Zustand des Tauchers. Bei anderen Notfällen (außer Tauchen) rufen Sie die Nummer **000** an und verlangen entweder die Feuerwehr, Polizei oder den Notarzt. Krankenhäuser und Arztpraxen findet man überall in Tasmanien.

Die meisten Charter-Boote führen Sauerstoff und eine Erste-Hilfe-Ausrüstung mit an Bord und sind im allgemeinen mit deren Umgang vertraut.

Fotozubehör

Filme für Papierbilder sind in nahezu jeder tasmanischen Stadt zu kaufen und zu entwickeln. Auch Diafilme sind überall erhältlich, werden jedoch nur in Hobart und Launceston entwickelt.

Bass Strait Islands

Zwischen Victoria und Tasmanien verteilt, befinden sich die landschaftlich sehr schönen Inseln der Bass Strait.In der Umgebung der meisten Inseln bieten sich gute Tauchmöglichkeiten, wobei jedoch zahlreiche Tauchplätze nur von einem live-aboard Boot aus zu erreichen sind. Eine andere Möglichkeit bieten die vielen Riffe und Wracks bei King Island und Flinders Island. Flüge nach King Island sind von Melbourne (132 $ einfach) und Bernie (119 $ einfach) aus mit Kendell Airlines oder Australian Air Charters möglich. Flüge nach Flinders Island gehen von Melbourne (130 $ einfach) und Launceston (110 $ einfach) aus. Die Tauchbedingungen sind ganzjährig gut, ideal sind jedoch Sommer und Herbst.

Tauchveranstalter

Flinders Island Dive, PO Box 115, Whitemark, Flinders Island. Tel: 03–63592124. Tauchausflüge mit Charter-Booten für 30 $ halbtags (2 Tauchgänge) bzw. 50 $ ganztags (2 bis 3 Tauchgänge), Verleih von Tauchausrüstung, Pauschalangebote für längere Aufenthalte.

King Island Dive Charters, 15 Boronia Dve, Grassy. Tel: 03–64611133, Fax: 03–64611293. Ausflüge mit einfachem Tauchgang zu 45 $, Tagesausflüge zu 90 $, Pauschalangebote für Taucher.

Southern Star, 23 Wattletree Crs, Morwell. Tel: 03–51346484. Gelegentliche live-aboard Ausflüge zu den Inseln der Bass Strait von Port Welshpool, Victoria, aus (für Gruppen von bis zu 10 Tauchern zu 1400 $ pro Tag).

Unterbringung

Sowohl auf King Island als auch auf Flinders Island gibt es eine recht große Auswahl an Unterkünften, wie z.B.:

Bluff House,Whitemark, Flinders Island. Tel: 03–63592034. Zimmer zu 33 $ pro Übernachtung.

Bulloke Holiday Units, Butter Factory Rd, Whitemark, Flinders Island. Tel: 03–63599709. Ferienwohnungen zu 60 $ pro Nacht bzw. 420 $ die Woche.

King Island Gem Motel, 95 North Rd, Currie, King Island. Tel: 03–64621260, Fax: 03–6462 15 63. Zimmer zwischen 60 und 80 $ die Nacht.

The Cottage, Naracoopa, King Island. Tel: 03–64611385, Fax: 03–64611273. Ferienwohnungen zu 80 $ die Nacht bzw. 480 $ die Woche.

Wynyard

Das 345 km nordwestlich von Hobart gelegene Wynyard ist eine Agrarregion, die auch bei Touristen sehr beliebt ist. In diesem Gebiet gibt es zahlreiche Freizeitangebote, zu denen auch Tauchen zählt. Die besten Jahreszeiten für Taucher sind der Sommer und Herbst, doch auch zu anderen Zeiten können die Bedingungen recht gut sein.

Tauchveranstalter

Scuba Centre, 62 Old Bass Hwy, Wynyard. Tel: 03–64422247, Fax: 03–64422623. Tägliche Tauchausflüge zu 20 $ für einen einfachen tauchgang, Tauchkurse, Verkauf und Verleih von Ausrüstung.

Unterbringung

Im Umkreis von Wynyard finden sich einige gute Unterkunftsmöglichkeiten.

Leisure Ville Holiday Units, 145 Scenic Hwy, Wynyard. Tel: 03–64422291, Fax: 03–64423058. Wohnungen von 52 bis 75 $ pro Nacht bzw. 240 bis 400 $ pro Woche.

Wynyard Caravan Park, Esplanade, Wynyard. Tel: 03–64421998. Herberge für Rucksacktouristen ab 12 $ pro Übernachtung.

Wynyard Motor Lodge, Esplanade, Wynyard. Tel: 03–64422351, Fax: 03-64423749. Zimmerpreise zwischen 52 und 60 $ die Nacht.

Launceston

Launceston ist die größte Stadt im Norden Tasmaniens und liegt 200 km nördlich von Hobart bzw. über 50 km von der Küste entfernt. Hier sind einige Tauchbetriebe ansässig, die Tauchausflüge an die Küste anbieten.

Tauchveranstalter

Charlton's Scuba Education Services, 155 Brisbane St, Launceston. Tel: 03–63318322. Tauchkurse, Verkauf und Verleih von Ausrüstung.

Scuba Ski & Tackle, 120 Hobart Rd, Kings Meadows. Tel: 03–63449411. PADI Tauchkurse, Verkauf und Verleih von Ausrüstung. In Launceston gibt es ausreichend Unterkunftsmöglichkeiten.

St Helens

Obwohl St Helens in Taucherkreisen nicht sehr bekannt ist, hat es doch zahlreiche interessante Tauchplätze zu bieten. Wie bei vielen Orten an der Ostküste, sind auch bei St Helens die Tauchbedingungen ganzjährig gut, wobei jedoch Herbst und Winter optimal sind. Ausflüge mit einfachem Tauchgang kosten 25 $. Das 253 km nordöstlich von Hobart gelegene St Helens ist auch ein beliebter Urlaubsort.

Tauchveranstalter

East Coast Scuba Centre, 28 Cecilla St, St Helens. Tel: 03–63761720. NAUI Tauchlehrgänge,Tauchausflüge, Verkauf und Verleih von Ausrüstung.

Norseman Charters, 149 Stoney Rise Rd, Devonport. Tel: 03–64246900. Ausflüge mit dem Charter-Boot von St Helens (November–Mai) und Pirates Bay (April–Juli) aus.

Professional Charters, 18 Chimney Heights Rd, St Helens. Tel: 03–63763083. Charterausflüge.

Unterbringung
St Helens, die geschäftige Ferienstadt und größte Stadt an der Ostküste Tasmaniens, hat eine breite Palette an Unterkünften zu bieten.

Anchor Wheel Motel, 61 Tully St, St Helens. Tel: 03–63761358. Zimmer von 35 bis 60 $.

Binalong Bay Character Cottages, Main Rd, Binalong Bay. Tel: 03–63768262, Fax. 03–6376 8306. Ferienwohnungen direkt am Meer von 50 bis 60 $ pro Nacht.

St Helens Caravan Park, Penelope St, St Helens. Tel: 03–63761290, Fax: 03–63761514. Unterkünfte zu 45 $ pro Übernachtung.

Bicheno

Das 180 km nordöstlich von Hobart und 160 km südöstlich von Launceston gelegene Bicheno ist die Nummer Eins unter den tasmanischen Tauchgebieten. Dieses Gebiet eignet sich das ganze Jahr über zum Tauchen, wobei jedoch Herbst und Winter die besten Jahreszeiten sind. Das Wasser ist kühl, aber sehr klar und das Meer ruhig.

Tauchveranstalter
Bicheno Dive Centre, 4 Tasman Hwy, Bicheno. Tel: 03–63751138. Unterbringung vor Ort in Ferienhütten für sechs Personen und zu 18 $ die Nacht. Tägliche Tauchausflüge in Charter-Booten zu 24 $ für einen Tauchgang, außerdem Pauschalen über Tauchen und Unterbringung. Tauchkurse und Verkauf und Verleih von Tauchausrüstung.

Unterbringung
Für Taucher, die nicht in den Unterkünften der Tauchveranstalter übernachten wollen, stehen genügend andere Möglichkeiten zur Auswahl:

Beachfront Motel, Tasman Hwy, Bicheno. Tel: 03–63751111, Fax: 03–63751130. Zimmerpreise zwischen 70 und 80 $ pro Nacht.

Bicheno Cabins & Tourist Park, 4 Champ St, Bicheno. Tel: 03–63751117, Fax: 03–63751355. Unterkünfte von 65 bis 70 $ pro Übernachtung.

Coles Bay

Die Coles Bay, die im Hauptteil dieses Buches nicht erwähnt wurde, ist das Tor zu wunderschönen Tauchgebieten bei der Freycinet Peninsula. Hier kann man auf farbenprächtigen Riffen tauchen, eine erstaunliche Vielfalt von Meereslebewesen bewundern und sogar in Gesellschaft von Robben schwimmen. Die Freycinet Peninsula eignet sich das ganze Jahr über zum Tauchen, doch Herbst und Winter sind dennoch die besten Zeiten. Die Coles Bay befindet sich 205 km nordöstlich von Hobart.

Tauchveranstalter
Freycinet Sea Charters, The Jetty, Coles Bay. Tel und Fax: 03–62751461. Charter-Ausflüge für Gruppen bis zu 10 Tauchern zum Preis von 650 $ (für doppelte Tauchgänge).

Unterbringung
Coles Bay Caravan Park, Coles Bay Rd, Coles Bay. Tel: 03–62570100, Fax: 03–62570270. Wohnmobile für 30 $ die Nacht bzw. Unterkünfte für Rucksacktouristen zu 14 $ pro Übernachtung.

Freycinet Lodge, Freycinet National Park. Tel: 03–62570101. Ferienunterkünfte zwischen 120 und 160 $ pro Nacht.

Orford

Die kleine, 80 km nordöstlich von Hobart gelegene Küstenstadt Orford besitzt ein Charter-Boot-Unternehmen, aber keinen Tauchbetrieb. Sie stellt das Tor zu Maria Island dar, das eine ganze Reihe erstklassiger Tauchplätze – einschließlich Kelp-Wäldern und Schwammgärten – zu bieten hat. Maria Island bietet ganzjährig gute Tauchbedingungen, wobei jedoch Herbst und Winter empfehlensert sind.

Tauchveranstalter
Deep Sea Charters, Shelly Beach, Orford. Tel: 03–62571328. Tauchausflüge für Gruppen nach Maria Island auf Charter-Booten.

Unterbringung
In Orford finden Urlaubsgäste eine recht gute Auswahl an Unterkünften vor.

Blue Waters Motel, Tasman Hwy, Orford. Tel: 03–62571102. Zimmer zwischen 35 und 50 $ pro Übernachtung.

Sea Breeze Holiday Units, Rudd Ave, Orford. Tel: 03–62571375. Ferienwohnungen von 35 bis 40 $.

Tasman Peninsula

Die Tauchplätze auf der Tasmanischen Halbinsel konzentrieren sich auf die Gegend um Eaglehawk Neck, das sich 80 km südöstlich von Hobart befindet. Die Tasmanische Halbinsel, die einige der spektakulärsten Tauchgebiete zu bieten hat, ist das ganze Jahr über zum Tauchen geeignet, wobei jedoch im Herbst und Winter das Wasser an der Küste am klarsten ist.

Tauchveranstalter

Eaglehawk Dive Centre, Pirates Bay Dve, Eaglehawk Neck. Tel: 03–62503566, Fax: 03–62 652251. Tägliche Ausflüge zum Preis von 25 bis 50 $ für einen einfachen Tauchgang (je nachdem wie weit der Tauchplatz entfernt liegt). Tauchkurse, Verkauf und Verleih von Ausrüstung, Pauschalangebote.

Norseman Charters, 149 Stoney Rise Rd, Devonport. Tel: 03–64246900. Charter-Tauchausflüge von St Helens (November–Mai) und Pirates Bay (April – Juli) aus.

Unterbringung

Auf der Tasmanischen Halbinsel findet man genügend Unterkunftsmöglichkeiten: da sich das Tauchen jedoch auf die Gegend um Eaglehawk Neck konzentriert, hat man dort die Auswahl zwischen:

Lufra Country Hotel, Arthur Hwy, Eaglehawk Neck. Tel. 03–62503262. Zimmerpreise zwischen 25 und 70 $ pro Nacht.

Pirates Bay Motel, Blowhole Rd, Eaglehawk Neck. Tel: 03–62503272, Fax: 03–62503519. Zimmer von 60 bis 70 $ pro Nacht.

Hobart

In der Gegend um Hobart gibt es eine ganze Reihe leicht zugänglicher Tauchplätze, die ganzjährig gute Tauchbedingungen bieten, wobei im Winter das Wasser am klarsten ist. In Hobart sind einige Tauchbetriebe und Charter-Unternehmen ansässig, die Ausflüge zu den Küstentauchgebieten organisieren, wobei ein einfacher Tauchgang ab 25 $ kostet.

Tauchveranstalter

Aqua Scuba Diving Services, Market Pl, Hobart. Tel & Fax: 03–62345658. PADI Tauchkurse, Verkauf und Verleih von Ausrüstung.

Blue Fin Charters, 1246 South Arm Rd, Sandford. Tel: 03–62489462. Charter-Ausflüge.

Diversified Diving Services, 32 Gordon St, Sorell. Tel: 03–62652251.

The Dive Shop, 42 Bathurst St, Hobart. Tel: 03–62343428. Verkauf und Verleih von Tauchausrüstung, PADI Tauchkurse, tägliche Ausflüge und Wochenendtrips.

Unterbringung

Hobart und seine Vororte bieten ausreichend Auswahlmöglichkeiten an Unterkünften.

Bowen Park Holiday Village, 673 East Derwent Hwy, Risdon Cove. Tel: 03–62439879. Unterkünfte ab 40 $ die Nacht bzw. 240 $ die Woche.

Sandy Bay Motor Inn, 429 Sandy Bay Rd, Sandy Bay. Tel: 03–62252211. Zimmer von 69 bis 85 $ pro Übernachtung.

Sheraton Hobart, 1 Davey St, Hobart. Tel: 03–62 354535, Fax: 03–62238175. 5-Sterne Hotel mit Zimmerpreisen zwischen 230 und 950 $ pro Übernachtung.

Südaustralien

In Südaustralien erwarten den Taucher viele aufregende Tauchgebiete. Von der Hauptstadt Adelaide bis zu den Tauchgebieten im Osten und Westen kann man die Küste in ihrer ganzen Länge erforschen. Viele Teile des Landes wurden für den Tauchsport bisher noch nicht erschlossen, doch mit den verfügbaren Charter-Booten und Tauchveranstaltern werden sich Ihre Pläne ganz bestimmt verwirklichen lassen.

Anreise

Einige internationale Fluggesellschaften fliegen Adelaide regelmäßig an. Auf Inlandflügen gelangt man von allen übrigen australischen Hauptstädten nach Adelaide (meistens mit Ansett und Qantas).

Örtliche Verkehrsverbindungen

Es gibt verschiedene Möglichkeiten, Südaustralien zu erkunden. Die schnellste, aber auch teuerste Art, sich im Land fortzubewegen, ist mit dem Flugzeug. Die Fluggesellschaften, die Südaustralien anfliegen sind: Kendell Airlines, Emu Airways, Eyre Commuter, O'Conner Mt Gambier Airlines und Lincoln Airlines. Die meisten Orte des Landes sind durch Busverbindungen zu erreichen (die bekanntesten Busunternehmen sind Greyhound-Pioneer, Firefly und McCafferty's). Züge verkehren nicht an der ganzen Küste und sind deshalb nicht so empfehlenswert. Das Beste ist, man erkundet den Staat mit dem Auto.Auf allen Flughäfen und in allen Orten sind Mietwagen erhältlich. Die wichtigsten Autovermietungen heissen Avis, Budget, Hertz und Thrifty. Die Straßen Südaustraliens sind allgemein gut befahrbar, bei einer Panne hilft Ihnen die RAA (Royal Automobile Association of South Australia).

Medizinische Versorgung

Krankenhäuser und Arztpraxen findet man überall in Südaustralien. Bei Notfällen (außer Tauchunfällen) rufen Sie die Nummer **000** und verlangen entweder die Feuerwehr, Polizei oder den Notarzt.

Bei einem Tauchunfall rufen Sie den DES (Diving Emergency Service) unter der Nummer **1800 088200** an. Machen Sie ausführliche Angaben über den Unfallhergang sowie den Zustand des Tauchers.

Die einzige Dekompressionskammer Südaustraliens befindet sich in Adelaide. Alle Charter-Boote führen Sauerstoff und eine Erste-Hilfe-Ausrüstung mit an Bord.

Fotozubehör

In den meisten Orten sind sowohl Filme für Papierbilder als auch für Dias erhältlich. Filme für Papierbilder können überall im Land entwickelt werden, während E6-Diafilme ausschließlich in Adelaide zum Entwickeln gegeben werden können.

Mount Gambier

Mount Gambier mit seiner reichen Auswahl an Höhlen befindet sich 440 km südöstlich von Adelaide und genau so weit von Melbourne entfernt.In den klaren Süßwasserhöhlen kann man das ganze Jahr über tauchen, sie sind jedoch nur für gut ausgebildete und erfahrene Taucher geeignet. Viele der Höhlen befinden sich auf Privat- oder Regierungsbesitz, so dass im allgemeinen eine Genehmigung erforderlich ist.

Tauchveranstalter

Allendale General Store, 50 Bay Rd, Allendale East. Tel: 08–87387274. Sauerstofffüllungen erhältlich.

Blink Bonney Lodge, Wandillo Rd, Mount Gambier. Tel/Fax: 08–87230879. Sauerstofffüllungen und Unterbringung ab 10 $ die Nacht.

Cave Divers Association of Australia (CDAA), PO Box 290, North Adelaide, S.A. 5006. Informationen über Höhlentauchen, Ausbildung und Genehmigungen.

Unterbringung

In der Gegend um Mount Gambier gibt es reichlich Unterkunftsmöglichkeiten.

Mt Gambier Central Caravan Park, Jubilee Hwy West, Mount Gambier. Tel: 08–87254427. Unterkünfte von 28 bis 40 $ pro Übernachtung.

Presidential Motel, Jubilee Hwy West, Mount Gambier. Tel: 08–87249966, Fax: 08–87249975. 4-Sterne Motel mit Zimmern zwischen 74 und 130 $ pro Übernachtung.

Victor Harbour

Die Küste bei Victor Harbour wird von Granit-Landzungen und Inseln beherrscht, die zahlreiche wunderschöne Tauchplätze aufweisen. Diesen faszinierenden Küstenabschnitt kann man vom Land, aber auch vom Boot aus erforschen, wobei ein einfacher Tauchgang 25 $, ein doppelter 50 $ kostet. Victor Harbour befindet sich 85 km südlich von Adelaide und bietet die besten Tauchbedingungen vom Herbst bis zum Frühling.

Tauchveranstalter

Victor Harbour Boat Charters, PO Box 830, Victor Harbour. Tel: 08–85527475. Charter-Tauchausflüge.

Victor Marine & Watersports Centre, 160 Hindmarsh Rd, Victor Harbour. Tel: 08–85524757. Tauchkurse, Verkauf und Verleih von Ausrüstung.

Unterbringung

In diesem geschäftigen Feriengebiet stehen dem Urlauber genügend Unterkünfte zur Auswahl.

City Motel, 51 Ocean St, Victor Harbour. Tel: 08–85522455, Fax: 08–85525583. Zimmer zwischen 45 und 60 $ pro Übernachtung.

Victor Harbour Holiday Centre, Bay Rd, Victor Harbour. Tel: 08–85521949. Ferienhäuser und -wohnungen von 56 bis 68 $ pro Nacht.

Kangaroo Island

Das 110 km südlich von Adelaide gelegene Kangaroo Island gehört zu den beliebtesten Ferienorten Südaustraliens. Die Insel erreicht man entweder mit dem Flugzeug von Adelaide oder mit der Autofähre von Adelaide, Cape Jervis oder Port Lincoln aus. Im Umkreis der Insel findet man viele erstklassige Tauchgebiete. Ausflüge kosten um die 40 $ für einen einfachen Tauchgang bzw. 80 bis 105 $ für einen doppelten Tauchgang. Bei Kangaroo Island ist das Wasser fast das ganze Jahr über klar.

Tauchveranstalter

Adeventureland Diving, Beach Crs, Penneshaw, Kangaroo Island. Tel: 08–85531072, Fax: 08–85531002. Charter-Ausflüge, Tauchkurse, Unterbringung zu 15 $ pro Übernachtung, Verleih von Ausrüstung, Pauschalangebote.

Cape Jervis Charter & Marine Services, 27 Darkana Way, Cape Jervis. Tel: 085–980222. Tauchausflüge zum Kangaroo Island.

Kangaroo Island Diving Safaris, Gosse, Kangaroo Island, Tel/Fax: 08–85593225. Charter-Ausflüge, Tauchkurse, begrenzte Unterkunftsmöglichkeiten zu 55 $ pro Übernachtung (einschließlich Mahlzeiten), Verleih von Ausrüstung und Pauschalangebote.

Unterbringung

Für diejenigen Taucher, welche die von den Tauchveranstaltern zur Verfügung gestellten Unterkünfte nicht in Anspruch nehmen wollen, gibt es bei Kangaroo Island – besonders in den Zentren Kingscote und Penneshaw – ein großes Angebot an Unterbringungsmöglichkeiten.

Island Resort, 4 Telegraph Rd, Kingscote. Tel: 08–85522100, Fax: 08–85522747. Zimmer von 60 bis 70 $ pro Nacht.

Parade Units, The Parade, Kingscote. Tel: 08–85522394. Ferienwohnungen zu 45 $ die Nacht.

Sorrento Resort Motel, North Tce, Penneshaw. Tel: 08–85531028, Fax: 08–85531204. Wohnungen zwischen 58 und 92 $ pro Übernachtung.

Adelaide

In der Gegend um Adelaide findet man zahlreiche Tauchveranstalter und Charter-Unternehmen. Charter-Ausflüge vor die Küste von Adelaide kosten 25 $ (einfacher Tauchgang) bzw. 50 $ (doppelter Tauchgang). Die Tauchbedingungen an diesem Küstenabschnitt sind im allgemeinen ganzjährig gut und man findet bei jeder Witterung einen passenden Tauchplatz.

Tauchveranstalter

Adelaide Gulf Charter Services, Henley Beach. Tel: 08–82 35 29 88. Charter-Ausflüge.

Adelaide Skin Diving Centre, 7 Compton St, Adelaide. Tel: 08–82 31 61 44, Fax: 08–82 12 58 87. Tauchkurse, Verkauf und Verleih von Ausrüstung.

Aldinga Bay Sport & Leisure, 2 Aldinga Beach Rd, Aldinga Beach. Tel: 08–85 56 62 26.

Dangle & Dive Fishing Tackle & Scuba Centre, 71 Vincent St, Port Adelaide. Tel: 08–83 22 01 77.

Diveden, 35 Clacton Rd, Dover Gardens. Tel: 08–83 77 16 24.

Diver Service, 80 Grange Rd, Welland. Tel: 08–83 46 34 22. Charter-Ausflüge, NASDS & NAUI Tauchkurse, Verkauf und Verleih von Ausrüstung.

Falie Charters, 27 North Pde, Port Adelaide. Tel: 08–83 41 20 04, Fax: 08–83 41 18 10. Live-aboard-Ausflüge auf dem 35 m langen Zweimaster »Falie« zu den Inselgruppen im Spencer Gulf (zu 140 $ am Tag).

Glenelg Scuba Diving Centre, Patawalonga Frontage, Glenelg North. Tel: 08–82 94 77 44. PADI Tauchkurse, Tauchausflüge, Verkauf und Verleih von Ausrüstung.

McQ Diving, 8 Baanga Rd, Morphett Vale. Tel: 08–83 84 63 73. PADI Tauchkurse.

Pearce Scuba Instruction, 2 Eliza St, Williamstown. Tel: 08–85 24 62 87.

Port Noarlunga Dive & Snorkel Centre, 9 Saftfleet St, Port Noarlunga. Tel: 08–83 26 69 89. NASDS Tauchkurse, Verkauf und Verleih von Ausrüstung.

Scuba Designs, 155 Burbridge Rd, Hilton. Tel: 08–82 34 12 44.

Scuba Scene, 509 Portrush Rd, Glenunga. Tel: 08–83 79 81 88. Tauchausflüge, NAUI Tauchlehrgänge, Verkauf und Verleih von Ausrüstung.

Southern Diving Centre, 1 Roy Tce, Christies Beach. Tel: 08–83 82 13 22, Fax: 08–83 82 15 09. PADI Tauchkurse, Verkauf und Verleih von Ausrüstung.

Super Elliots Dive Centre, 200 Rundle St, Adelaide. Tel: 08–82 23 25 22, Fax: 08–82 32 34 03. NASDS Tauchkurse, Verkauf und Verleih von Ausrüstung.

The Dive Shop, 111 Main South Rd, O'Hallaran Hill. Tel: 08–83 22 01 77. Tauchkurse, Verkauf und Verleih von Ausrüstung.

Underwater Sports Diving Centre, 1198 Grand Junction Rd, Hope Valley. Tel: 08–82 23 25 22. Charter-Tauchausflüge, NASDS Tauchkurse, Verkauf und Verleih von Ausrüstung.

Unterbringung

Adelaide und seine Vororte bieten eine breite Palette an Unterkunftsmöglichkeiten. Für Taucher eignen sich besonders Unterkünfte von Adelaide bis Aldinga Beach:

Aldinga Caravan & Holiday Park, Cox Rd, Aldinga Beach. Tel: 08–85 56 34 44. Ferienhütten und -häuser von 45 bis 55 $ pro Nacht bzw. 330 bis 385 $ pro Woche.

City Central Motel, 23 Hindley St, Adelaide. Tel: 08–82 31 40 49, Fax: 08–82 31 48 04. Zimmer zwischen 49 und 54 $ pro Übernachtung.

Hilton International Adelaide, 233 Victoria Sq, Adelaide. Tel: 08–82 17 07 11, Fax: 08–82 31 01 58. 5-Sterne Hotel mit Zimmerpreisen von 185 bis 700 $.

Port Noarlunga Motel, 39 Saltfleet St, Port Noarlunga. Tel: 08–83 82 12 67. Zimmer zwischen 45 und 55 $ pro Nacht.

Yorke Peninsula

Bei der Yorke Peninsula findet man zahlreiche aufregende Tauchgebiete vor, doch leider fehlt es an Tauchveranstaltern. Die besten Tauchbedingungen herrschen im Winter und Frühling. Charter-Ausflüge kosten zwischen 60 und 80 $ für einen doppelten Tauchgang. Die Tauchplätze auf der Halbinsel konzentrieren sich auf das Gebiet um Edithburgh, das sich 233 km westlich von Adelaide befindet.

Tauchveranstalter

Braund & Sons, 2 Stansbury Rd, Yorketown. Tel: 08–88 52 10 05. Sauerstofffüllungen, Verkauf und Verleih von Ausrüstung.

Wallaroo Bay Yacht Charter, Wattlebrae, Moonta. Tel/Fax: 08–88 25 62 35. Charter-Ausflüge.

Unterbringung

Auf der Yorke Peninsula gibt es viele Orte, die ein großes Angebot an Unterkünften haben. Das beliebteste Tauchzentrum ist Edithburgh, wo man folgende Unterkünfte findet:

Edithburgh Caravan Park, O'Halloran Pde, Edithburgh. Tel: 08–88526056. Unterkünfte zwischen 30 und 40 $ die Nacht.

Edithburgh Seaside Hotel Motel, Blanche St, Edithburgh. Tel: 08–88526172, Fax: 08–8852 6047. Zimmerpreise zwischen 48 und 58 $ pro Übernachtung.

Port Lincoln und Sir Joseph Banks Groups

Bei Port Lincoln und den vielen Inseln der Sir Joseph Banks Group findet man eine große Auswahl an Tauchplätzen vor. Hier sind die Tauchbedingungen das ganze Jahr über sehr gut, vor allem aber im Sommer und Winter. Charter-Ausflüge werden im allgemeinen von Gruppen gebucht: Tagesausflüge kosten ab 60 $, ausgedehnte Fahrten auf live-aboard Booten ca. 140 $ pro Tag und Fahrten mit Tauchgängen im Haikäfig zwischen 1500 und 2000 $ pro Tag und Gruppe. Die Stadt Port Lincoln befindet sich 672 km westlich von Adelaide.

Tauchveranstalter

Calypso Star Charters, 5 Willowbridge Grove, Burnside. Tel: 08–83644428, Fax. 08–8341 1810. Charter-Ausflüge und Tauchgänge im Haifkäfig.

Dangerous Reef Explorer II Cruises, 112 London St, Port Lincoln. Tel & Fax: 08–96822425. Ein- bzw. mehrtägige Charter-Ausflüge, auch Tauchgänge im Haikäfig, Unterbringung in den Westward Ho Holiday Units zu 45 bzw. 100 $ pro Nacht.

Falie Charters, 27 North Pde, Port Adelaide. Tel: 08–83412004, Fax: 08–83326360. Live-aboard-Ausflüge auf dem 35 m langen Zweimaster »Falie« zu den Inselgruppen im Spencer Gulf und den Sir Joseph Banks Groups.

Flinders Diving Services, Lincoln Cove 9 North Quay Blv, Port Lincoln. Tel: 08–86824140.

Port Lincoln Skindiving Centre, 73 Mortlock Tce, Port Lincoln. Tel./Fax: 08–86824428. PADI Tauchkurse, Charter-Ausflüge, Verkauf und Verleih von Ausrüstung.

Unterbringung

In der Gegend um Port Lincoln steht eine breite Palette an Unterkünften zur Auswahl:

Blue Seas Motel, 7 Gloucester Tce, Port Lincoln. Tel: 08–86823022, Fax: 08–86826932. Zimmer von 45 bis 50 $ pro Nacht.

Port Lincoln Caravan Park, Lincoln Hwy, Port Lincoln. Tel: 08–86843512. Unterkünfte zwischen 32 und 51 $ pro Übernachtung.

Westaustralien

Dieser größte australische Bundesstaat hat ein paar der beeindruckendsten Tauchgebiete im ganzen Land zu bieten. Der größte Teil der westaustralischen Küste eignet sich zum Tauchen und man findet überall Tauchveranstalter und Charter-Unternehmen, von Esperance im Süden bis Broome im Norden.

Anreise

Der International Airport von Perth wird von vielen internationalen Fluglinien - vor allem aus Asien und Europa - angeflogen. Auch für die regelmäßigen Inlandflüge von den übrigen Hauptstädten Australiens aus, ist Perth der Zielflughafen. Für Eisenbahnfans gibt es die berühmte Indian-Pacific-Strecke, die auf geradem Weg die Nullarbor Plain durchquert.

Örtliche Verkehrsverbindungen

Da Westaustralien ein sehr großer Bundesstaat ist, empfiehlt es sich, das Land mit dem Flugzeug zu erkunden. Für Inlandflüge sind die Linien Ansett, Qantas und Skywest zuständig. Will man die Küste entlangfahren, so kann man sich auf den Flughäfen und in den meisten Orten ein Mietauto nehmen. Die bekanntesten Autovermietungen sind Hertz, Avis, Budget und Thrifty. Pannenhilfe leistet der RACWA (Royal Automobile Club of Western Australia). Die größeren Küstenorte sind auch mit Bussen zu erreichen, was jedoch für längere Fahrten nicht unbedingt empfehlenswert ist. Die größten Busunternehmen sind Greyhound, McCafferty's und South West Coach Lines. Bahnverbindungen gibt es nur im Südwesten des Staates, die Gebiete nördlich von Geraldton sind nicht mit dem Zug zu erreichen.

Medizinische Versorgung

Bei Tauchunfällen rufen Sie den DES (Diving Emergency Service) unter der Nummer **1800 088200** an. Machen Sie ausführliche Angaben über den Unfallhergang und den Zustand des Tauchers.

Die einzige Dekompressionskammer Westaustraliens befindet sich in Fremantle. Alle Charter-Boote führen Sauerstoff und eine Erste-Hilfe-Ausrüstung mit an Bord, und die Mannschaft ist im allgemeinen in Erste Hilfe ausgebildet.

Krankenhäuser und Arztpraxen findet man in den meisten größeren Orten Westaustraliens, bei Notfällen (außer Tauchunfällen) rufen Sie die Nummer **000** und verlangen entweder die Feuerwehr, Polizei oder den Notarzt.

Fotozubehör

Filme für Papierbilder und Dias sind in den meisten größeren Städten erhältlich. Filme für Papierbilder können überall entwickelt werden, E6-Diafilme aber nur in Perth.

Nullarbor Caves

Die Höhlen der Nullarbor Plain konzentrieren sich auf die Gegend um Cocklebiddy, eine Stadt 1160 km östlich von Perth. Wenn man in diesen Höhlen tauchen möchte, muss man die eigene Ausrüstung, vor allem einen Kompressor und Trinkwasser, mitbringen. In diese Höhlen sollten sich nur Taucher mit der entsprechenden Ausbildung und Erfahrung trauen.

Informationen für Taucher

Cave Divers Association of Australia (CDAA), PO Box 290, North Adelaide SA 5006. Informationen und Genehmigungen für das Tauchen in den Höhlen der Nullarbor Plain.

Unterbringung

Die Auswahl an Unterkünften bei Cocklebiddy ist ziemlich begrenzt, es gibt aber Motels in Eucla, Mundrabilla, Madura und Caiguna.

Wedgetail Inn Motel Hotel, Eyre Hwy, Cocklebiddy. Tel: 08–90393462, Fax: 08–90393403. Zimmer von 58 bis 76 $, Standplätze für Wohnmobile von 6 bis 12 $.

Esperance

Das von einigen hundert Inseln umgebene Esperance gehört zu den besten Tauchgebieten Westaustraliens. Besonders im Sommer ist das 720 km südöstlich von Perth gelegene Esperance ein beliebter Urlaubsort. Die Tauchbedingungen können ganzjährig gut sein, am besten sind sie jedoch im Sommer und Herbst.

Tauchveranstalter

Esperance Diving Academy, 3/56 The Esplanade, Esperance. Tel: 08–90715111, Fax: 08–90715550. Ein- bzw. mehrtägige Ausflüge auf der 15 m langen »Southern Image«. Die Preise variieren zwischen 100 $ für einen Tagesausflug (zwei Tauchgänge) und 1 000 $ pro Tag für mehrtägige Fahrten (für Gruppen bis zu 20 Personen). Verkauf und Verleih von Ausrüstung, Tauchkurse.

Unterbringung

Für Urlauber stehen in Esperance ausreichend Unterkünfte zur Verfügung.

Bayview Motel, Dempster St, Esperance. Tel: 08–90711533, Fax: 08–90714544. Zimmer zwischen 45 und 65 $ pro Nacht.

Esperance Backpackers Lodge, 14 Emily St, Esperance. Tel: 08–90714724. Unterkünfte von 12 bis 26 $ pro Nacht bzw. von 75 bis 170 $ pro Woche.

Albany

Der ehemalige Walfanghafen Albany gehört heute zu den gefragtesten Feriengebieten Westaustraliens. Die 410 km südöstlich von Perth gelegene Stadt besitzt zahlreiche Tauchplätze direkt vor der Haustür. Charter-Ausflüge kosten ab 25 $ für einen einfachen Tauchgang. Tauchen ist ganzjährig möglich, die besten Bedingungen herrschen jedoch im Herbst, wenn es keine starken Winde gibt.

Tauchveranstalter

Albany Scuba Diving Academy, 3/21 Sanford Rd, Albany. Tel: 08–98423101. Tauchkurse, Verkauf und Verleih von Ausrüstung, Charter-Ausflüge.

Southern Ocean Charters, 84b Serpentine Rd, Albany. Tel: 08–98417176. Tauchausflüge, Verkauf und Verleih von Ausrüstung.

Unterbringung

In Albany herrscht kein Mangel an Unterkunftsmöglichkeiten: die Auswahl reicht von Hotels, Motels und Ferienwohnungen über Campingplätze bis zu Herbergen für Rucksacktouristen.

Albany Backpacker Lodge, Stirling Tce, Albany. Tel: 08–98418848. Zimmerpreise zwischen 28 und 30 $ pro Nacht.

Esplanade Hotel, Flinders Pde, Albany. Tel: 08–98421711, Fax: 08–98421033. 5-Sterne Hotel mit Zimmern zwischen 159 und 229 $ pro Übernachtung.

Travel Inn Motel, 191 Albany Hwy, Albany. Tel: 08–98414144, Fax: 08–98416215. Zimmerpreise von 72 bis 119 $.

Augusta

Augusta befindet sich am Rand der Flinders Bay und hat eine Menge interessanter Tauchplätze zu bieten, die man entweder von der Küste oder vom Boot aus erreichen kann. In Augusta gibt es nur eine Tauchbasis, eine weitere befindet sich im Nachbarort Margaret River. Charter-Ausflüge kosten 50 $ für einen einfachen, bzw. 85 $ für einen doppelten Tauchgang. Die Tauchbedingungen im 320 km südlich von Perth gelegenen Augusta sind ganzjährig gut, am besten jedoch im Herbst.

Tauchveranstalter

Augusta Hardware & Scuba Supplies, 2/91 Blackwood Ave, Augusta. Tel./Fax: 08–97581770. Sauerstofffüllungen, Verkauf und Verleih von Ausrüstung.

Margaret River Dive Centre, 193 Auger Way, Margaret River. Tel: 08–97573880.

Seafari Charters, RMB 268A, Margaret River. Tel: 08–9772724. Charter-Tauchausflüge.

Unterbringung

Augusta Motel Hotel, Blackwood Ave, Augusta. Tel: 08–97581944, Fax: 08–97581227. Zimmer zwischen 40 und 93 $ pro Übernachtung.

Doonbanks Caravan Park, Blackwood Ave, Augusta. Tel/Fax: 08–97581517. Campingunterkünfte zwischen 25 und 45 $ pro Nacht.

Geographe Bay

In der Geographe Bay konzentriert sich das Tauchen auf die Städte Busselton und Bunbury, die beide über mehrere Tauchbetriebe und Charter-Unternehmen verfügen. Tauchausflüge zu den Riffen der Geographe Bay kosten 25 $ (für einen einfachen Tauchgang) bzw. 50 $ (für einen doppelten Tauchgang). Wem dies zu teuer ist, dem stehen außerdem eine Reihe erstklassiger Küstentauchplätze zur Verfügung. In der Bucht kann man ganzjährig tauchen, im Winter sind die Bedingungen wegen der starken Winde jedoch nicht ideal. Busselton befindet sich 230 km südlich von Perth, während Bunbury nur 180 km südlich von Perth liegt.

Tauchveranstalter

Bunbury Dive & Outdoor, 32 Clifton St, Bunbury. Tel: 08–97914449.

Busselton Dive Academy, 64 West St, Busselton. Tel/Fax: 08–97524074. Tägliche Charter-Ausflüge, SSI Tauchkurse, Verkauf und Verleih von Ausrüstung.

Naturaliste Dive Centre, 103 Queen St, Busselton. Tel: 08–97522096, Fax: 08–97522457. NASDS-Einrichtung, Tauchcharter-Auisflüge, Verkauf und Verleih von Ausrüstung.

Ocean Probe Dive, 61 Albert Rd, Bunbury. Tel: 08–97911996. Tauchkurse, Verkauf und Verleih von Ausrüstung.

Sportsmarine Sportslocker, 113 Victoria St, Bunbury. Tel: 08–97214961, Fax: 08–97911445. Tauchlehrgänge, Verkauf und Verleih von Ausrüstung.

Unterbringung

Geographe Bay ist ein beliebtes Feriengebiet, was man auch an der großen Auswahl an Unterkünften sieht.

Clifton Beach Motel, 2 Molloy St, Bunbury. Tel: 08–97214300, Fax: 08–97912726. Zimmer von 70 bis 150 $ pro Nacht.

Geographe Bay Holiday Park, 525 Bussell Hwy, Busselton. Tel: 08–97524396, Fax: 08–975243 96. Unterkünfte zwischen 40 und 75 $ pro Übernachtung bzw. 200 und 515 $ pro Woche.

Paradise Motel, Pries Ave, Busselton. Tel: 08–97521200, Fax: 08–97541348. Zimmerpreise zwischen 45 und 59 $ pro Nacht.

Perth und Rottnest Island

Vor Perth und Rottnest Island befinden sich unzählige, sehr gute Tauchgebiete, während man Tauchbetriebe und Charter-Unternehmen im Norden und Süden der Stadt findet. Charter-Ausflüge weisen deutliche Preisunterschiede auf. Für Ausflüge nach Rottnest Island (doppelte Tauchgänge) bezahlt man ab 45 $, Ausflüge zu den örtlichen Riffen (einfache Tauchgänge) kosten 25 $. Bei dieser großen Auswahl an Tauchplätzen findet man bei jeder Witterung das geeignete Gebiet. Im Sommer und Herbst findet man die geeigneten Tauchplätze an den Riffen von Mandurah und Rockingham, bei Cockburn Sound ist das Wasser im Herbst und Winter am klarsten, während für Rottnest die idealen Jahreszeiten der Frühling und Herbst sind.

Tauchveranstalter

Die folgenden Tauchbetriebe bieten allesamt Tauchkurse, Tauchausflüge,sowie Verkauf und Verleih von Ausrüstung an :

Allsports Distributors, 44 Hutton St, Osborne Park. Tel: 08–94449633.

Aquaventure Diving Services, 6/15 Prindiville Dve, Wangarra. Tel: 08–93092910.

Australasian Diving Centre, 259 Stirling Highway, Claremont. Tel: 08–93843966.

Barrakuda, 1 Cantonment St, Fremantle. Tel: 08–93358292, Fax: 08–93353271.

Barrakuda, 67 McCoy St, Myaree, Tel: 08–93171755, Fax: 08–93171286.

Barrakuda, 131 William St, Perth. Tel: 08–93213724, Fax: 08–93213746.

Charter 1, 20 Richardson Rd, Coogee. Tel: 08–94342999. Tauchausflüge mit Charter-Booten.

David Budd Watersports & Diving Academy, Shop 3, The Plaza, Mandurah. Tel: 08–95351520.

Dive Ski & Surf, Thomson Bay, Rottnest Island. Tel: 08–92925167, Fax: 08–92925120.

Dive Ski & Surf, 413 Hay St, Subiaco. Tel: 08–93 812744, Fax: 08–93881602.

Divelink, 22/92 Mallard Way, Cannington. Tel: 08–94513649.

Diver Downunder WA, 9 Wattleup Rd, Wattleup. Tel: 08–94 37 19 19, Fax: 08–94 37 15 80.

Diving Ventures, 384 South Tce, Fremantle. Tel: 08–94 30 51 30.

Dolphin Scuba Diving, 129 Welshpool Rd, Welshpool. Tel: 08–93 53 24 88.

Freedom Scuba Academy, 24 Templemore Dve, Heathridge. Tel: 08–94 01 37 17.

Jack Sue, 6 Helena St, Midland. Tel: 08–92 50 27 37, Fax: 08–92 50 27 39.

Jazz II, Blencowe St, West Leederville. Tel: 08–93 88 14 14. Tauchausflüge mit dem Charter-Boot.

Malibu Diving, 43 Rockingham Rd, Rockingham. Tel: 08–95 27 92 11, Fax: 08–95 27 58 92.

Mandurah Diving Academy, Mindarie Keys Marina, Mindarie. Tel: 08–93 05 71 13.

Nautilus Diving, 71 Stirling Hwy, North Fremantle. Tel: 08–93 35 90 97.

Neptune Scuba Centre, 379 Hay St, East Perth. Tel: 08–92 21 57 80, Fax: 08–92 21 23 92.

Perth Diving Academy, 5 Rous Head Rd, North Fremantle. Tel: 08–94 30 63 00.

Perth Diving Academy, 283 Wanneroo Rd, Balcatta. Tel: 08–93 44 15 62.

Scuba Education Australia, 4/9 Loftus St, Leederville. Tel: 08–93 88 24 31.

Scubanautics Diving Academy, 8/31 Dixon Rd, Rockingham. Tel: 08–95 27 44 47.

Sorrento Quay Dive Shop, 3/6 Hillary Boat Harbour, Sorrento. Tel: 08–94 48 63 43.

Sunset Dive, 3 McWhae Rd, Hillarys. Tel/Fax: 08–94 02 01 04.

Take Five Scuba School, 70 Marine Tce, Fremantle. Tel: 08–93 35 44 65.

The Force Marine Charter, Claremont. Tel: 08–94 30 61 66. Tauchausflüge mit dem Charter-Boot.

Top Gun Fishing & Charter, 2 Wanndina Ave, Dianella. Tel: 08–93 75 15 85. Tauchausflüge mit dem Charter-Boot.

Watersports West, 787 Canning Hwy, Applecross. Tel: 08–93 64 78 78.

West Australian Scuba Centre, 6/2 Carson Rd, Malaga. Tel: 08–92 49 15 35.

West End Charters, 182 Preston Point Rd, East Fremantle. Tel: 08–93 19 11 94, Fax: 08–93 19 12 70. Tauchausflüge mit dem Charter-Boot.

Unterbringung

Tauchbetriebe und Charter-Unternehmen gibt es überall in Perth und den dazugehörigen Vororten. Dementsprechend gibt es auch eine breite Palette an Unterkunftsmöglichkeiten.

Budget Backpackers International Hostel, 342 Newcastle St, Northbridge. Tel: 08–93 28 94 68. Unterkünfte zu 12 $ die Übernachtung.

Leisure Inn Motel Hotel, Read St, Rockingham. Tel: 08–95 27 77 77. Wohnungen zu 55 $ pro Nacht.

Tradewinds Hotel, 59 Canning Hwy, Fremantle. Tel: 08–93 39 81 88, Fax: 08–93 39 22 66. Zimmer zu 100 $ pro Nacht.

Rottnest Island liegt nur 18 km vor der Küste und ist mit dem Flugzeug oder Wassertaxi zu erreichen. Auf Rottnest Island gibt es nur eine begrenzte Anzahl an Unterkünften, darunter ein Hotel, Ferienhäuser, eine Herberge und ein Campingplatz.

All Seasons Rottnest Lodge Hotel, Tel: 08–92 92 51 61, Fax: 08–92 92 51 58. Ferienwohnungen zwischen 118 und 135 $ pro Übernachtung.

Rottnest Island Authority Cottages, Tel: 08–93 72 97 29, Fax: 08–93 72 97 15. Unterkünfte von 176 bis 658 $ pro Woche.

YHA, Kingston Barracks, Tel: 08–93 72 97 80. Herbergsunterkunft zu 10 $ pro Übernachtung.

Jurien Bay

Jurien Bay liegt 266 km nördlich von Perth und wird von Tauchern meistens im Herbst oder Frühjahr aufgesucht, obwohl die Bedingungen das ganze Jahr über gut sein können.

Tauchveranstalter

Jurien Bay Dive & Hire, 7 Shearwater Dve, Jurien. Tel/Fax: 08–96 52 15 34. Tauchausflüge zu 55 $ für einen einfachen, bzw. 70 $ für einen doppelten Tauchgang. Verkauf und Verleih von Ausrüstung, Tauchkurse.

Unterbringung

Der Ort Jurien ist ziemlich klein, so dass es nur etwa sechs Unterkunftsmöglichkeiten gibt.

Jurien Bay Holiday Flats, Grigson St, Jurien. Tel: 08–96521172, Fax: 08–96521366. Wohnungen ab 40 $ die Nacht bzw. von 110 bis 210 $ pro Woche.

Jurien Bay Motel, Padbury St, Jurien. Tel: 08–96521022, Fax: 08–96521425. Zimmer zwischen 50 und 65 $ die Nacht.

Leeman

Die kleine, 295 km nördlich von Perth gelegene Fischerstadt Leeman hält außergewöhnliche Küstentauchplätze bereit. Die besten Tauchbedingungen herrschen im Herbst und Frühjahr, wenn keine starken Winde wehen und das Wasser klar ist.

Tauchveranstalter

Beagle Island Diving Company, 1 Tuart St, Leeman. Tel/Fax: 08–99531190. NASDS Tauchkurse, Tauchausflüge zu 35 $ für einen einfachen, bzw. 55 $ für einen doppelten Tauchgang, Verkauf und Verleih von Ausrüstung. Bietet die besten Unterkünfte in der Stadt (es gibt auch einen Campingplatz), da sich der Tauchbetrieb auf dem Gelände der Tamarisk Court Holiday Units befindet. Ferienwohnungen für Selbstversorger ab 15 $ die Nacht.

Geraldton & Houtman Abrolhos Islands

Das 420 km nördlich von Perth gelegene Geraldton ist das Zentrum der australischen Langusten-Industrie. Direkt vor der Küste von Geraldton findet man unzählige Kalksteinriffe, die von den meisten Tauchern im Herbst aufgesucht werden (Tauchgänge kosten um die 60 $). Geraldton ist außerdem das Tor zu den Houtman Abrolhos Islands, die zu den interessantesten Tauchgebieten Westaustraliens zählen. Im Herbst und Frühjahr wird diese, 60 km westlich von Geraldton gelegenen Inselgruppe regelmäßig von live-aboard Booten angelaufen (Tauchausflüge kosten zwischen 150 und 200 $ pro Tag).

Tauchveranstalter

Batavia Coast Diving Academy, 153 Marine Tce, Geraldton. Tel: 08–99214229. Tauchkurse, Ausflüge zu den örtlichen Riffen und den Houtman Abrolhos, Verkauf und Verleih von Ausrüstung.

Kalbarri Sports & Dive, Shop 1 Kalbarri Arc, Kalbarri. Tel: 08–99371126, Fax: 08–99371665. Flaschenfüllungen, Verkauf und Verleih von Ausrüstung.

Sea Trek, 384 South Terrace, Fremantle. Tel: 08–94305130, Fax: 08–94305641. Charter-Ausflüge auf einem 18 m langen Boot für 14 Passagiere zu den Houtman Abrolhos, der Shark Bay, dem Ningaloo Reef und den Monte Bello Islands.

Top Gun Fishing & Charter, 2 Wanndina Ave, Dianella. Tel: 08–93751585. Tauchausflüge auf der 18 m langen »Top Gun« vor die Küste von Perth (November – April) und zur Shark Bay und den Houtman Abrolhos (April – Oktober).

Unterbringung

Als beliebter Winterferienort hat Geraldton eine große Auswahl an Unterkünften zu bieten.

Batavia Motor Inn Motel, 54 Fitzgerald St, Geraldton. Tel: 08–99213500, Fax: 08–99641061. Zimmer von 55 bis 65 $ die Übernachtung.

Grantown Guest House, 172 Marine Tce, Grantown. Tel: 08–99213275. Zimmerpreise zwischen 20 und 50 $ pro Nacht.

Sun City Tourist Park, Bosely St, Sunset Beach. Tel: 08–99381655, Fax: 08–99381850. Unterkünfte von 30 bis 75 $ die Nacht.

Shark Bay

Die größte Stadt an der Shark Bay ist das 830 km nördlich von Perth gelegene Denham. Die Shark Bay wird im allgemeinen von live-aboard Booten angelaufen, die zwischen 150 und 200 $ pro Tag kosten. Taucher finden hier im Winter und Frühjahr die besten Bedingungen vor.

Tauchveranstalter

Sea Trek, 384 South Terrace, Fremantle. Tel: 08–94305130, Fax: 08–94305641. Charter-Ausflüge auf einem 18 m langen Boot für 14 Passagiere zu den Houtman Abrolhos, der Shark Bay, dem Ningaloo Reef und den Monte Bello Islands.

Shark Bay Charter Service, 105 Knight Tce, Denham. Tel: 08–99 48 11 13. Tauchausflüge mit Charter-Booten.

Top Gun Fishing & Charter, 2 Wanndina Ave, Dianella. Tel: 08–93 75 15 85. Charter-Ausflüge auf der 18 m langen »Top Gun« vor die Küste von Perth (von November–April) und zur Shark Bay und den Houtman Abrolhos (von April–Oktober).

Unterbringung

Da die freilebenden Delfine von Monkey Mia eine große Touristenattraktion darstellen, gibt es bei der Shark Bay ausreichend Unterkunftsmöglichkeiten.

Denham Holiday Village, Sunter Pl, Denham. Tel: 08–93 35 55 50. Wohnungen zwischen 70 und 85 $ pro Nacht, bzw. 350 und 480 $ pro Woche.

Monkey Mia Dolphin Resort, Tel: 08–99 48 13 20, Fax: 08–99 48 10 34. Unterkünfte zu 80 $ pro Nacht bzw. 480 $ pro Woche, Wohnmobile zwischen 25 und 60 $ pro Übernachtung und Herbergsunterkünfte für Rucksacktouristen zu 12 $ die Nacht.

Ningaloo Reef

Das Ningaloo Reef vor der Küste Westaustraliens erstreckt sich von der Coral Bay im Süden bis nach Exmouth im Norden. Für doppelte Tauchgänge am Riff bezahlt man normalerweise um die 110 $, Ausflüge zu den Walhaien kosten ca. 250 $ pro Tag und sind sehr schnell ausgebucht. Exmouth befindet sich 1260 km nördlich von Perth, die Coral Bay 160 km südlich von Exmouth.

Tauchveranstalter

Coral Bay Adventures, Robinson St, Coral Bay. Tel/Fax: 08–99 42 59 55. Tauchausflüge auf Charter-Booten.

Coral Dive, 49 Robinson Rd, Coral Bay. Tel: 08–99 42 59 40. Tauchausflüge, Tauchkurse, Verkauf und Verleih von Ausrüstung.

Exmouth Diving Centre, Payne St, Exmouth. Tel: 08–99 49 12 01, Fax: 08–99 49 16 80. Betrieb von sechs Charter-Booten, PADI Tauchkurse, Verkauf und Verleih von Ausrüstung.

Exmouth Sea Charters, Murat Rd, Exmouth. Tel: 08–99 49 10 94, Fax: 08–99 49 18 18. Tauchausflüge auf Charter-Booten.

Ningaloo Adventures, 15 Maidstone Cres, Exmouth. Tel: 08–99 49 19 90, Fax: 08–99 49 11 99.

Ningaloo Reef Dive, Payne St, Exmouth. Tel: 08–99 49 19 99. Tauchausflüge auf Charter-Booten.

Sea Trek, 384 South Terrace, Fremantle. Tel: 08–94 30 51 30, Fax: 08–94 30 56 41. Charter-Ausflüge auf einem 18 m langen Boot für 14 Passagiere zu den Houtman Abrolhos, der Shark Bay, dem Ningaloo Reef und den Monte Bello Islands.

Unterbringung

In Exmouth stehen genügend Unterkünfte zur Verfügung, während in der Coral Bay die Auswahl etwas begrenzt ist.

Coral Bay Lodge Holiday Units, Coral Bay. Tel: 08–99 42 59 32. Ferienwohnungen von 80 bis 100 $ pro Nacht und 460 bis 515 $ pro Woche.

Exmouth Cape Tourist Village, Murat St, Exmouth. Tel: 08–99 49 12 00. Unterkünfte zwischen 32 und 60 $ die Nacht.

Potshot Hotel Resort, Murat Rd, Exmouth. Tel: 08–99 49 12 00. Ferienunterkünfte von 60 bis 115 $ pro Nacht.

Dampier

Das 1555 km nördlich von Perth gelegene Dampier ist das Tor zu den zahlreichen Inseln und Riffen des Dampier Archipelago und den Monte Bello Islands. Tagesausflüge zum Dampier Archipelago kosten um die 60 $ (2 Tauchgänge), während man für Ausflüge auf live-aboard Booten zu den Monte Bello Islands mit 150 bis 200 $ pro Tag rechnen muss. Die besten Tauchbedingungen herrschen im Winter und Frühling.

Tauchveranstalter

Divcon Australia, Mermaid Supply Base, Dampier. Tel: 08–91 44 41 93.

Karratha Dive & Hire, 1441 Sharpe Ave, Karratha. Tel: 08–91 85 19 57, Fax: 08–91 85 44 01. PADI- Tauchbasis, Tauchausflüge, Verkauf und Verleih von Ausrüstung.

Monte Bello Island Safari's, PO Box 152, Onslow. Tel: 08–91 84 61 81, Fax: 08–91 84 62 54. Ausgedehnte Ausflüge zu den Monte Bello Islands.

Sea Trek, 384 South Terrace, Fremantle. Tel: 08–94 30 51 30, Fax: 08–94 30 56 41. Charter-Ausflüge auf einem 18 m langen Boot für 14 Passagiere zu den Houtman Abrolhos, der Shark Bay, dem Ningaloo Reef und den Monte Bello Islands.

Unterbringung

In der Gegend um Dampier und der Nachbarstadt Karratha sind die Unterbringungsmöglichkeiten sehr begrenzt:

Karratha International Hotel, Millstream Rd, Karratha. Tel: 08–91853111. Zimmer zwischen 110 und 175 $ pro Nacht.

Mermaid Hotel, The Esplanade, Dampier. Tel: 091–831222, Fax: 08–91831028. Wohnungen von 75 bis 85 $ pro Übernachtung.

Port Hedland

Das in Taucherkreisen nicht sehr bekannte Port Hedland überrascht durch seine reiche Vielfalt an Riffen und Meerestieren. Port Hedland befindet sich 1635 km nördlich von Perth und eignet sich zum Tauchen am besten im Winter und Frühjahr. Bei zurückgehender Flut (Nippflut) muss mit starker Gezeitenströmung gerechnet werden.

Tauchveranstalter

Big Blue Dive,5 Wedge St, Port Hedland. Tel: 08–91733202. Ausflüge mit doppeltem Tauchgang zu 60 $. PADI Tauchkurse, Verkauf und Verleih von Ausrüstung.

Unterbringung

In Port Hedland gibt es eine reiche Auswahl an Unterkünften.

Dixons Caravan Park, North-West Coastal Hwy, Port Hedland. Tel: 08–91401233, Fax: 08–09123778. Chalets von 55 bis 65 $, bzw. Wohnmobile zu 35 $.

Hedland Hotel, Lukis St, Port Hedland. Tel: 08–91731511, Fax: 08-91731545. Zimmer zwischen 45 und 95 $ die nacht.

Broome

Die Stadt Broome mit ihrer bewegten Geschichte und dem tropischen Klima liegt 2240 km nördlich von Perth und hat einige faszinierende Tauchplätze zu bieten. Tauchen kann man vor Broome meist nur bei zurückgehender Flut und am besten im Winter und Frühling (obwohl das Wasser dann manchmal trüb ist). In Broome gibt es mehrere Charter-Unternehmen, die für doppelte Tauchgänge 80 $ (120 $, wenn die gesamte Tauchausrüstung gestellt wird) verlangen.

Tauchveranstalter

Broome Fishing & Dive Charters, Farrell St, Broome. Tel: 08–91936339. Tauchausflüge auf Charter-Booten.

Broome Time Charters, 29 Dampier Tce, Broome. Tel: 08–91921764. Tauchausflüge auf Charter-Booten.

North Star Charters, 119 Walcott St, Broome. Tel: 08–91935599. Charter-Ausflüge zu den Rowley Shoals.

Northwest Tackle & Sports, Dampier Tce, Broome. Tel: 08–91921669, Fax: 08–91936073.

Pearl Sea Coastal Cruises, 161 Herbert St, Broome. Tel: 018–947953. Tauchausflüge auf Charter-Booten.

Workline Divers Supply, Short St, Broome. Tel: 08–91922233, Fax: 08–91935839. Freizeit-bzw. Profi-Tauchkurse, Verkauf und Verleih von Ausrüstung, Tauchausflüge auf Charter-Booten.

Unterbringung

Hier gibt es für jeden Geldbeutel die passende Unterkunft: vom 4-Sterne Hotel bis zur Herberge für Rucksacktouristen.

Broome Backpackers Bunkhouse, 1852 Lulifitz Dve, Broome. Tel: 08–91935050. Schlafsäle zu 15 $ pro Nacht bzw. 80 $ die Woche.

Cable Beach Club Hotel, Cable Beach Rd, Broome. Tel: 08–91920400, Fax: 08–9222249. Zimmer von 266 bis 461 $.

Palms Resort Motel, Hopton St, Broome. Tel: 08–91921898, Fax: 08–91922424. Zimmerpreise zwischen 85 und 180 $ pro Übernachtung.

Rowley Shoals und Northern Atoll Reefs

Einige Charter-Unternehmen organisieren Ausflüge zu den Rowley Shoals und den anderen Atollen, 300 km westlich von Broome. Für Taucher sind Winter und Frühling die idealen Jahreszeiten, weil dann keine starken Winde mehr aufkommen. Einwöchige Ausflüge auf liveaboard-Booten kosten zwischen 200 und 250 $ pro Tag.

Charter-Boote

Broome Fishing & Dive Charters, Farrell St, Broome. Tel: 08–91 93 63 39.

Broome Time Charters, 29 Dampier Tce, Broome. Tel: 08–91 92 17 64.

North Star Charters, 119 Walcott St, Broome. Tel: 08–91 93 55 99.

Pearl Sea Coastal Cruises, 161 Herbert St, Broome. Tel: 08 94 79 53.

Christmas Island

Das 2 623 km nordwestlich von Perth gelegene Christmas Island gewinnt als Tauchgebiet ständig an Popularität. Von Perth aus gehen zweimal wöchentlich Flüge nach Christmas Island. Im August kommen kühlere Ströme aus dem Java Trench und bringen ausgezeichnete Tauchbedingungen. Dezember bis April ist die Zeit hohen Seegangs, gleichzeitig aber auch die Saison der Walhaie.

Tauchveranstalter

Indian Ocean Diving Academy, PO Box 340, Christmas Island. Tel/Fax: 08–91 64 80 90. Charter-Ausflüge zu 100 $ für doppelte Tauchgänge, NASDS Tauchkurse, Verkauf und Verleih von Ausrüstung.

Genesis Travel, 49 Phillimore St, Fremantle. Tel: 08–94 30 61 66, Fax: 08–93 35 31 88. Zuständiges Reisebüro für Buchungen auf Christmas und Cocos Islands. Pauschalangebote für Unterbringung, Flug und Tauchen.

Unterbringung

Auf Christmas Island gibt es nur eine begrenzte Zahl an Unterkünften, die jedoch über Genesis Travel gebucht werden können:

Christmas Island Resort. Zimmer ab 165 und Suiten ab 245 $ die Nacht.

Christmas Island Lodge, Doppelzimmer zu 85 $, Familienzimmer zu 105 $.

Cocos (Keeling) Islands

Seit zweimal wöchentlich Flugzeuge von Perth zu den Cocos Islands verkehren, ist dieses Gebiet für Taucher interessanter geworden. Der Flugpreis liegt bei 819 $, ist jedoch günstiger in Verbindung mit einem Pauschalangebot, in dem Tauchen und Unterbringung enthalten sind. Die Korallenriffe und Schiffswracks bieten ganzjährig exzellente Tauchbedingungen. Cocos liegt 2 770 km nordwestlich von Perth.

Tauchveranstalter

Cocos Tackle and Dive, Tägliche Tauchausflüge zu 50 $ für einen einfachen, bzw. 100 $ für einen doppelten Tauchgang. NASDS Tauchkurse und Verleih von Ausrüstung.

Genesis Travel, 49 Phillimore St, Fremantle. Tel: 08–94 30 61 66, Fax: 08–93 35 31 88. Zuständiges Reisebüro für Buchungen auf Christmas und Cocos Islands. Gute Pauschalangebote über Unterbringung, Flug und Tauchen.

Unterbringung

Auf den Cocos Islands gibt es nur die folgende Unterkunftsmöglichkeit, die über Genesis Travel gebucht werden kann:

West Island Lodge, Zimmer zwischen 35 und 70 $ pro Übernachtung.

Northern Territory

Aufgrund der Küstentopographie, der eingeschränkten Sicht und dem Mangel an Tauchbetrieben ist das Northern Territory nur bedingt für Taucher geeignet. In Darwin und auf der Gove Peninsula hat diese faszinierende Region jedoch einige Tauchveranstalter und Charter-Unternehmen zu bieten.

Anreise

Internationale Flüge – vor allem aus Asien – sind bis Darwin Airport möglich. Darwin und Alice Springs sind ebenfalls das Ziel vieler Inlandflüge aus den übrigen australischen Hauptstädten (Ansett und Qantas fliegen jede Woche mehrmals dorthin).

Örtliche Verkehrsverbindungen

Im Northern Territory ist Reisen nur begrenzt möglich. Während der Regenzeit, wenn sintflutartige Niederschläge die Flüsse und Straßen überschwemmen, sind Autofahrten nicht zu empfehlen. Wenn man die oftmals holprigen Straßen des Territory befahren möchte, eignet sich ein Mietwagen mit Allradantrieb am besten dazu. Pannenhilfe erhält man von der AANT (Automobile Association of Northern Territory) – außer in entlegenen Gebieten, wo man dann auf die Hilfe der einheimischen Bevölkerung angewiesen ist (die im übrigen sehr freundlich und hilfsbereit ist). Fliegen ist die beste Art, im Land herumzukommen: Inlandflüge werden von Airnorth, Arnhem Air Charter und Brolga Air angeboten. Das Eisenbahnnetz ist nicht sehr gut ausgebaut, Busverbindungen gibt es jedoch in den meisten Gebieten (die bekanntesten Busunternehmen sind Greyhound- Pioneer und McCafferty's).

Medizinische Versorgung

Bei Tauchunfällen rufen Sie den DES (Diving Emergency Service) unter der Nummer **1800 088 200** an. Machen Sie detaillierte Angaben zum Unfallhergang und Zustand des Tauchers.

Bei anderen Notfällen wählen Sie die Nummer **000** und verlangen entweder die Feuerwehr, Polizei oder den Notarzt.

Krankenhäuser und Arztpraxen gibt es in fast allen größeren Orten des Northern Territory. Die Stadt Darwin besitzt außerdem eine Dekompressionskammer. Die meisten Charter-Boote führen Sauerstoff und eine Erste-Hilfe Ausrüstung mit an Bord, und die Mannschaften sind meist in Erster Hilfe ausgebildet.

Fotozubehör

Filme für Papierbilder können in den meisten Städten entwickelt werden, E6-Diafilme aber nur in Darwin. Sowohl Filme für Papierbilder als auch für Dias kauft man am besten im Fotofachgeschäft.

Darwin

Bei Darwin ist Tauchen nur in begrenztem Umfang möglich, weil die Sichtweiten beschränkt sind und starke Gezeitenströmung herrscht. Im Winter sind die Tauchbedingungen auf den vielen Riffen und Wracks jedoch recht gut. Die Tauchveranstalter und Charter-Unternehmen organisieren fast das ganze Jahr hindurch Tauchausflüge. Für einen einfachen Tauchgang muss man mit 30 $ rechnen, es gibt jedoch auch Pauschalangebote.

Tauchveranstalter

Coral Divers, 42 Stuart Hwy, Stuart Park. Tel: 08–89 81 26 86.

Cullen Bay Dive Centre, 66 Marina Blvd, Larrakeyah. Tel: 08–89 81 30 49, Fax: 08–89 81 49 13. Tauchausflüge auf Charter-Booten, PADI Tauchkurse, Verkauf und Verleih von Ausrüstung.

Darwin Diving Academy, 17 Wilmot St, The Narrows. Tel: 08–89 81 25 98.

Fathom Five Pro Charters, 13 Sabine Rd, Miner. Tel: 08–89854288, Fax: 08–89480258. Tauchausflüge, Verkauf und Verleih von Ausrüstung. Tauchkurse.

Sandpebbles Dive Shop, 21 De Latour St, Coconut Grove. Tel: 08–89480444. PADI Tauchlehrgänge, Tauchausflüge, Verkauf und Verleih von Ausrüstung.

VJ Fishing and Charters, Mahaffey Rd, Howard Springs. Tel: 08–89831213. Tauchausflüge auf Charter-Booten.

Unterbringung

Darwin bietet seinen Urlaubsgästen ein breites Angebot an Unterkünften.

Banyan View Lodge, 119 Mitchell St, Larrakeyah. Tel: 08–89818644. Zimmer zwischen 25 und 40 $ pro Nacht, Herbergsplätze zu 15 $ die Nacht.

Coconut Grove Holiday Apartments, 146 Dick Ward Dve, Coconut Grove. Tel: 08–89850500, Fax: 08–89850591. Zimmerpreise von 58 bis 118 $ pro Übernachtung.

Plaza Hotel Darwin, 32 Mitchell St, Darwin. Tel: 08–89820000, Fax: 08–89811765. 5-Sterne Hotel mit Zimmern zwischen 205 und 1100 $ pro Nacht.

Gove Peninsula

Die aufregendsten Tauchgebiete des Northern Territory hat die 600 km östlich von Darwin gelegene Gove Peninsula zu bieten. An den Korallenriffen dieser Gegend herrschen von September bis April die besten Tauchbedingungen, weil zu dieser Zeit das Wasser an der Küste am klarsten ist. Auf der Gove Peninsula konzentriert sich das Tauchen auf die Gegend bei Nhulunbuy. Während der trockenen Jahreszeit ist die Halbinsel mit Allradantrieb-Fahrzeugen zu erreichen, ansonsten sind Flüge von Darwin und Cairns aus zu empfehlen.

Tauchveranstalter

Gove Diving Academy, Arnhem Rd, Nhulunbuy. Tel/Fax: 08–89873445. Halbtagesausflüge zu 40 $ (einfacher Tauchgang), Ganztagesausflüge zu 80 $ (zwei Tauchgänge), Ausflüge mit Übernachtung nach Truant Island (100 $), Verkauf und Verleih von Ausrüstung.

Unterbringung

In Nhulunbuy ist die Zahl der Unterkünfte stark begrenzt.

Hideaway Safari Lodge, Nhulunbuy. Tel: 08–89873933. Zimmer ab 60 $ die Nacht.

Allgemeine Tauchinformationen

Tauchlehrervereinigungen

In Australien existieren einige Tauchlehrervereinigungen, die im folgenden aufgelistet sind:

ANDI Australia, (American Nitrox Divers International) 10 Belgrave St, Manly NSW 2095. Tel: 02–99763297, Fax: 02–99773664.

AUSI (Australian Underwater Scuba Instructors) PO Box 202, Queenscliff Vic 3225.

CDAA (Cave Divers Association of Australia), PO Box 290 290, North Adelaide SA 5006.

IANTD Australasian (International Association Nitrox & Technical Divers), 255 Stanmore Rd, Stanmore. Tel: 02–95500830.

NASDS (National Association of Scuba Diving Schools) 396 Scarborough Beach Rd, Osborne Park, WA. Tel: 08–92424492, Fax: 08–92425380.

NAUI Australia (National Association of Underwater Instructors) PO Box 183, Capalaba Qld 4157. Tel: 07–33903233, Fax: 07–33903159.

PADI Australia (Professional Association of Diving Instructors), 372 Eastern Valley Way, Chatswood, NSW. Tel: 02–94172800, Fax: 02–94171434.

SSI (Scuba Schools International) PO Box 662, Balgowlah NSW 2093. Tel: 02–99070322, Fax: 02 99070116.

Tauchreisen

Bei den meisten Tauchbetrieben kann man Tauchreisen innerhalb und außerhalb Australiens buchen. Es gibt jedoch auch Firmen, die sich auf diesen Service spezialisiert haben.

Always Dive Expeditions, 168 High St, Ashburton, Melbourne, Vic. Tel: 03–98858863, Fax: 03–98851164.

Dive Adventures Australia, 32 York St, Sydney, NSW. Tel: 02–92994633, Fax: 02–92994644.

Dive Adventures Australia, 464 St Kilda Rd, Melbourne, Vic. Tel: 03–98665738, Fax: 03–98209275.

Dive Travel Australia, 3/50 Kalang Rd, Elanora Heights, NSW. Tel: 02–99706311, Fax: 02–99706197.

Genesis Travel, 49 Phillimore St, Fremantle, WA. Tel: 08–94306166, Fax: 09–3353188.

PADI Travel Network, 372 Eastern Valley Way, Chatswood, NSW. Tel: 02–94172800, Fax: 02–94171434.

Pro Dive Travel, Royal Arcade, 255 Pitt St, Sydney, NSW. Tel./Fax: 02–92649499.

Sea New Guinea, 100 Clarence St, Sydney, NSW. Tel: 02–2675563, Fax: 02–92676118.

Ski & Sea Travel, PO Box 662, Balgowlah NSW 2093. Tel: 02–99070322.

Kundenservice und Reparaturen von Kameras

Die folgenden Firmen haben sich auf das Reparieren von Unterwasserkameras spezialisert.

Brisbane Photographic Repairs, 33 Steptoe St, Chapel Hill, Brisbane, Qld. Tel: 07–33784862.

Camera Clinic, 19 Peel St, Collingwood, Melbourne, Vic. Tel: 03–94195247.

Hartland Cinemex Photographic Repairs, 89 Edward St, Perth. Tel: 08–93283499.

Poraday, 936 Anzac Pde, Maroubra, Sydney, NSW. Tel: 02–93497174.

Tauchunfallversicherungen

Bei Tauchunfällen in Australien und Übersee kann man sich durch eine Mitgliedschaft bei der **DAN** (Divers Alert Network) South East Asia, PO Box 134, Carnegie Vic 3163, Tel: 03–95631151, Fax: 03–95631139 absichern. Durch diese Mitgliedschaft werden, im Fall eines Tauchunfalls, sämtliche Kosten für Transport und Behandlung abgedeckt. DAN arbeitet mit dem **DES** (Diving Emergency Service) zusammen, der sich um den Transport und die Behandlung von Tauchunfallopfern in Australien kümmert.

Veranstaltungen rund ums Tauchen

In Australien finden jedes Jahr einige Veranstaltungen statt, die für Taucher interessant sein könnten.

SCUBA EXPO, findet jedes Jahr im Juli statt. Der Veranstaltungsort kann sich ändern, daher sollte man sich vorher mit Dive Australia in Verbindung setzen.

South Pacific Divers Underwater Photographer of the Year. Der jährlich stattfindende größte Fotowettbewerb Australiens bzw. Asiens endet mit einer wunderschönen Präsentation in Sydney, die im allgemeinen auf das erste Wochenende im August fällt.

Cairns Dive Festival. Eine Woche Tauchen und Gespräche mit der Taucherprominenz. Findet jedes Jahr im Oktober im Rahmen des »Fun in the Sun Festival« in Cairns statt.

Heron Island Dive Festival. Findet alle zwei Jahre im November statt. Auf diesem Festival trifft sich die Taucherprominenz der ganzen Welt, um zu tauchen, Gespräche zu führen und Erfahrungen auszutauschen.

Gefahren unter Wasser

Bedingungen

In Australien herrschen die unterschiedlichsten Tauchbedingungen. Am Great Barrier Reef ist das Wasser im allgemeinen klar und warm, während es vielerorts auch starke Strömungen und starken Seegang gibt. In Südaustralien können Taucher schmutzigem Wasser, starken Wellen und Brandungen, Strömungen, rauem Seegang und starken Winden ausgesetzt sein. Wägen Sie die Bedingungen immer sorgfältig ab und tauchen Sie nur, wenn Sie ein sicheres Gefühl haben. Überschätzen Sie Ihre Fähigkeiten nicht und verzichten Sie lieber einmal auf einen Tauchgang: Sie können ihn ja an einem anderen Tag nachholen!

Bisse von Meerestieren

Die Chance, beim Tauchen von einem Tier gebissen zu werden, ist äußerst gering; im allgemeinen gilt die Regel: Wenn Sie ein Tier in Ruhe lassen, wird es Sie auch nicht angreifen.

Haie

Australien hat einen schlechten Ruf, was Angriffe von Haien anbelangt, da sich jedoch die Zahl der Attacken auf ein bis zwei pro Jahr beläuft, ist die Wahrscheinlichkeit, vom Blitz getroffen zu werden, um einiges größer. Sie können das Risiko, angegriffen zu werden, erheblich vermindern, wenn Sie zu den folgenden Arten Abstand halten: Weisse Haie (*Carcharodon carcharias*) sind sehr selten, meistens halten sie sich jedoch in der Nähe von Robbenkolonien auf. Wenn Sie mit Robben zusammen tauchen, halten Sie sich nicht an der Oberfläche auf, sondern schwimmen Sie direkt zum Meeresboden. Verlassen Sie das Wasser, sobald Sie einen Hai sichten oder die Robben sich an Land begeben. Tigerhaie (*Galeocerdo cuvieri*) kommen häufiger in den tropischen Meeren vor, vor allem in Gegenden, in denen Schildkröten ihre Eier ablegen. Obwohl diese Haiart normalerweise eher menschenscheu reagiert, sollten Sie doch besser das Wasser verlassen, wenn ein Exemplar am Riff auftaucht. Die Mitglieder der Familie der »Whaler-Sharks«, zu der die Grauen Riffhaie (*Carcharhinus amblyrhynchos*), die Silberspitzen-Riffhaie (*Carcharhinus albimarginatus*), Stierkopf-Haie (*Carcharhinus leucas*) und *Carcharhinus brachyurus* zählen, sind äußerst flink und haben in der Vergangenheit schon manchen Taucher gebissen, weil sie ihr Territorium verteidigten. Diese Haie sind im allgemeinen scheu, können jedoch sehr aggressiv werden, wenn sie gefüttert werden. Der große Hammerhai (*Sphyrna mokarran*) wird bis zu 6 m lang und verhält sich oft aggressiv gegenüber Tauchern. Ärgern Sie auch niemals einen Wobbegong (*Orectolobus* sp.): diese Tiere sehen zahm und träge aus, besitzen jedoch gefährliche Zähne, mit denen sie schon vielen Tauchern ernste Verletzungen zufügten. Auch die Engelhaie (*Squatina australis*) besitzen furchterregende Zähne, machen jedoch nur selten davon Gebrauch. Schauen Sie einem Hai immer von vorne ins Gesicht und geraten Sie nicht in Panik.

Fische

Der aggressivste australische Fisch ist der Riffbarsch. Wenn dieser Fisch sein Gelege verteidigt, greift er furchtlos andere Fische und auch Taucher an, denen er ernsthafte Bissverletzungen an den Händen, dem Kopf und anderen Körperteilen zufügen kann. Ein weiterer angriffslustiger Fisch ist der Titan-Drückerfisch (*Balistoides viridescens*), vor allem während der Brutzeit, wenn er seine Eier verteidigt. Zackenbarsche können recht aggressiv reagieren, wenn sie gefüttert werden, vor allem der Kartoffelbarsch (*Epinephelus tukula*) beim Cod Hole. Die Taucher müssen das Futter schnell loslassen, damit ihre Hände nicht auch mit verschlungen werden. Die Wahrscheinlichkeit, von einer Muräne gebissen zu werden, ist ebenfalls größer, wenn man sie füttert. In Australien gibt es eine ganze Reihe harmlos wirkender Meerestiere, die aber nach wie vor als »wilde Tiere« zu betrachten sind, die schlimme Bissverletzungen verursachen können, wenn sie gierig auf Futter sind.

Weitere Tiere

Meerwasser-Krokodilen (*Crocodylus porosus*) geht man am besten aus dem Weg. In Nordaustralien sollten Sie sich von Mangrovenwäldern, Flüssen und schlammigem Wasser fernhalten. Auch Robben können zubeissen, wenn sie sich in ihrem Territorium bedroht fühlen: sie können aber auch Gegenstände ganz vorsichtig in ihrem Maul halten, so dass man keinesfalls aus Panik die Hand oder den Fuß ruckartig zurückziehen sollte.

Giftige Tiere

Die Tierwelt Australiens weist sowohl unter Wasser als auch an Land zahlreiche giftige Vertreter auf, die aber zum Glück meistens recht scheu sind und nicht angreifen, wenn man sie in Ruhe lässt.

Giftige Fische

Alle Arten von Stachelrochen und Adlerrochen besitzen mindestens einen Stachel auf ihrem Schwanz, dem man aus dem Weg gehen sollte. Obwohl diese Stacheln kein tödliches Gift enthalten, sind doch einige Menschen auf diese Weise getötet worden, weil sie eine Arterie getroffen hatten. Seien Sie bei Rochen also immer vorsichtig! Einige Todesfälle ereigneten sich auch im Zusammenhang mit Steinfischen. Auf ihrem Rücken besitzen sie eine Stachelreihe und sind aufgrund ihrer guten Tarnung kaum zu entdecken. Vermeiden Sie jeden Kontakt mit Steinfischen oder verwandten Arten (Skorpionsfische, Rotfeuerfische), indem Sie sich vom Meeresgrund fernhalten. Wenn Sie von einem Rochen oder Steinfisch verletzt wurden, tauchen Sie die Wunde in heisses Wasser, führen Sie eine Schockbehandlung durch und begeben Sie sich unverzüglich in ärztliche Behandlung. Sie sollten allen Fischen mit Stacheln (wie z.B. dem Korallenwels) aus dem Weg gehen.

Seeschlangen

In den tropischen Meeren Australiens leben einige Seeschlangenarten. Obwohl diese Tiere hochgiftig sind, gehen sie Menschen normalerweise aus dem Weg. Sollten Sie dennoch einmal gebissen werden, dann unterbrechen Sie die Blutzirkulation (abbinden) und begeben sich sofort in ärztliche Behandlung.

Stachelhäuter

Seeigel kommen in den australischen Meeren recht häufig vor und sollten wegen ihrer spitzen Stacheln gemieden werden. Einige Seesterne und Schlangensterne sollten nicht mit bloßen Händen angefasst werden. Der giftigste Vertreter ist jedoch der berüchtigte Dornenkronen-Seestern (*Acanthaster planci*), dessen Stacheln starke Schmerzen verursachen und selbst einen Taucheranzug durchdringen können. Manche Taucher glauben, der Umwelt einen Dienst zu erweisen, indem sie diese Tiere von den Korallen entfernen: der Dornenkronen-Seestern sollte jedoch am besten in Ruhe gelassen werden.

Mollusken

Australien ist die Heimat des tödlichen Blauring-Octopus (*Hapalochlaena* sp.), von dem in den tropischen und gemäßigten Meeren verschiedene Arten vorkommen. Obwohl dieser Octopus sehr klein ist (ca. 100 bis 200 mm), besitzt er doch ein tödliches Gift, so dass Sie jeden kleinen Octopus mit blauen Streifen oder Ringen unbedingt meiden sollten. Auch einige Conus-Schnecken (*Conus* sp.) sollte man keinesfalls berühren: diese Tiere injizieren einen giftigen Pfeil, der die Beute lähmt und der auch für Menschen tödlich sein kann.

Quallen, Korallen & Anemonen

Vermeiden Sie jeglichen Kontakt mit Quallen. Die meisten von ihnen verursachen starken Brennschmerz, so dass Sie sich im tropischen Teil Australiens von Oktober bis Mai keinesfalls in schlammigem Wasser aufhalten sollten, weil in dieser Zeit Würfelquallen am häufigsten vorkommen. Die Stiche von Würfelquallen haben schon einigen hundert Menschen das Leben gekostet, so dass sie sich immer gut schützen sollten. Die Mehrzahl der Anemonen ist recht harmlos, einige können jedoch auf bloßer Haut zu schlimmen Reaktionen führen. Korallen sollte man allgemein nicht berühren, nicht nur weil einige Arten Schnitt- und Stichverletzungen verursachen, sondern auch um den Korallenstöcken keinen Schaden zuzufügen.

Giftige Speisefische

Speisefische sind in Australien sehr beliebt: vor dem Genuss derselben sollte man jedoch einige Regeln befolgen. Essen Sie keine Koffer-, Kugel oder Igelfische, Muränen oder Krabben mit schwarzen Scheren. Diese Tiere sind allesamt giftig. In Gebieten mit Schwerindustrie, starker Umweltverschmutzung oder Abflüssen aus der Kanalisation, sollten Sie auf Muscheln verzichten. Viele dieser Gebiete sind ausgeschildert, um die Leute vom Sammeln dieser Tiere abzuhalten.

Bei unzureichender Kühlung kann der Genuss von Meeresfrüchten immer eine Lebensmittelvergiftung zur Folge haben. Die größte Gefahr stellt jedoch eine Ciguatera-Vergiftung dar: sie wird durch chemische Giftstoffe ausgelöst, die von Algen an die am oberen Ende der Nahrungskette stehenden größeren Fische weitergegeben werden. Nicht alle Fische tragen das Gift in sich, doch sollten Sie auf den Verzehr der größeren Raubfische (Zackenbarsche, Barrakudas, Drückerfische usw.) verzichten. Den in Hotels und Restaurants angebotenen Fisch kann man in der Regel unbesorgt verzehren.

Schnitt- und Schürfwunden

In den Tropen ist es immer empfehlenswert, beim Tauchen einen Tauch- oder Lycraanzug und Handschuhe zu tragen, um Schnitt- und Schürfwunden zu vermeiden. Wenn Sie sich an einer Koralle schneiden, reinigen und desinfizieren Sie die Wunde schnellstmöglich. Es macht großen Spaß, an Schiffswracks zu tauchen, doch sollte man immer darauf achten, dass man sich nicht an scharfkantigen Metallstücken schneidet bzw. den Kopf im Innern des Wracks anschlägt. In den tropischen Gebieten Australiens sind Schiffswracks oft mit Austern und Hydrozoen bewachsen, so dass man immer sorgfältig prüfen sollte, wo man die Hand hinlegt.

Berühren Sie keinen schlafenden Fisch oder Fische, die sich im Innern von Korallen befinden: es könnte ein Doktorfisch sein, der mit seinen rasiermesserscharfen Stacheln leicht durch Handschuhe und Haut schneiden kann.

Schock

In den australischen Meeren gibt es mehrere Arten von Zitterrochen, von denen man zwei Vertretern am häufigsten begegnen wird. Bei der einen Art handelt es sich um den Kurzschwanz-Zitterrochen (*Hypnos monopterygium*), der in den meisten südlichen Gewässern beheimatet ist. Die andere Art ist der Tasmanische Zitterrochen (*Narcine tasmaniensis*), der häufiger um den Inselstaat anzutreffen ist. Beide Arten verstecken sich im Sand, und wenn Sie dann plötzlich einen elektrischen Schlag von 200 Volt abbekommen, wissen Sie, dass es eine davon gewesen sein muss.

Weiterführende englischsprachige Literatur

Australia A Travel Survival Kit. Lonely Planet Publications, 1996.

Australia Down Under von Christine Deacon & Kevin Deacon. Doubleday, 1986.

Australian Fish Behaviour von Neville Coleman. Sea Australia Resource Centre, 1993.

Australian Shipwrecks Volume 4 1901-1986 von Jack Loney. Marine History Publications, 1987.

Australia's Underwater Wilderness von Roland Hughes. Weldons, 1985.

Cave Diving In Australia von Ian Lewis & Peter Stace. Lewis & Stace, 1981.

Coastal Fishes of Tasmania & Bass Strait von G Edgar, P Last and M Wells. Cat & Fiddle Press, 1982.

Christmas Island Naturally von Howard Gray. Howard Gray, 1981.

Discover Underwater Australia by Neville Coleman. National, 1994.

Dive Australia von Peter Stone. Ocean Publication, 1990.

Dive Western Australia von Jeff Mullins. Reef Images, 1992.

Diving Southern Queensland von John Wright. Sunmap Publications, 1990.

Down Under at the Prom von Marg O'Toole & Malcolm Turner. Field Naturalists Club of Victoria, 1990.

Encyclopedia of Marine Animals von Neville Coleman. Angus & Robertson, 1991.

Great Barrier Reef von Isobel Bennett. Lansdowne Press, 1981.

Guide to Sea Fishes of Australia von Rudie H. Kuiter. New Holland, 1986.

Hazardous Sea Creatures von Neville Coleman. Sea Australia Resource Centre, 1993.

Nudibranchs of the South Pacific von Neville Coleman. Sea Australia Resource Centre, 1989.

Queensland Accommodation & Touring Guide. RACQ, 1996. Guide to accommodation in Queensland.

RACQ Interstate Accommodation Guide. RACQ, 1996.

Readers Digest Book of the Great Barrier Reef. Readers Digest, 1990.

Readers Digest Motoring Guide To Australia. Readers Digest, 1990.

Reef Fishes of the World von E. Lieske and R. Myers. Periplus Editions, 1994.

Reef Sharks & Rays of the World von Scott Michael. Sea Challengers, 1993.

Scuba Divers Guide to Australia's Central Great Barrier Reef von Tom Vonron. Aqua Sports Publications.

Scuba Divers Guide to Australia's Southern Great Barrier Reef von Tom Vonron. Aqua Sports Publications.

Scuba Divers Guide to Cairns & Australia's Northern Great Barrier Reef von Tom Vonron. Aqua Sports Publications.

Scuba Divers Guide to Jervis Bay von Tom Vonron. Aqua Sports Publications.

Scuba Divers Guide to New South Wales von Tom Vonron. Aqua Sports Publications.

Scuba Divers Guide to the Whitsunday Islands von Tom Vonron. Aqua Sports Publications.

Sea Fishes of Southern Australia von Barry Hutchins and Roger Swainston. Swainston Publishing, 1986.

Sea Stars of Australasia and their Relatives von Neville Coleman. Sea Australia Resource Centre, 1994.

Sharks & Rays of Australia von Peter Last & John Stevens. CSIRO, 1994.

Shipwrecks 1656-1942 von Sarah Kenderdine. Western Australian Maritime Museum, 1995.

Index

Karten-Index

INDEX

Bestimmung unter Wasser.

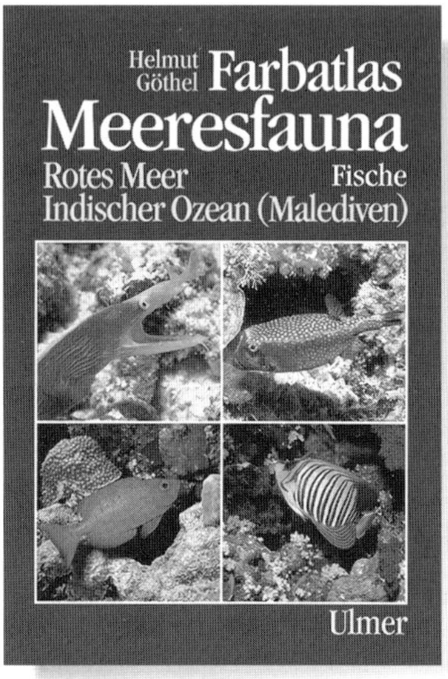

Das Rote Meer, Ostafrika und die Inseln im Indischen Ozean, vor allem die Malediven, sind die am meisten betauchten Meeresgebiete mit tropischen Korallenriffen. Vor allem die Fülle der farbenprächtigen Korallenfische zieht Taucher und Schnorchler gleichermaßen in den Bann. In den meisten Fällen kennt man jedoch kaum die richtigen Artnamen, und Angaben über Verhalten und Lebensweise findet man nur selten. Grund genug, die häufigsten, attraktivsten und interessantesten Arten in diesem Farbatlas ausführlich in Wort und Bild vorzustellen. Zu jeder Art finden sich alle notwendigen Informationen wie Erkennungsmerkmale, Verwechslungsmöglichkeiten, Lebensraum, Lebensweise und Biologie sowie Hinweise zur Aquarienhaltung.

Farbatlas Meeresfauna *– Fische. Rotes Meer, Indischer Ozean (Malediven). Helmut Göthel. 396 Arten in Wort und Bild. 1994. 336 Seiten, 419 Farbfotos. ISBN 3-8001-7266-6.*

Die Länder am Roten Meer, am Indischen Ozean und am Westrand des Pazifik sind die am häufigsten besuchten tropischen Urlaubsziele. Zu einem solchen Urlaub gehören fast immer der Strand und das Meer. Als Strandwanderer, Taucher oder Schnorchler kommt man so stets auch in Kontakt mit den Lebewesen dieser Meeresregionen. Dabei stellt sich die Frage, um welche Tiere es sich handelt, wo sie herkommen und wo sie leben. Dieser Führer stellt eine Auswahl der wichtigsten und auffälligen niederen Tiere dieser Gebiete in Wort und Bild vor, insgesamt rund 360 Arten. Zu jeder Art finden sich Angaben zur näheren Bestimmung, zu Besonderheiten der Biologie und zum Lebensraum und dort, wo es sinnvoll ist, auch Hinweise zur Aquarienhaltung.

Farbatlas Meeresfauna *– Niedere Tiere. Rotes Meer, Indischer Ozean (Malediven). Werner Baumeister. 1993. 392 Arten in Wort und Bild. 320 Seiten, 344 Farbfotos. ISBN 3-8001-7265-8.*

Weiterführende Literatur.

Reisende in subtropische oder tropische Länder bewundern die exotische Pflanzenwelt. Die Namen der Zier- und Nutzpflanzen erfahren sie dagegen selten. Alle, die sich für die Vegetation interessieren, werden mit Hilfe dieses botanischen Reisebegleiters vieles zu identifizieren wissen, was dort wächst. Rund 300 der wichtigsten tropischen und subtropischen Pflanzen sind hier abgebildet und beschrieben. Informationen zum Nutzwert und zur wirtschaftlichen und kulturellen Bedeutung ergänzen den botanischen Steckbrief.

Farbatlas Tropenpflanzen. *Zier- und Nutzpflanzen. Andreas Bärtels. 4. Aufl. 1996. 384 Seiten, 388 Farbf. ISBN 3-8001-3480-2.*

Farbatlas Pflanzen der Karibik und Mittelamerikas. *Rolf Blancke. 1999. 287 S., 307 Farbfotos. ISBN 3-8001-3512-4.*

Der Farbatlas beschreibt die wichtigsten und auffälligsten Pflanzen der karibischen Inseln in Wort und Bild und gibt Auskunft über das Aussehen der Blüten, Blätter und Früchte.

Von den rund 20.000 Pflanzenarten des Mittelmeerraumes stellt dieser Farbatlas einen repräsentativen Teil dar. Es wurden bevorzugt Arten aufgenommen, die eine größere Verbreitung haben oder die für bestimmte Gebiete charakteristisch sind. Von wenigen Ausnahmen abgesehen, sind nur die im Mittelmeergebiet heimischen Pflanzen berücksichtigt. Die Gliederung orientiert sich an den natürlichen Pflanzengesellschaften.

Farbatlas Mediterrane Pflanzen. *Andreas Bärtels. 1997. 400 Seiten, 618 Farbfotos. ISBN 3-8001-3488-8.*

Farbatlas Ökosysteme der Erde. *Natürliche, naturnahe und künstliche Land-Ökosysteme aus geobotanischer Sicht. G. Grabherr. 1997. 364 Seiten, 430 Farbfotos, 11 farb. Verbreitungskarten. ISBN 3-8001-3489-6.*

Über 400 Farbbildern stellen die Großlebensräume der Erde mit ihren typischen natürlichen Ökosystemen und Kulturlandschaften dar, von tropischen Regenwald bis zur Arktis.

Weiterführende Literatur.

Entscheidend für die erfolgreiche Haltung und Zucht von Fischen ist die richtige Auswahl der zueinander passenden Tiere. Das setzt biologische Grundkenntnisse und das Verständnis für den komplexen Lebensraum der Tiere voraus. Dieses Buch legt daher neben dem Erklären der notwendigen und sinnvollen Technik einen weiteren Schwerpunkt auf die Grundlagen der Meeresbiologie. Außerdem werden zahlreiche wichtige Themen wie der Artenschutz und die Nachzucht von Meerestieren besprochen. Das Buch ist eine anschauliche und leicht verständliche Einführung in alle Aspekte dieses faszinierenden und abwechlungsreichen Hobbys. Die umfangreichen Illustrationen und die gute Bebilderung veranschaulichen diese detaillierten Ausführungen zur Meeresaquaristik.

Meeresaquaristik. *Werner Baumeister. 2., völlig neubearbeitete Auflage 1998. 213 Seiten, 101 Farbfotos, 25 sw-Fotos, 88 Zeichnungen. ISBN 3-8001-7390-5.*

Viele Verhaltensweisen der Fische und wirbellosen Meerestiere werden erst durch genaues Beobachten verständlich. Dieses Buch versucht, in locker-erzählender Form, abseits der gängigen Bestimmungs- und Fachliteratur, das Leben der Korallenfische und ihrer Lebensräume aus der Sicht eines Verhaltensforschers zu betrachten. Es enthält Beobachtungen im Aquarium und im Freiwasser. Ein besonderes Anliegen des Buches besteht darin, dem Meerwasseraquarianer seine Fische als Individuen, und nicht als Vertreter einer besonderen Art, vor Augen zu führen. Es zeigt deutlich, welche Vielfalt an Ausdrucksmöglichkeiten und Verhaltensweisen ein gut vertrauter Fisch vermitteln kann. Dazu gehört auch, seinen Lebensraum, dem die angeborenen Verhaltensmuster entsprechen, kennenzulernen.

Fische beobachten. *Verhaltensstudien an Meeresfischen und Wirbellosen im Aquarium und im Freiwasser. Ellen Thaler. 1995. 191 Seiten, 35 Farbfotos, 12 Zeichnungen. ISBN 3-8001-7322-0.*